대한민국의 유엔 외교와 국제법의 역할

대한민국의 유엔 외교와 국제법의 역할

양희철·김원희 편

일조각

발간사

국제법은 국제관계의 언어다. 국제사회는 「베르사유조약」으로 창설된 국제연맹에서부터 1945년 제2차 세계대전 이후 발족한 유엔UN까지 끊임없이 국가 간 상호 의존 관계를 매개하기 위해 노력해 왔다. 평화롭고 안정적인 국제관계를 구축해 온 대표적인 플랫폼이 바로 유엔이다. 유엔과 같은 국제기구는 일반적으로 국제협력의 제도화로 정의될 수 있다. 회원국이 협력의 행동양식을 정하고 확립해 가는 과정이기도 하고, 국제사회의 구조적 관계를 형성시켜 가는 합의와 협력의 지향점이기도 하다. 국제기구는 다차원적인 상호 연계와 규범, 제도를 통해 지속적으로 국제적 상호관계를 이끌어 낸다.

대한민국(이하 '한국')은 오랜 부침의 이력을 겪으며 1991년 9월 17일 유엔에 가입했고, 30여 년 동안 유엔은 우리의 외교 궤적을 뚜렷하게 성장시킨 중요한 무대였다. 유엔 가입은 한국의 외교사에서 큰 획을 그은 기념비적 성과라고 평가할 수 있다. 구소련의 해체, 러시아 및 중국과의 수교, 동구권의 몰락, 서울 올림픽의 성공적 개최 등 복합적인 국제환경이 변화하면서 한국은 북한과 함께 유엔에 가입할 수 있었다. 한국은 유엔에 가입함으로써 다자외교 무대에 진출하여 유엔과 국제법에 기반하고 있는 글로벌 거버넌스의 구축과 유지에 적극적으로 기여했다.

한국은 정부 출범부터 6·25전쟁의 폐허를 재건하고 개발도상국을 거쳐 선진국으로 발돋움하기까지 유엔과 매우 밀접한 관계를 유지했다. 역사적으로 유엔은 한국 정부의 산파 역할을 했다. 제2차 세계대전 종전 후 연합국은 한반도의 운명을 결정하기 위해 미국과 소련으로 구성된 공동위원회를 설립했다. 공동위원회에서 양측의 입장이 평행선을 달리면서 합의에 도달하지 못하자 미국은 한국의 독립문제를 유엔 총회에 회부했다. 유엔 총회는 1947년 11월 14일 한반도 총선거를 감시할 유엔 한국임시위원회를 설치하기로 결의했고, 북한 지역을 점령하고 있던 소련의 협력 거부로 남한에서만 선거가 실시되었다. 선거 결과 1948년 8월 15일 한국 정부가 수립되었고, 유엔 총회는 1948년 12월 11일 한국 정부를 한반도의 유일한 합법정부로 선언하는 결의 제195호(Ⅲ)를 채택했다. 이후 한국은 이 결의를 근거로 주요 국가들로부터 국가승인을 받았으며, 남북 대립 상황에서 정치적 및 법적 정통성을 주장하는 근거로 활용했다.

냉전기의 대립과 소련의 거부권 행사로 인해 한국은 유엔 창립 후 40년 이상의 시간이 지나서야 정식 회원국이 될 수 있었다. 그 기간 동안 유엔에서 옵서버의 지위를 얻었지만 유엔 다자외교 무대에서 제대로 활동하기에는 내재적 한계가 있었다. 이러한 점에서 유엔 가입은 다자외교와 국제질서 형성에 정식으로 참여할 수 있는 새로운 전기를 마련한 전환점이 되었다.

유엔 가입은 한국의 국제적 위상에서 의미하는 바가 크다. 유엔 회원국으로서의 출발은 늦었지만 지난 30여 년 동안 유엔의 다자외교 무대에서 역할과 기여를 꾸준히 확대해 왔다. 유엔 가입 이전에 한국 문제Korean Question는 유엔이 골머리를 앓는 주요 의제 중 하나였다. 그러나 유엔 가입으로 국제사회 의제는 우리나라가 참여하고 목소리를 내야 하는 의제로 변화되었다. 한국은 유엔의 다자외교 무대에서 활발한 외교활동을 전개했으며 유엔 중심의 글로벌 거버넌스에서 건설적인 역할을 하고 있다. 한국의 외교 지평은 확대되었고, 양자 및 다자간 외교문제, 전 지구적 문제를 재해석하고 새로운 국제관계를 형성할 수 있게 되었다.

한국의 국제적 및 외교적 외형 또한 급속하게 확대되었다. 한국은 두 차례에 걸쳐 안전보장이사회 비상임이사국을 수임했고, 유엔사무총장과 총회 의장, 경제사회이사회 의장, 인권이사회 의장, 평화구축위원회 의장을 배출했다. 한편 유엔 국제법위원회 위원, 국제해양법재판소와 국제형사재판소의 재판관과 재판소장, 대륙붕한계위원회 위원 등을 배출함으로써 국제법 질서의 발전에 기여했다. 나아가 유엔에 대한 재정 기여와 개발 협력 지원에서도 세계 10위권의 핵심 기여국이 되었다.

다수의 학자는 1648년 「베스트팔렌조약」을 시작으로 국제법이 독립적 체계를 갖추기 시작한 것으로 평가한다. 이후 국제법은 20세기를 지나 21세기에 진입하면서 공존이라는 일원론적 구조에서 공존과 협력, 그리고 인권이라는 다원적 구조로 진화했다. 국제법의 현대적 변천이기도 하다. 현재 유엔은 글로벌 복합위기로 불리는 급격한 국제환경 변화에 대응하기 위해 국제법과 국제기구를 중요한 수단으로 활용하고 있다. 유엔의 설립 목적 중 하나는 국제평화와 안보를 유지하고, 국제 분쟁과 사태를 정의와 국제법 원칙에 합치되도록 평화적으로 해결하는 것이다. 유엔은 기후변화, 환경오염, 생물다양성 상실, 국제분쟁과 무력충돌, 펜데믹 등 오래되었지만 새로운 측면으로 확대되고 있는 글로벌 복합위기에 대응하기 위해 다양한 국제 조약과 문서들을 채택하고 이를 이행하기 위해 노력하고 있다. 국제법은 여전히 한국의 과거와 현재, 그리고 미래를 관통하는 시대적 언어로 작동되고 있음을 의미한다.

이 책은 한국과 유엔의 역사적 관계, 우리나라의 유엔외교 활동과 국제법 분야의 성과를 평가하고, 향후 국제법을 활용한 다자외교 활동의 정책방향을 설정하기 위해 기획되었다. 또한 국제법 연구를 둘러싼 국내 환경의 척박함을 극복하고 다시 도약하기 위한 절실한 자성의 토대에서 기획되었다는 것도 토로하지 않을 수 없다. 우리가 처한 작금의 환경을 보면 미증유의 대변환의 시기라고도 할 수 있다. 국제적 환경을 보건대, 한국이 처한 국면 또한 녹록하지 않다. 국가 간 분쟁에서 국제법의 중요성은 더욱 커지고 있고, 우리의 이익을 가장 효율적이고 정당하게 보장받는 최후의 수단 역시 국제법이다. 더욱이 소위 법률전lawfare이라는 용어가 모든 영역에서 회자되는 시대이다. 대외의존도가 높은 국가들은 안정적 국제질서를 확보하기 위해 어떤 국가도 부인하기 어려운 보편적 가치와 국제법을 중시하지 않을 수 없다. 한국은 중견국으로서 국제무역, 보편적 인권, 법치주의와 같은 다자주의 및 국제법 의제에서 상대적으로 이점을 가질 수 있다. 이러한 점을 직시한다면, 국제법 역량 강화는 장기적인 생존전략이자 다자외교 무대에서 필수적 무기가 될 것임을 기억해야 한다. 이 책의 집필에 참여하신 모든 분의 마음 또한 이러한 의지에서 출발했을 것이다. 현재를 살아가는 국제법 학자들은 이러한 환경을 극복하는 데 필요한 해답을 국가와 사회에 내놓아야 할 시대적 과제를 가지고 있는 셈이다.

그러나 유엔 다자외교에서 국제법이 활용되는 빈도와 중요성이 무색하게 국내 학계에서 유엔과 국제법에 관한 본격적인 학술서나 논문은 많지 않은 상황이다. 국제법 전공자의 지속성 또한 담보할 수 없다는 현실적 진단도 이어진다. 국제법 분야에서 거둔 활약과 의미 있는 성과에도 불구하고, 이를 계승할 후속세대가 단절될 수 있다는 우려이기도 하다. 국제분쟁의 다양화, 세분화, 전문화로 인해 각 분야별 전문 연구인력을 양성해야 함에도 국내적 대응역량 및 전문성은 현격히 감소하고 있는 것으로 교육 및 연구 현장에서는 인식되고 있다. 한국에서 국제법이라는 학문이 부여하는 의미와 무게를 고려하면 매우 아쉽고 두렵기까지 하다. 유엔과 국제법을 토대로 성장하고 국제사회에서 주도적 기반을 닦아 온 국가가 아닌가. 한국에서 국제법이라는 학문의 기반이 이미 무너졌고 붕괴가 시작되었다고도 한다. 시대적 변화와는 정반대의 흐름이고, 그 원인이 법조계의 시장 수요 때문이라는 점도 유감이다.

유엔헌장 제13조는 유엔 총회가 정치적 분야에서 국제협력을 촉진하고 국제법의 점진적 발달과 그 법전화를 장려하도록 연구를 발의하고 권고한다고 규정하고 있다. 1965년 유엔 총회는 "국제법 교육, 연구, 보급과 폭넓은 이해를 위한 기술지원" 결의를 채택한 바 있다. 또한 1995년 "21세기를 향하여: 국제법은 국제관계의 언어"라는 주제로 국제회의를 주관한 바 있다. 국제법을 통한 국제관계의 유지와 대화의 틀을 다시 한 번 강조한 것이다. 총회 결의(A/RES/76/307, 2022)에 따라 개최된 2024년 미래정상회의Summit of the Future 역시 미래세대를 위한 의사결정을 강화하면서 신기술의 무기화 및 AI 거버넌스 등과 같은 환경변화 속에서도 국제법이 국제사무를 처리하는 기초이자 규칙이라는 점을 분명히 하고 있다. 한국의 국익과 국격에 걸맞은 국제적 위상을 유지하기 위해서는 국제법을 단순히 국제관계를 이해하기 위한 수단이 아닌 국익을 확장하고 국제관계의 외연을 넓히는 언어로 수용하고 적극 활용해야 한다. 이 책은 그러한 공백을 일부라도 메워 보고자 유엔과 한국의 역사적 관계, 유엔과 남북관계, 유엔과 국제법치주의, 유엔과 국제평화, 국제환경법, 유엔기후변화협약 체제, 국제인권법, 유엔 해양거버넌스를 포괄적으로 다루고 있다.

이 책이 나오기까지 많은 분의 관심과 지원이 있었다. 책을 출판하는 과정에서 흔쾌히 옥고를 보내 주시고 자문과 조언을 아끼지 않으신 정인섭 서울대학교 명예교수님, 박기갑 고려대학교 명예교수님, 이자형 국제해양법재판소 재판관님께 감사드린다. 모든 원고의 내용을 확인하고 번거로운 교정작업을 마다하지 않은 김원희 부장, 조훈 박사, 김성규 연구원의 노고에 깊은 감사를 표한다. 계획보다 늦어지는 출판 일정 동안 인내심을 가지고 기다려 주시고 까다로운 수정요청에도 성실하게 응해 주신 모든 집필진 선생님께 깊은 감사의 말씀을 드린다. 끝으로 상업성 없는 국제법 책의 출판을 수락해 주신 일조각 김시연 대표님과 출판과정을 꼼꼼하게 챙겨 주신 안경순 편집장님과 황인아 차장님께도 진심 어린 감사의 말씀을 전한다.

2024년 12월

한국해양과학기술원 해양법·정책연구소

양희철 소장

차례

서론

유엔 다자외교와 국제법의 역할

김원희
한국해양과학기술원 해양법·정책연구소 해양법연구부 부장

전 유엔사무총장 다그 함마르셸드Dag Hammarskjöld는 "유엔은 인류를 천국으로 데려가기 위해 만들어진 것이 아니라 인류를 지옥에서 구하기 위해 만들어졌다"는 말을 남겼다.[1] 이는 주권국가를 중심으로 구성되고 분권화된 구조를 가진 국제공동체에서 유엔의 본질적인 역할과 내재적 한계를 아주 적확하게 표현하고 있다. 1945년 10월 창설된 이래 80여 년이 지난 현재에도 유엔의 역할과 한계에 대한 이해는 여전히 타당하다.

제2차 세계대전 당시 연합국은 전후처리 문제를 결정하고 새로운 국제질서를 수립하기 위해 유엔을 설립했다. 그동안 유엔은 국제평화의 유지, 사회적 및 경제적 개발, 인권과 기본적 자유의 증진을 위해 노력해 왔다. 유엔헌장 제1조는 유엔의 설립 목적을 네 가지로 규정했다. 첫째, 국제평화와 안보 유지, 둘째, 국가 간 우호관계 발전, 셋째, 경제적·사회적·문화적·인도적 성격의 국제문제 해결 및 인권과 기본적 자유의 존중을 증진하기 위한 국제협력 달성, 넷째, 이러한 공동 목적을 달성함에 있어서 국가들의 행동을 조화시키는 중심적 역할의 수행이다.

유엔은 제2차 세계대전 당시 연합국이 전후처리와 새로운 국제질서를 구축하기 위한 수단으로 창설했기 때문에 당시 연합국 중심의 국제정치적 역학관계를 그대로 반영한 내재적 한계가 있다. 연합국을 주도했던 미국, 영국, 프랑스, 중국, 러시아는 국제평화와 안보의 일차적 책임과 권한을 가진 안전보장이사회(이하 '안보리') 상임이사국의 지위를 인정받

1 Address by Secretary-General Dag Hammarskjöld at University of California Convocation, Berkeley, California, Thursday, May 13, 1954.

았고, 5개 상임이사국은 안보리 결의 채택을 막을 수 있는 거부권을 부여받았다. 유엔 설립 직후 약 반세기 동안 지속된 미국과 구소련을 정점으로 하는 냉전시대의 대립은 유엔의 국제평화 유지 노력을 무력화시키기도 했다. 냉전의 양극체제에서 국가들은 이념적·정치적·군사적으로 대립했고, 이러한 갈등과 대결은 유엔의 다자외교 현장에서도 그대로 나타났다. 냉전 기간 동안 빈발한 내전과 국제적 무력충돌을 종식시키기 위한 유엔 안보리의 노력과 시도는 미국과 구소련의 거부권 행사로 제대로 기능하지 못했다.

이러한 한계 속에서도 유엔은 국제평화와 안전을 달성하기 위해 조직을 확대하고 유엔헌장에 규정된 임무와 역할을 강화해 나갔다. 유엔 설립 당시 51개국에 불과했던 회원국 수는 탈식민화와 구소련의 해체를 거치면서 2024년 9월 기준 193개국에 이른다. 유엔은 1960년대부터 자결권right to self-determination과 탈식민화decolonization를 주도하는 다자외교의 장이 되었고 이는 유엔 회원국 수가 대폭 증가하는 데 기여했다. 유엔은 식민지배와 신탁통치를 종식하기 위해 국제법상 자결권을 확립하는 결의를 채택함으로써[2] 1960~1970년대 탈식민화 과정을 주도했고, 창설 이래 약 70개국이 독립하는 데 결정적인 역할을 했다. 아시아와 아프리카 대륙의 신생독립국들이 유엔에 가입하면서 회원국의 수는 급증했다. 또한 1990년대 구소련이 해체되면서 출범한 독립국도 유엔에 가입했고 이로 인해 회원국 수가 증가했다. 2002년에는 영세중립국인 스위스와 당시 신생독립국이었던 동티모르도 유엔에 가입했다. 유엔이 탈식민화 과정을 주도하고 신생독립국을 회원국으로 받아들이면서 냉전 시기 강

2 Declaration on the granting of independence to colonial countires and peoples, A/Res/1514(XV)(1960).

대국 중심의 다자외교 지형에 변화를 가져오고 냉전의 해체에 기여했다.

유엔 회원국의 세력화에도 일정한 변화가 있었다. 제2차 세계대전 당시 패전국으로서 유엔헌장에 적국으로 규정되었던 일본, 독일, 이탈리아 등은 국제사회에 복귀하기 위해 비교적 일찍 유엔에 가입했다. 이러한 국가들은 조속히 국제사회에 복귀하기 위해 유엔에 적극적으로 재정적 기여를 제공하고 유엔평화유지활동에도 활발하게 참여했다. 또한 아시아와 아프리카 지역 국가들은 비동맹그룹Non-Aligned Movement을 결성하여 유엔 총회에서 입지를 강화하고 정치력을 발휘했다. 아프리카그룹, 비동맹그룹 등 비공식협의 그룹Caucus Group은 유엔의 의사결정과정에서 중요한 역할을 하는 세력으로 자리 잡았다.

또한 유엔은 내부 조직과 관련 기구들을 꾸준히 확대했다. 안보리의 비상임이사국이 1965년 6개국에서 10개국으로 증가했고, 경제사회이사회는 27개국에서 36개국, 그리고 다시 54개국으로 증가했다. 1945년 5개에 불과하던 유엔의 전문기구와 프로그램은 지속적으로 증가하여 2024년 9월 현재 15개의 전문기구와 약 40개의 기금 및 프로그램이 설립되어 활동하고 있다. 이 외에도 국제원자력기구IAEA, 국제이주기구IOM, 유엔인권고등판무관UNHCHR, 세계무역기구WTO, 국제형사재판소ICC, 지속개발위원회CSD 등이 유엔 관련 국제기구로 설립되었다(그림 서론-1).

그러나 최근 유엔은 설립 이후 가장 심각한 '글로벌 복합위기global poly-crisis'에 직면하고 있다. 글로벌 복합위기란 여러 중대한 위기가 동시에 일어나 서로 영향을 미침으로써 미래의 불확실성과 통제 불가능성이 커지는 현상을 의미한다. 현재 코로나19 팬데믹, 세계적인 경제불황, 지정학적 갈등 심화, 러시아-우크라이나 전쟁 장기화, 이스라엘-하마스 사태 등이 상호 연계되면서 국제평화와 안보에 대한 불안이 커지고 있다. 이에 더하여 기후변화, 생물다양성 상실, 환경오염 심화, 대규모 자

유엔 조직도

주요기관

- 총회
- 안전보장이사회
- 경제사회이사회
- 사무국
- 국제사법재판소
- 신탁통치이사회[6]

보조기관

- 군축위원회(DC)
- 인권이사회(HRC)
- 국제법위원회(ILC)
- 공동사찰단(JIU)
- 주요위원회
- 상설위원회 및 임시 기구

기금 및 프로그램[1]

UNDP 유엔개발계획
- UNCDF 유엔자본개발기금
- UNV 유엔봉사단

UNEP[8] 유엔환경계획
UNFPA 유엔인구기금
UN-HABITAT[8] 유엔인구정주계획
UNICEF 유엔아동기금
WFP 세계식량계획 (UN/FAO)

보조기관

- 대테러위원회(CTC)
- 유엔전범재판소 잔여업무 처리기구
- 군사참모위원회

기능위원회

- 범죄예방 및 형사사법
- 마약
- 인구 및 개발
- 개발을 위한 과학기술위원회
- 사회개발
- 통계
- 여성지위
- 유엔산림포럼

지역위원회[8]

ECA 아프리카경제위원회
ECE 유럽경제위원회
ECLAC 중남미카리브경제위원회
ESCAP 아시아태평양경제사회위원회
ESCWA 서아시아경제사회위원회

부서[9]

EOSG 사무총장 비서실
DCO 개발조정실
DESA 경제사회국
DGACM 총회회의운영국
DGC 글로벌소통국
DMSPC 운영전략정책감사국
DOS 활동지원국
DPO 평화활동국
DPPA 정무평화구축국
DSS 안전보안국
OCHA 인도적지원조정실
OCT 대테러실
ODA 군축실
OHCHR 인권최고대표사무소
OIOS 내부감사실
OLA 법률실
OOSA 우주사무소
OSAA 아프리카특별자문실
SRSG/CAAC 아동 및 무력충돌을 위
사무총장 특별대표실
SRSG/SVC 무력충돌 시 성범죄에 관
사무총장 특별대표실
SRSG/VAC 아동 대상 범죄에 관한 사
총장 특별대표실
UNDRR 유엔재난위기대응실

출처: 유엔 글로벌소통국(United Nations Department of Global Communications)

연구 및 교육

NIDIR 유엔군축연구소
NITAR 유엔훈련조사연수원
NSSC 유엔직원대학
NU 유엔대학교

기타 기구

C 국제무역센터(UN/WTO)
NCTAD[1,8] 유엔무역개발회의
NHCR[1] 유엔난민최고대표사무소
NOPS[1] 유엔프로젝트조달기구
NRWA[1] 유엔팔레스타인난민구호기구
N-WOMEN[1] 유엔 성평등 및 여성지위향상단

관련 기구

CTBTO 포괄적핵실험금지조약기구 준비위원회
IAEA[1, 3] 국제원자력기구
ICC 국제형사재판소
IOM[1] 국제이주기구
ISA 국제해저기구
ITLOS 국제해양법재판소
OPCW[3] 화학무기금지기구
WTO[1, 4] 세계무역기구

평화구축위원회

HLPF

유엔지속가능발전
고위급정치포럼

평화유지활동 및 정무단
제재위원회(임시)
상설위원회 및 임시 기구

전문기구[1, 5]

FAO 유엔식량농업기구
ICAO 국제민간항공기구
IFAD 국제농업개발기금
ILO 국제노동기구
IMF 국제통화기금
IMO 국제해사기구
ITU 국제전기통신연합
UNESCO 유엔교육과학문화기구
UNIDO 유엔공업개발기구
UNWTO 유엔세계관광기구
UPU 만국우편연합
WHO 세계보건기구
WIPO 세계지식재산기구
WMO 세계기상기구
세계은행 그룹[7]
- IBRD 국제부흥개발은행
- IDA 국제개발협회
- IFC 국제금융공사

기타 기구[10]

개발정책위원회
유엔공공행정 전문가위원회
비정부기구위원회
원주민 상설 포럼
NAIDS 유엔 HIV/AIDS 프로그램
NGEGN 유엔지명전문가그룹
NGGIM 국제 지리공간정보 관리 전문가위원회

교육 및 훈련

NICRI 유엔지역간범죄사법연구소
NRISD 유엔사회개발연구소

NODC[1] 유엔마약범죄사무소
NOG 유엔제네바사무소
N-OHRLLS 최빈국·내륙국인 개발도상국·소도서개발도상국 고위대표 사무소
NON 유엔나이로비사무소
NOP[2] 유엔협력사무소
NOV 유엔비엔나사무소
N YOUTH 유엔청년사무소

주해

1. 유엔 체제 조정 부서장위원회의 위원임.
2. UNOP는 유엔재단을 주요 대상으로 함.
3. IAEA와 OPCW는 안보리와 총회에 보고함.
4. WTO는 총회에 보고 의무는 없지만 재정 및 개발 문제에 관해서는 부정기적으로 총회와 경제사회이사회에 보고함.
5. 전문기구는 경제사회이사회(정부 간 차원)와 고위급조정위원회(사무국 간 차원)를 통해 조정 업무를 담당하는 독립적 기구임.
6. 신탁통치이사회는 1994년 11월 1일 마지막 신탁통치 지역인 나우루가 독립하면서 활동을 중단함.
7. 국제투자분쟁해결센터와 국제투자보증기구는 유엔헌장 제57조와 제63조에 따른 전문기구가 아니지만 세계은행 그룹의 일부임.
8. 이 기관들의 사무국은 유엔 사무국의 일부를 구성함.
9. 사무국에는 윤리실, 옴부즈만 및 중개서비스, 사법행정실이 포함됨.
10. 경제사회이사회 보조기구는 웹사이트(un.org/ecosoc) 참조.

그림 서론-1 유엔 조직도

연재해, 에너지 위기 등 전 지구적 위기가 동시에 발생하면서 글로벌 복합위기의 악순환 구조는 계속 고착화되고 있다. 코로나19 팬데믹과 그 여파로 인한 세계경제 위기로 인해 여러 국가에서는 보호무역주의, 포퓰리즘, 극단적 민족주의를 추구하는 정치세력이 집권했고, 이는 유엔을 중심으로 하는 다자주의에 대한 회의론으로 이어지고 있다.

동시에 세계 각지에서 계속되는 전쟁과 이로 인해 심화되는 글로벌 복합위기에 제대로 대응하지 못하는 유엔의 무능력과 무기력함을 비판하는 목소리도 높아지고 있다. 시리아 내전은 유엔의 무능과 내재적 한계가 적나라하게 드러난 사례이다. 시리아에서는 2011년 3월부터 바샤르 알아사드 정부를 축출하려는 반군과 정부군 사이에 무력충돌이 발생했고, 러시아와 이란이 정부군을 지원하고 미국과 튀르키예가 반군을 지원하면서 내전이 발발했다. 지난 13년간 유엔이 내전을 종식시키기 위해 여러 차례 양측을 중개했지만 실질적인 성과를 거두지는 못했다. 결국 2024년 12월 8일 시리아 반군이 수도 다마스쿠스를 점령했고, 바샤르 알아사드 정부 군대가 철수함에 따라 시리아 내전이 종식되었다. 시리아 내전으로 인해 약 50만 명 이상의 민간인이 사망했고, 수백만 명의 실향민과 난민이 국내외로 이동했으며, 무력충돌 과정에서 시리아의 문화유적이 파괴되었고, 전쟁범죄와 인도에 반한 죄가 빈번하게 발생했다.[3] 안보리 5개 상임이사국이 서로 반대편에 서서 개입한 시리아 내전에서 유엔의 내재적 한계가 분명하게 드러났다.

나아가 2022년 러시아가 우크라이나를 침략하면서 계속되고 있는 전쟁은 수많은 사상자를 발생시키고 있고, 전 세계적으로 에너지와 식량

3 Report of the Independent International Commission of Inquiry on the Syrian Arab Republic, A/HRC/55/64(2024).

위기를 유발했다. 러시아와 우크라이나의 전쟁은 서방과 러시아 간 신냉전의 어두운 그림자를 드리우고 있다. 러시아와 우크라이나 전쟁으로 촉발된 글로벌 복합위기에 더하여 2023년 10월 하마스의 이스라엘 침공과 이스라엘의 반격으로 촉발된 무력충돌은 양자관계를 넘어 소위 제5차 중동전쟁으로 확전되고 있다. 이와 같은 글로벌 복합위기에 유엔이 적절히 대응하지 못하는 상황이 계속되면서 유엔의 필요성과 역할에 대한 강력한 비판이 제기되고 있다.

그러나 이러한 글로벌 복합위기가 완전히 새로운 것은 아니며, 전 지구적 위기를 극복하기 위해서는 국제법과 국제기구를 중심으로 하는 강력한 다자외교가 필요하다는 것이 더욱 분명해지고 있다. 국제공동체는 유엔과 세계보건기구WHO를 비롯한 다자외교 포럼에서 실시된 코로나19 팬데믹 대응 조치를 목격하면서 국제기구와 다자외교의 필요성을 체감했다. 팬데믹 기간을 거치면서 세계보건기구의 역할 재평가와 개혁, 코로나19 백신의 공공재화, 개발도상국 보건 시스템에 대한 국제사회 지원 등이 국제공동체의 최우선 과제로 부상했다. 이러한 과제에 대응하기 위해 유엔사무총장은 2020년 "코로나19에 대응하기 위한 유엔의 포괄적 대응United Nations Comprehensive Response to COVID-19"을 담은 보고서를 출간하고, 팬데믹 위기의 전 지구적 대응에 유엔의 역량을 집중했다.[4] 이 보고서에서 유엔은 모든 사람을 포용하는 지구적 팬데믹 대응, 미래의 팬데믹에 대한 취약성 감소, 미래의 충격에 대한 복원력 구축, 심각하고 체계적인 불평등 극복을 주요 활동 목표로 설정했다. 유엔은 포괄적인 보건 대응방안 수립, 팬데믹 위기가 가져온 사회경제적·인도주의

4 United Nations Comprehensive Response to COVID-19: Saving Lives, Protecting Societies, Recovering Better(June 2020).

적·인권적 측면을 다루는 정책 채택, 더 나은 회복 과정을 위해 노력하고 있다.

한편, 유엔은 지구 온난화 현상을 넘어 지구 생태계와 인류에 실존적 위협이 되고 있는 기후위기에 대응하는 데 크게 기여하고 있다. 유엔은 1992년 「유엔기후변화협약」, 1997년 「교토의정서」, 2015년 「파리협정」의 체결을 위한 다자주의 포럼 역할을 하면서 전 지구적 기후위기에 대응하기 위한 다자주의적 협력체제로 기능하고 있다. 「유엔기후변화협약」과 「교토의정서」 체제가 실패한 이후에도 유엔은 기후협상을 주도하여 2015년 「파리협정」이 채택되는 데 결정적으로 기여했다. 또한 안보리는 2007년 에너지와 기후의 안보 관련성을 의제로 논의한 이후 지속적으로 기후변화로 인한 식량안보와 기근 등이 지역안보에 미치는 영향을 비전통 안보 주제로 다루고 있다. 안보리는 기후위기로 인한 인명과 경제적 피해를 국제안보의 중요한 의제로 설정하고 이에 대응하기 위한 결의 채택과 고위급 회의 개최를 지속적으로 주도하고 있다. 유엔 총회도 기후문제 해결과 환경권을 강조하는 결의를 채택한 바 있고 국제사법재판소에 기후변화에 관한 권고적 의견을 요청하는 등 기후위기에 대응하기 위해 적극적인 역할을 하고 있다.

다자외교 포럼으로서 유엔의 필요성과 역할은 국제인권의 보호와 증진 분야에서 더욱 분명하게 나타난다. 유엔은 주권국가의 국내 문제로 여겨져 왔던 인권 문제를 다자외교의 장으로 끌어냈으며, 모든 사람의 인권과 기본적 자유를 보장하기 위한 다자조약의 체결을 주도하고, 이를 이행하기 위한 인권보호 체제를 구축했다. 유엔은 인권 문제를 직접 담당하는 인권최고대표사무소Office of the High Commissioner for Human Rights, OHCHR와 인권이사회Human Rights Council, HRC를 설립했다. 유엔 총회는 1993년 유엔의 인권 관련 업무 및 활동을 총괄하는 최고직책으로 인권최고대표사무소를 신설하는 결의를 채택했다.[5] 인권최고대표사무소의 임무는 유엔 내의 인권활동을 증진하고 심각한 인권침해에 대처하며 인권보호를 위한 예방조치를 하는 것이다. 또한 인권교육, 자문활동 및 기술협력을 제공하며 인권이사회 등 인권 관련 기구의 활동을 지원한다. 또한 유엔 총회는 2006년 보조기구로 기존 인권위원회Commission on Human Rights를 대체하는 인권이사회를 설립했다. 인권이사회는 모든 유엔 회원국의 인권 상황을 보편적 인권기준에 비추어 정기적으로 검토하는 보편적 정례인권검토Universal Periodic Review, UPR 제도를 도입했다. 또한 중대한 인권침해에 효과적으로 대처하기 위해 특정 국가나 인권 문제에 집중하여 연구와 조사를 실시하여 보고서를 작성하고 이에 근거하여 특별절차 제도를 운영하고 있다.

최근 유엔의 구체적인 활동과 실적을 보더라도 유엔의 무능과 비효율성에 관한 회의론은 유엔이 국제평화와 국제공동체 유지를 위해 담당하고 있는 중요한 역할을 과소평가하는 측면이 있다. 유엔 연례보고서에 따르면, 2023년 한 해 동안 유엔은 1억 5천2백만 명에게 식량을 지원했고, 1억 3천3백만 명의 어린이에게 홍역 백신을 접종했으며, 3천6백만 명이 안전한 식수에 접근하도록 지원했다. 또한 유엔은 77개국에 있는 1천5백만 명의 난민, 비호신청자, 실향민에게 필수의료 서비스를 제공했고, 9백만 명의 취약계층에게 직장과 생계 지원을 제공했으며, 36개 국가와 영역에서 수행되는 평화구축 활동을 위해 2억 3백만 달러의 예산을 투입했다(그림 서론-2).[6] 앞에서 살펴본 바와 같이 글로벌 복합위기가 계속 심화되고 있는 상황에서 안보리 상임이사국의 거부권 행사와 여러 지

5 High Commissioner for the promotion and protection of all human rights, A/RES/48/141(1993).

6 Report of the Secretary-General on the Work of the Organization, A/79/1(2024).

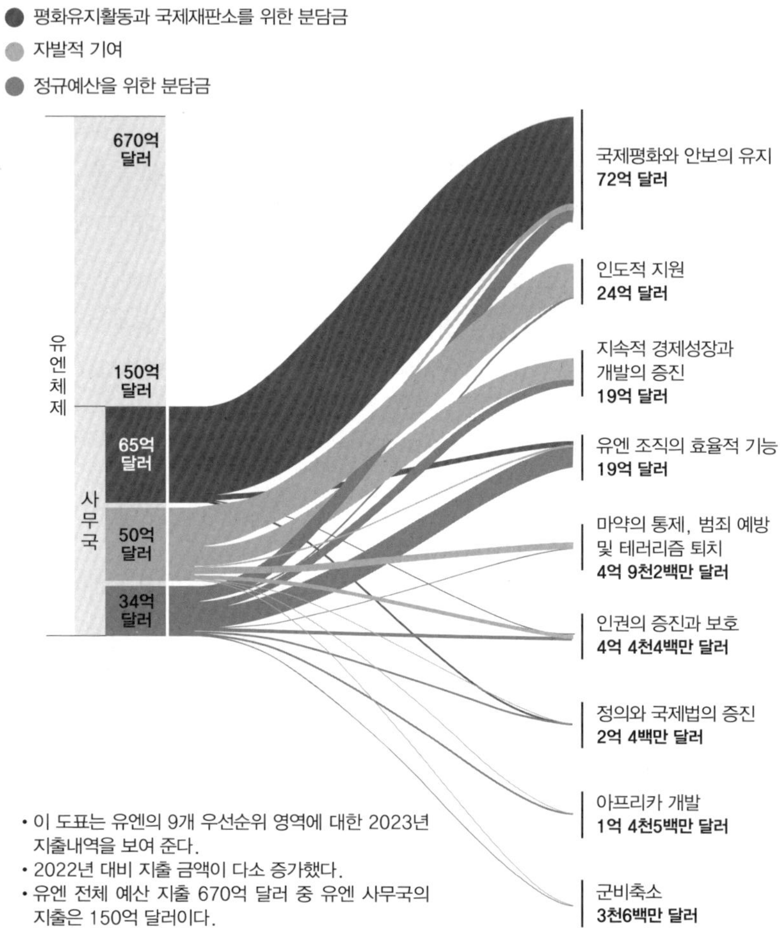

그림 서론-2 2023년도 우선순위 영역에 대한 지출내역

역에서 다발적으로 발생하고 있는 지정학적 차원의 무력충돌을 막지 못하는 유엔의 내재적 한계를 부인할 수는 없다. 그럼에도 불구하고 유엔은 다자외교 포럼과 관련 국제기구들을 활용하여 국제평화의 유지, 인권보호, 인도적 지원 제공, 지속가능한 개발을 실현하기 위해 노력함으로써 인류를 지옥에서 구하는 역할을 충실히 수행하고 있다.

대한민국(이하 '한국')은 정부 출범부터 6·25전쟁과 휴전, 냉전기의 남북관계, 급속한 경제발전, 정치적 민주화, 선진국 지위 획득에 이르기까지 항상 유엔과 함께했다고 해도 과언이 아니다. 한국은 1948년 당시 유엔 한국임시위원회의 지원하에 정부 수립을 위한 선거를 실시하고 정부를 출범했다. 정부 출범 직후 총회 결의 제195호(Ⅲ)는 한국을 한국민의 정당한 선거를 통해 수립된 유일한 합법정부로 인정했고, 한국은 제195호(Ⅲ) 결의에 근거하여 국가승인을 얻고 국제사회의 일원으로 활동할 수 있었다. 냉전이 종식되면서 한국은 1991년 뒤늦게 유엔에 가입할 수 있었고 다자외교의 후발주자로 출발했다. 그럼에도 불구하고 지난 30여 년간 적극적으로 유엔 다자외교 활동에 참여하고 국제법의 발전에 기여했다. 한국은 안보리 비상임이사국과 경제사회이사회 이사국을 수임했으며, 활발한 다자 정상외교를 추진했다. 또한 총회와 경제사회이사회 의장을 배출했고, 유엔을 대표하는 사무총장을 배출하는 성과를 달성하기도 했다. 한국은 유엔이 다자외교 의제로 설정하고 있는 평화유지활동, 군축, 환경, 인권, 마약 퇴치, 국제법의 발전 등 범세계적 문제를 해결하는 데 건설적인 기여와 활동을 하고 있다. 단적인 예로 2024년 9월 기준 한국의 유엔 정규분담률은 약 2.6%로 193개 회원국 중 9위이며, 평화유지활동 분담률도 2.64%에 달하여 전체 9위 수준에 이른다.

한국은 유엔에 가입한 뒤 30여 년 동안 어느 국가보다도 적극적으로 유엔 다자외교 활동에 참여했고, 국제법치주의 증진에 크게 기여했다. 2021년 7월 유엔무역개발회의UNCTAD는 만장일치로 한국의 지위를 개발도상국 그룹에서 선진국 그룹으로 이동하기로 결정했다.[7] 한국의 선진국

7 대한민국, 유엔무역개발회의[UNCTAD] 선진국 그룹 진출(외교부 보도자료, 2021. 7. 4.).

지위 변경은 유엔무역개발회의가 1964년 설립된 이후 유일한 사례이다. 한국이 1991년 유엔에 가입한 지 30년이 되는 2021년에 한국의 지위가 개발도상국에서 선진국으로 변경된 것이다. 이러한 시점에서 유엔과 한국의 역사적 관계, 남북관계와 유엔, 국제법치주의 증진을 위한 한국의 노력을 정리하고, 전쟁, 인권, 환경, 해양 등 유엔의 다자외교 의제에 관한 한국의 활동과 성과를 객관적으로 평가해 볼 필요가 있다. 유엔 다자외교와 국제법의 역할에 관한 분석과 평가는 글로벌 복합위기를 극복해 나가야 하는 유엔의 다자외교 장에서 앞으로 한국이 어떠한 방향에서 다자외교 전략을 수립해야 할 것인지, 국제평화와 국제법치주의 증진을 위해 어떠한 기여를 할 것인지, 그리고 선진국으로서 환경, 기후위기, 인권, 해양 등 다자외교 의제에 어떠한 입장을 정립해 나갈 것인지를 모색하는 길잡이가 될 것이다.

제1장

유엔과 대한민국 정부 수립

정인섭
서울대학교 법학전문대학원 명예교수

Ⅰ. 서론

제2차 세계대전 종료와 동시에 한반도는 일제 식민통치에서 벗어나 38선을 경계로 미국과 소련의 분할점령하에 놓였다. 3년간 군정 후 남한은 1948년 8월 15일 대한민국(이하 '한국' 또는 '남한')으로, 북한지역은 1948년 9월 9일 조선민주주의인민공화국(이하 '북한')으로 공식 출범했다. 남한에서는 유엔 감시 아래 실시된 5·10 총선거를 통해 구성된 국회가 헌법을 제정하고, 이에 따라 한국 정부가 수립되었음은 잘 알려진 사실이다. 그 과정을 살펴보면 다음과 같다.

미국·영국·중국(현 대만) 3국 정상은 1943년 12월 1일 발표된 카이로선언을 통해 "한국민의 노예상태를 유의하여, 적절한 시기에 한국이 자유롭게 독립할 것임을 결정했다."[1] 이어 이들 3국 정상은 1945년 7월 26일 포츠담선언에서 "카이로선언이 이행되어야" 함을 재확인했다.[2] 1945년 12월 모스크바에서 회동한 미국·영국·소련 3국 외교장관은 이른바 모스크바합의를 통해 한반도 처리 방향을 결정했다. 한반도를 점령 중인 미국과 소련이 공동위원회를 설립하고 미·소공동위원회는 한국 독립을 지원하는 방안으로 최장 5년간 4개국 신탁통치를 실시할 계획을 세우기로 합의했다. 모스크바회의에 참석하지 않았던 중국도 동참을 표시했다.

1 Cairo Declaration: "The aforesaid three great powers, mindful of the enslavement of the people of Korea, are determined that in due course Korea shall become free and independent."

2 Potsdam Declaration 8: "The terms of the Cairo Declaration shall be carried out and Japanese sovereignty shall be limited to the islands of Honshu, Hokkaido, Kyushu, Shikoku and such minor islands as we determine." 소련은 1945년 8월 8일 대일선전포고에서 포츠담선언에 대한 지지를 표명했다. "The Soviet Government …… has accepted Allies' proposal and has joined the declaration of the Allied Powers of July 26 this year."

이에 대해 남한에서는 주로 반탁운동이, 북한에서는 공산세력에 의한 찬탁운동이 전개되었다.

모스크바합의에 따라 1946년 3월 20일 미·소공동위원회가 개시되었다. 이미 냉전이 본격화된 시기여서 미·소공동위원회는 지루한 논쟁만 계속하고 별다른 성과를 얻지 못했다. 그러자 1947년 9월 17일 미국은 한국 문제를 차기 유엔 총회에 상정할 예정임을 소련에 통지하고, 같은 날 유엔 총회 제82차 본회의에서 마셜Marshall 미 국무장관은 한국 문제를 의제로 제안했다.[3]

이후 유엔 총회에서는 치열한 논쟁이 전개되다가 한반도에서 1948년 3월 31일 이전 총선거를 실시해 국회를 구성하고 이를 통해 독립 정부를 세우는 한편, 한반도를 점령 중인 외국군은 정부 수립 후 가능하면 90일 내로 철수할 것을 내용으로 하는 결의 제112호(Ⅱ)(1947. 11. 14.)가 채택되었다. 그리고 유엔 총회는 독립과정을 감시할 9개국 유엔한국임시위원회UN Temporary Commission on Korea(이하 '한국임시위원회')를 설치했다.[4]

한국임시위원회는 1948년 1월부터 서울에서의 활동을 개시했다. 그러나 소련 측 협조 거부로 북한지역으로 진입할 수 없었다. 한국임시위원회는 총회 결의가 예정한 남북한 총선거 실시가 불가능하다고 판단하고 이에 대한 대처방안을 소총회Interim Committee와 협의하기로 했다.[5] 1948년 2월 26일 소총회는 가능한 지역에서라도 선거업무를 진행하라고 결

3 마셜 장관은 미·소가 근 2년간 회의를 해도 합의를 보지 못하고 있으니, 한국 독립을 조기에 달성하기 위해 다른 회원국들의 공평한 판단을 구하겠다고 발표했다. A/PV.82(1947. 9. 17.), p.22. 유엔 회의록은 UN Digital Library(https://digitallibrary.un.org)에 거의 모두 공개되어 있으므로 이를 활용했다. 이 글에서 출처로 제시된 회의록의 경우 유엔 문서번호 뒤 ( ) 속의 날짜는 문서의 생산일자가 아니라 실제 회의일을 가리킨다.

4 유엔한국임시위원회 위원국: 오스트레일리아, 캐나다, 중국, 엘살바도르, 프랑스, 인도, 필리핀, 시리아, 우크라이나.

5 소총회에 관해서는 'Ⅲ.1. 문제의 제기' 항목 내 설명 참조.

정했다. 이에 1948년 5월 10일 남한에서만 총선거가 실시되고, 이를 바탕으로 8월 15일 대한민국 정부가 정식으로 출범했다. 반면 북한지역에서는 1948년 9월 조선민주주의인민공화국이 출범했다. 1948년 12월 12일 유엔 총회는 남한에서의 총선거와 정부 수립과정에 대한 한국임시위원회의 보고서를 수락하는 한편,[6] 한국 정부를 합법정부a lawful government로 선언하는 결의 제195호(Ⅲ)를 채택했다. 이렇듯 유엔은 한국 정부 출범에 합법성의 축복을 부여했으며, 이후 한국은 회원국으로 가입하기 이전에도 정치적으로 유엔과 떼려야 뗄 수 없는 관계를 형성하게 되었다.

이러한 역사적 사실은 다양한 각도에서 연구되고 정리·분석·평가되어 왔지만, 이 글은 대한민국 정부 수립과정에서 유엔의 역할을 주로 국제법적 시각에서 분석하고자 한다. 1947년 9월 한국 문제의 유엔 총회 회부부터 1948년 12월 12일 유엔 총회의 한국 정부 승인결의 채택에 이르기까지 어떠한 국제법적 쟁점이 제기되었고 그에 대한 평가는 어떠한가를 위주로 분석하고 평가하고자 한다.

II. 한국 독립 문제의 유엔 총회 회부

1. 문제의 제기

1947년 9월 17일 미국의 마셜 국무장관이 한국 독립 문제를 유엔 총회 의제로 제출하자 그로미코Gromyko 소련 대표는 9월 21일 총회 일반위

6 The Report of the United Nations Temporary Commission on Korea. A/575 & Add.1-3(1948).

원회에서 미국의 주장은 그 자체로 위법한 제안이라고 주장했다. 즉 한국 문제에 관한 이제까지의 미·소 간 협상이 불만족스러우면 모스크바합의 당사국 정부 간에 논의를 하는 것이 적절한 절차이지 이를 유엔 총회로 제기함은 위법하다는 해석이었다.[7] 그러나 오스틴Austin 미국 대표는 모스크바합의 이행을 위한 노력을 근 2년간이나 해왔으나 별 진전이 없었기 때문에 미국으로서는 이 문제를 유엔 총회로 제기하는 방안 외 다른 해결책이 없으며, 다른 합의 당사국인 영국과 중국도 이 점에 동의했다고 반박했다. 쇼크로스Shawcross 영국 대표도 모스크바합의로 인해 유엔이 한국 문제에 눈을 감고 있어야 한다는 의미는 아니며 총회가 필요한 권고를 할 수 있다고 주장했다.[8] 총회 일반위원회 표결 결과 찬성 12, 반대 2로 한국 독립 문제는 유엔 총회 의제로 채택되었다.

결과적으로 유엔 총회는 1947년 11월 14일 결의 제112호(Ⅱ)를 채택하고 한국 독립에 관한 해결방향을 제시했다. 그 요지는 ① 한국의 독립이 재수립되어야 함을 확인하고, ② 이 과정을 지원하기 위해 한국임시위원회를 설치하고, ③ 한국임시위원회 감시하 선거를 통해 선출된 한국민의 대표가 국회National Assembly를 구성하고 정부National Government를 수립하고, ④ 이 정부는 남한과 북한의 군 당국과 민간기관에서 정부 기능을 인수받고, 가능하면 90일 이내에 한국에서 모든 외국군이 완전히 철수하도록 점령국과 협의하라는 내용 등이었다.

이 과정에서 소련 등 공산권 국가들은 다음과 같은 반론을 제기했다. 첫째, 미국이 한국 독립 문제를 유엔 총회로 제기함은 모스크바합의 위반이다. 둘째, 유엔은 한국 독립 문제를 다룰 권한이 없으므로 이는 유

7 A/BUR/SR.38(1947. 9. 21.), pp.19-20.
8 A/BUR/SR.38(1947. 9. 21.), p.20.

엔헌장(이하 '헌장') 위반이며, 따라서 한국임시위원회 설치도 헌장 위반이다. 셋째, 유엔은 한국 측 대표의 참여가 없는 상태에서 한국 문제를 논의하지 말아야 하며, 한국 독립 문제는 한국인 스스로 결정하도록 맡겨 두는 편이 최선의 방안이므로 모든 외국군(미·소 점령군)은 1948년 초 이전에 한반도에서 철수해야 한다. 여기서 세 번째 주장은 다분히 정책적 성격이 강한 반면, 첫 번째와 두 번째 주장은 국제합의 또는 헌장 해석에 관한 법률적 문제 제기라고 할 수 있다.

2. 모스크바합의의 법적 성격

소련 등 공산권 국가들은 한국 문제가 모스크바합의에 따라 처리되어야 한다며 이를 유엔 총회로 제기한 미국을 비판하고, 합의가 이행되지 않은 책임은 이를 조직적으로 방해한 미국에 있다고 주장했다.[9] 모스크바합의란 미국의 번스Byrnes, 영국의 베빈Bevin, 소련의 몰로토프Molotov 3국 외교장관이 1945년 12월 16일부터 26일까지 모스크바에서 회동해 제2차 세계대전 후 제반 문제 처리방향을 협의한 끝에 12월 27일 발표한 합의문이다. 합의문에서는 유럽의 이탈리아, 루마니아, 불가리아, 헝가리, 핀란드와의 평화조약 문제, 동아시아의 한·중·일 처리방향, 원자력 이용통제를 위한 유엔 기구 설립 등 다양한 주제를 다루었다. 한국 관련 합의의 골자는 ① 한국을 독립국으로 재수립하기 위해 일단 임시정부를 수립한다, ② 임시정부 수립을 논의하기 위해 미·소 점령군 대표로 미·소공동위원회를 구성한다, ③ 미·소공동위원회는 한국에 최장 5년까지 미·영·중·소 4개국 신탁통치 실시계획을 성안한다는 내용이었다.

9 앞의 주 7의 Gromyko 발언; Kiselev 벨라루스 소비에트 사회주의 공화국 대표, A/C.1/SR.89(1947. 10. 29.), p.261 등.

이후 미·소공동위원회 파행의 책임이 어느 쪽에 있는지와 무관하게 일단 미국의 행동이 한국 문제에 관한 모스크바합의의 내용에서 벗어난 것임은 부인할 수 없다. 그렇다면 모스크바합의에도 불구하고 미국이 한국 독립 문제를 유엔 총회로 회부한 조치는 '위법'한 행동이었나? 이를 판단하기 위해서는 모스크바합의의 법적 성격을 검토해야 한다.

통상 모스크바협정으로 불리는 이 합의는 1945년 12월 27일 미·영·소 3국 외교장관 공동성명 형식으로 발표되었다. 문서 제목에는 조약임을 표시하는 통상적 표현(treaty 또는 agreement 등)이 없고, 단순히 3국 외교장관의 회의 보고서Report of the Meeting로 되어 있다. 이는 조약으로서의 형식을 갖춘 문서가 전혀 아니었고, 발효에 관한 내용도 담겨 있지 않았다. 서두에서는 토의가 격식 없이 탐색적 기반에서on an informal and exploratory basis에서 진행되었다고 설명하고 있다. 이 문서는 핵심 전승국들이 향후 취할 정책방향에 대한 합의를 담고 있으나, 전형적인 정치적 합의였을 뿐 국제법적 구속력을 지닌 문서로 만들어지지는 않았다. 모스크바합의가 법적 구속력 없는 문서에 불과하다면 합의와 다른 행동이 국제법에 위반되는가 여부 문제는 제기되지 않는다. 따라서 모스크바합의로 인해 미국이 한국 독립 문제를 유엔에 회부한 조치가 위법하다는 주장도 성립하지 않는다. 소련 역시 1947년 9월 유엔 총회에서 모든 외국군은 한반도에서 신속히 철수하고 한국 독립 문제는 한국민들의 손에 맡기자고 제안하는 등 모스크바합의에 규정된 신탁통치 실시는 미·소 양국이 모두 포기한 상태였다.

3. 유엔 총회의 한국 독립 문제 취급 권한

공산권 국가들이 한국 문제의 유엔 총회 상정이 위법하다고 주장한 또 다른 근거는 무엇이었는가? 총회 제1위원회 토의에서 소련 그로미코 대표는 한국 독립 문제는 유엔의 권한 범위에 속하지 않으며, 이는 모스크바합의를 기반으로 관련 국가들에 의해 결정되어야 한다고 주장했다.[10] 그의 주장은 한국 독립이 제2차 세계대전 결과의 청산 문제에 속하는데, 유엔은 구 적국과 관련된 문제를 취급할 권한이 없다는 논리를 배경으로 했다. 공산권 국가들은 총회가 한국 독립 문제를 취급할 권한이 없다는 전제 아래, 1947년 11월 14일 자 총회 결의 제112호(Ⅱ)가 이 문제를 담당할 보조기관으로 한국임시위원회를 설치한 점도 헌장 위반이라고 주장했다. 이 같은 주장의 헌장상 근거는 제107조이다. 제107조가 과연 그러한 의미로 해석될 수 있는가를 검토한다. 제107조의 문언은 다음과 같다.

"이 헌장의 어떠한 규정도 제2차 세계대전 중 이 헌장 서명국의 적이었던 국가에 관한 조치로서, 그러한 조치에 대하여 책임을 지는 정부가 그 전쟁의 결과로서 취하였거나 허가한 것을 무효로 하거나 배제하지 아니한다."[11]

이 조항은 헌장 제17장 과도적 안전보장장치 속에 포함되어 있다. 제107조는 제2차 세계대전의 전승국은 헌장의 제약을 받지 않고 구 적국에 대한 조치, 특히 평화조약의 조건을 강제할 수 있다는 사실을 명확히 하려는 취지에서 입안되었다.[12] 이는 특히 다른 조약에 대해 헌장의 우위를

10 A/C.1/SR.87(1947. 10. 28.), p.251; A/C.1/SR.93(1947. 11. 4.), p.297.

11 Article 107: "Nothing in the present Charter shall invalidate or preclude action, in relation to any state which during the Second World War has been an enemy of any signatory to the present Charter, taken or authorized as a result of that war by the Governments having responsibility for such action."

12 L. Goodrich, *et al.*, *Charter of the United Nations: Commentary and Documents 3rd & Revised ed.* (Columbia UP, 1969), p.633; Ress & Bröhmer, "Article 107", para.1, in B. Simma, DE Khan, G. Nolte & A. Paulus(eds), *The Charter of the United Nations:*

규정한 제103조와 관련해 중요한 의미를 지닌다. 예를 들어 연합국과 평화조약을 체결한 구 적국이 나중에 이에 대해 헌장상 무력사용 위협금지나 주권평등 원칙에 위반된 합의이므로 무효라는 주장을 할 수 없게 되었다. 그렇다면 한반도 독립 문제가 헌장 제107조에 의해 유엔이 다룰 수 없는 주제에 속하는가?

제107조 적용과 관련해 비교적 초기에 제기된 한국 독립 문제 토의에서는 다음과 같은 평가가 다수의견이었다. 입법 취지에 비추어 볼 때 제107조는 구 적국 처리에 관해 연합국의 재량을 확보하려는 목적의 조항이지, 연합국의 권한을 제한하기 위한 조항이 아니었다. 1947년 유엔 총회에 제기된 한국 독립 문제는 구 적국에 대한 조치로 인한 전승국과 구 적국 사이의 이견이 아니라, 전후 처리에 관한 점령국(미국과 소련) 간 견해 충돌이므로, 헌장 제107조의 적용과는 무관한 문제이다. 헌장 구조를 보아도 총회는 국제평화와 안보의 유지에 관한 어떠한 문제도 토의할 수 있고(제11조 제2항), 또한 그 "기원에 관계없이regardless of origin" 어떠한 사태에 대해서도 이의 평화적 조정을 위한 조치를 권고할 수 있으므로(제14조), 구 적국과 관련된 사항에 대한 모든 논의와 권고가 헌장에 의해 봉쇄되지 않는다.[13]

공산권 국가들은 총회에서 한국 독립 문제를 의제로 채택하지 말자는 주장을 집요하게 전개했지만, 토의과정에서 헌장 제107조를 특히 집중적으로 부각시키지는 않았다. 오히려 미·소공동위원회 공전의 책임

A Commentary 3rd ed. (Oxford UP, 2012). 미국 역시 제1차 세계대전 이후 전승국이 패전국을 지속적으로 통제하지 못한 과오가 있다고 판단해 이러한 조항을 지지했다. 나인균, "UN 헌장의 적국조항과 한반도", 『국제법학회논총』, 제43권 제1호(1998), 86쪽.

13 El-Khouri 시리아 대표 발언. A/BUR/SR.38(1947. 9. 21.), p.20; Evatt 오스트레일리아 대표 발언. A/PV.90(1947. 9. 23.), pp.279-280; Ress & Bröhmer, *supra* note 12, para.18.

은 미국에 있으며, 한국민 대표의 참여 없는 논의에 반대하며, 한국 문제 해결을 위해 모든 외국군의 신속한 철수를 주장하는 데 더 중점을 두었다. 소련은 유엔이 한국 독립 문제를 토의할 권한이 없다고 주장하면서도, 미국 측 제안에 대한 반론으로 1948년 초 이전까지 한반도에서 모든 외국군 철수 결의안을 총회 안건으로 제출하는 한편, 총회 논의에 한국인 대표를 초청해야 한다고 강조했다. 한편으로는 권한이 없으니 논의하지 말아야 한다고 주장하면서, 다른 한편 총회에 관련 결의안을 제출하고 논의를 위해 한국 측 대표를 초빙하자는 제안은 논리적으로 앞뒤가 맞지 않는 태도였다. 공산국가들도 이러한 모순을 모를 리 없었을 것이다. 결국 소련의 결의안은 총회에서 부결되었고,[14] 미국 주도의 안이 결의 제112호(Ⅱ)로 통과되었다.[15]

결론적으로 제107조는 입법취지나 문언, 이에 관한 유엔에서의 실행 등에 비추어 볼 때 한국 문제를 검토할 유엔 총회의 권한을 부인하는 근거가 되기 어려우며, 총회가 한반도 총선거를 감시하기 위한 보조기관으로 한국임시위원회를 설치한 결정에는 별다른 법적 하자가 없었다.

14 A/477(1947). 찬성 7, 반대 34, 기권 6.

15 찬성 43, 반대 0, 기권 6(공산권 국가들은 표결 불참). A/PV.112(1947. 11. 14.), p.858. 한편 공산권 국가는 아니라도 덴마크와 스웨덴 등은 한국 독립 문제를 유엔이 다루는 데 시종 회의적이었다. A/AC.18/SR.9(1948. 2. 26.), pp.8–9. 이런 비공산권 국가들은 미국 측 결의안 표결에서 기권했다.

Ⅲ. 소총회의 남한 선거 실시 결정

1. 문제의 제기

한반도 총선거를 감독할 한국임시위원회는 1948년 1월 12일 서울에서의 제1차 회의를 시작으로 정식 활동을 시작했다. 그러나 위원국의 하나로 지명된 우크라이나는 끝내 참여를 거부했고, 북한을 점령 중인 소련은 한국임시위원회의 예방이나 문서 접수조차 거부했다. 한국임시위원회는 북한지역의 소련군 당국과 더 이상의 협력 시도는 무의미하다고 판단했다. 한국임시위원회 내부에서는 일단 남한에서라도 선거를 실시하자는 입장과 남북한 총선거라는 원래의 임무를 수행할 수 없으니 이 상황을 유엔에 보고해야 한다는 입장이 대립했다. 남한만의 선거와 정부수립에 대해서는 남한 내 제 세력의 반발도 적지 않았다. 결국 한국임시위원회는 향후의 임무 추진방향을 소총회와 협의하기로 했다.[16] 당초 한국임시위원회 설치를 결정한 총회 결의에서도 사태 발전에 따라 이의 적용에 관해서는 소총회와 상의하라고 지정하고 있었다.[17]

소총회는 1947년 11월 13일 자 총회 결의 제111호(Ⅱ)를 근거로 처음 설치된 총회 보조기관이다. 공식 명칭은 'Interim Committee'였으나 모든 회원국으로 구성되어 총회나 마찬가지라는 의미에서 후일 소총회Little Assembly라는 비공식 이름으로 더 흔히 불리었다.

한국임시위원회는 다음과 같은 질의서를 소총회에 제출했다.

---

16 이 과정에 대해서는 A/575(1948), pp.24-26 참조. 한국임시위원회의 구성원과 업무추진에 관한 이들의 입장에 대한 보다 상세한 분석은 하용운, "UN 한국임시위원단(UNTCOK) 연구", 『한성사학』, 제6·7합집(1994), 152-174쪽 참조.

17 총회 결의 제112호(Ⅱ), para.5.

"1. 1947년 11월 14일 자 총회 결의 내용과 이후 한반도에서의 사태 발전에 비추어 볼 때, 미국군이 점령하고 있는 지역에서 위 결의 Ⅱ에 제시된 계획을 이행함은 위원회의 재량인가 아니면 의무사항인가?

2. 만약 그렇지 않은 경우,

(a) 선거가 자유로운 분위기에서 진행될 수 있다고 결정한다면, 1947년 11월 14일 결의 Ⅰ에 제시된 바대로 한국 문제를 검토하기 위해서 위원회가 한국의 대표자 선거를 감시해야 하는가?

(b) 위원회는 자신의 목적 달성을 위해 가능하고 바람직한 다른 방법을 강구해야 하는가?"[18]

한국임시위원회의 질의를 받은 소총회는 치열한 토의 끝에 1948년 2월 26일 "1947년 11월 14일 자 총회 결의 내용과 이후 한반도에서의 사태 발전에 비추어 볼 때, 유엔한국임시위원회가 접근할 수 있는 지역에서 결의 제112호(Ⅱ)에 제시된 계획을 이행함은 위원회에 부여된 의무"라는 내용의 결의를 채택했다.[19] 한국임시위원회는 이 결정에 맞추어 남한에서의 5·10 총선거 감시를 진행했음은 잘 알려진 바와 같다.

이와 관련해서 크게 두 가지 법적 반대가 제기되었다. 첫째, 소련 등 공산권 국가들은 소총회 자체가 헌장에 위반되는 기관이라고 주장했다.[20] 둘째, 남한에서의 선거를 지지한 소총회 결정은 총회 결의 제112

18 A/AC.18/27(1948).

19 "Resolves that in its view it is incumbent upon the United Nations Temporary Commission on Korea, under the terms of the General Assembly resolution of 14 November 1947, and in the light of developments in the situation with respect to Korea since that date, to implement the programme as outlined in resolution Ⅱ, in such parts of Korea as are accessible to the Commission." A/575(1948), p.26. 찬성 31, 반대 2(오스트레일리아, 캐나다), 기권 11. A/AC.18/SR.9(1948. 2. 26.), p.15.

20 Vyshinsky 소련 대표 발언. A/BUR/SR.43(1948. 9. 22.), pp.7–8; Malik 소련 대표 발언.

호(Ⅱ) 위반으로 소총회는 그러한 결정을 할 권한이 없다는 주장이었다. 각각에 대해 검토한다.

2. 소총회 설치의 합법성

논란의 배경

소련 등 공산권 국가들은 소총회 자체가 헌장에 위반되는 기관이며, 소총회 결정을 근거로 한 남한에서의 선거도 위법하다고 공격했다. 소총회는 과연 헌장에 위반되는 불법기관이었는가? 소총회 설치의 배경과 관련 법리 논쟁을 살펴본다.

유엔은 창설 직후부터 냉전의 영향을 크게 받았으며, 특히 핵심기관인 안전보장이사회(이하 '안보리')는 거부권으로 인해 정상적 임무수행이 쉽지 않았다. 가장 심각한 문제는 신규 가입국을 제대로 받을 수 없다는 점이었다. 냉전의 한 축인 미국은 물론, 거부권을 갖지 못한 일반 회원국들의 불만이 높았다.[21] 소총회 설치 제안은 이 같은 상황에 대한 미국 측 대처방안의 하나였다.

1947년 9월 17일 제2차 유엔 총회 개막 시 미국의 마셜 국무장관은 총회가 정기회기를 마친 후에도 국제평화와 안보 문제를 검토할 수 있도록 전 회원국으로 구성되는 상설위원회를 설치하자고 제안했다.[22] 소총회 설치의 명분으로 여러 가지가 주장되었지만, 가장 실질적 이유는 안보

A/PV.142(1948. 9. 24.), p.95; Modzelelewski 폴란드 대표 발언. A/C.1/SR.236(1948. 12. 8.), p.1024. 소총회 설치가 헌장 위반이라는 공산국가들의 주장은 1949년 제4차 유엔 총회까지 지속되었다. Hoffmeister 체코슬로바키아 대표 발언. A/PV.224(1949. 9. 22.), para.38; Kisley 벨라루스 소비에트 사회주의 공화국 대표 발언. 같은 출처, para.46 등.

21 총회는 제1차 회기부터 안보리에서의 거부권 행사 자제를 요청하는 결의를 채택한 바 있다. 결의 제40호(Ⅰ)(1946. 12. 13.).

22 A/PV.82(1947. 9. 17.), p.25; "The Interim Committee of the General Assembly", *Documents & State Papers*, Vol.1, No.3, 1948, pp.159-160.

리 거부권을 피하기 위한 우회로 마련이었다. 즉 중요 국제 문제에 대한 미국 측 대처방안이 안보리 심의에서 소련의 거부권 행사로 번번이 저지되자, 미국은 이런 문제를 확실한 다수를 확보할 수 있는 총회로 가져와 처리하기를 원했다. 그런데 총회는 매년 9월 중순부터 12월 중순 즈음의 제한된 기간 동안만 정기회기를 갖고 1년 중 상당 기간은 휴회상태였기 때문에 활동에 제약이 많았다. 이에 전 회원국으로 구성된 소총회를 총회 보조기관으로 설치해 정기회기 이후에도 상시적으로 활동할 수 있도록 하자는 제안이었다.

그 무렵 국제정치 지형상 총회에서 다수를 장악할 가능성이 없던 소련을 비롯한 공산권 국가들은 총회 역할을 강화하려는 어떠한 시도에 대해서도 시종 반대했다. 공산권 국가들은 소총회 설치가 바람직하지 않음은 물론 헌장 위반이라고 주장했다. 당시 유엔 토의에서 제시된 주요 반대 논거는 다음과 같다.

첫째, 소총회는 헌장에 규정된 안보리의 권한을 침해하는 위법한 기관이다. 헌장 제24조는 국제평화와 안보의 문제에 관해 안보리에 제1차적 권한을 부여했으므로, 이러한 문제를 다루려는 소총회의 설치는 안보리 권한을 침해하는 헌장 위반의 조치이다.[23] 특히 헌장은 조치action를 필요로 하는 것은 총회 토의 전 또는 후 안보리에 회부되어야 하며(제11조 제2항), 안보리가 임무를 수행하는 동안 총회는 그 분쟁 또는 사태에 대해 어떠한 권고도 할 수 없다(제12조 제1항)고 규정하고 있으므로, 소총회가 국제분쟁을 폭넓게 취급하려는 시도는 안보리의 권한을 침해하여 헌장 위반이다.[24]

23 Vyshinsky 소련 대표 주장. A/C.1/SR.94(1947. 11. 5.), p.309.

24 Vyshinsky 소련 대표 주장. A/C.1/SR.94(1947. 11. 5.), p.309; Slavik 체코슬로바키아 대표 주장. A/C.1/SR.95(1947. 11. 5.), p.314.

둘째, 소총회는 표면상 총회의 보조기관subsidiary organ으로 예정되어 있으나 폭넓은 권한을 갖고 있어 실제는 헌장 개정 없이 새로운 주요기관principal organ을 만드는 결과가 된다. 소총회 설치는 소수자의 입장을 무시하고 안보리를 사실상 유명무실하게 만들려는 기도이며 유엔을 파괴하려는 시도이다.[25]

셋째, 보조기관은 특별히 제한적 목적을 위해 설치되며, 구체적 주제에 관해 주요기관을 보조하는 역할을 하도록 예정되어 있다. 소총회는 그러한 보조기관의 역할을 뛰어넘어 사실상 총회의 모든 기능과 권한을 행사하게 되므로 이는 헌장 위반이다.[26]

넷째, 소총회 제도는 총회 회기에 관한 헌장 조항 위반이다. 헌장 제20조는 "총회는 연례 정기회기 및 필요한 경우에는 특별회기로서 모인다"라고 규정해 총회가 연중 지속적으로 회기를 계속하지 않을 예정임을 표시하고 있다. 이는 안보리의 경우 계속적으로 임무를 수행하도록 예정되어 각 이사국은 기구 소재지에 항시 대표를 두어야 하는 점과 대비된다(제28조 제1항). 그런데 전 회원국으로 구성된 소총회가 정규 회기를 마친 직후 설립되어 다음 회기 이전까지 계속된다면 이는 사실상 총회의 연중 지속이므로, 이는 헌장 제20조 취지에 반한다. 소총회 설치는 안보리와 같은 또 다른 지속적 활동기관을 추가하는 셈이며, 안보리의 권한을 침해하고 유엔의 구조를 변경시키는 결과가 된다.[27]

토의 내내 공산권 국가들은 소총회가 헌장 위반이라는 주장을 끈질기고도 장황할 정도로 계속했으나, 1947년 11월 6일 총회 제1위원회에서

---

25 Vyshinsky 소련 대표 주장. A/C.1/SR.95(1947. 11. 5.), pp.313, 321.

26 Slavik 체코슬로바키아 대표 주장. A/C.1/SR.95(1947. 11. 5.), p.314; Popovic 유고슬라비아 대표 주장. A/C.1/SR.96(1947. 11. 6.), p.326.

27 Lange 폴란드 대표 주장. A/C.1/SR.95(1947. 11. 5.), pp.318–319; A/PV.110(1947. 11. 13.), pp.805–806.

찬성 43, 반대 6, 기권 6으로 소총회 설치 결의안이 통과되었으며,[28] 11월 13일 자 본회의에서도 제1위원회에서의 논란을 반복하다 찬성 41, 반대 6, 기권 6으로 통과되었다[총회 결의 제111호(Ⅱ)].[29] 소총회 설치를 위한 결의 채택에도 불구하고 소련 등 6개 공산권 국가들은 소총회가 소집되어도 참여하지 않겠다고 선언했다.[30]

공산권 국가들의 입장은 한마디로 요약해 소총회 설치는 미국이 자신에 의존적인 국가들의 지지를 바탕으로 안보리 상임이사국의 거부권을 회피하려는 시도라는 주장이었다. 그러한 의도에서 소총회 설치가 제안된 것은 사실이지만, 소총회가 헌장 위반 기관이냐는 별개의 검토가 필요한 사항이다.

유엔의 실행과 평가

1947년 소총회 설립을 둘러싼 대립은 헌장상 총회와 안보리 권한 관계 해석에 관한 미·소 간 첫 번째 격돌이었다. 이에 관한 양측 대립은 총회의 1950년 평화를 위한 단결Uniting for Peace 결의(제377호) 채택을 거쳐 1956년 유엔 긴급군 I UNEF I 설치에 이르러 절정에 달했다.

소총회와 관련한 당시 서방 국가들의 주장은 다음과 같았다. 유엔 체제 속에서 안보리가 국제평화와 안보의 유지나 분쟁의 평화적 해결에 관해 배타적·독점적 권한을 갖지 않으며, 총회 역시 폭넓은 권한을 부여받고 있으므로, 이런 문제를 다룰 보조기관(소총회) 설치가 헌장 위반은 아

---

28 A/454(1947).

29 A/PV.111(1947. 11. 13.), p.822.

30 소련, 우크라이나, 벨라루스 소비에트 사회주의 공화국, 폴란드, 체코슬로바키아, 유고슬라비아. A/C.1/SR.97(1947. 11. 6.), p.335. 소총회 설치 과정에 대한 종합적 정리는 "The Interim Committee of the General Assembly", *Documents & State Papers*, Vol.1, No.3, 1948, pp.159-180에 상세.

니다.[31] 소총회는 총회의 권한 범위 내에서 활동하며 회부된 의제를 검토하고 그 결과를 총회에 보고하기로 예정되어 있다는 점에서[32] 총회를 지원하기 위한 제한된 목적의 보조기관에 불과하다. 특히 안보리가 취급하고 있는 사안은 소총회의 검토대상이 아니므로 소총회가 안보리의 권한을 침해할 리 없다.[33]

1960년대 초까지 지속된 이러한 갈등은 1962년 국제사법재판소(이하 'ICJ')의 일정경비 사건Certain Expenses case에 관한 권고적 의견을 통해 어느 정도 정리되었다. 이 사건에서 ICJ는 안보리가 국제평화와 안보 유지에 관해 1차적primary 책임기관이기는 하나 책임을 배타적exclusive으로 독점하지는 않으며, 총회 역시 이런 문제에 관해 폭넓은 권한을 갖고 토의·검토·조사·권고 등을 할 수 있다고 해석했다. 강제조치enforcement action를 필요로 하는 경우에는 총회에서의 토의 전 또는 후 안보리에 회부되어야 하나, 비구속적 조치인 권고 등은 총회도 독자적으로 할 수 있다고 판단했다.[34] 즉, ICJ는 헌장 조항을 유연하게 해석하면서 총회가 국제평화와 안보를 다룰 보조기관을 설치할 권한이 있다고 판단했다.

총회가 임무수행을 위해 보조기관을 설립하려는 경우 그 필요성 판단은 결국 다수 회원국 의사에 의해 결정될 수밖에 없다. 총회는 이러한 판단에 관해 폭넓은 재량을 가지며, 이러한 권한은 제한적으로 해석되지

31 Shawcross 영국 대표 주장. A/BUR/SR.38(1947. 9. 21.), p.18; Austin 미국 대표 주장. 같은 출처, p.19; Evatt 오스트레일리아 대표 주장. A/C.1/SR.95(1947. 11. 5.), pp.308, 316; Wold 노르웨이 대표 주장. A/C.1/SR.96(1947. 11. 6.), p.324.

32 총회 결의 제111호(Ⅱ), para.2 참조.

33 총회 결의 제111호(Ⅱ), para.3 참조.

34 *Certain Expenses of the United Nations*, 1962 ICJ Reports 161, pp.163-164; *Legal Consequences of the Construction of a Wall in the Occupied Palestinian Territory*, 2004 ICJ Reports 136, para.26.

말아야 한다.[35] 권한 범위도 주요기관이 수권할 수 있는 헌장상 한계를 초과하지 않는 한 단순히 포괄적으로 넓다는 사실만으로 헌장 위반이 되기 어렵다.[36]

총회 회기에 관해서는 다음과 같은 설명이 제시되었다. 총회는 헌장이 연례 정기회기를 요구하고 있는 유일한 주요기관이다(제20조). 헌장 기초자들은 총회가 1년 내내 가동되리라고 예상하지 않았을 것이다. 그렇다고 헌장 속에 총회의 연중 가동을 금지하는 내용 역시 없으므로, 총회가 임무 수행을 위해 필요하다면 회기와 관계없이 상시 가동될 수 있는 보조기관을 설치할 수 있다고 보아야 한다.[37] 실제로 1947년 당시 총회는 정기회기가 아닌 시기에도 활동을 지속하는 '팔레스타인 위원회'와 '발칸 특별위원회'를 설립해 가동 중이었다. 훗날의 실행이지만 유엔은 1997년부터는 헌장 개정 없이도 정기회기 자체를 다음 해 정기회기 전일까지 지속시켜 현재는 1년 내내 회기를 계속하고 있다. 소총회가 헌장 제20조 위반이라는 주장은 유엔의 실행을 통해 부인되었다.

총회 구성원 모두가 참여하는 소총회는 보조기관이라기보다 총회의

35 "The object of both those Articles is to enable the United Nations to accomplish its purposes and to function effectively. Accordingly, to place a restrictive interpretation on the power of the General Assembly to establish subsidiary organs would run contrary to the clear intention of the Charter. Article 22, indeed, specifically leaves it to the General Assembly to appreciate the need for any particular organ, and the sole restriction placed by that Article on the General Assembly's power to establish subsidiary organs is that they should be necessary for the performance of its functions." *Application for Review of Judgement No 158 of the United Nations Administrative Tribunal*, 1973 ICJ Reports, 166, pp.172–173.

36 때로 주요기관은 자신이 직접 행사할 수 없는 기능을 보조기관에 부여하기도 했다. 예를 들어, 사법적 기능을 수행하지 않는 총회가 유엔 행정재판소를 설치했으며, 총회는 이 보조기관의 결정에 구속된다. *Effect of Awards of Compensation Made by the U.N. Administrative Tribunal*, Advisory Opinion, 1954 ICJ Reports 47, p.61.

37 Arce 아르헨티나 대표 주장. A/C.1/SR.94(1947. 11. 5.), pp.322–323.

복사판에 불과하다는 지적도 있었으나, 유엔에서 보조기관이라 해 이를 설립한 주요기관의 구성국 일부만 참여해야 한다는 규칙은 없다. 모기관의 구성국 전부가 참여하는 보조기관 설립은 헌장상 금지되어 있지 않으며, 실제 사례 역시 적지 않았다.[38] 결론적으로 소총회는 유엔에서 다수 회원국의 동의와 실행을 통해 지지받은 제도이며,[39] ICJ 역시 총회의 국제평화와 안보를 다루는 보조기관 설립이 헌장상 허용된다고 판단했다.

소총회는 당초 총회 제2차 회기 종료 후 6주 이내에 소집되어 제3차 회기 직전 임무가 종료되는 1회성 기관으로 예정되었으나,[40] 총회는 제3차 회기를 마친 후에도 소총회를 다시 설치했다.[41] 제4차 회기 이후에는 매년 정기회기 종료(정지) 후 6주 이내에 소집하기로 결정해 이를 상설기관화했다.[42] 그때마다 공산권 국가들은 격렬히 반대했으나, 표결에서는 항상 중과부적이었다.

다만 소총회는 상설기관화된 이후 별다른 활동을 하지 못했다. 적지 않은 국제분쟁의 배경에는 미·소 대립이 자리 잡고 있었는데, 소련 등 공산권 국가들의 외면을 받은 기관이 적절한 해결책을 마련하기는 힘들었기 때문이었다. 소총회 제도는 공식 폐지되지 않았으나, 1961년 이후에는 실제 회의가 소집되지 않았다. 1997년 제52차 회기부터 총회는 그 다음 정기 총회 소집 직전까지 회기를 지속하기로 했으므로 이 제도의

38 R. Higgins, *et al.*, *Oppenheim's International Law: United Nations vol.1* (Oxford UP, 2017), p.167.

39 논란이 계속되자 영국의 Shawcross 대표가 헌장 위반에 관해 ICJ에 권고적 의견을 묻자고 제안했으나, 소련의 Vyshinsky는 이를 즉석에서 거부했다. A/C.1/SR.97(1947. 11. 6.), pp.335-336.

40 총회 결의 제111호(Ⅱ), paras.1, 3.

41 총회 결의 제196호(Ⅲ)(1948. 12. 3.).

42 총회 결의 제295호(Ⅳ)(1949. 11. 21.).

필요성은 완전히 소멸했다.[43]

3. 소총회의 권한 범위

한국임시위원회로부터 한국 독립 문제 처리 방향에 관한 질의를 받은 소총회는 1948년 2월 24일부터 26일까지 3일간 이 문제에 관해 논의했다. 미국은 임시위원회가 접근 가능한 지역에서라도 선거를 진행하라는 내용의 결의를 채택하자고 제안했다. 특이 사항은 6개 공산권 국가들이 소총회는 헌장 위반의 제도라고 주장하며 회의에 불참한 가운데, 캐나다와 오스트레일리아가 미국 안에 강력한 반대의사를 표명했다는 점이었다.[44]

소총회 결정에 반대한 측의 핵심논거는 총회가 회부한 문제를 "검토하고 보고to consider and report"함을 기본임무로 하는 소총회는 원래의 총회 결의 내용을 수정할 권한이 없다는 주장이었다. 그러면 1948년 2월 26일 자 소총회 결정의 법적 성격과 내용은 무엇이며, 이는 총회 결의 제112호(Ⅱ)를 수정했는가?

결의 제112호(Ⅱ)를 보면 총회는 한반도 전역에서의 선거 감시를 한국임시위원회의 임무로 예정했음이 분명하다. 그렇다고 반드시 한반도 전역에서의 선거가 아니라면 부분적 선거는 하지 말라는 지침도 없었다.

43 소총회 제도가 의미를 상실하게 된 또 다른 배경에는 미국 주도로 채택된 총회 결의 제377호(Ⅴ)(평화를 위한 단결 결의)를 통한 비상특별총회 제도의 도입이 있었다. 국제평화와 안보 유지에 관해 안보리가 적절한 역할을 못할 경우 이를 통해 총회의 신속한 개입이 가능해졌기 때문이다. 상세는 정인섭, "한국문제를 통한 UN법의 발달", 『서울국제법연구』, 제22권 제2호(2015), 96-103쪽 참조.

44 한국임시위원회에서도 캐나다와 오스트레일리아 대표는 미국 정부 내지 주한 미군정청의 대한(對韓) 정책에 가장 비판적인 태도를 보였다. Park, Tae-Gyun, "The Ugly Duckling: Activities of the Canadian Delegate in UNTCOK and Koreans' Evaluation", *Comparative Korean Studies*, Vol.13, No.1, 2005, p.1 이하.

총회가 특정 활동을 목적으로 보조기관을 설립하면 그 기관은 100% 임무수행이 가능하다는 전제에서만 활동하게 되는가? 총회 보조기관이 당초 부여된 임무를 100% 완수할 수 없는 상황이 발생하면 이 기관은 가능한 일부조차 하지 말아야 하는가? 사태에 따라서 임무의 일부 수행이 무의미한 경우도 있겠지만, 통상적인 상황이라면 가능한 범위 내에서 임무를 수행함이 보조기관에 주어진 역할일 것이다. 더욱이 총회는 이 문제를 대비해 향후 사태 발전에 따라in the light of development 필요한 경우 임시위원회는 결의 적용에 관해 소총회와 협의하라고 지정해 두었다. 임시위원회는 이러한 절차를 충실히 따라 행동했다. 결국 남한에서만의 선거는 총회 결의 제112호(Ⅱ)의 수정이 아니라 가능한 범위에서 최대한의 실현이었으며, 이는 결의 제112호(Ⅱ)가 예정한 방식에 따른 조치였다.

엄밀히 말하면 소총회는 총회 결의 제112호(Ⅱ)의 해석에 관한 의견을 제시했을 뿐, 이를 수정한 것이 아니었다. 임시위원회로부터 질의를 받은 소총회는 총회 결의 제112호(Ⅱ)와 이후의 사태 발전에 비추어 볼 때 임시위원회가 접근 가능한 지역에서 총회 결의가 예정했던 계획을 수행함이 "자신의 견해에 의하면in its view" 의무사항으로 볼 수 있다는 입장을 표명했다. 즉 한국임시위원회는 총회 결의 제112호(Ⅱ)가 자신에 부여한 임무의 내용과 성격이 무엇이냐를 물었고, 소총회는 상황에 비추어 제112호(Ⅱ)의 의미를 해석했을 뿐이다. 비록 이 결정이 소총회 결의 형식으로 채택되었으나 그 내용이 총회는 물론 임시위원회도 구속하지 않았다. 임시위원회는 소총회에 '조언advice'을 구한다며 질의했고, 소총회 의장 역시 결정 내용을 임시위원회에 전달할 때 이를 '조언'으로 표시했다.[45] 임시위원회는 소총회 조언을 바탕으로 미군 점령지역에서의 선거

45 소총회는 2월 26일 자 결의와 함께 설명문(explanatory note)을 첨부해 한국임시위원회에

감시를 실시하기로 결정했다.[46] 결국 남한에서만의 선거감시 진행을 결정한 주체는 어디까지나 한국임시위원회였다. 그 과정에서 소총회는 총회 결의를 수정한 것이 아니라 해석에 관한 조언을 했을 뿐이었다.

결론적으로 총회 결의 문언과 이후 유엔의 실행에 비추어 볼 때, 남한에서의 선거라도 진행하라는 소총회 결정과 이후 한국임시위원회의 실행이 정책적으로 올바른 방향이었냐에 대한 평가와는 별도로 헌장 위반의 조치는 아니었다. 남한에서만의 선거는 한국 분단을 영속화할 우려가 있다는 일부 국가의 예측은 불행히도 현실화되었지만,[47] 이후의 국제정세에 비추어 보면 미·소가 협의와 조정을 통해 원만히 해결하라는 요구 역시 비현실적이었다. 당시 소련으로서는 일단 확보한 북한지역에 공산정권을 수립할 목표를 어떠한 경우에도 양보하지 않았을 것이기 때문이다. 모든 외국군이 철수하고 한국 문제 처리는 한국인들에게 맡기자는 소련의 제안도 결국 한반도 전체를 공산화하려는 전략이었다. 외국군이 있으면 자유선거에 방해되니 선거 전에 철수해야 된다는 소련의 제안은 자신의 점령하 북한에서는 1946년 11월 자유선거를 통해 민주적 인민의회가 결성되었다는 주장과 모순된다.[48] 북한에 약 10만 명의 군대가 조직화되어 있는 상황에서 외국이나 유엔의 관여가 없다면 더 많은 군대를 동원할 수 있는 측이 선거 결과를 장악하리라는 예상 역시 틀린 소리가 아니었다.[49]

전달하기로 결정했다. 다음은 그 문구의 일부이다. "the advice of the Interim Committee contained in the resolution." Letter from the Chairman of the Interim Committee of the General Assembly to the Chairman of the United Nations Temporary Commission on Korea(1948. 3. 1.)(A/AC.19/45). 이 설명문의 내용은 A/575(1948), pp.26-27에 수록.

46 A/AC.19/49(1948. 3. 12.). 이는 A/575(1948), p.29에 수록.

47 Viteri-Lafronte 에콰도르 대표. A/AC.18/SR.6(1948. 2. 24.), pp.13-14; Forsyth 오스트레일리아 대표. A/AC.18/SR.7(1948. 2. 24.), p.4.

48 Sen 인도 대표 지적. A/C.1/SR.93(1947. 11. 4.), p.302.

49 Romulo 필리핀 대표 지적. A/C.1/SR.91(1947. 10. 30.), p.283.

Ⅳ. 유엔 총회의 대한민국 정부 승인

1. 문제의 제기

1948년 8월 15일 대한민국 정부가 출범하자 약 4개월 후인 12월 12일, 유엔 총회는 한국임시위원회가 감시와 협의를 할 수 있었고 한국민의 절대다수가 거주하고 있는 (남한)지역에 대해 실효적 지배와 관할권을 가진 합법적 정부(대한민국 정부)가 수립되었으며, 이는 한국 내 유일한 그 같은 정부임을 선언하는 결의 제195호(Ⅲ)를 채택했다.[50]

사실 총회 결의 제195호(Ⅲ), 특히 대한민국 정부의 법적 성격을 선언한 제2항의 정확한 의미에 대해서는 채택 당시부터 논란이 있었다. 그동안 이 결의의 의미는 대한민국 정부가 한반도 전체를 대표하는 유일 합법정부라는 주장과 대한민국 정부는 실제 선거가 실시된 남한지역만을 대표하는 합법정부라는 주장으로 대립되어 왔다. 한·일 수교협상에서 대한민국 정부의 성격 규정에 관해 견해가 상충되자, 양측은 기본관계에 관한 조약에 "대한민국 정부가 국제연합 총회의 결의 제195호(Ⅲ)에 명시된 바와 같이 한반도에 있어서의 유일한 합법정부임을 확인한다"는 조항을 두기로 합의했다.[51] 한국 정부는 이 조항을 통해 대한민국 정부의 관할권을 이남에만 한정시키려는 일본 측 의도를 무산시켰다고 주장했

50 제2항: "Declares that there has been established a lawful government(the Government of the Republic of Korea), having effective control and jurisdiction over that part of Korea where the Temporary Commission was able to observe and consult and in which the great majority of the people of all Korea reside; that this Government is based on elections which were a valid expression of the free will of the electorate of that part of Korea and which were observed by the Temporary Commission, and that this is the only such Government in Korea."

51 대한민국과 일본국간의 기본관계에 관한 조약 제3조.

다.[52] 그러나 당시 일본 정부 수뇌들은 총회 결의 제195호(Ⅲ)는 대한민국 정부가 남한지역에 대해 유효한 지배와 관할권을 행사하는 정부라는 의미일 뿐이라고 다르게 해석했다.[53]

이 결의의 중요성에도 불구하고 이제까지 국내에서는 정확한 의미를 규명하려는 연구가 의외로 많지 않았다.[54] 물론 남북한이 각각 별개의 유엔 회원국으로 가입한 현실에서 이 결의의 현재적 의미는 사실상 사라졌다고 할 수 있다. 그러나 냉전시대 수십 년간 한국 외교의 중요한 밑받침 중 하나였던 총회 결의 제195호(Ⅲ)가 원래 정확히 어떠한 의미로 채택되었는가를 분석하는 일은 대한민국 성립사 연구에서 간과될 수 없는 필수 작업 중 하나이다.

총회 결의 제195호(Ⅲ)의 의미 파악을 위한 분석은 한국 독립에 관한 총회의 첫 번째 결의인 제112호(Ⅱ)부터 시작할 필요가 있다. 결의 제195호(Ⅲ) 용어 사용에 관한 논란은 제112호(Ⅱ)에 기원을 두고 있기 때문이다. 결의 제112호(Ⅱ)의 요지는 한국 독립을 위해 한국임시위원회 감시하 선거를 통해 선출된 한국민의 대표가 국회National Assembly를 구성하고

52 대한민국 정부, 『한일회담백서』(1965), 21쪽.

53 1965년 10월 29일 일본 중의원특별위원회에서 사토(佐藤) 수상 답변. 外務省條約局條約課韓, 日韓條約國會審議要旨(1966), 131쪽 수록; 1965년 11월 27일 일본 참의원특별위원회에서 시이나(椎名) 외무장관 답변. 같은 책, 132쪽 수록 등.

54 이 문제를 집중적으로 분석한 선행연구로는 김명기, "국제연합 총회의 결의 제195(Ⅲ)호에 관한 연구", 『국제법학회논총』, 제28권 제1호(1983); 이영진·최민경, "남북한의 법적 지위-UN 총회 결의 제195(Ⅲ)과 관련하여", 『현대법학의 이론과 과제: 벽서 오세탁 박사 화갑기념논문집』(법영사, 1990); 박준호, "한국의 독립관련 유엔총회 결의 채택과정과 배경", 『국제법 동향과 실무』, 제15권 제1호(2016); 김선영, 『쿼바디스 한반도 유일의 합법정부』, 석사학위논문, 서강대학교(2016) 등 정도이다. 김명기는 결의 제195호(Ⅲ)를 대한민국 정부가 한반도 전체를 대표하는 정부라는 의미로 해석했고, 이영진·최민경은 38 이남만의 정부라는 의미로 해석했다. 김선영과 박준호는 이 점에 대한 명백한 결론을 제시하지 않았다. 기타 제195호(Ⅲ) 의미에 관해 인용되는 문헌의 대다수는 이 점에 대한 본격적 연구성과라기보다 단편적 논평 수준이다.

정부National Government를 수립하라는 것이었다.

결의 제112호(Ⅱ)에 여러 번 등장하는 'National'이란 단어는 한반도 전체를 포용하는 '전국적'이라는 의미이며, 'National Government'는 남북한을 아우르는 한반도 전체의 정부를 지칭함은 이론의 여지가 없었다. 그렇다면 남한만의 선거 결과로 탄생하는 정부를 결의 제112호(Ⅱ)가 예정한 'National Government'로 볼 수 있는가가 논란의 핵심이었다.[55]

시점을 잠시 1948년 2월 유엔 소총회 회기로 되돌려 본다. 1948년 2월 24~26일 진행된 소총회 토의에서 결의 제112호(Ⅱ) 채택의 주도국이었던 미국은 가능한 지역(남한)에서라도 선거를 실시하자고 주장했다. 미국 대표 제섭Jessup은 한국임시위원회가 일단 남한에서의 선거를 진행해도 이는 한국민 3분의 2가 해당 비율만큼의 National Assembly 대표를 선출하는 결과가 되며, 이렇게 구성된 국회는 총회 결의 제112호(Ⅱ)가 예정한 한국의 National Government를 수립할 수 있다고 주장했다.[56] 뉴질랜드의 손Thorn 대표,[57] 한국임시위원회 위원국인 엘살바도르의 아귈라Aguilar 대표와[58] 인도의 필라이Piliai 대표[59] 등은 소총회 토의에서 남

55 'National'은 '전국적'으로 번역할 수 있지만, 5·10 선거에 따라 설립되는 정부의 성격을 규정하는 핵심 주제어 중 하나였기 때문에 이 글에서는 논의 당시의 정확한 취지 전달을 위해 이를 번역하지 않고 영어로 사용한다. 첫 글자의 대문자(N)와 소문자(n) 여부는 인용된 해당 원전에서의 사용을 그대로 따른다.

56 A/AC.18/SR.6(1948. 2. 24.), pp.6, 8.

57 남한에서의 선거 결과 어쩔 수 없는 이유로 national assembly의 모든 의석이 채워지지 않을지라도 그 지위는 손상받지 않으며, 이 기구가 한국 독립을 위해 national government를 구성할 헌법제정의회가 될 수 있다. A/AC.18/SR.9(1948. 2. 26.), p.4.

58 한국민 3분의 2의 선거를 통한 'national Government' 수립 노력을 지지하며, 한국임시위원회는 가능한 지역에서의 national 선거를 실시하기를 희망한다. A/AC.18/SR.7(1948. 2. 24.), p.5.

59 가능한 지역에서라도 National Government의 구성을 위한 선거가 즉시 이루어져야 한다. A/AC.18/SR.8(1948. 2. 25.), p.2. 다만 후일 인도 정부는 대한민국 정부가 한반도 전체를 관할하는 national government라는 주장에 비판적인 입장을 보였다. 주 71 참조.

한만의 선거를 통해서도 'national government'가 수립될 수 있다는 의견을 피력했다.

그러나 오스트레일리아와 캐나다는 남한만의 선거에 반대하며, 남한에서의 선거로 수립된 정부는 'national government'가 될 수 없다고 주장했다. 캐나다 대표 피어슨Pearson은 한국임시위원회가 남한만이 아닌 전체 한국을 다루어야 하며, 소총회가 총회 결의 제112호(Ⅱ)의 취지를 변경해 남한만의 선거를 결정할 수 없다고 주장했다.[60] 오스트레일리아 대표 포사이스Forsyth 또한 남한만의 선거는 1947년 총회 결의에 반하며, 이를 통해 수립된 정부는 'national Government'의 지위를 가질 수 없으며, 남한에서의 'national government' 수립은 북한에서도 마찬가지의 행동을 유발해 한반도 분단을 영속화할 가능성이 있다고 주장했다.[61]

보기에 따라서는 평범해 보이는 'national'이란 용어는 이때부터 1948년 12월 12일 총회 결의 제195호(Ⅲ) 채택에 이르기까지의 과정에서 관련국 간 시종 미묘한 신경전의 대상이 되었다. 이는 대한민국 정부의 법적 성격을 표시하는 중심 개념 중 하나였다.

미국의 적극적 막후 설득으로 소총회는 1948년 2월 26일 한국임시위원회가 접근할 수 있는 지역에서 결의 제112호(Ⅱ)가 제시한 선거를 실시하라는 결정을 채택했다.[62] 이는 상황 변화로 인해 남한만의 선거가 총회 결의 제112호(Ⅱ) 취지에 위반되지 않는다는 의미였다. 이후 한국임시위원회는 남한에서의 선거를 결정했고, 5월 10일 국회의원 선출을 위한 총선거가 실시되었다. 이에 따라 국회가 구성되었고, 8월 15일 한

60 A/AC.18/SR.7(1948. 2. 24.), pp.2-3.

61 A/AC.18/SR.7(1948. 2. 24.), pp.3-4. 에콰도르 대표 Viteri-Lafronte도 같은 입장이었다. A/AC.18/SR.6(1948. 2. 24.), pp.13-14.

62 A/AC.18/SR.9(1948. 2. 26.), p.15. 공산권 6개국은 토의 불참.

국 정부가 출범했다. 당초 미국은 남한만의 선거로 수립된 한국 정부가 총회 결의 제112호(Ⅱ)가 의미하는 national Government에 해당한다는 입장으로, 이 점을 연말 총회 결의를 통해 확인받고 싶어 했다. 그러나 미국은 우방국의 지지를 구하는 과정에서 결의 문언과 관련해 모호한 타협을 하게 된다. 계속해서 총회 결의 제195호(Ⅲ)가 성안되는 과정을 추적해 본다.

2. 미국의 정책 구상

대한민국 정부 승인 문제

미국은 빠르면 1948년 7월 1일 이전에도 한국에 신정부가 수립될 수 있으리라 예상했다. 총회 결의 제112호(Ⅱ)는 한국에서 National Government가 수립되면 이를 통한 한국 내 군대 조직, 남북한 점령군의 행정권 이양, 외국군의 완전 철수 등을 예정하고 있었기 때문에 미국으로서는 신정부가 이에 해당하는지를 결정해야 했다. 미국은 1947년 총회 결의 제112호(Ⅱ)와 남한 선거를 지지한 1948년 2월 26일 자 소총회 결정의 주도국이었다. 미국으로서는 남한의 새 정부가 총회 결의 제112호(Ⅱ)에 부합되는 정부로 인정받아야 자신이 유엔에서 추진한 정책이 정당성을 가질 수 있으며, 남한의 새 정부를 행정권을 이양할 파트너로 인정하고 점령국으로서의 임무를 법적으로 마무리할 수 있었다.

미 국무부 극동과는 한국 신정부가 남한만의 선거로 출범했고 남한 지역에 대해서만 실효적 통제를 하고 있는 정부라는 사실에도 불구하고, 이 정부가 전 한반도all of Korea에 관할권을 갖는 national government로 수립되었다는 입장이었다.[63] 신정부가 수립되었음에도 미국이 승인을 주

63 Memorandum by the Director of the Office of Far Eastern Affairs(Butterworth) to the

저한다면 신정부의 명성과 권위에 타격을 주며 남한 주민의 불만을 초래해 미군정의 치안 유지 활동에도 어려움이 야기될 수 있으리라고 우려했다. 북한 정권에 대한 소련의 유사 행위가 이어지리라는 걱정 때문에 미국이 남한 정부를 national government로 승인하지 않는다면 다수 의사에 반대한 한 국가(소련)에 의해 유엔을 무능에 빠뜨리는 결과가 되며, 신정부를 단지 남한만의 정부로 승인한다면 결과적으로 분단을 강화하고 북한 대표를 포용할 기회를 배제하게 되리라고 우려했다. 이에 즉각적인 승인이 부작용보다 장점이 더 많다고 생각한 미 국무부는 한국의 신정부가 수립되면 바로 이를 총회 결의 제112호(Ⅱ)에 규정된 National Government of Korea로 간주한다는 성명을 발표하고 결의 내용의 후속 조치 협의를 위한 대표를 파견할 구상이었다.[64]

한편 미국은 유엔 총회도 한국의 신정부 수립이 1947년 총회 제112호(Ⅱ) 결의 내용에 부합되는지에 관해 결론을 내릴 권한이 있음을 인정하고, 총회 결정 이전에 미국이 독자적 행동을 취함이 현명한지에 관한 의견을 수렴했다. 미국 유엔 대표부의 제섭은 한국 문제를 총회에 회부한 미국으로서는 이에 대한 유엔의 절차와 총회의 결정을 따라야 하며, 한국임시위원회를 포함한 유엔의 승인이나 묵인 없이 미국이 독자 행동을 취한다면 입장이 어려워지리라고 우려했다. 제섭은 유엔의 사전 지지 없이는 한국 정부Korean national government 승인을 자제하라고 요청했다.[65]

Legal Adviser(Gross)(1948. 5. 25.), *Foreign Relations of the United States 1948*(United States Government Printing Office, 1974: 이하 이 책은 'FRUS'로 약칭), Vol.Ⅶ(The Far East and Australasia), p.1205.

64 The Secretary of State to Certain Diplomatic and Consular Officers Abroad(1948. 7. 10.), *FRUS 1948*, Vol.Ⅵ, pp.1236–1237; The Secretary of State to the Political Adviser in Korea(1948. 7. 25.), *FRUS 1948*, Vol.Ⅵ, p.1258.

65 The Acting United States Representative at the United Nations (Jessup) to the Secretary of State(1948. 7. 20.), *FRUS* 1948, Vol.Ⅵ, pp.1249–1251.

미 국무부 내부 검토과정에서 그로스Gross 법률고문은 새로 수립될 한국 정부에 대해 일단 사실상*de facto* 승인만 부여하자고 제안했다. 사실상 승인만 해도 미국은 한국의 신정부와 필요한 협정을 체결할 수 있고, 나중에 법률상 승인을 부여하면 승인 효과는 사실상 승인을 부여했을 때로 소급효를 가지므로 별다른 문제가 발생하지 않는다고 주장했다.[66]

미군정청 제이콥스Jacobs 정치고문도 유엔 총회가 한국 문제를 검토하기 이전에 미국이 먼저 한국 정부를 공식 승인한다면, 아마 소련 역시 거의 틀림없이 북한 정권을 승인하면서, 미국이 한국의 통일을 방해한다는 비난을 가하리라고 우려했다. 제이콥스 역시 총회가 한국 문제를 검토할 때까지는 한국 정부를 일단 사실상 승인만 하고 대사급 대통령 특별사절만 파견하는 방안을 지지했다.[67]

결국 다음에서 설명할 우방국의 반응을 아울러 고려한 미국은 신생 대한민국 정부를 우선 사실상 승인만 하기로 방침을 정했다.

관련국 반응

미국은 한국 신정부의 성격과 승인 문제에 대해 우방국 및 한국임시위원회 위원국들의 입장을 타진했다. 한국임시위원회 위원국인 시리아, 중국, 필리핀 등은 한국의 신정부를 national government로 보려는 미국의 방침에 별다른 이견을 표명하지 않았으나,[68] 주로 영연방 국가들은 한국

66 Memorandum by Legal Adviser (Gross) to the Director of the Office of Far Eastern Affairs(Butterworth)(1948. 6. 1.), *FRUS 1948*, Vol. Ⅵ, pp.1212–1213. 단 독립국가로서의 한국에 관해서는 완전한 승인을 부여하라고 제안했다. 이를 통해 일본으로부터 공식적인 분리를 확인한다는 의미였다.

67 The Political Adviser in Korea(Jacobs) to the Secretary of State(1948. 6.8 .), *FRUS 1948*, Vol. Ⅵ, pp.1216–1217.

68 The Chargé in Syria(Memminger) to the Secretary of State(1948. 7. 14.), *FRUS 1948*, Vol. Ⅵ, p.1242; The Ambassador in China(Stuart) to the Secretary of State(1948. 7.

의 신정부를 national government로 인정하는 데 주저하거나 반대했다.

영국은 한국 신정부가 영토의 절반만을 통제하고 있기 때문에 이를 national government로 승인함은 비현실적이라는 입장이었다. 또한 미국의 조기 승인은 유엔 총회나 한국임시위원회를 무시하는 행동으로 비쳐 일부 유엔 회원국의 반발을 야기할 수 있다고 우려했다. 그런 반대가 제기된다면 소련은 이를 선전에 최대한 활용할 것이며, 소련 역시 북한 정권을 national government로 선언할 빌미를 제공한다고 보았다. 그런 이유에서 한국 신정부에 대한 발표에서 'national'이나 'all Korea'라는 용어를 사용하지 말라고 요청했다.[69]

위원국인 오스트레일리아 역시 남한의 신정부가 북한 주민까지 대표하지는 않으므로 이를 한국의 national government로 승인하지 않을 의사를 미국에 전달했다. 또한 한국임시위원회의 보고서가 유엔 총회에서 채택되기 전까지는 신정부를 남한의 정부로조차 승인하지 않겠다고 했다. 다만 미국은 점령국이므로 남한 신정부에 대한 지지의사를 표명해도 무방하다는 입장이었다.[70]

메논Menon 인도 외교장관도 미국이 한국 신정부를 총회 결의에 규정된 'national government of Korea'로 승인하려는 정책을 지지할 수 없다고 반대했다.[71]

15.), *ibid.*, p.1243; The Chargé in the Philippines(Lockett) to the Secretary of State (1948. 7. 16.), *ibid.*, p.1245.

69 영국 외무부 M. Dening 차관보 및 MacDermot 면담 결과. The Ambassador in the United Kingdom(Douglas) to the Secretary of State(1948. 7. 13.), *FRUS 1948*, Vol.Ⅵ, pp.1239-1240.

70 Burton 오스트레일리아 외무장관 및 Evatt 의견. The Chargé in Australia(Nielson) to the Secretary of State(1948. 7. 14.), *FRUS 1948*, Vol.Ⅵ, p.1241.

71 The Chargé in India(Donovan) to the Secretary of State(1948. 7. 19.), *FRUS 1948*, Vol.Ⅵ, p.1246.

영국, 오스트레일리아, 인도, 캐나다 등이 대한민국 정부를 한국 전체의 national government로 인정하기를 주저한 가장 중요한 이유는 이 정부가 한반도 절반만을 통치하고 있다는 현실론이었다. 대한민국 정부를 한국 전체의 national government로 인정하면 소련도 북한 정권에 대해 동일한 조치를 취할 것이고, 남북한 정권이 모두 한국 전체의 national government임을 주장한다면, 미소 갈등의 격화는 물론 남북 통합이 더 어려워진다는 예상도 중요한 이유였다.

보다 이론적 설명은 캐나다 정부에 의해 제시되었다. 피어슨 캐나다 외교차관은 대한민국 정부가 한국 전체의 national government라고 주장하는 일은 현명하지 않다는 이유를 다음과 같이 설명했다. 즉 대한민국 정부는 미·소 점령군 중 미국으로부터 남한의 행정권을 이양받았을 뿐이며, 소련은 일본과의 교전국의 지위에서 북한을 지배하고 있으므로 이들 역시 대일평화조약 성립 이전에는 자신이 북한에 대한 합법적 점령자라고 주장할 수 있다고 보았다. 그런 의미에서 대한민국 정부가 한반도 전체를 대표하는 정부라는 주장은 사실에서는 물론 법적 근거에서도 취약점이 있다고 보았다. 단 캐나다 정부는 대한민국 정부가 당시의 국제정세상 총회 결의 제112호(Ⅱ) 취지에 반해 설립된 정부라고는 생각하지 않았다.[72]

National Government 호칭의 회피

우방들의 상반된 반응 속에서 점령국인 미국으로서는 한국의 신정부가 수립되면 그 법적 지위에 관해 어떠한 입장을 취하지 않을 수 없었다.

72 Pearson 차관 역시 남한 신정부에 대한 지지가 한반도 공산화를 막는 유일한 방법임을 인정하고 있었다. Memorandum of Conversation, by the Assistant Chief of the Division of Northeast Asian Affairs(Bond)(1948. 9. 14.), *FRUS 1948*, Vol.Ⅵ, pp.1300-1301.

신정부가 1947년 총회 결의 제112호(Ⅱ)에 합당한 national government로 판명되어야 후속조치로서 점령지 행정권 이양과 점령군 철수에 관한 협정을 체결하는 데 법적 장애가 없어지기 때문이었다.

신정부를 national government로 규정할 것인가가 논란의 핵심임을 파악한 군정청 제이콥스 정치고문은 이 문제에 대한 우회로를 모색했다. 그는 새로 제정된 한국 헌법의 용어 사용에 주목했다. 제헌헌법 영문본에서 국회를 가리키는 용어로는 총회 결의 제112호(Ⅱ)와 같이 National Assembly가 사용되고 있지만, 정부는 특별히 National Government로 호칭되지 않고 있으며, 정식 국호는 Republic of Korea라는 점에 착안했다. 제이콥스 고문은 신정부를 national Korean Government로 지칭하지 말고 단순히 Government of the Republic of Korea로 표현하면,[73] 한국 정부를 national Government로 볼 수 없다는 국가들의 반대를 누그러뜨릴 수 있으리라 기대했다. 그는 설사 한국 신정부에 대한 표현에서 national이 빠진다고 해도 한국 제헌헌법 제4조가 북한지역을 포함하는 한반도 전체를 자국 영토로 규정하고 있고, 국회에 대해서도 national이 여전히 사용되고 있음을 유의하라고 지적했다.[74] 제이콥스 고문의 제안은 미국이 내용상으로는 신정부를 총회 결의 제112호(Ⅱ)가 예정한 전체 한국의 national 정부로 인정하면서도, 이를 결의 제112호(Ⅱ)에서 사용된 National Government로 직접 지칭하는 것은 피하려는 방안이었다.

이러한 제안은 국무부에 의해 수용되어 대한민국의 공식 출범 이후 미

73 당시까지 미국은 주로 National Government of Korea를 대한민국 정부의 공식 호칭으로 사용했다.

74 The Political Adviser in Korea(Jacobs) to the Secretary of State(1948. 7. 25.), *FRUS 1948*, Vol.Ⅵ, pp.1259-1260.

국무부 문서에서는 한국 정부를 가리키는 용어가 'Government of the Republic of Korea'로 통일되었다.[75] 미국은 대한민국 정부에 관해 'national' 정부라는 표현을 피하고, 유엔 총회 결정 이전까지는 대한민국 정부를 사실상 승인만 해 정식 외교사절이 아닌 특별대표를 파견한다면, 일부 우방국의 반대를 완화시켜 총회에서 대한민국 정부에 대한 지지 결의를 무난히 획득할 수 있으리라 기대했다.

실제로 이러한 방안은 소총회에서부터 미국의 대한對韓 정책에 반대하던 오스트레일리아와 캐나다의 입장을 누그러뜨리는 데 기여했고, 오스트레일리아를 미국의 공동 제안국으로 포섭하는 성과를 거두었다. 그러나 한편으로 후일 총회 결의 제195호(Ⅲ)에서 national이란 용어가 회피됨으로써 대한민국 정부가 단지 남한만의 정부라는 해석을 가능하게 만든 출발점이 되었다.

3. 결의 제195호의 준비 과정

미국의 기본 입장

대한민국 정부에 대한 법률상 승인을 유엔 총회 결정 이후로 미룬 미국 정부는 제3차 유엔 총회에 참석하는 자국 대표단에게 기본입장을 전달했다.[76] 다음은 그 골자이다.

첫째, 미국은 한국임시위원회 감시 아래 1948년 5월 10일 선거를 통해 수립된 대한민국 정부가 1947년 11월 14일 자 총회 결의가 제시한 원칙에 합당한 합법적 정부로 간주될 자격이 있으며, 이는 한국 내 유일한 그 같은 정부the only such government in Korea임을 유엔 총회가 수락하도록 주장

75 김선영, 앞의 주 54, 59쪽.

76 United States Delegation Position Paper: Problem of the Independence of Korea(1948. 10. 22.), *FRUS 1948*, Vol. Ⅵ, pp.1315-1317.

해야 한다.

둘째, 미국은 대한민국 대표단이 1947년 11월 14일 자 총회 결의가 의미하는 한국민Korean people의 선출된 대표임을 지적하며, 총회장에서 이들의 발언 요청을 지지해야 한다.

셋째, 미국은 ① 1947년 11월 14일 자 총회 결의대로 한반도Korea에서의 모든 점령군의 빠른 철수를 지지해야 한다. ② 대한민국에 복종하지 않는 모든 군사 및 준군사 조직의 해체를 포함해, 한반도 내 지역 간 장벽의 제거를 촉진할 조치를 주장한다. ③ 대한민국 정부에 대한 북한지역 주민의 참여를 통해 남북통일을 증진할 조치를 주장한다.

이러한 기조하에 미국 정부는 1948년 10월 29일 총회에 제출할 결의 초안을 작성했다.[77] 요지는 대한민국 정부가 1947년 11월 14일 자 총회 결의가 제시한 원칙에 따라 표시된 주민의 의사에 바탕을 둔 합법정부로서 이는 한국 내에서 유일한 그 같은 정부이며, 대한민국 정부는 1947년 11월 14일 자 총회 결의가 제시한 정부로 간주될 자격이 있으며, 해당 총회 결의 내용 중 아직 완수되지 못한 부분의 달성을 위해 기존 한국임시위원회를 대체할 새로운 한국위원회를 설치해 이 위원회가 북한 주민의 대한민국 정부로의 참여를 알선하고 또한 이 정부 아래서 남북한 군대통합도 이룩한다는 내용이었다. 관심의 초점인 후일 결의 제195호(Ⅲ) 제2항의 기초가 된 내용 원문은 다음과 같다.

"The General Assembly

……

77 Draft Resolution on Korea for the United Nations General Assembly, *FRUS 1948*, Vol. VI, pp.1321–1323 수록.

Taking note of the fact that elections were held in Korea on May 10, 1948, in pursuance of the Resolution of November 14, 1947 and under the observation of the Temporary Commission, and that on the basis thereof the Government of the Republic of Korea has been constituted and has assumed the exercise of effective jurisdiction in that part of Korea where the Temporary Commission was in a position to observe and consult and where a majority of the Korean people reside;

……

2) Resolves that the Government of the Republic of Korea is a lawful government deriving its authority from the will of the people expressed in accordance with the principles established by the Resolution of November 14, 1947; that it is the only such government in Korea; and that it is entitled in these respects to be regarded as the Government envisaged in the Resolution of November 14, 1947;"

미국 초안은 대한민국 정부가 1947년 총회 결의에 따른 선거를 기반으로 탄생했다는 점은 명시했으나, 남한만의 선거로 구성되었다는 사실은 직접적으로 지적하지 않았다. 초안 서문 제3문에서 대한민국 정부가 현재 남한에 대해서만 실효적 관할권을 행사하고 있는 사실은 인정했으나, 이 정부가 남한만을 대표하는 정부임을 가리키거나 암시하는 표현은 회피되었다. 남북 통합은 결국 대한민국 정부 중심으로 이루어질 사항임을 예정했다.[78]

미국은 기본적으로 대한민국 정부가 1947년 11월 14일 자 총회 결의

78 미국 초안 제4항 (b) "That the Commission lend its good offices to bring about participation in the Government of the Republic of Korea of the Korean people residing in those parts of Korea which were not accessible to the Temporary Commission;"

에 합당한 자격을 갖춘 한반도 전체를 대표하는 정부라는 입장이었다. 이 점은 유엔 감시하 선거에 참여하지 않았던 북한 주민들이 현 대한민국 정부에 참여함으로써 남북 통합을 이루라고 제시한 점에도 표시되어 있다.

미국-오스트레일리아 공동초안 작성

제3차 유엔 총회에서 미국 대표단은 이 초안을 바탕으로 우방국들과 협의를 진행했다. 미 국무부는 다른 국가와의 협의과정에서 대표단이 어느 정도의 합리적 재량을 발휘할 수는 있지만, 초안 내용에 실질적 변경이 필요하면 별도 허가를 받아야 한다고 못 박았다.[79] 결과적으로 10월 29일 자 초안이 그대로 유엔 총회로 제출되지는 않았다.

미국은 종래부터 자신의 대한 정책에 비판적이던 오스트레일리아를 공동초안 제안국으로 포섭했다. 미국-오스트레일리아 공동초안은 파리에서 미국 대표단 제이콥스 및 노블Noble과 오스트레일리아 출신으로 제3차 유엔 총회 의장을 맡고 있던 에바트Evatt의 승인 아래 오스트레일리아 대표단 플림솔Plimsoll의 집중적 협의 끝에 탄생했다.[80] 미국이 왜 오스트레일리아를 공동초안의 당사자로 지목했는지는 명확히 확인된 바 없지만, 미국으로서는 그동안 자국의 대한 정책에 가장 비판적이던 오스트레일리아를 공동 제안국으로 포섭하면 결의 통과가 한층 용이해지리라고 기대했을 듯싶다.[81]

79 Memorandum by the Director of the Office of Far Eastern Affairs(Butterworth) to the Under Secretary of State(Lovett)(1948. 11. 5.), *FRUS 1948*, Vol. Ⅵ, pp.1319-1320.

80 The Secretary of State to the Acting Secretary of State(1948. 11. 16.), *FRUS 1948*, Vol. Ⅵ, p.1329.

81 기존 국내 연구 중 하나는 장면 대표의 가톨릭 인맥이 중재자가 되어 오스트레일리아 유엔 대표부 대사이자 제3차 총회 의장인 H. Evatt를 설득할 수 있었다고 주장한다[홍순호, "장면 외교의 명암(1946-1952)", 『경기사학』, 제5권(2001), 156쪽 등]. 이러한 사적 인연만으

오스트레일리아 측 의견을 반영한 결과 공동초안은 미국 측 원안에서 적지 않은 변화를 보였다. 가장 큰 차이를 보이는 부분은 대한민국 정부의 성격 규정에 관한 표현이었다. 당초 소총회 토의에서 남한만의 선거에 반대했던 오스트레일리아로서는 총회 결의에서 소총회에 관한 언급이 되도록 삭제되기 원했다.[82] 오스트레일리아는 특히 대한민국 정부가 national government에 해당한다거나 이 정부가 1947년 11월 14일 자 총회 결의가 제시한 원칙에 합당한 정부라는 표현에 반대했다. 오스트레일리아와의 협의 결과 대한민국 정부 승인에 관한 핵심 조항인 제2항은 다음과 같이 수정되었다.

"Resolves that there has been established a lawful government(the Government of the Republic of Korea), having effective control and jurisdiction over the part of Korea where the Temporary Commission was able to observe and consult and in which the great majority of the people of all Korea reside; that this Government is based on elections which were a valid expression of the free will of the electorate of that part of Korea and which were observed by the Temporary Commission, and that this is the only such Government in Korea."

이는 미국 초안 제2항을 골격으로 하고 서문 제3문 요지를 결합시킨 결과가 되었다. 당초 미국 초안 제2항에서는 대한민국 정부가 1947년 총회 결의 제112호(Ⅱ)가 규정한 원칙에 부합하는 정부라는 점이 두 차례나

로 오스트레일리아가 갑자기 미국과의 공동초안 작성을 수락했을지는 의문스럽다.

82 따라서 미국 초안 제1항의 소총회 보고서를 승인한다는 구절은 삭제되고, 공동초안에서는 서문에 소총회 보고서를 고려한다는 표현만을 삽입했다. 이는 결의 제195호 최종문안에서도 그대로 유지되었다.

지적되고 있었으나, 공동초안에서는 이에 관한 언급이 삭제되었다. 대신 대한민국 정부는 한국임시위원회 감시하 선거에 근거한 정부로서 전체 한국민의 절대다수가 거주하는 지역에 실효적 통제와 관할권을 행사하고 있다는 점이 추가되었다. 대한민국 정부가 합법적 정부이며, 한국Korea에서 유일한 그 같은 정부라는 표현은 유지되었다. 또한 미국 초안에는 새로이 유엔 한국위원회가 수립되면 임시위원회가 접근하지 못했던 지역(북한)의 주민들도 대한민국 정부에 참여할 수 있도록 알선을 권고한다는 내용이 있었는데(제4항 b호), 공동초안에서는 1947년 유엔 총회 결의에 따른 원칙에 부합되게 한국의 통일을 이루기 위한 알선을 제공한다는 보다 일반적 표현으로 수정되었다(제4항 b호). 결과적으로 대한민국 정부를 한반도 전체를 대표하는 정부로 보려는 미국 초안상의 직접적 문구는 상당 부분 빠져 버렸다.

오스트레일리아로서는 미국 초안에 있던 5·10 선거가 1947년 총회 결의 제112호(Ⅱ)에 따라 실시되었고 이를 바탕으로 구성된 대한민국 정부는 총회 결의 제112호(Ⅱ)에 합당한 정부라는 지적이 삭제된 대신, 공동초안 제2항에서 대한민국 정부가 남한에서의 선거를 기반으로 하며 남한에 대해서만 실효적 통제와 관할권을 행사하고 있는 합법정부라는 사실이 지적됨으로써 자신의 입장이 상당 부분 반영되었다고 판단했을 듯싶다.

공동초안의 내용을 접한 마셜 미 국무장관은 이 안이 원래의 미국 초안보다는 약화된 표현이지만, 미국의 기존 입장을 해칠 정도는 아니며 전반적인 다른 관련 부분을 감안할 때 수락할 만하다고 평가했다.[83] 미국

83 The Secretary of State to the Acting Secretary of State(1948. 11. 16.), *FRUS 1948*, Vol.Ⅵ, p.1330.

은 새로운 초안이 유엔에서 공산권 국가를 제외하고 전반적인 지지를 얻으리라 기대했다.[84] 그때까지 미국에서는 대한민국 정부 성격에 대한 기존 입장을 여전히 고수하고 있었다고 추정되지만, 결의안의 의미는 좀 모호해졌다.

미-오스트레일리아 초안에는 중국이 추가로 공동 제안국으로 참가했다. 3국 공동초안은 부분적인 추가 수정을 거친 뒤 1948년 12월 6일 총회 제1위원회에 제출되었다.[85] 공동초안은 총회 결의 제195호(Ⅲ)의 골격이 된다. 공동초안 내용 중 한국임시위원회를 대체할 한국위원회의 임무와 역할에 관한 제4항 이하 부분에서는 어느 정도 수정이 이루어졌지만, 대한민국 정부의 법적 성격에 관한 제2항은 거의 그대로 유지되었다. 제2항 중 미국-오스트레일리아 공동초안과 달리 최종 총회 결의에서 바뀐 부분은 첫 단어가 'Resolves'에서 'Declares'로 수정되었고,[86] 중간의 남한을 가리키는 의미의 'the part of Korea'가 'that part of Korea'로 변경된 부분뿐이다.

84 마셜 장관은 공동초안을 최종 승인하면서 중국, 영국, 필리핀, 한국 등이 이를 수락했다고 보고했고, 캐나다, 프랑스, 엘살바도르 등도 지지할 것으로 예상했다. 오스트레일리아는 인도 역시 지지하리라 믿었다. Paris to the Secretary of State(1948. 11. 19.), 국사편찬위원회, 『대한민국사 자료집』 42(UN의 한국문제처리에 관한 미국무부 문서 V)(국사편찬위원회, 1998), 417쪽.

85 A/C.1/426(1948).

86 미 국무부는 제2항의 첫 단어로 'determines'를 사용하면 사실 분석을 기반으로 한 판단임을 명확히 할 수 있다고 생각했지만, 'declares'가 'resolves'보다 더 일반적으로 수락될 수 있다면 이로 대체되어도 좋다고 판단했다. Department of State, GADEL 596(1948. 11. 27), 국사편찬위원회, 앞의 주 84, 439쪽 수록. 'Resolves'(다짐한다)보다 'declares'(선언한다)는 그 이하의 내용이 이미 확정되었음을 명확히 확인하는 의미를 지닌다고 볼 수 있다. 결의 제195호(Ⅲ) 제4항에서 앞으로 진행될 한국위원회 구성과 역할에 대해서는 'resolves'가 사용되었다.

4. 유엔 총회에서의 토의 경과

경과

유엔 총회에 참석한 각국 대표들은 결의 제195호(Ⅲ)의 내용을 어떻게 이해했고 이에 관해 어떠한 토의를 진행했는가? 결의 제195호(Ⅲ) 채택 마지막 과정에서의 각국 논의는 그 결의를 정확히 해석하는 데 중요한 자료가 될 수 있다.

한국 독립 문제는 먼저 총회 제1위원회에 회부되어 1948년 12월 6일부터 8일까지 토의가 진행되었다. 그런데 당시 회의에서는 한국임시위원회 보고서나 결의 제195호(Ⅲ) 초안 문구에 대한 논의보다는 한국임시위원회 설치의 적법성, 북한 대표 초청 여부, 북한 대표를 한국민의 합법적 대표로 볼 수 있느냐에 관한 정치 공방에 더 많은 시간을 사용했다.

공산권 국가들은 북한 유권자 99.7%와 남한 유권자 77.52%가 참가한 민주선거를 통해 북한 정권이 수립된 반면(전체 한국 유권자 85.2% 참여 주장), 남한의 5·10 선거는 폭력과 협박을 통한 사기적 선거였다고 비난하며, 북한 정권만이 전체 한국민을 대표할 수 있다고 주장했다.[87] 이에 반해 비공산권 국가들은 남한에서는 한국임시위원회 감시 아래 선거가 진행된 반면, 북한 선거는 외부세계와 차단된 상태에서 당국이 지명한 후보에 대한 찬반만 묻는 방식으로 진행되었고, 특히 남한 주민의 4분의 3 이상이 비밀리에 북한 선거에 참여했다는 주장은 근거 없는 거짓이라고 반박했다.

공산권 국가를 제외한 다른 유엔 회원국들은 초안 내용에 대해 전반적으로 우호적이었다. 공산권 국가들은 회의 내내 유엔이 한국 문제에 관여할 권한이 없고, 북한 대표만이 한국민의 진정한 대표이며, 남한에서

87 A/C.1/SR.229(1948. 12. 6.), p.945의 J. Malik 소련 대표 주장 등.

의 5·10 선거는 반민주적이었다는 주장을 지루할 정도로 반복했다. 회의를 지연시킴으로써 시간 부족을 이유로 결의 채택 자체를 무산 또는 연기시키려는 전략이었다. 이들은 대한민국 정부 출범의 합법성 자체를 부인하려 했기 때문에 결의 제195호(Ⅲ)의 구체적 문안에 관해서는 별다른 논박을 하지 않았다. 공산권 국가는 6개국에 불과했으나 전체 발언 분량은 절반이 훨씬 넘었고, 12월 8일 제234차 회의에서는 소련의 J. 말리크Malik 대표가 2시간 반 가까이 혼자 발언을 했다. 비공산권 국가 대표들도 이러한 정치공세를 반박하는 데 더 많은 시간을 할애했으며, 결의 제195호(Ⅲ)의 의미, 특히 제2항 대한민국 정부의 법적 성격에 대한 논의는 그다지 많지 않았다. 제1위원회에서는 결의 제195호(Ⅲ) 초안이 찬성 41, 반대 6, 기권 2로 통과되었다.[88]

총회 전체회의에서는 이 같은 분위기가 더욱 심해졌다. 제3차 총회 전반기 회기 종료일이 다가오면서 시간이 부족하자 전체회의는 이례적으로 토요일과 일요일(11일 및 12일)에 진행되었다. 전체회의에서는 공산권 6개국이 발언시간의 거의 대부분을 독점했고, 한국임시위원회 구성국의 발언도 별로 없었다. 총회장은 공산권 국가들이 한 번씩 떠들게 내버려 두었다가 어느 정도 시간이 지나면 표결로써 공동초안을 통과시키자는 분위기였다.[89] 결의 제195호(Ⅲ)는 12월 12일 오후 찬성 48, 반대 6, 기권 1로 통과되었는데, 이는 제3차 총회 전반기 회기에서 마지막으로 통과된 결의였다.[90]

---

88 A/C.1/SR.236(1948. 12. 8.), p.1025. 반대 6개국은 소련, 우크라이나, 벨라루스, 폴란드, 체코슬로바키아, 유고슬라비아 등 모두 공산권 국가들이었다.

89 당시 총회장에서 공산권 국가가 같은 소리를 지루하게 반복하자, 이들이 발언하면 대부분의 회원국 대표들은 처음 몇 분 정도만 듣다가 통역 이어폰을 꺼버렸다고 한다. *New York Times*, 1948. 12. 13., p.3.

90 A/PV.187(1948. 12. 12.), p.1042. 스웨덴 기권, 과테말라, 파나마, 사우디아라비아는 결석. 곧이어 한국임시위원회 해체를 주장하는 소련 측 결의안(A/790)은 찬성 6, 반대 46,

각국 대표 발언 내용

총회에서 각국 대표들은 결의 제195호(Ⅲ)의 내용을 어떻게 이해하며 토론에 참여하고 찬반 의사를 표시했는가? 총회 제1위원회와 전체회의를 종합해 볼 때 공산권 국가들은 결의 제195호(Ⅲ)가 나온 출발점인 결의 제112(Ⅱ)호와 한국임시위원회 구성 자체가 위법했다고 주장하며, 북한 정권이 전체 한국민의 합법적 대표라는 입장이었기 때문에, 결의 제195호(Ⅲ)의 구체적 내용에 대해서는 언급이 많지 않았다. 결의 제195호(Ⅲ) 문언에 관해 찬반 양측 간 구체적 공방이 별로 없었기 때문에 각국 대표 발언을 통해 결의 제195호(Ⅲ)의 정확한 의미를 파악하기는 쉽지 않다. 다음은 이 문제에 대한 각국의 이해를 보여 주는 발언들이다.

결의 제195호(Ⅲ)에서 대한민국 정부가 1947년 총회 결의 제112호(Ⅱ)가 규정한 national government에 해당한다는 표현이 회피되었음에도 불구하고, 일부 국가들은 여전히 그러한 이해 속에 토의를 진행했다. 예를 들어 결의안 공동 발의국 중 하나인 중국의 치앙Tsiang 대표는 한국임시위원회가 5·10 선거를 한국민의 의지의 유효한 표현으로 확인했음을 지적하며, 선거 결과 National Assembly와 National Government가 구성되었다고 주장했다.[91] 필리핀 로물로Romulo 대표는 대한민국 정부가 전체 한국의 정부로 간주될 수 있느냐는 총회가 결정할 문제인데, 자국 외교부에서 대한민국 정부가 1947년 총회 결의 제112호(Ⅱ)에 따른 한국의 정부Government of Korea로 승인되어야 한다는 성명을 이미 발표(1948. 8. 23.)한 사실을 지적하며 미국·오스트레일리아·중국 공동초안에 대한

기권 무로 부결되었다. 앞의 주, p.1043.

91 A/PV.186(1948. 12. 11.), p.1015. 이어 임시위원회가 38 이북에 미치지 못해 임무의 절반이 남았는데, 결의안은 총회가 이 작업을 완수하도록 약속하고 있다고 주장했다. 같은 곳.

지지를 표시했다.[92] 시리아 대표 무기르Mughir는 소총회의 권고, 선거 결과에 대한 한국임시위원회의 평가, 임시위원회의 한국 국회와의 협의용의 표시 등이 남한 정부가 전체 한국의 정부로 합법적으로 수립되었다는 주장의 근거였다고 지적하며, 이 정부가 비록 전체 한국에 대한 실효적 정부는 아닐지라도 1947년 총회 결의 제112호(Ⅱ)에 부합되게 수립되었기 때문에 유엔 총회의 지지와 지원을 받을 자격이 있다고 평가했다. 그는 이 정부가 한반도 통일을 위한 향후 노력의 기반이 되리라고 보았다.[93] 이러한 발언들은 결의 제195호(Ⅲ)가 대한민국 정부를 전체 한국의 정부로 인정하는 의미로 이해한 해석이라 볼 수 있다.

일부 국가는 결의 제195호(Ⅲ)의 문언이 대한민국 정부를 전체 한국의 정부로 암시(또는 의미)하고 있다고 생각하고 이에 대한 이의를 제기했다. 인도 대표 세탈바드Setalvad는 남한에서의 선거로 구성된 정부가 전체 한국의 정부로 간주될 수 없다고 생각하는데, 결의 제195호(Ⅲ) 제2항은 남한 정부를 총회 결의 제112호(Ⅱ)가 규정한 national government로 승인함을 암시한다고 해석될 수 있어서 약간의 유보를 갖고 있다고 발언했다.[94] 네덜란드 대표 후르그론제S. Hurgronje는 공동초안을 지지하지만, 남한 정부를 Government of Korean Republic으로 호칭함이 타당한지에 대해서는 약간의 의문을 갖고 있다고 발언했다.[95] 이는 대한민국 정부를 한반도 전체의 정부로 간주하지 않으려는 국가들도 결의 제195호(Ⅲ)의 문언이 자신들의 입장과 다른 해석 가능성을 내포하고 있음을 지적하는 발언들이다.

92 A/C.1/SR.231(1948. 12. 7.), pp.958-959.
93 A/C.1/SR.232(1948. 12. 7.), p.969.
94 A/C.1/SR.232(1948. 12. 7.), pp.973-974.
95 A/C.1/SR.232(1948. 12. 7.), p.977.

반면 대한민국 정부가 총회 결의 제112호(Ⅱ)에 합당한 정부가 될 수 없다고 강력히 주장하던 오스트레일리아는 공동초안이 남한의 정부가 38선 이남 영토에서 실효적 관할권을 행사하는 합법적 정부임을 선언하고 있다고 해석함으로써 대한민국 정부를 남한의 정부로만 보는 인식을 유지하고 있었다.[96] 다만 오스트레일리아는 한국임시위원회의 역할을 긍정적으로 평가하며 남한 정부만이 유일한 자유 정부로 간주되어야 한다고 발언하고, 북한 정부가 남한에 대해 관할권을 갖는다고는 전혀 생각할 수 없다고 주장했다.[97]

그런데 당시 유엔 총회 토의에서 결의 제195호(Ⅲ) 제2항 해석과 가장 직접적으로 관련되는 발언은 뉴질랜드 대표에 의해 제기되었다. 뉴질랜드 프레이저Fraser 대표는 제1위원회에서 남한만이 민주적으로 선출된 정부에 의해 운영되고 있음은 분명하지만, 남한 정부의 권한이 북한지역에까지 미친다는 주장은 맞지 않는 이야기라고 지적했다.[98] 프레이저 대표가 이런 반론을 제기했다면 그 역시 결의안이 남한 정부가 북한지역을 대표한다는 의미로 해석된다고(또는 될 수 있다고) 이해했기 때문일 것이다.

이에 대해 미국 대표 덜레스Dulles는 합법적 정부가 한국Korea 인구가 가장 많은 지역을 통제하고 있으며, 이는 유권자 자유의사의 표현인 선거에 기반한 한국 내 유일한 정부라고 전제했지만,[99] 뉴질랜드 대표의 지적은 자명한 이야기라고 인정했다.[100] 그는 공동초안의 내용은 남한 정부의 권한이 북한지역에 미친다는 의미는 아니며, 남한 정부의 권한이 확장되기

96 A/PV.187(1948. 12. 12.), p.1022.
97 A/C.1/SR.231(1948. 12. 7.), p.960.
98 A/C.1/SR.230(1948. 12. 6.), p.951.
99 A/C.1/SR.231(1948. 12. 7.), p.961.
100 A/C.1/SR.235(1948. 12. 8.), p.1015.

를 희망하나 이는 남북 간 합의를 통해 이룩될 일이라고 대답했다.[101] 특히 결의 제2항은 논란이 될 수 없는 진실만을 서술하도록 주의 깊게 구상되었으며, 이는 남한 현 정부가 실제로 전체 한국의 정부라고 주장하는 것은 아니며, 한반도 일정 지역에 또 다른 정권이 존재하는 사실을 부인하고 있지도 않다고 설명했다.[102] 덜레스의 설명은 결의 제195호(Ⅲ)가 대한민국 정부를 한반도 내 유일 합법정부로 인정하고 있지만, 당장 이의 현실적 관할권은 남한지역에만 미치고 있다는 사실을 있는 그대로 수용하는 설명으로 이해된다. 여기서 특히 결의 제195호(Ⅲ)가 대한민국 정부를 전체 한국의 정부로 주장하고 있지 않다는 언급이 주목을 끈다.

5. 유일 합법정부의 의미

이상의 작성 경과와 총회 토의 내용을 바탕으로 볼 때 대한민국 정부의 법적 성격과 관련해 결의 제195호(Ⅲ)의 정확한 의미는 무엇이었을까? 일단 결의 제195호(Ⅲ)가 대한민국 정부를 한반도에서의 유일한 합법정부라고 평가했음에는 큰 이론이 없으며, 동시에 대한민국 정부는 당시 남한에 대해서만 실효적 지배와 관할권을 행사하고 있다고 지적한 사실도 부인할 수 없다. 문제는 대한민국 정부가 한반도 전체를 대표하는 정부인가 아니면 단지 남한지역만을 대표하는 정부인가, 양자 중 어떠한 의미인가이다.

제1위원회 토의 마지막 단계에서 제시된 덜레스의 발언은 결의 제195호(Ⅲ)의 정확한 해석으로 수용되어야 하나? 그렇다면 총회 토의에서 여러 국가가 제195호(Ⅲ)의 의미를 달리 이해하고 이를 지지 또는 비판했던

101 위의 주.

102 A/C.1/SR.236(1948. 12. 8.), p.1023.

사실은 모두 오해에서 비롯된 잘못된 발언으로 무시되어도 무방한가? 미국이 결의 제195호(Ⅲ) 성안을 주도했으므로 미국 대표의 해석에 가장 무게감이 주어지겠지만, 미국 대표의 현장 발언이 바로 제195호(Ⅲ)의 유권해석이라고는 할 수 없다. 덜레스 발언에도 불구하고 결의 제195호(Ⅲ) 제2항의 정확한 의미를 분석할 필요는 여전히 남는다고 할 수 있다.

사실 총회에서의 논의를 보아도 결의 제195호(Ⅲ) 제2항의 의미를 정확히 확정하기는 여전히 쉽지 않다. 공동초안 작성국의 하나인 오스트레일리아는 대한민국 정부가 남한만의 정부라는 기조에서 작업과 회의에 임했다고 판단된다. 반대로 공동초안 제안국 중 중국은 토의과정에서 여전히 대한민국 정부가 한국 전체를 대표하는 정부라고 해석될 수 있다는 인식을 표명한 바 있다.

미국은 본래 대한민국 정부가 한반도 전체를 대표하는 합법정부라는 입장에서 출발했고, 어느 나라보다도 대한민국 정부가 유엔에서 그 같은 지위를 확인받기 원했으리라 추정된다. 다만 일부 우방국의 반발을 무마하기 위해 결의안 중 이에 대한 직접적인 표현은 상당 부분 포기했다. 미국은 특히 오스트레일리아와 공통 기반을 찾으려는 희망에서 제2항 문언에서 상당한 양보를 했다고 자평했다.[103] 그래도 마셜 국무장관은 오스트레일리아와의 공동초안이 미국의 기존 입장을 해칠 정도는 아니므로 수용할 만하다고 보았다.

한국의 장면 대표도 원만한 통과를 위해 공동초안을 수락했지만, 문안 내용이 만족스러울 만큼 명확하지 않음을 인지하고 있었다.[104] 그는 제

103 Lovett to Paris(Australian's Points of View)(1948. 11. 20.). 국사편찬위원회, 앞의 주 84, 422쪽.

104 미국 측 문건에 의하면 한국 대표단은 총회에서의 원만한 통과를 위해 일단 공동초안을 수용했다고 한다. The Secretary of State to the Acting Secretary of State(1948. 11. 16.), *FRUS 1948*, Vol. Ⅵ, p.1329.

1위원회 발언을 통해 제2항에 대해 일부 수정을 희망했다. 즉 대한민국 정부가 1947년 총회 결의에 규정된 정부에 해당하며, 전체 한국에 대한 대한민국 정부의 관할권 행사는 오직 무력에 의해 저지되고 있으며, 전체 한국에 대한 주권은 대한민국 정부에 있다는 주장을 확인하는 문구로 수정을 요청했다.[105] 대한민국 정부 성격 규정에 관한 미국 초안상의 직접적 문구들이 공동초안에서 상당 부분 삭제되었기 때문에 한국으로서는 마지막 개정 호소를 한 셈이다. 그러나 당시 유엔 회원국도 아니었던 한국의 호소가 총회장 분위기를 바꿀 힘은 없었다.

이상을 종합해 볼 때, 결의 제195호(Ⅲ) 제2항의 의미는 덜레스의 발언대로 대한민국 정부가 한반도 유일의 합법정부이나, 그렇다고 해서 전체 한국의 정부라고 주장하는 취지는 아니며, 북한지역에 대해서는 단순히 아무런 평가나 언급이 없다는 해석이 물론 가능하다.

그러나 결의 제195호(Ⅲ)의 전반적 취지와 몇 가지 문구는 여전히 대한민국 정부가 한반도 전체를 대표하는 정부라는 해석도 가능하다는 점을 시사한다.

첫째, 결의 제2항에서는 대한민국 정부가 전체 한국민의 절대다수가 거주하는 지역 유권자의 선거를 바탕으로 하고 있고, 이 지역에 대한 실효적 관할권을 행사하는 합법정부로 표현되고 있다. 여기서 한국민의 절대다수가 거주하는 지역 유권자의 의사를 바탕으로 성립되었다는 지적은 이를 통해 대한민국 정부가 전체 한반도를 대표할 수 있다는 점을 암시한다고 해석될 수 있다.

둘째, 결의 제2항에서 남한만을 가리킴이 분명한 경우에는 두 번이나 "한국의 그 지역that part of Korea"이라고 명시했지만, 대한민국 정부가 "한

105 A/C.1/SR.232(1948. 12. 7.), pp.966-967.

국에서의 유일한 그 같은 정부the only such Government in Korea"라는 문구에서는 Korea만을 사용하고 있는데, 이는 대한민국 정부가 한반도 전체의 유일한 합법정부임을 가리키는 의미라고 해석된다. 한반도는 하나의 국가로 독립이 예정되고 있었으므로 유일한 합법정부가 수립되었다면 당연히 남북한 전체를 대표하는(또는 대표할) 정부로 이해함이 엉뚱하거나 불가능한 해석은 아니다. 이에 몇몇 학자는 수년 후까지 그 같은 해석을 지지했다. 한스 켈젠Hans Kelsen은 6·25전쟁에 대한 안보리 결의 제82호(1950. 6. 25.)가 서두에서 총회 결의 제293호(Ⅳ)(제195호(Ⅲ) 제2항과 동일한 내용)를 인용하면서 '대한민국 정부'와 달리 북한 정권은 단지 '북한 당국authorities of North Korea'으로만 호칭한 점에서 볼 때, 대한민국 정부가 북한지역에 대한 실효적 통제를 하지 못함에도 불구하고, 안보리가 이 정부를 남한만의 정부가 아닌 전체 한국the whole of Korea의 합법정부로 인식했다는 의미라고 해석했다.[106] 웨슬리 굴드Wesley Gould 역시 총회 결의 제195호(Ⅲ)는 한국Korea을 하나의 합법정부를 가진 단일 국가, 즉 대한민국으로 취급했다고 설명했다.[107]

셋째, 결의 채택 당시 남한지역에는 대한민국 정부에 대항하는 별다른 정치적 실체가 없었으므로 대한민국 정부를 남한의 '유일한' 정부라고 호칭할 필요가 전혀 없었다. '유일한' 정부라는 표현은 북한 정권을 염두에 두고 한반도 전체를 전제로 할 때만 의미를 지닐 수 있었다.[108]

넷째, 1947년 총회 결의 중 미완성 부분의 이행과 관련해 제195호(Ⅲ) 제4항 서두에 "여기에 규정된 대한민국 정부의 지위를 감안하고having in

106 H. Kelsen, *The Law of the United Nations with Supplement* (Praeger, 1951), pp.928–929.

107 W. Gould, *An Introduction to International Law* (Harper & Brothers, 1957), p.187.

108 김명기, 앞의 주 54, 24쪽.

mind the status of the Government of the Republic of Korea as herein defined"라는 표현이 존치되었기 때문에 유일 합법정부인 대한민국 정부를 중심으로 통일이 이루어져야 한다는 점이 암시되어 있다고도 볼 수 있다.

다섯째, 공산권 국가들이 결의 제195호(Ⅲ) 채택을 격렬히 반대한 이유도 대한민국 정부가 전 한반도를 대표하는 정부로 인정됨을 두려워했기 때문이지, 이를 단지 남한의 정부로조차 인정할 수 없다는 의미는 아니었으리라 추정된다.

사실 결의 제195호(Ⅲ) 제2항은 타협을 위한 의도된 모호함을 내포하고 있었다. 덜레스는 원만한 통과를 위해 현장에서 일단 결의 문언의 의미를 최소한으로 축소 해석했으나, 문언의 행간에는 여전히 덜레스 발언 이상의 의미가 내포되어 있었다. 총회장에서는 바로 그 같은 이해 속에서 여러 국가가 결의안에 대해 찬성 또는 비판 토론을 했다. 뉴욕타임스 New York Times는 제3차 총회 종료 직후 논평에서 결의 제195호(Ⅲ)는 대한민국 정부를 전체 한국의 National Government로 승인함은 회피했지만, 이 정부를 한반도에서의 유일한 합법정부로 승인하고, 이 정부가 창설된 방법과 마찬가지로 유엔 후원하의 통일을 제안함으로써 간접적으로 이를 표시했다고 해석했다. 또한 소련의 강력한 반대는 공산권 국가들도 이 결의를 그렇게 이해한 증거라고 보았다.[109]

그런 의미에서 결의 제195호(Ⅲ)는 대한민국 정부가 남한만의 합법정부임을 선언하고 있을 뿐이라는 해석도 가능하지만, 반면 대한민국 정부가 한반도 전체를 대표하는 합법정부라는 해석도 여전히 가능한 내용이었다고 판단된다. 제1위원회에서 결의안이 통과된 직후부터 한국 언론에서는 유엔이 대한민국 정부를 전체 한국의 정부(중앙정부)로 인정했

109 *New York Times*, 1948. 12. 13., p.22.

다는 해석이 주류를 이루었다.[110] 특히 결의 제195호(Ⅲ)가 채택되자 당시 국내에서는 거국적 환영 분위기가 넘쳐났다. 장택상 한국 외무장관은 결의 제195호(Ⅲ)를 통해 유엔이 전체 한반도에 대한 대한민국 정부의 권한 주장을 승인했다고 설명했다.[111] 결의 내용에 대한 당시 한국 사회에서의 반응이 전적인 오해나 왜곡에서 비롯되었다고 비판만 하기는 어렵다.

V. 결론

일제 패망 후 한반도는 미국과 소련에 의해 분할 점령되었다. 1945년 모스크바합의에 따라 한반도 처리방법을 논의할 미·소공동위원회가 설치되었지만, 양측이 별다른 합치점을 찾지 못하자 미국은 한국 독립 문제를 유엔 총회로 회부했다. 1947년 11월 14일 총회는 한반도 총선거를 감시할 한국임시위원회를 설치하기로 결의했으나, 북한을 점령 중인 소련의 협조 거부로 선거는 결국 남한에서만 실시되고 1948년 8월 15일 대한민국 정부가 수립되었다. 이는 유엔 관여하에 정부를 수립한 첫 번째 사례였다.

대한민국 정부 수립 과정에서 주로 공산권 국가들은 다양한 국제법

110 대표적인 표현: "동 결의안을 보면 …… 대한민국 정부를 전 한국 정부로 승인하자는 것.", 『동아일보』(1948. 12. 14.), p.1(사설). 기타 『동아일보』(1948. 12. 10.), p.1(사설); (1948. 12. 19.) p.1(사설); 『조선일보』(1948. 12. 10.), p.1; 『경향신문』(1948. 12. 9.), p.1 등 참조.

111 The Special Representative in Korea(Muccio) to the Secretary of State(1948. 12. 23.), *FRUS 1948*, Vol.Ⅵ, p.1343.

적 쟁점을 제기하며 한국 문제에 대한 유엔의 관여를 저지하려 했다. 첫째, 한국 독립 문제의 유엔 총회 회부는 모스크바합의 위반이다. 둘째, 유엔 총회는 한국 독립 문제를 취급할 권한이 없으며, 한국임시위원회 설치는 헌장 위반이다. 셋째, 남한 단독선거를 지지한 소총회는 헌장에 위반되는 기관이다. 넷째, 소총회는 남한 단독선거를 허용할 권한이 없다. 이러한 주장들은 법적으로 유엔헌장 제107조 구 적국조항의 적용대상, 제11조, 제12조, 제13조, 제24조 등에 규정된 총회와 안보리의 권한관계, 제7조 제2항 및 제22조의 총회 보조기관 설치와 역할, 제20조 총회 회기 등에 관한 헌장 조항 해석과 관련된 다툼이었다. 소련 등 공산권 국가들은 미국이 주도한 일련의 과정이 위에 제시된 조항들을 위반한 조치라고 주장했다.

당시 총회에서는 치열하고 어찌 보면 지루할 정도의 공방이 반복되었다. 결국 표결에서 공산권 국가들의 주장은 모두 부결되었고, 한국 문제는 절대다수 회원국 지지하에 미국이 의도하던 방향으로 처리되었다. 이러한 처리 결과에 대해 정책적 관점에서는 다양한 평가가 있을 수 있겠지만, 헌장 해석에 있어서 별다른 위법이나 일탈은 없었다고 판단된다.

한국 독립 문제가 제기되었던 유엔 설립 초기에는 헌장 운영경험이 일천해 헌장 해석에 관한 실행이 미처 제자리를 잡지 못하고 있었다. 유엔과 같은 정치적 성격의 기구의 설립헌장 해석에 있어서는 다수 회원국의 의사가 중요한 역할을 하며, 헌장에 명문 규정이 없다 해도 묵시적 권한이나 재량이 인정되는 폭이 넓다. 따라서 헌장 해석에 있어서 실행이 차지하는 비중이 매우 크다. 당시 한국 문제 처리결과는 헌장 운용에서 초기의 중요한 선례 역할을 했다. 후일 유엔 실행이 이를 뒤집는 방향으로 변화한 부분도 없었으며, 한국 문제 처리는 헌장 해석이 오늘날과 같은 방향으로 착근하는 데 일조를 했다고 평가된다.

이어 1948년 12월 12일 유엔 총회는 결의 제195호(Ⅲ)를 통해 한국민의 절대다수가 거주하고 있는 (남한)지역에 대해 실효적 지배와 관할권을 가진 합법적 정부(대한민국 정부)가 수립되었으며, 이는 한국 내 유일한 그 같은 정부임을 확인했다.

총회 결의 제195호(Ⅲ)는 국토가 양분된 상태에서 5·10 선거로 수립된 대한민국 정부의 정당성을 국제적으로 공인한 조치였다. 총회 결의 제195호(Ⅲ)는 대한민국 국제관계에서 다대한 의미를 내포했다. 이는 대한민국이 일제 식민지로부터 벗어나 독립 주권국가로 재수립되었음을 국제적으로 공인받는 계기가 되었다. 이 결의가 통과되자 1949년 1월부터 미국, 중국, 영국, 프랑스 등 각국이 비로소 대한민국을 법률상 *de jure* 승인하기 시작해,[112] 1949년 1년 동안 모두 26개국이 대한민국을 승인했다.[113]

냉전시대 한국은 결의 제195호(Ⅲ)를 통해 대한민국 정부가 한반도 전체를 대표하는 유일 합법정부임이 확인되었다고 주장하며 남북 대립상황 속에서 정치적·법적 정통성의 근거로 삼았다.

그러나 결의 제195호(Ⅲ)가 대한민국 정부를 5·10 선거가 적용되지 않은 북한지역까지 대표하는 정부로 인정하는 의미이냐에 대해서는 결의안 작성 과정에서부터 논란이 제기되었다. 남한의 점령국으로서 5·10 선거와 대한민국 정부 출범을 실질적으로 후원했던 미국은 누구보다도 이 정부가 한반도 전체를 대표하는 전국 정부로 인정받기 원했다. 당초

112 미국, 중국, 필리핀 등은 1948년 8월 15일 대한민국 정부 수립 직후 우선 사실상(*de facto*) 승인만을 부여했었다. 정인섭, 『신국제법강의』 제14판 (박영사, 2024), 189쪽.

113 1949년 대한민국을 승인한 국가의 명단과 그 일자는 김용호, 『외교영토 넓히기: 대한민국의 수교 역사』 (대한민국 역사박물관, 2016), 43쪽 참조. 외무부 외교연구원, 『한국외교의 20년』 (1967), 28-36쪽에는 김용호 정리에서 4개국이 빠져 있고 1개국이 추가되어 1년간 총 23개국이 승인했다고 설명하고 있다. 김용호의 정리는 『한국외교의 20년』을 검토한 후 작성된 자료이므로 보다 정확한 내용으로 본다.

미국은 대한민국 정부가 남한만의 정부로 승인되고 북한에서는 별도 정부의 성립이 인정된다면 분단이 오히려 고착되리라고 우려하며, 대한민국 정부가 유엔에서 한반도 전체를 대표하는 정부로 인정되는 편이 분단 해소에 유리하다는 인식을 가지고 있었다. 그렇지만 대한민국 정부가 실효적으로 통제하는 지역은 남한뿐이며 북한지역에는 별도 정권이 성립되어 있다는 현실론에 입각한 일부 우방국의 반론에 부딪쳤다. 미국은 유엔 총회에서 원만한 지지를 획득하기 위해 결의안 성안과정에서 일정한 타협을 했다. 결과적으로 결의 제195호(Ⅲ)의 문구는 대한민국 정부가 남한만을 대표하는 정부로도 해석될 수 있고 한반도 전체를 대표하는 정부로도 해석 가능한 애매한 상태로 봉합되었다. 사실 이는 의도된 모호함이었다.

이후 한반도의 정치적 현실이 남북분단에 따른 2개 국가체제로 공고화되었기 때문에 대한민국 정부가 북한지역을 포함한 한반도 전체를 대표하는 합법적 정부라는 해석은 비현실적 주장이 되어 버렸다. 가정이지만 6·25전쟁 전 신속히 대한민국 중심의 통일이 이루어졌다면 총회 결의 제195호(Ⅲ)는 대한민국 정부를 한반도 전체를 대표하는 정부로 인정한 의미라는 해석이 주를 이루었을지도 모른다. 1970년대 초엽까지 한국은 자신이 유엔이 인정한 한반도 전체를 대표하는 정부라는 입장을 고수했지만, 역사의 현실은 다른 방향으로 흘렀다.

1972년 7·4 공동성명으로 남북한 정부는 상호 상대방을 정치적 실체로 인정했고, 1973년 6월 23일 박정희 대통령의 '평화통일 외교정책에 관한 특별성명'을 통해 한국 정부는 북한이 유엔을 포함한 국제기구에 한국과 함께 참여함에 반대하지 않는다고 발표했다. 이 같은 한국 정부의 입장 변화는 헌법의 영토조항에도 불구하고 대외적으로는 대한민국 정부가 한반도 전체를 대표한다는 주장을 포기한 의미라고 해석된다.

1991년 남북한이 각기 유엔 회원국으로 가입하게 됨으로써 대한민국 정부가 한반도 전체를 대표하는 유일 합법정부라는 주장은 완전히 설 땅을 잃어버리게 되었다. 그러나 최소한 1948년 시점에서는 결의 제195호(Ⅲ)가 대한민국 정부를 한반도 내 유일한 합법정부로 인정했고 대한민국 정부 중심의 통일을 지향하는 의미를 지녔다는 점만은 분명하다.[114]

114 좀 더 상세한 내용은 다음 논문 참조. 정인섭, "대한민국 정부 수립과정상 UN 총회의 역할", 『국제법학회논총』, 제66권 제2호(2021)와 정인섭, "UN 총회 한국정부 승인 결의(제195호) 성립과정과 의미 분석", 『서울국제법연구』, 제29권 1호(2022).

제2장

유엔 가입 이후 남북관계와 국제법적 쟁점

정대진*
원주 한라대학교 경영학과 교수

Ⅰ. 서론

1991년은 남북관계사에서 두 가지 중요한 사건이 일어난 해이다. 하나는 남북한 유엔 동시 가입이고, 다른 하나는 「남북 사이의 화해와 불가침 및 교류·협력에 관한 합의서」(이하 '남북기본합의서') 채택이다. 남북한 유엔 동시 가입은 국제사회, 특히 유엔 무대에서 남북한이 2개의 국가로 활동한다는 것을 공인했다는 점에서 특기할 만하다. 동시에 남북한은 같은 해 남북기본합의서 채택을 통해 남북관계가 나라와 나라 사이의 관계가 아니라는 점도 공표하며 남북한 특수관계를 공식화하기도 했다. 국제사회에서는 2개의 나라이되, 서로의 관계에서는 나라 사이가 아닌 특수관계가 현재 '남북' 혹은 '남북한' 관계의 현실이다.[1]

남한은 1973년 6월 23일 「평화통일 외교정책에 관한 특별성명」을 발표한 이후 줄곧 남북한의 유엔 동시 가입을 주장했다.[2] 반면 북한은 단일의석으로 유엔에 가입할 것을 주장하며 맞섰다. 1991년 노태우 정부는 북방정책을 추진하면서 남북한 유엔 동시 가입이 한반도 평화와 동북아정

---

* 이 글은 정대진, "유엔 가입 이후 남북관계와 국제법적 쟁점", 『통일과 담론』 제2집 제1호(2023), 89-119쪽을 기초로 수정·보완했음을 밝힌다.

1 이 글에서는 '남북'과 '남북한'을 혼용한다. 현재 통일된 공식 기준이 마련되어 있지 않고 실제 용법상 혼재되어 있는 것이 현실이다. 우선 '남북'이라는 용어는 나라와 나라 사이의 관계가 아닌 통일을 지향하는 잠정적 특수관계를 표방하는 어휘에 해당되는 것으로 파악하여 사용하고자 한다. 이는 남북회담에서도 서로를 남한이나 북한, 남조선이나 북조선으로 부르지 않고 '남측', '북측'이라고 부르는 예를 반영한 용법에 기반했다고 볼 수 있다. '남북한'은 대한민국과 조선민주주의인민공화국이 2개의 나라라는 점을 기본으로 한 상태에서 국제적·대외적인 관계에서 남한이 북한을 호칭할 때 쓰는 용어를 접목하여 사용하는 예로 보고자 한다. 남북한 관계를 한중관계나 한일관계처럼 한조관계로 표현할 수도 있으나 남북한 특수관계론 입장에서 '남북한'을 현재 일반적으로 사용하므로 이 글에서는 '남북한'을 사용하고자 한다.

2 국토통일원, 『남북대화 백서』(국토통일원, 1988), 453-457쪽.

세 안정에 기여할 수 있다며 국제사회의 지지를 호소했다. 그리고 점차 국제적 공감대를 획득해 갔다. 북한은 당시 남한의 유엔 동시 가입 추진을 지속적으로 반대했으나 대세를 이루지는 못했다. 남북한은 1991년 9월 17일 마침내 유엔에 동시 가입했다.[3]

남북한이 유엔에 동시 가입했다는 사실은 남북한이 유엔에서는 2개의 국가로 인정되어 활동할 수 있음을 의미한다. 유엔헌장 제4조 제1항에 따르면 국가만이 유엔에 가입할 수 있도록 명시하고 있는데, 남북한은 유엔 동시 가입을 통해 국제무대에서 2개의 한국Two Koreas을 공식화한 것이다.[4]

하지만 남북한 유엔 동시 가입이 남북한 서로에 대한 국제법상의 상호 국가승인이 아님은 주지의 사실이다. 이는 유엔 관행상 확립된 원칙이며, 국제법 일반이론에 따를 때에도 자명한 사항이다. 리Trygve Halvdan Lie 유엔 사무총장은 1950년 3월 8일 유엔 안전보장이사회(이하 '안보리') 의장에게 보내는 서한에 첨부한 「유엔, 대표 문제의 법적 측면에 관한 비망록Memorandum on the Legal Aspects of the Problem of Representation in the United Nations」에서 특정국의 유엔 가입에 관한 사항은 유엔 기관인 안보리와 총회의 집단적 행위라고 밝혔다. 하지만 개별 회원국의 국가승인은 일방적 행위라고 규정하며, 유엔 가입과 국가승인은 본질적으로 별개의 문제라고 분명하게 밝혔다.[5] 남북한은 유엔 가입 이래 지금까지 상대방을 명

3 당시 북한은 남북한의 유엔 동시 가입이 분단을 고착화할 수 있다며 이를 반민족적 범죄라고까지 주장했다. 그러나 중국과 소련이 거부권을 행사하지 않겠다고 입장을 밝힘에 따라 1991년 5월 27일 남북한 단일의석 가입 입장을 철회한다고 공식 발표했다. 이에 대한 배경은 임용순, "남북한 유엔 동시 가입과 평화공존체제의 확립방안", 『유엔가입과 통일의 공법문제』(한국공법학회, 1991), 15-16쪽 참조.

4 제성호, "법적으로 본 남북관계의 위상", 『통일정책연구』, 제24권 제1호(2015), 98쪽.

5 1949년 유엔 총회에서 이스라엘의 가입이 승인되었을 때 이집트가 반대하며 국가 승인을 하지 않겠다고 천명한 사실을 배경으로 이 비망록은 작성되었다. 이에 대해서는 이병조·이

시적 혹은 묵시적으로 국가로 승인한 적은 없다.[6] 또 유엔이 남북한은 영원히 2개의 국가로 분열되어 통일을 포기했다고 간주한 사실도 없다. 다수의 유엔 회원국은 남북한이 같은 민족 출신의 분단국임을 잘 인지하고 있다.

한편, 주지하다시피 남북은 1991년 남북기본합의서 서문에서 서로의 관계를 "나라와 나라 사이의 관계가 아닌 통일을 지향하는 과정에서 잠정적으로 형성되는 특수관계"로 합의했다. 이로 인해 남북 혹은 남북한 관계는 "나라와 나라 사이의 관계가 아닌 것"이라는 특수성 기준이 적용되면서, 국제사회에서는 별개의 주권국가로 존재하며 국제질서의 보편성 기준도 적용되는 이중적 현실을 맞이했다. 즉, 1991년 남북한 유엔 동시 가입과 남북기본합의서 채택을 기점으로 남북한 사이에는 국제관계 보편성과 남북관계 특수성이 동시에 본격 작용하기 시작한 것이다.

이런 현실에서 1990년대부터 북한 핵문제와 이를 해결하기 위한 북미대화, 6자대화 및 한반도 평화체제 수립 문제 등이 논의되었다. 그리고 한반도 평화체제 수립을 위해 북미·북일 수교를 통한 남북한 교차승인이 논의되기도 했다. 하지만 30년이 넘도록 북한 핵문제는 근본적인 해결을 보지 못했고, 남북관계 특수성과 국제관계 보편성이 교차하는 가운데 한반도 질서는 발전과 정체를 반복하고 있다. 이 글에서는 유엔 가입 이후 발전과 정체를 거듭하고 있는 남북관계와 한반도 질서를 국제관계 보편성과 남북관계 특수성 관점에서 정리해 보고 향후 발전방향을 논해 보기로 한다.

중범, 『국제법신강』 제9개정 보완수정판 (일조각, 2007), 128쪽.

6 한국 헌법재판소도 92헌바6·26 결정과 93헌바34·35·36 결정 등에서 남북한의 유엔 동시 가입에도 불구하고 이로써 남한이 북한에 대해 국가 승인을 한 것은 아니라는 입장을 취하고 있다. 이효원, 『통일법의 이해』 (박영사, 2014), 151쪽.

II. 유엔 가입과 남북관계의 변천

1. 국제관계 보편성의 도입: 탈냉전기의 도래와 유엔 동시 가입

한국은 1949년 1월 19일 유엔에 가입신청서를 제출한 이래 공산권의 반대 등으로 수차례 가입신청이 부결되었음에도 불구하고 유엔 가입 노력을 멈추지 않았다. 한국은 1975년 7월 29일 그 당시로서는 마지막 가입신청 재심의 요청을 하고 이마저 거부된 이후 한동안 유엔 가입 추진을 사실상 유보해 왔다.[7] 그러는 가운데 1980년대 말 탈냉전 시기가 도래했다. 당시 미국의 부시 대통령과 소련의 고르바초프 서기장은 1989년 12월 몰타선언을 통해 냉전의 종식을 공식선언 했다. 이후 1990년대 본격화된 동구권의 몰락과 독일 통일, 1991년 소비에트연방 해체 등 일련의 사건들은 20세기 탈냉전을 재촉했다.

한편, 1988년 올림픽 개최 등을 계기로 한국의 위상은 국제적으로 한층 강화되었고 노태우 정부는 대외적으로 북방정책을 추진했다. 1988년 10월 18일 노태우 대통령은 아시아·아프리카 국가 그룹 초청으로 유엔 총회에서 연설을 했다. 당시 한국은 회원국이 아니었지만 유엔은 노태우 대통령에게 국가원수 자격으로 연설을 하도록 했다.

이후 탈냉전 데탕트 분위기 속에서 한국은 1990년 2월과 3월 소련과 서로 영사처를 설치했다. 1990년 6월 4일에는 한소 정상회담을 개최했으며 같은 해 9월 한국과 소련은 수교에 이르렀다. 한편 1990년 1월 한국과 중국 양국은 영사 기능을 겸한 무역대표부를 설치했다.

7 탈냉전기 이전 한국의 유엔 가입 추진 경과에 대해서는 정인섭, "한국과 UN, 그 관계 발전과 국제법학계의 과제", 『국제법학회논총』, 제58권 제3호(2013), 55-71쪽 참조.

이 시기에 한국 정부는 유엔 가입을 재추진하기로 했다. 하지만 1989년에도 북한은 기존의 주장을 고수했다. 남북연방제를 통한 단일국가를 형성하여 유엔에 가입하자는 것이었다. 이에 비해 한국 정부는 단독으로라도 유엔에 가입하겠다는 방침을 정한 상태였다. 한국의 단독 가입 원칙과 더불어 북한은 냉전 해체기 한·소 및 한·중 관계 개선 등 다방면에서 자신에게 불리하게 전개되는 국제정세 가운데 마침내 1990년 5월 24일 김일성이 최고인민회의 시정연설에서 남북한이 별개의 국가이지만 단일 의석으로 유엔에 가입하자는 제안을 했다. 남북이 유엔 대표를 일정 기간 돌아가며 교대로 맡고 상호 합의를 통해 유엔 표결에 참여하자는 제안이었다. 이것은 북한이 주장하던 연방제 실현을 통한 단일국가로서 유엔 가입을 하자는 제안을 수정하여 2개의 국가를 전제로 하되 유엔 가입은 단일의석으로 하자는 절충안이었다.[8]

이어 북한은 1990년 9월 4일 서울에서 열린 제1차 남북 고위급 회담과 1990년 10월 16일 평양에서 열린 제2차 남북 고위급 회담에서도 같은 주장을 내놓았다. 그러나 한국 정부는 2개 국가의 단일의석 가입은 유엔헌장 취지에도 어긋나고 현실성도 없다는 입장을 밝히고, 남북한 동시 개별 가입을 추진하되 북한이 원하지 않으면 단독 가입도 불사하겠다고 천명했다.[9]

결국 1991년 4월 5일 한국 정부는 연내에 회원국 가입신청을 하겠다며 안보리 의장에게 공한을 발송했다. 이후 북한은 1991년 5월 27일 한국

8 정인섭, 위의 주, 71쪽; 박치영, 『유엔 정치와 한국문제』(서울대학교 출판부, 1995), 267-271쪽.

9 남북한 유엔 가입이 논의되던 1990년 제45차 유엔 총회에서는 155개국이 기조연설을 했는데, 그중 71개국이 한국 정부의 입장을 지지했고 9개국만이 북한 입장을 지지했다. 하지만 북한이 제의한 남북한 단일의석 가입안을 지지한 국가는 하나도 없었다. 이에 대해서는 박치영, 위의 책, 367쪽 참조.

의 주장대로 남북한 동시 개별 가입을 수락한다고 발표했다. 1991년 7월 8일 북한이 가입신청서를 제출했고, 8월 5일 한국도 가입신청을 했다. 8월 8일 유엔 안보리는 남북한의 가입을 동시에 권고했다(결의 제702호). 그해 9월 17일 남북한 동시 가입안은 143국이 서명한 가운데 총회 제46회 회기에서 표결 없이 만장일치로 채택되었다(제46/1호). 한국은 1949년 1월 최초로 유엔 가입신청을 한 이래 42년 8개월 만에 유엔에 가입했다.[10] 남북한이 유엔에 동시 가입함으로써 국제무대에서 남북한이 2개의 나라로 공인을 받고 국제관계 보편성의 적용을 받는 관계의 한 축이 구성되었다.

2. 남북관계 특수성의 형성: 남북기본합의서 체결

노태우 정부는 1988년 7월 7일 「민족자존과 통일번영을 위한 특별선언」(7·7선언)을 발표했다. 해외동포들의 남북 자유왕래, 이산가족 상봉과 남북교역 문호 개방, 남북한 대결외교를 지양한다는 것을 골자로 하는 7·7 선언은 대북인식의 전환을 보여 주었다.[11]

이 시기 북한은 정무원 이근모 총리 명의로 '남북 고위급 정치·군사회담'을 제의했다(1988. 11. 16.). 여기에 남한은 강영훈 국무총리가 '남북 고위당국자회담' 개최를 수정 제의했다(1988. 12. 28.). 이로써 1989년 2월 8일부터 1990년 7월 26일까지 남북은 '남북고위급회담 예비회담'을 여덟 차례 개최했다. 이 예비회담 합의에 따라 남북은 1990년 9월 4일부터 7일까지 제1차 남북고위급회담을 서울에서 열었다.

남북기본합의서는 제5차 남북고위급회담(1991. 12. 10.~12. 13., 서울)

10 정인섭, 앞의 주 7, 70-71쪽.

11 정대진, "남북합의서의 규범적 성격 연구", 『통일연구』, 제18권 제1호(2014), 19쪽.

기간인 1991년 12월 13일 체결되었는데, 남북관계의 헌장으로 평가받을 정도로 구체적이고 실질적인 남북 합의사항들을 포함하고 있었다.[12]

남북기본합의서는 1972년 7·4남북공동성명에서 나온 조국통일 3대원칙을 재확인하고 남북관계 발전을 구체적으로 실행할 수 있는 내용들을 담고 있다. 특히 남한과 북한 사이의 관계를 국가와 국가 사이의 관계가 아닌 통일을 지향하는 잠정적 특수관계로 규정하여 본격적인 남북교류협력을 하는 데 논리적 제약이 되는 부분을 많이 완화시켰다.[13] 이는 남북이 서로에 대해 권리·의무의 당사자로서 상호작용을 하는 데 용이한 조건을 부여한 내용이었다.

아울러 남과 북은 남북기본합의서에서 제1장 남북화해, 제2장 남북불가침, 제3장 남북교류·협력 규정에 따라 남북화해공동위원회, 남북군사공동위원회, 남북교류협력위원회 및 남북연락사무소 설치·운영에 관한 합의서를 체결했다. 또한 화해, 불가침, 교류·협력을 위한 부속합의서도 체결하여 남북관계를 실체적인 법률관계로 발전시키는 계기를 마련했다.

남북기본합의서는 제25조에서 발효규정을 두고 있는 점,[14] 단순한 외교적 선언('1,2 …')과 달리 규정에 있어서 '제1조, 제2조 …'의 형식을 갖

---

12 통일부 남북회담본부, "남북사이의화해와불가침및교류협력에관한합의서 해설자료"(1991)(http://dialogue.unikorea.go.kr/agreement/comment/74, 2023. 2. 10. 방문).

13 남북기본합의서 전문: "남과 북은 분단된 조국의 평화적 통일을 염원하는 온 겨레의 뜻에 따라, 7·4남북공동성명에서 천명된 조국통일 3대 원칙을 재확인하고, 정치군사적 대결상태를 해소하여 민족적 화해를 이룩하고, 무력에 의한 침략과 충돌을 막고 긴장완화와 평화를 보장하며, 다각적인 교류·협력을 실현하여 민족공동의 이익과 번영을 도모하며, 쌍방 사이의 관계가 나라와 나라 사이의 관계가 아닌 통일을 지향하는 과정에서 잠정적으로 형성되는 특수관계라는 것을 인정하고, 평화통일을 성취하기 위한 공동의 노력을 경주할 것을 다짐하면서, 다음과 같이 합의하였다."

14 "이 합의서는 남과 북이 각기 발효에 필요한 절차를 거쳐 그 문본을 서로 교환한 날로부터 효력을 발생한다."

춘 점, 보통 '선언한다'고 표현하는 신사협정과는 달리 '합의한다'는 표현을 명문화하고 있는 점, 보통의 선언이 수정이나 보충에 관한 규정이 없는 것과 달리 본문 안에 수정, 보충에 관한 규정(제24조)[15]을 두고 있는 점을 고려했을 때 합의 당사자인 남북 양측은 선언적 효력이 아닌 법적 효력을 가진 합의 의사를 가지고 체결했다고 보아야 할 것이다.[16] 그러므로 남북한 정부가 교체되어도 후임 정부는 이에 당연히 구속되어야 했으며, 이 원칙이 잘 유지되었다면 남북기본합의서는 선언적 효력만 가진 신사협정과 구별되는 법적 효력을 인정받았을 것이다.[17]

하지만 남북기본합의서 체결 직후부터 팀스피리트 한미연합군사훈련에 대한 북한의 지속적인 문제제기와 1993년 핵확산금지조약Nuclear nonproliferation treaty(이하 'NPT') 탈퇴 선언, 핵문제의 본격화 등으로 남북기본합의서의 제도적 이행은 난관에 부딪혔다. 그리고 1990년대 초반 남북고위급회담 등에서 일군 각종 남북합의도 1990년대 후반까지 명맥을 일관되게 유지하지 못하고 실천력을 잃게 된다. 규범력은 확보했으나 실천력을 확보하지 못해 남북관계는 다시 한번 퇴행을 거듭한 것이다.[18] 하지만 남북기본합의서에서 규정한 남북한 특수관계는 21세기 들어서도 계속 남북대화나 각종 합의에서 인용되고 있다. 남북관계가 경색과 발전을 거듭하면서도 남과 북 양측 어느 쪽에서도 남북한 특수관계를 공식 파기하지는 않은 상황이며, 상황 진전에 따라 적절하게 변용 및 활용할 수 있는 관계개선의 지렛대이기도 하다. 남북관계가 경색되면 남북관계 특수성을 부정하는 입장이 비등하고, 남북관계가 진전되면 남북관계 특

15 "이 합의서는 쌍방의 합의에 의하여 수정·보충할 수 있다."

16 김명기, 『남북기본합의서 요론』(국제문제연구소, 1992), 32-33쪽.

17 남북기본합의서에 대해서는 대법원(98두14525)과 헌법재판소(98헌바63)가 조약이 아니라는 취지의 판결을 내려 법적 효력 여부에 대해 논란이 있음도 주지의 사실이다.

18 정대진, 앞의 주 11, 20-21쪽.

수성을 인정하는 입장이 비등해질 수 있는 모호성이 존재하지만, 한국이 남북기본합의서나 각종 합의서 선先파기를 주장하며 남북관계 파국의 책임을 먼저 떠안을 필요는 없다.

결과적으로 1991년을 기점으로 유엔 동시 가입과 남북기본합의서 체결을 통해 한반도에는 국제관계 보편성과 남북관계 특수성 두 축이 교차하는 구조가 형성되었다고 할 수 있다. 그리고 이 두 축이 교차하면서 유엔 가입 이후 남북관계의 국제법적 쟁점들이 발생하고 있다고 볼 수 있다.

3. 남북관계 특수성과 국제관계 보편성의 조화

남북기본합의서의 채택, 발효 후 남북한은 남북화해, 남북불가침, 남북교류·협력 분야별 부속합의서를 채택하고 화해, 군사 및 교류협력을 담당할 3개의 공동위원회 구성·운영합의서를 채택했다. 남북한은 이 합의서들을 채택하면서 남북한 특수관계를 반영하기 위해 형식과 내용 면에서 여러 가지 신경을 썼다.

첫째, 남북 양 당사자는 당국 간 합의서에서 상대방을 서로 남과 북 혹은 남측과 북측으로 호칭했다. 이는 남북관계가 통상적인 국제관계가 아님을 강조하기 위한 표현이었다고 해석할 수 있다.

둘째, 남북합의서 명칭을 국가 간 일반적으로 사용하는 조약이나 협정이라 하지 않고 합의서로 표기했다. 2000년 6월 남북정상회담 개최 후에는 선언이나 합의문, 공동보도문, 잠정합의서 같은 표현도 등장했다. 이 합의서들 역시 남북 간에는 합의를 조약으로 체결하지 않겠다는 의사를 표시하는 것 외 남북관계가 나라 사이의 관계가 아닌 비국제적인 특수관계임을 반영하기 위해 선택된 명칭이라고 할 수 있다.

셋째, 남북합의서 채택 과정에서 일반 조약 체결과 다른 절차를 밟았다. 일반적인 조약 체결의 경우에는 정부대표(전권대표 또는 전권위원)의 임명, 전권위임장의 수여, 정부대표의 서명과 대통령의 비준에 이어 국회의 비준 동의, 정부의 공포 순으로 진행되는 조약 체결절차를 거치기 마련이다. 이 중 정부대표 임명 및 전권위임장 발급에 관해서는 「정부대표 및 특별사절의 임명과 권한에 관한 법률」이, 대통령의 비준과 국회의 비준동의에 대해서는 헌법이 적용된다. 하지만 남북회담에서 회담대표 임명의 경우에는 이들 법이 적용되지 않았고, 남북대화가 시작된 1970년대 초 이래 이어져 온 별도의 관행을 유지했다. 관행에 따른 절차는 남북회담대표 임명과 신임장 수여, 회담대표의 서명, 대통령의 재가 등이었다. 그런데 이러한 절차는 특별한 법적 근거 없이 통치행위 내지 권력적 사실행위 차원에서 이루어졌다. 남북기본합의서와 이에 따른 3개 부속합의서도 마찬가지였다.

넷째, 한국 정부는 남북기본합의서를 '조약 제○○호'로 공포하지 않았다. 대신 1992년 3월 6일 남북기본합의서를 대통령공고 제118호로 관보 제12060호에 게재했다. 즉, 법률에 준하는 조약의 공포 형식 대신 공고의 조치를 취했다. 남북기본합의서가 국제법상 구속력을 가지는 조약으로 간주되는 것을 피하고 남북관계의 특수성을 반영하기 위한 조치로 풀이된다.

다섯째, 남북은 남북합의서를 유엔 사무국에 등록하지 않았다. 이는 동서독으로 분단되었던 독일의 선례를 따른 것이었다. 이 또한 남북한 특수관계를 반영하기 위한 조치라고 볼 수 있다. 특수관계라는 용어는 독일 분단 시절 서독이 처음 사용한 용어다. 1969년 빌리 브란트 서독 총리가 동방정책Ostpolitik을 추진하면서, 동서독 관계에 대해 '(민족) 내부의 특수관계Inter-se Beziehungen von besonderer Art'라는 용어를 쓰기 시작했다. 남북기본합의서는 이 '특수관계' 용어를 차용하여 내독 관계의 성격

규정을 수용한 것으로 해석할 수 있다.[19]

남북기본합의서와 3개의 부속합의서는 1971년 남북대화가 시작된 이래 기본내용이 가장 충실하고 완성도가 높은 합의서다. 그러나 남북을 둘러싼 정치외교적 환경과 이행, 실천 동력의 상실로 형해화形骸化된 것이 지금의 현실이다. 그래도 남북기본합의서의 내용들은 2000년 6·15 남북공동선언과 일련의 남북장관급회담 공동보도문, 2007년 10·4 남북정상선언 등에 계속 인용되고 반영되었다. 남북기본합의서는 바람직한 남북관계의 전형이라 할 수 있는 균형미, 즉 남북관계가 어느 한쪽에 치우치는 형태가 아니라 정치, 경제, 사회, 문화, 인도 등 거의 모든 분야에서 균형 있게 병행하여 발전해야 한다는 기본적인 방향을 제시하고 있다는 점에서 향도적 가치가 매우 크다.[20]

이러한 향도적 가치를 바탕으로 남북한 특수관계를 적절히 활용하면 통일 이전의 남북관계에 있어 타당하고 유효한 발전을 이끌어 낼 수 있을 것이다. 하지만 남북관계의 특수성은 분단 시기까지만 적용된다는 잠정성을 본질로 한다. 통일을 지향하며 남북관계 특수성을 궁극적으로 종료시키는 목표성도 내재하고 있어 그 자체로 시한부라고 할 수 있다. 이러한 시한부 잠정성은 남북한 분단관계에 주로 적용되고, 국제관계에서 다른 국가들에 대해 대세적 효력을 전면적으로 가지는지는 의문이다.

남북관계 특수성은 국제관계 보편성과 접촉했을 때 다면성을 내포하게 되고 이는 국내법적 측면(1민족 1국가), 국제법적 측면(1민족 2국가), 통

19 제성호, 『남북한 관계론』(집문당, 2010), 50쪽; 제성호, 앞의 주 4, 101-103쪽.
20 박종철, "남북기본합의서 체제의 평가와 유산: 향후 대북정책의 시사점", 『남북기본합의서 20년, 역사적 의미 재조명』 남북기본합의서 20주년 기념 학술회의 자료집 (2012. 2. 17.), 26쪽; 제성호, 앞의 주 4, 103쪽에서 재인용.

일법적(1민족 2체제) 혹은 남북합의서에 의한 규율의 측면을 복합적으로 따져 보아야 하는 과제도 발생한다.[21]

남북기본합의서에서 특수관계라는 용어를 사용하며 남북관계 특수성을 강조한 것은, 분단의 현실인 사실상 2개의 정치 실체로 각기 존재하는 사실을 통일지향의 차원에서 둘을 하나로 만들려는 분단 극복이라는 명분을 조화시킨 예지라고 할 수 있다. 이 조화 속에서 남북한은 유엔에서 상대방을 회원국으로 인정하고 국제사회에서 널리 통용되는 규범, 제도와 관행을 따르면서 상대방에 대해서도 이를 적용해야 할 의무를 지게 되었다.

국제관계 보편성 차원에서 보면 호칭도 대한민국은 북한North Korea을 조선민주주의인민공화국Democratic People's Republic of Korea, DPRK으로 불러야 마땅하다. 북한도 남한을 호칭할 때 남조선이 아닌 대한민국으로 정식 호명해야 할 의무를 진다. 그러나 남북한의 유엔 동시 가입으로 남북 양측이 상대방에 대해 국가승인을 하는 효과가 발생하는 것이 아님은 주지하는 바와 같다.

조선민주주의인민공화국은 대한민국 국내법에 따르면 불법단체 혹은 반국가단체로서의 지위를 가지는 동시에 헌법상 명령인 평화통일의 상대로서 동반자 및 협력대상의 지위도 가진다. 국제법적으로는 조선민주주의인민공화국이 엄연히 별개의 주권국가로 존재하며 대한민국과 같이 독립적인 국제법 주체로 활동하는 지위를 가지고 있음을 부정할 수 없다. 한국은 북한에 대해 호칭 여하를 불문하고 국제사회에서 '사실상의 국가de facto state'로 존재함을 인정해야 한다. 이는 북한이 남한을 대할 때도 마찬가지이다. 따라서 남북한 사이에는 남북관계 특수성과 국제관계

21 제성호, 앞의 주 19의 책, 39-44쪽.

보편성의 조화가 핵심이라고 할 수 있다. 이어서 양자가 충돌하는 문제들을 정리해 본다.

Ⅲ. 유엔 가입 이후 남북한의 국제법적 주요 쟁점

남북한 간에 형성된 남북관계 특수성과 국제관계 보편성의 조화가 필요한 현안들로 크게 북한 핵문제, 대북제재, 남북경협, 북한인권 등을 들 수 있다. 해당 내용들을 관통하는 남북관계 특수성과 국제관계 보편성의 쟁점을 표로 정리하면 [표 2-1]과 같다.

표 2-1 남북관계 특수성과 국제관계 보편성의 주요쟁점

구분	남북관계 특수성	국제관계 보편성
핵문제	한반도 비핵화≒북한 비핵화	북한 비핵화
대북제재	합목적성	법적 안정성
북한인권	경제적·사회적 권리 중심	시민적·정치적 권리 포함

1. 북한 핵문제

1989년 프랑스의 상업 위성에 북한 영변 핵단지 사진이 포착되면서 북한 핵의 존재가 국제사회에 알려지기 시작했다. 냉전해체와 사회주의권 우방국가들의 몰락으로 경제적·외교적 고립에 빠지게 된 북한은 가장 강력한 방위수단인 핵무기 개발을 선택했다. 북한의 핵개발은 1950년대 중반 당시 소련으로부터 관련 기술을 도입하면서 시작되었다. 1964년 중국이 핵실험에 성공하자 김일성은 마오쩌둥에게 직접 부탁하여 중국으로부터 핵기술 이전을 받으려 했지만 무위에 그친 것으로 알려졌다.

한편 북한은 1985년 12월 소련의 핵무기 비확산 정책에 동의하여 NPT

에 가입하고 1992년에는 국제원자력기구International Atomic Energy Agency(이하 'IAEA')와 안전조치협정을 체결하여 핵물질과 핵시설에 대한 보고서를 제출하기도 했다. 그런데 1992년 5월에 실시된 IAEA의 대북 임시사찰에서 북한의 신고보다 많은 플루토늄이 검출되어 중대한 불일치가 발생했다는 의혹이 제기되었다. 1993년 2월 IAEA는 북한에 미신고 시설에 대한 특별사찰을 요구했다. 북한은 이에 반발하여 3월 12일 NPT 탈퇴를 선언했다.[22] 이른바 제1차 북핵위기의 발생이었다. 이때부터 30여 년 가까이 북한 핵문제는 공전에 공전을 거듭하고 있다.

북한 핵문제는 지역, 협상의 성격, 선결과제, 비핵화방법, 대상범위를 놓고 북한의 특수한 입장과 한국을 포함한 국제사회의 보편적 입장이 대립하고 있다([표 2-2]). 이 입장 차이로 인해 북한 핵문제의 국제법적 해결은 어려움을 겪고 있다.

표 2-2 북한 핵문제의 주요쟁점

주요쟁점		지역	협상성격	선결과제	비핵화방법	대상범위
입장차	북한	한반도	핵군축	북미 신뢰구축	단계적 합의, 동시적 이행	영변 핵단지
	국제사회	북한	북한 비핵화	선비핵화 조치	포괄적 합의, 동시적 이행	영변 이상

첫째, 비핵화 지역에 대한 쟁점이다. 북한의 비핵화를 위해 1994년 「제네바합의」, 6자회담(2002~2008년), 2005년 「9·19공동성명」, 2007년 「2·13합의」와 「10·3합의」, 2012년 「2·29합의」 등 국제적 노력이 계속되었다. 하지만 비핵화의 지역적 범위와 내용, 방법에서 인식의 간극은 매우 큰 상황이다. 지역적 범위에서 북한 비핵화와 한반도 비핵화가 맞서고 있다. 국제사회는 북한 지역의 비핵화에 방점을 두는 반면, 북한

22 조민·김진하, 『북핵일지 1955~2014』(통일연구원, 2014), 9-11쪽.

은 주한미군의 전술핵무기 반입 가능성과 한미동맹의 핵우산을 거론하며 한반도 전체의 비핵화를 주장하고 있다. 한편, 남북은 1992년 「한반도 비핵화에 관한 공동선언」을 채택하고 핵무기의 시험, 제조, 생산, 접수, 보유, 저장, 배비, 사용을 하지 않는다고 합의했다. 이에 따라 남한 지역에서 주한미군의 전술핵무기는 모두 철수되었고 이후 한반도 지역에서의 비핵화는 사실상 북한 비핵화를 의미하는 것으로 이해할 수 있다. 남북기본합의서 채택과 남북관계 특수성이 부각되는 시점에 비핵화에 대해 공동선언을 하고 남측은 이를 이행한 것이다. 남북관계 특수성 차원에서 생각해도 한반도 비핵화의 남은 쟁점은 사실상 북한 비핵화라고 해도 무방하다.

둘째, 협상성격에 대한 쟁점이다. 북한은 북미 간의 대등한 핵군축을 주장하는 반면, 국제사회는 북한 지역의 비핵화로 협상성격을 인식하고 있다. 이미 스스로 핵무장을 선언한 북한은 동등한 입장에서 핵군축 협상을 진행하자는 입장인 반면, 국제사회는 북한 핵개발의 불법성을 강조하며 북한 지역의 비핵화가 협상의 기본틀임을 강조하고 있다. 이는 NPT 체제에 대한 근본적인 인식 차를 드러내는 부분이기도 하다.

셋째, 선결과제 및 북미 간 상호조건에 대한 쟁점이다. 북한은 비핵화 과정에서 자신들의 안전보장 문제를 최우선 과제로 생각하고 있으며, 이를 보장하기 위해 비핵화 과정에 들어가기 전 북미 간의 충분한 신뢰구축을 중요한 선결과제로 여기고 있다. 비핵화 협상과 이행 과정에서 북미 간 신뢰가 없으면 불가침이나 지속적인 비핵화 과정의 이행이 어렵다고 보는 것이다. 반면 미국을 비롯한 국제사회는 국제기준에 입각한 북한의 우선적인 비핵화 조치가 선행되어야 비핵화 협상과 과정이 진전될 수 있다고 본다. 북한이 동창리, 풍계리 핵시설의 폐쇄와 같은 선행조치를 취했지만, 이는 국제 기준이나 법규에 부합하지 않은 일방적인 임의 조치이며 사찰과 검증이 수반되는 국제기준의 선비핵화 조치를 취해야 한다는 것이다.

넷째, 비핵화방법에 대한 쟁점이다. 북한은 비핵화방법에서 단계적·동시적 해결방안을 강조한다. 비핵화의 각 단계마다 이행 조건과 방법을 합의하고 이를 합의주체들이 동시에 이행하며 비핵화를 진전시키자는 것이다. 반면 미국을 비롯한 국제사회는 비핵화에 대한 정의와 로드맵을 포괄적으로 합의하고 이를 동시에 이행하자는 안을 기본으로 내세우고 있다. 이에 대한 중재안으로 한국 정부는 비핵화 로드맵에 대한 포괄적 합의와 로드맵의 단계별 이행을 확인하여 비핵화를 추진하자는 이른바 '포괄적 합의·단계적 이행'안을 내세운 바 있다.

다섯째, 비핵화의 대상범위에 대한 쟁점이다. 북한은 비핵화의 대상범위로 영변 핵단지를 내세우고 있는 반면, 미국은 영변 이상beyond Young-byon을 내세우며 대립하고 있다. 2018년 「평양공동선언」 제5조 제2항에서 '영변 핵시설 폐기'라는 기준선이 남북 정상 간에 합의된 바 있으며, 2019년 2월 하노이 북미정상회담에서도 영변 핵단지가 비핵화의 대상범위로 거론된 바 있다. 이에 대해 미국은 영변 이상을 내세우며 북한 전지역의 비핵화를 주장하고 있다.

결국 북미 간에는 누가 먼저 선결조치를 취할 것이냐 하는 문제에서부터 비핵화의 범위와 대상, 방법에 대한 근본적인 시각차가 존재한다. 그동안에도 '① 핵위기 → ② 협상 → ③ 합의 → ④ 합의 이행 중 파기 → ⑤ 핵위기 …… '의 패턴이 반복되었는데, ④번 단계에서 북미 양측의 근본적인 시각차가 항상 걸림돌로 작용했다. 이는 핵개발을 국가의 고유한 권리로 인식하는 북한의 특수한 입장과 NPT 체제의 유지라는 기존 국제법 체계 준수를 목적으로 하는 국제사회의 보편적 입장이 충돌하고 있는 지점이다.

2. 대북제재

유엔 안보리는 북한의 핵위협에 대응하기 위해 다수의 대북제재 결의안을 통과시켰다. 2006년 유엔 안보리 결의(이하 'UNSCR') 제1695호와 제1718호를 시작으로 2017년 제2397호에 이르기까지 11차례의 대북제재 결의안을 채택했다. 이 과정을 통해 수출통제 대상품목 지정 및 경제제재 대상을 계속 확대하는 등 제재 수위를 높여 왔다. 특히 2016년 이후 취해진 대북제재들은 북한이 2019년 하노이 북미회담 당시 "유엔제재 결의 총 11건 가운데 2016년부터 2017년까지 채택된 5건, 그중에서 민수경제와 인민생활에 지장 주는 항목만 먼저 해제하라"[23]고 요구했을 만큼 북한에 실질적인 타격을 주는 것으로 평가된다.

2006년 북한의 1차 핵실험 이후 유엔은 'UNSCR 제1718호'를 통해 북한에 대한 무기 관련 품목과 사치품의 공급 및 판매를 금지시켰다. 특히 'UNSCR 제1718호' 제12항은 대북제재 결의 이행을 관리할 조직으로 '1718위원회'를 두도록 했는데, 이는 국제사회가 대북제재 메커니즘 구축을 본격적으로 시도했음을 보여 준다. 이 위원회를 지원하는 전문가 패널도 설치되어 대북제재 결의안의 이행을 실질적으로 모니터링하기 시작했다.

이후 유엔 안보리의 대북제재는 'UNSCR 제2270호'를 기준으로 성격이 변화한다. 기존의 대북제재가 대량살상무기WMD와 미사일 확산방지를 중점적으로 다루었던 반면, 이후로는 북한의 수출과 수입, 노동자 파견을 포함한 북한경제 전반을 압박하는 보다 포괄적인 제재로 확대되었다.

'UNSCR 제2270호'에서 북한산 석탄, 철, 철광석, 금, 티타늄광 등

---

23 『중앙일보』, "[전문] 이용호 북한 외무상 기자회견" (2019. 3. 1.)(https://www.joongang.co.kr/article/23398984#home, 2023. 2. 10. 방문).

표 2-3 2016년 이후 유엔의 대북제재 결의안

제재결의 (채택일자)	북한도발 (도발일자)	주요내용
결의 2270 (2016. 3. 2.)	제4차 핵실험 (2016. 1. 6.)	• 기존 제재조치 강화(금융제재 강화, 전면적 무기 금수, 금지 품목 적재 의심 항공기의 회원국 이착륙 및 영공통과 불허 의무화) • 신규 제재조치 도입(제재 회피·위반에 연루된 북한 외교관 및 정부대표 추방, 석탄 등 수출 금지 및 항공유 판매·공급 금지)
결의 2321 (2016. 11. 30.)	제5차 핵실험 (2016. 9. 9.)	• 석탄 수출 상한제, 수출 금지 광물 추가(은, 동, 아연, 니켈) 조형물, 신규 헬리콥터·선박 수출 금지 • 의심선박의 기국 취소, 회원국 선박의 북한 선원 고용 금지, 북한 선박의 회원국 등록취소 및 등록취소 선박의 재등록 금지
결의 2356 (2017. 6. 2.)	탄도미사일 발사 (2017. 5. 29.)	• 제재 대상 추가(개인 14명 및 단체 4개)
결의 2371 (2017. 8. 5.)	ICBM 발사 (2017. 7. 28.)	• 북한 석탄·철·철광석 수출 전면금지, 북한 납 및 납광석·해산물 수출 금지, 회원국들의 북한 해외 노동자 고용 제한 • 금지활동과 연관된 선박 지정권한 부여 및 북한과의 합작사업 신규 추진·확대 금지 등
결의 2375 (2017. 9. 11.)	제6차 핵실험 (2017. 9. 3.)	• 북한 원유 수출 연 400만 배럴 이하 동결, 정유제품 공급 55% 감축 • 섬유제품 수출 금지(원산지 무관, 유예기간 90일) 및 북한 해외노동자 신규 노동허가 금지(계약기간 만료 시 연장 금지) 등
결의 2397 (2017. 12. 22.)	탄도미사일 발사 (2017. 11. 29.)	• 대북 유류 공급 제한 강화(원유 공급 연 400만 배럴, 정제유 공급 연 50만 배럴로 제한, 대북 원유 공급량 보고 의무화) • 북한의 식료품, 농산품, 기계류, 전기기기, 토석류, 목재류, 선박의 수출 금지 및 수산물 수출 금지에 조업권 거래 금지포함 등

자료: 고재길, “대북 경제제재 하의 교역물품 반출제도 개선방안 연구”, 『관세학회지』, 제22권 제1호(2021), 33쪽.

광물이 제재 대상으로 추가되었고 사치품 목록도 추가되었다. 분야별 금지품목은 ‘UNSCR 제2321, 2371, 2375호’를 통해 점차 확대되었다. 특히 ‘UNSCR 제2397호’는 북한의 주요 수입과 수출 품목 거의 대부분을 제재대상으로 삼고 있다. 북한의 식품과 농산물, 기계류 및 전자기기, 마그네사이트와 마그네시아를 포함한 토석류와 목재류, 선박 등 북한의 주요 수출을 전면 통제했다([표 2-3]).[24]

유엔의 대북제재는 국제관계 보편성의 차원에서 유엔 회원국들에 이행의무를 부과했고 국제사회는 법적 안정성 측면에서 제재의 이행을 위해 협조했다. 또한 미국, 유럽연합(이하 'EU'), 일본은 독자적인 대북제재를 부과하기도 하면서 대북 제재 메커니즘이 국제적으로 법적 안정성을 가지고 보편적으로 집행될 수 있도록 지원하고 있다.

한국도 예외는 아니다. 한국은 2008년 이후 북한의 도발에 따라 세 차례의 조치들을 거치며 남북 교류협력을 전면 중단한 적이 있었다. 2008년 7월 금강산 관광지구 내 민간인 피격사건을 계기로 금강산 관광을 전면 중단했고, 2010년 천안함 사건을 계기로 5·24조치를 취했다. 이를 통해 개성공단을 제외한 대부분의 남북교류협력 사업을 중지했다. 2016년 북한의 4차 핵실험 및 장거리 미사일 발사를 계기로 개성공단에서 한국 기업을 전면 철수시켜 공단 가동을 중단했다. 북한의 계속된 핵·미사일 도발에 대해 집중관리 대상품목의 확대 및 워치리스트를 발표하는 반출입 통제, 북한 소유 선박 및 북한 기항 외국선박의 입항금지를 포함한 해운통제, 제재 대상으로 북한 개인·단체를 지정하는 금융통제, 금융제재 대상인 제3국인 입국금지 등 출입통제를 실시했다.[25]

국제관계 보편성의 관점에서 한국도 유엔 회원국으로서 기본적인 의무를 다하고 때로는 추가적인 대북제재를 통해 제재가 효과를 발휘하

24 고재길, "대북 경제제재 하의 교역물품 반출제도 개선방안 연구", 『관세학회지』, 제22권 제1호(2021), 33-34쪽.

25 고재길, 위의 주, 36쪽. 한국 정부는 2024년 7월 현재 북한에 대해 개인 215명, 단체 155개, 선박 36척을 독자제재 하고 있다.

도록 법적 안정성에 기여하는 조치를 다해 왔다. 하지만 동시에 남북관계 특수성 입장에서 한국에서는 남북관계 개선을 위해 제재를 합목적적으로 이행할 것을 강조하는 입장도 많이 논의되었다. 특히 제재의 목적이 북한을 붕괴시키거나 말살시키는 데 있는 것이 아니라 북한의 비핵화라는 점을 기억해야 한다는 목소리도 높았다. 북한의 비핵화 유도 및 협상 진전을 위해 북한의 제재결의안 준수 여부에 따라 제재 강화, 수정modify, 중지suspend, 해제lift를 전향적으로 검토해야 한다는 것이다. 즉, 제재를 합목적적으로 운영하여 제재의 목적인 북한 비핵화를 실질적으로 추동하자는 의견이다. 제재결의안에도 인도주의 목적이나 제재의 목적에 부합하는 경우 제재 면제exemption를 인정할 수 있다고 규정하고 있는바, 이 취지를 살려 북한 비핵화와 함께 남북관계 개선도 달성할 수 있도록 제재의 합목적성을 살리자는 논리도 가능하다. 또한 북한의 비핵화 이행에 따라 일부 제재를 완화해 주고 북한이 약속을 어길 경우 제재 완화 조치를 되돌리는 이른바 스냅백snapback 조치를 통해 북한 비핵화를 견인하자는 의견도 존재한다. 제재를 합목적적으로 운영하자는 견해이다.

향후 북핵 문제의 전개 과정에서 제재의 유용성과 효과, 운영방향을 놓고 국제관계 보편성의 입장에서 법적 안정성을 중시하는 관점과 남북관계 특수성의 입장에서 제재의 합목적성을 강조하는 관점이 논쟁을 불러올 소지는 다분하다. 그러나 현 단계에서 북한 핵개발을 동결하고 제어하기 위한 대화의 조건과 방편으로 제재는 필요해 보인다. 북한에 대한 조건 없는 대규모 인도주의 지원은 항시 제안하고 준비하되, 북한 경제의 체질 개선과 질적인 발전을 도모하는 협력을 위한 제재 완화는 비핵화 대화와 병행하여 추진해야 할 것이다. 두터운 억제력으로 북핵 위협에는 실질적으로 대비하고, 대규모 인도주의 지원은 항상 가능성을 열어 두며, 제재 완화는 비핵화 대화의 조건으로 효용성을 유지하는 원칙이 필요하다. 법적 안정성을 우선적으로 도모하되 필요에 따라 탄력적으로 합목적성을 발휘할 수 있는 유연한 기조를 갖추어야 할 것이다.

3. 북한인권

유엔인권이사회는 전신인 구 유엔인권위원회를 포함하여 2003년부터 2024년까지 연속해서 북한인권결의안을 채택했다. 특히 2016년부터 2024년까지 9년 연속 표결 없이 총의consensus 방식으로 결의안을 채택했다. 유엔 총회도 2015년부터 북한인권결의안을 채택해 왔다. 매년 미국, EU, 일본이 북한인권 문제에 대해 적극적으로 문제를 제기하고 북한은 이에 대해 강력히 반발하는 모습을 국제사회는 지켜보고 있다.

현대사회의 국제인권법은 1948년 「세계인권선언」과 1966년 「시민적 및 정치적 권리에 관한 국제규약」 등 다자조약을 체결함으로써 국제적인 보편성을 획득해 왔다. 유엔은 양차 세계대전을 거치면서 인류의 행복과 인권를 지키기 위해 전쟁방지와 평화유지를 목적으로 창설된 보편적 국제기구이다. 유엔의 무대에서 인권은 보편적 가치로 매우 중요한 의미를 가진다.

일반적으로 인권에 관한 보편주의적 접근에서는 북한의 인권문제를 보편적 가치 기준에서 파악하고 북한 정권에 의해 이루어지는 인권침해에 대해 문제를 제기한다.[26] 국제관계 보편성의 관점에 해당하는 문제제기이다.

이에 비해 상대주의적 접근도 존재한다. 그리고 이는 남북관계 발전

26 김엘렌, "북한 인권담론에 관한 이해와 우리의 현실적인 제반과제", 『아시아연구』, 제24권 제1호(2021), 194쪽.

과 개선을 위한 특수성을 강조하는 입장과 맥을 같이하기도 한다. 이 입장은 인권은 선험적으로 규정된 보편성을 가지는 것이 아니라 사회·역사적으로 구성되어 왔음을 강조한다.[27] 제2차 세계대전에서 일본이 패한 후 한반도를 전승 국가들이 전후 처리하면서 남과 북으로 분단되었고, 6·25전쟁을 겪으면서 미소 냉전의 토대 위에 분단이 고착화되었다. 1990년대 냉전이 해체된 후 북한이 그 뿌리를 소비에트 사회주의 체제로 두고 있지만 그곳에서 일어나고 있는 인권문제가 비단 북한만의 문제가 아니라 동북아시아 사회를 포함하여 역사, 문화, 정치적인 차이로 인해 나타나는 양상이 다를 뿐 국제사회에서도 많은 나라가 가지고 있던 문제임을 간과해서는 안 된다고 하겠다. 즉, 북한은 냉전 시기와 냉전해체 과정을 거치며 독자적으로 변형되는 경로를 밟아 왔고, 그 과정에서 적용되는 인권의 내용에 대한 논의는 인권개념에 대한 보편적 합의 도출을 어렵게 하는 측면이 존재함을 인정하고 이를 한반도 상황에도 대입하여 이해해야 한다는 주장이다.[28]

이 주장에서는 제1세대 인권으로 명명되는 것은 시민적·정치적 권리인 자유권이며, 이는 프랑스혁명이 계기가 되어 보편화되기 시작했음을 강조한다. 특히 자본주의 경제 체제를 채택한 나라에서 자유권은 인권으로 치환되는 경향성이 강하고, 이를 앞세워 보편주의적 접근의 논리로 사용된다는 점을 지적한다. 그리고 북한 정권이 가장 민감해하고 반발하는 권리가 자유권에 많이 포진해 있음을 보아야 한다고 말한다.

이 입장에 따르면, 제2세대 인권이라고 불리는 경제적·사회적·문화적 권리인 사회권(경제권)을 주목하게 된다. 사회권은 주로 사회주의권과 제

27 이정은, 『해방 후 인권담론의 형성과 제도화에 관한 연구, 1945~1970년대 초』, 박사학위논문, 서울대학교, 2008, 187쪽.

28 김엘렌, 앞의 주 26, 195쪽.

3세계 국가들에서 강조하는 측면이 있다. 자유권이 국가 역할의 축소를 강조한다면, 사회권은 국가의 역할 강화를 주장한다. 사회권은 서구의 노동운동과 동구의 사회주의 체제 형성을 통해 대중의 기본적인 생활조건에 대한 국가의 책임을 강조한다. 과거 냉전 시기 사회주의권에 속했던 국가들이 인권 개념에 있어 개인의 자유를 중시하는 자유권보다 사회권을 강조한 것은 이 입장과 비슷한 맥락이다.[29]

국제적으로 북한인권 문제에서 논쟁의 대상이 되는 부분도 자유권과 사회권의 측면에서 드러난다. 국제법과 국제기구에서 구체적인 인권보장을 위한 이행 프로그램과 관련되어 있는 내용 대부분이 개인의 자유를 중시하는 자유권적인 측면에 두고 있다.

북한은 1981년 「경제적·사회적 및 문화적 권리에 관한 국제규약」(사회권규약)과 「시민적 및 정치적 권리에 관한 국제규약」(자유권규약)에 각각 가입했다. 그중 자유권 규약위원회는 1997년 8월 북한을 상대로 인권개선 권고를 한 바 있다. 당시 북한은 내정간섭이라고 크게 반발했다. 그러면서 1997년 자유권규약 탈퇴를 선언했다. 하지만 당시 코피 아난 유엔사무총장은 자유권규약에 탈퇴 조항이 없어서 이를 인정할 수 없다고 밝혔다. 이로써 북한은 여전히 자유권규약과 사회권규약 가입국 상태를 유지하고 있다.

북한이 규약에 가입해 있다는 사실과 별도로 북한의 취약한 인권상황을 놓고 벌어지는 쟁점은, 북한의 인권을 보편성 관점에서 평가할 것인가 아니면 북한과 한반도의 맥락과 상황을 고려한 상대성의 관점에서 접근할 것인가 하는 우선순위 논쟁이 핵심이다.[30] 하지만 보편적 접근을 하

29 이에 대해서는 서보혁, "한반도 평화와 북한 인권: 통합적 이해와 포괄 접근을 위한 시론", 『민주법학』, 제25호(2004), 144–166쪽 참조.
30 김엘렌, 앞의 주 26, 198쪽.

든 상대적 접근을 하든 정확한 사실관계와 인권 현황 파악이 어렵다는 점에서 북한인권 문제는 해결이 요원해 보이기도 한다.

유엔은 2004년부터 북한인권특별보고관을 임명해서 매년 북한인권 상황을 조사하고 있다. 북한인권특별보고관의 임무는 북한의 인권실태를 조사하고 이를 토대로 인권상황을 개선하는 것이다. 국제사회도 책임규명accountability 차원에서 매년 북한인권상황보고서를 공유하고 유엔 차원에서 논의를 거듭하고 있다.[31] 그렇지만 특별보고관이 북한을 직접 방문할 수 없는 상황에서 구체적인 상황을 조사하는 데 한계가 있다.

2022년 임명된 엘리자베스 살몬Elizabeth Salmón 유엔 북한인권특별보고관도 8월 1일 임기 시작 직후 발표한 첫 성명에서 "해당국 정부와 의견을 교환할 수 있는 기회와 열린 공간을 마련하는 데 최선을 다하는 것이 나의 최우선 과제 중 하나"[32]라고 밝혔지만 북한 현지조사나 당국의 협조 전망은 밝지 않다.[33]

이런 상황에서 북한은 사회권규약을 수용하는 태도를 보이며 국제인권법에 대한 선택적 접근을 하고 있다. 사회권규약은 건강권, 식량권, 근로권 및 교육권, 사회보장권 관련 규정들을 두고 있는데, 북한도 국내

31 현 살몬 특별보고관도 책임규명(accountability) 문제를 최우선하겠다고 2022년 임기 시작 후 첫 북한인권상황보고서에서 의지를 밝혔다. Report of the Special Rapporteur on the Situation of human rights in the Democratic People's Republic of Korea(2022. 10. 13.), p.12.

32 "Therefore, it is one of my top priorities to make the utmost effort to build opportunities and open spaces to exchange views with the Government" Statement by Ms. Elizabeth Salmón, the new UN Special Rapporteur on the situation of human rights in the Democratic People's Republic of Korea(2022. 8. 1.).

33 과거 북한은 2014년 당시 다루스만 특별보고관, 2015년 자이드 리아드 알 후세인 유엔 인권최고대표의 방북을 제의한 적이 있다. 하지만 유엔 북한인권결의안에서 반인도적 범죄와 국제형사재판소(ICC) 회부조항 삭제라는 조건을 제시하여 방북협상이 결렬되었다. VOA Korea, "전문가들 유엔 북한인권특별보고관, 방북 위한 대북 저자세 경계해야"(https://www.voakorea.com/a/6689076.html, 2023. 2. 10. 방문).

적으로 관련 법령을 마련해 두고 있으며 이를 국제회의 등에서 누차 강조해 왔다.

나아가 제3세대 인권 개념이 등장하면서 북한인권 문제에 대한 상대주의적 접근이 더욱 강조되는 측면이 있다. 제3세대 인권은 인도주의적 원조, 자결권, 발전권, 평화권 등의 권리를 총칭하는데, 제3세계 국가들이 출현하면서 생성되었다. 냉전해체 후 사회주의권 블록경제가 무너지고 자본주의 경제가 점차 확대되면서 세계화 현상과 초국가적 규범이 개별 국가의 주권을 약화시키는 결과를 초래하기도 했다. 이런 배경에서 제1세대 인권인 자유권이 보편적 지위를 획득하는 과정을 거쳤고, 제2세대 인권인 사회권과 제3세대 인권이 제1세대 인권과 조화되고 상호작용을 거치며 보편적인 지위를 획득하는 과정으로 나아가고 있다고 인권논의 발전현황을 요약할 수 있다.[34]

이러한 인권논의 발전현황과 별개로 남북 분단사에서 인권의 가치는 등한시되었던 것이 사실이다. 한국은 민주화 투쟁을 통해 자유권과 사회권을 비롯한 제반 인권 분야에서 괄목할 만한 신장을 이루어 나갔지만, 과거 군부 권위주의 정권이 분단이라는 명목하에 자행한 인권탄압은 부인할 수 없는 사실이다. 북한은 과거는 물론 현재도 자유권 및 제2세대, 제3세대 인권의 최소기준도 충족하지 못하고 있는 상황이다. 인권 상황은 개인, 국가, 국제사회 등 3차원의 맥락을 띤 사회적 구성이라고 하더라도 북한에서 기본적인 인권도 보장되지 못하고 있음은 주지의 사실이다.[35]

34 김엘렌, 앞의 주 26, 195쪽.

35 인권의 상대적 접근과 이해에 대해서는 갈퉁의 논지가 주로 활용되고 있으며, 이에 대해서는 J. Galtung, *Human Rights in Another Key* (Cambridge University Press, 1994); 서보혁, "서평: 요한 갈퉁의 평화·인권론", 『통일과 평화』, 제4권 제2호(2012) 참조.

국제관계 보편성 측면에서는 기본적인 인권이 보장되지 못하고 있는 상황을 개선하기 위해 절대적인 노력이 필요하다. 하지만 남북관계 특수성 차원에서는 북한인권 문제 자체를 포괄적으로 제기하여 남북관계 발전과 대북 접근의 전제조건으로 삼으면 한반도 문제를 선순환적으로 풀기 위한 단초가 형성되기 어려울 수 있다.

남북관계의 특수성을 중시하는 입장에서는 북한인권 문제뿐만 아니라 남북 현안으로 제기되어 있는 인도적 사안과 남북관계라고 하는 정치·경제·군사적 질서를 종합적으로 고려해야 한다고 본다.[36] 2000년대 남북정상회담이 열리고 대북관계의 전환기가 열리던 시점에 실천적이고 적극적인 대북 접근을 위해 정경분리 원칙이 강조되고 북한 주민의 기본적인 자유와 인권의 신장에 앞서 우선 먹고 살 수 있는 환경과 조건을 조성하는 것도 인권신장과 별개의 문제로 볼 수 없다는 시각은 그 당시의 필요성에 적합한 유연한 사고였다고 평가할 수 있다. 2000년대 직전인 1990년대 대두되었던 정경연계 정책은 북한인권을 실질적으로 개선시키지 못하고 고난의 행군 시절 인도주의적 정책도 제대로 시행하지 못한 걸림돌이 되었다. 유엔 가입 이후 불거진 대형 이슈에서 국제관계 보편성은 물론 남북관계 특수성의 차원에서도 진전을 이루지 못하고 갈지자 행보를 보이다 실기한 측면이 크다.

북한을 변화시키고 북한과 교류하기 위해 정권 변화나 국내 정치적 입장과 무관하게 계속 추진할 수 있는 대북 원칙과 사회적 공감대를 형성하고 경제논리가 정치논리를 초월하여 순수한 경제적 효과를 낼 수 있다면 자연스럽게 북한인권을 개선시키는 계기를 마련할 수 있다고 생각한다. 또한 북한 주민에게 장마당 이상의 자본주의 시장 메커니즘과 생활

36 김연철, "인권과 주권 사이: 북한의 경우", 『철학과 현실』, 제93호(2012), 92-98쪽.

양식을 자연스럽게 전할 수 있는 기회와 여건을 조성하는 것도 기회비용의 측면에서 중요하다.[37]

인권문제는 나누어 생각할 수 없는 불가분적인 측면이 존재한다. 인간은 불가분적인 존재이기에 자유권만 주어지면 살 수 있는 사람이 있고 사회권만 주어지면 살 수 있는 사람이 있는 것은 아니다. 인권의 발전 순서가 따로 있는 것이 아니며 종합적이고 포괄적인 상황 개선을 통해 제1세대, 제2세대, 제3세대 인권이 선순환적으로 병행 발전해야 전체적인 인권상황이 개선될 수 있다. 남북관계의 특수성을 고려하여 북한과의 관계 개선을 추진하는 동시에 유엔의 보편적인 국제인권 보호 체제를 활용하여 북한의 인권상황을 실질적으로 개선하기 위해 노력해야 할 것이다.

Ⅳ. 결론

'남북' 혹은 '남북한'은 국제사회에서는 2개의 나라로 국제관계 보편성의 규율을 받되, 서로의 관계에서는 나라 사이가 아닌 남북관계 특수성의 적용을 받는다. 탈냉전기의 도래와 함께 1991년 남북한은 유엔 동시 가입을 통해 국제관계 보편성이라는 관계의 한 축을 구성하고, 같은 해 서로를 나라와 나라 사이의 관계가 아닌 통일을 지향하는 잠정적 특수관계로 규정한 남북기본합의서를 채택하여 남북관계 특수성이라는 관계의 다른 축을 구성했다.

37 이런 취지와 시각에 대해서는 조동호, 『공진을 위한 남북경협 전략: 보수와 진보가 함께 고민하다』(동아시아연구원, 2012) 참조.

국제관계 보편성과 남북관계 특수성의 두 축이 교차하며 유엔 가입 이후 남북관계가 형성되어 왔다. 북한 핵문제와 대북제재, 북한인권과 같은 굵직한 현안도 이 두 축의 상호작용과 조화의 관점에서 접근해야 실질적인 문제해결의 기반을 조성할 수 있다. 어느 한 축만을 절대적으로 강조하는 입장에서는 균형 잡히고 유연한 대응을 할 수 없을 것이다.

국제법적인 차원에서 남북관계와 한반도 현안을 바라볼 때에도 양자의 조화와 균형을 항시 고려해야 한다. 국제관계 보편성이 우위를 점할 때도, 남북관계 특수성이 우위를 점할 때도 있겠지만, 어느 한 축이 모든 것을 결정하고 일방향적으로 옳다고 주장하는 것은 한반도의 평화와 안정에 긍정적인 영향을 가져오지 못할 것이다.

남북관계 특수성이 통일 달성 시까지라는 시한부 잠정성을 본질적으로 내포하고 있는데, 통일이 현실적으로 어려우니 국제관계 보편성 입장에서 2개의 한국Two Koreas을 기본원칙으로 하자는 주장은 국민적 공감대를 획득하기 어려울뿐더러 남북한을 같은 민족 출신의 분단국으로 인식하고 있는 국제사회의 관념과도 일치하지 않아 공론으로 채택되기 어렵다. 또한 국제관계 보편성을 강조하면 당장의 남북대화나 관계개선이 어려우니 남북관계 특수성을 중시하자는 주장도 국제사회가 궁극적으로 추구하는 평화와 안보, 인권증진의 차원에서는 단견으로 치부될 수밖에 없을 것이다.

유엔 가입 이후 30여 년이 흐른 지금 두 축의 교차현상과 복잡한 문제제기의 현실을 목도했으니 이제는 이를 정리하여 균형 잡힌 대응방향을 모색하고 적용해 가며 다음 30년에는 북한 핵문제와 인권문제에서 실질적인 발전과 개선을 이룩해야 할 것이다.

제3장

유엔 가입 30년과 새로운 30년: 국제평화와 정의를 위한 대한민국의 역할

신각수
전 외교부 차관

Ⅰ. 서론

『논어』 위정편에서 공자가 30세에 입지立志했다는 것과 같이, 유엔 가입 후 30년이 지난 시점에서 홍익인간이라는 보편적 가치를 중시하는 평화애호국인 중견국가 대한민국(이하 '한국')이 향후 국제무대에서 국제평화와 정의를 위해 어떤 역할과 기여를 할 것인지에 관해 생각을 가다듬고 뜻을 세우는 일은 매우 의미 깊다. 특히 제2차 세계대전 후 독립한 한국의 국가수립nation building 과정에서 유엔이 맡았던 결정적 역할을 감안하면, 선진국으로 도약한 한국이 음수사원飮水思源의 자세로 유엔의 대의 실현에 기여하는 노력이 필요하다.

한국은 1948년 정부 수립 당시부터 유엔과 특별한 관계를 유지해 왔으며, 유엔 외교는 한국 외교에서 비중이 크다. 한국은 유엔의 감시하에 총선거를 실시하고 이를 토대로 정부를 수립하여 총회 결의를 통해 정통성을 승인받았다. 1950년 북한이 침략하자 유엔 안전보장이사회(이하 '안보리')와 총회 결의로 유엔군이 파견되어 공산화를 막았고, 1953년 휴전과 함께 유엔군사령부가 휴전협정의 당사자로서 한반도의 평화를 관리해 왔다. 전후에는 유엔 한국통일부흥위원단을 통해 전후복구에 기여했다는 점에서 한국만큼 유엔과 관계가 깊은 나라도 없다고 할 것이다. 이런 인연으로 10월 24일 유엔의 날이 유엔의 권고에 따라 한국에서 1975년까지 법정 공휴일이기도 했다.

1991년 유엔 가입 이전까지 한국의 유엔 외교는 동서냉전에 따른 남북한의 외교적 대결과 유엔 가입을 위한 노력을 중심으로 이루어지다가, 1991년 유엔에 가입하면서 본연의 유엔 외교를 전개하기 시작했다. 국제평화와 안보뿐 아니라 인권, 개발, 환경, 테러리즘 등 범세계적 문제들에 대한 본격적인 다자외교를 펼칠 수 있는 기반이 마련되었다. 한국은 유엔 가입 이후 짧은 기간 내에 안보리 상임이사국, 경제사회이사회 이사국 등을 역임했고, 제56차 유엔 총회 의장을 수임한 데 이어 2006년 반기문 유엔사무총장을 배출하기도 했다. 이 글에서는 유엔 가입을 전후로 이루어진 한국의 유엔 활동을 살펴보고, 유엔 다자외교의 과제와 대응방향을 제시하고자 한다.

II. 유엔 가입 이전 한국의 유엔 활동

한국은 탈냉전과 함께 1991년 남북한이 유엔에 동시 가입하면서 1945년 전후질서가 세워진 지 거의 반세기 만에 161번째 유엔 회원국의 지위를 얻게 되었다. 한국 정부는 총회 결의 제112(Ⅱ)B호에 따라 설치된 유엔한국임시위원회UN Temporary Commission on Korea의 감시하에 실시된 총선을 통해 1948년 8월 15일 정식으로 수립되었다. 정부 수립 이후 한국의 최우선 외교 과제는 유엔과 모든 회원국으로부터 정부 승인을 얻고 유엔 회원국으로 가입하여 국제사회에서 정통성과 합법성을 인정받는 것이었다. 정부가 수립된 이듬해 1949년 1월 유엔 가입을 신청했지만 소련의 거부권 행사로 좌절되었다. 그 후 단독 명의 5회, 우방국 주도 5회 총 10회 가입신청서를 제출했지만, 모두 소련이 거부권을 행사하거나 안보리가 아무런 조치를 취하지 않아 가입하지 못했다.[1] 한국은 반세기라는 오랜 기간 옵서버로 유엔활동에 참여해야만 했다.

1 외교통상부, 『한국외교 60년 1948-2008』(2009), 179-181쪽.

일반적으로 유엔에서 투표권 행사 여부가 회원국과 옵서버 국가의 차이라고 알려져 있다.[2] 그러나 옵서버 국가가 실제 유엔 무대에서 회원국보다 얼마나 어려운 여건에 놓여 있는지, 얼마나 활동의 제약을 받는지는 잘 알려져 있지 않다. 옵서버였던 한국은 유엔 무대에서 직접 움직일 수 없었기 때문에 유엔에서 외교 목표를 달성하기 위해서는 동맹인 미국을 비롯한 우방국들의 도움을 받아야 했다. 유엔에서 총회나 안보리, 그 밖의 모든 기관의 의사결정은 형식상 공식회의에서 이루어진다. 실제로는 결의 또는 결정의 형태로 최종 결과물이 나오기까지 회원국들은 다양한 비공식회의를 통해 의견을 교환하고 결의 또는 결정 초안까지 작성하는 경우가 많기 때문에 공식회의는 주로 회원국들의 공식토의와 표결을 통한 마무리 역할만을 하게 된다. 그리고 비공식회의에서는 다양한 이해그룹의 활동에 따라 관련 사안마다 각기 다른 동력에 의해 결과를 도출하게 된다. 따라서 비공식회의에 들어갈 수 없는 옵서버 국가는 우방국을 통해 회의 동향을 파악하고 국익에 관련되는 사항에 관해서는 이들을 통해 입장을 반영시켜야 하는 어려움이 있다. 좌석도 회원국들과 달리 회의장 옆에 있는 자리에 배치되고, 공식회의 발언도 회원국들의 순서가 모두 끝난 뒤 마지막으로 하게 되어 있다. 현재는 교황청Holy See과 팔레스타인이 옵서버로 남아 있지만, 사실상 주권국가로 옵서버였던 것은 한국과 북한뿐이었다. 냉전과 분단 상황에서 미국과 구소련이 거부권을 행사한 결과였다. 한국의 유엔 외교는 큰 제약을 받았고 다자외교의 가장 중요한 플랫폼인 유엔 무대에서 위상에 걸맞은 역할과 실적을 쌓을 기회를 반세기 동안 잃어버렸다.

필자가 1970년대 말 외교부에 입부하여 유엔과 관련해 처음 관여한 업

2 박재영, 『유엔과 국제기구』(법문사, 2007), 188-192쪽.

무가 제3차 유엔해양법회의였는데, 이미 교섭이 상당히 진척되어 마무리 단계에 들어간 때였다. 유엔해양법회의는 인류의 공동유산인 심해저에 대한 연안국들의 해양관할권 잠식을 막기 위해 소집되었다. 1967년 유엔 결의 채택으로 시작되어[3] 1982년 자메이카 몬테고베이에서 유엔해양법협약을 채택할 때까지 15년간 마라톤 회의가 이어졌다. 당시 유엔 비회원국이었던 한국도 유엔해양법회의에서는 정식 참가국으로 참여할 수 있었다. 덕분에 한국 대표단은 유엔 총회장에서 다른 회원국들과 동등하게 자리를 차지할 수 있었고, 회의 기간 동안 옵서버의 설움과 안타까움을 덜고 당당한 참가국으로서 적극적으로 회의에 참석할 수 있었다.

유엔에 회원국으로 가입하기 전까지 한국의 유엔 외교는 남북대결이 주된 관심사였으며, 매년 총회에 상정되는 서방과 공산권의 상반되는 한반도 결의안에 대한 회원국들의 지지를 확보하기 위한 노력을 중심으로 전개되었다. 1975년 8월 리마Lima에서 개최된 비동맹 외무장관 회의에서 당시 월맹과 북한은 비동맹 그룹 회원국으로 가입할 수 있었지만 한국의 가입은 좌절되었다. 그 직후 개최된 제30차 유엔 총회에서 한국은 미국과 우방국을 통해 정전협정의 대안과 항구적 평화를 보장하기 위한 협상 개시를 내용으로 하는 결의안을 제출했고, 북한 역시 우방국들과 함께 유엔군사령부의 해체, 주한외국군의 철수, 정전협정의 평화협정으로의 대체를 골자로 하는 결의안을 제출했다. 표결 결과 내용이 상반되는 두 가지 결의안이 함께 통과되었고, 이는 한반도 문제에 관한 유엔 논의가 갖는 한계를 보여 주었다. 이후 남북한 양측은 한반도 관련 결의안을 제출하지 않았고, 유엔에서 남북 간 표대결은 더 이상 이루어지지 않게 되었다.

---

3 UNGA Res. 2340(XXII)(1967).

한국이 반세기 동안 옵서버 국가였던 사실은 유엔 가입 후 초기 활동을 하는 데 상당한 애로로 작용했다. 유엔 기관에서 다루는 의제들이 상당히 오랜 기간에 걸쳐 토론되면서 집적·발전했기 때문에 그 역사를 충분히 숙지하지 못하면 논의에 활발히 참가하여 적극적으로 기여하기 힘들고 새로운 의제를 주도하기는 더욱 어렵다. 이런 유엔 외교의 특성상 옵서버 국가로 유엔의 내부 동향에 대한 이해가 부족하고 유엔 외교 경험이 일천한 한국이 유엔 가입과 함께 곧바로 적극적 유엔 활동을 수행하기는 쉽지 않았다.

한국은 유엔 활동에서 중요한 요소인 네트워킹 면에서도 불리한 점이 많았다. 분단국이라는 부담이 컸고, 한국이 속한 아시아 그룹이 절차적 문제만을 다루는 지역그룹이라 교섭력 면에서 다른 지역그룹에 비해 불리했다. 경제적으로도 선진국과 개발도상국의 중간영역에 속해 가교역할을 모색할 수는 있지만 양쪽으로부터 소외될 수 있고, 동북아시아는 지역화가 진행되지 않아 유럽연합EU, 아프리카연합AU, 동남아시아국가연합ASEAN 등과 같은 블록 단위의 교섭력을 활용하기 어려운 점이 있었다. 유엔 무대에서 한국은 속한 그룹이 별로 없는 외로운 존재였다. 이로 인해 한국은 다자외교의 주요수단인 '관계 자산'의 축적에 치중할 수밖에 없었고, 그런 면에서는 일정한 성과를 거두었다고 평가할 수 있다. 한국이 유엔 무대에서 치러지는 각종 선거에서 월등한 진출 실적을 거두고 있는 것도 이런 관계 자산의 축적에 힘입은 바 크다고 할 수 있다.

Ⅲ. 유엔 가입 이후 유엔에서의 다자외교 활동

한국은 후발주자로 일천한 유엔 다자외교 경험에도 불구하고 빠른 속도로 유엔 체제 내에서 국력에 걸맞은 위상을 확보했다. 지난 30년간 한국은 안보리 비상임이사국 3회, 경제사회이사회(이하 'ECOSOC') 이사국 9회, 유엔인권위원회·인권이사회 위원국·이사국 각각 5회씩 10회를 역임함으로써 유엔의 주요기관에서 지속적으로 활동하고 있다.

유엔 가입 이래 한국 정부는 유엔을 통한 국제사회에 대한 기여 제고를 주요 외교 목표의 하나로 설정하고 평화유지활동(이하 'PKO')과 각종 개발사업 등 제반 유엔 활동에 적극 참여했다. 이러한 활동을 바탕으로 짧은 기간 동안 유엔 내에서 중견국가로 발돋움한 한국은 유엔에 대한 적극적인 기여 방안의 하나로 안보리 비상임이사국 및 ECOSOC 이사국 진출을 추진했다.

한국은 1995년 11월 8일 실시된 안보리 비상임이사국 선거에서 이집트, 기니비사우, 폴란드, 칠레와 함께 1996~1997년 임기의 비상임이사국에 선출되었다. 1996~1997년 한국은 안보리 이사국으로 주요 국제분쟁 해결을 위한 안보리 토의에 적극적으로 기여했으며, 특히 1997년 5월 안보리 의장국으로 난민 문제에 관한 공개토의open debate를 주도하고 관련 의장성명을 채택케 함으로써 냉전 종식 후 주요 국제 문제로 대두된 난민 문제에 대한 국제적 관심을 높이는 데 큰 역할을 했다.

또한 한국은 2012년 10월 19일 실시된 2013~2014년 임기의 안보리 비상임이사국 선거에서 오스트레일리아, 룩셈부르크, 아르헨티나, 르완다와 함께 이사국으로 당선되었다. 두 번째 안보리 비상임이사국 진출에 성공한 한국은 2013~2014년 안보리 이사국으로 국제평화와 안보 유지를 위한 유엔의 노력에 주도적으로 참여했다. 한국은 특히 북한 문제(대량살상무기 관련 제재 강화, 인권 상황 의제화)에 주도적으로 대응하고, 시리아 화학무기 폐기 등 지역분쟁 및 유엔 PKO, 대테러, 에볼라, 핵무기 비확산 등 주요 국제 현안을 해결하는 데 적극 동참했다. 아울러 안보리 의장을 두 번 수임하면서, '무력분쟁하 민간인 보호' 관련 고위급 안보리 공개토의 개최(2014. 2. 12.) 및 의장성명 채택, '안보리 결의 1540호 채택 10주년 기념' 고위급 공개토의 개최(2014. 5. 7.) 및 의장성명 채택 등 국제현안 문제에 대한 안보리 논의를 선도했다.[4]

특히 한국은 2023년 6월 6일 실시된 안보리 비상임이사국 선거에서 알제리, 시에라리온, 슬로베니아, 가이아나와 함께 2024~2025년 임기 비상임이사국으로 선출되었다. 이는 1996~1997년, 2013~2014년 임기의 비상임이사국 선출에 이어 세 번째 안보리 비상임이사국 진출이다. 2024년 1월 1일 한국은 세 번째 안보리 비상임이사국 임기를 시작했다. 한국은 임기 개시 5개월 전인 2023년 8월 1일부터 안보리 이사국 대상 문서 배포망에 포함되었으며, 3개월 전인 10월 1일부터 예비 이사국 자격으로 이사국 간 비공개회의, 결의안·의장성명 문안 협의 등 안보리의 모든 회의를 참관했다. 전 세계적인 기후위기와 경제적 불황 속에서 러시아와 우크라이나의 전쟁이 지속되고 하마스와 이스라엘 간 무력충돌이 심화되면서 안보리의 역할은 더욱더 중요해질 것이고 한국은 국제사회의 안전과 평화 유지를 위해 적극적인 역할을 해야 할 것이다.

한국은 2001년 9월부터 2002년 9월까지 처음으로 유엔 총회의장국을 수임하여 성공적으로 수행했다. 당시 한승수 외무장관이 총회의장을 맡았다. 제56차 유엔 총회는 9·11 테러로 인해 기존의 회의 일정 대부분을

4 외교부, 『2022 유엔개황』(2022), 249-250쪽.

재조정해야 했다. 테러에 대한 대처가 유엔의 가장 중요한 의제로 대두되는 등 종래와는 전혀 다른 특수상황 속에서 이러한 비상사태를 극복하고 앞으로 나아갈 방향을 찾기 위한 회의가 계속되었다.

총회의장은 이러한 상황에서 주요 회원국, 사무총장, 안보리의장, ECOSOC 의장 등과 긴밀한 협의와 협력 관계를 유지하는 가운데 총회와 유엔 전반이 테러에 대한 대처를 중심으로 유엔의 주요 의제들을 추진해 나가는 데 효과적인 리더십을 발휘했다. 또한 유엔 총회의 효율성을 높이기 위해 유엔 56년 역사상 처음으로 유엔 총회 의사규칙에서 관련 부분을 개정하여 차기 총회의장단을 임기 개시 3개월 전 선출토록 함으로써 제57차 총회의장 및 부의장, 주요위원회의 장을 조기 선출하여 총회 업무의 순조로운 인수 · 인계를 가능하게 하는 등 총회의 기능과 역할 강화에 기여했다.[5]

한편 2006년 유엔 총회는 당시 반기문 외교부장관을 제8대 유엔사무총장으로 추천한 안보리 결의(제1715호)에 따라 반기문 장관을 유엔사무총장으로 임명했다.[6] 이로써 반기문 총장은 아시아인으로서는 제3대 우탄트U Thant 총장 이래 두 번째로 유엔사무총장에 임명되었다. 반기문 총장은 유엔에 대한 신뢰 회복과 보다 효과적이고 효율적인 사무국 운영을 바라는 국제사회의 기대에 부응하기 위해 노력했다. 총회는 2011년 6월 21일 반기문 유엔사무총장 재선 결의(A/RES/65/282)를 만장일치로 채택함에 따라 연임(두 번째 임기: 2012~2016년)을 결정했다.

나아가 유엔 ECOSOC는 2015년 7월 24일 오준 당시 주유엔대사를 2016년 회기(2015. 7.~2016. 7.) 의장으로 선출했다. 오준 대사는 한국

5 외교부, 『2022 유엔개황』(2022), 254쪽.
6 UN Doc. A/RES/61/3(2006).

인사로는 최초로 유엔의 핵심 기관의 하나인 ECOSOC 의장직을 수임했다. 2015년 9월 유엔 개발정상회의에서 향후 15년간 국제사회에 적용될 2030 개발의제 및 지속가능개발목표SDGs가 채택되고 그 이행체제를 수립해 나가는 시기에 한국 인사가 ECOSOC 의장으로 활동함으로써 빈곤퇴치 및 지속가능발전 분야에서 한국의 역할을 강화할 수 있었다.

또한 한국은 1993년 7월 소말리아 PKO(UNOSOM Ⅱ)에 공병부대를 파견한 이래 2024년 3월까지 16개국에 1만 9천여 명을 파견하는 등 PKO에 적극 참여해 왔다. 2024년 6월 기준 한국은 레바논 동명부대 276명, 남수단 한빛부대 281명, 개인단위 파병 26명을 포함하여 총 583명을 파견함으로써 PKO에 참여하고 있는 119개 유엔 회원국 중 29위 수준을 유지하고 있다. 이 밖에도 한국의 전문가들이 다양한 유엔 산하 기구, 사법기관, 전문기구에 활발히 진출하여 위상을 높이고 발 빠르게 유엔 무대에서 자리 잡았다.

한국은 1991년 유엔에 가입한 지 얼마 되지 않는 기간 동안 제56차 유엔 총회의장 수임, 2006년 유엔사무총장 배출, 2011년 유엔사무총장 재선, 적극적인 PKO 참여 등으로 유엔 외교 분야에서의 높은 위상을 더욱 확고히 한 것으로 평가할 수 있다.

Ⅳ. 한국 유엔 다자외교의 과제

유엔 가입 이후 한국의 유엔 활동을 정량적으로 평가한다면 어느 정도 성공적이었다고 볼 수 있다. 그러나 한국의 유엔 외교가 유엔이 추구하는 목표에 얼마나 부가 가치를 창출했는가라는 관점에서 냉정하게 정성적인 평가를 해볼 필요가 있다. 한국은 반세기 동안 유엔 틀 밖에서 활동하다가 탈냉전과 함께 1991년 9월 17일 유엔에 가입했다. 지난 30년간 한국이 주도하여 유엔에 과제를 제시하고 외교활동을 통해 이를 실현한 사례는 별로 없다. 물론 한국이 유엔 회원국으로 국력에 상응하는 역할과 활동을 했다고 볼 수는 있다. 그러나 다자외교의 목적이 자신들이 추구하는 가치나 이익을 다자외교의 장에 투영하고 이를 통해 국제적 위상과 평가를 확보하며 그 성과를 외교 지렛대leverage로 활용하는 데 있다면, 한국은 기존의 '빠른 추종자fast follower'에서 '선도자first mover'로 탈바꿈해야 한다. 유엔 무대에서 다수의 중견국가가 강대국에 휘둘리지 않고 유엔의 목적인 평화, 발전, 인권 분야에서 독자적 목소리를 내면서 보다 나은 세계를 만드는 데 앞장서고 있다는 점은 중견국가인 한국에도 많은 것을 시사한다.

이런 맥락에서 한국이 중견국가로 유엔에서 국제평화와 정의를 위해 선도적 역할을 담당하기 위해 어떤 노력을 해야 할 것인가를 살펴볼 필요가 있다. 바람직한 역할을 찾기 위해서는 최근 국제사회의 변모를 살펴보는 일이 선행되어야 한다. 첫째, 탈냉전과 함께 시작된 초강대국 미국 주도의 일극체제는 미국의 상대적 쇠퇴와 중국의 부상으로 중층적 다극체제로 바뀌고 있다. 미국 경제는 2008년 서브프라임 모기지에서 발생한 세계금융위기로 금융자본주의의 한계를 드러냈다. 미국은 2001년 발생한 9·11 테러 이후 테러와의 전쟁을 위해 아프가니스탄과 이라크에 군사적으로 개입하여 약 5조 달러의 막대한 전비를 들였지만 국가 건설과 민주주의 이식에 실패하고 철수했다. 반면 2010년 세계 2위의 경제대국이 된 중국은 5세대 시진핑 체제 등장 이후 중국몽과 강군몽을 앞세워 기존 국제질서에 도전하며 매우 공세적 외교안보 정책을 펼치고 있다. 미국이 대중 연계전략의 전제로 내세운 중국의 경제발전이 중국 사회의 민주화를 촉진하고 국제적으로도 기존질서 내에서 평화로운 발전을 하게 하리라는 예측은 크게 빗나갔다.

미국은 오바마 정부 때부터 아시아 재균형 정책을 통해 중동에서 아시아로 전략적 중심을 옮기기 시작했고, 트럼프 정부 때는 무역에서 시작된 대중국 압박이 기술·외교·군사·문화·교육·이념 등 전방위로 확대·강화되었다. 다만 거래적 외교 행태로 인해 일관성이 결여되고 미국 우선주의로 인한 동맹 경시로 실효성이 떨어졌다. 2021년 출범한 바이든 정부도 초당파적 지지와 여론의 압도적 지지를 바탕으로 강력한 대중정책을 추진하고 있다. 동맹 중시, 다자외교, 가치외교를 통해 상당히 실효적인 대중정책을 시행하면서 중국과의 대립과 갈등은 더욱 심화하고 있다. 중국도 이에 대항하여 외교적으로는 일대일로 정책과 전랑외교, 경제적으로는 내수에 중점을 둔 쌍순환 경제 전략, 기술적으로는 중국제조 2025와 자주창신 전략, 군사적으로는 반접근·지역거부A2AD 전략 등을 통해 2050년까지 종합국력에서 미국을 능가하는 세계 1위 사회주의 현대화 강대국이 되겠다는 장기전으로 임하면서 미중 대결은 장기화할 전망이다. 미중 대립이 양측의 높은 상호의존도로 인해 '신냉전'까지 가지는 않겠지만, 기술·전략물자 공급망의 분리decoupling 등으로 상당 기간 국제질서에 큰 영향을 미칠 것이다. 그리고 강대국 간 경쟁이 다시 시작되면서 지정학의 중요성이 증대하고, 세계질서는 외교·경제·군사·문화 등 다양한 영역별로 주요국들이 경합하는 중층적 다극화구조가 될 것이다. 이에 따라 세력전환 과정에서 충돌의 위험이 증대하는 '투키디데스 함정'과 패권국이 국제공공재 공급책임을 회피하는 '킨들버거의 함정'에 빠질 위험이 커지고 있다. 어떤 상황이든 국제질서가 큰 혼돈에 빠져 초불확실성과 불안정성에 휩싸이게 될 것으로 전망된다.

둘째, 최근 국제사회의 패러다임을 흔드는 커다란 변화가 겹쳐 일어나고 있다. 기후위기, 에너지전환, 인구절벽, 팬데믹, 4차 산업혁명이라는 미증유의 변혁이 국제사회의 기반을 흔들고 있다. 미국 기상학회의 2020년 세계기후상황보고서에서 지구온난화로 빙하소멸, 해수면상승, 태풍, 한발·홍수, 혹서·혹한, 산불 등 극한기후 현상이 격증했다고 지적하는 등 기후위기가 현실화되고 있다. 2023년 발간된 기후변화에 관한 정부간 협의체 보고서는 매우 낮은 온실가스 배출 시나리오에서도 2021년에서 2040년 사이에 지구 평균온도 1.5℃ 상승에 도달할 가능성이 낮지 않고, 더 높은 배출 시나리오에서는 1.5℃ 상승을 초과할 가능성이 높다고 경고하고 있다.[7] 국제사회도 「파리협정」의 이행을 가속화하기 위해 주요 배출국들이 2050년 또는 2060년까지 탄소중립을 실현하겠다고 공약했다. 이는 신재생에너지 비중 증대, 석탄·석유 소비 감축, 수소·암모니아경제 활성화, 전기차·수소차로의 전환 등 에너지 변환을 가져오고 에너지 지정학에도 큰 변동을 불러오고 있다. 한편 미국 워싱턴대학교 연구에 의하면, 세계 인구는 출산율 저하로 2064년 97억 명을 고비로 줄기 시작할 것이며, 2050년에는 세계 195개국 가운데 151개국이 인구감소를 경험할 것으로 전망했다. 인구절벽은 생산가능인구의 축소로 성장을 늦추며 고령화와 함께 복지 부담을 증가시켜 다양한 사회·경제 문제를 야기할 것이다. 일본이 '잃어버린 20년'에서 디플레이션의 어려움을 겪었듯이 선진국들은 '일본화'의 위험을 경계해야 하고, 개발도상국들은 중소득국가가 되기 이전에 성장이 둔화되는 상황에 직면하게 될 것이다.

팬데믹도 국제사회의 큰 변동요인으로 등장했다. 사스, 에볼라, 지카

7 IPCC, Climate Change 2023: Synthesis Report. Contribution of Working Groups I, II and III to the Sixth Assessment Report of the Intergovernmental Panel on Climate Change, Core Writing Team, H. Lee and J. Romero (eds.), IPCC, Geneva, Switzerland, p.92.

바이러스 감염증, MERS, 신종독감, 코로나19 등 2000년 이후 전염병의 발생주기가 환경요인으로 짧아진 가운데 도시화로 인해 위험과 파급 영향은 더욱 심각해지고 있다. 코로나19의 경우 백신 개발과 접종에도 불구하고 국제사회는 백신격차vaccine divide와 변이바이러스라는 새로운 과제에 직면했다. 팬데믹이 국제질서에 심대한 영향을 미치리라는 것은 100년 전 세계를 휩쓴 스페인독감이 당시 국제질서에 미친 영향으로 미루어 짐작할 수 있다. 이와 함께 인공지능, 사물인터넷, 로봇, 드론, 양자컴퓨터, 5G, 블록체인 등 신기술의 등장은 4차 산업혁명을 촉진하고 군사기술의 혁명을 가속하고 있다. 미중 경쟁과 대립의 핵심이 기술인 것도 경제에서의 경쟁력과 군사기술의 우위를 확보하려는 데서 비롯된 것이며, 4차 산업혁명의 기초자산이라 할 수 있는 정보를 둘러싼 '정보전쟁'도 가열되고 있다.

셋째, 제2차 세계대전 이후 70여 년간 국제사회의 평화와 번영을 담보해 온 자유주의 국제질서의 기반이 흔들리고 있다. 중국, 러시아, 이란, 북한 등 권위주의 국가들의 도전과 함께, 자유주의 질서를 만들고 유지해 온 미국이 내부 문제와 양극화로 미국우선주의, 일방주의, 신고립주의로 흐르면서 이에 역행하는 방향으로 나아가고 있다. 2024년 미국 대통령 선거에서 트럼프 전 대통령이 재선에 성공함에 따라 미국 외교정책의 불확실성과 미국우선주의 노선은 더욱 강화될 전망이다. 미국과 함께 자유주의 질서를 이끌었던 유럽도 배외주의, 민족주의, 극단주의, 포퓰리즘 등으로 통합력을 발휘하지 못하고 있으며, 일본도 절반의 성공으로 끝난 아베노믹스로 여전히 '잃어버린 20년'의 후유증에서 벗어나지 못하고 있다. 국제사회의 혼란스런 팬데믹 대처에서 보듯이 세계통치global governance는 기능부전 상태이며, 탈냉전 이후 꾸준히 상승해 오던 세계의 민주주의 상황도 「이코노미스트Economist」의 민주주의 지표 보고서에서 보듯이 2010년대 중반부터 계속 내리막길을 걷고 있다. 프리덤 하우스 보고서에 따르면 세계적으로 자유도 지표도 15년간 계속 하강하고 있다.

넷째, 세계화의 퇴조 현상이다. 2000년대까지 사람, 재화, 자본, 기술의 자유로운 국제이동을 통해 최적의 생산요소 결합을 가져와 세계경제의 활력을 지탱했던 세계화는 2010년대 들어 역풍에 휘말리게 되었다. 세계화는 개발도상국의 경우 세계공급망 참여를 통해 빈곤해소와 경제발전에 도움이 되었지만, 선진국에서는 일자리의 해외 이전과 부의 양극화를 심화시키는 원인으로 지목되어 반세계화 운동이 일어났다. 이런 운동의 직접적인 영향을 받은 것은 아니지만 현실 세계에서도 세계무역 성장률이 세계경제 성장률보다 뒤처져 세계화에 제동이 걸린 상황을 보여 준다. 특히 코로나19와 다양한 위기요인으로 공급망의 불안정을 경험하면서, 효율성보다는 유연성 확보에 치중하여 역풍은 더욱 거세질 전망이다.

이와 같이 국제사회는 다른 어느 때보다도 다양한 변화요인이 상호 상승작용을 하면서 질서의 혼돈을 보이고 있으며, 이는 새로운 질서가 형성되어 안정될 때까지 상당 기간 지속될 것으로 보인다. 이러한 과도기적 상황의 특징은 다음과 같을 것으로 예상된다. 첫째, 초강대국인 미국과 중국 간 대결이 심화되는 가운데 국제질서는 국제사회의 높아진 상호의존도에도 불구하고 양측의 편 가르기와 패권국가의 책임회피로 인해 다양한 형태의 중층적 네트워크로 파편화되는 양상을 보일 것이다. 그만큼 질서를 유지하는 데 어려움과 많은 비용이 예상되고 국제사회에서 법치의 중요성이 커지고 이에 대한 위협도 늘어날 것이다. 한편 중국의 회색지대 전략에서 보듯이 기존 법질서를 우회하려는 시도도 증가할 것으로 예상된다.

둘째, 국제사회의 법치와 관련하여 규범의 내용을 둘러싼 대립이 심화될 것이다. 미중 양국을 중심으로 이들을 지원하는 국가들 간에 가치의 충돌이 깊어지면서 '법률전lawfare'도 빈발하게 될 것이다. 예컨대 인권, 환경, 해양법 등을 둘러싼 중국과 다른 이해관계국 간의 대립은 관련 국제법의 해석과 적용에 관한 분쟁으로 이어질 것이다. 이를 해결할 사법적 수단에 대한 회피가 늘어나고 강제관할권이 있더라도 이를 무시하는 사례가 증가하여 국제법질서가 도전에 부딪힐 가능성이 높아지고 있다.

셋째, 변화의 속도가 빨라지면서 국제법규범 형성 과정도 종래의 법전화회의나 오랜 과정에 걸쳐 형성되는 국제관습법보다 연성법soft law이나 속성법instant law이 광범위하게 원용될 것이다. 따라서 법규범으로 응고되기 이전의 다양한 형태의 결의, 결정, 집단적 행위·조치 등이 규범 생성요소로 작용할 것이다. 국제사회의 수용 정도에 따라 규범으로의 발전 여부가 결정되겠지만, 이런 요소들이 만들어지는 초기과정부터 이해당사자로 적극 참여하여 국익을 반영하는 일이 예전보다 훨씬 중요해질 것으로 보인다.

넷째, 현재 경험하고 있는 초연결사회의 특성이 국제법에도 영향을 미쳐 여러 분야의 상호연계를 가져올 것으로 예상된다. 이에 따라 통섭적으로 국제법 사안을 보아야 하는 경우가 늘어날 것이고 관련 분야 전문가들 간의 협업이 중요해질 것이다.

다섯째, 국제사회가 다양한 복합현상에 대처함에 있어서 상호상쇄trade-off 관계에 있는 사안에서 하나를 선택해야 하는 어려운 상황이 늘어날 것이다. 예컨대 코로나19 대응에서 방역조치와 인권보호의 선택 문제와 같이, 변화동인의 상호연계가 심화되면서 중시하는 가치 사이에서 선택이 불가피해지는 상황이 자주 나타나게 될 것이다. 인간과 자연을 중시하는 방향으로 선택기준을 정하고 그 절차를 투명하고 포괄적 방법으로 시행하여 선택에 따른 비용을 최소화하고 보다 나은 가치의 실현을 꾀하는 노력이 중요하다.

여섯째, 디지털화, 인공지능, 사물인터넷, 양자컴퓨터 등 신기술의 발전으로 기계가 인간의 지능을 넘어서는 특이점의 가능성까지 거론되는 상황이라는 점에서 앞으로 신기술을 어떻게 다루어야 할 것인가에 관한 문제가 국제사회의 큰 과제로 등장할 것이다. 인간과 기계의 상호관계가 사회에 미칠 폭넓은 파장을 감안하면 국제사회의 다각적인 대응이 필요하며, 이를 둘러싼 국제사회 차원의 다양한 시도가 있을 것이다. 따라서 법적 관점에서 어떤 접근이 필요한지, 경제적·사회적·문화적·교육적 측면과는 상호 어떻게 연계될지 등에 관해 미리 대비해야 한다.

일곱째, 앞으로 전쟁과 평화의 경계가 더욱 모호해지고 전쟁수단도 더욱 고도화될 것으로 전망된다. 사이버와 우주가 전쟁 영역에 편입되고 5G·6G, 양자컴퓨터 등 초연결적 수단에 의해 육해공 공간과 통합될 것이므로 무력충돌법이 이런 시대적 흐름에 맞춰 변화해야 한다.

V. 결론: 한국 유엔 다자외교의 방향과 대비

앞에서 살펴본 시대적 흐름에 앞서가는 유엔 다자외교를 구사하기 위해서는 다음과 같은 방향에서 다자외교 전략을 수립하고 실행해야 한다.

첫째, 다자외교에 특화된 전문적 식견과 풍부한 경험을 가진 인재양성이 중요하다. 연혁이 긴 의제가 많다 보니 오래 참여하여 사안의 역사적 경위를 잘 아는 인사들이 논의를 주도하는 게 다자외교 무대이다. 외교부뿐만 아니라 다른 정부 부처들도 분야별로 전문가를 양성하는 인사제도를 도입해야 한다. 현재와 같은 순환근무와 형평의 틀 속에서는 다자외교 인재를 양성하기가 매우 어렵다.

둘째, 시대의 흐름인 민관합동체제의 구축도 시급하다. 민주국가에서는 정부의 역할이 한정되고 민간이 많은 부분을 주도하므로, 민간과 정부가 긴밀히 협력하지 않으면 안 된다. 지속가능개발목표의 5개 원칙5P 가운데 민관협력public-private partnership이 들어 있는 것도 이런 맥락이다.

셋째, 국제기구 진출을 보다 체계적으로 추진해야 한다. 최근 중국의 다자외교 동향은 중요한 전문기구에 중국 인력을 집중적으로 진출시켜 국익확보의 수단으로 삼는 것이다. 한국도 국가이익과 직결된 국제기구들을 선정하여 실무직에서부터 고위직까지 체계적으로 한국 인력을 진출시켜야 한다. 특히 모든 기구에 있는 법률 담당부서로의 진출을 모색하면 로스쿨 설립 이후 국제법 인력 양성에 어려움이 있는 현실에서 좋은 인재의 국제법 분야 진출을 유도할 수 있을 것이다.

넷째, 한국은 그동안 국제사법기구에 활발히 진출하여 좋은 성과를 거두었다. 국제형사재판소, 국제해양법재판소, 국제법위원회, 대륙붕한계위원회, 구유고국제형사재판소, 르완다국제형사재판소, 크메르루즈특별재판소 등에서 한국 국적 재판관 또는 위원들이 꾸준히 활약했다. 그러나 아쉽게도 유엔의 주요 사법기관인 국제사법재판소에는 아직 진출하지 못한 상황이다. 재판관 수가 적고 지역별 할당은 없지만 안보리 상임이사국인 중국과 국제적 영향력이 있는 일본이 같은 지역에 위치하고 있어서 상대적으로 불리한 것은 사실이다. 그러나 목표를 세우고 체계적으로 접근한다면 충분히 가능한 일인 만큼 꼭 추진해야 하겠다.

다섯째, 한국이 지향하는 가치와 국익에 부합하고 능력을 발휘할 수 있는 과제 발굴에 더욱 힘을 쏟아야 한다. 디지털화에서 앞선 한국 사회의 특성을 살려 '신기술과 인권' 분야에서 논의를 선도하고 있는 것처럼,

중견국가로서 한국이 가지고 있는 고유한 장점이 다자무대에서 빛을 발할 수 있도록 노력해야 한다.

여섯째, 초연결시대 다자외교에서 중요한 자산은 네트워크이다. 이런 점에서 소속된 그룹이 적은 한국은 다양한 차원에서 네트워크를 만들고 허브 역할을 하기 위해 노력해야 한다. 다자외교의 장에서 논의되는 현안 관련 정보를 많이 가지고 미래를 선도할 때 허브 역할이 가능하고, 이런 점에서 더욱 분발해야 한다.

일곱째, 그동안 국제백신연구소, 글로벌녹색성장연구소, 녹색기후기금 등 국제기구를 유치해 왔지만 동북아시아의 허브가 되기 위한 노력의 일환으로 지역·국제기구 유치를 위해 더욱 힘써야 한다. 오스트리아가 냉전시절 안보 차원에서 유엔기구와 국제기구를 유치하기 위해 노력했던 것처럼 지정학적으로 불리한 한국이 국제기구를 통해 안보환경을 확보하는 지혜를 발휘해야 한다.

마지막으로 다자외교 무대에서 국제법 관련 사안에 대한 입장을 명확하게 주장해야 한다. 종래 한국 외교에서 양자 이익이나 압력 때문에 명백한 국제법 문제에 관해 침묵함으로써 '부재로 눈에 뛰는conspicuous by absence' 현상이 나타나는 경우가 적지 않았다. 양자 차원에서 다루기 어려운 일일수록 직접적인 부담이 적고 뜻을 같이하는 국가들의 힘을 이용할 수 있는 다자 무대를 활용한다는 발상의 전환이 필요하다. 꼭 선두에 설 필요는 없겠지만, 유사입장그룹의 장에 적극적으로 참여하고 다자의 장에서 입장을 분명히 밝히는 것까지 자제해서는 안 된다. 국익에 중요한 문제인데도 다자의 장에서 수동적으로 일관하는 것은 국익을 손상하고 국제무대에서 외톨이로 전락한다는 점에서 보다 적극적 자세로 임해야 할 것이다.

한국은 유엔 가입 30주년을 계기로 다자외교 차원에서 새로운 도약을 모색해야 한다. 지난 30년간 쌓은 경험과 실적을 발판으로 중견국외교의 꽃이라 할 수 있는 다자외교에서 한국 특유의 역량을 극대화하는 길을 찾아야 한다. 복합대전환의 시대에 평화, 번영, 법치를 담보하는 다양한 활동을 통해 국가위상을 높이고 중요한 외교목표에 활용할 수 있는 외교자산을 축적해야 한다.

제4장

유엔 국제법위원회 활동과 대한민국의 기여

박기갑
고려대학교 법학전문대학원 명예교수
전 유엔 국제법위원회 위원(2012~2022년)

Ⅰ. 서론

이 글은 1991년 대한민국(이하 '한국') 정부가 유엔에 가입한 후 유엔 국제법위원회UN International Law Commission(이하 'ILC')와 관련하여 한국 정부, 보다 정확히 말하자면 외교부의 역할을 평가하고 시사점을 도출하기 위해 작성되었다. 이를 위해 필자는 본인이 ILC 위원으로 활동하기 시작했던 2012년을 기점으로 두 부분으로 나누어 ILC에 대한 외교부의 입장을 살펴보았다. 즉 이 글의 전반부는 1949년부터 2011년까지, 후반부는 2012년부터 2022년까지이다. 이와 같이 기간을 설정한 것은 필자가 ILC 위원으로 활동하면서 유엔 총회 제6위원회(법사위원회, 이하 '제6위')에서 직접 한국 대표단의 논평을 청취할 수 있었으며 직접 간접적으로 발언문을 검토할 수 있었기 때문이다. 이하에서는 유엔 회원국이 어떻게 ILC 작업 과정과 결과에 관여하는지 개관하고, 시대별로 ILC의 작업에 관해 한국 정부가 수행한 활동을 살펴보고 한국의 기여에 대해 평가해 보고자 한다. 특히 한국은 한국 국적 ILC 위원 배출, ILC가 요청한 자료 제공, 유엔 제6위에서 ILC 작업결과 논의 등 활발하게 ILC의 작업과정에 참여해 왔다는 점을 ILC 작업 주제별로 검토하고자 한다.

Ⅱ. 유엔 국제법위원회의 작업과 한국의 활동 개관

ILC는 유엔헌장 제13조 제1항에 명시된 유엔 총회의 임무 중 하나인 "국제법의 점진적 발달 및 그 성문화를 장려"하기 위해 1947년 11월 21

일 총회 결의 제174호(Ⅱ)에 따라 유엔 총회의 부속기관으로 창설되었으며 규정 역시 동시에 채택되었다.[1] 1948년 11월 3일 최초 선거에서 당선된 5년 임기의 위원 15명이 1949년 4월 12일 첫 회기에 참석했으며, ILC는 2024년 제75차 회기를 치렀다.[2] ILC는 매년 회기가 끝나면 작업결과를 보고서로 작성하여 당해 연도 10월 말부터 열리는 유엔 총회 제6위에 의장이 참석하여 회원국들에 보고하고 논평을 듣는다. ILC는 각 국가의 논평을 작업에 최대한 반영시켜야 한다. 한국은 동서 진영의 정치적 대립으로 말미암아 1991년에서야 유엔에 가입했기에 ILC 활동 참여 역시 다른 국가들에 비해 상대적으로 늦었다. 유엔 회원국으로 ILC 활동에 참여하는 방법은 자국 ILC 위원의 배출, ILC가 요청하는 국가실행 관련 자료의 제공,[3] ILC 작업 과정과 결과에 대한 논평,[4] ILC 작업주제의 제안 등으로 나누어 볼 수 있다.

1 유엔헌장 제13조 제1항: "총회는 다음의 목적을 위하여 연구를 개시하고 권고한다. 가. 정치 분야에서 국제 협력을 촉진하고, 국제법의 점진적 발달 및 그 성문화를 장려한다." (이하 생략)

2 ILC의 회기는 매년 스위스 제네바에서 개최되는데, 2020년 코로나19 팬데믹으로 제72차 회기가 유엔 총회 결정으로 1년 후인 2021년으로 미루어졌다. 이와 관련해서는 박기갑·민혜영, "2020년 유엔 국제법위원회의 활동: 제72차 회기 연기 결정 관련 'silence procedure'와 '국제법 관련 해수면 상승' 주제 제1차 보고서 분석을 중심으로", 『국제법평론』, 통권 제58호(2021. 2), 139-172쪽.

3 국제법의 점진적 발전 관련 자료제공은 ILC 규정 제16조 (c): It (the Commission) shall circulate a questionnaire to the Governments, and shall invite them to supply, within a fixed period of time, date and information relevant to items included in the plan of work. 국제법의 성문법전화 관련 자료제공은 ILC 규정 제19조 제2항: The Commission shall, through the Secretary-General, address to Governments a detailed request to furnish the texts of laws, decrees, judicial decisions, treaties, diplomatic correspondence and other documents relevant to the topic being studied and which the Commission deems necessary.

4 국제법의 점진적 발전 관련 국가의 논평은 ILC 규정 제16조 (h): The Commission shall invite the Governments to submit their comments on this document within a reasonable time. 국제법의 성문법전화 관련 국가의 논평은 ILC 규정 제21조 제2항: The Commission shall request Governments to submit comments on this document within a reasonable time.

첫째, 자국 국적의 후보를 ILC 위원으로 당선시킴으로써 한국 정부는 보다 적극적으로 ILC 활동에 기여할 수 있다. 한국 외교부는 21세기에 들어서 고故 지정일(2002~2006년), 박기갑(2012~2022년), 이근관(2023~현재) 위원을 차례로 당선시켰다. 참고로 일본은 1950년대 말부터 지금까지 계속 ILC 위원을 진출시키고 있다. 원칙적으로 모든 ILC 위원은 당선된 후에는 국적 국가가 아니라 유엔을 위해 일을 한다는 충성서약을 하기 때문에 국적 국가의 훈령을 받지 못한다.[5]

둘째, 한국 정부는 필요하다면 ILC의 작업주제를 직접 제안할 수 있다. ILC 규정과 관례에 따르면 ILC에 작업주제를 제안할 수 있는 주체는 ILC 위원은 물론 유엔 개별 회원국, 유엔 총회, 유엔 총회를 제외한 여타 유엔 주요 기관, 그리고 유엔과 밀접한 관계를 맺고 있는 전문 국제기구 등이다. 한국 외교부는 아직 구체적인 작업주제를 제안한 적은 없는 것으로 안다. 참고로 루마니아와 마셜 제도 등 태평양의 작은 섬나라들은 ILC가 해수면 상승 문제를 검토해 주기를 요청한 바 있다.[6]

셋째, ILC는 매년 개별 작업주제 검토에 필요한 각 국가의 국내법령, 국내 재판소의 판례 내지 여타 관련 국가실행을 참고자료로 요청한다.[7] ILC가 행하는 성문법전화 작업은 각 국가의 관련 실행practice을 바탕으

5 ILC는 당선된 위원들에게 다음과 같은 서약을 받고 있다. "I solemnly declare and promise to exercise in all loyalty, discretion and conscience the functions entrusted to me by the United Nations, to discharge these functions and regulate my conduct with the interests of the United Nations only in view, and not to seek or accept instructions in regard to the performance of my duties from any Government or other source external to the Organization." Regulations Governing the Status, Basic Rights and Duties of Officials other than Secretariat Officials, and Experts on Mission, Document ST/SGB/2002/9 of 18 June 2002, Regulation 1(Status).

6 가령 2017년 유엔 총회 제6위에서 루마니아 대표의 발언 A/C.6/72/SR19(2017), para.86. 마셜 제도 대표의 발언 A/C.6/72/SR22(2017), para.51.

7 이러한 요청은 매년 ILC가 유엔 총회에 제출하는 보고서 제3장 "Specific issues on which comments would be of particular interest to the Commission"에 언급되고 있다.

로 이루어지기 때문이다. 필자가 ILC 위원으로 활동할 당시 한국 외교부가 제출한 참고자료는 대략 다음과 같다.

- 인도에 반한 죄Crimes against humanity: 2015년 ILC 제67차 회기에 제출한 자료로, 국내 관련 법령인 「국제형사재판소 관할 범죄의 처벌 등에 관한 법률」의 제3조(적용범위), 제6조(시효의 적용 배제), 제9조(인도에 반한 죄), 제18조(국제형사재판소규정 범죄구성요건의 고려)의 영문 번역본을 소개했다.[8]
- 국제관습법의 식별Identification of customary international law: 2015년 제출한 자료에는 대한민국 국내 법원이 상대적 주권면제, 노예금지 등에 관해 국제관습법의 존재를 확인한 판례가 있다.[9] 참고로 이들 국내판례는 관련 국제관습법의 존재를 확인했지만 그러한 국제관습법이 성립하는 증거라든지 존재 확인에 사용된 방법론을 명시하지는 않았다.
- 조약의 잠정적용Provisional application of treaties: 2015년 제출한 자료에 2010년 체결한 「대한민국과 유럽연합 및 그 회원국 간의 자유무역협정FTA」의 잠정적용 규정인 제15장(제도·일반 및 최종규정) 제15.10조(발효) 제5항 (가) "이 협정은 대한민국과 유럽연합 당사자가 그들 각각의 관련 절차의 완료를 상호 통보한 날의 다음달 첫째일부터 잠정적으로 적용된다"를 구체적인 예로 들었다.[10] 아울러 이 자료에서는 대한민국의 조약체결절차에 관한 「헌법」 제60조와 제73조를 언급하면서 조약의 잠정적용 절차에도 관련 헌법 규정이 적용된다고 밝히고 있다.[11]

8 https://legal.un.org/ilc/sessions/67/pdfs/english/cah_republic_of_korea.pdf, 2015년 2월 19일 작성. 이 자료는 2016년 제68차 ILC 회기에 전달되었다.

9 주권면제 관련한 국내판례로 대법원 결정 97다39216(1998년 12월 17일), 서울고등법원 결정 2004나43604(2009년 1월 21일), 서울민사지원 결정 84가합5303(1985년 9월 25일). 일제 강제노역 관련 ILO 강제노동협약 관련 부산지방법원 결정 2000가합7960(2007년 2월 2일).

10 조약 제2263호. 서명 2010년 10월 6일, 국회동의 2011년 5월 4일, 발효 2015년 12월 13일.

11 주 8과 같은 문서임.

- 대기의 보호Protection of the atmosphere: 2015년 제출한 자료는 대기오염 방지와 관련되는 국내 법령들, 가령 「대기환경보전법」, 「오존층 보호 등을 위한 특정물질의 관리에 관한 법률」 및 관련 시행령 등이다.[12]
- 무력충돌 관련 환경보호Protection of the environment in relation to armed conflicts: 2015년 제출한 자료에서는 「국방·군사시설 사업에 관한 법률」, 1953년 「한미 상호방위조약」과 1966년 「대한민국과 아메리카합중국간의 상호방위조약 제4조에 의한 시설과 구역 및 대한민국에서의 합중국 군대의 지위에 관한 협정SOFA」에 근거한 2001년 「환경보호에 관한 특별양해각서」의 관련 내용을 소개했다. 아울러 「헌법」 제6조에 의거하여 대한민국 정부가 가입한 국제조약은 국내법적 효력을 갖기 때문에 1977년 「제네바협약 제1추가의정서」 제35조 제3항과 제55조는[13] 대한민국 정부를 구속한다고 명시했다.[14]

넷째, 한국 정부는 ILC의 매년 작업결과에 대해 유엔 총회 산하 제6위에서 10월 말부터 약 2주간에 걸쳐 ILC 의장으로부터 구두보고를 받고 각 주제에 대한 논평을 할 수 있다. 아울러 한국 정부는 ILC가 어떤 주제에 대해 제1회독 초안을 잠정 채택하면 그에 대한 검토의견을 작성하여 사무국에 제출함으로써 제2회독 초안의 문안 작성에 기여할 수도 있다. 이러한 한국 외교부 논평의 소개와 분석이 이 글의 주된 부분이다.

---

12 주 8과 같은 문서임.

13 제35조 제3항: "자연환경에 광범위하고 장기간의 심대한 손해를 야기할 의도를 가지거나 또는 그러한 것으로 예상되는 전투수단이나 방법을 사용하는 것은 금지된다." 제55조(자연환경의 보호) 제1항: "광범위하고 장기적인 심각한 손상으로부터 자연환경을 보호하기 위하여 전투중에 주의조치가 취하여져야 한다. 이러한 보호는 자연환경에 대하여 그러한 손상을 끼치고 그로 인하여 주민의 건강 또는 생존을 침해할 의도를 갖고 있거나 또는 침해할 것으로 예상되는 전투방법 또는 수단의 사용금지를 포함한다." 제2항: "보복의 수단으로서의 자연환경에 대한 공격은 금지된다."

14 주 8과 같은 문서임.

Ⅲ. 1949년부터 2011년까지

ILC에 관한 한국의 활동은 한국이 유엔에 가입하기 전인 1991년까지와 그 후로 나눌 수 있다.

1. 유엔 가입 이전까지

ILC 작업에 대해 한국 외교부가 구체적으로 어떻게 대응했는지에 관한 자료는 확인할 수 없지만, 국내 학계의 ILC 작업결과에 대한 관심은 유엔 가입 이전에도 높았음은 사료를 통해 짐작할 수 있다. 대한국제법학회에서 발행되는『국제법학회논총』에 게재된 유엔 가입 이전의 자료는 아래와 같다.

1957년에 발행된『국제법학회논총』통권 제2호에는 1956년 ILC의 제8차 회기에서 해양법조약 초안이 채택되었다는 소식과 함께 초안의 영문본과 한글번역본이 실렸다. 말미에는 단기 4289년(서기 1956년) 11월 8일자 당시 유진오 학회장의 명의로 외무부 장관을 수신인으로 하는 "「해양에 관한 국제법안」에 대한 본학회의 수정안"이란 제목의 한 쪽 문서가 있다. 학회의 수정의견은 모두 8개 항목으로 내용은 아래와 같다.[15]

① 제27조에서「(2) 어업의 자유」항목을 삭제할 것.

② 제52조에 다음과 같은 새로운 문항을 제3항으로 삽입할 것: "전쟁 기타 불가피한 사유로 인하여 제1항에 의한 협의의 개시를 할 수 없는 경우에는 연안국

15 "海洋에 關한 國際法案: 1956年 4月 23日부터 同年 7月 4日까지「제네바」에서 開催된 國際聯合 第8次國際法委員會에서 採擇", 『국제법학회논총』, 통권 제2호(1957), 249쪽 이하.

가는 제55조 제1항 본문에 의한 조치를 그리고 기타 국가는 본조 제2항의 규정에 의한 조치를 취할 수 있다."

③ 제53조 제2항 및 제55조 제3항의 "제58조 제2항에 따르는 것을 조건으로subject to para.2 of Article 58"라는 문구를 삭제한다.

④ 제54조 제1항에서 "생산력 유지" 다음에 "및 개발and the exploitation thereof"이라는 문구를 삽입한다. 수정된 문안은 다음과 같다. "…… in the maintenance of the productivity of the living resources and the exploitation thereof ……."

⑤ 제55조 제2항 (c)에서 "외국 어부에 대하여" 다음에 "부당한unduly"이라는 표현을 삽입할 것. 수정된 문안은 다음과 같다. "(c) that such measures do not unduly discriminate against foreign fishermen."

⑥ 제57조 제2항과 제3항을 다음과 같이 수정할 것: 현재 초안은 "after consultation with the President of the International Court of Justice and the Director-General of the Food and Agriculture Organization"인데, 수정 제안하는 초안은 "after consultation with the President of the International Court of Justice, the Director-General of the Food and Agriculture Organization and the Parties concerned."

⑦ 제58조 제2항 전문을 삭제할 것.

⑧ 제66조 제1항 (a) "customs" 앞에 "security"를 삽입할 것. 수정된 문안은 다음과 같다. "its security, customs, fiscal ……"

여덟 가지 수정제안 중 ①과 ②를 도표로 만들어 좀 더 상세하게 검토한다.

위의 대한국제법학회 수정의견은 당시 ILC 작업에 반영되지 않았다. 학회의 수정의견이 과연 당시 외교부를 통해 유엔 사무국에 접수되었는지 의문이다. 왜냐하면 『ILC연감』에서 한국 정부의 공식의견을 찾을 수

표 4-1 ILC 1956년 해양법 초안 제27조

1956년 해양법 초안	대한국제법학회 수정의견	1958년 공해에 관한 제네바협약
Article 27 (Freedom of high seas) The high seas being open to all nations, no State may validly purport to subject any part of them to its sovereignty. Freedom of the high seas comprises, inter alia: (1) Freedom of navigation; (2) Freedom of fishing; (3) Freedom to lay submarine cables and pipelines; (4) Freedom to fly over the high seas.	제27조에서 「(2) 어업의 자유」 항목을 삭제할 것	Article 2 The high seas being open to all nations, no State may validly purport to subject any part of them to its sovereignty. Freedom of the high seas is exercised under the conditions laid down by these articles and by the other rules of international law. It comprises, inter alia, both for coastal and non-coastal States: (1) freedom of navigation; (2) freedom of fishing; (3) freedom to lay submarine cables and pipelines; (4) freedom to fly over the high seas. These freedoms, and others which are recognized by the general principles of international law, shall be exercised by all States with reasonable regard to the interests of other States in their exercise of the freedom of the high seas.

없었기 때문이다. [표 4-1]에서 보다시피 학회가 초안 제27조(공해의 자유)에서[16] '(2) 어업의 자유' 항목을 삭제할 것을 제안한 것은 상당히 의아스럽다. 당연히 '어업의 자유' 원칙은 삭제되지 않고 1958년 「공해에 관한 제네바협약」 제2조에 그대로 존치되었다. 왜냐하면 누구나 인정하듯 어업의 자유는 전통적인 공해의 자유에 속하기 때문이다. 그런데 왜 대한국제법학회는 삭제를 요구했을까? 추측건대 1952년 1월 18일 자 「인

16 공해는 모든 국가에 개방되므로 여하한 국가도 공해의 일부분을 자기 주권에 유효하게 예속시키려고 할 수 없다. 공해의 자유는 특히 다음을 포함한다. 항행의 자유; 어업의 자유; 해저전선 및 송유관 부설의 자유; 공해상공 비행의 자유.

표 4-2 ILC 1956년 해양법 초안 제52조

1956년 해양법 초안	대한국제법학회 수정의견	1958년 어업과 공해의 생물 자원 보존에 관한 제네바협약
Article 52 (conservation of the living resources of the high seas) 1. If the nationals of two or more States are engaged in fishing the same stock or stocks of fish or other marine resources in any area of the high seas, these States shall, at the request of any of them, enter into negotiations with a view to prescribing by agreement the necessary measures for the conservation of such resources. 2. If the States concerned do not reach agreement within a reasonable period of time, any of the parties may initiate the procedure contemplated by article 57. (참고: 제57조는 분쟁의 평화적 해결절차)	제52조에 다음과 같은 새로운 문항을 제3항으로 삽입할 것: "전쟁 기타 불가피한 사유로 인하여 제1항에 의한 협의의 개시를 할 수 없는 경우에는 연안국가는 제55조 제1항 본문에 의한 조치(생물자원 보존을 위한 일방적 조치)를 그리고 기타 국가는 본조 제2항의 규정에 의한 조치를 취할 수 있다."	Article 4 1. If the nationals of two or more States are engaged in fishing the same stock or stocks of fish or other marine resources in any area or areas of the high seas, these States shall, at the request of any of them, enter into negotiations with a view to prescribing by agreement for their nationals the necessary measures for the conservation of the living resources affected. 2. If the States concerned do not reach agreement within twelve months, any of the parties may initiate the procedure contemplated by article 9. (참고: 제9조는 분쟁의 평화적 해결절차)

접해양의 주권에 관한 대통령 선언」을 고려하지 않을 수 없었던 당시 상황의 반영이 아닐까 싶다. [표 4-2]에 언급된 학회의 제3항 신설 제안 역시 반영되지 않았음을 알 수 있다.

대한국제법학회는 꾸준히 ILC 활동에 관심을 가졌다. 1959년 3월에 출판된 『국제법학회논총』 통권 제5호에 ILC 제10차 회기에서 채택된 "외교 및 면제에 관한 협약안"이 소개되었으며,[17] 1960년(8권)과 1961년(9권)

17 영문명칭은 Draft articles on diplomatic intercourse and immunities.

에는 "Draft Articles on Consular Intercourse and Immunities"가 소개되었다. 또한 연구논문으로는 1982년 9월 발행된 『국제법학회논총』 통권 제51호의 「조약에 관한 국가승계」(신각수)를 들 수 있다.

2. 유엔 가입 이후부터 2011년까지

한국 정부가 유엔에 가입한 1991년 이후부터 ILC 작업 과정과 그 결과에 대한 외교부 논평의 빈도가 차츰 높아졌으며 2000년대 이후 본격화된 것으로 보인다. 이 중에서 가장 중요한 논평은 국가책임State Responsibility 초안에 대한 외교부의 공식 의견서 제출이다. 관련 내용은 2001년 『국제법학회논총』 제46권 제1호 말미에 실려 있다.[18] 이에 따르면 당시 외교통상부 조약국 국제법규과는 2000년 10월부터 2001년 1월 말까지 총 8차례 검토회의를 가졌으며 그 결과를 정리하여 2001년 1월 말 유엔 사무국으로 발송했다고 한다. 한국 정부의 검토의견은 Comments and Observations received from Governments(A/CN.4/515 and Add.1)와 특별보고자의 네 번째 보고서(A/CN.4/517 and Add.1)에 언급되어 있다. 참고로 외교부의 검토의견은 1996년 제1회독 초안에 대한 것이 아니라 제임스 크로포드James Crawford 위원이 국가책임 주제의 마지막 특별보고자로 선임된 후 1997년부터 시작된 제2회독 초안 작성 과정 중 막바지 단계인 2000년 ILC 문안위원회drafting committee(이하 '문안위')의 논의를 거쳐 잠정 채택된 제2회독 초안에 관한 것이다.[19]

위 검토의견에 따르면, 한국 정부는 국가책임 초안의 최종형태는 법적

18 박기갑, "ILC 국가책임초안에 대한 대한민국 정부 의견서", 『국제법학회논총』, 제46권 제1호(2001), 317-324쪽.

19 Draft articles provisionally adopted by the Drafting Committee on 2nd reading(2000), Annual Report on the ILC work of the 52nd seesion, A/55/10(2000), pp.65 이하 참조(https://legal.un.org/ilc/reports/2000/english/chp4.pdf).

구속력 있는 조약의 형태를 선호한다고 밝혔다. 그리고 개별 조항들에 대해 의견을 제시했다. 조항 번호는 2000년 ILC 문안위가 잠정 채택한 초안에 따른 것이다. 제7조(공권력 부재 시 수행된 일정한 행위의 국가에의 귀속), 제14조(국제의무 위반의 시간적 연속), 제16조(국제위법행위의 자행에 대한 지원 또는 원조)와 제17조(국제위법행위의 자행에 대해 이루어진 지시 및 통제), 제37조(금전배상), 제38조(만족), 제39조(이자), 제40조(피해에 대한 기여), 제41조(본 장의 적용), 제42조 제1항(국제공동체 전체에 대한 의무의 중대한 위반의 결과), 제43조(피해국)와 제49조(피해국 이외의 국가에 의한 책임의 추궁), 제45조(손해배상 청구의 수리가능성), 제46조(책임추궁권의 상실)와 제49조, 제48조(여러 국가에 대한 책임의 추궁), 제49조 제3항, 제51조(대응조치에 종속되지 아니하는 의무), 제52조(비례성), 제53조 제3항(대응조치에의 호소에 관한 조건), 제54조(피해국 이외의 국가에 의해 취해진 조치). 여기서 외교부가 제출한 검토의견 중 몇 가지를 표로 만들어 2001년 최종 제2회독 초안과 비교해 본다.

표 4-3 ILC 2000년 국가책임 초안 제7조

2000년 ILC 문안위 초안	한국 정부 검토의견	2001년 국가책임 초안
Article 7 제목: Attribution to the State of certain conduct carried out in the absence of the official authorities	Concerning Article 7 The title of this Article would better reflect its contents if the words "or default" is added after the words "in the absence".	Article 9 제목: Conduct carried out in the absence or default of the official authorities

[표 4-3]은 2000년 문안위 초안 제7조(공권력 부재 시 수행된 일정한 행위의 국가에의 귀속)이라는 제목에 대해 외교부가 '또는 흠결 시or default'라는 표현을 추가할 것을 제안한 것이다. 2001년 국가책임 초안 제9조(공권력 부재 또는 흠결 시에 수행된 행위)는 한국 정부의 제안이 받아들여진 형태로 문안이 확정되었음을 알 수 있다.

표 4-4 ILC 2000년 국가책임 초안 제2부 제3장

2000년 ILC 문안위 초안	한국 정부 검토의견	2001년 국가책임 초안
Chapter Ⅲ 제목: Serious breaches of essential obligations to the international community	The Korean Government fully supports the Commission's decision to abandon the distinction between international crimes and international delicts. …… the Korean government is convinced that the obligations erga omnes and the peremptory norms of general international law deserve special treatment in international law. …… There is need for further clarification on how the term "essential obligations to the international community as a whole" differs from the ordinary obligations erga omnes or from the peremptory norms of general international law.	Chapter Ⅲ 제목: Serious breaches of obligations under peremptory norms of general international law

표 4-5 ILC 2000년 국가책임 초안 제42조

2000년 ILC 문안위 초안	한국 정부 검토의견	2001년 국가책임 초안
Article 42 (Consequences of serious breaches of obligations to the international community as a whole) 1. A serious breach within the meaning of article 41 may involve, for the responsible State, damage reflecting the gravity of the breach. 2. ……	Concerning Article 42(1), it is not clear what the phrase "damages reflecting the gravity of the breach" implies. If the phrase is construed to mean punitive damages, the Korean Government is opposed to its inclusion in the draft articles.	2000년 문안위 초안 제42조 제1항은 '중대한 위반'을 설명하고 있는데, 2001년 초안은 이를 삭제하고 제40조(본 장의 적용)에서 '중대한 위반'을 설명하는 것으로 마무리했음.

[표 4-4]는 2001년 초안 제2부(국가의 국가책임 내용) 제3장(일반국제법상 절대규범상의 의무의 중대한 위반)의 제목에 관한 검토의견이다. 2000년 문안위가 잠정 채택한 문안에서 제3장의 제목이 '국제공동체의 본질적 의무의 중대한 위반Serious breaches of essential obligations to the international community'인데 외교부는 '본질적 의무essential obligation'의 개념이 모호함을 지적한 것이다. ILC는 이를 반영하여 제3장 제목과 제41조(본 장의 의무) 문안

역시 대폭 수정했다. 이는 한국 정부를 포함한 여러 국가가 유사한 문제점을 지적한 결과이다.

[표 4-5]는 [표 4-4]와 연속선상에 있다. 한국 정부는 일반국제법상 절대규범 의무의 중대한 위반에 대해 2000년 문안위 초안 제41조(본 장의 적용) 제2항에서 "A breach of such an obligation is serious if it involves a gross or systematic failure by the responsible State to fulfil the obligation, risking substantial harm to the fundamental interests protected thereby."라고 설명하고 있는데,[20] 다시 제42조 제1항(국제공동체 전체에 대한 의무의 중대한 위반의 결과)에서 부연 설명하는 것은 혼란을 야기하기 때문에 적절치 않다고 지적한 것이다. 결과적으로 ILC는 한국 정부와 여러 나라의 의견과 지적을 받아들여 2000년 문안위 초안 제42조 제1항을 삭제했다(2001년 초안은 제41조).

표 4-6 ILC 2000년 국가책임 초안 제43조와 제49조

2000년 ILC 문안위 초안	한국 정부 검토의견	2001년 국가책임 초안
Article 43 (the injured State) Article 49 (Invocation of responsibility by States other than the injured State)	Concerning Article 43 and 49, the Korean Government essentially agrees with the distinction between "the injured States" as defined in Article 43 and "States other than the injured State" characterized in Article 49, which is one of the improvements on the draft articles adopted on 1st reading.	Article 42 (Invocation of responsibility by an injured State) Article 48 (Invocation of responsibility by a State other than an injured State)

[표 4-6]은 2001년 초안 제3부(국가의 국가책임의 이행) 제1장(국가책임의 추궁)에 포함된 제42조(피해국에 의한 책임 추궁)와 제48조(피해국 이외의 국

20 *Yearbook of the International Law Commission*, Vol. Ⅱ(2), 2000, p.69.

표 4-7 ILC 2000년 국가책임 초안 제54조

2000년 ILC 문안위 초안	한국 정부 검토의견	2001년 국가책임 초안
Article 54 (Countermeasures by State other than the injured State) 1. Any State entitled under Article 49, para.1 to invoke the responsibility of a State may take countermeasures at the request and on behalf of any State injured by the breach, to the extent that that State may itself take countermeasures under this Chapter. 2. In the cases referred to in Article 41, any State may take countermeasures, in accordance with the present Chapter in the interest of the beneficiaries of the obligation breached. 3. Where more than one State take countermeasures, the States concerned shall cooperate in order to ensure that the conditions laid down by this Chapter for the taking of countermeasures are fulfilled.	Concerning Article 54 As to collective countermeasures in para.2, further efforts should be made to find a way to reduce arbitrariness in the process of their implementation, and to alleviate the influence of the more powerful States.	Article 54 (Measures taken by States other than an injured State) This Chapter does not prejudice the right of any State, entitled under Article 48, para.1 to invoke the responsibility of another State, to take lawful measures against that State to ensure cessation of the breach and reparation in the interest of the injured State or of the beneficiaries of the obligation breached.

가에 의한 책임 추궁)로 확정된 2000년 문안위 초안 제43조와 제49조의 구분에 관해 한국 정부의 의견이 논리적으로 타당하다고 평가한 것이다.

[표 4-7]은 한국 정부가 2001년 초안 제3부 제2장(대항조치) 중 마지막 조항인 제54조(피해국 이외의 국가에 의해 취해진 조치)로 확정된 2000년 문안위 초안 제54조가 상당히 복잡하게 구성되어 있으며 자칫 남용의 우려가 있다는 지적을 한 것이다. ILC는 한국을 포함한 여러 국가의 의견을 반영하여 2001년 초안에서 매우 간결하게 문안을 정리했다.

고 지정일 위원 재임기간이었던 2002년부터 2006년까지 5년 동안 ILC가 작업한 주제는 조약의 유보, 외교적 보호, 국가의 일방적 행위, 국제법상 금지되지 않는 행위로 인해 야기된 손해에 대한 국제책임liability, 국제기구의 책임, 그리고 연구그룹Study Group의 국제법 파편화 등이었다. 이 기간에도 한국 정부는 유엔 총회 제6위에서 매년 ILC의 작업결과에 대해 활발하게 논평을 했을 것으로 짐작된다.

Ⅳ. 2012년부터 2022년까지

이하에서는 필자가 ILC 위원으로 있었던 2012년부터 2022년까지 11년간 각 주제에 대해 한국 정부 대표단이 유엔 총회 제6위에서 발언한 내용을 주제별로 간추려 본다. 이 기간 중 ILC에서 검토된 주제를 크게 세 가지 그룹으로 구분하면 다음과 같다. 각 주제의 괄호 속 숫자는 작업 개시 연도와 작업종료 연도이다.

특별보고자가 선임된 주제

- 외국인 추방Expulsion of aliens(2004~2014)
- 재난 시 인간보호Protection of persons in the event of disasters(2007~2016)
- 국제관습법의 식별Identification of customary international law(2013~2018)
- 조약 해석 관련 추후합의와 추후실행Subsequent agreements and subsequent practice in relation to the interpretation of treaties(2013~2018)
- 조약의 잠정적용Provisional application of treaties(2013~2021)
- 대기의 보호Protection of the atmosphere(2014~2021)
- 무력충돌 관련 환경보호Protection of environment in relation to armed conflicts(2014 ~2022)
- 인도에 반한 죄의 예방과 처벌Prevention and punishment of crimes against humanity(2015 ~2019)

- 일반국제법의 절대규범(강행규범)의 식별과 법적 결과Identification and legal consequences of peremptory norms of general international law(*jus cogens*)(2016~2022)

워킹그룹Working Group 또는 연구그룹Study Group 형태로 작업이 진행된 주제

- 인도 또는 소추the obligation to extradite or prosecute(2005~2014)
- 최혜국대우조항the Most-Favoured-Nation clause(2007~2015)[21]

2024년 현재 계속 작업이 진행 중인 주제

- 외국형사관할권으로부터 국가공무원 면제Immunity of State officials from foreign criminal jurisdiction(2008~현재)[22]
- 국가책임 관련 국가승계Succession of States in respect of State Responsibility(2017~현재)
- 법의 일반원칙General principles of law(2019~현재)
- 국제법 관련 해수면 상승Sea-level rise in relation to international law(2021~현재)
- 국제기구가 당사자인 분쟁의 해결Settlement of disputes to which international organizations are parties(2023~현재)
- 해적과 해상강도의 예방과 억제Prevention and repression of piracy armed robbery at sea (2023~현재)
- 국제법 규칙 결정을 위한 보조수단Subsidiary means for the determination of rules of international law(2023~현재)
- 법적 구속력이 없는 국제합의Non-legally binding international agreements(2024~현재)

21 최혜국대우조항은 ILC가 이미 1967년부터 1978년까지 검토한 주제이다. 그러나 국제관계의 변화에 따라 이 주제를 재검토할 필요가 있다는 다수 주장에 따라 워킹그룹이 창설되었다.

22 2023년 ILC 제74차 회기에서 이 주제의 세 번째 특별보고자로 그로스만(Grossman)이 지명되었다.

위의 목록에서 2022년까지 다루어진 주제 중 필자의 경험상 ILC 내부적으로 위원들뿐만 아니라 유엔 총회 제6위에서 발언한 국가들 간에도 치열한 논쟁이 벌어졌던 쟁점 가운데 한국 외교부의 논평이 있었던 주제들을 분석하기로 한다.

1. 외국인 추방Expulsion of aliens

이 주제는 2004년부터 작업이 시작되어 2012년 32개의 조항과 주석으로 구성된 제1회독 초안을 잠정 채택하고, 2014년 31개 조항과 주석으로 구성된 제2회독 초안을 채택하고 작업을 마무리했다.[23] 이 과정에서 한국 외교부는 제1회독 초안에 관해 2013년 11월 간담회를 개최하여 종합적인 검토의견을 수렴한 후 이를 바탕으로 2014년 초 제1회독 초안 거의 대부분 조항에 대한 검토의견을 유엔 사무국을 통해 ILC에 제출했다.[24] 외교부가 검토한 내용에는 외국인 추방(강제퇴거) 행위는 각국의 주권에 해당하는데 제1회독 초안은 임의적으로 국가의 주권을 제약하는 부분이 있다는 지적과 더불어 기존의 무국적자 보호나 고문 방지 관련 국제협약 내용의 적용범위를 의도적으로 확대시키고 있음을 우려하면서 이에 대해 국제사회의 공감대가 형성되어 있는지 의문을 제기했다.[25] 실

23 제1회독 초안은 2012년 ILC Report 제4장 참조. 제2회독 초안은 2014년 ILC Report 제4장 참조(https://legal.un.org/ilc/reports). 제1회독 초안과 제2회독 초안 비교와 비공식 한글 번역본은 박기갑 외 5인, "2014년 제66차 회기 국제법위원회 작업현황과 제69차 유엔 총회 제6위원회 논의결과", 『국제법평론』, 통권 제41호(2015. 4), 131쪽 이하 참조.

24 Comments and observations received from Governments on Expulsion of aliens, Doc. A/CN.4/669 and Add.1(2014).

25 한국 정부의 제1회독 초안에 대한 전반적 평가는 다음과 같다. "1. With respect to State sovereignty and the human rights of aliens, the draft articles greatly respect the human rights of aliens and seek a balance between State sovereignty and the human rights of aliens subject to expulsion. However, some articles limit State sovereignty to an unreasonable extent. 2. With respect to the principles of international law, domestic law and international practices, it is noteworthy that the present draft articles include progressive provi-

제로 한국 정부가 지적한 제1회독 초안 제8조(난민과 무국적자의 추방에 관한 여타 특별규칙)는 제2회독 초안에서 삭제되었다.

2. 인도에 반한 죄의 예방과 처벌Prevention and punishment of crimes against humanity

이 주제는 2015년부터 작업이 시작되어 2017년 15개 조항과 주석으로 구성된 제1회독 초안을 잠정 채택하고, 2019년 15개 조항과 부속서, 관련 주석으로 구성된 제2회독 초안을 '인도에 반한 죄의 예방과 처벌Prevention and punishment of crimes against humanity'이라는 제목으로 채택하고 작업을 마무리했다.[26] 이 주제의 검토작업에서 가장 큰 쟁점은 국제형사재판소International Criminal Court(이하 'ICC') 로마규정의 관할범죄로 '인도에 반한 죄'가 존재하는데 구태여 '인도에 반한 죄의 예방과 처벌'에 관한 국제협약이 새롭게 필요한지였다. ILC 내부와 유엔 총회 제6위에서 이러한 주제의 검토는 자칫 ICC의 위상을 흔들 수 있으며 미국 정부가 ICC에 참여하지 않고 독자적인 행보를 하기 위한 목적이라는 비판이 제기되

sions for the gradual development of international law, reflecting the decisions or opinions of local courts on human rights. However, some draft articles seem to go beyond the purview of multilateral treaties, general principles of international law, domestic law and international practices in their operation. For instance, draft articles 6 (Prohibition of the expulsion of refugees), 23 (Obligation not to expel an alien to a State where his or her life or freedom would be threatened) and 24 (Obligation not to expel an alien to a State where he or she may be subjected to torture or to cruel, inhuman or degrading treatment or punishment) were drafted based on the Convention relating to the Status of Refugees and the Convention against Torture and Other Cruel, Inhuman or Degrading Treatment or Punishment. However, the draft articles expand the range of persons covered, while reducing the grounds for limitation, thus practically exceeding the scope of application of the above-mentioned conventions." Doc. A/CN.4/669 and Add.1(2014), p.26.

26 제2회독 초안 영문본과 비공식 한글 번역본은 박기갑, "2019년 제71차 회기 유엔 국제법위원회 작업현황과 제74차 유엔 총회 제6위원회 논의 결과", 『국제법평론』, 통권 제55호(2020. 2), 67쪽 이하 참조. 위원회는 제2회독 초안 채택과 함께 제목을 '인도에 반한 죄'에서 '인도에 반한 죄의 예방과 처벌'로 변경했다.

었다. 이에 대한 반론에서는 ICC 규정은 이른바 '수직적 법적 체제vertical legal system'이지만 이 주제는 국가 간 '수평적 협력체제horizontal cooperative system'를 공고히 한다는 차이점을 강조했다.

한국 대표단은 이 작업이 진행되는 동안 매년 유엔 총회 제6위에서 관련 논평을 했는데, 대체로 이 주제에 대해 긍정적이었다. 가령 2017년 제72차 유엔 총회 제6위에서는 제1회독 초안에 대해,[27] 2019년 제74차 유엔 총회 제6위에서는 제2회독 초안에 관해 다음과 같은 총평을 했다.

"한국 정부는 제2회독 초안의 내용에 대해 전반적으로 지지한다. 초안은 국가 간 협력을 강화하며, 특히 국가 간에 양자 범죄인인도조약이나 형사사법공조협정이 체결되어 있지 않는 경우 적절한 법적 기반을 제공할 것이다. 또한 초안 조항은 국제형사법체계의 일관성과 안정성을 유지하기 위해 최대한 ICC 로마규정과 같아야 한다. 위원회는 국내집행과 국가 간 협력의 진화적 성격을 고려한 것으로 알지만 그러한 입장은 로마규정의 현재 체제를 잠식하지 않아야 한다. 또한 위원회가 준비한 제2회독 초안과 일부 국가들이 추진 중인 Convention on Mutual Legal Assistance for Crimes against Humanity, Genocide and War Crimes와의 상호 간 관계에 대해 세심한 주의가 필요하다. 제2회독 초안의 관할권, 조사, 범죄인인도, 인도 또는 소추, 강제송환금지원칙, 피해자와 증인, 형사사법공조 등은 기존 국제협약에서 발견되는 제도 및 기준과 최대한 일치되어야 한다. 한국 정부는 제2회독 초안을 바탕으로 유엔 총회나 외교회의 소집을 통해 관련 협약 채택을 지지한다."[28]

27 특히 초안 제6조(국내법상 불법화), 제13조(범죄인 인도) 등에 대한 본질적 문제점을 지적했다. 한국 대표단의 발언요지는 박기갑, "2017년 제69차 회기 유엔 국제법위원회 작업현황과 제72차 유엔 총회 제6위원회 논의결과", 『국제법평론』, 통권 제49호(2018. 2), 195-196쪽 참조.

28 UNGA, 74th session(2019) Official Records, 6th Committee, Summary record of the 24th meeting, A/C.6/74/SR.24, para.28, p.7. 박기갑, 앞의 주 26, 116쪽 참조.

한국 정부는 ILC 작업결과를 기초로 한 '인도에 반한 죄의 예방과 처벌'에 관한 국제협약 채택에 위의 논평에서 보듯이 긍정적 신호를 보내면서 이 주제를 홍보하는 부대행사의 협찬국으로 계속 참여했다. ILC는 2019년 제71차 회기에서 인도에 반한 죄의 예방과 처벌에 관한 초안을 채택하고, 이 초안을 유엔 총회에 제출했다. 유엔 총회는 2023년과 2024년 4월에 각각 일주일 동안 회의를 개최했다.[29] 2024년 11월 결국 유엔 총회는 인도에 반한 죄의 예방과 처벌에 관한 법적 구속력 있는 문서를 채택하기 위한 유엔 전권외교회의를 2027년과 2028년에 개최하기로 결정했다.

3. 국제관습법의 식별Identification of customary international law

이 주제는 2012년 '국제관습법의 형성과 증거Formation and evidence of customary international law'라는 제목으로 작업을 개시했으며, 2013년 현재의 제목으로 변경되었다. 2016년 16개의 결론과 주석으로 구성된 제1회독 초안을 잠정 채택하고, 2018년 16개의 결론과 주석으로 구성된 제2회독 초안을 채택한 후 유엔 총회에 보고하고 작업을 마무리했다.[30] ILC는 작업

29 총회 결의 77/249(2022)의 제목은 'Crimes against humanity'로 제4항은 다음과 같다. "4. Decides that the Sixth Committee shall resume its session for five days, from 10 to 14 April 2023, and for six days, from 1 to 5 April and 11 April 2024, in order to exchange substantive views, including in an interactive format, on all aspects of the draft articles, and to consider further the recommendation of the Commission contained in paragraph 42 of its report on the work of its seventy-first session for the elaboration of a convention by the General Assembly or by an international conference of plenipotentiaries on the basis of the draft articles;"

30 제2회독 초안의 영문본과 비공식 한글 번역본은 박기갑, "2018년 제70차 회기 유엔 국제법위원회 작업현황과 제73차 유엔 총회 제6위원회 논의결과", 『국제법평론』, 통권 제52호(2019. 2), 121쪽 이하 참조. 제2회독 초안의 전반적인 평가에 대해서는 박기갑, "유엔 국제법위원회 "국제관습법의 식별" 제2회독 초안(2018)과 국내문헌 관련 내용 비교분석", 『국제법평론』, 통권 제54호(2019. 11), 47-78쪽

기간 내내 유엔 회원국들에 국내 입법, 사법, 행정기관 등이 어떻게 국제관습법을 파악하고 있는지 등에 관한 자료를 달라고 요청했으며,[31] 한국 외교부는 관련 국내 판례를 자료로 제공했다.[32] 한편 외교부는 ILC 내부에서 논쟁이 되었던 결론 15에 명시된 '집요한(지속적) 반대자persistent objector'에 대한 논평을 했다.

결론 15 (집요한 반대자)

1. 국가가 형성과정에 있는 국제관습법의 규칙에 반대하면 그 규칙은 그 국가가 반대를 유지하는 한 그에 대항할 수 없다.
2. 반대는 명백히 표현되고, 다른 국가들이 알 수 있어야 하고, 또한 지속적으로 유지되어야 한다.
3. 이 결론은 일반국제법상 절대규범(강행규범)에 관한 어떠한 문제와도 무관하다.[33]

2017년 12월 외교부는 2016년 잠정 채택된 제1회독 초안에 대한 검토

---

31 Para.29. The Commission reiterates its request to States to provide information, by 31 January 2015, on their practice relating to the formation of customary international law and the types of evidence for establishing such law in a given situation, as set out in: (a) official statements before legislatures, courts and international organizations; and (b) decisions of national, regional and subregional courts. Para.30. In addition, the Commission would welcome information about digests and surveys on State practice in the field of international law. Report of the ILC, 66th session, DOC. A/69/10, pp.8-9(2014).

32 앞의 주 9 참조.

33 Conclusion 15 (Persistent objector) 1. Where a State has objected to a rule of customary international law while that rule was in the process of formation, the rule is not opposable to the State concerned for so long as it maintains its objection. 2. The objection must be clearly expressed, made known to other States, and maintained persistently. 3. The present draft conclusion is without prejudice to any question concerning peremptory norms of general international law (*jus cogens*)(*Yearbook of the International Law Commission*, Vol.Ⅱ, 2018, Part Two).

의견에서 '집요한 반대자'를 다루고 있는 결론 15에 대해서는 '집요한 반대자'를 규칙이 아닌 주장이라고 호칭하면서 이는 국제관습법 이론 중에서 논란이 많은 쟁점 중 하나이며, 만일 이를 공식적으로 인정할 경우 국제법이 생성되지 않는다는 본질적인 문제를 가져오기 때문에 위원회가 매우 신중히 검토해 줄 것을 요청했다.[34] 이러한 지적은 단순히 문안 표현의 수정 검토에서 벗어나 국제법 이론 가운데 논란이 있는 부분에 대해 한국 정부의 입장을 밝혔다는 점에서 진일보했다고 평가된다.[35]

아울러 한국 대표단은 전통적인 지리적 인접성에 근거한 지역적 국제관습법뿐만 아니라 교통과 통신수단의 발달에 힘입어 물리적 거리를 극복하고 실시간 공감대 형성이 가능한 현실을 반영한 이른바 세계화 시대의 또 다른 특별 국제관습법의 생성 가능성을 열어 둔 결론 16(특별 국제관습법particular customary international law)에 대해 구체적인 예가 없다는 지적을 했다.[36] 이 외에도 ILC에 의해 받아들여지지 않았지만 결론 6(실행의 유형forms of practice)과 결론 10[법적 확신의 증거의 형태forms of evidence of acceptance as law(*opinio juris*)]에서 문언이 중첩됨을 지적하면서 두 결론에 열거된 내용을 통일시켜 줄 것을 요청했다.

4. 대기의 보호Protection of the atmosphere

이 주제는 2013년 제65차 회기에서 작업주제로 선정되었다. 2018년

34 Republic of Korea, comments and observations on the ILC topic "Identification of customary international law", Dec. A/CN.4/716(2017).

35 정인섭은 지속적(집요한) 반대자에 대해 다음과 같이 평가하고 있다. "결국 지속적 반대자 개념의 인정은 원하지 않는 관습국제법의 형성을 저지하려는 강대국을 위한 도피구 제공이다. 국제사회가 국제공동체로 발전하고 있고, 점차 국제공동체가 법을 창조하는 국제사회의 민주주의화가 이루어지고 있다고 보는 입장에 선다면, 지속적 반대자론에 대한 지지는 차츰 설 자리를 잃을지 모른다." [『신국제법 강의』 제14판(박영사, 2024), 61쪽].

36 박기갑, 앞의 주 30(2019. 2), 130쪽.

12개의 지침과 주석으로 구성된 제1회독 초안을 잠정 채택하고, 2021년 역시 12개의 지침과 주석으로 구성된 제2회독 초안을 채택하고 작업을 마무리했다.[37] 이 주제의 작업 과정에서 한국 외교부는 관련 국내법률의 영문 번역본을 제공했다.[38] 또한 유엔 총회 제6위에서 한국 대표단은 한반도가 월경 및 국내 대기오염 문제에 민감한 현실을 고려하여 이 주제에 관한 논평을 매년 꾸준히 했다. 2017년 제72차 유엔 총회 제6위 발언,[39] 2018년 제73차 유엔 총회 제6위에서의 제1회독 초안에 대한 발언, 2021년 제76차 유엔 총회 제6위에서의 제2회독 초안에 대한 발언 등을 들 수 있다.

한국 대표단은 2018년 제1회독 초안에 대한 논평에서 이 작업결과의 전반적 방향성과 관련하여 "대기오염 내지 기후변화와 관련된 현재 진행 중인 정치적 협상에 이 주제가 개입해서 안 되며, 또한 존재하는 조약체제의 흠결을 메꿀 목적으로 진행되어서는 안 된다"는 전반적 관점을 피력했다. 또한 특별보고자가 제안한 국가책임 관련 규정의 삽입을 반대하면서 주제의 검토 범위를 벗어나기 때문이라고 밝혔다. 이러한 발언은 매우 적극적이며 본질적인 내용을 검토한 지적이다.[40] 2021년 제76차 유

37 제2회독 초안의 영문본과 비공식 한글 번역본은 박기갑, "2021년 제72차 회기 유엔 국제법위원회 작업현황과 제76차 유엔 총회 제6위원회 논의 결과", 『국제법평론』, 통권 제61호(2022. 2), 140쪽 이하 참조.

38 2015년 2월 19일. 이 자료는 2016년 제68차 ILC 회기에 전달되었다.

39 한국 대표단의 발언요지는 다음과 같다. "한국 대표는 새로이 잠정 채택된 세 개의 전문과 관련하여 이는 대기와 해양의 밀접한 상호관계를 언급하며 해수면상승으로 고통을 받고 있는 저지대 해안 지역과 개도국 섬나라들의 특수 상황에 주의를 환기시키고 있기에 적절하다고 평가하였다. 가이드라인 9에 언급된 대기의 보호와 관련된 법체계로서 국제무역법, 국제투자법, 국제해양법과 국제인권법은 예시적 성격으로 파악하였다. 가이드라인 9의 1항에 언급된 조화의 원칙(principle of harmonization)과 체계적 통합(systemic integration)은 대기의 보호와 관련된 새로운 국제법 규칙을 개발할 때 고려되어져야 할 것이며, 지속적 개발목표와도 합치되도록 노력해야 한다고 강조하였다." 박기갑, 앞의 주 27, 215-216쪽.

40 무라세(Murase) 특별보고자가 지침 10으로 제안한 초안은 다음과 같다. Draft Guideline 10

엔 총회 제6위에서 한국 대표단은 제2회독 초안의 채택을 환영하면서 과거 반대했던 국가책임 관련 조항을 위원회가 삭제한 데 만족감을 표시했다. 또한 위원회가 제2회독 전문에서 '인류의 공동 관심사common concern of humankind'란 표현을 새로이 언급한 것을 지지했다. 이 표현이 1992년과 2015년 기후변화 관련 국제문서에도 이미 사용되고 있으며, 그 자체로 전체 국제공동체의 협력이 요구되는 사안을 의미한다고 보았다. 하지만 한국 대표는 '인류의 공동 관심사'는 관련 주석에서 설명하듯 그 자체로 대세적 권리나 의무rights or obligations erga omnes를 창출하는 것은 아니라는 점을 강조했다.[41]

5. 일반국제법의 절대규범(강행규범)의 식별과 법적 결과Identification and legal consequences of peremptory norms of general international law(*jus cogens*)

이 주제는 2015년 제67차 회기에서 작업주제로 선정되었다. 2019년 제71차 회기에 제1회독 초안을 잠정 채택하고, 2022년 총 23개의 결론과 부속서, 주석으로 구성된 제2회독 초안을 채택하고 작업을 마무리했다.[42] 강행규범이 ILC의 작업주제로 적절한지 여부는 과거와는 달리 논쟁의 대상이 되지 않았다. 그만큼 국가의 관련 실행과 국제판례 등이 축적되었기 때문이다. 또한 강행규범을 조약법뿐만 아니라 국가책임법 등 여러 인접 법 분야에까지 폭을 넓혀 검토하는 방법론에 대해서도 큰 반

(Implementation) para.2. Failure to implement the obligations amounting to breach thereof entails the responsibility of States under international law, if the actions or omissions are attributable to the States and the damage or risk is proven by clear and convincing evidence. Shinya Murase, 5th report on the Protection of the atmosphere, Doc. A/CN.4/711(2018).

41 박기갑, 앞의 주 37, 148-149쪽.

42 제2회독 초안의 영문본과 비공식 한글 번역본은 박기갑, "2022년 제73차 회기 유엔 국제법위원회 작업현황과 제77차 유엔 총회 산하 제6위원회 논의 결과", 『국제법평론』, 통권 제64호(2023. 2), 217쪽 이하 참조.

대 의견은 없었다. 다만 강행규범의 예시를 부속서의 형태로 언급하는 것이 적절한지에 대해서는 ILC 위원들뿐만 아니라 유엔 총회 제6위에서 발언한 국가들 사이에서도 찬반론이 충돌했다.[43]

한국 대표단은 유엔 총회 제6위에서 작업 초기부터 종료할 때까지 본질적인 내용과 관련된 논평을 했다. 특히 2019년 제74차 유엔 총회 제6위 발언에서 제1회독 초안과 관련 주석 채택을 환영했으며, 위원회가 강행규범의 예시적 목록을 제공할지와 관련해 벌인 논쟁에 대해 위원회 스스로가 과거에 강행규범으로 이미 인정한 목록만을 부속서로 제시한 점은 일종의 타협의 결과라고 평가했다.[44] 이 주제의 제2회독 초안 채택에 관해서는 2022년 제77차 유엔 총회 제6위에서 채택을 환영하는 발언을 했다. 특히 주제의 범위를 조약법뿐만 아니라 국가책임, 국제법 연원 상호 간 관계, 여타 국제법 분야까지 넓혀서 검토한 것은 적절하며, 주제의 제목을 '일반국제법상 절대규범(강행규범)'에서 '일반국제법의 절대규범(강행규범)의 식별과 법적 결과'로 변경한 것은 검토 내용을 보다 분명히 해주기 때문에 바람직하다고 평가했다.[45]

한편 한국 대표단이 직접적으로 논평을 하지 않았지만 많은 나라가 발

43 문제가 된 결론 23(예시적 목록)의 부속서는 다음과 같다. 부속서: (a) 침략의 금지; (b) 집단살해의 금지; (c) 인도에 반한 죄의 금지; (d) 국제인도법의 근본규칙; (e) 인종차별과 인종격리(아파르트헤이트) 금지; (f) 노예의 금지; (g) 고문의 금지; (h) 자결권.

44 박기갑, 앞의 주 26, 150–151쪽.

45 한국대표단은 이 외 다음 사항에 대해서도 논평했다. 가령 제1회독 초안과 비교하여 결론 2로 자리를 옮긴 '강행규범의 특성'과 분쟁해결을 다루는 결론 21의 제목을 '권고적 절차'로 변경한 데 대해 긍정적 평가를 했다. 이에 반해 의미가 불분명한 점도 지적했다. 가령 제2회독 초안 결론 7의 제2항은 "대표성 있는 절대 다수 국가에 의한 수락과 인정이 필요하다(Acceptance and recognition by a very large and representative majority of States is required ……)"로 바뀌었는데, 제1회독 초안에 없었던 '대표성 있는(representative)'이란 표현의 추가는 강행규범 존재를 파악하기 위한 기준을 더 높인 것은 아닌지 여부와 결론 19 제목의 '심각한(serious)'이란 표현이 갖는 의미에 대해 의문을 제기했다. 관련 내용은 박기갑, 앞의 주 42, 234–235쪽 이하 참조.

언을 한 결론 16[일반국제법의 절대규범(강행규범)과 충돌하는 국제기구의 결의, 결정 또는 여타 행위에 의해 창설된 의무]은 적용범위에 유엔 안전보장이사회의 결의와 결정을 포함시키고 있다. 이에 대해서는 결론의 본문이 아닌 관련 주석에서 명시적으로 언급하고 있다.[46] 이 때문에 안전보장이사회 상임이사국들과 일부 국가들이 강하게 반발했다. 그 결과 통상적으로 ILC가 어떤 주제의 제2회독 초안을 채택하고 작업을 종료하면 유엔 총회 제6위에서 환영 인사와 더불어 관련 작업결과를 전체 유엔 회원국들에 널리 알리는 내용을 담는 결의안 초안 채택이 이루어지지만, 이 주제에 대해서는 그렇지 않았다.[47]

6. 무력충돌 관련 환경보호Protection of environment in relation to armed conflicts

이 주제는 2013년 제65차 회기에서 작업주제로 선정되었다. 두 사람의 특별보고자를 거쳐 2019년 28개의 원칙과 주석으로 구성된 제1회독 초안을 잠정 채택하고, 2022년 27개의 원칙과 관련 주석으로 구성된 제2회독 초안을 채택하고 작업을 마무리했다.[48] 이 주제의 작업 과정에서 나

46 관련 주석의 영문본은 다음과 같다. 결론 16의 주석 두 번째 항 "…… Examples of a resolution, decision or act of an international organization that would otherwise have binding effect include a decision in a resolution of the Security Council, taken under Chapter VII of the Charter of the United Nations, or a decision of the General Assembly admitting a State to membership in the Organization." Report of the ILC, Doc. A/77/10(2022), pp.62-63.

47 총회 결의 Report of the ILC on the work of its 73rd session 77/103(2022) 제3항은 2023년 ILC 제74차 회기에서 작업결과를 논의할 때 이 주제에 관한 문제를 다시 논의한다고 언급하고 있다. 관련 영문본은 다음과 같다. "3. Decides that the consideration of chapter IV of the report of the International Law Commission on the work of its seventy-third session, dealing with the topic "Peremptory norms of general international law(*jus cogens*)", shall be continued at the seventy-eighth session of the General Assembly, during the consideration of the report of the Commission on the work of its seventy-fourth session;" [UN Doc. A/RES/77/103(2022)].

48 제2회독 초안의 영문본과 비공식 한글 번역본은 박기갑, 앞의 주 42, 244쪽 이하 참조. 국

타난 논쟁의 핵심은 원칙이라는 형태로 채택될 작업결과 속에서 국가의 실행을 반영하는 성문법전화와 새로운 국제법 발전적 측면에서의 내용을 어떻게 분명하게 구별할 수 있을 것인지 여부, 국제적 무력충돌과 비국제적 무력충돌을 포괄할지 여부, 핵심 용어인 '환경environment'과 '자연환경natural environment' 중 무엇을 선택할 것인지 여부였다.

한국 대표단은 2019년 제74차 유엔 총회 제6위 발언에서 제1회독 초안과 관련 주석의 채택을 환영하면서 위원회가 무력충돌 이전/도중/이후 등 시간적으로 세 단계로 나누어 주제를 분석한 방법론은 서로 다른 무력충돌의 단계에서 일어날 수 있는 환경보호에 대한 포괄적 이해를 할 수 있게끔 해준다고 평가했다. 하지만 이와 동시에 시간적 세 단계는 제각기 분리된 것이 아닌 서로 연관되어 있다는 점도 유의할 필요가 있음을 지적했다. 또한 작업의 최종 형태로 '원칙 초안draft principles'이 적절한 이유는 제1회독 초안을 검토하면 어떤 원칙은 국제관습법을 반영하지만 다른 원칙은 권고적 성격에 가깝기 때문이라고 보았다. 결국 한국 대표단은 이 초안은 국가들에 일종의 가이드를 제공하면서 국제법의 점진적 발전에 기여하리라 본 것이다.[49]

한편 제2회독 초안이 채택되고 작업이 완료된 2022년 한국 대표단은

내에서 발행된 제2회독 초안에 관한 논평으로 이춘선, "국제법상 무력 충돌과 관련 환경보호에 관한 연구: 유엔 국제법위원회(ILC) 제2독회 초안을 중심으로", 『국제법학회논총』, 제68권 제1호(통권 제168호)(2023), 199-240쪽.

49 이 외 한국 대표단은 다음과 같은 점도 지적했다. 특별보고자는 두 번째 보고서에서 비국제적 무력충돌 상황에서의 환경보호 문제와 비국가 행위자의 책임문제도 다루고 있는데, 그 내용은 원칙 초안 10의 기업의 상당한 주의의무(corporate due diligence), 원칙 초안 11의 기업의 책임(corporate liability)에 관한 내용이다. 또한 한국 대표단은 오늘날 상당수의 무력충돌이 비대칭적 성격을 띠고 있기 때문에 위원회는 조직화된 무력세력의 국제적 의무 역시 국제법의 점진적 발전 측면에서 다루기를 권유했다. 박기갑, 앞의 주 26, 172쪽 참조. ILC가 '자연환경' 대신 '환경'이란 용어로 일괄적으로 변경한 데 대해 긍정적인 평가를 한 논문으로 이춘선, 위의 주, 223쪽 참조.

제77차 유엔 총회 제6위 발언에서 제2회독 초안에 제1회독 초안에는 없던 전문preamble을 둔 것은 바람직하다고 평가하면서도 새로이 수정 보완된 제2회독 문안 중 관련 국가의견은 없는 상황에서 오로지 국제기구나 시민단체의 제안을 바탕으로 수정한 경우에 대해 문제를 제기했다. ILC 위원들 간에 논쟁이 있었던 핵심 용어 '환경'/'자연환경' 관련해서는 제2회독 초안 제3부의 원칙 13, 14, 15에서 '자연환경'을 '환경'으로 변경한 데 대해 관련 실정법과의 관계를 고려해 볼 때 적절한지에 의문을 제기했다.[50]

7. 외국형사관할권으로부터 국가공무원 면제Immunity of State officials from foreign criminal jurisdiction

이 주제는 2007년 작업주제로 선정되었다. 2022년 제73차 회기까지 두 사람의 특별보고자가 활동했으며, 2023년 제74차 회기에서 세 번째 특별보고자가 선임되었다. 2022년 18개의 조항과 제7조의 부속서, 주석으로 구성된 제1회독 초안을 잠정 채택했으며, 2024년 제2회독 초안 채택을 위한 작업이 재개되었다.[51] 이 주제는 검토 작업기간이 15년을 넘어서고 있는데, 이처럼 시간을 끄는 이유는 주제가 국가들에 파급효과가 크며 국가별 관련 실행이 들쑥날쑥하며 형사절차법적 측면에서 복잡하기 때문이다. 국가 자체가 향유하는 주권면제와는 달리 A국의 국가공무원이 B국의 국내법정에서 형사소추를 당할 수 있는지 여부는 절대적 면책특권을 향유하는 최상위층인 대통령, 수상, 외무장관 이외에는 보편

50 이 외 한국 대표단은 제2회독 초안의 여러 원칙에서 "환경에 대한 피해를 예방, 완화, 그리고 개선하는 조치(measures to prevent, mitigate and remediate harm to the environment)"라고 문안을 통일·정리한 것은 적절하다고 평가했다. 박기갑, 앞의 주 42, 262쪽.

51 제1회독 초안의 영문본과 비공식 한글 번역본, 그리고 관련 작업의 개요는 박기갑, 앞의 주 42, 269쪽 이하 참조.

화된 기준이나 원칙이 없다. 따라서 이 주제는 본안적 문제와 절차적 문제의 검토가 국가실행에 근거하고 있는지 아니면 새로운 법의 창출인지를 두고서 ILC 위원뿐만 아니라 유엔 총회 제6위에서도 치열한 논쟁이 벌어졌다. 그 정점에 있는 것이 2017년 ILC 내부표결을 거쳐 잠정 채택된 초안 제7조이다. 그 내용은 아래와 같다.

제7조 (물적 면제가 적용되지 않는 국제법상 범죄)[52]

1. 다음의 국제법상 범죄에 대해서는 외국형사관할권의 행사로부터 물적 면제가 적용되지 아니한다.
   (a) 집단살해;
   (b) 인도에 반한 죄;
   (c) 전쟁범죄;
   (d) 인종차별/인종격리의 죄;
   (e) 고문;
   (f) 강제실종.
2. 동 초안의 목적상, 위에 언급된 국제법상 범죄는 동 초안규정의 부속서에 열거된 조약의 범죄 개념에 따라 이해된다.

'물적 면제immunity ratione materiae'라 함은 일반적으로 국가공무원이 직무수행을 완수하는 행위에 기초하여 향유하는 외국형사관할권으로부터

52 Draft article 7 (Crimes under international law in respect of which immunity ratione materiae shall not apply) 1. Immunity ratione materiae from the exercise of foreign criminal jurisdiction shall not apply in respect of the following crimes under international law: (a) crime of genocide; (b) crimes against humanity; (c) war crimes; (d) crime of apartheid; (e) torture; (f) enforced disappearance. 2. For the purposes of the present draft article, the crimes under international law mentioned above are to be understood according to their definition in the treaties enumerated in the annex to the present draft articles.

의 면제를 의미한다.[53] 국가공무원이 공적 자격에서 수행한 행위에 관한 물적 면제는 공무원직을 종료한 이후에도 존속한다.[54] 초안 제7조는 이러한 물적 면제에 대한 예외를 인정하고 있는바, 이 조항이 ILC에서 총의가 아닌 표결에 의해 잠정 채택되었다는 점과 그 내용이 국가실행에 기초하고 있는지 여부에 대해 논의가 계속되고 있다. 이러한 쟁점에 대한 한국 대표단의 입장은 다음과 같다.

한국 대표단은 2017년 제72차 유엔 총회 제6위 발언에서 비록 국가공무원일지라도 심각한 국제법상 범죄를 저지른 경우 더 이상 처벌받지 않는 경우는 없어져야 한다는 원칙적 입장을 밝혔다. ILC 위원들뿐만 아니라 국가들 사이에서도 논쟁의 핵심인 초안 제7조에 대해서는 당해 조항이 표결에 의해 채택되었다는 점에 주목하면서, 이는 외국형사관할권으로부터 국가공무원이 향유하는 물적 면제의 예외와 제한에 대해 본질적인 의견 불일치가 아직 존재하고 있음을 보여 준다고 논평했다. 한국 대표는 국가공무원의 인적 면제에 대해서는 어떠한 예외나 제한이 존재하지 않는다는 입장에 찬성하지만, 물적 면제에 대한 예외나 제한이 과연 존재하는 법*lex lata*인지 아니면 향후 존재하면 바람직한 법*lex ferenda*인지 여부는 불분명하다고 보았다.[55] 필자는 한국 대표단이 우회적으로 초안 제7조에 대해 문제제기를 했다고 본다. 2022년 잠정 채택된 제1회독 초안에 대한 총평으로 한국 대표단은 2022년 제77차 유엔 총회 제6위 발언에서 제1회독 초안의 각 조항별 주석을 검토한 결과 구체적인 관련 국가실행에 바탕을 두고 있는지 여부가 불명확한바, 제2회독 초안에서는

53 참고로 이 개념은 두 번째 특별보고자였던 에스코바르 에르난데스(Escobar Hernández) 위원(스페인)이 2013년 제2차 보고서에서 제안했으나 ILC는 아직 검토하지 않았다.

54 2022년 제1회독 초안 제6조 제2항.

55 한국 대표단과 여타 국가의 입장에 관해서는 박기갑, 앞의 주 27, 226쪽 참조.

이를 구별하여 언급할 필요가 있다고 제안했다.[56]

8. 국가책임 관련 국가승계 Succession of States in respect of State responsibility

이 주제는 2017년 제69차 회기에서 작업주제로 선정되었고, 2022년까지 스투르마 Sturma 위원(체코)이 특별보고자였으나 선거에 낙선함으로써 2023년 현재 워킹그룹 형태로 작업이 진행 중이다.[57] 분단국가인 한국 입장에서 볼 때 선행국 predecessor State 위치에 있는 남북한이 상호 합의하에 새로운 통일국가를 이루는 '국가통합 uniting of States' 형태와 북한이 한국으로 흡수되어 한국의 국경선이 북쪽으로 확대되는 형태인 '편입 incorporation' 상황을 모두 다루고 있다는 점에 관심을 기울일 필요가 있다. 그렇기 때문에 한국 대표단은 작업이 개시된 2017년부터 계속하여 유엔 총회 제6위에서 의견을 개진해 왔다. 아울러 이 주제의 결과물은 처음에는 조약 채택을 염두에 두는 조항의 형태였지만 관련 국가실행의 불충분을 우려하는 국가들의 지적이 많아지면서 2022년 법적 구속력 없는 지침으로 변경되었는데, 이에 대한 입장을 눈여겨볼 필요가 있다. 여기에서는 이 주제의 검토작업 초창기인 2017년과 2022년 한국 대표단의 발언 요지를 차례로 소개한다.

2017년 제72차 유엔 총회 제6위에서 한국 대표는 이 주제가 국가승계 분야에서 아직 미해결로 남아 있는 분야임을 환기시키면서 법적 흠결을 메꾸어 줄 것으로 기대함과 동시에 이를 연구 검토함에 있어서 이미 ILC가 다룬 국가책임법과 국가승계에 관련된 여러 주제의 결과물과 조화를 이루어야 함을 강조했다. 용어의 사용과 관련해서는 1978년과 1983년

56 박기갑, 앞의 주 42, 286쪽.
57 2022년까지의 작업결과에 대해서는 박기갑, 앞의 주 42, 296쪽 이하 참조.

국가승계에 관한 비엔나협약들에서 사용된 용어와 조화를 이루어야 한다는 방향을 제시했다. 또한 다양한 형태의 국가승계에서 공통적으로 적용될 관련 규칙이 존재하는지 여부를 우선적으로 검토해야 할 것이라고 제안했다. 여기에는 두 가지 방법론이 있는데, 첫 번째는 전통적인 비승계 원칙에 근거하여 예외적으로 선행국가의 권리와 의무가 계승국가로 이전되는지 여부를 파악하든지, 두 번째 방법론으로 전통적 비승계 원칙을 떠나서 서로 다른 국가승계 형태에 적합한 규칙을 모색하는 것이라고 설명했다.[58]

이 주제의 최종결과물 형태를 ILC가 기존의 조항에서 지침으로 바꾼 것과 관련해 한국 대표는 2022년 제77차 유엔 총회 제6위 발언에서 관련 국가실행의 부족함과 설령 존재하는 국가실행이더라도 상호 간의 불일치 등을 고려해 볼 때 최종결과물의 형태 변경은 적절한 결정이라고 평가했다. 또한 지금까지 잠정 채택된 문안들을 살펴볼 때 규범적 색채의 문안으로 작성된 초안과 단순히 권고적 성격의 문안으로 작성된 초안이 혼재되어 있음을 지적했다. 초안의 전체적인 구조는 국가승계의 형태별 검토인데 이는 적절하며, 두 나라가 동일한 자격으로 합치는 국가통합 형태와 한 나라가 다른 나라에 흡수되는 편입 형태를 구분한 것은 논리적이라고 평가했다. 아울러 선행국이 계속 존속하는 경우와 선행국이 소멸한 경우를 구분하여 검토하는 방식 역시 적절하다고 평가했다.[59]

9. 법의 일반원칙General principles of law

이 주제는 2018년 작업주제로 선정되어 현재 작업이 진행 중이며,

58 박기갑, 앞의 주 27, 246쪽 참조.
59 박기갑, 앞의 주 42, 310-311쪽 참조.

2023년 11개의 결론과 관련 주석으로 구성된 제1회독 초안을 잠정 채택했다.[60] 국제사법재판소(이하 'ICJ') 규정 제38조 제1항에 국제조약, 국제관습법에 이어 세 번째로 국제법의 연원으로 언급된 법의 일반원칙은 사용빈도와 역할이 미미하고 여러 가지 불투명한 점이 존재한다. 우선 1920년대 제정된 상설국제사법재판소PCIJ 규정을 그대로 이어받은 ICJ 규정에서 "문명국civilized nations에 의해 인정된 법의 일반원칙"이라는 표현이 시대착오적 성격 때문에 '국제사회community of nations'라는 용어로 대체되는 데 큰 저항은 없었다.[61] 하지만 거의 모든 국가의 국내법체계에 공통적으로 존재하는 법규정에서 유래하는 형태뿐만 아니라 국제법체계에서 독자적으로 형성되는 두 번째 유형을 인정할 수 있는지 여부에 대해서는 논란이 많다. 또한 ILC가 법의 일반원칙의 예시 목록을 제공하는 것이 적절한지도 위원들 간에 의견이 엇갈렸다. 이러한 논쟁은 ILC와 유엔 총회 제6위에서도 재연되고 있어 이 점에 대한 한국 대표단의 입장을 살펴볼 필요가 있다. 여기에서는 작업의 초창기인 2019년 발언과 거의 마무리 단계인 2022년 행해진 발언 요지를 소개한다.

2019년 제74차 유엔 총회 제6위 발언에서 한국 대표는 특별보고자가 법의 일반원칙 형태를 ① 국내법체제로부터 도출되는 것과 ② 국제법체제에서 형성되는 것 두 가지로 구분하고 있음에 주목했다. 그러나 두 번째 형태에 관해서는 국가들 간에 아직 충분한 총의consensus가 도출되지 않았기 때문에 충분하고도 신중한 검토가 필요하다고 강조했다. 또한 이 주제 작업의 근간은 ICJ 규정 제38조 제1항 (다)이므로 위원회가 예외를 제시하려면 명백하고 설득력 있는 설명이 수반되어야 한다고 지적했다.

60 2023년 ILC 제74차 회기, UN Doc. A/CN.4/L.982(2023).

61 이 표현은 1966년 시민적 및 정치적 권리에 관한 국제규약 제15조 제2항의 "⋯⋯ the general principles of law recognized by the community of nations"라는 문구에서 착안했다.

한편 법의 일반원칙의 예시적 목록 제공 여부에 관해 그러한 목록은 일견 법의 일반원칙을 이해하고 규명하는 데 도움을 주겠지만 목록 작성은 자칫 작업을 의도하지 않게 확장시키거나 본질적 의미를 약화시킬 수도 있으므로 신중을 기해야 한다고 강조했다.[62]

2022년 제77차 유엔 총회 제6위 발언에서 한국 대표는 ILC 제73차 회기 문안위원회에서 특별보고자가 제출한 초안 모두를 검토하여 총 11개의 문안을 잠정 채택하고 결론 3, 5, 7에 대한 주석을 채택한 데 대해 환영하면서 다음 해에 제1회독 초안이 채택되기를 희망했다. 결론 3과 7에 공통적으로 언급된 법의 일반원칙의 두 번째 형태인 국제법체제에서 형성되는 법의 일반원칙의 존재 가능성에 대해 해당 회기 중 위원회에서 뜨거운 논쟁이 있었다는 점에 주목했다. 결론 7에서 국제법체계에서 형성되는 법의 일반원칙을 다시 둘로 구분하여 국제법체계에 내재적인 성질의 것과 그렇지 않은 것으로 언급한 데 대해 관련 주석에 명확한 법적 근거나 설명이 부족하다고 지적했다.[63] 이상을 종합해 볼 때 한국 대표단은 법의 일반원칙의 두 번째 형태의 존재와 입증방식에 강한 의문을 제기한 것으로 보인다.

10. 국제법 관련 해수면 상승Sea-level rise in relation to international law

이 주제는 2018년 제70차 회기 중 장기 작업주제로 채택되어 그 해 유엔 총회 제6위에서 다수 국가의 지지를 받아 2019년 제71차 회기에서 작업주제로 선정되었다. 다만 특별보고자 형식이 아닌 연구그룹 형식으로 위원들의 자발적 참여로 진행되고 있으며, 공동의장으로 다섯 명의 위원

62 박기갑, 앞의 주 26, 194–195쪽 참조.
63 박기갑, 앞의 주 42, 323쪽 참조.

이 활동하고 있다. 공동의장들은 해수면 상승 현상과 관련이 있는 국제법의 세 가지 분야, 즉 국제해양법, 국가의 주권과 관할권 변화, 인권, 특히 환경난민 문제 등에 초점을 맞추어 순차적으로 다루고 있다. 주제의 민감성을 고려하여 2020년 회기부터 연구그룹에 제출된 자료와 논의 결과는 유엔 공식언어 6개로 모두 번역되고 있으며, ILC 회의결과는 제6위에 보고된다. 한국 대표단은 유엔 총회 제6위에서 매년 연구그룹의 연구 방향성에 대해 논평하고 있는데 여기서는 2019년과 2022년 발언 요지를 소개한다.

2019년 제74차 유엔 총회 제6위 발언에서 한국 대표는 이 주제, 즉 해수면 상승 문제는 '세대 간 이슈inter-generation issue'라고 규정했다. 다시 말해서 현재 세대는 미래 세대를 위해 해수면 상승 현상을 최대한 저지할 수 있는 효율적이며 실현가능성 있는 체제를 수립할 의무를 갖고 있다고 강조했다. 이러한 맥락에서 단순히 존재하는 법*lex lata*을 둘러싼 논의에 그치지 말고 존재하면 바람직한 법*lex ferenda* 관점에서 포괄적으로 검토해 줄 것과 관련성 있는 국제법 분야들, 가령 환경법, 인권법 및 해양법 등의 상호 관계를 검토할 것을 부탁했다.[64]

2022년 제77차 유엔 총회 제6위 발언에서 한국 대표는 해수면 상승 현상과 관련하여 이 주제가 다루는 국제해양법과의 관계, 수몰 위기 국가의 국가성 계속 여부, 그러한 국가의 주민의 보호 문제는 모두 심각하고 복잡한 양상을 띠므로 신중하게 접근해 줄 것을 요청했다. 위원회의 역할은 문제를 해결할 최종적이고 결정적인 결론의 도출에 있는 것이 아니라 법적 문제를 찾아서 검토하는 데 있음을 강조했다.[65]

64 박기갑, 앞의 주 26, 197쪽 참조.
65 박기갑, 앞의 주 42, 336쪽 참조.

11. 장기 작업주제Topics of long-term programme of work

ILC는 내부적으로 새로운 작업주제를 계속 개발하고 있으며, 장기 작업주제로 선정된 결과는 유엔 총회에 제출되는 ILC 보고서 말미의 부속서 형식으로 처리되어 매년 유엔 총회 제6위에 보고된다. 예를 들어 2022년 제73차 ILC 연간보고서 말미에는 '법적 구속력이 없는 국제합의Non-legally binding international agreements'의 제안서가 수록되어 있다. 유엔 총회 제6위에서 국가들의 긍정적 또는 부정적 반응은 특정 장기 작업주제가 그다음 해 ILC에 의해 작업주제로 공식적으로 선정되는 데 결정적인 역할을 하게 된다. 부정적이거나 유보적 성격의 국가 발언이 많거나 긍정적 반응과 부정적 반응이 거의 반으로 나누어지는 장기 작업주제는 작업주제로 채택될 가능성이 상당히 희박하다. 이 글에서 살펴본 주제들은 유엔 총회 제6위에서 국가들로부터 상당히 많은 긍정적 지지를 받은 것들이며, '국제법원과 국제재판소 앞에서의 증거Evidence before international courts and tribunals'(2017), '보편적 형사관할권Universal criminal jurisdiction'(2018), '국제인권법의 대규모 위반과 국제인도법의 중대한 위반에 대한 개인의 배상Reparation to individuals for gross violation of international human rights law and serious violations of international humanitarian law'(2019) 등은 국가들의 호응이 높지 않아 작업주제로 선정되지 못한 예이다. 한국 대표단은 아래에서 보듯 ILC의 주제선정에서 원론적인 방향성을 제시하거나 일부 장기 작업주제에 대해 찬반 입장을 밝힌 적이 있다.

2011년 제66차 유엔 총회 제6위에서 한국 정부 대표는 ILC가 검토하고 있는 주제가 9개나 된다며 이는 분명 많다고 지적하면서 새로운 주제를 추가할 때는 신중할 것을 요구했다.[66] 이러한 입장 표명은 ILC뿐만

66 6th Committee, summary of record, 25 October 2011, para.29, p.6. UN Doc. A/C.6/

아니라 개별 국가의 외교부 관련 부처의 제한된 인력으로 세심한 검토작업이 어렵다는 위기감에서 나왔다고 보인다. 2019년 제74차 유엔 총회 제6위에서 한국 대표는 장기 작업주제로 제시된 2개의 주제, 즉 '국제인권법의 대규모 위반과 국제인도법의 중대한 위반에 대한 개인의 배상'과 '해적과 해상무장강도 예방과 진압' 주제 모두에 긍정적 입장을 표명했다. 전자는 일제강점기 관련 위안부, 강제징용 배상 문제와 직접·간접적 관련성이 있으며, 후자는 한국이 수출과 석유수입 등 국제해상운송에 의존하는 비율이 높기 때문에 안전을 보장해야 한다는 현실적 필요성이 지지의 배경으로 작용했을 것이다.[67]

V. 결론

이 글에서는 한국 정부의 외교부가 어떻게 ILC 활동에 참여하고 기여했는지에 관해 살펴보았다. 필자는 관련 자료 분석을 통해 한국은 1991년 유엔 회원국이 된 직후가 아닌 2000년대 들어서 본격적으로 ILC 작업과 그 결과와 관련된 검토의견을 제출했으며, 매년 유엔 총회 제6위에서의 지속적이며 체계적인 논평을 통해 본격적인 기여를 하고 있다고 결론 내렸다. 한국 정부가 ILC 활동에 관여하는 방식은 다양하다. 한국 국적 ILC 위원의 배출을 비롯하여 ILC가 요청하는 자료의 제공, ILC가 유엔 총회 제6위에 매년 당해 연도 작업결과를 보고하면 청취 후 그에 대

66/SR.19(2011).

67 박기갑, 앞의 주 26, 207-208쪽 참조.

한 제6위에서의 논평, 개별 주제의 제1회독 초안과 제2회독 초안에 대한 종합적 검토의견 제시, ILC 관련 총회 결의문 초안 작성 시 참여 등을 들 수 있다.

ILC는 국가의 검토의견을 면밀히 검토하고 최대한 반영하려고 노력한다. 설령 최종 초안에 제안한 표현이나 문구가 직접 언급되지 않더라도 문제가 되는 초안 자체를 삭제하거나 내용을 대폭 수정한다. 초안에 반영시키지 못할 경우에는 관련되는 주석에 각 국가에서 제기한 내용을 언급하기도 한다. 국가는 새로이 제정되는 초안에 대해 자신의 입장을 밝히면 일단 국가실행으로 간주된다. 경우에 따라서는 금반언禁反言estoppel에 의해 번복하기 어려워지니 신중을 기해야 한다.

한국을 포함한 유엔 회원국이 ILC 작업결과를 검토한 후 의견을 제시하는 것은 여러 가지 측면에서 중요하다. 국제법의 점진적 발달과 성문법전화에 대한 기여는 물론 자국의 입장에 비추어 유불리를 따진 후 입장 표명을 하면 이는 국가실행으로 활용이 가능하다. 작업이 마무리된 제2회독 초안에 대한 검토의견 제시와 입장 표명은 ILC 작업이 종료되었기 때문에 큰 의미는 없다고 볼 수도 있겠지만, 향후 총회에서 관련 국제협약 채택을 위한 외교회의를 소집할 경우 정부의 공식 입장으로 참고자료가 될 수 있다.

다시 강조하지만 ILC가 국제법의 점진적 발달 및 법전화의 목표하에 행한 작업결과에 대해 한국 정부가 꼼꼼히 검토하고 분석한 후 나름의 입장과 견해를 정리·수합하여 국가의 공식의견으로 유엔 사무국에 제출하는 일련의 과정은 중요하다. 국제법의 원칙과 규칙의 제정과정에 참여하여 국가의 입장을 밝히는 행위는 국가의 실행을 구성하기 때문이다. 이 글에서 보았듯이 '외국인 추방' 제1회독 초안과 '국가책임' 2000년 문안위 잠정초안에 대한 외교부의 체계적이며 포괄적인 검토의견은 높이 평가받아야 한다. 이러한 외교부의 검토작업은 국제법의 중요성을 인식하고 있으며 국제법 역량강화에 중점을 두고 있다는 방증이기도 하기 때문이다. 또한 외교부가 '인도에 반한 죄' 주제처럼 심각한 국제범죄를 예방하고 처벌하기 위한 새로운 국제협약의 채택을 위해 국제사회의 합의를 도출할 것을 적극 강조하며 홍보를 위한 부대행사의 후원자로 계속 참여한 사실은 진일보한 참여방식이라고 본다. 이상의 검토결과를 놓고 볼 때 한국 정부의 ILC 작업에 대한 관심은 한층 높아질 것이며 보다 적극적인 관점에서 국제법 역량 강화가 이루어지리라 기대한다.

제5장

유엔 차원의 국제법 논의와 법치주의 증진에 대한 대한민국의 기여

이자형
국제해양법재판소 재판관
김다은
주제네바 대한민국 대표부 1등서기관

Ⅰ. 서론

대한민국(이하 '한국')이 유엔에 가입한 지 30년이 넘었다. 한국의 숙원이었던 유엔 가입은 1991년 9월 17일 총회 결의 제46/1호[1]에 의해 승인되었다. 이 결의로 북한과 동시에 유엔에 가입하게 되었으며, 같은 날짜에 가입한 '동창생'으로는 미크로네시아, 마셜제도, 에스토니아, 라트비아, 리투아니아가 있다. 비록 1991년에 이르러서야 정식 회원국이 되었으나, 한국과 유엔의 인연은 뿌리가 깊다. 무엇보다 한국은 정부 수립과 6·25전쟁 과정, 전후 재건 과정에서 당시 신생기구였던 유엔의 규범 수호자 역할로부터 큰 도움을 받았다. 특히 전후 한국이 짧은 기간 내 민주주의 발전과 경제성장을 동시에 달성할 수 있었던 배경에는 유엔이 표방하는 법치주의rule of law와 상호의존적 세계질서가 자리하고 있다.

제2차 세계대전 종전과 함께 설립된 유엔은 무력force에 의한 강요 대신 다자주의와 국제법에 따라 분쟁을 평화적으로 해결하는 규범 중심의 국제질서 수립에 크게 기여했다.[2] 유엔의 '3대 중추three pillars'로 알려진 평화와 안보peace and security, 인권human rights, 개발development 활동의 근간에도 국제법에 대한 존중을 포함하는 법치주의 정신이 자리하고 있다. 유엔은 또한 다수의 국제협약을 포함한 국제규범 형성의 장으로 기능해 왔으며, 국제사법재판소International Court of Justice(이하 'ICJ')를 통해 분쟁의 평화적 해결을 위해 노력하고 있다.

1 UN Doc. A/RES/46/1(1991).

2 예컨대 유엔헌장 제2조 제3항은 국제분쟁의 평화적 수단에 의한 해결을, 제4항은 다른 국가의 영역 보전이나 정치적 독립에 반하거나 유엔의 목적에 부합하지 않는 방법에 의한 무력 사용 금지를 규정하고 있다.

1991년 정식 가입을 기점으로 한국의 유엔 내 위상은 크게 신장되었다. 한국은 평화와 안보, 인권, 개발로 대표되는 유엔의 3대 중추 활동에 적극적으로 참여하여 의견을 개진하고 다양한 역할을 수임하기도 했다. 이러한 참여를 통해 각 분야에서의 유엔 활동의 효과성을 높이고 국제규범에 입각한 다자체제를 강화하여 법치주의와 국제법이 확산되는 데 기여해 왔다. 이는 국제규범 준수를 통한 법치주의 확산이 유엔의 3대 중추 목표 달성과 불가분의 관계에 있다는 점에서 더욱 그러하다.

이 글에서는 먼저 유엔의 설립 과정에서 법치주의와 국제규범이 어떤 역할을 했는지 개관하고, 현재 유엔의 3대 활동 분야와 국제법, 법치주의 증진 노력의 상호작용과 보다 직접적인 유엔의 규범 촉진 노력을 구체적으로 살펴본다. 나아가 그간 유엔 차원의 국제법 논의 및 법치주의 증진 노력에 한국이 어떻게 기여해 왔는지 짚어 보며 향후 한국의 역할을 확대할 수 있는 방향에 대해 생각해 보고자 한다.

II. 유엔의 설립과 국제법, 법치주의

유엔의 설립 배경에는 국제법에 대한 존중과 법치주의 개념이 밀접하게 연관되어 있다. 유엔과 그 전신인 국제연맹League of Nations은 1648년 베스트팔렌체제 및 1815년 유럽협조체제Concert of Europe와 같이 독립된 주권국가들이 공동의 이익을 위해 협력해 온 역사에 기반을 두고 있다.[3] 제1차 세계대전 기간 중 미국과 영국의 지식인들은 전쟁의 원인을

3 N. MacQueen, *The United Nations: A Beginner's Guide* (Oneworld Publications, 2010),

분석하면서, 비밀외교를 지양하고 급속한 전쟁 결정을 막기 위한 국가 간 기구가 필요하다는 견해를 표명했다. '국제연맹'이라는 표현도 1914년 영국의 디킨슨Dickinson과 브라이스Bryce가 설립한 'League of Nations Union'에서 처음으로 사용되었다.[4] 물론 이러한 아이디어가 실제 국제연맹 설립으로 귀결되는 데에는 우드로 윌슨 미국 대통령이 결정적인 역할을 했다. 윌슨 대통령은 1918년 1월 미 의회에서 발표한 14개 조항에서 "강대국이나 약소국 모두에 동일한 정치적 독립 및 영토 보전에 대한 상호 보장을 제공하기 위해 국가들의 보편적 연합general association of nations을 일정한 규약covenants에 기초하여 설립할 것"을 제안했다.[5] 이러한 노력을 바탕으로 1919년 6월 28일 「베르사유조약」 제1부로 체결된 「국제연맹규약」은 전문에서 체약국이 전쟁을 수단으로 삼아서는 안 된다는 의무를 수용하고 국제법이 정부 간 행동의 규칙으로 실제로 적용되어야 한다는 점에 대한 인식을 확고히 함으로써 국제평화와 안보를 달성할 것을 규정하고 있다.[6] 이렇게 설립된 국제연맹은 비록 제2차 세계대전이 발발하는 것을 막지는 못했으나, 조약이라는 법적 틀을 통한 집단안보collective security 체제를 구체화시켰다는 의의를 갖는다.

---

pp.22-24.

4 C. R. Editors, *The League of Nations: The Controversial History of the Failed Organization that Preceded the United Nations* (Charles River Editors, 2016). pp.193-220. 골드워디 디킨슨(Goldsworthy Dickinson)과 제임스 브라이스(James Bryce)가 1914년 League of Nations Union을 설립하며 처음으로 League of Nations라는 표현을 사용했다.

5 President Woodrow Wilson's Fourteen Points(8 January 1918), Yale Law School Lillian Goldman Law Library (The Avalon Project-Documents in Law, History and Diplomacy) (http://avalon.law.yale.edu/20th_century/wilson14.asp). MacQueen, *supra* note 3, p. 28에서 재인용.

6 국제연맹규약 전문: In order to promote international co-operation and to achieve international peace and security by the acceptance of obligations not to resort to war, …… by the firm establishment of the understandings of international law as the actual rule of conduct among Governments, …….

제2차 세계대전 이후에도 국가들은 보편 국제기구를 설립하여 집단안보를 통해 국제공동체를 전쟁의 위협으로부터 보호해야 한다는 신념을 포기하지 않았다.[7] 제2차 세계대전이 진행 중이던 1942년 26개 국가가 추축국에 대항하여 발표한 '연합국선언Declaration by the United Nations'은 '유엔United Nations'의 단초가 되었다.[8] 이듬해인 1943년에는 모스크바선언을 통해 "국제평화와 안전의 유지를 위해 규모에 상관없이 모든 평화 애호국의 주권평등 원칙에 기초하여 실현 가능한practicable 가장 빠른 시기에 보편 국제기구를 설립할 필요성"[9]이 인정되었다. 이러한 노력을 바탕으로 1945년 샌프란시스코에서 유엔헌장(이하 '헌장')이 성안되어 조약에 기반한 집단안보 체제가 본격적으로 태동하게 되었다.

헌장은 전쟁의 불행에서 다음 세대를 구하는 것(평화·안보), 기본적 인권과 인간의 존엄 및 가치에 대한 믿음(인권), 정의와 국제법에서 발생하는 의무에 대한 존중이 유지될 수 있는 기반의 마련(법치주의), 사회적 진보 및 생활 수준의 향상(개발)이라는 네 가지 목표를 위한 연합국 국민의 결의로 시작된다.[10] 이는 오늘날 유엔의 3대 중추라고 불리는 평화와 안보, 인권, 개발과 그 근간이 되는 법치주의를 잘 나타내고 있다. 유엔의 활동은 총회, 안전보장이사회(이하 '안보리'), 경제사회이사회, 신탁통치이사회,[11] ICJ, 사무국으로 구성되는 유엔의 6개 주요 기관prin-

7 P. Sands and P. Klein, *Bowett's Law of International Institutions, 6th ed.* (Sweet & Maxwell, 2009), p.21.

8 J. M. Hanhimäki, *The United Nations: A Very Short Introduction, 2nd ed.* (Oxford University Press, 2015), p.13.

9 Declaration of the Four Nations on General Security(1943), reprinted in 38 *American Journal of International Law 5*(1944), Sands and Klein, *supra* note 7, pp.21–22에서 재인용.

10 유엔헌장 전문. 유엔 홈페이지, "UN Charter (full text)"(https://www.un.org/en/about-us/un-charter/full-text, 2024. 8. 19. 방문).

11 신탁통치이사회는 유엔의 마지막 신탁통치 지역이었던 팔라우가 1994년 10월 1일 자로 독립함에 따라 1994년 11월 1일부터 기능이 정지된 상태이다.

cipal organs이 상호 보완과 협조를 통해 3대 중추를 실현해 가는 방식으로 이루어진다. 또한 법치주의는 3대 중추 목표의 실현을 위한 근간이 되는 동시에 각 분야와 서로 밀접한 상호보완 관계를 맺고 있다. 유엔은 2005년 사무총장 보고서를 통해 개발과 안보는 서로 불가결한 존재인 동시에 인권 존중 및 법치주의에도 의존하고 있다고 언급했다.[12] 이와 같이 최근 평화와 안보, 인권, 개발의 3대 분야 상호 간, 그리고 이들 분야와 법치주의 간의 상호 연결이 유엔의 전체 활동에 걸쳐 강조되고 있다.[13]

이러한 배경하에서, 유엔 맥락에서의 법치주의 개념 또한 규범을 통한 국제질서의 유지를 넘어, 국내 및 국제적 차원에서의 목표이자 3대 중추 분야를 비롯한 유엔의 모든 활동에 적용되는 원리로 확장되고 있다.[14] 2012년 제67차 총회에서는 국내 및 국제적 차원의 법치주의 관련

12 주유엔 대한민국 대표부 홈페이지, "분야별 대유엔정책-국제법"(https://overseas.mofa.go.kr/un-ko/wpge/m_5290/contents.do, 2024. 8. 19. 방문). 또한 유엔 총회 사무총장 보고서, "In larger freedom: towards development, security and human rights for all", UN Doc. A/59/2005(Annex, para.2.)(2005). 사무총장 보고서 해당 부분 원문은 "…… there will be no development without security and no security without development. And both development and security also depend on respect for human rights and the rule of law"라고 되어 있다.

13 유엔 3대 중추와 법치주의의 연계에 대한 보다 상세한 설명은 유엔 법치주의 홈페이지, "In Focus-The Three Pillars"(https://www.un.org/ruleoflaw/the-three-pillars/, 2024. 8. 19. 방문).

14 *Ibid.*. 유엔 법치주의 홈페이지에서는 유엔 체제 내에서의 법치주의를 다음과 같이 정의하고 있다. "the rule of law is a principle of governance in which all persons, institutions and entities, public and private, including the State itself, are accountable to laws that are publicly promulgated, equally enforced and independently adjudicated, and which are consistent with international human rights norms and standards. It requires measures to ensure adherence to the principles of supremacy of the law, equality before the law, accountability to the law, fairness in the application of the law, separation of powers, participation in decision-making, legal certainty, avoidance of arbitrariness, and procedural and legal transparency."

고위급 회의가 개최되었으며,[15] 매년 유엔 총회(제6위원회)에서는 법치주의 증진이 의제로 논의되고 있다.

Ⅲ. 유엔의 활동과 국제규범: 3대 중추와의 상호작용

평화·안보, 인권 및 개발은 유엔헌장에 의해 뒷받침되고 지난 70여 년간 지속해서 유엔 활동의 중심이 되어 온 분야로, 유엔 활동의 3대 중추로 확고히 자리 잡은 것은 2000년대 이후이다.[16] 2005년 제60차 유엔 총회를 계기로 개최된 2005 세계정상회의2005 World Summit 결과문서는 "평화와 안보, 개발 및 인권은 유엔 체제의 중추이자 집단안보와 복지의 기초"라고 확인했다.[17] 최근 유엔은 3대 중추가 상호 밀접하게 연결되어 있음에 주목하면서, 유엔의 활동에서 이 세 가지 목표가 법치주의를 매개로 함께 달성될 수 있도록 하는 데 많은 노력을 기울이고 있다. 예컨대, 분쟁 후 사회의 재건을 위해서는 안보, 인권 및 개발 측면에서의 지원과 함께 주요 법률의 정비, 사법 시스템의 회복, 법조인 양성과 같은 법치주의 증진 노력이 필수적이다. 내전 등 오랜 갈등으로 사회 정의에 대한 기초적인 체계가 붕괴된 나라에 형사정의 시스템 구축과 같은 법치주의 회복 노력 없이 막대한 경제원조 자금이 투입될 경우, 결국은 부패나 독

15 고위급 회의 결과는 총회 결의로 채택되었다. 총회 결의, "Declaration of the high-level meeting of the General Assembly on the rule of law at the national and international levels", UN Doc. A/Res/67/1(2012).

16 유엔 총회 사무총장 보고서, "Strengthening and coordinating united nations rule of law activities", UN Doc. A/68/213/Add.1(2014), paras.7-9.

17 총회 결의, "2005 World Summit Outcome", UN Doc. A/Res/60/1(2005), para.9.

재 등으로 이어져 지속 가능한 평화가 달성되지 못한 많은 사례가 이를 잘 보여 준다.[18] 이에 유엔의 3대 중추 분야에서의 활동을 개관하고 이러한 활동이 법치주의 및 국제법 증진 노력과 어떻게 연관되고 있는지 분야별로 살펴본다.

1. 평화 · 안보

유엔의 평화·안보 활동은 유엔헌장의 관련 규정과 다수의 군축조약이라는 틀 내에서 이루어지고 있으며, 실행 과정에서 법치주의라는 가치와 밀접하게 연관되어 있다. 유엔이 상정한 국제평화와 안보 달성 방식의 핵심은 결국 집단안보로, 국제연맹 규약과는 달리 헌장은 집단안보 체제를 명시적인 법적 의무를 통해 규정하고 있다.[19] 헌장 제2조 제4항은 개별적 무력 사용을 원칙적으로 금지하며, 대신 제39조, 제41조 및 제42조 등을 통해 안보리가 국제평화 및 안전 유지를 위해 군사적·비군사적 조치를 취할 수 있도록 했다. 집단안보 방식은 논리적으로 개별국가 차원의 군축의 당위성과 연결되는바, 헌장은 제11조 및 제26조를 통해 총회와 안보리 차원에서 군축 논의가 이루어지도록 명문화했다.[20] 총회 제1호 결의(1946. 1. 24. 채택)[21]가 국제원자력위원회International Atomic Energy Commission 설립 및 핵무기 감축에 관한 내용이라는 점은 상징성이 크다.[22] 또한 1952년 총회에 의해 설립된 유엔군축위원회UN Disarmament

18 송상현, "국제형사재판소를 통하여 구현하고자 하는 정의, 평화 그리고 인권", (재)송상현 국제정의평화인권재단 창립기념 심포지엄 자료집 『응보적 정의를 넘어 치유적 정의, 회복적 정의로』(2022. 11. 11.), 22-23쪽.

19 MacQueen, *supra* note 3, pp.71-73.

20 유엔헌장 제11조 제1항 및 제26조.

21 총회 결의, "Establishment of a Commission to Deal with the Problems Raised by the Discovery of Atomic Energy", UN Doc. A/Res/1(I)(1946).

22 MacQueen, *supra* note 3, p.83.

Commission는 장기적인 핵 군축 협상에서 일정 성과를 거두어, 1963년 유엔 차원에서 최초의 군비통제 성과인 부분적 핵실험금지조약Partial Test Ban Treaty을 통해 대기, 수중 및 외기권에서의 핵실험을 금지하는 데 성공했다.[23] 1968년 유엔은 마침내 핵확산금지조약Nuclear Non-Proliferation Treaty 체제를 출범시켜, 핵무기의 수평적 확산 방지, 핵 군축 실현 및 원자력의 평화적 이용 증진이라는 목표 달성을 위해 노력하고 있다.[24] 현재 유엔의 군축 활동은 3대 군축기관으로 불리는 유엔 총회 제1위원회, 제네바 군축회의Conference on Disarmament, 유엔군축위원회를 중심으로 이루어지고 있다.[25] 특히 2013년 3월 유엔 총회는 「무기거래조약Arms Trade Treaty」을 채택하여 재래식 무기에 대한 최초의 구속력 있는 법적 규범을 마련하기도 했다. 또한 핵, 화학 및 생물 무기 등 소위 '대량살상무기'와 관련해서도 이들 무기의 확산이 국제 평화와 안전에 위협이 된다는 인식하에 안보리 등 차원에서 적극적인 대응 노력을 펼치고 있다.[26] 이러한 유엔 차원의 군축 노력은 유엔헌장 규정 및 다수의 조약으로 이루어진 군축 규범에 대한 준수 촉진이라는 법치주의의 틀을 통해 이루어지고 있다.

한편 유엔의 평화유지peace-keeping 및 평화구축peace-building 활동 역시 법치주의와 밀접한 관련이 있다. 유엔의 평화유지활동은 집단안보 체제가 작동하지 못할 경우 그 틈을 메우기 위해 시작되었지만,[27] 1990년대를 거치면서 증가하는 수요를 반영하여 활동의 빈도 및 범위가 강화되어

23 *Ibid.*, p.85.

24 *Ibid.* 및 외교부 군축비확산담당관실, 『군축·비확산 편람』(2021), 32쪽.

25 외교부 군축비확산담당관실, 위의 책, 23쪽.

26 위의 책, 15쪽.

27 MacQueen, *supra* note 3, p.89.

왔다.[28] 특히 최근에는 분쟁 발생의 위험을 줄여 장기적으로 지속 가능한 평화를 구축시키기 위한 다양한 활동을 의미하는 평화구축활동[29] 등으로 유엔의 평화 관련 활동의 범주가 점차 확대되어 가고 있다. 이러한 유엔의 평화 활동과 관련된 다수의 안보리 결의는 분쟁예방, 평화유지 및 지속 가능한 평화 실현에서 법치주의가 필수적 역할을 담당하고 있음을 언급하고 있다.[30] 한편, 유엔 내 평화활동 담당 부서에 2007년 '법치 및 안보 기구' 증진을 지원하는 조직Office of Rule of Law and Security Institutions이 신설되어 치안, 사법 및 교정 기구의 역량 강화, 지뢰 제거, 무장 해제와 안보제도 개혁 등의 임무를 수행해 오고 있다. 현재 중앙아프리카공화국, 말리, 콩고민주공화국 등을 포함한 9개 지역 임무단에서 이러한 활동이 실제로 수행되고 있다.[31]

2. 인권

유엔의 인권증진 활동은 국제법과 법치주의와 긴밀한 연관성을 가지고 있다. 국제사회는 양차 세계대전과 그에 이르는 과정에서 수없이 많은 인권유린과 참상을 목도했다. 개별국가 내 소수집단의 인권에 대한 억압과 무시를 필두로 인권 전반에 대한 무관심과 홀대가 사회적 불안은 물론 국제관계에서도 긴장을 고조시키고, 이러한 불안, 긴장, 갈등

28 *Ibid.*, pp.96–97.

29 유엔 평화유지활동 홈페이지, "Terminology"(https://peacekeeping.un.org/en/terminology, 2024. 8. 19. 방문).

30 예컨대, 유엔 안전보장이사회 결의 제2447호(UN Doc. S/Res/2447)는 평화유지활동에서 국제적 및 국내적 차원의 법치주의 증진을 포함한 분쟁의 근본 원인에 대한 대응이 중요하다고 강조하고, 임무지 내에서의 치안, 사법 및 교정 기관에 대한 지원을 포함한 법치주의 강화가 필요하다고 언급하고 있다(전문 및 OP1, OP13).

31 유엔 평화유지활동 홈페이지, "Office of Rule of Law and Security Institutions(OROLSI)" (https://peacekeeping.un.org/en/building-rule-of-law-and-security-institutions, 2024. 8. 19. 방문).

및 전쟁 상황이 또다시 중대한 인권침해로 이어지면서 평화·안보의 약화와 인권침해의 악순환 고리가 증폭되는 현상이 널리 발생했던 것이다. 이로 인해 유엔 창설 당시 회원국들에는 인권을 절대적 가치로 보호해야 한다는 점에 대한 광범위한 공감대가 형성되어 있었다. 국제연맹 당시에는 개인의 보편적 권리라는 개념 자체가 일부 서구 국가 외에서는 여전히 생소한 개념이었기에 관련 내용이 충분히 논의되지 못했다.[32] 그러나 제2차 세계대전의 참화 속에서 제노사이드를 포함한 심각한 인권유린이 유럽 및 아시아 등 전 세계적으로 발생하면서, 유엔의 창설자들에게는 새로 만들어질 국제기구를 통해 인권을 보호해야 한다는 상당한 공감대가 형성되어 있었다.[33] 유엔은 1946년 유엔인권위원회UN Commission on Human Rights를 창설했으며, 엘리너 루스벨트Eleanor Roosevelt의 리더십 아래 인권위원회는 1948년 총회가 결의로 「세계인권선언Universal Declaration of Human Rights」을 채택하는 데 결정적인 역할을 했다.[34] 인권위원회는 2006년 총회의 보조기구로 설치된 인권이사회Human Rights Council로 대체되었다. 현재의 '유엔인권메커니즘'은 인권이사회와 유엔인권최고대표사무소, 각종 인권조약 기구 및 특별 절차를 통해 인권증진을 위한 적극적인 노력을 경주해 오고 있다. 「세계인권선언」 이후 정치, 경제, 사회, 아동, 장애인, 여성 등 각 분야와 대상을 망라하는 9대 핵심 인권협약[35]

32 MacQueen, *supra* note 3, pp.114–115.

33 *Ibid.*, p.115.

34 *Ibid.*.

35 「경제적·사회적 및 문화적 권리에 관한 국제규약」, 「시민적 및 정치적 권리에 관한 국제규약」, 「모든 형태의 인종차별 철폐에 관한 국제협약」, 「여성에 대한 모든 형태의 차별철폐에 관한 협약」, 「고문 및 그 밖의 잔혹한, 비인도적인 또는 굴욕적인 대우나 처벌의 방지에 관한 협약」, 「아동의 권리에 관한 협약」, 「장애인의 권리에 관한 협약」, 「강제실종으로부터 모든 사람을 보호하기 위한 국제협약」, 「모든 이주노동자와 그 가족의 권리보호에 관한 국제협약」.

이 채택되었다.

인권은 관련 제도와 규범 촉진 등 법치주의 증진을 통해 보호받게 되기에, 인권과 법치주의라는 두 개념은 동전의 양면과도 같이 "존엄성 있는 삶을 누릴 자유"라는 동일 원칙을 구현하고 있다고도 평가된다.[36] 법치주의 증진은 인권을 구체화하는 실체적 규범 및 관련 절차와 제도의 강화, 그리고 평등, 책임성, 공정성과 같은 원칙에 대한 존중과 연관되기 때문이다.[37] 현재도 유엔은 총회 제3위원회와 인권이사회를 통해 인권규범 관련 논의를 활발히 주도해 나가고 있다. 특히 인권위원회 시절 일부 국가들이 연대하여 자국 인권상황의 의제화를 저지하려 했던 것에 대한 비판적 성찰을 통해,[38] 현 인권이사회에서는 보편적 정례인권검토Universal Periodic Review(이하 'UPR') 제도를 도입하여 모든 국가가 약 4년마다 한 번씩 인권상황에 대한 모니터링을 받도록 하는 등 강화된 인권규범 이행 메커니즘을 운영하고 있다. 또한 UPR 외 '특별절차special procedures'로 알려진 주제별 및 국가별 특별보고관의 임명 및 개별 인권협약에 기초한 조약기구(위원회)와의 긴밀한 협력을 통해서도 인권규범의 이행 촉구를 위해 노력하고 있다. 이처럼 유엔은 인권규범의 형성과 이행 촉진의 무대로 활발히 기능하고 있다.

3. 개발

개발은 평화와 안보, 인권과는 달리 국제연맹 시기에는 큰 주목을 받지 못하다가 유엔 출범 이후에 비로소 본격적으로 논의되기 시작한 의제

36 유엔 법치주의 홈페이지, *supra* note 13.

37 *Ibid.*.

38 A. Clapham, *Human Rights: A Very Short Introduction 2nd ed.* (Oxford University Press, 2015), p.74.

이다.[39] 국제연맹 시기에도 연맹과 국제노동기구, 적십자사의 제한적 협력은 존재했으나, 경제적 및 사회적 개발이라는 의제는 고위정치high-politics 담론 위주인 국제연맹 규약에서 매우 간략히만 언급된 채 넘어갔었다.[40] 이후 대공황 시기를 거치면서 국가들의 보호무역이 강화되고 총후생의 후퇴와 경제불황으로 야기된 민심 이반으로 일부 국가에서는 독재정권이 출현하는 등 혼란기가 도래했다. 전후 국제사회에서는 이러한 과정이 전쟁으로 연결되었다는 반성이 있었으며, 그에 따라 유엔이라는 새로운 기구에서 개발 문제도 다루어야 한다는 공감대가 형성되었다.[41] 이는 국제연맹에서는 개발을 특별히 다루는 기구가 없었다는 점과 뚜렷이 대비된다.

유엔의 개발 의제는 경제사회이사회, 총회(제2위원회) 및 총회 결의로 설립된 유엔무역개발회의United Nations Conference on Trade and Development(이하 'UNCTAD')를 통해 발전해 왔다. 이는 1945년 출범 당시 51개국이었던 회원국이 1950년대 후반, 1960년대를 거치며 120여 개국으로 급증한 것과 관련이 있다. 이때 가입한 회원국 대부분은 탈식민지화를 거친 신생 개발도상국으로, 이들은 국제사회의 정식 일원으로 인정받기 위한 방법으로 오로지 국가라는 정치적 실체에만 개방된 유엔 가입을 최우선적으로 추진했다. 이러한 배경하에 유엔 회원국 내 개발도상국 비중이 크게 높아졌으며, 이들은 경제사회적 개발이라는 이슈에 큰 관심을 가지고 있었다. 제1차 UNCTAD 총회는 1964년 제네바에서 개최되었는데, 여기서 제3세계를 대변하는 '77그룹Group of 77'이 부상하게 되었으며, 이들

---

39 MacQueen, *supra* note 3, p.130.

40 *Ibid.*.

41 Hanhimäki, *supra* note 8, p.91.

은 무역과 개발원조와 관련한 개발도상국 입장을 대변하게 되었다.[42] 이 그룹의 가장 큰 성과는 1974년 유엔 총회 특별회기에서 개발도상국의 입장을 반영하여 여러 구체적인 경제 목표를 제시한 '신국제경제질서New International Economic Order' 선언으로 평가된다.[43] 이는 미국 등 선진국의 강한 반대에 부딪혔으나, 소위 '개발권right to development'에 관한 다소 절충된 개념이 1986년 구속력 없는 총회 결의 형태로 채택되기도 했다.[44] 현재도 77그룹은 134개 개발도상국을 대변하여 활발히 활동하고 있다.

헌장은 개발 활동을 위한 근거를 제시하고 있다. 제9장은 '경제적 및 사회적 국제협력'을 규정하고 있으며, 제10장은 유엔의 주요기관 중 하나인 경제사회이사회의 권한과 목표를 규정하고 있다.[45] 헌장 제57조는 경제, 사회, 문화, 교육, 보건 등 관련 분야에서 유엔과 제휴관계에 있는 전문기구specialized agencies와의 관계를 규정하고 있는데, 전문기구로 식량농업기구, 세계은행그룹, 세계보건기구 등을 들 수 있다. 유엔은 이러한 헌장상의 기반을 토대로 개발과 관련하여 적극적인 활동을 펼쳐 왔으며, 특히 저개발국의 경제적 및 사회적 상황 개선이라는 측면에서 어떠한 개별 국가나 국제기구보다 큰 공헌을 해왔다고 평가된다.[46]

유엔의 개발 관련 활동은 새천년개발목표Millennium Development Goals(이하 'MDG') 및 지속가능발전목표Sustainable Development Goals(이하 'SDG')라는 구체적인 목표를 중심으로 이루어지고 있다. 이러한 목표 설정에는 사

42 MacQueen, *supra* note 3, p.134.
43 *Ibid.*, pp.134–135.
44 S. Chesterman, I. Johnstone and D. M. Malone, *Law and Practice of the United Nations: Documents and Commentary 2nd ed* (Oxford University Press 2016), p.402. 개발권 선언을 채택한 총회 결의는 "Declaration on the Right to Development", UN Doc. A/Res/41/128(1986).
45 MacQueen, *supra* note 3, p.130.
46 Hanhimäki, *supra* note 8, p.92.

회적·경제적 권리를 중심으로 한 국제 인권규범과 법치주의가 반영되어 있다. 2000년 9월 18일 발표된 MDG는 극단적 빈곤 및 기아 퇴치, 보편적 기초교육 달성, 양성평등 촉진 및 여성역량 강화, 유아사망률 감소, 모성보건 증진, 에이즈, 말라리아 및 기타 질병 퇴치, 환경적 지속가능성 보장, 글로벌 개발 파트너십 구축 등 2015년까지 달성해야 할 여덟 가지 목표를 제시했다.[47] MDG 채택은 확실한 기한을 설정하고 그 기한 내 우선적으로 달성할 목표를 구체적으로 설정했다는 점에서 획기적인 사건이었다.[48] MDG의 후속 목표로 2015년 유엔 총회에서 채택된 SDG는 17개 목표와 169개 세부 목표로 구성되었으며,[49] 최빈개발도상국의 상황 개선에 집중한 MDG와 달리 모든 국가의 상황에 적용될 수 있는 보다 포괄적인 목표들을 설정하고 있다. 특히 SDG 목표 16은 '평화, 정의 및 제도 구축Peace, Justice, Strong Institution'으로 '국내 및 국제적 차원의 법치주의 증진과 평등한 사법 접근 보장'을 12개 세부목표 중 하나로 명시하고 있다.[50] 법치주의 증진과 성공적인 개발 협력은 서로에 필수적인 요건이기 때문이다.

Ⅳ. 유엔의 국제법 증진 활동

유엔은 3대 중추 활동과의 연결을 통해서뿐만 아니라 보다 직접적인

47 유엔 MDGs 홈페이지(https://www.un.org/millenniumgoals/, 2024. 8. 19. 방문).

48 Hanhimäki, *supra* note 8, p.102.

49 총회 결의, "Transforming our world: the 2030 Agenda for Sustainable Development", UN Doc. A/Res/70/1(2015).

50 지속가능발전포털(http://www.ncsd.go.kr/unsdgs?content=1, 2024. 8. 19. 방문).

국제법 증진 활동 또한 펼치고 있다. 유엔의 설립 자체는 본질적으로 국제법과 불가분의 관계에 있고, 헌장 체제 전체가 국제법에 기반하여 설립되었다고 평가되기도 하기 때문이다.[51] 유엔 회원국은 가입과 동시에 헌장상의 법적 의무를 받아들여야 하며, 헌장 이외 유엔 차원에서 채택된 다양한 협약 체제에 가입하도록 장려된다.[52] 유엔은 군축, 인권 등의 분야 외 해양법, 테러 방지, 외교·영사관계, 환경·기후변화 등 광범위한 방면에 걸쳐 규범 형성의 장으로 기능해 왔다. 오늘날 600여 개 다자조약이 유엔사무총장에게 기탁처depositary 역할을 부여하고 있다는 점도 국제규범 형성에서 유엔이 차지하는 역할을 잘 보여 준다.[53]

헌장도 국제법 증진의 중요성을 강조하고 있다. 헌장 전문은 "정의와 조약 및 그 밖의 국제법의 연원으로부터 발생하는 의무에 대한 존중"[54]이 유지될 수 있는 기반 마련을 명시하고 있다. 또한 헌장 제1조는 유엔의 목적 중 하나로 '국제법에 따른 분쟁의 평화적 해결'[55]을 언급하고 있으며, 유엔의 사법기구이자 최고의 권위를 가진 국제재판소인 ICJ 역시 평화적 방법을 이용한 국제분쟁 해결과 이를 통한 평화·안보 달성에 기여하고 있다. ICJ는 유엔 193개 회원국 전체를 당사국으로 보유한 국제사법기구로, 1947년 5월 제기된 코르푸해협Corfu Channel 사건을 시작으로 현재까지 총 190여 건의 국제분쟁의 평화적 해결에 기여해 왔다.[56]

51 MacQueen, *supra* note 3, p.107.

52 *Ibid*..

53 유엔조약시스템(United Nations Treaty Collection) 홈페이지, "Multilateral Treaties Deposited with the Secretary-General"(https://treaties.un.org/Pages/Content.aspx?path=DB/MTDSGStatus/pageIntro_en.xml, 2024. 8. 19. 방문).

54 유엔헌장 전문.

55 유엔헌장 제1조 제1항.

56 ICJ 홈페이지, "Cases"(http://www.icj-cij. org/cases, 2024. 8. 19. 방문).

또한 헌장 제13조는 총회에 '국제법의 점진적 발전과 법전화'[57] 장려 기능을 부여하고 있다. 총회는 국제법 이슈를 전문적으로 다루는 제6위원회를 운영하고 있으며, 매년 법치주의, 보편관할권, 국가책임, 국제테러, 반인도범죄, 국제상거래법, 초국경적 피해 예방 등 다양한 의제에 대해 활발한 논의를 이어오고 있다.[58] 또한 총회는 1947년 국제법의 점진적 발전과 법전화 장려 기능 수행을 위한 보조기관으로 국제법위원회 International Law Commission(이하 'ILC')를 설립했다. 독립적인 전문가 자격으로 참여하는 34명의 개인으로 구성되는 ILC는 다양한 국제법 주제에 대해 연구하고 관습법을 성문화하여 다자조약으로 발전시키는 임무를 맡고 있다. 그간 「외교관계에 관한 비엔나 협약」(1961), 「조약법에 관한 비엔나협약」(1969) 등 다수의 핵심 국제조약 형성에 기여해 왔다. 현재는 외국형사관할권으로부터 국가공무원 면제, 국가책임 관련 국가승계, 법의 일반원칙, 국제법 관련 해수면 상승, 국제기구가 당사자인 분쟁의 해결, 해적과 해상강도의 예방과 억제, 국제법 규칙 결정을 위한 보조수단 등의 주제에 대한 활발한 작업이 이루어지고 있다.[59] 또한 범세계적 해양 레짐을 창출하며 '바다의 헌장constitution of the oceans'이라고 불리는 「해양법에 관한 유엔 협약」(이하 '유엔해양법협약')(1982)도 유엔 차원의 논의를 통해 성안, 채택되었다. 주지하듯이 유엔해양법협약은 1982년에 채택되었으나, 심해저 관련 이견으로 오랫동안 발효되지 못하다가, 1994년에 협약 제11부(심해저) 이행 협정이 채택되면서 1994년 마침내 발효될 수 있었다. 이후 공해 어업자원 관리를 위한 공해어업협정이 1995년

57 유엔헌장 제13조 제1항.

58 유엔 총회 제6위원회 홈페이지, "Overall programme of work"(https://www.un.org/en/ga/sixth/, 2024. 8. 19. 방문).

59 ILC 홈페이지, "Current programme of work"(https://legal.un.org/ilc/, 2024. 8. 19. 방문).

채택되어 2001년 발효되었다. 또한 유엔은 최근 공해상 해양생물다양성을 위한 협정(이하 'BBNJ협정')[60]이 유엔해양법협약의 세 번째 이행 협정으로 채택되는 과정에서도 중요한 역할을 수행했다. 2023년 6월 19일 뉴욕에서 채택된 이 협정은, 공해 및 심해저 등 개별 국가 관할권이 미치지 않는 해역의 환경 및 해양 생물다양성 보호를 위한 국제협력의 틀을 마련하기 위한 것으로 해양환경 보호 관련 국제사회 내 진전된 논의를 담고 있다.[61] 유엔은 2004년 이 주제에 관한 본격적인 논의를 위해 실무 작업반을 설치하고,[62] 이후 약 20년에 걸쳐 9차례의 작업반 회의(2006~2015년)와 4차례의 준비위원회 회의(2016~2017년), 5차례의 정부 간 회의(2018~2023년) 개최 및 협상을 지원했다. 공해어업협정 채택 이후 28년 만에 컨센서스로 채택된 BBNJ협정은 다자주의의 승리이자 유엔해양법협약 체제 발전에 의미 있는 기여로 평가받고 있다.

V. 한국의 기여

1. 유엔의 3대 중추 활동에 대한 지원

한국은 1991년 유엔 가입 이후 유엔의 주요 활동을 통한 국제법 및 법

60 정식 명칭은 "국가관할권 이원의 해양생물다양성 보전 및 지속가능 이용을 위한 협정(Agreement under the United Nations Convention on the Law of the Sea on the conservation and sustainable use of marine biological diversity of areas beyond national jurisdiction)".

61 외교부 홈페이지, "보도자료: 공해상 해양생물다양성(BBNJ)을 위한 협정 서명"(http://mofa.go.kr/www/brd/m_4080/view.do?seq=374277&page=18&pitem=10, 2024. 8. 19. 방문).

62 UN Doc. A/Res/59/24(2005).

치주의 증진 노력에 적극 동참해 왔다. 먼저 평화·안보와 관련하여 한국은 현재 안보리 비상임이사국(2024~2025년 임기)으로 선출되어 적극 활동하고 있다. 이는 1996~1997년과 2013~2014년에 이어 세 번째 안보리 참여로, 특히 유엔의 평화유지 및 평화구축 활동과 여성·평화·안보 의제의 증진에 기여하고 사이버와 기후 등 새로운 안보 위협 관련 논의 역시 선도해 나가기 위해 노력하고 있다.[63] 평화유지군의 경우 1993년 소말리아 평화유지단 공병부대 파견을 시작으로 지난 30년간 총 17개국에 약 19,000명을 파견하는 등 기여해 왔다.[64] 2024년 8월 기준으로 레바논, 남수단 등 6개 임무단에서 약 583명이 유엔 평화유지 활동에 참여하고 있다.[65] 또한 유엔은 분쟁 후 국가의 재건 및 평화 정착을 체계적·지속적으로 지원하기 위해 2006년 총회와 안보리 공동 산하기관으로 유엔 평화구축위원회Peace Building Commission(이하 'PBC')를 설립했다. 한국은 2009년 이후 여섯 차례 PBC 위원국을 수임했으며, 2017년에는 의장국(조태열 당시 주유엔대사가 의장으로 활동), 2016년과 2018년에는 부의장국을 수임했다.[66] 군축 분야에서도 2005~2006년에는 유엔 3대 군축기관 전체, 2013~2014년에는 안보리 산하의 비확산위원회('1540 위원회'), 2016년 8~9월에는 제네바 군축회의 의장을 수임하여 각각의 기구에서 활발한 논의가 이루어지도록 기여했다.[67] 또한 2002년부터는 유엔 군축실과 공동으로 연례 '한-유엔 군축·비확산 회의'를 개최해 오고 있다.

63 외교부 홈페이지, "보도자료: 2024-25년 임기 유엔 안전보전이사회 이사국 수임 개시"(https://www.mofa.go.kr/www/brd/m_4080/view.do?seq=374549&page=1&pitem=10, 2024. 8. 19. 방문).

64 김병춘, "유엔 평화유지활동 참여를 통한 국익 증진 방안 연구", 『군사발전연구』, 제16권 제1호(2022), 77쪽.

65 국방부 홈페이지, 한국군 해외파견 현황(mnd.go.kr, 2024. 8. 19. 방문).

66 외교부 국제기구국, 『2022 유엔개황』, 102-105쪽.

67 위의 책, 23쪽.

한편, 2019년 제74차 유엔 총회 제1위원회에서는 '청년과 군축·비확산' 관련 결의안을 최초로 제출했으며, 2021년까지 두 차례 컨센서스 채택을 주도했다.[68]

유엔의 인권 활동과 관련해서는 한국은 인권위원회 시절부터 인권 논의에 적극 참여했으며 유엔 가입 이후 1993~2006년 위원국으로 활동했다.[69] 2006년 인권위원회를 계승하여 인권이사회가 총회 산하 기관으로 새롭게 설립된 이후에는 현재까지 총 다섯 차례(2006~2008년, 2008~2011년, 2013~2015년, 2016~2018년, 2020~2022년)에 걸쳐 이사국을 수임했다. 특히 2016년에는 최경림 당시 주제네바대사가 인권이사회 의장으로 선출되어 1년간 의장직을 수행했다. 앞서 설명한 UPR에도 총 네 차례(2008년, 2012년, 2017년, 2023년)에 걸쳐 성실히 참여했다. 또한 인권이사회 특별절차Special Procedures에도 한국인이 참여하여, 아프가니스탄 인권 특별보고관(백충현 교수, 1995~1998년) 및 미얀마 인권 특별보고관(이양희 교수, 2014~2020년) 등으로 활동했다. 현재(2024년 3월 기준) 인종차별철폐위원회(정진성 위원), 경제적·사회적·문화적 권리위원회(이주영 위원), 시민적·정치적 권리위원회(서창록 위원), 장애인권리위원회(김미연 위원) 등 각 인권조약에 의해 설립된 조약기구에도 다수의 한국 인권 전문가가 위원으로 참여하고 있다.

유엔의 개발 의제와 관련해서는 한국은 SDG 설정 과정에서 적극적인 기여를 했다. 2012년 6월 브라질에서 유엔지속가능발전 정상회의(리우+20)가 개최되어 최초로 SDG 관련 논의가 이루어졌는데, 한국은 김숙 당시 주유엔한국대사가 회의 준비위원회 공동의장을 수임하는 등 관련

68 위의 책.
69 외교부 홈페이지, "인권 외교 활동"(https://mofa.go.kr/www/wpge/m_3994/contents.do, 2024. 8. 19. 방문).

논의에 깊게 참여했다.[70] 본격적인 SDG 목표 설정 과정에서는 선진국들이 강조한 법치, 선정good governance, 개발효과성과 같은 이슈와[71] 한국의 개발도상국으로서의 경험을 토대로 한 교육 및 농촌 개발의 중요성을 함께 제기하여 최종 문서에 반영되기도 했다. 이를 통해 선진국과 개발도상국 사이에서 가교 역할을 할 수 있는 신흥 공여국으로서의 역할을 건설적으로 수행했다. 또한 2015~2016년에는 오준 당시 주유엔한국대사가 경제사회이사회 의장직을 수임했으며, 현재도 유엔개발계획, 세계식량계획, 유엔아동기금, 유엔 인도적지원조정실, 유엔난민기구 등 주요 개발 및 인도적 지원 분야 유엔 기구들과 정책협의회를 개최하는 등 전략적 협력을 강화해 오고 있다.[72]

2. 분야별 국제법 증진을 위한 기여

한국은 또한 유엔을 통한 국제법 증진을 위해서도 다양한 노력을 기울이고 있다. 특히 국제형사법, 해양법, 국제상거래법 등의 분야에서 재판관을 배출하는 등 적극적인 활동을 펼치고 있으며, 국제법위원회에도 꾸준히 한국인 위원이 참여하여 국제법의 점진적 발전과 법전화라는 목표에 기여하고 있다.

국제형사법 분야와 관련하여, 한국은 유엔의 틀 내에서 이루어진 '국제형사재판소에 관한 로마 규정' 성안 과정에서 적극적으로 문안 교섭에 참여했다. 이 규정은 로마에서 최종 채택되었는데, 유엔 총회는 ILC

70 Ban Ki-moon, *Resolved: Uniting Nations in a Divided World* (Columbia University Press, 2021) pp.366, 370.

71 *Ibid.*, p.372. "The industrialized nations wanted the SDGs to emphasize good governance, justice, equal rights and strong institutions."

72 외교부 홈페이지, "국제연합UN; 한국과 UN과의 관계"(https://www.mofa.go.kr/www/wpge/m_3873/contents.do, 2024. 8. 19. 방문).

에 초안 마련을 요청하고 이를 논의하기 위한 특별위원회(Ad Hoc Committee, 1995년) 및 준비위원회(Preparatory Committee, 1996~1998년)를 설립하는 등 성안에 핵심적 역할을 했다.[73] 한국은 국제형사재판소International Criminal Court(이하 'ICC')가 설립된 이후에도 한국인 재판관(2003~2015년 송상현 재판관, 2015~2024년 정창호 재판관, 2024~2033년 백기봉 재판관) 배출 및 재판소장(2009~2015년 송상현 소장), 당사국총회 의장(2017~2020년 권오곤 의장) 수임과 같은 인적 기여를 지속했다. 나아가 ICC의 피해자 신탁기금Victims Trust Fund에 대한 재정 공여를 통해 피해자 가족의 치유 및 사회통합 등 회복 작업도 지원해 왔다. 또한 유엔 안보리 결의에 의해 설립된 구유고슬로비아국제형사재판소International Criminal Tribunal for the former Yugoslavia(이하 'ICTY'), 르완다국제형사재판소International Criminal Tribunal for Rwanda(이하 'ICTR'), ICTY와 ICTR의 잔여업무 수행을 위한 국제형사재판소 잔여업무기구International Residual Mechanism for Criminal Tribunals(이하 'IRMCT')에서도 한국인 재판관(ICTY에서 2001~2016년 권오곤 재판관, ICTR에서 2004~2013년 박선기 재판관, IRMCT에서 2012~2022년 박선기 재판관)이 활동했다. ICTY의 경우 2008~2011년 권오곤 재판관이 부소장을 역임하기도 했다. 유엔이 캄보디아와의 양자협정 체결을 통해 설립한 혼합hybrid재판소 형식의 크메르루즈특별재판소Extraordinary Chambers in the Courts of Cambodia, ECCC에서 정창호 재판관(2011~2015년), 백강진 재판관(2015~2021년) 등 한국 재판관이 활동했다.

한국은 해양법의 준수 및 발전과 관련해서도 적극적인 노력을 기울이고 있다. 국제해양법재판소International Tribunal for the Law of the Sea(이하 'ITLOS')

73 최태현, "국제형사재판소(ICC)규정 제정과정에서의 한국의 기여", 『서울국제법연구』, 제13권 제2호(2006), 30-32쪽

에 지금까지 재선 포함 총 다섯 차례에 걸쳐 3명의 재판관을 배출했으며,[74] 2017~2020년에는 백진현 재판관이 소장을 역임했다. 더불어 BBNJ협정 성안 과정에도 2004년 작업반 설치 당시부터 적극적으로 참여했다. 한국은 유엔해양법협약에 따른 공해자유의 원칙에 기반하면서도 공해 해양생물다양성의 보존 및 지속가능 이용을 위해 합리적인 수준에서 협력 및 규제 체제가 마련될 수 있도록 한다는 큰 틀 아래 관련 논의에 적극 참여해 왔다. 한국은 BBNJ협정이 타결될 때까지 외교부, 해양수산부 등 정부 담당부처 간의 긴밀한 협조하에 관련 연구기관은 물론 시민사회를 포함한 민간 부분의 다양한 목소리를 수렴하는 한편, 국제사회의 책임 있는 일원으로서 역할을 다하기 위해 적극적으로 정부 간 협상에 참여했다. 2023년 2월에는 협정의 조속한 타결을 촉구하는 국가연합(High Ambition Coalition)[75]에 참여하여 협정 성안에 대한 강력한 의지를 표명하기도 했다. 한국은 2023년 10월 이 협정의 82번째 서명국이 되었으며, 현재 비준에 필요한 국내 절차를 준비 중이다. 이 협정은 60개국의 비준으로 발효하며, 현재까지 8개국이 비준하고 한국 포함 91개국이 서명했다. 이 밖에도 한국은 해양법 관련 다양한 메커니즘에 참여하며 해양 분야의 법치주의 증진에 힘쓰고 있다. 한국은 국제해저기구International Seabed Authority, ISA 이사국 참여 및 법률기술위원회에 대한 인적 기여를 지속하고 있고, 대륙붕한계위원회Commission on the Limits of the Continental Shelf(이하 'CLCS')에도 위원이 참여해 왔다.[76] 한국은 ITLOS와 CLCS에 대한 자발적 재정 기여를 통해 유엔해양법협약 이행

74 박춘호 재판관(1996~2008년), 백진현 재판관(2009~2023년), 이자형 재판관(2023~2032년).

75 BBNJ협정을 조속히 체결하기 위한 공동행동 의지를 표명하기 위해 2022년 유럽연합 주도로 결성된 국가그룹(한국 포함 52개국 참여). 외교부 홈페이지, 앞의 주 61.

76 박용안 위원(1997~2022)이 CLCS 설립 시부터 활동했으며 부의장(1999~2017) 및 의장(2017~2020)도 수임했다.

또한 지원하고 있다. 특히 ITLOS와는 한국에서 매년 열리는 해양법 국제학술회의 공동 주최와 개발도상국 고위급 법률 전문가의 해양법 역량 제고를 위한 워크숍 실시 지원 등을 통해 긴밀히 협력해 오고 있다. 또한 여수 해양법아카데미와 같은 교육과정에도 개발도상국 연구자 및 공무원들을 초청하여 해양 분야의 법치주의 확대에 힘쓰고 있다. 나아가 전 세계 해양환경의 개선을 위한 유엔 세계해양환경평가World Ocean Assessment 정규절차UNRP에도 이사국으로 참여하고 있으며, 관련 전문가 그룹Group of Experts 내에서도 한국 연구자들이 활동해 왔다.[77]

한편 한국은 국제상거래법 증진을 위해서도 노력해 왔다. 국제상거래법의 점진적 조화 및 통일을 촉진하고 관련 협약 및 규범을 성안하기 위한 유엔국제상거래법위원회United Nations Commission on International Trade Law(이하 'UNCITRAL')에 2004년 이래 위원국으로 네 차례 연속 당선되었다.[78] 이를 통해 중소기업, 전자상거래, 도산, 투자자-국가 간 분쟁해결 등 실무작업반 논의에 적극 참여해 왔다. 2009~2010년 오수근 교수에 이어 2014~2015년에는 한충희 당시 주유엔한국차석대사가 본회의 의장직을 수임했으며, 「조약에 근거한 투자자-국가 간 중재에서의 투명성에 관한 유엔 협약」 등 관련 국제규범 형성에 기여했다.[79] 또한 2012년에는 인천 송도에 UNCITRAL 최초 지역사무소인 아태지역사무소를 설립하여 역내 국가의 국제상거래법 관련 연구, 법제 정비 및 역량 강화를 지원

77 박철 교수(2010~2014년 1차 주기 및 2016~2020년 2차 주기), 장창익 교수(2021~2025년 3차 주기).

78 외교부 홈페이지, "보도자료: 유엔 국제상거래법위원회(UNCITRAL) 위원국 당선"(https://www.mofa.go.kr/www/brd/m_4080/view.do?seq=368881, 2024. 8. 19. 방문). 한국은 그간 2004~2007년, 2007~2013년, 2013~2019년 3회 당선되었으며 2018년 12월 2019~2025년 임기 위원국으로 재선되었다.

79 주유엔대한민국대표부 홈페이지, "공관 주요활동"(https://overseas.mofa.go.kr/un-ko/brd/m_12053/view.do?seq=1084420, 2024. 8. 19. 방문).

해 오고 있다.[80]

위와 같은 분야별 활동에 더하여 한국은 보다 포괄적이고 체계적인 국제법 발전을 위해서도 노력해 오고 있다. 먼저 ILC 위원을 지속적으로 배출하여 국제법의 점진적 발전과 법전화 논의에 기여하고 있다. 그간 연임 포함 총 네 차례에 걸쳐 지정일 교수(2002~2006년), 박기갑 교수(2012~2022년), 이근관 교수(2023~2027년) 등 총 3명의 한국 국제법 전문가가 ILC 위원으로 당선되었다. 한국 정부 역시 매년 유엔 총회 제6위원회에서 이루어지는 ILC 활동에 대한 토의에서 적극적으로 의견을 개진하며 건설적인 토의에 기여해 오고 있다. 또한 범세계적인 국제법 준수 확대 및 법치주의 증진을 위해 개발도상국 청년 법조인의 국제재판 실무 연수 참여를 지원하는 ICJ 사법 펠로우십 신탁기금에 2023년부터 자발적 기여를 제공하고 있다. 국립외교원에서 개최하는 서울 국제법아카데미 역시 유수의 국제법 전문가들이 강사로 참여하는 가운데 개발도상국을 포함한 다양한 국가의 실무자 및 연구자들이 참가하는 국제법 과정으로 위상을 높여 가고 있다.

Ⅵ. 결론

유엔 가입 당시 한국은 "유엔이 중심이 되어 법과 정의가 지배하는 새로운 세계질서 형성에 적극 동참"하겠다고 다짐했다. 그 다짐대로 한국은 그간 국제사회의 법치주의 증진 노력에 성실히 동참해 왔으며, 선진

80 주유엔 대한민국 대표부 홈페이지, 앞의 주 12.

국과 개발도상국 사이의 가교라는 특별한 역할도 수행해 왔다. 이제는 한 걸음 더 나아가 국제법을 설정, 촉진하고 조정하는 역량을 확대해 나가야 할 때이다. 2010년대 이후 한국이 유엔 총회나 인권이사회에서 '청년과 군축·비확산', '지방정부와 인권', '신기술과 인권'과 같은 주제에 대해 결의안 채택을 주도하는 등 의제 설정 역할을 확대하기 위해 노력을 기울여 온 것은 의미 있는 일이다. 앞으로 더욱 다양한 분야에서 국제법 형성 논의를 선도해 나갈 수 있는 역량을 길러야 한다. 이 과정에서 국제규범에 입각한 국제질서에 대한 확신과 각 분야에 적용되고 있는 국제법에 대한 심도 있는 이해는 새로운 논의의 장을 열기 위한 밑바탕이 될 것이다. 국제법 지식의 전파와 교육이 더욱 절실한 이유다. 나아가 선배 세대가 유엔 차원의 국제법 증진 노력에 동참하며 쌓아 온 경험과 지식이 후배 세대에 충분히 전수되어 내재적 역량이 충실하게 다져져야 한다. 정부, 학교, 연구기관의 총체적이고 체계적인 협업을 통해 전문성과 국제적 역량을 겸비한 국제법 전문가가 많이 양성되어 한국이 국제법과 법치주의 발전에 크게 기여해 나가기를 기대한다.

제6장

유엔군사령부의 역할 변화: 법적 쟁점과 과제

안준형
국방대학교 안전보장대학원 부교수

Ⅰ. 서론

1953년 체결된 「국제연합군 총사령관을 일방으로 하고 조선인민군 최고사령관 및 중국인민지원군 사령관을 다른 일방으로 하는 한국 군사정전에 관한 협정」(이하 '정전협정') 제60항은 "한국문제의 평화적 해결을 위하여 쌍방 군사령관은 쌍방의 관계 각국 정부에 정전협정이 조인되고 효력을 발생한 후 삼개월 내에 각기 대표를 파견하여 쌍방의 한 급 높은 정치회의를 소집하고 한국으로부터의 모든 외국군대의 철수 및 한국문제의 평화적 해결문제들을 협의할 것을 이에 건의한다"고 규정했다. 유엔총회가 1953년 8월 28일 자 결의[1]를 통해 정전협정 제60항에 예정된 정치회담의 조속한 개최를 권고한 것을 계기로 1954년부터 제네바 정치회담이 개최되었으나, 이 회담은 별다른 성과 없이 종료되었다. 이후에도 남과 북은 평화체제 수립 문제를 논의해 왔으나, 상호 간의 입장 차이로 큰 진전을 이루지 못하고 있다. 시간이 흐르면서 관련 당사자들의 입장 차이는 조금씩 좁혀져 왔다고 할 수 있으나, 그럼에도 불구하고 여전히 좁히기 어려운 가장 큰 간극은 유엔군사령부(이하 '유엔사')의 존속에 관한 문제이다. 그동안 북한에서 제안한 평화협정의 최종 목표는 주한미군 철수였으며, 그 결과 유엔사 해체는 북한이 역사적으로 시종일관 주장해 온 '전술'이었기 때문이다.

현시점에서 '유엔사의 역할 변화'가 쟁점화되는 주된 이유는 크게 두 가지 상황이 배경으로 자리 잡고 있다. 첫 번째는 전시작전통제권Wartime Operational Control 전환으로 인해 유엔사의 정전체제 관리 역할 조정이 불

1 UN Doc. A/RES/711(Ⅶ)(1953).

가피하게 되었다는 점이다. 현재 대한민국(이하 '한국') 방위의 근간은 한미동맹에 기초한 한미연합방위체제로, 한미연합사령부ROK-US Combined Forces Command(이하 '한미연합사')를 주축으로 미군 4성장군인 한미연합사령관(유엔군사령관 겸임)이 전시작전통제권을 행사하는 구조로 설계되어 있다. 그러나 2018년 10월 31일 제50차 한미안보협의회의Security Consultative Meeting(이하 'SCM')에서 한미 양국 국방부장관이 전시작전통제권 전환 및 미래연합사 편성에 관한 4개의 핵심 전략문서에 서명함에 따라,[2] 전시작전통제권 전환 이후에는 한국군 4성장군이 미래연합사령관으로서 한국작전전구Korea Theater of Operation, KTO 내에서 작전을 주도하게 된다. 전시작전통제권 전환은 곧 기존의 한미연합사를 새로운 연합지휘구조로 개편함을 의미하는 것이므로, 이와 연계하여 유엔사의 역할과 기능상의 변화 역시 불가피하게 되었다. 유엔사는 실질적인 병력을 보유하고 있지 않기 때문에 기존에는 정전협정의 이행과 관련하여 한미연합사령관이 유엔군사령관의 지시에 응하여 필요시 전투부대를 지원하도록 제도화되어 있었다. 이는 한미연합사령관이 유엔군사령관을 겸직하고 있었기에 가능한 것이었는데, 한미연합사령관이 한국군 4성장군으로 바뀌면서 기존의 겸직이 해제되면 결과적으로 유엔군사령관의 권한과 책임이 불일치하는 문제가 발생하게 된다. 처음으로 한미 간 전시작전통제권 전환 협의가 마무리되던 시점인 2007년 버웰 벨Burwell B. Bell 사령관이 "한국군이 전작권을 행사하게 되면 유엔사의 역할 및 임무도 필연적으로 수정되어야 한다"면서 "한국군 병력을 지휘할 수 없는 유엔군사령관은

2 ① 전시작전통제권 전환 이후 연합방위지침, ② 조건에 기초한 전작권 전환계획(Condition-based OPCON Transition Plan, COTP) 기본문 수정 1호, ③ 미래지휘구조 기록각서(Memorandum For Record, MFR) 개정안, ④ 대한민국 합동참모본부-유엔군사령부-한미연합군사령부 관계 관련 약정(TOR-R)이 이에 해당한다.

정전협정 유지 및 잠재적인 위기 고조에 대해 책임질 수 없다"는 입장을 표명한 것도 이러한 이유에 기인하는 것이었다.[3]

두 번째는 정전협정이 평화협정으로 대체되면 유엔사도 해체되어야 하는가, 그렇지 않다면 그 역할과 기능은 어떻게 변화되어야 하는가의 문제와 관련된다. 2018년 4월 27일 남북정상회담으로 채택된 「한반도의 평화와 번영, 통일을 위한 판문점 선언」에서 "종전을 선언하고 정전협정을 평화협정으로 전환하며 항구적이고 공고한 평화체제 구축을 위한 남·북·미 3자 또는 남·북·미·중 4자회담 개최를 적극 추진"하기로 하면서 한국 내에서 평화정착에 대한 긍정적 기류가 확산되는 계기가 마련되었다. 그러나 일각에서 북한의 비핵화와 한반도 통일이 목전에 임박한 것처럼 보는 성급한 기대가 쏟아져 나오면서, 종전선언과 더불어 유엔사의 존속 여부에 대한 논란 역시 점화되었다. 이와 관련하여 탈북자인 태영호 전 영국 주재 북한공사는 남북 평화체제 구축과정에서 유엔사 해체 문제가 "반드시 통과해야 할 관문"이라고까지 언급하기도 했다.[4] 평화협정이 체결되면 유엔사가 반드시 해체되어야 하는가에 대해서는 법적인 논란이 적지 않으나, 평화체제 구축과정에서 유엔사의 존속이나 지위 및 역할 조정에 대해서는 어떤 식으로든 재검토가 요구될 수밖에 없을 것이다. 결국 2019년 2월 베트남 하노이에서 개최된 제2차 북미정상회담에서의 협상이 별다른 성과 없이 결렬되면서 유엔사의 존속 논란은 크게 쟁점화되지 않았으나, 향후 북한과의 관계 개선에 따라 이 문제는 언제든 수면 위로 부상할 가능성이 크다.

따라서 향후 전시작전통제권 전환이나 평화협정 체결과 연계하여 유

3 『통일뉴스』, "벨 사령관 "기지이전 차질.중단 시 싸울 것"" (2007. 1. 9.).

4 『문화일보』, "태영호, 국민들 잘 모르지만, 유엔사 해체 이미 시작됐다" (2018. 9. 14.).

엔사가 계속 존속할 수 있는 것인지, 전·평시 유엔사의 임무와 기능이 어떻게 정립되어 나가야 할 것인지, 유엔사와 미래연합사, 한국 합동참모본부(이하 '합참') 간의 관계가 어떻게 설정될 것인지, 이에 따른 동맹 지휘구조는 어떻게 변화될 것인지 등에 대해 심도 깊은 논의가 필요한 실정이다. 이 글에서는 먼저 유엔사의 역할 변화와 함께 규범적 근거를 확인하고, 이를 바탕으로 유엔사의 현재 역할과 기능, 나아가 전시작전통제권 전환과 평화협정 체결에 따른 미래 역할 변화에 관한 법적 쟁점과 과제를 살펴보기로 한다.

II. 유엔군사령부의 역할 변화 경과와 법적 근거

현시점에서 유엔사에 부여된 임무와 역할을 명확히 이해하기 위해서는 유엔사 창설 시점부터 현재에 이르기까지 임무를 결정지은 법적·제도적 기초를 확인하는 작업이 선행될 필요가 있다. 이에 주요 시기별로 유엔사의 역할 변화를 견인했던 국제법적 근거들을 살펴봄으로써 현행 유엔사의 임무와 추후 역할 변화에 대한 논의의 기초로 삼고자 한다.

1. 1950년 6·25전쟁 발발에 따른 유엔군사령부 창설

유엔 안전보장이사회(이하 '안보리')는 유엔헌장(이하 '헌장') 제24조 제1항에 따라 국제평화와 안전의 유지를 위한 일차적 책임을 부여받은 기관으로, 평화에 대한 위협, 평화의 파괴 또는 침략행위가 존재할 경우 국제평화와 안전의 유지 또는 그 회복을 위해 권고하거나(헌장 제39조), 비군사적(헌장 제41조) 또는 군사적 강제조치(헌장 제42조)를 취할 수 있다.

본래 헌장 제42조가 입안된 목적은 안보리가 별도의 특별협정(헌장 제43조)을 통해 회원국들로부터 병력을 제공받아 상임이사국으로 구성된 군사참모위원회(헌장 제47조)의 지휘 아래 상비군을 운용하기 위한 것이었다. 그러나 유엔 창설 직후부터 냉전의 영향으로 안보리와 회원국 간 특별협정은 단 한 건도 체결되지 않았고, 6·25전쟁 발발 당시에도 유엔 차원의 강제조치는 헌장이 전혀 예상하지 않았던 방식으로 이루어질 수밖에 없었다.

1950년 6월 25일 북한의 남침이 개시되자 같은 날 안보리는 북한군의 무력공격이 평화의 파괴에 해당한다고 결정하면서 북한 당국에 적대행위의 즉각적 중지와 군대의 철수를 요구하는 결의를 채택했다(결의 제82호).[5] 그러나 북한이 이에 응하지 않자 안보리는 6월 27일 회원국들에 한국 지역에서 무력공격을 격퇴하고 국제평화와 안전을 회복하기 위해 필요한 원조를 제공할 것을 권고했다(결의 제83호).[6] 나아가 7월 7일에는 유엔 회원국들이 제공하는 병력과 기타 지원을 효과적으로 운용하기 위해 미국 주도하의 '통합사령부unified command'를 창설하도록 하고, 작전 중 유엔기를 사용할 권한과 함께 안보리에 그 활동에 관해 보고할 의무를 부과했다(결의 제84호).[7] 이에 따라 7월 24일 미 극동군사령부를 모체로 일본 도쿄에서 주한유엔군사령부United Nations Command in Korea가 창설되었다.

유엔사가 부여받은 본연의 임무는 '한국 방위'를 통해 국제평화와 안전을 회복하도록 하는 데 있었다. 이를 위해 안보리 결의 제83호는 유엔 회원국들에 "무력공격을 격퇴하고 한국 지역에서의 국제평화와 안전을 회복하기 위해 필요한 원조를 제공할 것"을 권고했으며, 결의 제84호

5 UN Doc. S/RES/82(1950).
6 UN Doc. S/RES/83(1950).
7 UN Doc. S/RES/84(1950).

는 기존의 결의 제82호와 제83호의 내용을 재확인하면서 미국 주도하의 통합사령부가 참전국들의 전력을 통합 지휘하도록 했다.[8] 1950년 7월 15일 이승만 대통령은 이 같은 임무의 효율적 이행을 위해 유엔군사령관에게 '작전지휘권 이양에 관한 공한Exchange of Public Letters Concerning Transfer of Operation Command'을 보냈고, 7월 18일 유엔사는 "현 적대행위가 계속되는 동안 대한민국 육·해·공군의 작전지휘권operational command authority[9]을 인수"했다는 내용의 회한을 보내 한국군을 포함한 유엔사의 작전지휘권이 공식적으로 일원화되었다.[10] 아울러 1951년 9월 8일 샌프란시스코 평화조약을 통해 주권을 회복한 일본은 유엔사의 원활한 활동을 지원하기 위해 같은 날 「애치슨-요시다 교환각서」에 서명함으로써, 극동지역에서 이루어지는 유엔의 활동에 시설과 역무를 제공하기로 합의했다.[11]

8 1950년 총회 결의 제376호(Ⅴ)와 1953년 총회 결의 제712호(Ⅶ) 역시 유엔사의 한국 방위 임무를 재확인하고 있다. UN Doc. A/RES/376(Ⅴ)(1950); A/RES/712(Ⅶ)(1953).

9 1954년 한미합의의사록에 의해 유엔군사령관에게 이양되었던 '작전지휘권'은 '작전통제권'으로 변경되었다. 그러나 6·25전쟁 중에도 한국은 국군에 대한 인사와 부대편제, 훈련 등에 대한 권한을 행사했고 유엔사 역시 이를 인정했다는 점에서 1950년 유엔사에 이양된 것은 작전지휘권이 아닌 작전통제권으로 이해하는 것이 보다 적절할 것으로 보인다. 한용섭, "전시작전통제권 환수문제", 심지연·김일영(편), 『한미동맹 50년: 법적 쟁점과 미래의 전망』(백산서당, 2004), 70쪽. 일반적으로 '작전통제'는 '작전지휘'에 포함되는 지휘 권한으로, 여기에는 행정과 군수, 군기, 내부편성과 단위부대 훈련 등에 대한 권한과 책임이 포함되지 않는다. 합동참모본부, 『합동교범 10-2: 합동·연합작전 군사용어사전』(합동참모본부, 2014), 382-383쪽.

10 작전지휘권 이양에 관한 공한은 1950년 7월 14일 작성되어 주한 미국대사를 통해 7월 15일 전달된 '이승만 대통령이 맥아더 장군에게 보낸 공한(The Korean President Syngman Rhee to the American Embassy)'과 7월 18일 '주한 미국대사 무초를 통한 맥아더 장군의 이 대통령에 대한 회한(Reply of General macArthur to President Rhee through American Ambassador John J. Muccio in Korea)'으로 구성되어 있다. 같은 해 7월 25일 유엔 주재 미국 대표 오스틴은 이들 내용을 유엔사무총장에게 전달하면서 안보리에 주의를 환기해 줄 것을 요청한 바 있다. UN Doc. S/1627(1950).

11 "Notes Exchanged between Prime Minister Yoshida and Secretary of State Acheson at the Time of the Signing of the Security Treaty between Japan and the United States of America"(1951. 9. 8.), in Andrew L. Ores & Yuki Tatsumi, *Global Security Watch Japan* (Praeger, 2010), p.163.

한편 유엔군이 38선 이북으로 진격할 수 있도록 법적 근거를 제공한 1950년 10월 7일 자 총회 결의 제376호(V)는 6·25전쟁과 관련된 일련의 총회 결의들의 본질적 목적이 "통일·독립된 민주주의 한국정부를 수립"하는 데 있음을 강조하고 있는데, 이 점을 근거로 '한국통일의 완수 및 지원'이 유엔사의 또 다른 임무 중 하나라는 견해도 있다.[12]

2. 1953년 정전협정 체결

1953년 7월 27일 정전협정이 체결되면서, '정전체제 관리'라는 새로운 역할은 오늘날에 이르기까지도 유엔사의 가장 핵심적인 임무로 유지되고 있다. 정전협정 제2조 제17항은 "본 정전협정의 조항과 규정을 준수하며 집행하는 책임은 본 정전협정에 조인한 자와 그의 후임 사령관에게 속한다. 적대 쌍방 사령관들은 각각 그들의 지휘하에 있는 군대 내에서 일체의 필요한 조치와 방법을 취함으로써 그 모든 소속부대 및 인원이 본 정전협정의 전체 규정을 철저히 준수하는 것을 보장한다"고 규정하고 있으며, 제1조 제10항에서는 "비무장지대 내의 군사분계선 이남의 부분에 있어서의 민사행정 및 구제사업은 국제연합군 총사령관이 책임진다"고 명시하고 있다. 이에 따라 유엔군사령관은 정전협정 제반 조항을 이행하고 감독하는 정전협정 관리 주체로서의 역할을 수행하게 되었다.

한편 북한이 또다시 적대행위를 재개할 경우와 관련하여 유엔사에 부여되었던 '한국 방위'라는 본연의 임무 역시 계속해서 유지되었다. 1950년 이승만 대통령의 '작전지휘권 이양에 관한 공한'에 명시된 시간적 범위는 "현 적대행위가 계속되는 동안"에 한정되어 정전협정 체결 이후에

12 김명기, 『주한국제연합군과 국제법』(국제문제연구소, 1990), 96쪽; 제성호, "유엔군사령부의 법적 지위와 재활성화 문제", 『서울국제법연구』, 제26권 제2호(2019), 15-16쪽.

는 유엔사의 일원화된 작전지휘권 행사가 어려운 상황이었다. 이에 이승만 대통령은 정전협정 체결 직후인 1953년 8월 7일 「이승만-덜레스 공동성명」을 통해 한미 간에 "상호방위조약이 발효될 때까지" 유엔사의 지휘를 받을 것이라고 발표했다.[13] 이후 「대한민국과 미합중국간의 상호방위조약」(이하 '한미상호방위조약') 발효를 하루 앞둔 1954년 11월 17일 체결된 「한국에 대한 군사 및 경제원조에 관한 대한민국과 미합중국간의 합의의사록」(이하 '한미합의의사록')에서 유엔사에 한국군에 대한 작전통제권을 재부여하기로 하면서 유엔사의 단일 지휘관계는 중단 없이 계속 유지될 수 있었다. 특히 한미합의의사록은 "유엔군사령부가 대한민국의 방위를 위한 책임을 부담하는 동안 대한민국 국군을 유엔군사령부의 작전통제operational control하에 둔다"고 명시함으로써 한국 방위에 대한 책임을 재확인했다.[14] 또한 한미합의의사록 체결에 앞서 1953년 10월 1일 한

13 "휴전후 한미정책에 관한 대한민국 대통령과 미국 국무장관의 공동성명"(1953. 8. 7.), 국방부, 『국방조약집(제1집)』(국방부 전사편찬위원회, 1981), 692-695쪽; "Joint Statement by Secretary of State John Foster Dulles and Korean President Syngman Rhee"(1953. 8. 7.) in U.S. Department of State, *The Record on Korean Unification 1943-1960* (U.S. Government Printing Office, 1960), pp.132-134.

14 다만 유엔사에 이양된 한국군에 대한 작전통제권은 이후 몇 차례 변화를 겪었다. 첫 번째로, 1961년 5월 26일 「국가재건최고회의와 유엔군사령부간의 작전통제권의 유엔군사령관 복귀에 관한 공동성명」을 통해 유엔군사령관은 "그 작전통제권을 공산침략으로부터 한국을 방위하는 데만 행사한다"고 발표했으며, 제30·제33경비사단, 제1공수특전팀 및 5개의 추가 헌병중대를 작전통제로부터 해제했다. "UNC and SCNR Issue Joint Statement"(1961. 5. 26.), 국방부, 『국방조약집(제1집)』(국방부 전사편찬위원회, 1981), 705쪽. 두 번째로, 1964년 9월부터 1973년 3월까지 한국 정부가 베트남전쟁에 전투부대를 파병하는 동안에도 파월군에 대한 작전통제권이 환수된 바 있다. 이를 위해 1965년 6월 21일 당시 한국 국방장관은 유엔군사령관에게 "야전군에서 1개 전투사단을 지정할 예정"이며 "이들 부대를 귀하의 지휘권으로부터 해제하여 주시기 바라며"라는 내용의 공한을 보낸 바 있다. "전투부대 파월결정과 관련 통보 공한"(1965. 6. 21.), 국방부, 『국방조약집(제1집)』(국방부 전사편찬위원회, 1981), 800쪽. 이에 따라 1965년 9월 6일 서명한 주월 한·미 군사실무 약정서와 한·월 군사실무 약정서에서는 공히 "대한민국 정부로부터 파견된 한국군의 지휘권은 대한민국 정부에서 임명한 한국군 사령관에게 있다"고 명시했다. 국방부, 『국방조약집(제1집)』(국방부 전사편찬위원회, 1981), 250-256쪽. 마지막으로 1968년 1월 21일 발생한 북한 무

미상호방위조약이 체결되면서(1954년 11월 18일 발효) 유엔사의 한국 방위 임무는 더욱 공고해졌다.

다른 한편으로 정전협정이 체결된 1953년 7월 27일 전투병력을 파병했던 유엔 참전국 16개국은 「한국휴전에 관한 참전 16개국 공동정책 선언」(워싱턴선언)을 통해 "만약 유엔의 제 원칙에 반한 무력공격이 재발할 경우, 우리는 세계평화를 위해 다시 단결하여 즉각적으로 이에 대응할 것"이라는 의사를 표명했다.[15] 이에 따라 유엔사는 한반도 유사시 참전국들의 전력을 제공함으로써 '한국 방위' 임무를 보다 원활히 수행하는 역할을 하게 되었다. 이를 위해 1951년 9월 8일에 체결되었던 「애치슨-요시다 교환각서」는 1954년 2월 19일 자 「주일유엔군지위협정Agreement Regarding the Status of the United Nations Forces in Japan」으로 대체되었다.[16] 「주일유엔군지위협정」 전문에서 "대일강화조약의 발효 이후 유엔 회원국 군대가 극동지역에서 일체의 유엔 활동을 수행하고자 할 경우, 일본 정부는 회원국 군대에 의한 일본 인근에서의 활동을 허용 및 지원한다"고 명시하고 있어, 유엔사 전력제공국sending states 병력은 일본 정부의 사전 허가 없이 일본의 시설을 이용할 수 있게 되었다.[17] 1957년 7월 1일 유엔사가 일본 도쿄

장공비 청와대 습격사건과 1월 23일의 푸에블로호 납치사건을 계기로 같은 해 4월 17일 하와이에서 한미 정상회담이 개최되었는데, 여기서 박정희 대통령과 존슨 대통령은 대간첩작전에 대해서는 한국군이 작전통제권을 행사하는 것에 합의했다. 이후 4월 18일 발표된 공동성명과 이를 근거로 개최된 제1, 2차 국방각료회의에서도 한미 양국은 한국군에 의한 대간첩작전 지휘를 전제로 효과적인 대간첩작전계획을 검토했다. 이상에서 언급된 공동성명의 내용은 국방부, 『국방조약집(제1집)』(국방부 전사편찬위원회, 1981), 705-724쪽 참조.

15 "Joint Policy Declaration Concerning the Korean Armistice"(1953. 7. 27.), 국방부, 『국방조약집(제1집)』(국방부 전사편찬위원회, 1981), 676-677쪽.

16 "Agreement Regarding the Status of the United Nations Forces in Japan"(1954. 2. 19.), United Nations, *Treaty Series*, Vol.214, 1955, p.148.

17 이와 달리 「미일방위협력지침」에 따라 일본의 군수기지들을 이용할 경우에는 일본과의 사전협의가 요구된다. 1960년 1월 19일 개정된 「미일안보조약」 제6조에 관한 교환공문에서는 "합중국 군대의 일본에의 배치에 있어서의 중요한 변경, 동 군대의 장비에 있어서의 중요

에서 서울로 이전하면서 일본에는 '유엔사 후방지휘소UNC Rear'가 창설되었다. 이에 따라 7개소의 유엔사 후방기지는 한반도 유사시 유엔사 회원국들의 전력이 수용·대기하는 데 필요한 시설과 역무를 제공함으로써 한반도 전개를 지원하는 역할을 수행하게 되었다.

3. 1978년 한미연합사령부 창설과 1994년 평시작전통제권 전환

북한은 정권이 수립되기 전부터 주한미군을 비롯한 일체의 외국군 철수를 주장해 왔는데,[18] 이 같은 주장은 1957년 제10차 유엔 총회부터 1975년 제30차 유엔 총회에 이르기까지 거의 매년 유엔 총회에서 한국문제가 토의되는 과정에서도 반복되었다. 특히 1962년 제17차 유엔 총회에 제출한 보고서에서 북한 측은 "한국의 통일문제는 외부의 간섭 없이 한국민 스스로에 의해 평화적으로 해결되어야 하는 국내문제"임을 내세워, "만일 유엔이 헌장에 따른 본연의 임무를 수행하고자 한다면 무엇보다 미국으로 하여금 남한에서 유엔군을 즉각 철수시키게 하고 유엔한국통일부흥위원회United Nations Commission for Unification and Rehabilitation of Korea, UNCURK를 해체해야 한다"고 주장했다.[19] 유엔 총회에서 서방 측이 다수를 점하던 1960년대 중반까지 공산 측의 외국군 철수 제안이 총회 결의로 채택되는 일은 없었다.[20] 그러나 이후 공산 측에 동조하는 제3세

한 변경 및 일본국으로부터 수행되는 전투작전행동을 위한 기지로서의 일본 국내의 시설 및 구역의 사용"을 협의대상으로 규정하고 있다. 영문본은 Kazuhiko Togo, *Japan's Foreign Policy, 1945-2009: The Quest for a Proactive Policy, 3rd ed.* (Brill, 2010), p.59 참조.

18 1947년 미·소공동위원회 제61차 본회의에서 소련은 미·소 양국군의 동시 철수를 제의한 바 있으며, 김일성 역시 1948년 북조선민주주의민족통일전선 중앙위원회 제25차 회의에서 미국이 이를 거부한 것을 비난하면서 선거의 조건으로 외국군 동시 철수를 주장한 바 있다. 김일성, 『김일성저작집: 1992.12-1994.7(제44권)』(조선로동당출판사, 1996), 174-175쪽.

19 The United States of Public Information, "Questions Concerning Asia and the Far East", *The Yearbook of the United Nations*, Vol.16, 1962, p.119.

20 이 시기 한국 문제에 대한 총회 결의는 UNCURK의 연차보고를 승인하면서 UNCURK의

계 신생동맹국들과 비동맹국가들이 유엔에 대거 유입되면서, 1966년부터는 유엔사의 철수조건으로 기존의 "항구적 해결을 위한 조건이 형성될 경우"라는 표현 이외에 "한국에 의한 철수 요청이 있는 경우"라는 문구가 추가 삽입되었다.[21] 특히 1971년 중국이 안보리 상임이사국 자격을 획득하고 1973년 북한이 유엔 총회에 옵서버 자격으로 참석하게 되면서, 공산 측은 유엔사 해체를 위한 적극적인 공세에 나섰다.[22] 그 결과 한국 문제에 대한 마지막 결의가 채택된 1975년 제30차 유엔 총회에서는 서로 모순되는 내용의 서방 측 결의안과 공산 측 결의안이 동시에 채택되기에 이르렀다. 서방 측 결의안에서 "정전협정을 대체할 새로운 장치"가 마련될 것을 조건으로 유엔사 해체를 제시한 것과 달리,[23] 공산 측 결의에서는 어떠한 조건도 없이 "유엔사를 해체하고 유엔의 깃발 아래 남한에 주둔하는 모든 외국군을 철수할 것"을 촉구했던 것이다.[24]

이와 같은 국제정세 아래 미국의 닉슨 독트린과 카터 대통령의 주한미군 지상군 감축 계획 및 한국군의 작전통제권 전환 요구 등에 따라 한미 간 협의가 진행되면서 결국 1978년 11월 7일에는 한미연합사가 창설되었다. 1954년 한미합의의사록은 한국군에 대한 작전통제권을 유엔사에 부여했으나, "양국의 상호적 및 개별적 이익이 변경에 의해 가장 잘

존속과 유엔군의 한국 주둔을 인정하는 내용이 주를 이루었다. 한국 문제에 대한 총회 결의 중 친한국 결의안은 UN Doc. A/RES/1180(XII)(1957); A/RES/1264(XIII)(1958); A/RES/1455(XIV)(1959); A/RES/1740(XVI)(1961); A/RES/1855(XVII)(1962); A/RES/1964(XVIII)(1963); A/RES/2132(XX)(1965); A/RES/2224(XXI)(1966); A/RES/2269(XXII)(1967); A/RES/2466(XXIII)(1968); A/RES/2516(XXIV)(1969); A/RES/2668(XXV)(1970); A/RES/3333(XXIX)(1974) 참조.

21 UN Doc. A/RES/2224(XXI)(1966).

22 The United States of Public Information, "Questions Concerning Asia and the Far East", *The Yearbook of the United Nations*, Vol.27, 1973, p.153.

23 UN Doc. A/RES/3390(XXX)A(1975).

24 UN Doc. A/RES/3390(XXX)B(1975).

성취될 것이라고 협의 후 합의되는 경우에는 이를 변경할 수 있다"는 문구에 따라 이후의 합의를 통해 유엔사의 한국군에 대한 작전통제권은 한미연합사로 이양되었다. 작전통제권 이양의 첫 번째 과정으로 한미 양국은 먼저 1977년 7월 26일 제10차 SCM[25]에서 "한국방위의 작전효율화를 위해 한미연합군사령부를 설치하기로 합의했고, 휴전협정을 시행하기 위한 효과적인 대안이 없는 한 유엔군사령부는 평화유지기구로서 계속 그 기능을 수행할 것"임을 재확인했다.[26] 즉, 한미연합사 설치에도 불구하고 유엔사는 계속 존속하면서 정전체제 관리 임무를 수행하기로 합의한 것이다. 이후 1978년 7월 27일 제11차 SCM에서 한미 양국의 국방부장관은 단독회담을 통해 「군사위원회 및 한미연합사에 대한 권한 위임사항Terms of Reference」(이하 'TOR')을 구두 승인함으로써 군사위원회Military Committee(이하 'MC')를 창설하는 한편 한미연합사의 임무와 기능, 구조와 편성 등의 세부사항에 합의했다(그림 6-1).[27] 이어서 TOR에 따라 창설된 MC에서는 1978년 7월 28일 본회의Plenary Session를 개최하여 한미연합사

25 1968년 1월 21일 발생한 북한 무장공비 청와대 습격사건과 1월 23일 푸에블로호 납치사건을 계기로 같은 해 4월 17일 하와이에서 한미 정상회담이 개최되었고, 그 직후인 4월 18일 발표된 공동성명에 의거 한미 양국은 매년 국방부장관급 수준에서 '국방각료회의'를 개최하여 주요 안보문제를 협의하게 되었다. 이는 1978년 2월부터 '한미안보협의회의(SCM)'로 개칭되어 현재에 이르고 있다. SCM은 「한미상호방위조약」 제2조의 "본 조약을 이행하고 그 목적을 추진할 적절한 조치를 협의와 합의하에(in consultation and agreement) 취할 것이다"라는 규정에 근거한다.

26 "제10차 한·미 연례 안보협의회의 공동성명서"(1977. 7. 26.), 국방부, 『국방조약집(제1집)』(국방부 전사편찬위원회, 1981), 765-767쪽.

27 이에 따라 과거에는 유엔군사령관이 미국의 국가통수·지휘기구-합참의장을 거쳐 단독으로 작전통제권을 행사했던 것과 달리, 한미연합사령관은 한미 양국의 대통령·국방부장관·합참의장으로 구성되는 국가통수·지휘기구(National Command and Military Authority, NCMA)와 양국 국방부장관 간의 한미안보협의회의(SCM), 양국 합참의장 간의 군사위원회(MC)로부터 전략지침(Strategic Guidance)과 전략지시(Strategic Directive)를 하달받아 작전통제권을 행사하게 되었다. 즉, NCMA는 SCM을 통해 MC에 전략지침을 하달하고, MC는 한미연합사에 전략지시와 작전지침을 하달함으로써 한미연합사가 수행해야 할 임무와 과업을 부여하는 것이다.

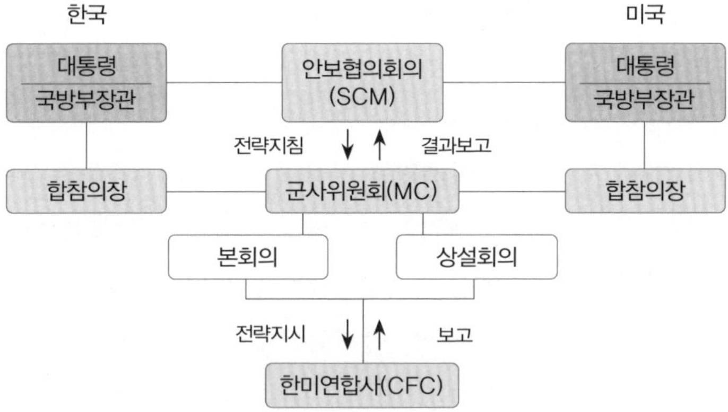

그림 6-1 한미연합 군사지휘체계[28]

의 편성과 임무, 기능, 작전통제부대 목록 등을 명시한「전략지시Strategic Directive, SD 제1호」를 한미연합사에 하달했다. TOR/SD 제1호에서는 한미연합사령관의 기능과 관련하여 한미연합사령관이 한국군에 대한 작전통제권을 행사한다고 명시함으로써 유엔사가 갖던 작전통제권은 한미연합사로 공식 전환되었다.[29] 이로써 유엔사의 '대한민국 방위' 임무는 한미연합사로 이양되었으며, 유엔사의 기능과 역할은 '정전체제 관리'와 유엔사 후방기지를 통한 '전시 전력제공'이라는 억제력 발휘 위주의 임무로 축소되었다. 정전체제 관리 임무와 관련하여 유엔사는 북한의 정전

28 국방부 군사편찬연구소,『한미동맹 60년사』(국방부, 2013), 120쪽.

29 1978년 10월 7일 한국 외무부장관과 주한미국대사가 서명한「한·미 연합군사령부 설치에 관한 교환각서」에서는 TOR이 "1953년에 서명된「대한민국과 미합중국 간의 상호방위조약」 및 1954년에 서명되고 1955년과 1962년에 각각 개정된 바 있는「대한민국 정부와 미합중국 정부간의 군사 및 경제원조에 관한 합의의사록」 중 한국 측 정책사항 제2항의 규정의 범위 내에서 정당하게 이루어진 약정이며 또한 동 약정은 한미연합사령관이 미군 4성장군으로서 유엔군사령관 및 주한미군사령관을 겸임하는 동안 효력을 갖는 것"임을 확인함으로써 법적 구속력을 명시적으로 인정했다. "한·미 연합군사령부 설치에 관한 교환각서"(1978. 10. 17.), 국방부,『국방조약집(제1집)』(국방부 전사편찬위원회, 1981), 548-549쪽.

협정 위반에 즉각 대응할 수 있는 수단을 갖고 있지 않으므로, TOR/SD 제1호는 한미연합사령관이 정전협정의 이행과 관련하여 유엔군사령관의 지시에 응하고 필요시 전투부대를 지원하도록 규정했다.

한편 1988년 서울 올림픽 개최와 국력 신장 등 대내외적 환경변화로 한국 내에서는 평시작전통제권의 조기환수 문제가 공론화되었다. 1989년 8월 미국에서도 국방예산 감축을 위한 넌-워너Nunn-Warner 수정안이 통과되고 이에 근거하여 평시작전통제권 전환에 관한 내용을 담은 동아시아전략구상East Asia Strategic Initiative, EASI이 발표되면서 한미 양국 간에는 평시작전통제권 전환 문제에 대한 협의가 본격화되었다. 그 결과 1992년 10월 7~8일 개최된 제14차 한미군사위원회회의Military Committee Meeting(이하 'MCM') 및 제24차 SCM에서 한미 양국은 "한국군에 대한 평시작전통제권을 늦어도 1994년 12월 31일까지 한국에 전환"하기로 했으며,[30] 1993년 11월 4일 제15차 MCM 및 제25차 SCM에서는 구체적 전환시기를 "1994년 12월 1일부로" 합의했다.[31] 이에 따라 1994년 10월 6일 제16차 MCM에서는 한미연합사에 「전략지시SD 제2호」를 하달했으며, 다음날 개최된 제26차 SCM에서 한미 양국은 기존의 TOR을 개정한 「군사위원회 및 한·미연합군사령부 관련 약정」에 서명했다. 같은 해 11월 30일 「대한민국 외무부장관과 주한미국대사 간 교환각서」를 통해 TOR/SD 제2호에 법적 구속력을 부여하기로 합의하면서,[32] 기존의 TOR/SD 제1

30 "제24차 한·미 연례안보협의회의 공동성명서"(1992. 10. 8.), 국방부, 『국방조약집(제2집)』(국방부 전사편찬위원회, 1993), 700-706쪽.

31 "제25차 한·미 안보협의회(SCM) 공동성명서 전문", 국방부, 『국방백서 1994~1995』(국방부, 1994), 261-264쪽.

32 "외무부장관의 주한미국대사앞 제안각서"(1994. 11. 30.) 및 "주한미국대사의 외무부장관앞 회답각서"(1994. 11. 30.)는 이 같은 교환각서와 1994년 10월 7일 자 「관련약정」이 "양국 정부 간의 합의를 구성(shall constitute an agreement between our two Government)"함을 명시했다. 국방부, 『국방조약집(제3집)』(국방부 전사편찬위원회, 1997), 598-601쪽.

호의 효력은 1994년 12월 1일부로 종료되었다. 이로써 1994년 12월 1일부로 평시작전통제권은 한국 합참으로 전환되었다. 다만 평시(정전 시)에도 한미연합사령관이 전시 대비 연합임무와 계획, 과업을 원활히 수행할 수 있도록 TOR/SD 제2호에서는 이른바 '연합권한위임사항Combined Delegated Authority'(이하 'CODA')으로 "① 전쟁억제, 방어 및 정전협정 준수를 위한 연합위기관리, ② 작전계획 수립, ③ 연합·합동교리발전, ④ 연합정보관리, ⑤ 연합·합동 훈련 및 연습의 계획과 실시, ⑥ C4I 상호운용성"이라는 여섯 분야에 대한 권한을 한미연합사령관에게 위임했다.

4. 소결: 유엔군사령부의 현행 임무와 법적 근거

이상에서 살펴본 유엔사의 임무 변화는 시기적으로 [표 6-1]과 같이 정리할 수 있다. 현재 유엔사의 임무는 '전시 전력제공'과 '정전체제 관리'가 핵심을 이룬다고 할 수 있다. 그동안 유엔사의 임무를 결정지었던 법적 근거들을 종합적으로 검토할 때 현재 유엔사의 임무는 다음과 같이 정리할 수 있다.

첫째 유엔사가 6·25전쟁 관련 안보리 결의를 통해 부여받았던 '한국 방위'라는 본연의 임무는 1978년 한미연합사로 이양되었다. 현재는 1954년의 한미합의의사록에 기초한 후속합의, 즉 TOR/SD 제2호와 1994년 11월 30일 자 교환각서에 따라 한미연합사령관이 한국군에 대한 전시작전통제권을 행사한다. 이에 따라 평시 상태인 방어준비태세[33] 4단계DEFCON-IV가 한미 NCMA의 결정에 따라 3단계DEFCON-III로 격상되면

33 방어준비태세(Defense Readiness Condition, DEFCON)는 당면한 상황에 대처할 목적으로 부대를 일정한 준비태세로 유지시키는 것으로 DEFCON-Ⅴ부터 DEFCON-Ⅰ에 이르기까지 총 5단계로 구분되며, 상황이 긴박하게 진전됨에 따라 높은 단계로 전환된다. 유럽에서는 평시 DEFCON-Ⅴ 단계를 유지하지만, 군사적 긴장상태에 있는 한반도는 DEFCON-Ⅳ 단계를 유지하고 있다.

표 6-1 유엔사의 임무 변화

구분		창설 (1950. 7. 24.)	정전 (1953. 7. 27.)	한미연합사 창설 (1978. 11. 7.)
임무	1	한국 방위	한국 방위	–
	2	전력제공	(전시) 전력제공	(전시) 전력제공
	3	–	정전체제 관리	정전체제 관리
법적 근거		• 유엔 안보리 및 총회 결의 • 작전지휘권 이양공한(1950) • 애치슨-요시다 교환 각서(1951)	• 정전협정(1953) • 워싱턴선언(1953) • 이승만-덜레스 공동성명(1953) • 한미상호방위조약(1953) • 주일유엔군지위협정(1954) • 한미합의의사록(1954)	• TOR/SD 제1호(1978) • 1978. 10. 7. 자 교환 각서 • TOR/SD 제2호(1994) • 1994. 11. 30. 자 교환 각서 • 2018. 10. 31. 자 SCM 4개 핵심 전략문서

* 음영 표시: 현재도 유효

대부분의 지정된 한국군 부대에 대한 작전통제권이 한국군 합참의장에서 한미연합사령관으로 이전된다. 2018년 10월 31일 제50차 SCM에서 한미 양국이 "현재의 연합군사령부 구조를 지속 유지하기로 하고, 미래연합군사령부에서는 한국군 4성장성이 사령관을 맡고 미군 4성장성이 부사령관을 맡도록 한다는 공동의 공약"을 재확인함에 따라,[34] 추후 전시작전통제권이 한국으로 전환되더라도 '한국 방위' 임무는 미래연합사가 계속해서 유지하게 되었다.

둘째, 한국 방위 임무는 한미연합사로 이양되었으나 유엔사는 주일 유엔사 후방기지를 통해 한반도 유사시 전력을 제공하는 역할을 통해 한국 방위 임무를 뒷받침한다. 유엔사는 한반도 유사시 1953년 「워싱턴선언」에 기초하여 제공되는 다국적 연합전력을 수용, 전개, 전방이동 및 통합하는 연합전시증원Reception, Staging, Onward Movement and Integration, RSOI 역할

34 "제50차 한미안보협의회의(SCM) 공동성명"(2018. 10. 31.), 국방부, 『2018 국방백서』(국방부, 2018), 276-280쪽.

을 수행하게 된다. 이에 따라 1954년 「주일유엔군지위협정」은 여전히 유엔사 전력제공국들이 일본 정부의 사전 승인 없이 유엔사 후방기지를 자유롭게 활용할 수 있는 근거가 되고 있다.

셋째, 유엔사는 1953년 정전협정의 후속 합의사항을 포함한 제반 조항의 이행을 확인, 감독하고 위반행위를 시정하는 정전체제 관리 임무를 수행한다. 2011년 5월 26일 개최된 상설 MCM에서 한국 합참의장과 유엔군사령관은 전시작전통제권 전환 이전까지 "유엔군사령관의 정전관리 책임과 권한을 인정"하며 "정전협정을 지속적으로 이행하고 준수할 것"을 약속한 바 있으며,[35] 2018년 10월 31일 제50차 SCM에서 합의된 「연합방위지침」에서는 전시작전통제권 전환 이후에도 "유엔군사령부를 지속 유지하고 지원"할 것에 합의했다.[36] 한국군에 대한 작전통제권이 한미연합사로 이양되어 있는 현 시점에서 한미연합사와 유엔사, 한국 합참 간의 상호관계는 TOR/SD 제2호에 의해 규율되고 있다.[37] 한편 유엔군사령관은 평시 정전체제 관리의 일환으로 한국군에 「정전교전규칙 Armistice Rules of Engagement, AROE」 준수를 요구할 수 있으며, 이를 통해 평시에도 한국군의 자위권 행사에 일정한 영향력을 행사함으로써 한반도 위기관리를 주도하려는 의도를 보여 왔다. 특히 현재는 한미연합사령관이 유엔군사령관을 겸직하고 있으므로, 한미연합사령관이 평시에 보유하는 CODA, 그중에서도 연합위기관리를 위한 별도의 합의각서 체결과

35 "정전관리책임에 관한 대한민국 합동참모본부와 유엔군사령부간의 기록각서"(2011. 10. 24.), 국방부, 『국방조약집(제9집)』(국방부 전사편찬위원회, 2013), 824-826쪽.

36 "전시작전통제권 전환 이후 연합방위지침"(2018. 10. 31.), 국방부, 『2018 국방백서』(국방부, 2018), 283-284쪽.

37 2018년 10월 31일 서명된 4개의 핵심 전략문서 가운데 하나인 TOR-R은 TOR/SD 제2호와 함께 유엔사-한미연합사-한국 합참 간의 관계를 규율하는 법적 근거로 작용하고 있다. 추후 전시작전통제권 전환 이후에는 TOR/SD 제3호로 대체될 예정이며, 세부내용에 대해서는 한미 간에 협의가 진행되고 있다.

「유엔사/연합사 규정 525-4: 정전교전규칙」 제정을 통해 미국은 한반도 위기관리 초기단계에서부터 일정한 영향력을 행사하고 있다.

Ⅲ. 유엔군사령부 재활성화: 전력제공국 확대와 기능 강화

1. 유엔군사령부 재활성화의 의의

유엔군사령부 재활성화의 배경

미 합참은 1983년 1월 19일 「유엔군사령관을 위한 관련약정」을 제정하여 "가용하다면 제3국군을 유엔사 구성군사에 예속시키고 필요시 해당 미군부대에 배속"할 것[제4항 (d)]과 "전쟁이 재발할 경우 유엔사 및 한미연합사는 별개의 법적·군사적 체제로 유지하면서 유엔사 부대를 운용"할 것[제4항 (e)]을 유엔사의 주요 기능 가운데 하나로 명시했다.[38] 나아가 1998년 2월 27일에는 「유엔군사령부 일반명령 제1호UNC General Orders No.1」를 통해 유엔사 예하에 각 구성군사령관들을 임명하여 유엔사 회원국 부대의 수용과 통합 임무를 부여함으로써 유엔사의 독립적인 운용을 가능케 했다.[39] 2003년에는 럼즈펠드Donald H. Rumsfeld 미 국방장관이 유엔군사령관(한미연합사령관 겸직)에게 유엔사 회원국 이외 더 많은 국가가 참여하는 다국적군으로 발전할 수 있도록 증원병력을 전개하는 '병력제공자force provider'로서의 기능을 보강하도록 지시했다. 이에 따라 2008년

38 Chairman of the Joint Chiefs of Staff, Memorandum for Commander, United Nations Command, "Terms of Reference for the Commander in Chief, United Nations Command (CINCUNC)(u)"(1983. 1. 19.), para.4.

39 United Nations Command Order, "United Nations Command General Orders No.1"(1998. 2. 27.).

유엔사는 미 중부사를 참조하여 '다국적 협조본부Multi-National Coordination Center, MNCC'를 편성, 운용하게 되었다. 2013년 스캐퍼로티Curtis Scaparrotti 사령관이 취임한 이후에는 2014년부터 유엔사 '재활성화revitalization'를 핵심과업으로 선정하여 기능 강화 작업을 본격화했으며, 유엔사 측에서는 그 결과 2018년에 "유엔사 재활성화 작업이 완료되었다"고 밝혔다.[40]

유엔군사령부의 조직 편성과 인원 확대

종래 유엔사 보직은 대부분 한미연합사 및 주한미군사령부 구성원들이 겸직해 왔다. 2004년 유엔군사령관 명의의 각서「유엔군사령부 참모편성Designation of United Nations Command (UNC) Staff」에도 "유엔사 참모로 지정된 인원들은 한미연합사 참모부에서 수행하는 동일한 영역의 참모로서 임무를 수행해야 한다"고 명시하고 있다.[41] 2014년 유엔사 재활성화 작업이 본격화되면서 나타난 가장 두드러진 변화는, 종래 한미연합사 및 주한미군사령부 요원들이 겸직하던 유엔사 참모요원 보직이 축소되고 단독 직위로 임명되면서 유엔사가 독자적 역할을 확대, 강화하기 시작했다는 것이다. 이는 주한미군 이전사업으로 유엔군 및 주한미군 사령부가 서울 용산에서 평택의 캠프 험프리스Camp Humphreys로 이전함에 따라 한미연합사와는 별개의 독립참모부로 운용할 필요성이 제기됨에 따른 것이었다. 그 결과 [표 6-2]와 같이 기존에 겸직으로 보직되던 유엔사 부사령관과 참모장, 부참모장 직위는 모두 단독 직위로 변경되었다.[42]

40 『뉴데일리』, "유엔사, 北 완전 비핵화 때까지 한국에 남을 것" (2019. 4. 19.).

41 Chairman of the Joint Chiefs of Staff, Memorandum for Commander, United Nations Command, "Designation of United Nations Command(UNC) Staff"(2004. 4. 17.), para.2.

42 2018년 제50차 SCM을 통해 합의된 연합방위지침에서 "대한민국의 국가통수기구는 한국군 4성장성을 연합군사령관으로 임명하며, 미합중국의 국가통수기구는 미군 4성장성을 연합군 부사령으로 임명한다"고 명시함에 따라, 전시작전통제권 전환 이후 유엔군사령관 및 주

표 6-2 유엔사 지휘부 구성

구분	기존	변경
사령관	겸직(한미연합군사령관/주한미군사령관)	-
부사령관	겸직(7공군사령관/한미연합사 공군구성군사령관)	단독(전력제공국 중장)
참모장	겸직(한미연합사·주한미군사령부 참모장/미8군사령관)	단독(미군 소장) (군정위 미국대표 겸직)
부참모장	겸직(군정위 미국대표)	단독(군무원)

한편 1978년 한미연합사 창설 이후부터 유엔사 참모요원 편제는 점진적으로 증원되어 왔는데, 유엔사 재활성화에 따른 참모편성 최신화 논의에 따라 2015년 7월부터 2016년 2월 사이에 한·미 양국은 기존 편제에서 증원된 참모편성(안)을 검토한 바 있으나 현재까지 큰 진전이 없다. 2019년 1월에는 미국이 신규 유엔사 본부편제('유엔사 1.5UNC 1.5')를 바탕으로 평시 직위 99개 중 20%에 해당하는 20개 직위를 한국군으로 임명해 줄 것을 한국 국방부에 공식 요청한 바 있으나, 한국 측은 이를 수용하지 않았다.

유엔군사령부의 기능 강화

2018년 유엔사 재활성화 작업이 완료되었다는 유엔사 측의 공식입장에도 불구하고, 유엔사 재활성화의 내용이 무엇인지 구체적으로 제시된 사실이 없다. 다만, 2014년 7월 28일 스캐퍼로티 유엔군사령관이 최윤희 한국 합참의장에게 보낸 "유엔군사령부 재활성화Revitalizing United Nations Command"라는 제목의 서한에서 유엔군사령관의 비전을 제시하면서 간접적으로 내용을 언급한 바 있다. 여기서 유엔군사령관은 "재활성화된 유엔군사령부는 한반도의 안보와 안정을 위한 다국적 촉진자enabler

한미군사령관의 한미연합사령관 겸직은 해제될 것이다.

로서 그 능력을 확장시킬 것"임을 강조한 연후에, "유엔군사령부는 대한민국 방어를 위해 다국적 작전을 수행함으로써 지속적으로 정전을 유지하는 동시에 적대행위를 적극적으로 억제하고, 확전을 방지하며, 위기에 효과적으로 대응할 것"이라고 밝힘으로써 지원역할을 강조했다.[43]

2. 유엔군사령부 재활성화의 법적 근거

유엔사 재활성화는 전·평시 독자 운영이 가능한 '완전운용능력 달성'을 목적으로 추진된 것으로, 가시적 성과는 참모조직 확대와 회원국들의 전력통합절차 발전을 통한 독자적 역할 강화에 있었다. 그렇다면 이와 같이 미국이 재활성화를 추진할 수 있는 법적 근거는 무엇인가? 이는 전력제공국 확대와 한국의 동의 필요 여부 등 유엔사 재활성화를 둘러싼 여러 법적 쟁점과 긴밀히 연결되는 문제이므로 우선적인 검토가 필요하다.

유엔사 재활성화의 직접적인 근거는 1950년 7월 7일 채택된 안보리 결의 제84호라 할 수 있다. 앞서 1950년 6월 25일의 안보리 결의 제82호는 북한군의 무력공격이 '평화의 파괴'에 해당한다고 결정했고, 뒤이어 6월 27일 채택된 안보리 결의 제83호는 유엔 회원국들에 대한민국 지역에서 무력공격을 격퇴하고 국제평화와 안전을 회복하기 위해 필요한 원조를 제공할 것을 권고한 바 있었다. 결의 제84호에서는 기존의 결의 제82호와 제83호를 언급하면서 이에 의거하여 제공되는 회원국들의 병력과 기타 지원을 "미국 주도하의under the United States" 통합사령부가 이용할 수 있도록 했을 뿐 아니라, 그 군대의 사령관을 임명할 권한까지 미국에 위임했다. 따라서 '유엔사 재활성화'의 의미가 일각에서 우려하듯이 기존 임무를 벗어나 범위를 확대하려는 것이 아니라 기존의 임

43 "Revitalizing the United Nations Command (UNC)"(2014. 7. 28.), para.3.

무 범위 내에서 유엔사의 기능을 강화하고자 하는 것이라면, 그와 같은 한도 내에서는 안보리 결의 제84호를 근거로 하여 법적으로도 얼마든지 허용된다고 볼 수 있을 것이다. 안보리 결의 제84호는 이미 휴전협정의 체결로 효력을 상실한 것으로 보아야 한다는 견해가 있으나,[44] 결의에 명시된 "무력공격을 격퇴하고 국제평화와 안전을 회복"할 임무는 물론 일련의 총회 결의의 본질적 목표로 제시된 "통일되고 독립적이며 민주적인 한국정부의 수립"이 여전히 미완의 과제로 남아 있다는 점을 고려할 때 이들 결의는 여전히 유효하다고 보는 것이 타당하다. 이에 비추어 볼 때, 유엔사 재활성화의 직접적인 근거는 안보리 결의 제84호라고 할 수 있으며, 그 외에 1950년 10월 7일 채택된 총회 결의 제376호(V), 1953년 7월 27일 유엔 참전국 16개국의 「워싱턴선언」 등은 이를 보완하는 간접적 근거가 된다고 볼 수 있을 것이다.[45]

3. 유엔군사령부 전력제공국 확대와 한국의 동의 필요 여부

안보리 결의 제84호에 근거하여 유엔사 재활성화 자체가 법적으로는 허용될 수 있다고 하더라도, 그 일환으로 유엔사 전력제공국을 확대하는 것은 어느 범위까지 가능한 것인가? 논란의 시작은 2019년 7월 유엔사 전력제공국을 독일과 일본 등으로까지 확대시키려는 미국의 움직임에 대한 비판 여론이 일면서 시작되었다. 미국에서 한국 측과 협의 없이 독일에 유엔사 연락장교 파견을 요청했다가 한국 정부의 항의로 철회한 것

44 오혜란, "한반도 평화체제 구축과 한미동맹의 장래: 주한미군 철수는 가능한가?", 『내일을 여는 역사』, 통권 제77호(2019), 98-100쪽.

45 이와 달리 1953년 7월 27일 「워싱턴선언」을 유엔사 재활성화의 가장 직접적인 근거로 보면서, 보충적 근거로 안보리 결의 제84호, 총회 결의 제376호(V) 이외에 북한 핵무장 규탄 및 대북 제재에 관한 일련의 안보리 결의들까지 폭넓게 해석하는 견해도 있다. 제성호, 앞의 주 12, 17-18쪽.

으로 알려졌으며,[46] 주한미군이 발간한 「2019 전략 다이제스트」에 "유엔사는 위기 시 필요한 일본과의 지원 및 전력 협력을 지속할 것"이라는 문구가 포함되면서 일본을 전력제공국에 참여시키려는 의도가 있는 것 아니냐는 의혹이 발생한 것이다.[47]

미 합참의장 지시(CJCSI 2015. 1.) 「유엔군사령부 전력제공을 위한 절차Procedures to Make Forces Available to the United Nations Command」에서 한국과 미국을 제외한 현재의 유엔사 전력제공국 목록을 열거하면서 "신규 유엔사 전력제공국 지정에는 반드시 미 국무부와 대한민국 간 협의가 선행되어야 한다"고 명시한 점을 고려할 때,[48] 현시점에서 유엔사가 전력제공국을 확대하기 위해서는 절차적으로 한국의 동의가 필수적으로 요구된다고 보아야 할 것이다. 물론 미 합참의장 지시는 미국 측의 일방적 결정에 따라 추후 얼마든지 변경될 수 있으므로 한국과의 협의 절차가 법적으로 보장되었다고 보기는 어렵다. 유엔사의 창설과 조직은 안보리 결의 제84호에 따라 미국에 위임되어 있으므로 '적어도 법적으로는' 전력제공국 확대 권한이 전적으로 미국에 속한다고 할 수 있다. 이는 미국이 반드시 한국과 협의할 법적인 의무는 없으며, 결국 협의의 주도성이 미국에 있음을 의미한다.[49] 물론 유엔사의 활동은 접수국인 한국 정부의 명시적이고 유효한 동의를 전제로 하는 것이지만, 전력제공국 확대 문제로 유엔사의 군사적 지원에 대한 애초의 동의[50]를 문제 삼을 경우에는

46 『한국일보』, "美, 한국 몰래 유엔사에 독일장교 파견 시도했다" (2019. 7. 11.).

47 『조선일보』, "'新 나토' 구상하는 美, 독일 이어 일본까지 유엔사 참여시킬 움직임" (2019. 7. 12.).

48 Chairman of the Joint Chiefs of Staff Instruction, "Procedures to Make Forces Available to the United Nations Command", CJCSI 2015. 1.(2019. 4. 1.), para.5(c).

49 제성호, 앞의 주 12, 19-21쪽.

50 6·25전쟁 직후인 1950년 6월 26일 한국 국회는 유엔과 미국 의회 및 대통령에게 보내는 메시지를 채택하여 "국가적 위기"를 맞아 "세계평화에 대한 파괴행위"를 막기 위한 효과적

한미동맹은 물론 유엔사의 존폐 논란으로 연결될 수 있는 만큼 신중한 접근이 필요하다고 할 것이다. 따라서 한국으로서는 미 합참의장 지시를 통해 명시되어 있는 한국과의 협의가 필수적임을 적극적으로 설득하여 협의절차를 보다 공고하게 제도화하는 방안을 강구하는 것이 바람직하겠다.

4. 유엔군사령부 내 한국의 지위와 역할 모색

6·25전쟁 당시 일련의 안보리 결의에 기초하여 한국에 전력을 제공한 국가들은 전투파병 16개국, 의료지원 6개국이었으나, 정전협정 체결에 따라 병력들이 점차 철수하면서 다소간의 변화가 있었다. 최근에는 이 국가들을 '전력제공국'이라고 부르는 것이 일반적이지만, '공여국contributing nations' 또는 '회원국member states'이라는 용어가 구분 없이 함께 사용되기도 한다. 그러나 미국과 한국은 '전력제공국'과 '회원국'이라는 용어의 의미를 상이하게 이해하고 있어 유엔사 내에서 한국의 구체적 지위가 무엇인지에 대해서도 의견이 일치되지 않고 있는 실정이다.

미국은 기본적으로 '전력제공국'이라는 용어를 유엔사 '회원국'과 동일한 의미로 사용하고 있다. 전력제공국이라는 용어가 처음 사용된 것은 1954년 「주일유엔군지위협정」 제1조 (c)항으로, 유엔사 측은 이에 준하여 지원을 "제공했거나 제공할 수 있는 국가has sent or may hereafter send"라는 의미로 사용하고 있다.[51] 나아가 2019년 4월 1일 제정된 미 합참의

이고 시의적절한 지원을 호소했으며, 다음 날 이승만 대통령 역시 맥아더 극동군사령관에게 공식적인 원조를 요청한 바 있다. 박명림, 『한국 1950: 전쟁과 평화』(나남출판, 2002), 155쪽.

51 Chairman of the Joint Chiefs of Staff Instruction, "Procedures to Make Forces Available to the United Nations Command", CJCSI 2015. 1.(2019. 4. 1.), para.4(c); Chairman of the Joint Chiefs of Staff, Memorandum for Commander, United Nations Command, "United Nations Command Terms of Reference and Strategic Guidance", CM-0165-

장 지시 「유엔군사령부 전력제공을 위한 절차」 별첨Enclosure A에서는 전력제공국 16개국을 열거하면서 목록에서 미국과 한국을 제외하고 있으나,[52] 이는 미국이 통합사령부 창설국이고 한국은 수용국으로서 당연히 전력제공국에 포함된다는 시각이 전제된 것이라 할 수 있다.[53] 이와 같은 이해에 기초하여 유엔사는 각종 공식행사에서 유엔사 회원국에 한국을 포함하여 회원국은 총 18개국이라고 명기하고 있으며, 주한미군이 발간한 「2019 전략 다이제스트」에서도 유엔사가 한국을 포함한 "18개 국가로 구성"되어 있다고 밝힌 바 있다.[54]

이와 달리 한국은 유엔사와의 관계에 있어서 한국을 '회원국'에 포함하는 것은 적절치 않으며, 한반도 유사시 지원되는 전력을 운용하는 전쟁수행 당사자로서 '접수국' 내지 '수용국'에 해당할 뿐이라는 입장을 보이고 있다. 2019년 7월 11일 정례브리핑에서 국방부 부대변인은 '전력제공국'이란 "1950년 채택된 유엔 안보리 결의 제83호와 제84호에 따라 유엔사에 전력을 제공한 국가 중 워싱턴선언을 통해 한반도 전쟁 재발 시 재참전을 결의한 전투부대 파견 16개국"이라고 밝힘으로써,[55] 목록에서 한국을 제외했을 뿐 아니라 세부내용에 있어서도 유엔사와는 명확한 차이를 보이고 있다.

그러나 한국이 안보리 결의 제84호에 따라 창설된 통합사령부를 통

18(2018. 6. 10.), para.3(a).

52 Chairman of the Joint Chiefs of Staff Instruction, "Procedures to Make Forces Available to the United Nations Command", CJCSI 2015. 1.(2019. 4. 1.), Enclosure A(List of United Nations Sending States).

53 S. P. Creamer, "The United Nations Command and the Sending States", *International Journal of Korean Studies*, Vol.21, No.2, 2017, p.7.

54 『주한미군 2019 전략 다이제스트』(유엔군사령부·한미연합군사령부·주한미군사령부, 2019), 56쪽.

55 연합뉴스, "국방부 "日, 6·25참전국 아냐… 유엔사 전력제공국 활동안돼"" (2019. 7. 11.).

해 전력을 지원받은 '수용국'에 해당하는 것과 별개로, 한국 역시 유엔군사령관에게 작전지휘권을 이양함으로써 전투부대를 제공한 것 또한 엄연한 사실이므로 '전력제공국'으로서의 성격도 가지고 있음을 부인하기는 어렵다. '전력제공국'이라는 용어가 사용되기 전까지 '유엔군United Nations Forces'이라는 표현이 일반적이었음을 고려하면,[56] 한국은 유엔사에 전투부대를 제공한 국가로 전력제공국에 해당한다고 보는 것이 타당하다.[57] 안보리로 제출되는 유엔사 정례보고서에서는 1991년 북한이 한국군 장성의 군정위 수석대표 임명에 반발하면서 제시한 "한국군은 정전협정의 서명자도 아니고 유엔사의 회원국도 아니다"는 논리를 반박하는 내용이 매 보고서마다 자주 언급된다. 예컨대 2000년 제출된 보고서에서는 유엔군사령관이 16개 유엔 회원국과 한국을 대표하여 정전협정에 서명했음을 들어 북한 측 주장에 오류가 있음을 지적하고 있다.[58] 이는 곧 한국 역시 전력제공국에 포함되는 것으로 보아야 함을 시사하는 것이기도 하다. 한국을 전력제공국으로 볼 수 없다는 주장의 근거로 6·25전쟁 당시 한국이 유엔 회원국이 아니었음이 지적될 수 있으나, 당시 이탈리아 역시 유엔 회원국이 아니었음에도 불구하고 유엔사에 의료지원을 제공했다는 사실에 유의할 필요가 있다. 유엔사 재활성화와 연계하여 한국의 적극적 역할 모색이 요구되는 현시점에서 한국이 전력제공국 내지 회원국의 지위를 부정함으로써 얻을 수 있는 실익이 그리 많지 않다고 생각된다. 한국이 회원국의 지위를 부정할 경우 유엔사에 요

56 Creamer, *supra* note 53, p.28, n.19.

57 일각에서는 1953년 1월 6일 유엔군사령관이 유엔사무총장에게 제출한 보고서에서 유엔사에 전투부대를 제공한 국가로 한국을 명시하고 있다는 사실에 근거하여 한국 역시 진정한 의미의 유엔사 전력제공국에 포함된다고 보기도 한다. 이기범, "유엔사의 법적 지위와 존속·해체 문제", 『서울국제법연구』, 제26권 제2호(2019), 86쪽.

58 UN Doc. S/2000/1070(2000), paras.17–18.

구할 수 있는 협의는 오로지 접수국 내지 수용국의 입장에서 소극적인 범위에 머무를 수밖에 없을 것이다. 그러나 전력제공국 내지 회원국으로서의 지위를 내세운다면 적극적인 협의를 요구할 명분이 생길 뿐 아니라, 의사결정 과정에 적극적 영향력을 행사할 수 있는 직위들을 맡을 수 있도록 편제조정을 요구하는 것도 자연스러울 것이다. 따라서 한반도 주변국들과의 관계 등 상반되는 이해관계들을 종합적으로 고려할 필요는 있겠지만, 현재는 유엔사 내에서 한국이 적극적 역할을 담당할 수 있는 방안이 무엇인지를 보다 우선적으로 고민할 시점이라고 하겠다.

Ⅳ. 유엔군사령부의 미래 역할 변화와 과제

1. 전시작전통제권 전환에 따른 유엔군사령부의 역할 변화

유엔군사령부의 존속과 역할 변화

냉전종식으로 인한 대내외 안보상황 변화를 계기로 1994년 평시작전통제권이 한국군으로 전환되면서, 2000년대부터 본격적으로 전시작전통제권 전환 논의가 이루어지기 시작했다. 급기야 2007년 2월 24일 한·미 간에 열린 국방장관 회담에서 전시작전통제권 전환과 한미연합사 해체 결정이 이루어지면서, 전시작전통제권 전환으로 한미연합사가 해체될 경우 유엔사의 권한 불일치 문제 및 전시작전통제권 행사 가능 여부 등에 관한 법리적 공방이 이어졌다. 2018년 4월 27일 판문점에서 남북정상회담이 개최되고, 뒤이어 싱가포르에서 제1차 북미정상회담 개최에 따른 공동성명이 발표되면서, 종전선언 내지 평화협정 체결로 정전협정이 대체되면 유엔사는 해체되어야 하는지의 문제가 제기되기도 했다.

결국 2018년 10월 제50차 SCM을 통해 합의된 연합방위지침에서는 전시작전통제권 전환에도 불구하고 한미 국방부가 유엔사를 지속 유지하고 지원한다고 명시함으로써 기본적으로는 유엔사가 계속 존속한다는 데 합의했다.[59] 그런데 한미합의의사록에서는 유엔사의 정전관리 역할 수행을 보장하기 위해 한미연합사령관이 유엔군사령관을 겸직하도록 하고 있다. 특히 TOR/SD 제2호는 한미연합사령관에게 CODA을 기초로 정전관리를 위한 연합위기관리 권한을 부여했다. 그런데 추후 전시작전통제권 전환을 통해 유엔군사령관과 한미연합사령관의 겸직이 해제되면 여전히 정전체제 관리 임무를 부여받은 유엔사가 그에 수반되는 권한을 실질적으로 행사할 수 없게 되는 문제가 발생한다. 이에 따라 한미연합사의 CODA 조정은 물론 TOR/SD 제3호 합의를 통해 유엔사의 역할을 새롭게 조정해야 하는 상황을 피할 수 없게 되었다. 이와 관련하여 한미간에 이견사항은 무엇인지, 정전체제의 원활한 이행과 향후 도래할 평화체제 수립을 위해 장기적 관점에서 국익에 부합하는 발전방향은 무엇인지 모색할 필요성이 제기된다. 이에 전시작전통제권 전환과 결부되어 문제되고 있는 유엔사 재활성화와 미래연합사와의 상호관계를 중점적으로 살펴본다.

유엔군사령부의 독립적 전투사령부화 가능성 문제

유엔사 재활성화는 유엔사가 전력제공국들을 통합하여 별개의 전투사령부 역할을 할 가능성이 있다는 우려와 연결된다. 2006년 7월 13일 국회 안보포럼 주최 강연에서 버웰 벨 당시 한미연합사령관은 "한국과 미

59 "전시작전통제권 전환 이후 연합방위지침"(2018. 10. 31.), 국방부, 『2018 국방백서』(국방부, 2018), 283쪽.

국이 각각 '독립적인 전시사령부independent wartime command'를 구성"함으로써 2개의 사령부로 운용하는 이원화 체제 방안을 검토 중이라고 언급한 바 있으며,[60] 2007년 1월 외신기자클럽 초청 연설에서는 유엔사의 전쟁지원사령부로서의 역할을 강조하면서 "유엔군사령관은 모든 유엔 지원전력에 대한 작전지휘권을 보유할 것"이라고 밝히기도 했다.[61] 한때 미군 측 관계자들은 1998년 2월 27일 하달된 「유엔군사령부 일반명령 제1호UNC General Orders No.1」에서 유엔사 예하에 각 구성군사령관을 임명하고 이들에게 그 회원국의 전력을 수용하여 유엔사에 통합하는 것을 촉진하는 임무를 부여하고 있다는 점[62]과 1983년 1월 19일 미 합참이 제정한 「유엔군사령관을 위한 관련약정Terms of Reference for the Commander in Chief, United Nations Command」에서 "유엔군사령부로 예속된 모든 부대에 대해 작전통제권을 행사"하는 기능이 부여된 사실을 유엔사에 이미 독립적인 작전통제권이 부여되어 있다는 논리의 근거로 제시하기도 했다. 「유엔군사령관을 위한 관련약정」 제4항 (e)호에서 유엔사의 기능과 관련하여 "전쟁이 재발할 경우 유엔군사령부 및 한미연합사는 별개의 법적·군사적 체제로 유지하면서 유엔군사령부 부대를 운용한다"고 명시한 점은 이러한 논리를 더욱 강화하는 것으로 해석된다.[63]

60 『한겨레신문』, "벨 "한미 연합사 해체뒤 2개의 전시사령부로""(2006. 7. 13.).

61 『한겨레신문』, "유엔사 전쟁지원조직 기능은 존속 필요"(2007. 1. 18.).

62 United Nations Command Order, "United Nations Command General Orders No.1"(1998. 2. 27.).

63 Chairman of the Joint Chiefs of Staff, Memorandum for Commander, United Nations Command, "Terms of Reference for the Commander in Chief, United Nations Command (CINCUNC)(u)"(1983. 1. 19.), paras.4. Functions, (a), (e). 다만, 1983년 1월 19일 하달된 「유엔군사령관을 위한 관련약정」을 대체 파기하면서, 2018년 6월 10일 미국 합참에서 하달된 「유엔군사령부 관련약정 및 전략지침(United Nations Command Terms of Reference and Strategic Guidance)」은 유엔군사령부의 기능과 관련하여 "유엔군사령부를 미국 행정부 예하의 별개의 법적·군사적 체제로서 유지한다", "한반도 적대행위가 재개될 경우 …… 한미동맹의 전투작전을 지원하기 위해 예속부대를 운용한다"와 같은 정제된 표현

물론 한국 국방부는 한반도 유사시 유엔사의 역할이 전력제공국을 통합하여 미래연합사를 지원하는 것에 한정된다고 하면서, 미래연합사의 단일지휘체계 아래 작전을 수행하는 방향으로 유엔사와의 관계 설정을 모색하고 있다. 2018년 발간된『국방백서』에서도 "전시작전통제권이 전환되면 한국군 연합사령관이 유사시 미국의 증원전력을 포함한 대규모의 한미연합군을 지휘하여 전쟁을 승리로 이끌어야 한다"는 계획을 밝히고 있다.[64] 2019년 10월 17일 로버트 에이브럼스Robert Abrams 당시 사령관이 유사시 유엔사의 역할은 전력제공국들의 '협조본부'임을 강조하고 나선 것은 유엔사의 전투사령부화에 대한 한국 여론의 우려를 의식한 결과로 보인다. 그는 유엔사의 역할이 "유엔사 전력제공국들의 전력을 수용해 연합사로 통합하는 데까지 협조하고 조율하는 본부 역할"에 있음을 거듭 강조했다.[65]

그럼에도 불구하고 2018년 제50차 SCM에서 전시작전통제권 전환 이후 한국군 장성이 사령관직을 수행하는 한미연합사 체제에 합의하면서, 유엔사가 지원사령부 역할에 국한될 것이라는 표현이 직접 명시된 것은 아니라는 점에서 여전히 논란의 소지는 남아 있다. 연합방위지침에서 한미 국방부가 "유엔군사령부를 지속 유지하고 지원하며, 한국 합참, 연합군사령부, 주한미군사령부, 유엔군사령부 간의 상호관계를 발전시킨다"는 문구를 명시한 것만 고려하면, 전시작전통제권 전환 이후 미국이 취할 수 있는 유엔사의 역할 대안 범위는 여전히 광범위하다고 볼 수 있다. 결국 이 문제는 전시 유엔사와 미래연합사, 한국 합참 및 주한미군사령

을 사용하고 있다. Chairman of the Joint Chiefs of Staff, Memorandum for Commander, United Nations Command, "United Nations Command Terms of Reference and Strategic Guidance", CM-0165-18(2018. 6. 10.), paras.5(a), (g)(3).

64 국방부,『2018 국방백서』(국방부, 2018), 134쪽.

65『국민일보』, "유엔군사령관 "유엔사→작전사령부, 비밀계획 없다"" (2019. 10. 17.).

부 간의 지휘관계와 결부 지어 해결해야 하는 문제라 할 수 있다.

유엔군사령부와 미래연합사 간의 지휘관계

유엔사가 전력제공국들을 통합하여 미래연합사와 별도로 독립적인 전투사령부 역할을 할 가능성에 대한 논란은 별론으로 하더라도, 유엔사가 정전체제 관리 임무를 내세워 미래연합사를 통제함으로써 사실상 한국군으로의 전시작전통제권 환수를 무의미하게 할 가능성에 대해서도 우려가 표출된 바 있다. 2019년 8월 한미연합연습 당시 사상 처음으로 미래연합사 편제를 적용하여 한국군 4성장군(당시 한미연합사 부사령관)이 사령관을, 미국군 4성장군(당시 한미연합사령관 겸 유엔군사령관)이 부사령관을 맡아 진행되었다는 것은 잘 알려진 사실이다. 그런데 당시 전시작전통제권 전환을 위한 기본운용능력IOC[66]을 검증하는 과정에서 미래연합사 부사령관을 맡은 에이브럼스 당시 사령관이 '유엔군사령관 자격으로' 지휘권을 행사하겠다고 주장한 것으로 알려지면서 과연 한국군 4성장군이 사령관직을 맡는 미래연합사가 온전한 전시작전통제권을 행사할 수 있을 것인지 우려가 제기되었다.[67]

앞서 언급한 바와 같이 유엔사가 한미연합사와는 별개로 독립적인 전투사령부로 활동하거나, 더 나아가 유엔사가 정전체제 관리 임무를 내세워 미래연합사를 통제할 수 있다는 우려를 해소하기 위해서는 결국 한미 양국이 유엔사와 미래연합사령부, 한국 합참 간의 지휘관계를 명

66 기본운용능력(Initial Operational Capability, IOC) 검증 절차는 한국군이 독자적으로 전시작전통제권을 행사할 핵심 군사역량을 확보했는지 여부를 검증하기 위한 3단계 중 1단계 절차로, 이외 완전운용능력(Full Operational Capability, FOC) 검증, 완전임무수행능력(Full Mission Capability, FMC) 검증 절차로 구성된다.

67 『중앙일보』, "유사시 69만 유엔군 지휘권 누가 …… 최악땐 껍데기 전작권 전환" (2019. 9. 17.).

확하게 설정하여 지휘부 간의 이견을 최소화할 필요가 있다. 현재 유엔사와 한미연합사 간의 지휘관계는 한미 간에 합의된 TOR/SD 제2호와 TOR-R에서 다루어지고 있는데, 향후 미래연합사와의 관계는 이들을 대체할 TOR/SD 제3호의 내용에 따라 결정될 것이다. TOR/SD 제2호와 TOR-R은 군사 Ⅱ급 비밀로 분류되어 있으므로 구체적인 내용을 상세히 밝힐 수는 없으나, 중요한 것은 TOR/SD 제3호에서는 관련 문언의 해석에 한미 간 이견이 발생하지 않도록 상호 간의 지휘관계를 명확하게 설정하는 작업이 면밀히 이루어져야 한다는 점이다. 특히 한미연합사령관이 유엔군사령관을 겸직하고 있는 현시점에서도 한미연합사령관이 평시 보유하는 CODA, 위기관리 합의각서, 정전교전규칙 등을 통해 위기관리 초기단계에서부터 일정한 영향력을 행사할 수 있는 장치들을 남겨 놓고 있는 만큼, 정전협정의 정지 내지 폐기 시점, 국가자위권의 발동 요건, 전시교전규칙의 적용 시점 등의 문제와 연계하여 방어준비태세 3단계DEFCON-III 격상 이후의 한미연합사령관과 유엔군사령관 간 지휘관계에 대해서만큼은 명확한 정리가 필요하다. 물론 유엔사는 정전체제를 관리·감독할 실질적인 병력을 충분히 보유하지 않고 있는 만큼, 정전체제 관리 임무를 수행하는 데 제한이 없는 범위 내에서 한국군에 대한 지휘관계 설정은 어느 정도 불가피하다는 점도 충분히 고려할 필요는 있을 것이다. 전시작전통제권 전환으로 발생하게 될 유엔사의 권한과 책임의 부조화 문제를 해결하기 위해 향후 정전관리 책임의 일부가 한국군으로 조정될 것으로 보이나, 그럼에도 불구하고 정전관리의 핵심 책임과 권한은 여전히 유엔사가 담당하게 될 것이다.

정전교전규칙과 한국군 독자적 교전규칙 간 관계

1953년 정전협정이 체결된 이후 유엔군사령관의 작전통제를 받게 된 한국군은 「유엔사/주한미군사 규정 525-4: 교전규칙」을 평시 교전규칙으로 적용해 왔으며, 1978년 한미연합사가 한국군에 대한 작전통제권을 행사하면서 1980년 4월 15일 「유엔사/연합사 규정 525-4: 정전교전규칙」으로 대체되었다. 1994년 12월 1일부로 평시작전통제권이 한국군으로 환수되었으나, 그 이후에도 한국군은 독자적인 교전규칙을 제정하지 않고 한미연합사령관 및 유엔군사령관 명의로 발령된 정전교전규칙을 계속해서 적용해 왔다. 그러나 2010년 3월 북한 어뢰에 의한 천안함 피격사건과 11월 연평도 포격사건을 계기로 한국군의 미온적 대응이 논란이 되면서 2013년 「합참 교전규칙」(2013. 7. 5.)이, 2019년 「기본교전규칙Standing Rules of Engagement, SROE」(2019. 3. 28.)이 제정, 시행되기에 이르렀다.

결국 현재와 같은 규범체계에 따르면 전시에는 「연합사/한국합참/유엔사/주한미군사 작전계획」 부록에 수록된 '전시교전규칙WROE'이 일률적으로 적용될 것이나, 평시에는 유엔군사령관 및 연합사령관 명의로 발령된 정전교전규칙과 한국 합참의장 명의로 발령된 「기본교전규칙」 및 「합참 교전규칙」이 중첩적으로 적용되는 혼란스러운 현상이 발생하게 된다. 이 경우 북한의 도발에 대응하는 과정에서 한국군이 정전교전규칙을 우선 적용해야 하는지, 아니면 합참의 교전규칙을 우선시해야 하는지 교전규칙 상호 간 우열의 문제가 발생하게 된다.

미군 측에서는 현재뿐 아니라 추후 전시작전통제권이 전환된 이후라고 하더라도 유엔사가 정전체제를 관리하는 주체로 정전관리 임무를 수행하는 이상, 유엔군사령관이 정전협정 준수와 관련된 범위 내에서 한국군에 대해 관련 지시권을 행사할 수 있다고 본다. 뿐만 아니라 북한의 도발이 발생할 경우 한국군이 평시작전통제권 행사를 통해 과도하게 대응할 것을 우려하여 한국군에 무력대응 수위를 결정할 때 정전협정의 틀 내에서 엄격하게 판단할 것을 주문하고 있다. 2010년 천안함 피격사건과 연평도 포격사건 직후인 2011년「정전관리책임에 관한 대한민국 합동참모본부와 유엔군사령부 간의 기록각서」가 체결된 것도 한국 합참이 정전협정의 틀 내에서 대응하도록 요구함으로써 미군이 한반도 위기관리를 주도하고자 하는 의도가 반영된 것이다. 한때 미군 측은 유엔사 정전교전규칙상의 '국가자위권'에 관한 규정 해석에서 사전에 자신들과의 협의가 필수적으로 요구된다고 주장한 바 있다. 미군 측은 무력대응이 정전협정의 준수와 관계되는 이상 한국군의 독자적 교전규칙보다 정전교전규칙이 우선 적용되어야 한다는 논리를 제시했다. 그러나 한국 측에서는 1994년 12월 1일부로 평시작전통제권이 한국군으로 전환된 이상, 정전교전규칙이 반드시 한국 합참의 교전규칙보다 우선한다고 보기는 어렵다는 입장이었다. 논리적으로 볼 때 평시 교전규칙에 대한 제정 권한은 엄연히 한국 합참에 있다 할 것이므로, 한미 NCMA의 결정을 거쳐 방위태세가 3단계로 격상되기 전까지는 한국군에는 합참에서 발령된 교전규칙이 우선 적용된다고 볼 수 있다.

정전교전규칙의 우선 적용 주장은 방위태세 3단계 발령 이전에도 한미연합사령관이 행사할 수 있는 CODA 중 "전쟁억제, 방어 및 정전협정 준수를 위한 연합위기관리"에 관한 권한이 포함되어 있고, 여기에 교전규칙 제정권도 포함된다고 해석한 결과라 할 수 있다. 2018년 TOR-R을 통해 한국군은 유엔군사령관의 교전규칙 제정권을 인정하고 정전교전규칙을 준수할 것에 동의한 바 있으나, 그렇다고 해서 그것이 어느 하나의 교전규칙이 보다 우선적 효력을 갖는다는 합의에 해당하는 것은 아니다. 전시작전통제권 전환에 따라 향후 CODA에 대한 조정도 불가피하다. 따라서 추후 논란의 여지를 없애기 위해서는 정전교전규칙이 적용될 수 있는 구체적인 범위를 협의를 통해 보다 명확하게 조정함으로써 근본적인 해결책을 모색할 필요가 있다. 아울러 「한국합참과 유엔사/연합사간 작계 5015-15상 한국 합참교전규칙 적용에 관한 기록각서」(2015. 6. 29.)에서 한미 양국은 교전규칙에 대한 상호 이견사항 네 가지를 확인하면서 추후 긴밀한 협의를 통해 해결해 나가기로 합의한 바 있는데, 이 같은 노력은 전시작전통제권 전환 이후에도 지속적으로 이어져야 할 것이다.

2. 평화협정 체결에 따른 유엔군사령부의 역할 변화

평화협정 체결의 법적 결과: 유엔군사령부 존속 문제

평화협정이 체결되면 법적으로 유엔사는 당연히 해체되어야 하는가? 종래 유엔사와 관련된 법적 쟁점은 유엔사 해체 시 정전협정 역시 종료되는지 여부에 초점이 맞춰져 있었으나, 최근에 논란이 되고 있는 것은 정전협정이 평화협정으로 대체될 경우 유엔사가 계속해서 존립할 수 있는지 여부와 관계된다.

이와 관련하여 일각에서는 정전협정이 평화협정으로 대체될 경우 유엔사는 자동으로 해체 내지 소멸된다고 본다.[68] 이 같은 견해는 6·25전쟁 당시 안보리 결의[69]에 의해 부여된 유엔사의 임무가 "대한민국 영역에서 무력적 공격을 격퇴하고 국제평화와 안전을 회복하는 데" 있다는 점에 주목한다. 즉, 정전협정이 평화협정으로 대체되면 "안전보장이사회의 결의에 표시된 '대한민국 영역'에서 무력적 공격은 종료되고 또 '국제평화와 안전'은 회복되므로, 국제연합군은 그 임무를 다하고 더 이상 한국에 주둔할 근거가 없어지게" 된다는 점에서 유엔사는 존립근거를 상실

68 김명기, 『한반도 평화조약의 체결: 휴전협정의 평화조약으로의 대체를 위하여』 (국제법출판사, 1994), 133쪽.
69 UN Doc. S/RES/82(1950); S/RES/83(1950); S/RES/84(1950).

하게 된다는 것이다.

그러나 최근에는 이와 같은 견해를 찾아보기 어려우며, 법적인 측면에서 유엔사가 평화협정의 발효로 인해 자동으로 해체되는 것은 아니라는 견해가 다수를 차지하고 있다. 다만 평화협정으로 인해 유엔사가 자동으로 해체, 소멸되는 법적 효과가 발생하는 것은 아니라고 보는 견해들도 세부적으로는 내용상 차이를 보인다. 첫 번째로, 평화협정 체결로 유엔사가 자동으로 해체 내지 소멸되는 것은 아니지만, 평화협정 체결의 근본취지를 고려할 때 해체 수순을 밟는 것이 당연하다는 견해가 있다. 평화협정이 체결되면 유엔사는 당연히 해체되어야 하는 것이 논리적 귀결이라고 보는 견해들은 대체로 유엔사의 존속이 정전협정의 효력 유무에 좌우됨을 전제한 것이다.[70] 유엔사는 6·25전쟁을 위해 만들어진 다국적군이므로 평화협정이 체결되면 당연히 해체되어야 한다거나,[71] 6·25전쟁의 종결에 대한 법적 합의에도 불구하고 유엔사의 즉각적 해체가 이루어지지 않을 경우 유엔의 각국 주권에 대한 존중원칙을 위반하게 된다는 견해[72]도 이와 궤를 같이 하는 것이다. 이 같은 견해는 평화협정이 정전협정을 대체함에 따라 정전협정의 이행이라는 유엔사의 핵심적 존재이유가 상실된다는 점을 강조한다.[73]

70 김봉현, "평화협정 체결과정에서의 유엔사 해체 문제", 오윤경 외, 『21세기 현대 국제법질서: 외교실무자들이 본 이론과 실제』(박영사, 2001), 712쪽; 조성렬, "한반도 평화체제 구축 이후 주한미군의 지위조정", 김일영·조성렬, 『주한미군: 역사, 쟁점, 전망』(한울, 2003), 252쪽; 허문영 외, 『한반도 비핵화와 평화체제 구축전략』(통일연구원, 2007), 115쪽.

71 정태욱, "주한 '유엔군사령부(UNC)'의 법적 성격", 『민주법학』, 제34호(2007), 218-219쪽.

72 최철영, "한국전쟁 종전선언의 법적 쟁점과 과제", 『성균관법학』, 제30권 제4호(2018), 637쪽.

73 김선표, "한반도 평화체제 구축과 유엔사 문제에 대한 소고", 『서울국제법연구』, 제12권 제2호(2005), 97쪽; 김덕주, "한반도 평화협정의 특수성과 주요 쟁점", 『주요국제문제분석』, 2018-19(2018), 25쪽; 김상기 외, 『한반도 평화체제 구축과 한미관계』(통일연구원, 2018), 185쪽.

두 번째로, 유엔사는 안보리 결의에 의해 설립된 것이므로 해체를 위해서는 안보리 차원에서 별도의 조치가 이루어져야 하며, 따라서 평화협정이 체결되더라도 이는 유엔사 존폐와 별개의 문제라고 보는 견해가 있다.[74] 이와 같은 취지에서 일각에서는 6·25전쟁 당시 안보리 결의에 의해 부여된 '평화의 회복'이라는 임무가 평화협정 체결로 확인되는 것이 아니며, 안보리에서 평화의 회복을 확인하는 또 다른 결의를 채택함으로써 가능해지는 것이라고 지적하기도 한다.[75] 이와 같은 견해는 평화협정 체결로 유엔사가 자동으로 소멸되는 법적 효과가 발생하지 않는다는 점을 강조하되, 유엔사 해체 여부에 대해서는 신중하게 접근해야 한다는 시각을 전제하는 것으로 보인다.

세 번째로, 유엔사는 평화협정을 통한 '국제평화와 안전'의 회복으로 존재근거가 곧바로 상실되지 않으며, 오히려 총회 결의에 따라 한반도 통일 시까지 존속할 수 있다는 해석론이 제기되기도 한다. 1950년 10월 7일 채택된 총회 결의 제376호(Ⅴ)는 전문preamble에서 총회 결의 제112호(Ⅱ), 제195호(Ⅲ), 제293호(Ⅳ) 등 한국 문제에 관한 일련의 총회 결의가 "통일되고 독립적이며 민주적인 한국정부의 수립the establishment of a unified, independent and democratic Government of Korea"을 본질적 목표로 하고 있음을 분명히 하고 있는바,[76] 이들 결의가 표방한 한반도 통일정부의 수립이라는 목표가 여전히 미완의 과제로 남아 있다는 점에서 유엔사는 한반도 통일 시까지 계속해서 존속할 수 있다고 보는 것이다.[77] 이 같은 해석

74 노명준, 『유·엔·씨의 해체시에 고려해야 할 제문제에 관한 연구』(국토통일원, 1978), 29쪽; 이상철, "한반도 정전체제와 UNC 위상", 『한반도 군비통제』, 제34호(2003), 316쪽.

75 이기범, "아산 국제법 인포커스 2018: 한반도 평화체제 논의에 관한 국제법적 검토", 『Asan Report』(2018), 45쪽.

76 UN Doc. A/RES/376(Ⅴ)(1950).

77 제성호, "북한 급변사태 시 한국의 국제법적 대응", 『중앙법학』, 제15집 제1호(2013), 193쪽.

에 따르면 한국 문제에 관한 일련의 총회 결의에 따라 유엔사의 위임명령mandate은 한반도 통일 시까지 확대되었다고 볼 수 있을 것이다.

마지막으로, 평화협정에 따른 법적 효과로 유엔사가 당연히 해체되는 것이 아닌 이상 유엔사는 평화협정 체결 후에도 계속 존속할 수 있으며, 그러한 측면에서 현재의 유엔사를 그대로 존속시키되 한반도 평화유지 활동의 수행이라는 기능 및 역할 전환을 도모하는 것이 보다 바람직하다는 견해도 있다.[78] 이 같은 견해는 유엔사의 존속을 반드시 한반도 통일 시까지로 한정하지 않으며, 평화체제 실현 후의 미래를 고려하여 유엔사의 적극적 역할 변화를 모색하고 있다는 점에서 세 번째 견해와 차이를 보인다.

이상에서 살펴본 평화협정의 체결과 그에 수반되는 결과로서의 유엔사 존폐 논쟁은 유엔군의 6·25전쟁 참전 및 유엔사의 법적 성격과 결부된 것으로, 논리적 결과에 따라 해체 방식과 절차 역시 달리 결정될 수 있는 매우 복잡다기한 문제이다. 따라서 이에 대한 검토 없이 평화협정 체결에 따른 유엔사의 존폐를 섣불리 결론짓는 것은 적절치 않다고 본다. 그러나 유엔사의 법적 성격이 무엇인지는 별론으로 하더라도 유엔사의 창설이 안보리 결의에 근거한 것은 엄연한 사실인 만큼, 유엔 차원에서의 추가적 절차 없이 평화협정 체결 자체로 유엔사 해체라는 법적 효과가 자동으로 발생한다고 보는 것은 법논리적으로 볼 때 수긍하기 어렵다. 평화협정의 체결로 유엔사가 자동 해체 내지 소멸되는 것이 아니라는 점을 전제한다면, 결국 유엔사 존폐 문제는 '법의 문제'가 아니라, 적절한 시기에 국내외 정치적 상황과 협상에서의 전략적 고려에

78 이수형, "한반도 평화체제와 한·미 동맹: 동북아 평화체제와의 구조적 연계성", 『통일과 평화』, 제1권 제2호(2009), 55쪽; 노동영, "한국문제에서 유엔사의 지위와 역할", 『국방연구』, 제60권 제4호(2017), 65쪽.

따라 한국과 미국의 입장이 충분히 반영된 가운데 신중히 추진되어야 하는 '정치적 문제'라 볼 수 있을 것이다. 다만 평화협정의 체결로 한반도에서의 '국제평화와 안전유지'가 확보되었다고 본다면, 정치적으로 유엔사의 해체 여론이 힘을 얻을 수밖에 없을 것임은 분명하다.

유엔군사령부의 미래 역할론: 법적 근거와 한계

2018년 제50차 SCM에서 합의된 연합방위지침에서는 전시작전통제권 전환 이후에도 유엔사를 유지, 지원한다고 명시하고 있으나, 현재 유엔사의 핵심 기능이 정전협정의 관리임을 고려할 때 평화협정 체결에도 불구하고 유엔사를 존치한다면 그 역할과 임무의 조정은 불가피할 것이다. 이에 따라 최근 유엔사의 다양한 대안적 역할에 대한 종합적 평가가 시도되기도 했으나,[79] 이는 전시작전통제권 전환 이후는 물론 평화협정 체결 이후의 대안적 역할을 모두 아우르고 있으므로 평화협정 체결 이후의 역할론으로 논의대상을 한정하기로 한다. 평화협정 체결 이후 유엔사의 역할에 대해서는 해체 또는 존속을 전제로 다양한 견해가 제시되고 있다([표 6-3] 참조).

표 6-3 평화협정 체결 이후 유엔사의 역할 대안

구분	형태	임무/역할		변경사항
해체	소멸	–		타 기구로 대체, 주한미군의 역할 조정
존속	유지	전시 전력제공	정전관리	임무 유지
	이전	전시 전력제공	–	임무 축소
	확대	전시 전력제공	평화관리	임무 확대
	전환	–	평화관리	임무 전환

79 H. Sohn, "Gatekeeper of War and Peace: Peace Regime in the Korean Peninsula and Alternative Roles for the United Nations Command", *Journal of Peace and Unification*, Vol.12, No.1, 2022, pp.165–188 참조.

정치적 결정에 따라 평화협정 체결 이후 유엔사를 해체한다면, 기존 유엔사는 소멸되고 그 역할과 기능은 별도의 기구로 창설될 평화관리기구에 의해 대체될 것이다. 이 경우 평화관리기구에 부여될 임무와 역할의 구체적 범위는 평화협정 내용에 따라 결정될 것이며, 주한미군의 역할 역시 한미 간 협의에 따라 다양한 방식으로 조정될 수 있을 것이다. 유엔사 존속 시 제기되는 다양한 역할론에 대한 법적 근거와 한계를 살펴본다.

현 유엔군사령부 체제의 유지: 임무 유지

현재의 유엔사는 한반도 유사시 안보리의 추가 결의 없이 기존 6·25전쟁 참전국들의 군사적 개입을 정당화시켜 주는 매개체 역할을 하므로, 유엔사가 해체된 상태에서 그에 준하는 안전보장 장치가 마련되지 않을 경우에는 별도의 추가적인 안보리 결의가 채택되지 않는 이상 국제사회로부터 군사적 지원을 받기 어렵게 될 우려가 있다. 1950년 6·25전쟁 개전 직후 회원국들에 군사적 조치를 포함하여 '필요한 원조'를 제공하도록 권고한 일련의 안보리 결의들[80]과 38선을 넘어 북진할 수 있는 법적 근거를 제공한 총회 결의 제376호(Ⅴ)[81]를 적극적으로 해석하여 이들이 여전히 유효한 것으로 볼 경우, 한반도 유사시 추가적인 결의안 없이 유엔 회원국들이 병력을 파견하고 그러한 군사적 지원을 받을 수 있는 논거로 활용될 수 있을 것이기 때문이다.

이에 따라 일각에서는 평화협정 체결과 무관하게 한반도 통일이 완수될 때까지 유엔사를 현 상태 그대로 유지하는 방안이 제기되기도 한다.[82]

80 UN Doc. S/RES/82(1950); S/RES/83(1950); S/RES/84(1950).

81 UN Doc. A/RES/376(Ⅴ)(1950).

82 황원탁, 『정전협정의 대체 이후 한국방위체제에 관한 연구: 동맹결속이론을 중심으로』, 박

총회 결의 제376호(V)가 부여한 "통일되고 독립적이며 민주적인 한국정부의 수립"이라는 임무는 평화협정의 체결에도 불구하고 여전히 미완의 상태로 남아 있다고 할 수 있으므로, 이는 적어도 '법적으로는' 무리가 없는 견해라고 할 수 있다. 평화협정 체결에도 불구하고 유엔사가 계속 존속한다면 안보리의 기존 임무 역시 계속해서 유지된다고 할 것이므로, 북한이 평화협정의 중대한 위반material breach을 자행하면서 새로운 무력공격을 감행해 올 경우 별도의 추가적인 안보리 결의 없이 전시 전력제공이라는 유엔사의 기능은 활성화될 것이다. 그럼에도 불구하고 일단 정전협정이 평화협정으로 대체되면 유엔사의 주 임무인 정전체제 관리 임무가 소멸된다는 점에서 주둔 명분은 약화될 수 있다.

유엔군사령부의 이전: 임무 축소

평화협정 체결 이후 유엔사가 평화체제의 관리 및 감독 등 새로운 임무를 부여받게 된다면 유엔사는 한반도 내부에서 계속해서 임무를 수행할 수 있겠지만, 이와 달리 평화협정에 따라 별도의 평화관리기구가 설립되어 기존 유엔사의 역할을 대체한다면 유엔사의 임무는 '전시 전력제공'만 남게 되어 존립 명분이 위태롭게 될 것이다. 이 경우 유엔사가 존속하게 된다고 하더라도 동북아 지역의 평화관리와 연계하여 한반도 외부로 이전하는 방안이 강구될 수 있을 것이다. 평화협정 체결로 유엔사의 임무 자체는 축소되겠지만 전시 전력제공이라는 임무가 여전히 지속된다면, 평화협정의 중대한 위반으로 또다시 북한의 무력공격이 재개될 경우 추가적인 안보리 결의 없이 유엔 차원의 군사적 지원이 가능하다는 장점은 남게 된다.

사학위논문, 단국대학교, 2006, 173쪽.

이와 같은 취지에서 일각에서는 미국이 주한미군은 물론 주일미군과 연계하여 동북아 지역의 평화관리를 주도하기 위해 유엔사의 위치를 일본으로 이전할 가능성을 제기하기도 한다.[83] 다른 한편에서는 이와 유사하게 유엔사를 한반도 외부로 이전하되, 현재 주한미군 선임장교가 겸직하고 있는 유엔군사령관을 인도-태평양사령관이 겸직하도록 하는 방안을 제시하기도 한다.[84] 유엔사의 설치 근거인 안보리 결의 제84호는 회원국들로부터 제공되는 병력과 기타 지원을 효과적으로 운용하기 위해 '미국 주도하의under the United States' 통합사령부를 창설하도록 하고 그 사령관에 대한 임명권을 미국에 위임했으므로, 유엔사가 한반도 외부지역으로 이전하고자 할 때 안보리 차원의 추가적인 절차는 필요하지 않다.

그러나 「주일유엔군지위협정」이 유엔사를 한반도 외부지역으로 이전하는 데 법적 장애물이 될 수 있다는 점에 유의해야 한다. 1954년의 「주일유엔군지위협정」 제5조 제2항은 유엔사에도 미일안보조약에 따라 미국에 제공되는 시설과 군사기지를 사용할 수 있는 권한을 부여하고 있다. 중요한 것은 제24조가 모든 주한유엔군이 철수한 시점으로부터 90일 이내에 주일유엔군 역시 철수할 것을 명시하고 있으며, 제25조에서는 제24조에 따라 모든 주일유엔군이 철수한 시점에 「주일유엔군지위협정」이 종료된다고 규정하고 있다는 것이다. 따라서 해외로의 이전이 결정되는 경우라 할지라도 어떤 식으로든 한국에 유엔사 병력을 잔존시키는 방법이 강구되어야 할 것이다.

83 조성렬, 『한반도 평화체제: 한반도 비핵화와 북한체제의 전망』(푸른나무, 2007), 331쪽.
84 Sohn, *supra* note 79, pp.179-180.

유엔군사령부의 확대: 임무 확대

한반도의 안보환경 변화에 따라 정전협정이 평화협정으로 대체되더라도 유엔사를 해체하기보다는 명칭, 규모, 역할의 조정을 통해 유엔사 체제의 '진화적 발전'을 도모해야 한다는 견해도 있다.[85] 이 같은 견해는 유엔사의 전시 전력제공 임무를 존속시킴으로써 한반도 방위를 위한 기존의 정치적·군사적 이점을 그대로 유지하면서도 한반도 평화체제 관리 임무를 추가적으로 부여하여 평화협정 체결 이후에도 한반도 평화 보장기구로 활용하는 것이 국익에 보다 부합한다고 본다. 유엔사의 임무 확대 방안은 소위 NATO형 집단안보기구화를 위한 토대 구축 차원에서도 의미가 있다. 전시 전력제공이라는 기존 임무에 더해 평화협정 이후 한반도 평화관리기구로 기능을 확대하여 전략적 융통성을 확보할 수 있을 뿐 아니라, 구조적으로도 동북아 평화체제와 연결고리를 이어 감으로써 동북아 지역에서의 적극적 평화체제 구축을 위한 토대로 위상을 변화시켜 나갈 수 있을 것이기 때문이다.[86]

1950년 안보리 결의 제84호는 제3문에서 "병력 기타 지원을 제공하는 모든 회원국은 이러한 병력과 기타 지원을 미국 주도하의 통합사령부가 이용할 수 있도록 할 것을 권고"하면서 제4문에서 미국에 "그러한 군대의 사령관을 임명할 것"을 위임했을 뿐 여타의 특별한 제한을 두지 않았으므로, 추후 평화협정의 체결에 따라 유엔사의 명칭이나 규모를 변경하는 것에는 어려움이 없다. 그러나 현재의 규범적·제도적 틀 내에서 유엔사가 담당할 수 있는 임무의 범위와 관련해서는 당초 부여받은 임무에 대한 구체적 검토가 요구된다.

---

85 Sohn, *supra* note 79, pp.180–181.

86 이수형, 앞의 주 78, 55쪽.

유엔사에 부여된 임무의 핵심적인 법적 근거로 제시되는 안보리 결의 제84호는 미국 주도하의 통합사령부 설치를 권고하면서 여기에 제공되는 병력과 기타 지원의 근거를 '전술한 안보리의 제 결의the aforesaid Security Council resolutions', 즉 안보리 결의 제82호와 제83호에 두고 있으므로, 이들 결의를 통해 부여된 임무의 범위를 명확히 살펴볼 필요가 있다. 유엔사의 임무와 관련하여 특별히 주목해야 하는 부분은 안보리 결의 제83호의 마지막 문장이다. 여기서 안보리는 "유엔회원국들이 대한민국에 대해, 이 지역에서 무력공격을 격퇴하고 국제평화와 안전을 회복하기 위해 필요한 지원을 제공할 것을 권고"했다. 이 표현은 유엔사의 임무와 관련하여 세 가지 함의를 갖는다. 첫째, 유엔사가 존속하는 이상 북한군에 의해 야기된 "무력공격을 격퇴to repel the armed attack"하는 임무는 여전히 유효하다고 할 것이므로, 평화협정에 따른 대체기구의 작동에도 불구하고 유엔사는 별도의 추가적 결의 없이 전시 전력제공 임무를 그대로 수행할 수 있다. 둘째, 유엔사는 무력공격 격퇴 이외에도 "국제평화와 안전을 회복to restore international peace and security"하는 데 필요한 조치를 취할 수 있다. 이는 평화협정 체결 이후에도 국제평화와 안전의 회복을 위해 필요한 범위 내에서 유엔사에 추가적 임무를 부여할 수 있는 법적 근거가 될 수 있다. 1950년 총회 결의 제376호(V) 역시 "한국에서의 안정을 위한 조건을 보장하기 위해" 필요한 조치를 취할 것을 권고한 바 있으며, 더욱이 결의의 본질적 목적인 "통일되고 독립적이며 민주적인 한국 정부의 수립"이 평화협정의 체결로 달성된다고 볼 수 없다는 점에서 이 역시 추가적 임무의 근거로 기능할 수 있을 것이다. 셋째, 그럼에도 불구하고 이 같은 결의들은 모두 장소적 적용 범위를 '이 지역in the area', 즉 한반도로 한정하고 있다. 즉 국제평화와 안전의 회복을 위해 유엔사에 추가 임무를 부여하더라도 범위는 한반도 외부에 대한 임무로까지 확대

될 수는 없다는 것이다. 따라서 일각의 주장처럼 유엔사가 동북아 다자 안보 협력을 위해 일정한 역할을 수행하도록 해야 한다면, 추가적인 안보리 결의를 통해 별도의 임무가 부여되어야 한다. 특히 NATO형 집단 안보기구의 경우 고도의 정치성을 지닌 다자간 안보협력기구로 주변국들과 충분한 합의가 전제되어야 한다는 점에서, 현재의 규범적·제도적 틀 내에서 이를 실현하는 것은 현실적으로 무리가 있다고 하겠다.

유엔군사령부의 전환: 임무 전환

정전협정이 평화협정으로 대체되어 정전체제 관리라는 유엔사의 임무가 종료되면 유엔사는 존립 명분을 상실하게 될 것이므로, 이 경우 유엔사를 '국제평화유지군'으로 전환하는 방안도 제시되고 있다.[87] 평화유지군으로서의 임무 전환은 유엔이 평화협정의 이행을 관리, 감독하게 함으로써 한반도 평화체제 확립에 실질적으로 관여하게 만들 수 있다는 점에서 긍정적으로 평가되기도 한다.[88]

평화협정 체결 이후 유엔사를 '국제평화유지군'으로 전환하고 여기에 기존 체제에서 완전히 벗어난 새로운 임무를 부여하고자 한다면, 기존 유엔사를 국제평화유지군으로 전환하는 내용의 추가적인 안보리 결의를 통해 구성과 임무의 범위가 구체적으로 특정되어야 한다. 일각에서는 평화 상태에서 분쟁을 예상하여 평화유지군을 두는 것 자체가 모순임을 지적하기도 하지만,[89] 헌장 제39조의 '평화에 대한 위협' 개념은 점진적으로 확대 추세에 있으며 그 결정 역시 안보리의 재량이라는 점에서 협정 체결 당시의 평화 상태가 평화유지군 창설 자체를 제한하는 요소로 작용

87 김봉현, 앞의 주 70, 715쪽.
88 김민욱, "평화협정의 주요 쟁점에 관한 연구", 『통일과 법률』, 제36호(2018), 44쪽.
89 김봉현, 앞의 주 70, 715쪽.

하지는 않을 것이다.

국제평화유지군은 공식적인 안보리 보조기관으로서의 '유엔 평화유지군' 또는 단순한 '다국적 평화유지군'의 형태를 취할 수 있으며, 특히 후자의 경우에는 기존의 유엔사를 모체로 활용할 수 있을 것이다. 유사한 예로 1995년 보스니아-헤르체고비나 내전 사태를 종식시키기 위해 보스니아-헤르체고비나, 신 유고연방 및 크로아티아 간에 '데이턴 평화협정Dayton Peace Agreement, DPA'이 체결되었는데,[90] 협정의 이행과 준수를 위해 조직된 '평화이행군Implementation Force, IFOR'은 NATO 주도의 다국적군으로 구성되었다. 이를 위해 데이턴 평화협정 제1-A 부속서에서는 NATO가 평화이행군을 창설하도록 위임하면서 그 구성에는 NATO 비회원국도 포함될 수 있도록 명시했다.[91]

한편 전후재건 및 평화구축 과정에서 유엔을 비롯한 국제기구가 직접 특정 영토에서 실효적 지배를 확보함으로써 일정 기간 시정권을 행사했던 역사적 경험에 기초하여, 평화협정 체결 전후의 구체적 상황에 따라 분쟁이 극심한 지역이 있다면 그러한 지역에 한해 '국제적 영토관리International Territorial Administration, ITA'가 논의될 가능성도 완전히 배제할 수는 없을 것이다.[92] 다만 평화협정이나 안보리 결의를 통해 제반 법적 근거가 마련되어야 하므로 그 과정에서 한국의 국익에 부합되게 적극적인 영향력을 행사할 필요가 있다. 이 경우 한국이 주도하는 통일을 달성하

90 '데이턴 평화협정(DPA)'의 공식명칭은 '보스니아헤르체고비나 평화를 위한 일반 기본틀 협약(The General Framework Agreement for Peace in Bosnia and Herzegovina)'이다. 협약 전문은 https://www.osce.org/bih/126173?download=true(2024. 7. 3. 방문) 참조.

91 *Ibid.*, Annex 1-A: Agreement on the Military Aspect of the Peace Settlement, art.1.

92 '국제적 영토관리(ITA)'란 "국제기구(의 보조기관) 또는 국제적으로 지명된 기관이 특정 영토에서 실효적 지배를 확보함으로써 국제사회 공동의 이익을 위해 일시적으로 시정권을 행사하는 상황"으로 정의된다. 이에 대한 상세한 논의는 안준형, "'국제적 영토관리'와 국제점령법의 적용", 『국제법학회논총』, 제64권 제1호(2019), 125-160쪽 참조.

기 위해서는 과도기구의 권한행사 방식(직접적/간접적), 국내 기관과의 권한배분 방식(배타적/공유), 권한행사의 법적 근거(협정/안보리 결의) 등에 있어 한국의 국익에 가장 부합하는 방안이 무엇인지를 적극적으로 모색해야 할 것이다.

V. 결론

2018년 판문점 선언 및 9·19 군사합의에 따른 평화체제 기류 확산과 그로 인한 유엔사 존속 논란에도 불구하고, 2019년 2월 하노이 북미정상회담이 결렬되면서 남북관계는 또다시 경색되기에 이르렀다. 급기야 2020년 6월 16일 북한은 남북공동연락사무소를 폭파했고, 2023년 12월 30일에는 조선노동당 전원회의에서 남북관계를 "전쟁 중인 두 교전국 관계"로 규정하면서 한반도 긴장은 좀처럼 해소되지 않고 있다. 동아시아 지역 역시 미중 간의 전략경쟁, 일본의 사회적 보수화 및 재군사화 등으로 인해 역내 긴장이 날로 고조되고 있다. 이와 같은 상황에서 미국은 유엔사 참모조직 확대와 회원국들의 전력통합 절차 발전으로 대표되는 유엔사 재활성화 정책을 통해 독자적 역할을 강화하기 위한 조치들을 시행했다. 중국과 러시아 등 주변 강대국들은 이와 같은 유엔사의 동향에 강한 경계심을 표출했다. 심지어 국내에서도 비무장지대DMZ와 군사분계선MDL 통과 절차에서 유엔사가 갖는 허가권 등의 문제와 결부 지어 유엔사가 남북관계 개선에 장애요소로 기능한다는 인식이 확산되기도 했다. 이와 같은 상황에서 한미동맹의 핵심을 이루는 유엔사의 임무와 그 규범적·제도적 기초를 올바르게 이해하고, 이에 기초하여 유엔사의 미래 역할과 기능 변화에 있어 한국의 국익을 증진할 수 있는 국제법적 차원의 선택지를 모색할 필요성이 강하게 제기된다. 이에 따라 유엔사의 역할 변화 경과와 그 법적·제도적 기초를 살펴 현행 유엔사의 임무를 명확히 확인하는 한편, 추후 전시작전통제권 및 평화체제 전환 이후의 역할 및 기능 변화에 관한 제반 쟁점을 살펴보았다.

유엔사의 미래 역할 변화에 관한 선행연구들은 대체로 "전시작전통제권 전환에 따른 유엔사 문제"와 "평화체제 전환에 따른 유엔사 문제"를 명확하게 분리하지 않고 혼용하여 논의하는 경향이 있다. 전시작전통제권이 한국군으로 전환됨에 따른 유엔사의 존속 및 역할 문제와 정전체제가 평화체제로 전환됨에 따른 유엔사의 존속 및 역할 문제는 엄연히 상황과 맥락이 구별되는 것임에도 불구하고, 이에 대한 구별 없이 존속 및 해체에 관한 쟁점들이 포괄적으로 다루어지다 보니 구체적인 논지가 뒤섞이는 경향도 보인다. 특히 평화체제 전환의 경우에는 한반도에서 공식적으로 정전체제가 폐기됨을 전제한 것이고 이는 곧 평시(정전 시) 유엔사의 핵심적 기능이라고 할 수 있는 정전체제 관리 기능이 더 이상 의미를 가질 수 없음을 시사한다. 그렇다면 이 경우에는 전시작전통제권 전환과는 달리 유엔사의 해체나 근본적 역할 변경 문제가 보다 강력하게 제기될 수밖에 없으므로 두 상황의 구별은 실질적인 의미를 갖는다. 중요한 것은 결국 전시작전통제권이 한국군으로 전환되고 추후 평화협정이 체결되더라도 그 자체로 실질적인 평화가 바로 도래하는 것은 아니라는 점이다. 따라서 장차 한국은 유엔사와 바람직한 관계를 설정하고 유엔사의 활동에서 한국의 바람직한 역할을 적극적으로 모색함으로써 국익증진을 도모해 나가야 하겠다.

제7장

우크라이나-러시아 전쟁과 유엔의 역할

배종인*
외교부 기획조정실장

Ⅰ. 서론

제2차 세계대전을 겪으면서 성안된 유엔헌장(이하 '헌장')은 전쟁의 참화로부터 미래 세대를 구한다는 각오를 다졌고(전문),[1] 무력사용을 금지했으며(제2조 제4항), 모든 회원국이 힘을 합쳐 침략에 맞선다는 집단안보의 야심 찬 구상을 담고 있었다(제43조).[2] 그러나 헌장 기초자들의 이상은 냉전이라는 강대국 간 갈등, 내전內戰 확산과 장기화, 거부권으로 인한 안전보장이사회(이하 '안보리')의 기능마비와 같은 현실의 벽에 부딪히게 된다. 현실과 이상의 절충 과정에서, 비록 상비 유엔군은 설립되지 못했지만, 1950년 6·25전쟁과 1990년 걸프전쟁에서 연합군이 구성되어 침략에 맞서기도 했고, 안보리를 대신하여 총회가 국제평화 유지를 위한 역할을 하기도 했으며, 분쟁지역에 평화유지군이 파견되는 진전도 있었다. 이처럼 헌장의 이상은 전쟁이라는 현실 앞에서 때로는 좌절했고 때로는 적응하고 진화했다. 다른 한편, 유엔은 전쟁이 초래하는 난민사태, 식량난, 인권침해, 전쟁범죄와 같은 상황에 대응하는 위기관리자로서의 역할을 수행해 왔다. 이처럼 전쟁과 관련된 유엔의 역할을 평가한다면, 국제평화와 안보의 유지라는 하나의 항목을 놓고 헌장과 현실을 단순 비교하기보다, 현실에 굳게 발을 딛고 유엔의 다양한 역할을 조명하는 입체적 채점표가 요구된다.

---

* 이 글은 정부나 단체를 대표하는 것이 아닌 개인의 의견이다.

1 헌장의 서문은 "We the Peoples of the United Nations, Determined to save succeeding generations from the scourge of war, which twice in our lifetime has brought untold sorrow to mankind"로 시작한다.

2 헌장이 '집단안보(collective security)'를 직접 언급하지는 않았지만, 안보리가 육해공군의 군사조치를 취할 수 있고(제42조), 이를 위해 회원국이 병력을 제공하도록 규정했다(제43조).

우크라이나 사태와 관련된 유엔의 역할도 이러한 관점에서 종합적으로 살펴보아야 한다. 이번 사태는 냉전 이후 유엔이 주로 다루었던 내전과는 주체와 성격이 다르다. 헌장을 위반한 침략국이 안보리 상임이사국이자 핵무기 보유국이기 때문에 현실적 귀결로서 안보리 차원, 특히 강제적·군사적 조치에 근본적 한계가 있다. 심지어 안보리 틀 밖에서의 군사적 집단대응 전례도 핵 확전의 우려가 있는 상황에서 차용될 수 없는 것이 냉정한 힘의 역학이다.[3] 전쟁이 종료되지 않은 시점에서 섣부른 감이 있지만, 이 글에서는 우크라이나-러시아 전쟁을 놓고 유엔이 어떠한 역할을 했는지 살펴보고자 한다. 유엔의 역할을 시간 순서로 정리해보면, ① 무력충돌의 예방, ② 침략행위에 대한 판별·규정, ③ 무력분쟁 상황에서 인권 보호와 인도적 지원, ④ 침략과 불법행위에 대한 책임accountability 확보, ⑤ 종전을 돕고 평화를 유지하는 기능으로 나누어 볼 수 있다. 유엔 자체가 국제여론을 형성하는 공적 토론의 장으로 기능하는 측면도 간과해서는 안 된다. 안보리, 유엔 총회, 유엔사무총장, 국제사법재판소International Court of Justice(이하 'ICJ'), 유엔 산하 및 관련 기구는 때로는 중첩적으로 임무를 수행하게 되는데, 이 글은 기관별 주체actor, 과정process, 결과물outcome이라는 견지에서 역할을 짚어 본다. 아울러 우크라이나 사태를 둘러싼 유엔의 의사결정 과정에서 한국의 입장, 기여, 연계점도 살펴보고자 한다.

3 안보리의 틀 밖에서, 즉 무력사용에 관해 안보리의 승인 없이 유사입장국이 힘을 합쳐 대응한 사례로는 코소보 사태 당시 북대서양조약기구(NATO) 차원의 공습 감행이 있다. 코소보 사례에 관하여는 S. H. Allen and A. Yuen, *Bargaining in the UN Security Council: Setting the Global Agenda* (Oxford University Press, 2022), pp.147-163.

Ⅱ. 국제평화와 안보 유지에 관한 유엔헌장과 실행

우크라이나 사태를 다루기에 앞서 먼저 무력분쟁에 대한 헌장의 책임 구조, 특히 안보리, 총회, 사무총장이 이를 방지하고 대응하기 위해 어떠한 임무를 부여받았는지 살펴본다. 제2차 세계대전의 발발 과정에서 무기력했던 국제연맹League of Nations의 실패를 교훈 삼아,[4] 헌장은 국제평화와 안전의 유지를 위한 일차적 책임primary responsibility을 안보리에 맡기면서(제24조) 강제조치까지 취할 수 있는 강력한 권한을 주었다. 안보리는 헌장 제6장에 따라 분쟁이나 상황에 대해 조사할 수 있고(제34조),[5] 분쟁당사국에 평화적 해결을 요청할 수 있으며(제33조 제2항), 적절한 조정방법을 권고할 수 있다(제36조 제1항). 더 나아가 헌장 제7장은 안보리가 평화에 대한 위협, 평화의 파괴 또는 침략행위의 존재를 결정하면(제39조), 무력사용을 수반하지 않는 외교적·경제적 강제조치(제41조)[6] 또는 무력사

4 국제연맹 규약도 나름 국가의 전쟁 개시를 절차적으로 제한하려고 했으나, 이러한 절차를 어긴 국가에 대한 실효적인 제재수단을 가지지 못했으며, 결과적으로 제2차 세계대전을 막지 못했다고 평가된다. 제2차 세계대전 이후 헌장하에서 무력행사 금지 원칙에 관하여는 김석현, "무력행사금지 원칙의 역사적 발전과 그 의의", 『국제법평론』 2009-Ⅱ(2009), 1쪽 참조.

5 안보리는 분쟁의 사실관계를 바로 세우기 위해 사실조사위원회(commission of inquiry)와 같은 하부기관을 만들 수 있다. 구체적 예시로 1948년 안보리 결의 제39호에 따라 인도-파키스탄 간 카슈미르 분쟁에 대한 위원회를 설립했다. 또한, 사실조사를 사무총장에게 위임할 수 있는데, 1975년 안보리 결의 제377호는 서부 사하라 문제에 대해 사무총장이 관련 모든 당사자와 협의하고 안보리에 보고하도록 했다. 더욱 상세한 예시는 C. F. Amerasinghe, *Principles of the Institutional Law of International Organizations* (Cambridge University Press, 1996), p.427.

6 대표적인 예로 남부 로디지아 관련 경제봉쇄에 관한 안보리 결의 제232호(1966), 제277호(1970), 남아프리카공화국에 대한 무기금수 조치에 관한 안보리 결의 제418호(1977)가 있다. 참고로 대북한 경제제재 조치를 담은 안보리 결의들은 헌장 제41조를 근거로 한다.

용을 결정할 권한까지 주고 있다(제42조).[7]

강제조치 채택에 앞서 안보리는 제39조에 따라 평화에 대한 위협, 평화의 파괴 또는 침략행위의 존재 여부를 결정해야 하는데, 이는 법적 결정이 아닌 정치적 판단으로 거의 재량에 가깝게 넓게 해석해 왔다. 예를 들어, 분쟁지역에서 민간인에 대한 고의적 공격이나 대량살상무기 개발도 평화에 대한 위협으로 보았고, 더 나아가 2014년 에볼라 바이러스 사태와 같은 비군사적인 불안정 요소까지 평화에 대한 위협으로 간주했다(결의 제2177호). 또한, 제7장에 근거한 강제조치에 관한 안보리의 실행도 다양하고 광범위하다. 예를 들어, 2011년 리비아 사태에서 안보리는 민간인 보호를 위해 회원국의 무력사용을 허용하고 비행금지 구역을 설정했으며(결의 제1973호), 2013년 시리아 내전과 관련해서는 대량살상무기인 화학무기의 사용을 규탄하고 금지하는 구체적인 조치를 취하기도 했다(결의 제2165호). 유고슬라비아, 르완다 사태 관련 전쟁범죄 및 잔혹행위를 단죄하기 위해 설립된 국제재판소도 안보리 결의에 근거했다.

냉전종식 후 침략과 관련하여 안보리가 보여 준 모범 사례는 제1차 걸프전쟁이다. 이라크가 쿠웨이를 침공하자 안보리는 즉각 국제평화와 안보의 침해라고 결정하면서 점령군의 즉각적이고 무조건적 철수를 요구했고, 가해국인 이라크에 대한 무기금수 조치를 내렸으며, 더 나아가 이라크의 쿠웨이트 점령을 무효라고 선언했다.[8] 그러나 이러한 안보리의 대응이 예외적이라고 할 만큼 무력침공 사태에 대응하는 안보리의 태도

7 당초 헌장은 유엔회원국이 제공한 군대를 안보리 결정하에 투입하여 침략에 공동으로 대응하는 집단안보를 구상했으나(제43조 등), 냉전과 회원국의 불참으로 상비 유엔군이 실제로는 설립되지 못했다. 이를 염두에 두고 설립된 안보리의 부속기구인 군사참모위원회(Military Staff Committee)는 평화유지활동과 관련된 주제를 담당하고 있다. SCR, *The UN Security Council Handbook: A User's Guide to Practice and Procedure* (2019), pp.49–50.

8 즉각적인 철수 요구는 안보리 결의 제660호(1990), 금수조치는 결의 제661호(1990), 점령무효 선언에 관하여는 결의 제662호(1990)를 참고.

는 일관되지 않았으며 오히려 선별적이었다.[9] 특히 상임이사국이 당사국인 무력분쟁의 경우 안보리가 침묵하거나 실효적 강제조치를 거론조차 못한 사례가 대부분이었다. 실제로 행사하지 않더라도 거부권을 쓸 위협이 있는 한 결과물 도출이 어렵다는 심리적 기제가 작용했기 때문이다. 러시아와 미국이 개입했던 아프가니스탄전쟁과 미국이 개입했던 베트남전쟁이 전형적 예이다.[10]

국제평화 유지에 관한 안보리의 책임은 배타적이지 않으며 유엔 총회도 일정한 역할을 갖는다. 총회는 헌장과 관련된 어떠한 사안도 논의할 수 있으며(제10조), 헌장 위반을 포함한 어떠한 사태에 대해서도 평화적 조정을 위한 조치를 권고할 수 있다(제14조). 안보리가 임무를 수행하고 있는 분쟁이나 사태에 대해서는 권고할 수 없다는 제약(제12조 제1항)이 있지만, 총회는 평화유지에 관한 권한을 넓게 확대하여 해석하는 실행을 축적해 왔다. 아울러 조치action가 요구되는 사안은 총회가 안보리에 부쳐야 한다는 제약(제11조 제2항)과 관련하여 논란이 있었지만, 강제조치coercive action가 아닌 평화유지활동peacekeeping operation 등은 총회가 권고할 수 있다고 ICJ가 해석한 바 있다.[11]

안보리나 총회와 비교하면 보조적이기는 하지만, 사무총장도 국제평화를 위한 기능을 수행한다. 유엔의 행정수반chief administrative officer인 사무총장은(제97조) 총회와 안보리가 맡기는 임무를 수행하며(제98조), 국

9 A. Roberts, "The Use of Force: A System of Selective Security" in Einsiedel, Malone, Ugarte (eds.), *The UN Security Council in the 21st Century* (International Peace Institute, 2016), p.365.

10 베트남전쟁은 안보리에서 제대로 논의되지 않았으며, 1964년 캄보디아에 대한 베트남의 군사작전에 대해 개탄하는 결의(안보리 결의 제189호)가 거의 유일한 안보리 차원의 관련 결과물이다.

11 *Certain Expenses of the United Nations(Advisory Opinion)(Article 17, Paragraph 2, of the Charter)*(1962) ICJ Reports, pp.164-165.

제평화와 안보 유지에 위협을 줄 수 있다고 판단하는 사안에 대해 안보리의 주의를 환기할 수 있다(제99조). 사무총장이 제99조를 명시적으로 언급하면서 안보리 소집을 요청한 전례는 두 차례에 불과하지만,[12] 이 조항은 사무총장의 정치적 역할을 묵시적으로 뒷받침하는 근거가 되어 왔다. 또한 사무총장은 안보리 결의에 따라 주선good offices 역할을 하거나 사실조사를 수행한다.

Ⅲ. 우크라이나-러시아 전쟁과 유엔의 역할

1. 예방외교의 명암

역대 사무총장은 어떤 상황이 무력충돌로 비화하기 전에 선제적으로 분쟁 당사국 사이에서 중재나 조정을 한다는 예방외교preventive diplomacy를 강조해 왔다.[13] 이 개념에 근거하여 사무총장은 스스로 또는 대표를 임명하여 여러 갈등 지역에서 정치적 역할을 해 왔다.[14] 앞서 살펴본 바와 같이, 안보리 또한 상황이나 분쟁에 대해 조사나 권고할 수 있고, 평화에 대한 위협이라고 판단되면 강제적으로 압박을 가하는 예방적 수단

12 1960년 함마르셸드 사무총장이 콩고 사태에 관해 안보리의 주목을 요청한 건과 1979년 테헤란 주재 미국 대사관 점령 사건 당시 발트하임 사무총장이 안보리 회의 소집을 요청한 건이다.

13 부트로스 갈리 사무총장은 "An Agenda for Peace" (UN, 1992)에서 예방외교를 구체화하면서 상당한 분량을 할애했다. 가장 최근의 이니셔티브로는 구테흐스 사무총장이 "Our Common Agenda" (UN, 2021)에서 "New Agenda for Peace"라고 하며 분쟁의 예방 및 이에 대한 투자에 우선순위를 두고 있다(https://www.un.org/en/content/common-agenda-report, 2024. 7. 1. 방문).

14 S. Chesterman, *Law and Practice of the United Nations, 2nd ed.* (Oxford University Press, 2016), pp.13, 166.

을 가지고 있다.

우크라이나 사태는 러시아와 우크라이나, 또는 러시아와 서방 간의 해묵은 갈등에서 비롯되었다.[15] 우크라이나의 입장에서 보면 러시아의 크리미아 점령이 발단이지만,[16] 러시아는 우크라이나의 북대서양조약기구 North Atlantic Treaty Organization(이하 'NATO') 가입 움직임 및 돈바스 지역 러시아계 주민에 대한 박해가 갈등의 단초라고 주장했다.[17] 러시아는 긴장의 수위를 높여 가면서 침공 직전 단계에 우크라이나 국경에 병력을 집결하고, 이어서 도네츠크, 루한스크 독립을 승인하는 등 일련의 수순을 밟았다.[18] 미국이 침공이 임박했다는 첩보정보까지 공개하며 경고했으나,[19] 러시아는 미국이 근거 없는 군사 시나리오로 갈등을 조장한다고 반박했으며, 안보리 차원의 조치로는 이어지지 못했다. 러시아의 도네츠크, 루한스크 병합 조치를 놓고도 2022년 2월 21일 안보리 회의에서 미국과 케냐 등 대다수 이사국이 러시아 제국주의로의 회귀라고 강하게 비난했다.[20] 그러나 러시아가 반대할 것이 당연시되었기 때문에 안보리 차

15 박용민, "우크라이나 사태에 관한 가설과 전망", 『국립외교원 IFANS FOCUS』 (2022. 3. 11.).

16 2014년 러시아의 크리미아 점령 당시에도 안보리가 제 기능을 하지 못함에 따라 총회가 "국제적으로 인정되는 국경에서 우크라이나의 주권이 보전되어야 한다"는 요지의 결의를 채택한 바 있다(UNGA Res. 68/262, 2014).

17 예를 들어, 2022년 2월 17일 안보리에서 러시아 외교차관의 발언: "The people of Donbas have been subject to shelling by the Ukrainian army for many years, as we have heard today. It should not be forgotten that hundreds of thousands of people in that Ukrainian region have Russian citizenship."(UN Doc. S/PV.8968, 2023, p.24)

18 이러한 행위 각각에 대한 국제법적 평가는 배종인, "외교, 정보, 전쟁 그리고 국제법이 직면한 도전", 『국제법학회논총』, 제67권 제2호(2022년), 99-100쪽 참조.

19 2022년 2월 17일 안보리 회의에서 블링컨 미 국무장관은 러시아가 침공의 구실을 조작하고 있으며 이를 빌미로 사이버 공격과 병행하여 우크라이나의 주요 도시에 대한 진격이 시작될 것이라고 경고했다(UN Doc. S/PV.8968, 2023, pp.12-13).

20 2022년 2월 21일 안보리에서 미국 대표의 발언(UN Doc. S/PV.8970, 2023, p.3) 및 케냐 대표의 발언(UN Doc. S/PV.8970, 2023, pp.8-9). 특히 케냐 대표의 다음과 같은 발언이 국제사회의 주목을 받았다. "…… We believe that all states formed from empires that have

원의 조치, 즉 결의resolution는 물론이거니와 의장성명Presidential Statement 조차 상정되지 않았다. 결국 안보리의 예방외교는 제대로 시도되지도 못한 셈이다.

돌이켜 보면, 긴장이 본격적으로 고조되기 이전 단계에서 사무총장이 적어도 막후에서 셔틀 외교라든지 주선이나 중재 외교를 전개할 여지는 있었던 것으로 보인다.[21] 그러나 우크라이나 사태를 NATO 가입 문제 등 서방 진영과 러시아의 지정학적 갈등으로 인식했던 탓인지 사무총장의 예방외교는 활발하지 못했다.[22] 다만, 사무총장은 일련의 성명을 통해 러시아의 행보에 분명히 견해를 밝히면서 자제를 촉구했다. 침공이 임박했던 2022년 2월 14일 분쟁의 평화적 해결 및 무력사용 금지 의무를 강조하면서 헌장 존중을 당부했고,[23] 2월 22일 러시아의 도네츠크·루한스크 독립 승인은 국제법에 위반된다고 밝혔다.[24] 이어서 침공이 개시되는 시점에서는 이례적으로 러시아를 거명하면서 이러한 무력행사가 용납될 수 없고 헌장 위반이라고 천명했다.[25] 사무총장의 성명은 사무국

---

collapsed or retreated have many peoples in them yearning for integration with peoples in neighboring states. That is normal and understandable. …… However, Kenya rejects such a yearning from being pursued by force. We must complete our recovery from the embers of dead empires in a way that does not plunge us back into new forms of domination and oppression …… Mmultilateralism lies on its deathbed tonight."

21 분쟁상황에서 사무총장의 역할에 관하여는 T. M. Franck, "The Secretary-General's Role in Conflict Resolution: Past, Present and Pure Conjecture", *European Journal of International Law*, Vol.6, 1995, p.360.

22 S. Schlesinger, "The Saga of Guterres and Putin" (2022. 10. 11.)(https://www.passblue.com/2022/10/11/the-saga-of-guterres-and-putin/, 2024. 7. 1. 방문).

23 2022년 2월 14일 사무총장 발언(https://www.un.org/sg/en/content/sg/press-encounter/2022-02-14/secretary-generals-remarks-the-press-stakeout-ukraine, 2024. 7. 1. 방문).

24 2022년 2월 22일 사무총장 발언(https://www.un.org/sg/en/node/261992, 2024. 7. 1. 방문).

25 2022년 2월 24일 사무총장 발언(https://www.un.org/sg/en/node/262058, 2024. 7. 1. 방문): "The use of force by one country against another is the repudiation of the principles

차원의 권위 있는 국제법 해석을 담고 있는데,[26] 2월 24일의 발언은 다수 회원국의 공감을 얻어 총회 결의에도 인용되었다.[27] 러시아는 이마저도 유엔사무국의 중립의무를 일탈한 것이라고 비난함으로써 사무총장의 정치적 역할 공간은 더욱 축소되었다.[28]

2. 안전보장이사회의 예고된 실패: 결과와 과정

2022년 한 해 동안 안보리는 우크라이나 사태와 관련한 공개회의를 총 46차례 개최했다.[29] 그러나 구속력 있는 '결과물', 즉 헌장 제7장에 따른 결의 채택 여부라는 기준에서 보면 안보리는 실패했다. 특별긴급총회를 요청하는 절차적 성격의 결의 1건,[30] 평화적 해결을 위한 사무총장의 노력을 지지하는 의장성명 1건이 결과물의 전부이다.[31] 러시아가 거부권을 행사하리라는 학습된 무력감이 전제되기도 했고 실제로 거부권이 행사되었다.

전쟁이 발발하자마자 러시아의 무력침공을 개탄하고 즉각 철수를 요

that every country has committed to uphold. This applies to the present military offensive. It is wrong. It is against the Charter. It is unacceptable."

26 헌장에 명시적인 근거는 없지만, 1960년 함마르셸드 사무총장은 보고서에서 콩고에서 기관의 붕괴가 "국제평화와 안보에 위협"이라고 했으며[UN Doc. S/4389(1960)], 함마르셸드 사무총장 이래 역대 사무총장들도 법적인 견해를 밝힌 바 있다. 이러한 전례에 관하여는 I. Johnstone, "The Role of the UN Secretary-General: The Power of Persuasion Based on Law", *Global Governance*, Vol.9, 2003, pp.443-451.

27 *ICJ Order of Provisional Measure, Allegations of Genocide under the Convention of the Prevention and Punishment of the Crime of Genocide* (Ukraine v. Russian Federation), pp.45, 47, 86.

28 사무총장의 언론성명에 대한 상세 분석은 앞의 주 18, 100-102쪽 참조.

29 Security Council Report, *January 2023 Monthly Forecast: In Hindsight: The Security Council in 2022* (2023).

30 이는 안보리가 우크라이나 사태를 놓고 채택한 유일한 결의이며, 절차적 성격에 해당하므로 거부권 행사 대상이 아니었다.

31 UN Doc. S/PRST/2022/3(2022).

구하는 요지의 결의안을 미국과 알바니아가 상정했다.[32] 이 결의안은 2월 25일 표결에서 11개국의 찬성표를 얻었음에도 불구하고 러시아의 거부권 행사로 부결되었다.[33] 이러한 양상은 9월 30일 반복된다. 러시아가 루한스크, 도네츠크, 헤르손, 자포리자 지역에서 소위 주민투표를 시행하는 데 대해 미국과 알바니아는 이를 불법으로 규정하고 승인하지 않을 것을 요구하는 결의안을 상정했으나, 이 역시 러시아의 거부권으로 부결되었다.[34]

침략국이자 분쟁 당사국인 러시아가 거부권을 행사한 데 대해 안보리 안팎에서 강도 높은 비판이 일었으며, 절차적인 논란도 제기되었다. 헌장 제27조 제3항 단서에 따르면 분쟁 당사국은 헌장 제6장(분쟁의 평화적 해결) 관련 투표에서 기권하도록 하고 있는데, 미국과 알바니아의 2월 25일 결의안은 제7장이나 강제조치를 언급하지 않았기 때문에 제6장에 관한 결정이라 볼 여지가 있었다.[35] 결의안 표결에서 노르웨이는 침략자가 행사하는 거부권은 헌장의 근간에 대한 위반이며, 헌장 정신을 고려할 때 분쟁 당사자인 러시아가 기권했어야 한다고 발언했다.[36] 이어서 3월 1일 긴급특별총회 토의에서 리히텐슈타인은 러시아가 헌장 제27조 제3항을 위반하여 거부권을 행사했다고 지적했다.[37] 그러나 지금까지 이

32 결의안 문안 협상 과정에서 미국은 중국이 반대하지 않도록 '헌장 제7장'이라는 명시적 언급을 삭제하고 러시아의 침략을 '규탄한다(condemn)'가 아니라 '개탄한다(deplore)'라고 바꾸는 등 일부 문구를 완화했다[Security Council Report, *March 2022 Monthly Forecast: In Hindsight: Ukraine and the Tools of the UN* (2022)].

33 참고로 기권은 3개국(중국, 인도, 아랍에미리트)이었다.

34 10개 이사국이 찬성한 가운데 중국, 브라질, 가봉, 인도가 기권했다.

35 UN Doc. S/2022/155(2022).

36 UN Doc. S/PV.8979(2022), pp.7-8.

37 Foreign Policy, "Russia's Actions Fuel Calls for U.N. to Rein in Security Council Veto Power" (2022. 3. 1.)(https://foreignpolicy.com/2022/03/01/russia-ukraine-war-un-security-council-veto/, 2024. 7. 1. 방문).

조항에 관한 안보리의 해석과 적용은 엄격하지도 일관되지도 못했으며, 그 결과 실제 분쟁 당사국이 관련 투표에서 기권하더라도 이는 '의무적'이 아닌 '자발적'인 것으로 이해되었다.[38] 그리고 이번 사태의 전조였던 2014년 크리미아 사태 관련 안보리 결의안 투표에서도 러시아가 거부권을 행사했지만, 당시 표결에서 제27조 제3항 적용 여부는 거론조차 되지 않았다.[39]

안보리가 기능부전인 상황에서 우크라이나는 홀로 헌장 제51조의 자위권을 행사해야 했고,[40] 미국과 서방국가들이 무기, 장비, 정보를 선별하여 지원하는 느슨한 연대가 형성되었다. 미국과 유럽연합은 헌장 제7장의 틀 밖에서 러시아에 경제제재를 가했으며, 제재 대상에는 러시아 은행, 정치인을 포함한 개인과 기업들이 포함되었고,[41] 석유, 가스와 첨단기술제품에 대한 수출입도 제한되었다.[42] 이에 대해 러시아는 일방적 제재이자 사적 재산권의 침해라고 반발하고 보복적인 수출통제를 발표했다.[43] 이와 같이 안보리 틀 밖에서 이루어지는 우크라이나에 대한 군사지원과 러시아에 대한 경제제재의 국제법 부합 여부가 논란이 되고 있

38 Sievers and Daws, *The Procedure of the UN Security Council, 4th ed.* (Oxford University Press, 2014), p.350.

39 UN Doc. S/PV.7138(2014).

40 E. Salkiewicz-Munnerlyn and B. Zylka, "Russia's Aggression against Ukraine", *Ukrainian Journal of International Law*, No.1, 2022, pp.24-29, 28.

41 U.S. Department of Treasury Press Release, "Treasury Sanctions Kremlin Elites, Leaders, Oligarchs, and Family for Enabling Putin's War Against Ukraine" (2022. 3. 11.)(https://home.treasury.gov/news/press-releases/jy0650, 2024. 7. 1. 방문).

42 유럽연합 제재는 https://www.consilium.europa.eu/en/policies/sanctions/restrictive-measures-against-russia-over-ukraine/. 미국 제재는 https://home.treasury.gov/policy-issues/financial-sanctions/sanctions-programs-and-country-information/ukraine-russia-related-sanctions.

43 BBC News, "Russia Hits Back at Western Sanctions with Export Bans" (2022. 3. 10.)(https://www.bbc.com/news/business-60689279, 2024. 7. 1. 방문).

다. 이러한 지원과 제재는 러시아의 침략행위, 즉 강행규범*jus cogens* 위반에 대한 대응이자 우크라이나의 적법한 자위권 행사에 대한 지원으로 정당화될 수 있다고 본다.[44]

여기서 짚어 보아야 하는 점은 러시아의 거부권 행사는 예상된 수순이었다는 것이다. 안보리에서 러시아의 거부권 행사로 부결된 결의안을 총회에 넘겨 채택하는 방식은 2014년 크리미아반도 사태에 이어 반복되는 양상이다. 그런데도 서방 진영이 두 번이나 안보리에서 결의안을 상정한 의도는 긴급특별총회로 이어가기 위한 동력을 만들기 위해서뿐만 아니라, 러시아가 헌장과 대세를 거스르고 있음을 공개적으로 비판대에 올려 침략자로 낙인찍고 고립시키는 것이었다.[45]

같은 맥락에서 총 46차례의 안보리 공개회의는 국제여론을 형성하는 공적인 토의 공간으로서, 우크라이나 사태의 여러 측면, 특히 인도적 차원에서의 절박함을 호소하고 국제법 준수를 촉구하는 장으로 기능했다. 중대한 국제인도법 위반으로 민간인 피해가 발생했을 때, 예를 들어 러시아의 미사일 공격으로 우크라이나 민간시설과 민간인에 중대한 피해가 발생하자, 안보리는 긴급회의를 개최하여 인구밀집 지역 내 폭발 무기 사용을 지적하고 국제인도법 준수를 강조했다.[46] 구체 사건을 넘어서 주제별로 '분쟁하 성폭력 및 인신매매'를 다루기도 했고,[47] '잔혹범죄로 이어지는 폭력선동'을 주제로 제노사이드 예방 취지의 브리핑을 개최했

44 국제법위원회(ILC)의 '국가책임법 초안(Draft articles on Responsibility of States for Internationally Wrongful Acts)'(2001) 제40조 및 제41조.

45 이러한 소위 'grandstanding'에 관하여는 Allen and Yuen, *supra* note 3, pp.2, 10.

46 UN Doc. S/PV.9080(2022).

47 Security Council Report, *What's in blue: Ukraine: Briefing on Conflict-related Sexual Violence and Human Trafficking* (2022. 6. 3.)(https://www.securitycouncilreport.org/whatsinblue/2022/06/ukraine-briefing-on-conflict-related-sexual-violence-and-human-trafficking.php, 2024. 7. 1. 방문).

고,[48] 아리아 형식으로[49] 문화유산 파괴에 초점을 두고 1954년 「무력충돌 시 문화재 보호를 위한 협약」(헤이그협약) 위반을 강조하기도 했다.[50] '결과'라는 측면에서 안보리의 성적은 초라하지만, '과정'이라는 측면에서는 안보리가 국제법 위반을 지적하고 인도적 상황을 부각하고 헌장의 준수를 촉구함으로써 피해국인 우크라이나에 연대감을 나타내고 침략국인 러시아를 공개적으로 비난하는 장으로 기능한 점은 긍정적으로 평가할 수 있다.

3. 대역으로서의 유엔 총회: 침공 반대 결의 채택[51]

러시아의 거부권 행사로 결의 채택이 불발되자, 다시 안보리는 미국과 알바니아 주도로 총회 차원의 긴급특별회의Emergency Special Session, ESS를 요청하는 결의 제2623호를 채택했다. 이에 총회 의장은 평화를 위한 단결 결의Uniting for Peace Resolution[52]에 따라 긴급특별총회를 2022년 2월 28일과 3월 2일 이틀간 개최했다. 헌장 제24조 제1항은 안보리가 회원국 전체를 대신하여 활동한다고 하고 있으나, 역설적으로 이제 안보리를 대신하여 전 회원국이 참여하는 총회가 더욱 민주적이고 투명한 형식으로 우크라이나 사태를 논의하게 된 것이다.

48 UN Doc. S/PV.906(2022).

49 아리아 형식(Arria-Forumula) 회의는 안보리 이사국이 주도하여 개최되는 비공식회의이다. 공식회의에서 논의하기 어려운 주제를 자유롭게 토론하고자 하는 취지에서 국가가 아닌 개인이나 시민단체 등을 폭넓게 초청할 수 있다는 장점이 있다. Security Council Report, *The UN Security Council Handbook: A User's Guide to Practice and Procedure* (2019), p.35.

50 유엔 비디오 기록: The Destruction of cultural heritage as a consequence of the Russian aggression against Ukraine-Security Council Arria Formula meeting (2022. 7. 15.)(https://media.un.org/en/asset/k1e/k1egkow771, 2024. 7. 1. 방문).

51 유엔 총회에서 개진된 유엔회원국의 입장 및 총회 결의가 가지는 함의에 대한 상세 분석은 앞의 주 18, 102-110쪽.

52 UN Doc. A/RES/377A(Ⅴ)(1950).

유엔 총회장의 발언석에서 대다수의 회원국 대표는 직접적으로 러시아의 행위를 침략이나 침공으로 규정하거나[53] 러시아를 지목하지 않더라도 간접적으로 우크라이나의 주권과 영토 보전을 옹호하는 발언을 했다.[54] 러시아 대표는 러시아의 군사행동이 돈바스계 주민을 보호하고 자국을 방어하기 위한 특별군사작전special military operation으로 헌장 제51조에 따른 자위권의 행사라고 주장했다.[55] 북한을 비롯한 소수의 국가가 이에 동조하면서 이번 사태가 러시아의 정당한 안보이익을 서방이 무시하여 발생한 결과라는 논리를 전개했다.[56]

안보리에서 부결된 결의안과 사실상 같은 내용의 결의안이 긴급특별총회에서 상정되었으며, 토의를 거쳐 찬성 141개국, 기권 35개국, 반대 5개국(러시아, 벨라루스, 북한, 시리아, 에리트레아)이라는 압도적 다수로 3월 2일 채택되었다. 이 결의는 러시아의 침공을 헌장에 어긋나는 침략으로 규정했을 뿐만 아니라, 무력사용 중지와 철군을 요구했다.[57] 특히, 제2항에서 러시아의 침략을 헌장 제2조 제4항 위반[in violation of Article 2 (4) of the Charter]이라고 하고, 제3항에서도 러시아의 무력사용을 '불법적인 unlawful'이라고 하고, 더 나아가 러시아의 돈바스 병합이 헌장과 부합하

53 한국 대표의 발언(UN Doc. A/ES-11/PV.4, 2022, pp.5-6). 상세한 발언 내용과 분류는 앞의 주 18, 102-106쪽 참고.

54 예를 들어 인도네시아 대표의 발언(UN Doc. A/ES-11/PV.2, 2022, p.5).

55 UN Doc. A/ES-11/PV.1(2022), p.8.

56 예를 들어 북한 대표의 발언(UN Doc. A/ES-11/PV.4, 2022, p.16).

57 결의 제2, 3, 5항: "2. Deplores in the strongest terms the aggression by the Russian Federation against Ukraine in violation of Article 2 (4) of the Charter; 3. Demands that the Russian Federation immediately cease its use of force against Ukraine and to refrain from any further unlawful threat or use of force against any Member State; 5. Deplores the 21 February 2022 decision by the Russian Federation related to the status of certain areas of the Donetsk and Luhansk regions of Ukraine as a violation of the territorial integrity and sovereignty of Ukraine and inconsistent with the principles of the Charter; ……."(A/ES-11/L.1).

지 않는다고 제5항에서 규정함으로써 러시아 행동의 불법성을 명확히 하고 있다.

총회가 결의를 통해 '침략'으로 규정한 것을 놓고, 침략의 존부를 결정할 수 있는 권한은 안보리만이 가진다든지,[58] 총회가 안보리 대신 이러한 결정을 했다고 하더라도 이는 안보리의 결정과 마찬가지로 어디까지나 정치적 성격이며 법적 판정이 아니라는 주장이 있을 수 있다.[59] 물론 총회 결의는 안보리 결의와 달리 법적 구속력은 없지만 나름의 규범력을 가지며, 그 규범력은 내용, 지지도, 문맥과 같은 요인에 좌우될 수 있다. 예를 들어, 이스라엘-팔레스타인 분쟁에 관한 다수의 총회 결의는 지금까지도 이행되지 못하고 있는 반면, 1981년 나미비아 상황에 관한 총회 결의와 같이 최종 해결에서 핵심적 요소가 된 선례가 있다.[60]

긴급특별총회 결의는 러시아를 제외하면 단지 4개국만 반대한 가운데 압도적 지지로 채택되었으며, 총회 토의 과정에서 보인 연대를 고려할 때 남다른 규범적 무게감을 가질 뿐만 아니라,[61] 내용의 일부는 기존 국제법을 확인했다고 할 수 있다. 그 결과 유엔의 주요기관, 보조기관을 넘어서 유네스코United Nations Educational, Scientific and Cultural Organization, UNESCO, 국제원자력기구International Atomic Energy Agency(이하 'IAEA'), 국제민간항공기구International Civil Aviation Organization, ICAO, 화학무기금지기구

58 안보리의 결정 권한을 강조한 논지는 K. Zhao and F. Xiao, "Aggression and Determination: Two Basic Issues of International Law in the Russia-Ukraine Conflict", *Beijing Law Review*, Vol.13, No.2, 2022. 6.

59 Alvarez는 안보리 결의 제687호를 예로 들며, 이 결의가 이라크의 법적 국가책임을 사실상 담고 있으며, 대이라크 안보리의 조치가 이에 토대를 두고 있으며, 안보리 결의도 규범적 효과를 의도한다고 한다. J. E. Alvarez, *International Organizations as Law-makers* (Oxford University Press, 2005), pp.422-423.

60 *Ibid.*, pp.430-431. 관련 총회 결의는 UN Doc. A/RES/36/121(1981).

61 *Legality of the Use by a State of Nuclear Weapons in Armed Conflict (Advisory Opinion)* (1996) ICJ Reports 679, para.70.

Organization for the Prohibition of Chemical Weapons, OPCW와 같은 여타 기구에도 판단 기준으로 확산되었으며,[62] ICJ도 잠정조치 명령에서 이 결의를 언급했다.[63] 역설적으로 안보리의 마비가 총회와 여타 국제기구를 대담하게 만들고 러시아를 의사결정에서 배제하려는 움직임까지 가져왔다고 하겠다.[64]

안보리 상임이사국이자 강대국인 러시아가 이웃 나라를 무력 침공하고 이어서 거부권까지 행사하여 안보리 기능이 마비됨으로써 헌장을 포함한 국제법 규범 자체가 약화되었다는 주장도 있다.[65] 그러나 헌장과 같은 국제법을 국가의 실체적 행동규칙과 국제기구 차원에서 의사결정을 위한 절차규칙으로 나누어 보면, 러시아의 거부권 행사는 부차적 절차규칙에 따른 수순일 뿐이지 러시아의 침략에 어떠한 정당성도 부여할 수 없다. 국가의 행동을 규율하는 일차적이고 주된 규칙인 평화적 해결과 무력사용 금지 의무(헌장 제2조)는 그대로 유효하며, 총회의 결의는 바로 이 점을 확인해 주었다. 특히 결의 채택에 앞선 토의 과정에서 대다수의 회원국이 헌장의 준수, 특히 분쟁의 평화적 해결, 무력사용의 불법성 및 우크라이나의 영토 보전을 강조한 점은 주목할 만하다. 싱가포르와 같은

62 이와 같은 확산 효과에 대한 상세한 내용은 앞의 주 18, 108쪽 참조.

63 ICJ, *Order of Provisional Measure, Allegations of Genocide under the Convention of the Prevention and Punishment of the Crime of Genocide* (Ukraine v. Russian Federation) (2022. 3. 16.), para.76.

64 M. Buscemi, "Outcasting the Aggressor: The Deployment of the Sanction of Non-Participation", 116 *AJIL* (2022), p.764.

65 예를 들어, J. Grygiel, "Ukraine War Shows the 'Rules-Based International Order' Is a Myth", *Wall Street Journal* (2022. 3. 28.); A. Alexander, "Russia-Ukraine conflict: has international law failed?", *The Leaflet* (2022. 2. 28.)(https://theleaflet.in/russia-ukraine-conflict-has-international-law-failed, 2024. 7. 1. 방문); N. Krisch, "After hegemony: the law on the use of force and the Ukraine crisis", *EJIL:Talk!* (2022. 3. 2.)(https://www.ejiltalk.org/after-hegemony-the-law-on-the-use-of-force-and-the-ukraine-crisis/, 2024. 7. 1. 방문).

소도서국은 강대국의 약소국에 대한 침범 행위를 헌장에 대한 직접적 도전으로 인식했으며,[66] 거의 모든 회원국 대표가 헌장에 대한 존중과 연대를 표명했다. 총회 결의가 러시아의 행위를 침략이자 국제법 위반이라고 분명히 규정함으로써 러시아는 평판에 훼손을 입고 고립되는 결과를 가져왔다.[67] 러시아가 '침략자'로 낙인찍힌 가운데, 러시아의 인권이사회 자격을 정지하는 결의안이 제안되어, 2022년 4월 7일 재개된 긴급특별총회에서 찬성 93개국, 반대 24개국, 기권 58개국으로 다수결에 의해 채택되기도 했다.[68]

개전 이후 우크라이나에 대한 무기지원과 러시아에 대한 제재의 적법성이 논란이 되어 왔다. 우크라이나에 대한 무기지원은 전쟁법상 중립의무 위반이라는 지적이 있지만,[69] 침략국과 피침국을 분명히 구분하는 헌장에 비추어 볼 때 우크라이나 사태에서는 더 이상 과거의 중립의무가 유효하지 않다는 주장이 설득력을 갖는다.[70] 러시아가 헌장 제2조를 위반한 침략자라는 총회 결의의 확인은 논리적 연장선상에서 우크라이나가 제51조에 따라 적법한 자위권을 행사하는 것이 되고, 따라서 이는 서방국가들의 우크라이나에 대한 무기 지원이나 러시아에 대한 경제제재

66 싱가포르(UN Doc. A/ES-11/PV.1, 2022, p.28)

67 배종인, 앞의 주 18, 108쪽.

68 UN News, "UN General Assembly votes to suspend Russia from the Human Rights Council" (2022. 4. 7.)(https://news.un.org/en/story/2022/04/1115782, 2024. 7. 1. 방문).

69 K. J. Heller and L. Trabucco, "The Legality of Weapons Transfers to Ukraine under International Law", *Journal of International Humanitarian Legal Studies* (2022. 8. 29.). 라브로프 러시아 외무장관도 제77차 유엔 총회에 참석하면서 가진 2022년 9월 24일 기자회견에서 1907년 헤이그협약 제6조에 따라 중립국은 교전 당사국에 무기를 제공할 수 없게 되어 있다고 하면서 우크라이나에 무기를 제공하는 서방국가들은 중립국이라고 볼 수 없다고 언급하기도 했다.

70 S. Talmon, "The Provision of Arms to the Victim of Armed Aggression: the Case of Ukraine," *Bonn Research Papers on Public International Law,* Paper No.20/2022 (2022. 4. 6.), p.20.

의 적법성에 힘을 보태고 있고,[71] 앞으로 책임규명이나 배상을 둘러싼 사법절차에 영향을 미칠 것이며, 종전 과정에서도 영토반환 문제 등과 관련하여 중요한 지침으로 작용할 것이다.[72]

4. 위기관리자로서의 유엔: 인도적 노력, 식량위기 및 원전위기 대응

전쟁은 필연적으로 무고한 민간인의 사상과 피해를 초래하며, 교전지역을 넘어서 주변국과 세계경제 전체에도 부정적 영향을 가져온다. 러시아의 침공은 우크라이나 안팎으로 심대한 인도적·경제적 위기를 야기했다.[73] 2024년 6월 기준 11,284명의 민간인 사망이 확인되었고, 600만 명 규모의 난민사태가 진행 중이며, 330만 명의 우크라이나 국내 이재민이 발생했고, 1,460만 명이 인도적 지원을 필요로 하고 있다.[74] 무력충돌이 개시되자마자 이러한 인도적 위기 대응이 유엔의 중요한 임무로 부상했다. 안보리는 수차례 공개회의를 개최하여 유엔인도주의업무조정실 United Nations Office for the Coordination of Humanitarian Affairs(이하 'UNOCHA')로부터 현지 상황과 지원 현황에 대한 브리핑을 받고 인도지원 물품을 반입하기 위한 경로 확보에 대해 논의했다.

막후에서는 멕시코와 프랑스 주도로 교전의 즉각 중지, 민간인 보호, 국제인도법 준수, 인도적 접근 보장 등의 내용을 담은 결의안 교섭을 개

71 O. Hathaway and S. Shapiro, "Supplying Arms to Ukraine is Not an Act of War", *Lawfare* (2022. 3. 12.)(https://www.lawfareblog.com/supplying-arms-ukraine-not-act-war, 2024. 7. 1. 방문).

72 배종인, 앞의 주 18, 106–110쪽.

73 우크라이나에 대한 러시아 침공의 경제적 충격에 관하여는 A. Terzyan, "Ukraine amidst the War: Main Implications", *Journal of Liberty and International Affairs*, Vol.8, No.2, 2022, pp.332–345.

74 Ukraine–Complex Emergency Fact Sheet #9, Fiscal Year(FY) 2024 (2024)(https://reliefweb.int/report/ukraine/ukraine-complex-emergency-fact-sheet-9-fiscal-year-fy-2024, 2024. 7. 1. 방문).

시했다.[75] 그런데 문안 협상 과정에서 미국, 영국 등은 이러한 인도적 위기의 책임 소재가 러시아의 침략임을 분명히 해야 한다고 했지만, 러시아는 이를 정치적 문안이라면서 반대했다. 이 간극이 좁혀질 기미가 보이지 않자 프랑스와 멕시코는 결의안을 안보리가 아닌 총회에 상정했고,[76] 찬성 140개국, 기권 38개국, 반대 5개국으로 채택되었다.[77]

인도지원 기관들은 총회 결의와 각자 주어진 임무에 따라, 유엔 위기조정관 및 상주조정관·인도지원조정관이 조정하는 가운데, 우크라이나에 거점을 설립하여 식량, 의약품, 현금 등 주로 세 가지 품목을 지원하고, 인도적 회랑humanitarian corridor을 마련하기 위해 교전당사국과 협의하면서, 난민의 보호와 지원에 힘을 기울이고 있다. 기관별로 살펴보면, 유엔난민기구United Nations High Commissioner for Refugees(이하 'UNHCR')는 우크라이나 현장에서 현금 지원, 긴급보호소 설치 등 이재민을 돕고 있고, 국경을 넘어 이웃나라로 간 피난민을 위해 지역 차원의 난민대응계획Refugee Response Plan을 세워 142개 파트너와 공조하고 있다.[78] 유엔아동기금United Nations Children's Fund(이하 'UNICEF')은 아동을 위한 보건, 영양, 교육, 식수, 위생을 위해 노력하고 있으며,[79] 유엔개발계획United

75 Security Council Report, *Ukraine: Vote on Draft Humanitarian Resolution* (2022. 3. 23.)(https://www.securitycouncilreport.org/whatsinblue/2022/03/ukraine-vote-on-draft-humanitarian-resolution.php, 2024. 7. 1. 방문).

76 오히려 러시아가 책임 소재를 삭제한 결의안을 기습적으로 안보리에 상정했고 결국 다수의 반대로 채택되지 못하였다. PBS News, "UN Security Council defeats Russian humanitarian resolution on Ukraine that would omit fault" (2022. 3. 23.)(https://www.pbs.org/newshour/world/u-n-security-council-defeats-russia-humanitarian-resolution-on-ukraine-that-would-omit-fault, 2024. 7. 1. 방문).

77 UN News, "Ukraine: General Assembly passes resolution demanding aid access, by large majority" (2022. 3. 24.).

78 유엔난민기구(UNHCR) 홈페이지(https://www.unhcr.org/ukraine-emergency.html, 2024. 7. 1. 방문).

79 유엔아동기금(UNICEF), *Ukraine Country Office Humanitarian Situation Report*, No.23,

Nations Development Programme(이하 'UNDP')은 에너지 기반 시설의 복구, 공공 서비스 재개 및 잔해 제거를 위한 프로그램을 실시하고 있으며,[80] 유엔인구기금United Nations Population Fund, UNFPA은 성폭력 대응을 포함한 여성·청소년 지원사업을 전개하고 있다.[81]

더불어 유엔과 사무총장은 긴박한 인도적 상황, 식량위기, 원전위험에서 위기관리자이자 해결주선자로 나서기도 했다. 마리우폴 제철소에서 포위 상황이 계속되자 유엔은 인도적 접근과 민간인 대피를 위한 외교 노력을 전개했으며, 구테흐스 사무총장이 러시아와 우크라이나를 방문하고 푸틴 대통령을 면담하는 등 교섭을 거쳐 민간인 대피 작전을 성사시켰다.[82]

사무총장은 식량 위기와 관련하여 다자적 차원의 해결책 모색을 위해 주선good offices을 하기도 했다. 우크라이나 사태는 유가상승, 식량부족 및 곡물가상승이라는 국제적 파급 효과를 초래했다.[83] 개전 이후 러시아의 해상봉쇄 및 지뢰설치로 인해 마리우폴, 오데사 등 우크라이나 수출 항구가 막히고 곡물수출이 어려워지자 국제적인 식량부족과 곡물가

2023. 11.

80 유엔개발계획(UNDP) 홈페이지(https://www.undp.org/ukraine/undp-resilience-building-and-recovery-programme, 2024. 7. 1. 방문).

81 유엔인구기금(UNFPA), *Ukraine Humanitarian Snapshot #16* (2022. 12. 1.~2022. 12. 15.).

82 E. M. Lederer, "UN chief and Russia's Putin agree on key Ukraine evacuation", AP News (2022. 4. 26.)(https://apnews.com/article/russia-ukraine-putin-business-antonio-guterres-humanitarian-assistance-3ab9a92eecba6b9c642f0222f6914648, 2024. 7. 1. 방문).

83 러시아와 우크라이나가 세계 식량 공급에 차지하는 비중은 상당한데, 전체 보리 공급의 19%, 밀 공급의 14%, 옥수수 공급의 4%에 해당하며, 곡물 수출의 1/3 이상을 차지하고 있다. FAO, "New Scenarios on Global Food Security based on Russia-Ukraine Conflict" (2022. 11. 3.)(https://www.fao.org/russian-federation/news/news-detail/new-scenarios-on-global-food-security-based-on-russia-ukraine-conflict/en).

상승으로 이어졌다.[84] 이와 같은 식량위기를 타개하기 위해 유엔이 참여하는 가운데 튀르키예, 우크라이나, 러시아 4자 간 협상이 진행되었다. 2022년 7월 22일 유엔이 보증하고 3개국이 서명한 흑해 곡물 수출 이니셔티브 합의문이 발표되었으며, 이어서 이스탄불에 합동조정센터Joint Coordination Center가 설치되었다.[85] 이로써 우크라이나 3개 주요 항구에서 곡물, 식료품, 비료 수출이 재개될 수 있게 되었고, 이를 통해 세계식량계획World Food Program, WFP이 구매한 밀이 아프가니스탄, 소말리아, 에티오피아의 취약계층에 전달될 수 있었다.

한편, 과거 체르노빌 사태를 겪었던 우크라이나에 원전 피격 시나리오는 중차대한 위협이다. 러시아군이 우크라이나 자포리자Zaporizhzhia 원전을 점령한 가운데 포격전이 전개되자, 안보리는 2022년 3월 4일 긴급회의를 소집했다. 디카를로 유엔 사무차장은 원전시설에 대한 공격은 제네바협약 추가의정서 제56조에 위반되며,[86] 자포리자 원전을 놓고 벌어지고 있는 포격전은 대단히 무책임하며 용납될 수 없다고 강조했다.[87] 영국, 노르웨이 등은 핵시설과 그 주변에 대한 포격을 즉각 중단할 것을 요구했지만, 러시아는 발전소가 정상 가동되고 있다면서 우크라이나와 책임 공방을 주고받았다.[88] 자포리자 원전에서의 위기 상황이 계속되자 그

84 "How Russia's Assault on Ukraine Is Worsening Starvation Rates Worldwide", *New York Times* A7 (2023. 1. 3.).

85 흑해 곡물 수출 이니셔티브에 관한 상세내용은 관련 유엔 홈페이지(https://www.un.org/en/black-sea-grain-initiative?gclid=EAIaIQobChMIqrze75XZ_AIVW_7jBx1S3gn0EAAYASAAEgLm1vD_BwE) 참고.

86 제네바협약 추가의정서 제56조 제1항: "Works or installations containing dangerous forces, namely dams, dykes and nuclear electrical generating stations, shall not be made the object of attack, even where these objects are military objectives, if such attack may cause the release of dangerous forces and consequent severe losses among the civilian population ……"

87 UN Doc. S/PV.8986(2022), p.2.

88 *Ibid*..

로시 IAEA 사무총장은 임무단을 파견하여 상황을 점검하고, 안전구역 선포, 군사장비 철수, 원전 정상운영과 같은 권고사항을 제시했다. IAEA는 2023년 1월 우크라이나 원전에 장기간 상주 지원단을 파견한 바 있으며, 원전 위기 대응은 여전히 진행 중이다.

5. 국제사법재판소와 인권기관: 침략과 인권침해, 인도법 위반에 대한 책임 규명

러시아는 안보리와 총회 논의에서 우크라이나가 핵 재무장을 기도하고 있고 NATO에 가입하여 러시아의 영토를 넘보려 하기에 헌장 제51조 자위권에 근거한 특별군사작전을 전개했다고 주장했다.[89] 그러나 이러한 주장은 그간의 국제법 해석에 비추어 볼 때 설득력이 떨어진다.[90] 상대국의 무력행사가 개시되거나 임박하지도 않은 상황에서 주관적인 위협 인식만으로 자위권을 행사할 수 있다고 해석하기는 무리이며, 제노사이드 피해에 대한 근거도 부족하기 때문이다.[91]

총회가 결의에서 러시아의 침공을 '침략'이자 헌장 위반이라고 규정했

89 2022년 긴급특별총회에서 러시아 대표의 발언(UN Doc. A/ES-11/PV.1, 2022, p.8): "Therefore, by invoking Article 51 of the Charter, Russia is not only defending itself from the nationalist threat but also seeks to uphold the purposes and principles of the Charter on the soil of Donbas and Ukraine, while ensuring that the main goal of the United Nations-to save future generations from the scourge of war-is fulfilled"; 푸틴 러시아 대통령의 2022년 2월 24일 연설(러시아 연방 대통령실)(http://en.kremlin.ru/events/president/transcripts/67843)(공식 영어번역본).

90 러시아의 우크라이나 침공의 불법성에 관한 상세한 분석은 J. A. Green, *et al.*, "Russia's attack on Ukraine and the jus ad bellum", *Journal on the Use of Force and International Law*, Vol.9, Issue 1, 2022, pp.4-30(https://doi.org/10.1080/20531702.2022.2056803 참조).

91 *Military and Paramilitary Activities in and against Nicaragua* (Nicaragua vs. US)(1986), merits, ICJ Reports 14, para.269. 아울러, M. N. Schmitt, "Russia's "special military operation" and the (claimed) right of self-defense", *Articles of War* (2022. 2. 28.)(https://lieber.westpoint.edu/russia-special-military-operation-claimed-right-self-defense/ 참고).

으나, 엄격하게 얘기하면 침공의 불법성에 관해 사법적으로 판정을 내릴 권한을 가진 기관은 ICJ다. 그러나 ICJ는 분쟁 당사국인 러시아의 동의가 없으면 관할권을 행사할 수 없다는 한계가 있다. 이처럼 러시아 침공의 불법성을 정면으로 다투지 못하는 상황에서 우크라이나는 러시아가 돈바스 지역 러시아계 주민을 대상으로 우크라이나가 제노사이드를 감행했다고 주장한 점에 착안하여, 우크라이나와 러시아가 당사국인 제노사이드협약 제4조(분쟁해결 조항)[92]를 원용하여 ICJ에 제소했다.[93] 러시아가 소위 특별군사작전의 법적 근거라고 주장하는 제노사이드는 존재하지 않는다는 것이 우크라이나의 입장이기 때문에 협약의 해석과 적용에 있어서 러시아와 분쟁이 있다는 이유다. ICJ는 러시아의 제노사이드 주장에 대한 증거를 확인하지 못했다고 하면서 군사작전의 즉각 중단을 명하는 잠정조치 명령을 내렸다.[94] 비록 잠정조치 명령이지만 러시아의 자위권 주장이 성립되기 힘들다는 점을 지적했으며 법적으로도 분명히 구속력을 가진다는 점에서 러시아는 또다시 법적 의무를 위반하고 있는 셈이다.

무력분쟁의 적법·불법jus ad bellum과 무관하게, 모든 교전 당사국은 국제인도법을 준수해야 한다jus in bello. 또한, 전쟁과 같은 긴급상황에서 인권이 일부 제약될 수는 있지만, 생명권과 같은 근본적 인권이 침해되어

92 제노사이드협약 제9조: "Disputes between the Contracting Parties relating to the interpretation, application or fulfillment of the present Convention, including those relating to the responsibility of a State for genocide or for any of the other acts enumerated in article Ⅲ, shall be submitted to the International Court of Justice at the request of any of the parties to the dispute".

93 ICJ, *Application for Instituting Proceedings (2022. 2. 26.) Disputes Relating to Allegations of Genocide* (Ukraine v. Russian Federation).

94 ICJ, *Order of Provisional Measure, Allegations of Genocide under the Convention of the Prevention and Punishment of the Crime of Genocide* (Ukraine v. Russian Federation) (2022. 3. 16.) pp.45, 47, 86.

서는 안 된다. 우크라이나-러시아 전쟁에서도 심각한 인권침해 및 국제 인도법 위반이 자행되고 있다. 러시아가 우크라이나 부차Bucha지역에서 민간인 학살을 자행했다는 의혹이 알려지자, 사무총장은 독립조사를 촉구하는 한편, 안보리가 분열로 인해 행동하지 못하는 데 대해 유감을 표하고, 전쟁이 중지되도록 안보리가 권한에 따른 모든 책무를 다해 달라고 요구했다.[95] 유엔 인권이사회는 러시아의 우크라이나 침공과 관련된 인권침해 및 국제인도법 위반을 조사하고 증거를 수집하는 임무를 지닌 조사위원회Commission of Inquiry를 설립했으며,[96] 조사위원회는 2022년 10월 18일 우크라이나 지역에서 전쟁범죄 및 인권·인도법 위반이 저질러졌다는 합당한 근거를 발견했다는 보고서를 총회에 제출했다.[97]

한편, 유엔기구는 아니지만 국제형사재판소International criminal Court(이하 'ICC')도 전쟁범죄 혐의 등에 대한 개인의 형사책임을 추궁하기 위한 수사를 진행하고 있다. 러시아와 우크라이나가 로마규정 당사국이 아니지만, 우크라이나 정부는 크리미아 사태를 계기로 2013년 11월 이후 자국 영토에서 발생하는 범죄 혐의에 대해 ICC의 관할권을 수락한 바 있다.[98] ICC는 로마규정 제14조에 따른 39개국의 우크라이나 사태 회부 요청referrals을 접수했으며,[99] 칸 소추관은 우크라이나 지역에서 감행된 전

95 UN News, "Ukraine: Secretary-General calls for probe into Bucha killings" (2022. 4. 3.) (https://news.un.org/en/story/2022/04/1115442, 2024. 7. 1. 방문).

96 결의(UN Doc. A/HRC/RES/49/1, 2022): "…… investigate all alleged violations and abuses of human rights and violations of international humanitarian law, and related crimes, in the context of the Russian Federation's aggression against Ukraine, and to …… collect, consolidate and analyse evidence …… in view of any future legal proceedings."

97 UN Doc. A/77/533(2022).

98 우크라이나는 로마규정의 당사국이 아니지만, 로마규정 제12조 제3항에 따라 2013년 11월과 2014년 2월 사이에 자국 영토에서 발생한 전쟁범죄, 인도에 반한 죄 등에 관한 ICC의 관할권을 수락한 바 있으며, 이어서 2014년 2월 이후 발생한 범죄에 대하여도 기간을 연장하여 관할권을 수락했다(https://www.icc-cpi.int/ukraine, 2024. 7. 1. 방문).

99 로마규정 제14조 제1항: "A State Party may refer to the Prosecutor a situation in which

쟁범죄 혐의에 대한 수사개시 결정을 발표하고,[100] 법의학자를 포함한 42명 규모의 수사팀을 현장에 파견했다.[101] 수사대상은 전쟁범죄, 인도에 반한 죄, 제노사이드 혐의이며, ICC는 2023년 3월 17일 전쟁범죄 혐의(우크라이나 어린이 불법이송)로 푸틴 대통령에게 체포영장을 발부했다. 한편, 이 세 가지 범죄와 달리 침략범죄crime of aggression는 러시아와 같은 비당사국의 국민을 상대로는 소추할 수 없으므로 수사대상에 포함되지 않았다.[102] 이러한 이유에서 일각에서는 침략범죄를 단죄하기 위한 특별법정의 설립을 주장하고 있다.[103]

우크라이나에서 저질러진 전쟁범죄에 대하여는 우크라이나 검찰당국뿐만 아니라 주변국 차원에서도 수사가 진행되고 있다. 이처럼 서로 다른 임무를 가진 기구, 기관들이 수행하는 조사와 증거 수집이 사실관계

one or more crimes within the jurisdiction of the Court appear to have been committed requesting the Prosecutor to investigate the situation for the purpose of determining whether one or more specific persons should be charged with the commission of such crimes."

100 Statement of ICC Prosecutor, Karim A.A. Khan QC on the Situation in Ukraine: Receipt of Referrals from 39 States Parties and the Opening of an Investigation (2022. 3. 2.)(https://www.icc-cpi.int/news/statement-icc-prosecutor-karim-aa-khan-qc-situation-ukraine-receipt-referrals-39-states, 2024. 7. 1. 방문).

101 ICC Prosecutor Karim A.A. Khan QC announces deployment of forensics and investigative team to Ukraine, welcomes strong cooperation with the Government of the Netherlands (2022. 5. 17.)(https://www.icc-cpi.int/news/icc-prosecutor-karim-aa-khan-qc-announces-deployment-forensics-and-investigative-team-ukraine, 2024. 7. 1. 방문).

102 로마규정 제15조 bis 제5항.

103 예를 들어, O. Hathaway, The Case for Creating an International Tribunal to Prosecute the Crime of Aggression Against Ukraine(Part I) (2022. 9. 20.)(https://www.justsecurity.org/83117/the-case-for-creating-an-international-tribunal-to-prosecute-the-crime-of-aggression-against-ukraine/, 2024. 7. 1. 방문); An agreement between the United Nations and Ukraine can pave the way Combined Statement and Declaration Calling for the Creation of a Special Tribunal for the Punishment of the Crime of Aggression against Ukraine (2022. 3. 4.)(https://gordonandsarahbrown.com/wp-content/uploads/2022/03/Combined-Statement-and-Declaration.pdf, 2024. 7. 1. 방문).

규명과 궁극적으로 책임자에 대한 형사처벌로 이어질 수 있도록 긴밀한 공조가 요구된다. 네덜란드 주최로 개최된 책임성accountability에 관한 장관급 회의에서는 각 기관의 조사·수사 노력이 서로 보완될 수 있고 궁극적으로 법원에서 증거로 활용될 수 있도록 해야 한다는 점이 강조되었으며, 관련 정치선언에는 45개국이 서명했다.[104]

Ⅳ. 우크라이나 사태와 한국 다자외교

현실주의적 시각에서 보면, 러시아는 이른바 4강 외교의 한 축이자 한반도와 지역 평화에 영향을 끼치는 존재이기 때문에 한-러 관계는 한국 외교에서 항상 중요한 고려요소로 작용해 왔다. 반면, 러시아가 유럽에서 보여 준 일련의 행태, 즉 크리미아반도 병합, 조지아 일부 점령, 우크라이나 침공은 한국 외교가 추구하는 국제규범과 가치에 부합하지 않는다. 러시아의 이와 같은 행동에 대한 한국 외교의 대응은 현실외교로 좁게 정의되는 국익과 이상외교로 넓게 정의되는 국익이 엇갈리는 지점에서 균형점을 찾아가는 과정이었다. 과거 크리미아반도 병합과 관련된 총회 토의에서 한국 대표는 우크라이나의 주권과 영토 보전을 지지한다는 원칙적 입장을 밝혔지만 러시아를 직접 거명하거나 비난하지는 않았다.[105] 그리고 조지아 점령지역에서의 인권과 관련된 총회 결의안에 찬성

104 Political Declaration of the Ministerial Ukraine Accountability Conference (2022. 7. 14.) (https://www.government.nl/documents/diplomatic-statements/2022/07/14/political-declaration-of-the-ministerial-ukraine-accountability-conference, 2024. 7. 1. 방문).

105 2022년 2월 23일 크리미아반도 점령과 관련된 토의에서 한국 대표는 우크라이나의 주권

이 아닌 기권표를 던져 왔다.

한국 외교는 이전의 두 사건에 대해서는 균형을 모색하는 듯한 모습을 보였으나, 2022년 2월 우크라이나 사태 이후부터는 헌장과 가치에 입각한 태도를 점차 분명히 했다. 한국 정부는 3월 침공 반대 결의안, 4월 인도적 지원 결의안과 러시아의 인권이사회 자격 정지 결의안, 11월 배상 관련 결의안에 모두 공동제안국으로 참여하고 찬성 투표했다. 그리고 계속 기권해 오던 크리미아 관련 인권결의안에 대하여도 찬성 입장으로 선회했다.[106] 한국 대표는 3월에 이어 10월 총회에서 "무력을 사용한 타국 영토 병합은 유엔헌장의 명백한 위반"이며 "러시아의 불법행동은 국제사회가 인정해서도 용인해서도 안 된다"고 분명한 입장을 밝혔다.[107]

한편, 한반도에서 핵무기 위협은 중차대한 함의를 가지며 핵 비확산은 한국 외교의 우선순위이다. 핵무기 위협이나 사용의 적법성에 대하여는 아직 불명확한 측면이 있지만,[108] 가공할 만한 파괴력과 무차별적인 성격에 비추어 핵무기 보유국들은 극단적 상황만을 상정하는 핵 독트린을 세우고 언행에 신중을 기하고 있다.[109] 그러나 러시아는 서방의 군사개입

과 영토 보전에 대한 전적인 지지를 표명했다: "The Republic of Korea reaffirms its unwavering support for the sovereignty and territorial integrity of Ukraine"(UN Doc. A/76/PV.59, 2022, p.13).

106 연합뉴스, "韓, 기권했던 유엔 크림결의안 찬성 선회 …… "가치존중 더 선명히"" (2022. 12. 16.)(https://www.yna.co.kr/view/AKR20221215188651504, 2024. 7. 1. 방문).

107 한국 대표의 발언: "The core values of the United Nations are at stake today. As the Secretary-General made clear in his statement, any annexation of a State's territory by another State resulting from the threat or use of force is a flagrant violation of the UN Charter and the principles of international law. Russia's illegal actions will not be accepted nor tolerated by the international community."(https://estatements.unmeetings.org/estatements/10.0010/20221012/RFnSe5oWITfU/JSBKz4jeFEGU_en.pdf, 2024. 7. 1. 방문)

108 *Legality of the Threat or Use of Nuclear Weapons, Advisory Opinion*, ICJ Reports (1996) paras.95-96.

109 중국은 핵 선제공격을 하지 않아야 한다(no first use)고 하고 있으며[예를 들어, 2019년 10월 22일 유엔 제1위원회에서 중국대표의 발언(UN Doc. A/C.1/74/PV.12, 2019, p.35)],

이나 지원을 견제하기 위해 공공연하게 핵무기 사용 가능성을 여러 차례 시사했다. 2022년 5월 12일 메드베데프 러시아 국가안보회의 부의장은 우크라이나에 대한 NATO의 지원은 '전면적 핵전쟁full-fledged nuclear war'의 위험을 감수해야 할 것이라고 했으며, 6월 25일 푸틴 대통령은 핵 탑재 가능 미사일을 벨라루스에 이전하고 전투기가 핵무기를 장착할 수 있도록 하겠다는 발표를 하기도 했다.[110] 미국과 서방은 이러한 언동을 무책임하다고 비난하면서, 때로는 단호하게 경고하고 때로는 신중하게 긴장완화를 모색해 왔다.[111] 한국 정부도 2022년 8월 핵무기 비확산에 관한 조약 검토회의NPT Review Conference에서 러시아의 위험하고 무책임한 핵 수사rhetoric와 핵경계 태세 강화는 당장 중단되어야 한다고 발언함으로써 러시아의 언동에 경종을 울렸다.[112] 수시로 선제 핵사용 위협을 하는 북한의 태도를 고려할 때 한국으로서는 핵 위협에 대해 일관되고 단호한 모습을 보여야 할 필요가 있다.[113]

미 국방부는 2022년 Nuclear Posture Review에서 "…… 미국이 보유한 핵무기의 근본 역할은 미국, 동맹과 파트너에 대한 핵 공격을 억지하기 위한 것"이며, 미국은 "미국, 동맹, 파트너에 대한 핵심이익을 지키기 위해 극단적 상황에서만 핵무기 사용을 고려할 것"이라고 했다(US Department of Defense, 2022 Nuclear Posture Review, https://www.defense.gov/National-Defense-Strategy/, 2024. 7. 1. 방문).

110 러시아의 핵무기 관련 수사에 대한 일람은 A. C. Arndt & Dr. L. Horovitz, "Nuclear rhetoric and escalation management: in Russia's war against Ukraine: A Chronology", Research Division International Security WP NR (2022. 9. 3.) 참조.

111 *Ibid.*, p.8.

112 2022년 8월 5일 NPT 검토회의 제8차 회의 때 한국 대표의 발언: "We have witnessed Russia's precarious and irresponsible nuclear rhetoric as well as heightened nuclear alert level during its aggression on Ukraine, which has reduced the chances of genuine dialogues among nuclear weapon states (NWS) and gradually decreased the level of confidence between NWS and nonnuclear weapon states (NNWS). Such reckless behavior should stop ……"(https://estatements.unmeetings.org/estatements/14.0447/20220805/0bad2a2LLCFl/eyjmnl03Rpls_en.pdf, 2024. 7. 1. 방문).

113 최근에는 러시아 용병 단체인 바그너 그룹에 대한 북한의 무기 제공이 문제가 되고 있으며, 이는 안보리 결의 위반에 해당한다.

또 하나의 연결점은 안보리를 대신하여 총회가 나설 수 있게 해준 '평화를 위한 단결 결의'가 6·25전쟁에서 유래한다는 사실이다.[114] 1950년 6·25전쟁이 발발하자 안보리는 북한의 침공을 평화의 파괴라고 규정하고(안보리 결의 제82호), 회원국들이 한국에 군사 원조를 제공하라고 권고했으며(안보리 결의 제83호), 이에 따라 미국 주도의 통합사령부가 설치되고 유엔기 사용이 허가되었다(안보리 결의 제84호).[115] 그 후 6·25전쟁이 진행 중인 상황에서 소련의 거부권 행사를 회피하기 위해 총회가 집단적 조치를 회원국에 권고할 수 있도록 '평화를 위한 단결 결의'가 채택된 것이다.[116] 한국 대표는 우크라이나 사태 관련 긴급특별총회에서 이 결의가 피침국이었던 한국을 지켜 주는 역할을 했다는 인연을 설명하면서 우크라이나에 연대감을 표명했고, 러시아의 침략행위에 맞서 결연히 단결해야 한다고 강조했다.[117] 한국 정부는 우크라이나-러시아 전쟁 발발 직후

---

114 상세는 C. Binder, "Uniting for Peace Resolution(1950)", *Max Planck Encyclopedia of International Law* (Oxford University Press, 2018) 참조.

115 이러한 안보리 결의의 헌장상 근거를 포함한 효력 논란에 관하여는 정인섭, 『신국제법 강의: 이론과 사례』, 제14판 (박영사, 2024), 882-888쪽 참조.

116 결의의 관련 부분을 발췌하면, "If the Security Council, because of lack of unanimity of the permanent members, fails to exercise its primary responsibility for the maintenance of international peace and security in any case where there appears to be a threat to the peace, breach of the peace, or act of aggression, the General Assembly shall consider the matter immediately with a view to making appropriate recommendations to Members for collective measures, including in the case of a breach of the peace or act of aggression the use of armed force when necessary, to maintain or restore international peace and security."

117 UN Doc. A/ES-11/PV.4, 6(2022) "In the early days of this Organization, the Republic of Korea was the first country that the United Nations assisted in response to an act of aggression, under resolution 377 (V), the "Uniting for Peace" resolution, which forms the basis of today's emergency special session. My country still exists today because the peoples of the United Nations at the time stood up immediately to the cries of the innocent lives that had to suffer for no reason of their own. It was a testimony, a clear example of what this Organization could do when we are united together with one voice to protect the principles of the Charter of the United Nations ……"

1,000만 달러 규모의 우크라이나 긴급인도지원 계획을 발표했으며,[118] 양자 사이 또는 국제기구를 통해 2022년 약 9,000만 달러 이상의 규모로 지원함으로써 이러한 연대감을 행동으로 실천하고 있다.

역사적으로 한국은 주변국으로부터 끊임없는 침략을 받아 왔으며 분단국으로 북측에서까지 침공을 당했고 지금도 핵무기를 포함한 무력 위협에 노출된 특수한 상황에 놓여 있다. 한반도의 안보상황 개선을 위해 러시아와 같은 4강의 일원과 원만한 관계를 구축하는 것도 현실적으로 중요하다. 그러나 헌장과 국제법을 정면으로 위반하는 무력침공은 먼 나라의 지정학적 갈등이 아니라 바로 우리가 마주한 현실이기도 하다. 특히 이번 침공은 무력을 사용하여 국경 변경을 시도했다는 점에서 헌장에 대한 도전이자 한국을 포함한 유엔회원국 모두에 대한 도전이다. 만약 침략국인 러시아가 승리하고 돈바스 지역 점령이 굳어진다면, 그래서 규범이 아니라 힘이 지배하는 국제질서가 우세하게 된다면, 이는 한국과 같은 중견국의 국익에는 치명적일 수 있다. 명백한 침략, 그것도 무력행사를 통한 영토 점령과 잔혹한 전쟁범죄 앞에서 '중립'이라는 균형 잡기는 이제 옹호하기 힘들다고 본다.[119] 국제법적 관점에서 볼 때에도, 서방의 일방적 제재에 동참해야 할 법적 의무는 없겠지만,[120] 유엔회원국이라면 침략에 대해 분명히 국제법 위반을 지적해야 할 책무와 함께 불법적 영토 병합은 인정하지 않아야 할 의무를 가진다.

118 외교부 발표 우크라이나 국민과 피난민에 대한 지원 결정 (2022. 2. 28.)(https://www.mofa.go.kr/www/brd/m_4080/view.do?seq=372131&page=2, 2024. 7. 1. 방문).

119 한국 정부는 '우크라이나 책임성 우호그룹(Group of Friends for Accountability following the Aggression against Ukraine)' 논의에도 참여 중이다.

120 R. M. Essawy, "Is There a Legal Duty to Cooperate in Implementing Western Sanctions on Russia?", *EJIL:Talk* (2022. 4. 25.).

V. 유엔에 주어진 과제

1. 다자주의에 대한 신뢰회복: 국제규범 복원 및 안전보장이사회 개혁

현실주의적 견지에서 보면, 헌장은 러시아의 침공을 막지 못했고, 러시아의 행동을 바꿀 수 있는 결정적 요인은 힘, 즉 강제력이다. 현실주의자는 러시아에 대한 혹독한 경제제재와 우크라이나에 대한 무기·정보 지원이야말로 전황을 바꿀 수 있는 실효적 수단이며, 헌장은 종이호랑이에 불과하다고 본다. 자국이익을 관철하기 위한 강대국의 무력사용이 놀랄 만한 사실도 아니며, 미국이나 서방도 과거 베트남, 이라크, 코소보, 리비아, 아프간 사태마다 무력개입을 해왔으며, 법적인 변명도 본질에서 다르지 않다고 주장한다.

그러나 이번 러시아 침공이 과거 서방의 개입 사례와 질적으로 구분되는 점은 첫째, 무력을 사용한 '영토의 점령'을 노렸으며, 둘째, 납득 가능한 나름의 정당화 사유가 전적으로 결여되었다는 것이다.[121] 비록 구조적 이유에서 안보리 차원의 대응이 미흡했지만, 국제사회의 반응, 특히 총회에서 보여 준 다수국의 결연한 입장과 침공 반대 결의는 결연하고도 엄중했으며, 이는 사무총장이나 ICJ와 같은 유엔 기관의 입장 표명과 서로 확인·강화하는 효과를 가져왔다. 또한, 침략의 불법성이 확인되면서 '중립'의 여지가 줄어들고, 가해국인 러시아의 고립이 심화되고 책임 규명 압박과 평판 훼손이 점증하고 있으며, 피해국인 우크라이나에 대한 지지는 정당성과 적법성이 강화되었으며, 이 과정에서 유엔은 아직 쓸모

121 I. Brunk, and M. Hakimi, "Russia, Ukraine, and the Future World Order", *AJIL* 116(4) (2022), pp.687–697(doi:10.1017/ajil.2022.69), pp.690–691.

가 있다는 점을 보여 주었다.[122]

힘이 현실을 지배하고 국가의 행동을 규율하는 것처럼 보이지만, 그 이면에서 국제법, 특히 헌장은 국가의 언동을 판단하는 중요한 준거를 제공하고, 국가를 응집하거나 고립시키거나 심지어는 낙인찍는 기제로 작용하고 있다.[123] 그리고 총회의 결의채택 과정이 보여 주듯이, 헌장을 옹호하고 강화하는 원천은 회원국들이다. 우크라이나 사태가 장기화하자 이미 일부 지역, 특히 아프리카와 아시아 국가들은 피로감을 느끼거나 거리를 두려는 모습도 보인다. 아울러, 경제제재 등을 둘러싸고 양극화가 발생하면 그 결과, 국제법의 보편적 준수보다 어느 진영에 속하느냐가 더 중요해져 오히려 국제법 형성과 이행에 필요한 토양이 침식될 우려도 있다.[124] 2022년 3월 총회 결의 채택이 헌장 의무의 온전성을 일단 지켜 냈다고 하더라도 이러한 단결이 느슨해지지 않도록 지속적으로 노력해야 한다. 뒤에서 서술할 종전, 책임규명, 배상이라는 앞으로의 과정이 이러한 단결을 시험하는 계기가 될 것이며, 양극화 우려가 현실화되지 않게 하는 적극적 소통과 설득이 평화 애호국의 당면 과제이다.

한편, 안보리가 국제평화 유지를 위해 제대로 된 역할을 하고 있는지, 안보리 구성이 현재의 국제사회를 충실히 반영하고 있는지, 업무가 투명하고 효율적인지 하는 안보리 개혁 문제가 줄곧 화두가 되어 왔다.[125] 가

122 러시아의 우크라이나 침공의 불법성에 관한 상세한 분석은 J. A. Green, *et al.*, "Russia's attack on Ukraine and the jus ad bellum", *Journal on the Use of Force and International Law*, Vol.9, Issue 1, 2022, 4-30(https://doi.org/10.1080/20531702.2022.2056803, 2024. 7. 1. 방문).

123 러시아마저도 헌장을 정면으로 무시하지 못하고 오히려 헌장의 언어로 변명하려는 모습을 보이기도 했다. E. Wilmshurst, "Ukraine: Debunking Russia's legal justifications", Chatham House (2022. 2. 24.)(www.chathamhouse.org/2022/02/ukraine-debunking-russias-legal-justifications, 2024. 7. 1. 방문).

124 Brunk and Hakimi, *supra* note 121, p.695.

125 N. Peter, *UN Security Council Reform* (Routledge, 2016).

장 논란이 되는 사안은 거부권인데,[126] 잔혹범죄에 대하여는 거부권을 자제한다는 책임성·일관성·투명성Accountability, Coherence and Transparency, ACT 그룹의 행동규범[127]이나 프랑스-멕시코 제안[128]이 어느 정도 지지를 받아 왔다. 다만, 거부권은 헌장이 성안되는 과정에서 불가결한 요소였으며, 이를 제한하거나 폐지하기 위한 헌장 개정은 5개 상임이사국의 동의를 필요로 하므로 현실적으로 가능한 선택은 아니다. 이에 거부권 행사를 절차적으로 견제하려는 리히텐슈타인 주도의 비토 이니셔티브Veto Initiative가 타협점으로 모색되어 왔다. 우크라이나 사태를 놓고 안보리에서 또다시 러시아가 거부권을 행사하자, 리히텐슈타인의 제안이 더욱 주목과 탄력을 받게 되었고, 총회는 2022년 4월 26일 관련 결의안을 채택했다.[129] 거부권이 행사되면 10일 이내 총회가 개최되어 해당 사안을 논의하게 되는데, 거부권을 행사한 상임이사국이 자국의 입장을 해명하게끔 압박한다는 요지이다.[130] 러시아가 점령 중인 4개 지역에서 주민투표의 시행을 반대하는 결의안을 놓고 2022년 9월 30일 러시아가 다시 거부권을 행사하자, 이 새로운 절차에 따라 총회가 개최되었고, 러시아의 병

126 이에 더 나아가 Trahan은 잔혹범죄에 대하여는 거부권 행사에 제약이 있다고 주장한다. J. Trahan, *Existing Legal Limits to Security Council Veto Power in the Face of Atrocity Crimes* (Cambridge University Press, 2020).

127 27개 중소국들로 구성된 ACT 그룹은 집단적 잔혹범죄와 관련된 상황에 대하여는 안보리 이사국이 거부권 행사를 자발적으로 자제할 것을 촉구하는 내용의 행동규범을 제시했으며, 120개국이 이를 지지하고 있다. Security Council Report, *UN Security Council Working Methods* (2020. 12. 16.).

128 제노사이드, 인도에 반한 죄, 대규모의 전쟁범죄 사태에 대하여는 거부권을 자발적·집단적으로 행사하지 않을 것을 상임이사국에 촉구하는 내용으로, L. Fabius, "A Call for Self-Restraint at the UN", *New Yokr Times* op-ed (2013. 10. 4.) 참고.

129 UN Doc. A/RES/76/262(2022).

130 실제로 중국과 러시아가 대북한 결의안에 대해 거부권을 행사하자 처음으로 이 결의에 따른 총회가 개최되었으며, 중국과 러시아가 각각 설명하고 이에 대해 다른 회원국들이 입장을 개진하는 자리가 마련되기도 했다.

합시도를 인정하지 않으며 러시아의 즉각 번복을 요구하는 결의가 10월 12일 채택되었다.[131] 일각에서는 러시아의 안보리 이사국과 유엔회원국 자격에 의문을 제기하기도 한다. 우크라이나는 1991년 러시아 연방이 과거 소련의 유엔회원국 및 안보리 상임이사국 지위를 승계한 절차 자체가 정당하지 않으며, 러시아가 헌장 의무 준수라는 유엔회원국 가입요건[132]을 충족해야 한다고 주장한다.[133] 그러나 그간 유엔의 관행이나 헌장의 해석에 비추어 볼 때, 제명이나 자격정지는 현실적으로 가능한 방안은 아니다. 무엇보다 유엔회원국의 자격정지에 관한 제5조, 제명에 관한 제6조 모두 절차적 요건으로 안보리의 권고가 있어야 하는데, 상임이사국인 러시아가 이에 동의할 리 없기 때문이다.

우크라이나 사태는 안보리가 가장 필요한 시점에서 기능을 하지 못하는 극명한 상황을 보여 주었기에 안보리 개혁의 목소리는 더욱 높아질 것이다. 이러한 기류에 편승하여 안보리 개혁 방안의 하나로 강조되고 있는 상임이사국 확대는 오히려 안보리의 기능을 저해할 우려가 있다. 거부권 행사에 대해 압박과 견제를 강화해 나가야 하겠지만, 현실적으로 가능하고 또 진정으로 안보리의 효율성 제고로 이어질 수 있는 개선 방안에 초점을 두어야 한다.

131 UN Doc. A/RES/ES-11/4(2022). 투표 결과는 143개국 찬성, 35개국 기권, 5개국 반대(북한, 벨라루스, 니카라과, 러시아, 시리아).

132 헌장은 가입 요건으로 "헌장에 규정된 의무를 수락하고, …… 평화애호국 모두에 개방된다"(제4조 제1항)고 하고 있으며, 자격정지(제5조) 및 제명(제6조)에 관한 조항도 있지만 그러한 선례는 극히 드물며, 이러한 조치를 위하여는 안보리의 권고가 요구되므로 결과적으로 거부권 행사의 대상이 된다.

133 Statement of the MFA of Ukraine on the illegitimacy of the Russian Federation's presence in the UN Security Council and in the United Nations as a whole (2022. 12. 26.)(https://mfa.gov.ua/en/news/zayava-mzs-ukrayini-shchodo-nelegitimnosti-perebuvannya-rosijskoyi-federaciyi-v-radi-bezpeki-oon-ta-organizaciyi-obyednanih-nacij-u-cilomu, 2024. 7. 1. 방문).

2. 책임규명, 배상 및 종전(평화조약)의 문제

교전이 지속되고 있는 2024년 현재에도 우크라이나-러시아 전쟁의 향배에 관해 여러 시나리오가 점쳐지고 있다. 안보리가 주도한 종전의 모범 선례는 이라크의 패배로 끝난 제1차 걸프전쟁이다. 안보리는 결의 제687호에서 사무총장이 경계 확정demarcation을 위한 협의를 주선하도록 하고, 비무장지대를 모니터링하기 위한 유엔 관찰단을 파견하고, 이라크가 대량살상무기를 포기하게 했으며, 대이라크 배상청구를 위한 기금을 설립했다. 우크라이나 사태에서는 이러한 안보리 차원의 조치를 기대할 수 없는 가운데, 적대행위가 잠시 중단되고 부분적인 철군이 이루어지는 휴전이 현실적 방안으로 그려지고 있으며 평화조약의 체결은 당분간 쉽지 않을 전망이다.[134] 전후 처리에서 핵심 쟁점이 될 영토·점령지의 반환, 책임규명, 정의회복과 배상에 있어서 서로 양보할 여지가 현재로서는 적어 보인다. 특히 러시아가 이미 병합을 선언한 도네츠크, 루한스크 등 돈바스 일부 지역, 그리고 점령한 헤르손, 자포리자 등의 처리가 당장의 쟁점이 될 것이며, 크리미아반도 문제는 더 심각한 난제일 것이다. 2022년 3월과 10월의 총회 결의는 구체적이고 명시적으로 러시아의 루한스크, 도네츠크 병합을 부정하고 있으며, 2014년 총회 결의도 크리미아반도의 러시아 병합을 인정하지 않고 있으므로, 이에 어긋난 합의나 조약은 국제사회가 인정하기 어려울 것이다.

젤렌스키 우크라이나 대통령은 2022년 11월 15일 G20 정상회의에서 10개 항의 평화 포뮬러Peace Formula를 제시하며 국제사회의 지지와 관여를 요청했다.[135] 물론 당사국은 러시아와 우크라이나가 되겠지만, 유엔

134 "Once the War Ends, How will Ukraine Protect itself?", *New York Times* (2023. 1. 11. A4면)

135 러시아의 침략전쟁을 끝내기 위한 평화 10개 항으로 방사능/핵 안전, 식량안보, 에너지안

이 협상 과정, 결과물, 추후 평화유지에서 어떤 기여를 할 수 있을지는 열린 문제이다.[136] 휴전이나 종전의 교섭에서는 종종 평화와 정의 사이에 긴장이 발생한다. 장기적인 책임규명과 정의확보라는 과제가 단기적이고 급박한 목표인 휴전이나 종전을 위해 희생되지 않도록 균형점을 찾아야 하는데, 이 과정에서 유엔이 방향과 기준을 제시하고 감시 역할을 할 수 있기를 기대해 본다.[137]

우크라이나는 침략에 따른 각종 피해에 대한 구제와 배상 방안을 타진하기 시작했는데, 2022년 11월 14일 속개된 유엔 긴급특별총회에서 '우크라이나 침략 구제 및 배상'에 관한 결의안을 제안했다. 러시아의 법적 책임과 이에 따른 배상을 전제로 한 이 결의는 우크라이나 정부와 협력하여 러시아의 우크라이나 내에서의 국제위법행위로 인한 피해, 손실, 손상에 대한 증거와 청구 정보의 기록처이자 증거 수집을 촉진하고 조정하는 국제피해등록처International Register of Damage의 설립을 권고하고 있으며, 이를 통한 청구 및 사법 관련 메커니즘을 상정하고 있다. 관련 토의에서 다수국은 러시아에 책임이 있음을 확인하면서 등록처 설립에 동조했지만, 중국 등 일부 국가는 유엔 총회가 사법기구가 아니며, 유엔 밖의 메커니즘 설립을 상정하고 있고, 법적 구속력이 없는 국제법위원회International Law Commission, ILC의 국가책임초안을 근거로 하고 있다는 점

보, 포로석방, 헌장이행 및 우크라이나 영토 복원, 러시아군 철수 및 적대행위 중지, 정의회복, 환경파괴 대응, 긴장고조 방지, 종전확인을 언급했다.

136 예를 들어, 유엔사무국의 유관 부서(DPPA)는 평화협정에 대한 데이터베이스를 구축하고 정전 및 중재에 대해 가이드라인을 마련해 두고 있다(https://peacemaker.un.org/).

137 정의와 안보는 단기적으로 상충할 수 있지만, 궁극적으로는 상호 보완적인 목표이다. "Confronting the Crisis of Global Governance, Report of the Commission on Global Security, Justice, and Governance"(The Hague Institute for Global Justice and the Stimson Center, 2015).

을 들며 반대했다.[138] 결의안은 찬성 94개국, 반대 14개국, 기권 73개국으로 채택되었으며, 한국도 이에 공동제안국으로 참여하고 찬성 투표했다.[139] 결의는 '법적 책임'을 언급하면서도 등록처 설립 필요성을 인정하는 수준에 그쳐 배상 문제를 둘러싼 국제법 논쟁을 피할 수 있었다.[140] 그러나 앞으로 구체적인 배상 방안을 놓고, 예를 들어 러시아 정부자산 압류를 둘러싼 국가면제state immunity 등과 같은 복잡한 사안과 관련된 소송이 제기될 것으로 예상된다.

3. 거짓정보와 유엔[141]

앞서 유엔 안보리와 총회가 국제 공론의 장으로 헌장 위반에 관한 시시비비를 분명히 함으로써 국제여론을 형성하는 순기능이 있다고 했다. 하지만 역기능으로 여론을 호도하는 오정보disinformation나 선전, 선동의 장으로 전락할 위험도 내포하고 있다. 실제 우크라이나 내 민간인 살상이라는 인도적 위기를 논의하는 안보리 회의에서 사실관계를 놓고 공방이 벌어지기도 했으며, 자포리자 원전 포격의 책임에 관해 러시아와 우크라이나는 엇갈린 주장을 했다.

가장 눈에 띄는 사례로 러시아에서 우크라이나가 미국 국방부와 합작

138 Global Times, "China votes against UNGA resolution that asks Russia to pay 'reparations' to Ukraine" (2022. 11. 14.)(http://eng.chinamil.com.cn/view/2022-11/16/content_10199569.htm, 2024. 7. 1. 방문).

139 반대한 국가들은 러시아, 벨라루스, 시리아, 짐바브웨, 니카라과, 이란, 말리, 에티오피아, 북한, 쿠바, 중국, 중앙아프리카 공화국, 바하마, 에리트리아이다.

140 R. M. Essawy, "The UN General Assembly Resolution on Reparations for Aggression Against Ukraine: A Victory for the International Rule of Law?" Opinio Juris (2023. 1. 17.) (http://opiniojuris.org/2023/01/17/the-un-general-assembly-resolution-on-reparations-for-aggression-against-ukraine-a-victory-for-the-international-rule-of-law/, 2024. 7. 1. 방문).

141 정보전과 국제법의 역할에 관하여는 앞의 주 18, 93-98쪽 참조.

으로 생물무기를 개발했다고 주장했는데,[142] 러시아의 요청으로 소집된 안보리 회의에서 유엔군축고위대표는 유엔으로서는 그러한 생물무기 프로그램의 존재를 알지 못한다고 보고했다.[143] 이어서 우크라이나와 미국, 영국 등 서방은 러시아의 주장을 일축하면서 오히려 러시아가 과거 시리아 등에서 생화학무기를 사용한 전력이 있음을 지적했다.[144] 이후에도 러시아는 수차례 안보리 회의 소집을 요청하여 2022년 10월 27일 공개회의에 이어, 우크라이나의 생물무기 개발 의혹을 계속 제기하면서 「생물무기금지협약」 제6조에 따른 조사를 요구하는 결의안을 상정하기에 이르렀다. 이 결의안은 11월 2일 회의에서 러시아와 중국이 찬성하는 가운데, 미국, 영국, 프랑스가 반대하고 나머지 10개국은 기권함으로써 부결되었다.

유엔에서 사실관계에 대한 다툼은 새로운 현상은 아니다. 그러나 인터넷에 유포되고 전개되는 정보전이 유엔이라는 공론의 장에서 재현되고[145] 검증되지 않은 허위 사실이 국가대표의 입장으로 개진되는 것은 심각한 문제이다. 유엔이 선전의 장으로 전락하지 않기 위해서는 회원국의 책임 있는 발언이 요구되며, 명백하고 고의적인 오정보에 대해 법적 책임은 아니더라도 도의적 책임을 묻는 메커니즘이 요구된다.[146] 우크라이나 사태에서 러시아의 제노사이드 주장에 대하여는 ICJ가, 우크라

142 예를 들어, 주유엔 러시아 대표의 안보리 의장 및 총회 의장 앞 2022년 3월 11일 자 서한(UN Doc. A/76/754-S/2022/218, 2022).

143 UN News, "No sign of Ukraine bio weapons labs says disarmament chief, after further Russian claims" (2022. 3. 18.)(https://news.un.org/en/story/2022/03/1114272, 2024. 7. 1. 방문).

144 2022년 3월18일 안보리회의 기록(UN Doc. S/PV.8999, 2022).

145 '정보전'의 개념에 관하여는 송태은, "러시아-우크라이나 전쟁의 정보심리전: 평가와 함의", 국립외교원, 『IFANS 주요국제문제분석 2022-12』, 2022. 5. 10. 참고.

146 배종인, 앞의 주 18, 97쪽.

이나 내 인권침해 및 인도법 위반에 대하여는 독립조사위원회Independent International Commission of Inquiry on Ukraine와 ICC가 증거를 가지고 끈기 있게 책임규명을 완수하고, 이를 토대로 해당 이사국 발언의 시시비비가 재조명되기를 기대한다. 또한, 분쟁의 평화적 해결이라는 헌장상의 의무를 충실히 이행한다는 측면에서도 이러한 메커니즘을 포함한 사실관계에 대한 임무단fact-finding mission이 보다 적극적으로 설립, 파견되어야 하고, 유엔 공보국 차원에서 지침제공과 함께 잘못된 정보 바로잡기 기능의 활성화도 검토되어야 한다.

Ⅵ. 결론

어느 나라가 무력침공을 당했을 때, 세계시민이 '이상적인' 유엔에 기대하는 바는 유엔군을 소집하여 피해국을 지키고 힘을 합쳐 가해국에 맞서는 모습일 것이다. 그 이전 단계에서부터 무력충돌을 예방하기 위해 사무총장이 셔틀외교를 하고, 침공발생 후에는 안보리가 즉각 규탄하고 연합군에 무력사용을 허가하는 결의를 채택하며, ICJ는 국제법 위반의 판정을 내리고, ICC는 침략범죄를 범한 개인을 단죄하는 것이다. 그러나 예방외교는 종종 실종되고, 안보리는 거부권으로 마비되고, ICJ는 강제관할권이 없고, ICC는 신병조차 확보하지 못하는 것이 현실이다.

우크라이나 사태의 대전제는 거부권을 가진 상임이사국이자 핵무기 보유국인 러시아가 침략의 주체라는 점이다. 지정학적인 갈등에서 비롯된 분쟁이 무력충돌로까지 비화하는 과정에서 유엔은 실효적 예방외교를 펼치지 못했고, 침략이라는 헌장 위반을 직면하고도 거부권으로 무력화된 안보리는 헌장 제7장에 따른 강제조치를 채택하지 못했다. 결과적으로 우크라이나에 대한 서방 진영의 무기지원이라든지 러시아에 대한 경제제재는 유엔의 틀 밖에서 이루어지게 되었다.[147]

그럼에도 안보리는 침략행위의 불법성을 지적하고 인도적 위기상황을 모니터링하고 인권침해 및 국제인도법 위반을 밝히는 공론의 장이 되어 왔다. 안보리가 제대로 된 기능을 못했지만, 이를 대신하여 총회가 침략 반대 결의를 채택하여 헌장 규범의 온전성을 보존하기 위해 노력했으며, 이어서 인도적 지원을 호소하는 결의를 채택하고, 러시아의 인권이사회 자격 정지를 결정했다. 사무총장은 이례적으로 러시아를 거명하면서 국제법 위반임을 분명히 했으며, 마리우폴에서 민간인 대피와 같은 인도적 노력, 그리고 식량위기를 덜어 주기 위한 흑해 곡물 이니셔티브에도 이바지했다. 더불어, OCHA, UNICEF, UNDP와 같은 기관은 현장에서 피해 민간인을 돕기 위한 소중한 인도지원 사업을 전개하고 있다. 그리고 유엔인권최고대표사무소Office of the United Nations High Commissioner for Human Rights, OHCHR, ICC 등은 우크라이나 법무부 및 유럽 국가들과 공조하면서 인권침해 및 국제인도법 위반에 대한 증거를 수집하여 최종적으로는 법정에서 형사책임을 규명하기 위한 작업을 진행 중이다.

여기서 강조하고자 하는 바는 첫째, 헌장에 따라 국제평화 유지에 일차적 책임을 지는 안보리가 상임이사국의 거부권 행사로 인해 결과물을 채택하지 못한 부분은 분명히 무능의 사례로 비난받아야 하지만, 안보리가 공론의 장으로 전쟁의 위법성이나 인도적 위기를 부각하는 과정마저 깎아내려서는 안 된다는 것이다.

147 대러시아 제재에 관하여는 C. P. Brown, "Russia's War on Ukraine: A Sanctions Timeline", Peterson Institute of Int'l Economy (https://www.piie.com/blogs/realtime-economic-issues-watch/russias-war-ukraine-sanctions-timeline, 2024. 7. 1. 방문).

둘째, 안보리가 국제평화 유지 임무를 독점하는 것이 아니라, 총회나 사무총장이 안보리를 대신하거나 무력분쟁의 현장에서 역할을 하고 있다는 점도 주목해야 한다. 전쟁으로 인해 야기되는 다양한 상황, 우크라이나 민간인의 인도적 위기, 주변국으로의 난민유입, 우크라이나 곡물을 수입하는 국가들의 식량위기 등과 같은 사안에 대해 유엔의 다양한 기관이 대응했으며, 특히 UNICEF, UNHCR 등은 인명구조 및 피해경감을 위해 필수적인 사업을 수행하고 있다.

셋째, 우크라이나 사태가 국제법 질서에 미치는 영향은 불가피할 것이다.[148] 유엔 총회의 결의, ICJ의 잠정조치, 국제사회의 단합되고 준엄한 반응이 이를 어느 정도 상쇄하기는 했지만, 군사 강국이자 상임이사국인 러시아가 보여 준 헌장무시 행위는 규범 기반 국제질서에 큰 충격이 되었다. 아울러, 양극화되고 있는 세계질서는 원활한 국제법 형성과 준수의 기반을 침식할 우려가 있다. 헌장을 진정으로 수호하고 지켜 내야 하는 주체는 바로 회원국들이다. 불법적인 무력사용에 대한 단결된 대응이 와해되지 않도록 유사입장국들의 노력과 소통이 절실하다. 앞으로 전개될 종전, 책임규명, 배상확보의 과정에서 이러한 결속이 느슨해지지 않기를 기대한다.

넷째, 유엔이 실패한 부분도 짚고 넘어가야 한다. 안보리의 결과물 채택 불발 이외 사무총장과 안보리는 예방외교에 실패했다. 가해국에 대한 제재와 피해국에 대한 군사지원이 모두 유엔의 틀 밖에서 이루어지고 있으며, 유엔은 이에 대한 비난의 장으로 주변화한 느낌마저 든다. 앞으로 종전이나 휴전 교섭의 과정에서 직접 개입하는 데에는 제약이 있겠지만, 헌장과 관련 총회 결의, 그리고 ICJ 명령에 반하는 결과, 특히 힘으로 변

148 Brunk and Hakimi, *supra* note 121.

경된 국경이 승인되거나 책임규명이 근본적으로 훼손되지 않게 유엔이 기준 제시자와 감시자로서 역할을 해야 한다.

러시아-우크라이나 전쟁 이전과 이후의 유엔과 국제질서는 같을 수 없을 것이다. 러시아의 침략이 가져온 충격을 부인할 수 없겠지만, 유엔과 국제규범의 복원력 역시 무시할 수 없다. 우크라이나 현지의 전황과 이를 둘러싼 무기지원과 경제제재가 결정적 요인처럼 뉴스라인을 장식하겠지만, 헌장과 국제법은 그 이면에서 회원국의 행동을 판단하고 이끄는 기준과 동력이 되고 있다는 점을 잊어서는 안 된다. 평화와 정의를 추구하는 한국을 포함한 다수 회원국이 지지하는 헌장과 국제규범이 러시아의 침략이 초래한 충격에 대해 끈기 있는 반격을 전개하기를 기대해 본다.

제8장

유엔 평화유지활동과 대한민국의 국제법 실행

이상재
육군사관학교 법무실장/법학교수

Ⅰ. 서론

대한민국(이하 '한국')은 유엔과 인연이 많은 국가이다. 1945년 8월 15일 해방을 맞이하고 미군정을 거쳐 한국 정부를 수립하는 과정에서 유엔은 계속 함께했다. 총회 결의 제112호(Ⅱ)B에 따라 설치된 유엔한국임시위원회UN Temporary Commission on Koreas, UNTCOK 감시하에 실시된 총선을 통해 한국 정부는 1948년 8월 15일 정식으로 수립되었으며, 유엔 총회는 1948년 12월 12일 결의 제195호(Ⅲ)를 채택하여 한국 정부가 한국민의 정당한 선거를 통해 수립된 유일한 합법정부임을 선언했다. 북한의 남침으로 시작된 6·25전쟁 당시 유엔 안전보장이사회(이하 '안보리')는 결의 제82호를 통해 적대행위의 즉각 중지와 북한군의 38선 이북으로의 즉시 철수를 요구했다. 이어 결의 제83호에서는 유엔 회원국들이 한국에 대한 무력침공을 격퇴하고 이 지역의 국제평화와 안전을 회복하는 데 필요한 원조를 제공할 것을 권고했으며, 결의 제84호를 통해 만들어진 유엔군사령부는 16개 국가에서 파견된 병력들을 토대로 북한 공산세력으로부터 자유 한국을 지켜내는 데 결정적 역할을 했다.[1] 실로 유엔은 한국의 존립에 지대한 역할을 한 것이다.

그러나 한국이 유엔의 일원이 되기까지는 길고도 험난한 과정이 뒤따랐으며, 각고의 노력을 통해 1991년 드디어 유엔 회원국이 되었다. 하지만 유엔 회원국 가입은 권리뿐만 아니라 국제사회의 일원으로서의 의

1 안보리는 결의 제84호를 통해 ① 회원국들이 제공하는 병력 및 기타의 지원을 미국이 주도하는 통합사령부(unified command)에 두도록 권고했고, ② 미국이 통합사령관을 임명할 것을 요청했으며, ③ 통합사령부에 참전 각국의 국기와 함께 유엔기를 사용할 수 있는 권한을 부여했다. 이러한 통합 사령부가 바로 유엔군사령부(United Nations Command, UNC)이다.

무도 수반하며, 그러한 의무 중 하나가 바로 유엔 평화유지활동UN Peace Keeping Operations, UN PKO에 참여하는 것이다. 한국은 평화국가의 원리와 국제평화주의를 헌법상의 기본원칙으로 천명하고 있으므로, 국제공동체의 일원으로서 국제평화유지 활동에 적극 참여해야 할 당위성도 가지고 있다. 이에 따라 1991년 유엔에 정식 가입한 이후부터 한국은 유엔으로부터 평화유지활동에 참여할 것을 계속 요청받아 왔으며,[2] 1993년 7월 드디어 소말리아에 상록수부대를 파병함으로써 유엔 평화유지활동에 참여하기 시작했다. 국제사회의 도움으로 역경을 극복하고 성장한 한국이 이제는 어려움에 처한 국제사회의 이웃에 병력을 파견하여 도움의 손길을 내밀기 시작한 것이다.

일반적으로 해외에 군대를 파견하는 모습은 유엔 평화유지활동 파병, 다국적군 파병, 국방교류협력 차원의 파병 세 가지 유형으로 나뉜다.[3] 유엔 평화유지활동 파병은 안보리의 결의에 따라 유엔 주도로 평화유지군이나 정전감시단을 파견하는 형태이다. 한국은 1993년 소말리아에 상록수부대를 파견한 이후 서부사하라 국군의료지원단, 앙골라 공병부대, 동티모르 상록수부대, 아이티 단비부대 등을 파견했으며, 현재 전 세계 분쟁지역에서 평화유지활동에 참여하고 있다. 이와 비교하여 다국적군 파

2 1991년 9월 12일 한국이 유엔에 가입하자 그 직후인 1991년 9월 24일 유엔사무총장은 관례에 따라 한국에 "PKO 참여에 관한 설문서"를 보내 왔다. 설문서 내용은 한국이 평화유지활동에 참여할 수 있는지 여부와, 참여할 수 있다면 참여 가능한 분야가 어떤 것인지를 문의하는 것이었다. 한국 정부가 설문서를 회신한 이후 유엔은 두 차례 파병을 요청했으나 한국 정부는 정중히 거절했고, 이후 소말리아 평화유지활동(UNOSOM Ⅱ) 참여를 비공식으로 요청받자 더 이상 거절할 명분이 없고 이제는 평화유지활동에 참여할 시점이 도래했다는 판단하에 이에 참여하게 되었다. 한국의 평화유지활동 파견 과정에 대한 상세한 설명으로는 국방부, 『유엔평화유지활동의 실체』(국방부, 1994), 183–194쪽 참조.

3 2024년 6월 현재 한국군은 유엔 평화유지활동 파병에 583명, 다국적군 파병에 266명, 국방교류협력 파병에 149명이 각각 참여하고 있다. 국방부 홈페이지, 한국군 해외파견 현황(mnd.go.kr, 2024. 8. 1. 방문) 참조. 한편 2023년 2월 국방부에서 발간한 『2022 국방백서』는 한국군의 해외파견과 관련한 다양한 정보를 담고 있다.

병은 특정 국가나 지역기구들이 안보리 결의 등을 근거로 다국적군을 구성하는 경우 이에 참여하는 모습이다. 1991년 이라크의 쿠웨이트 침공 시 미국 주도로 34개 다국적군이 병력을 파견하여 이라크를 상대로 벌인 걸프전은 대표적인 다국적군 파병활동이다. 한국 정부는 다국적군 파병의 형태로 2001년 이후 아프가니스탄에 해성, 청마, 동의, 다산, 오쉬노 부대를, 이라크에 서희, 제마, 자이툰, 다이만 부대를 파견했고, 현재에도 소말리아 해역에 청해부대를 파견하고 있다.[4]

유엔 평화유지군 파병과 다국적군 파병은 여러 측면에서 차이가 있다. 첫째, 설치 근거 면에서 보면 전자는 안보리에 의해 창설되며, 후자는 안보리의 승인을 받아 핵심 이해당사국의 주도로 창설된다. 둘째, 임무 면에서 보면 전자는 일반적으로 적대행위가 종료된 지역에서 정전감시, 평화협정이행 감시, 전후복구 등의 임무를 수행하며 접수국의 동의가 필요하다. 이에 반해 후자는 주로 침략행위가 발생하거나 평화가 교란된 지역에서 평화회복 임무를 수행하며 접수국의 동의는 필요하지 않다. 셋째, 무력사용 측면에서 보면 전자는 자위권 행사 수준으로만 무력을 사용할 수 있으나, 후자는 침략을 격퇴하거나 무력을 진압하기 위해 적극적으로 무력을 사용할 수 있다.[5] 넷째, 지휘통제의 측면에서 보면 전자는 유엔사무총장이 평화유지군 사령관Force Commander을 임명하며, 사령관은 사무

4 2024년 6월 현재 한국은 다국적군 파병으로 청해부대 249명과 개인 단위 파병 17명 총 266명을 파견하고 있다. 국방부 홈페이지, 한국군 해외파견 현황(mnd.go.kr, 2024. 8. 1. 방문) 참조.

5 양자 간 무력사용 정도의 차이는 소말리아 파병에서 명확히 확인할 수 있다. 안보리는 1992년 4월 24일 결의 제751호를 통해 소말리아 내 각 파벌 간의 휴전 유지와 구호품 수송 시 안전 확보를 주 임무로 하는 소말리아 평화유지활동(United Nations Operation in Somalia Ⅰ, UNOSOM Ⅰ)을 창설했으나 사태는 더욱 악화되었고, 이에 안보리는 결의 제794호를 통해 소말리아에 다국적군의 파견을 승인했다. 이후 사태가 호전되자 안보리는 다시 결의 제814호를 채택하여 기존 UNOSOM Ⅰ을 확대 개편한 UNOSOM Ⅱ를 설치했다. 이는 다국적군과 비교하여 유엔 평화유지군의 무력사용의 한계를 보여 주는 사례다.

총장이 임명한 특별대표Special Representative of the Secretary-General, SRSG의 관리하에 각국 부대를 지휘하지만, 후자는 병력 공여국들이 자체적으로 통제체계를 수립하며, 안보리는 임무 범위와 기한 재검토를 통해 형식적인 통제만 한다. 다섯째, 경비부담 주체 측면에서 보면 전자는 유엔이 비용을 부담하지만, 후자는 병력 파견국들이 자체적으로 부담한다.[6]

유엔 평화유지활동 파병과 다국적군 파병 이외에 인도적 지원, 재난구호, 교육훈련 등 비전투 분야에서의 국방교류협력을 강화하기 위한 차원의 파병 유형도 존재한다. 한국군은 심각한 태풍 피해를 입은 필리핀의 복구활동을 지원하기 위해 2013년 12월 아라우부대[7]를 파견했고, 2014년 3월에는 말레이시아의 실종 여객기 탐색을 지원하기 위해 다국적 연합탐색작전 임무를 수행하기도 했다. 한편 아랍에미리트(이하 'UAE')는 한국군의 교육훈련체계를 벤치마킹하여 자국군의 교육훈련 수준을 높이고 국방체계를 선진화하기 위해 2010년 8월 한국군의 파병을 요청했고, 이에 한국 정부는 국회 동의를 거쳐 2011년 1월 130여 명 규모의 UAE 군사훈련협력단(아크부대)을 파견했다. 아크부대[8]는 UAE군 특수전부대의 교육훈련을 지원하고 연합훈련을 실시하며 유사시에는 한국 국민을 보호하는 임무를 수행하고 있다.

이 글에서는 위에서 언급한 세 가지 유형의 해외파병 모습 중 특히 유

6 조상혁, "해외파병의 허용범위와 해외파병일반법 제정 필요성에 관한 검토", 『홍익법학』, 제19권 제1호(2018), 519쪽. 국군의 해외파견활동에 관한 법률안(김영우 의원 대표발의) 검토보고서(국회 국방위원회 수석전문위원, 2016. 11.), 24-25쪽.

7 아라우부대는 유엔의 요청이 있기 전 필리핀의 요청에 응해 재해지역에 파병되었으며, 6·25전쟁 참전국인 필리핀에 한국은 반드시 보은하는 국가임을 각인시켰다. 아라우는 필리핀어로 태양이라는 뜻으로 희망의 빛이 되어 주기를 기대한다는 의미를 담고 있다. 국방부, 앞의 주 3, 317쪽.

8 아크부대에서의 아크(Akh)는 아랍어로 형제라는 뜻으로 UAE 국민들에게 친밀감을 표시하는 의미이다. 아크부대의 헌신적인 임무수행은 한국과 UAE가 특별 전략적 동반자 관계로 발전하는 데 중요한 역할을 한 것으로 평가받는다. 국방부, 앞의 주 3, 204쪽.

엔 평화유지활동 파병에 초점을 맞추어 한국의 유엔 평화유지활동 참여 현황과 의의, 국내법적 기반을 살펴보고, 더 나아가 한국의 유엔 평화유지활동 참여와 관련한 실제 모습을 민사적 측면과 징계, 형사적 측면으로 나누어 살펴보고자 한다. 이를 위해 우선 유엔 평화유지활동의 창설 배경과 운영원칙, 현황에 대해 개관해 보기로 한다.

II. 유엔 평화유지활동 개관

1. 유엔 평화유지활동의 탄생과 변천과정

일반적으로 유엔 평화유지활동은 안보리나 총회가 행하는 결의에 의거하여 국제평화를 위협하는 지역분쟁과 사태에 대해 분쟁 당사자들의 동의가 있는 경우 그 분쟁지역에 이해관계를 갖지 않는 유엔 회원국들이 유엔사무총장의 요청을 받아 자발적으로 군인 및 민간인들을 파견하여 파견요원들의 정치적·군사적 중립성이 유지되는 가운데 유엔이 주도하여 평화적으로 사태를 수습해 나가는 활동으로 이해된다.[9]

유엔 평화유지활동은 애초 유엔헌장(이하 '헌장')이 예상했던 제도는 아니다. 헌장에 따르면, 안보리는 사전에 회원국들과 특별협정special agreements을 체결하여 안보리 요청 시 회원국이 제공할 병력 등의 내용을 정하고, 이들 병력은 5개 상임이사국의 참모총장 또는 그의 대표로 구성된

9 이와 관련하여 한국의 국내법인 「국제연합 평화유지활동 참여에 관한 법률」은 유엔 평화유지활동을 안보리가 채택한 결의에 따라 유엔사무총장이 임명하는 사령관의 지휘하에 유엔의 재정부담으로 특정 국가(또는 지역) 내에서 수행되는 평화협정 이행 지원, 정전감시, 치안 및 안정 유지, 선거지원, 인도적 구호, 복구·재건 및 개발 지원 등을 비롯한 제반 활동으로 정의하고 있다(동법 제2조 제1호).

군사참모위원회Military Staff Committee가 지휘하도록 설계되어 있었다.[10] 그러나 유엔 창설과 동시에 전개된 동서냉전으로 인해 유엔이 추구한 집단안보체제는 안보리 상임이사국 간의 대립과 거부권 행사로 제 기능을 발휘하지 못했고 오늘날까지 이러한 특별협정은 체결된 사례가 없다. 결국 유엔헌장의 기초자들이 본래 의도했던 유엔군은 탄생하지 못했고, 유엔은 이를 대체할 만한 대안을 모색할 수밖에 없었으며, 그러한 대안 중 하나가 유엔 평화유지활동이다.[11]

유엔 평화유지활동의 임무별 형태는 군사감시단Military Observer, MO, 평화유지군Peace Keeping Forces, PKF, 혼성 평화유지활동 세 가지 유형으로 나눌 수 있다. 초기에는 평화유지활동이 주로 군사감시단과 평화유지군 위주로 운용되어 왔으나, 평화유지활동의 영역이 점차 확대되고 임무가 복잡해지면서 단일 성격보다는 복합적으로 임무를 수행해야 하는 경우가 많아 민간기구를 참여시켜 민·군 혼성으로 편성하여 임무를 수행하는 형태가 많아졌다.[12]

우선 군사감시단 형태의 유엔 평화유지활동은 제1차 중동전쟁 후 1948년 안보리 결의 제50호에 따라 이스라엘과 아랍국가들 간의 정전을 감시하기 위해 팔레스타인지역에 설립된 유엔 정전감시기구United Nations Truce

10 유엔헌장 제43조 제1항: 국제평화와 안전의 유지에 공헌하기 위하여 모든 유엔회원국은 안전보장이사회의 요청에 의하여 그리고 1 또는 그 이상의 특별협정에 따라, 국제평화와 안전의 유지 목적상 필요한 병력·원조 및 통과권을 포함한 편익을 안전보장이사회에 이용하게 할 것을 약속한다. 제47조 제1항: 국제평화와 안전의 유지를 위한 안전보장이사회의 군사적 필요, 안전보장이사회의 재량에 맡기어진 병력의 사용 및 지휘, 군비규제 그리고 가능한 군비축소에 관한 모든 문제에 관하여 안전보장이사회에 조언하고 도움을 주기 위하여 군사참모위원회를 설치한다.

11 정인섭, 『신국제법강의』 제14판 (박영사, 2024), 1185쪽.

12 국방부, 앞의 주 2, 42쪽. 혼성 평화유지활동 유형의 대표적 사례는 유엔 캄보디아 임시행정기구(UNTAC)를 들 수 있다. 여기에는 군, 경찰, 민간기구가 참여하여 무장해제, 정전감시, 인권상황감시, 민간행정업무, 선거지원, 난민송환, 재정착 기간시설 복원 등의 복합적 임무를 수행했다. 앞의 책, 44쪽.

Supervision Organization(이하 'UNTSO')에서부터 시작되었다.[13] 1948년 5월 이스라엘이 독립을 선포하자 이스라엘과 주변 아랍국가들(이집트, 요르단, 레바논, 시리아) 간에 무력충돌이 발생했는데, 이때 유엔이 지명한 중재자의 노력으로 이스라엘과 아랍국가들 간 정전에 대한 합의가 이루어졌고 유엔은 정전을 감시하기 위해 군인들로 구성된 감시요원을 파견한 것이다. 한편 1947년 10월 인도와 파키스탄 간에도 국경지역인 잠무카슈미르의 영유권을 둘러싼 무력충돌이 발생했다. 유엔은 양국 간의 정전을 종용했으며, 안보리 결의와 그 후속조치로 양국 간의 정전을 감시하기 위해 1949년 1월 유엔 인도-파키스탄 정전감시단United Nations Military Observer Group in India and Pakistan(이하 'UNMOGIP')이 창설되었다. UNTSO와 UNMOGIP은 소규모의 비무장 군인들로 구성되어 분쟁국가들 간 체결된 정전에 대한 감시임무를 수행하는 것이 주요한 임무였다.[14]

무장을 한 평화유지활동의 시초는 1956년 수에즈 사태를 해결하기 위해 파견된 유엔긴급군UN Emergency Force, UNEF이다. 1956년 9월 이집트가 수에즈 운하를 국유화하자 이스라엘이 이집트를 침공했고, 유엔은 10월 안보리를 소집하여 이스라엘의 철수를 요구하려 했다. 그러나 수에즈 운하의 관리에 이해관계가 있었던 영국과 프랑스는 안보리에서 거부권을 행사함은 물론 더 나아가 이집트를 침공했다. 안보리 상임이사국들이 분쟁의 당사자가 되자 안보리는 어떠한 조치도 취할 수 없었고, 결국 유엔 총회가 문제해결을 위해 뛰어들었다. 총회는 1956년 11월 이스라엘과

13 UN Doc. UNSCR 50(1948), Article 6. "*Instructs* the United Nations Mediator in Palestine, in concert with the Truce Commission, to supervise the observance of the above provisions, and decides that they shall be provided with a sufficient number of military observers;"

14 김열수, 『국제기구를 통한 분쟁관리: 국제연합의 평화유지활동(PKO)』(도서출판 오름, 2001), 61쪽.

이집트 간 정전합의에 따라 이스라엘·영국·프랑스군의 철수를 감시하고 완충지대를 형성하여 정전을 감시할 목적으로 경무장한 군인들로 편성된 유엔긴급군을 창설했다.[15] 유엔긴급군의 창설은 두 가지 측면에서 의미를 찾을 수 있다. 첫째는 안보리를 대신하여 총회가 평화유지활동을 결의했다는 점이고,[16] 둘째는 기존의 비무장 감시업무 대신에 경무장한 평화유지군이 투입되었다는 점이다. 유엔긴급군은 오늘날 평화유지군의 모태가 되었다.[17]

유엔 평화유지활동은 냉전이 본격화되면서 활력을 잃었다. 동서 양 진영의 첨예한 대립으로 안보리 상임이사국의 거부권 행사가 빈번해지면서, 안보리 결의로 성립하는 평화유지활동도 영향을 받을 수밖에 없었다.[18] 결국 1974년부터 1988년까지는 유엔평화유지활동이 사실상 중단되다시피 했으며, 이 기간 동안 이루어진 평화유지활동으로는 1978년 레바논에 파견된 유엔 레바논 임무단 정도뿐이었다. 그러다가 1980년대 후반 냉전구조가 해체되면서 유엔이 국제정치무대의 한복판에서 안보문제에 대해 본격적인 역할을 수행하게 되었고 유엔 평화유지활동도 다

15 유엔긴급군 창설에는 당시 유엔 주재 캐나다 대표 피어슨(Lester B. Pearson)의 역할이 컸다. 피어슨은 유엔긴급군을 창설해 수에즈 분쟁에 중립적으로 개입함으로써 분쟁이 더 이상 악화되는 것을 막자고 제안했고, 유엔은 이를 받아들였다. 더 나아가 피어슨은 어느 일방에 편중되지 않는 중립적인 유엔 경찰군을 창설해 냉전구도 속에서 계속되는 소규모 분쟁에 대처할 수 있도록 하자고 역설했다. 이러한 피어슨의 제안을 받아들여 창설된 것이 유엔긴급군이다.

16 최초의 평화유지군이었던 유엔긴급군은 유엔 총회의 결정으로 설치되었는데, 이에 대해서는 당시 안보리의 권한을 침해한 것이라는 주장이 제기되기도 했다. 그러나 국제사법재판소(International Court of Justice, ICJ)는 권고적 의견을 통해 유엔 총회도 평화유지군을 설치할 권한이 있다고 밝혔다. 하지만 이후 평화유지군의 설치는 사실상 안보리가 독점하고 있다.

17 김열수, 앞의 주 14, 62쪽.

18 이신화, “한국 국제평화활동의 양분화 고찰: 유엔 PKO vs. 다국적군 파병”, 『아세아연구』, 제56권 제2호(2013), 193쪽.

시 각광을 받게 되었다. 이러한 배경하에 유엔 평화유지군은 군사조직으로는 유일하게 1988년 노벨평화상을 수상했다.

냉전이 종식된 이후 유엔은 과거의 국가 간 분쟁inter-State conflict뿐만 아니라, 국가 내부의 분쟁intra-State conflict을 국제사회에 대한 심각한 위협으로 인식하게 되었고, 이에 따라 새로운 역할을 모색하기 시작했다. 예를 들면, 분쟁지역에서 단기적인 응급처방과 장기적인 경제재건 지원 외에 난민지원, 무장해제, 무장집단의 해체와 사회복귀 지원, 법치의 재건, 인권보호, 선거실시, 그리고 장기적 차원에서 해당 국가의 민주화와 안정, 화합 등을 유엔 평화유지활동의 주요한 임무로 생각하게 된 것이다. 이러한 다각적이고 다차원적인 임무를 배경으로 유엔 평화유지활동은 점차 전쟁 내지 분쟁이나 갈등 이후의 국가재건 및 사회복구에 더 중점을 두는 평화구축peacebuilding이라는 개념을 만들어 냈다. 이와 함께 군병력이 유엔 평화유지활동에서 여전히 핵심적 역할을 담당하지만, 민간요원들도 갈수록 많은 역할과 임무를 수행하는 현상이 나타나게 되었다.[19] 또한 평화유지활동의 양적 팽창도 이루어져 1989년부터 1994년까지 안보리는 총 20개의 임무단을 창설했고 이에 따라 평화유지활동요원도 11,000명에서 75,000명으로 폭발적으로 증가했다.[20]

이후 유엔 평화유지활동은 감당하기 어려운 상황을 접하면서 실패도 경험했다. 소말리아(United Nations Operation in Somalia Ⅱ, UNOSOM Ⅱ), 르완다(United Nations Assistance Mission for Rwanda, UNAMIR), 구 유고슬라비아(United Nations Protection Force, UNPROFOR)에 설치된 평화유지임무단은 적대세력 간의 무력충돌이 실질적으로 끝나지 않은 상황에서 평

19 이근수·정상돈·신범철, 『한국의 유엔평화유지활동 참여방안』(한국국방연구원, 2008), 44쪽.

20 유엔 홈페이지(https://peacekeeping.un.org/en/our-history, 2024. 8. 1. 방문).

화를 유지할 만한 충분한 여건이 조성되기 이전에 투입됨으로써 임무를 성공적으로 수행하지 못했다. 이러한 배경하에 유엔은 분쟁지역의 국가와 사회를 재건하고 질서를 세우며 평화를 정착시키는 과정에서 평화유지군에 방해세력을 억제할 수 있는 강력한 군사적 수단을 사용할 수 있도록 권한을 부여하기 시작했다. 또한 필요하면 분쟁지역 인근에 있는 지역안보기구와 협력해 평화유지활동의 임무를 달성하도록 했다. 그러한 사례로 동티모르(United Nations Transitional Administration in East Timor, UNTAET)에서 유엔 스스로 광범위한 조치를 취하면서 평화유지활동을 한 것과, 코소보(United Nations Interim Administration Mission in Kosovo, UNMIK)에서 유럽안보협력기구, 유럽연합과 협력해 평화유지활동을 한 것을 들 수 있다.[21]

2. 유엔 평화유지활동 현황

지난 75년간 125개 국가에서 파견된 2백만 명 이상의 평화유지요원들은 71개의 평화유지임무단에서 활동했으며, 2024년 6월 현재에도 약 6만 명 이상의 평화유지요원들이 전 세계 11개 임무단에서 정전감시, 재건지원, 민간인보호 등의 임무를 수행하고 있다.[22]

지역별로 살펴보자면 우선 아프리카에서 가장 많은 5개 임무단이 서부사하라, 중앙아프리카공화국, 콩고민주공화국, 아비에이, 남수단에서 각각 활동하고 있다. 서부사하라에 위치한 유엔 서부사하라 선거감시단United Nations Mission for the Referendum in Western Sahara(이하 'MINURSO')은 안보리 결의 제690호에 따라 1991년 설치되었다. 서부사하라는 아프리

21 이근수·정상돈·신범철, 앞의 주 19, 45쪽.

22 유엔 홈페이지(https://peacekeeping.un.org/en, 2024. 8. 1. 방문).

카 서북단 대서양 연안에 위치하여 모로코, 알제리, 모리타니와 국경을 접하고 있는 지역으로, 1976년 이후 지금까지 영유권을 둘러싸고 서부사하라 원주민세력을 대표하는 폴리사리오POLISARIO와 모로코 간 내전이 계속되고 있다. 유엔은 안보리 결의를 통해 서부사하라의 장래 문제는 지역 주민들의 투표를 통해 모로코에 귀속 또는 분리 독립시킨다고 결의하고 이를 위해 유엔 서부사하라 선거감시단을 창설한 것이다.

유엔 중앙아프리카공화국 임무단United Nations Multidimensional Integrated Stabilization Mission in the Central African Republic(이하 'MINUSCA')은 2012년 정치세력 간의 다툼, 기독교와 무슬림의 충돌로 발생한 중앙아프리카공화국 내전 상황에서 민간인을 보호하고 인도적 지원과 인권보호, 치안유지, 무장해제 등의 임무를 수행하기 위해 안보리 결의 제2149호에 따라 2014년 설치되었다.

유엔 콩고민주공화국 안정화 임무단United Nations Organization Stabilization Mission in the Democratic Republic of the Congo(이하 'MONUSCO')은 변화된 콩고민주공화국 내의 분쟁 상황에 대응하기 위해 2010년 안보리 결의 제1925호에 따라 기존의 유엔 임무단MONUC을 인수하면서 설치되었으며, 주된 임무는 민간인보호, 콩고민주공화국 정부의 안정화 및 평화정착 노력 지원이다. 그러나 콩고민주공화국 정부는 유엔 평화유지군이 민간인에 대한 반군의 공격을 제대로 막지 못했다며 철군을 주장했고, 유엔 평화유지군에 항의하는 시위도 발생했다. 2022년 7월에는 유엔 평화유지군과 시위대가 충돌하여 다수의 사상자가 발생하기도 했다. 결국 2023년 11월 21일 콩고민주공화국 정부와 유엔은 유엔 평화유지군의 질서 있는 단계적 철군에 합의했다.[23]

23 유엔 홈페이지(https://monusco.unmissions.org/en/pr-government-drc-and-monusco

아비에이Abyei는 수단과 남수단 사이에 위치한 지역으로 양측이 서로 영유권을 주장하고 있는 상황이며, 현재 수단이 실효적 지배를 하고 있다. 이곳에서 폭력사태가 발생하고 긴장이 고조되자 유엔은 2011년 안보리 결의 제1990호를 채택하고 유엔 아비에이 임무단United Nations Interim Security Force for Abyei(이하 'UNISFA')을 설치했다. 유엔 평화유지군은 이곳에서 아비에이지역의 비무장화와 충돌감시, 인도적 지원 임무를 수행하고 있다.

영국과 이집트의 공동통치에서 벗어난 수단에서는 1955년 정치·종교적 이유로 내전이 시작되었고 두 차례의 평화협정을 거쳐 2011년 7월 남수단은 수단으로부터 독립했다. 유엔은 신생 독립국인 남수단을 지원하기 위해 남수단 독립 하루 전인 7월 8일 안보리 결의 제1996호에 따라 유엔 남수단 임무단United Nations Mission In the Republic of South Sudan(이하 'UNMISS')을 설치했다. 그런데 독립을 쟁취한 지 얼마 지나지 않아 다시 남수단에서 부족 간 갈등이 내전상황으로 비화하자 유엔은 2014년 안보리 결의 제2155호를 채택하여 유엔 남수단 임무단을 보강하고 민간인보호, 인권침해 감시, 적대행위 중지합의 이행지원 등에 집중하고 있다.

중동은 이스라엘과 아랍국가들 간의 분쟁이 끊이지 않는 곳으로 현재 3개의 임무단이 각각 팔레스타인, 시리아, 레바논에서 임무수행 중이다. 앞서 언급했듯이 UNTSO는 가장 오래된 유엔 평화유지활동으로 제1차 중동전쟁 후 1948년 안보리 결의 제50호에 따라 설치되어 이스라엘과 아랍국가들 간 정전을 감시하고 있다. 2024년 3월 기준으로 27개국에서 파견된 153명의 군인을 포함하여 382명의 요원들이 이곳에서 임무

-sign-disengagement-plan-withdrawal-mission, 2024. 8. 1. 방문).

수행 중이며,[24] 이들은 남부 레바논의 유엔 레바논 임무단과 골란고원의 유엔 이스라엘-시리아 정전감시단 등 인근지역 평화유지군에 대한 지원 임무도 동시에 수행하고 있다.

1974년 안보리 결의 제350호에 따라 시리아 골란고원에 설치된 유엔 이스라엘-시리아 정전감시단United Nations Disengagement Observer Force(이하 'UNDOF')은 1973년 제4차 중동전쟁(욤키푸르 전쟁) 이후 이스라엘과 시리아 간 정전을 감시하는 임무를 수행 중이다.

한편 1978년 이스라엘 텔아비브에서 발생한 테러공격으로 다수의 사상자가 발생하자, 이스라엘은 이를 레바논 남부에서 활동하던 팔레스타인 해방기구의 소행으로 보아 레바논을 전격 침공했다. 이에 유엔은 안보리 결의 제425호를 통해 레바논의 주권과 정치적 독립을 존중하고 이스라엘이 레바논 영토에서 즉각 철수할 것을 촉구하면서, 이스라엘군의 철수 확인, 세계평화와 안전 회복 및 레바논 정부의 효과적인 권위확립을 위해 유엔 레바논 평화유지군United Nations Interim Force in Lebanon(이하 'UNIFIL')을 창설했다. 이후 평화유지군의 임무는 몇 차례 조정을 거쳐 현재는 적대행위의 재발 방지, 레바논군 지원, 민간인에 대한 인도적 지원 등의 임무를 수행하고 있다. UNIFIL은 창설 이후 2024년 5월까지 유엔 평화유지활동 중 가장 많은 335명의 사상자를 기록하고 있다.[25]

유럽에는 2개의 임무단이 각각 코소보와 사이프러스에서 활동하고 있다. 코소보에 있는 유엔 코소보 임무단United Nations Interim Administration Mis-

24 유엔 홈페이지(https://untso.unmissions.org/facts-and-figures, 2024. 8. 1. 방문).

25 유엔 홈페이지(https://peacekeeping.un.org/en/fatalities, 2024. 8. 1. 방문). 한편 유엔은 사망 또는 부상이 '임무수행 중(service-incurred)' 발생한 경우 보상을 해주며, 부상자에 대한 피해보상은 영구적 장애(permanent disability)가 발생했을 경우에만 가능하다. 자세한 내용은 송승종, 『유엔 평화유지활동의 이해: 모두를 위한 하나, 하나를 위한 모두』(연경문화사, 2006), 392-396쪽 참조.

sion in Kosovo(이하 'UNMIK')은 1999년 안보리 결의 제1244호에 의해 설립되어 코소보를 잠정 통치하면서 코소보의 안전과 인권을 보장하는 임무를 수행하고 있다. 유엔 사이프러스 임무단United Nations Peacekeeping Force in Cyprus(이하 'UNFICYP')은 1964년 안보리 결의 제186호에 따라 사이프러스에서 그리스계 주민과 터키계 주민의 충돌을 방지할 목적으로 설치되었다.[26]

아시아에서 임무수행 중인 유엔 인도-파키스탄 정전감시단United Nations Military Observer Group in India and Pakistan(이하 'UNMOGIP')은 잠무 카슈미르의 영유권을 둘러싼 무력충돌을 배경으로 1949년 창설되어 현재까지 인도와 파키스탄 간 정전을 감시하는 임무를 수행하고 있다. 유엔 평화유지활동의 초기 형태로, 정전합의 준수를 감시하고 위반 시 유엔사무총장에게 보고하는 역할을 맡고 있다.

3. 유엔 평화유지활동의 창설절차와 운영원칙

유엔은 평화유지활동을 창설하기 전에 여러 단계의 과정을 거친다. 우선 갈등이나 위기가 발생하면 유엔은 국제사회가 어떻게 대응해야 할지를 결정하기 위해 초기 협의를 진행한다. 이 단계에서는 다양한 이해관계자들과의 협의가 이루어지며, 유엔 내 다양한 기구뿐만 아니라 관련 국가, 지역기관, 그리고 기타 국제단체들과의 의사소통을 포함한다. 다음으로 유엔은 작전이 필요한 지역에 대한 기술적 평가를 실시한다. 이 단계에서 현지 상황에 대한 분석과 작전의 가능성, 적절성에 대한 평가

26 사이프러스는 지중해 동쪽에 위치한 섬나라인데, 민족, 종교로 인한 갈등으로 내전을 겪다가 분단되어 현재 섬의 북쪽지역은 튀르키예에 의해 불법으로 성립된 북사이프러스가 실질적으로 통치하고 있다. 사이프러스와 북사이프러스 간에는 유엔이 설치한 유엔 사이프러스 완충지대(United Nations Buffer Zone in Cyprus)가 설치되어 있으며, 유엔 사이프러스 임무단은 완충지대에 대한 정찰임무를 수행하고 있다.

가 이루어지며, 이러한 정보는 유엔사무총장의 보고서를 통해 안보리에 제출된다. 그다음 안보리는 해당 지역에 평화유지군을 파견할지 여부를 결정하기 위해 보고서를 검토하고 결의안을 채택한다.[27] 이후 유엔사무총장은 특별대표, 군사령관 등 평화유지활동 책임자를 임명하고, 유엔의 관련 부서는 평화유지활동의 군사, 정치, 운영 및 지원에 대한 통합된 계획을 수립하며, 계획이 마련되면 그에 따라 평화유지활동 파견이 진행된다.[28]

유엔 평화유지활동은 유엔헌장의 명문 규정에 근거한 것이 아니라 관행을 통해 발전해 왔기 때문에 엄격한 이론이나 고정된 원칙이 존재한다고 보기는 어렵다. 그러나 지금까지의 유엔 평화유지활동 수행과정을 통해 형성되어 온 몇 가지 중요한 기본원칙은 다음과 같다.

첫째는 동의consent of the parties의 원칙이다. 분쟁 당사자 간 합의와 동의가 이루어지지 않은 상태에서의 평화유지활동은 성과를 거두기 매우 어렵다. 평화유지군은 모든 관계국의 동의하에서 활동하며, 접수국이 철수를 요청하면 이에 따른다. 최근 말리의 MINUSMA와 콩고민주공화국의 MONUSCO 철수 결정도 접수국의 철수 요청에 따른 것이다. 둘째는 중립성impartiality의 원칙이다. 유엔 평화유지군은 분쟁의 당사자가 아니며 대립되는 당사자 사이에서 중립적 위치를 고수해야 한다. 중립성을 유지해야 하는 평화유지활동이 어느 일방에 적대행위로 간주되면 평

27 유엔 평화유지군 파견의 법적 근거는 안보리 결의이다. 유엔 총회에 의해 평화유지군이 창설된 사례도 있었다. 이와 관련하여 국제사법재판소(ICJ)는 유엔의 특정경비사건(Certain Expences case)에서 총회와 안보리의 권한 배분 문제를 다루면서 총회도 평화유지군의 설치를 결정할 수 있다고 판단했다. 그러나 오늘날에는 안보리에 의해 평화유지활동이 창설된다는 관행이 확립되어 있다. 따라서 안보리 상임이사국 5개국 중 한 나라라도 거부권을 행사한다면 유엔 평화유지군은 창설될 수 없다.

28 유엔 홈페이지(https://peacekeeping.un.org/en/forming-new-operation, 2024. 8. 1. 방문).

화유지활동 자체에 대한 적대행위를 야기시켜 분쟁을 더욱 악화시키는 결과를 초래할 수 있다.[29] 같은 이유로 강대국들은 중립성 시비를 우려하여 평화유지활동에서 가급적 배제되는 경향이 있었다. 셋째는 자위와 위임명령 보호를 제외한 무력사용의 금지non-use of force except in self-defense and defense of the mandate 원칙이다. 유엔 평화유지군은 대체로 경무장만을 하며, 원칙적으로 자위를 위해서만 무력을 사용한다. 다만 예외적으로 안보리 승인하에 무력사용의 범위 내지 수준이 넓어질 수 있다. 넷째는 유엔의 지휘 원칙이다. 유엔 평화유지군은 회원국이 제공한 병력으로 구성되지만, 유엔의 지휘하에서 활동해야 한다.[30] 그러한 이유로 유엔 평화유지군의 행동은 유엔의 행동으로 인정되고, 결과에 대해서는 원칙적으로 유엔이 책임을 진다. 다섯째, 평화유지활동은 유엔의 경비로 운영된다. 이에 따라 평화유지활동에 참여하여 병력과 장비를 제공한 회원국은 나중에 유엔으로부터 경비를 상환받는다. 유엔 회원국들은 일반 분담금 외 평화유지활동 분담금을 별도로 납부해야 한다. 마지막으로 자발적 참여의 원칙을 들 수 있다. 유엔 평화유지활동 참여는 참여국의 자발적인 결정에 의해 이루어지며, 참여와 철수에 누구의 강요나 강제는 있을 수 없다.[31]

이 중에서 자위와 위임명령 보호를 제외한 무력사용의 금지는 유엔 평화유지군을 일반적인 군대와 본질적으로 구별되게 하는 중요한 요소이다. 적극적인 무력사용이 허용되는 다국적군과 비교할 때 유엔 평화유지

29 국방부, 앞의 주 2, 132쪽.

30 이러한 점에서 유엔 평화유지군은 6·25전쟁을 배경으로 만들어진 유엔군과는 구별된다. 유엔 평화유지군은 유엔의 직접적인 지휘를 받지만, 6·25전쟁 당시의 유엔군은 미군 사령관의 지휘를 받았다.

31 국방부, 앞의 주 2, 39쪽. 이러한 원칙 중 동의, 중립성, 자위와 위임명령 보호를 제외한 무력사용의 금지는 유엔 평화유지활동의 3대 기본원칙으로 소개되기도 한다. 유엔 평화유지활동 홈페이지(https://peacekeeping.un.org/en/what-is-peacekeeping, 2024. 8. 1. 방문).

군의 이러한 특성은 더욱 두드러진다. 유엔 평화유지군은 제한적인 무력사용으로 인해 국제법의 보호를 받게 되지만,[32] 한편으로는 분쟁이 어느 정도 누그러지지 않은 상황에서 평화유지군이 파견될 경우 무력사용의 한계로 파견병력들의 안전 문제가 대두될 수 있다. 그렇다고 평화유지군에 적극적인 무력사용을 허락한다면 평화유지군은 교전자combatants에 해당하여 더 이상 공격금지 대상으로서 국제법의 보호를 받지 못하게 된다.[33] 이러한 딜레마dilemma 상황으로 인해 소말리아 UNOSOM Ⅱ와 같이 평화강제 임무가 부여된 평화유지활동에는 회원국들이 참가를 꺼릴 수도 있다.[34]

4. 유엔 평화유지활동의 법적 근거

헌장은 유엔 평화유지활동에 관해 명시적 규정을 두지 않고 있다. 평

32 국제형사재판소에 관한 로마규정 제8조 2.나.(3), 2.마.(3). 이에 의하면 유엔헌장에 따른 인도적 원조나 평화유지 임무와 관련된 요원, 시설, 자재, 부대 또는 차량이 무력충돌에 관한 국제법에 따라 민간인 또는 민간 대상물에 부여되는 보호를 받을 자격이 있는 한도 내에서는 그들에 대한 의도적 공격은 국제적 무력충돌 혹은 비국제적 무력충돌을 막론하고 전쟁범죄에 해당된다.

33 평화유지군에도 국제인도법이 적용될 수 있다. 1999년 유엔사무총장은 고시를 통해 유엔병력이 직접 전투원으로서 무력충돌에 참가하는 경우 국제인도법의 적용을 받으며, 이는 강제조치(enforcement actions)는 물론 평화유지활동으로 자위권을 행사하는 경우에도 마찬가지라고 밝혔다. UN Doc. ST/SGB/1999/13, Secretary-General's Bulletin, Observance by United Nations forces of international humanitarian law. Section 1. Field of application. 1.1 "The fundamental principles and rules of international humanitarian law set out in the present bulletin are applicable to United Nations forces when in situations of armed conflict they are actively engaged therein as combatants, to the extent and for the duration of their engagement. They are accordingly applicable in enforcement actions, or in peacekeeping operations when the use of force is permitted in self-defense."

34 한국이 상록수부대를 파견하여 임무를 수행한 소말리아의 경우를 보더라도 분쟁 정파 간 합의가 이루어지지 않은 상태에서 유엔이 평화유지임무단(UNOSOM Ⅱ)을 서둘러 설치함으로써 현지에서의 평화유지활동은 극도의 혼란을 겪었으며, 한국도 지역 정세의 악화로 9개월 만에 병력을 철수했다. 이처럼 지켜야 할 평화가 아직 만들어지지 않은 상황이라면 제한적 무력사용 권한만 주어진 평화유지군이 성과를 내기는 어렵다.

화유지활동은 당초 헌장의 구도가 실현되지 못하게 되자 그 대안으로 만들어졌기 때문에 헌장상의 근거가 명확하지 않다. 이는 제2대 유엔사무총장을 지낸 다그 함마르셸드Dag Hammarskjöld가 유엔 평화유지활동이 헌장 제6장의 강제력 없는 분쟁의 평화적 해결 방식과 제7장의 강제조치의 절충안이라는 측면에서 '헌장 제6.5장Chapter Six and a Half'에 속한다고 비유한 것과도 일맥상통한다. 즉 헌장 제6장의 평화적 해결방법으로는 실제적인 구속력이 결여되어 분쟁해결이 사실상 불가능했고 제7장에 따른 강제조치는 안보리 상임이사국들의 거부권 행사로 무기력하게 되어 새로운 형태의 분쟁해결 방법이 모색되었는데, 헌장 제6장보다는 강하고 제7장보다는 약한 형태를 취함으로써 평화유지를 위한 구체적 실현수단을 마련하자는 상황인식에 따라 고안된 것이 바로 유엔 평화유지활동인 것이다.[35] 이러한 점들을 고려할 때 평화유지활동은 유엔헌장의 특정 조항에 근거한다고 볼 것이 아니라 국제평화와 안전에 관한 유엔의 광범위한 일반적 권한에 근거하여 설치되고 운영되며, 그러한 활동은 결국 이해관계자들의 동의에 기초한다고 이해할 수 있다.[36]

5. 유엔 평화유지활동의 주요 임무와 역할의 확대

초기의 평화유지활동은 국가 간 분쟁에 투입되어 정전 상황을 감시하고 분쟁을 완충하는 역할에서 시작했다. 그러나 냉전이 해체된 이후에는 한 국가 내 분쟁이 증가했고 분쟁의 성격도 복잡하고 다양해짐에 따라 유엔의 개입 범위도 확대되었고 평화유지의 개념도 평화조성과 평화구축을 포괄하는 적극적 개념으로 발전했다. 또한 평화유지활동 분야도

35 국방부, 앞의 주 2, 26쪽.
36 정인섭, 앞의 주 11, 1186쪽.

정전감시, 교전단체 분리 등 전통적 활동에서 평화정착을 위한 민간인보호, 인도적 지원, 선거지원, 국가역량 지원 등 다차원적으로 확대되는 경향에 있다. 또한 과거에는 군병력 위주의 평화유지활동이 중심을 이루었으나 오늘날에는 경찰과 민간인의 참여도 늘어나고 있다.[37]

이에 따라 다차원적이고 복합적인 평화유지활동을 지원하기 위해 1992년 유엔에는 평화유지활동국DPKO이 만들어졌고, 같은 해 부트로스 부트로스 갈리Boutros Boutros-Ghali 당시 유엔사무총장은 "평화를 위한 의제An Agenda for Peace"라는 보고서를 통해 예방외교preventive diplomacy, 평화조성peacemaking, 평화유지peacekeeping, 평화구축peacebuilding이라는 개념을 제시하면서 평화에 대한 이해의 폭을 넓혔다.[38] 구체적으로 예방외교란 외교적 수단으로 대립과 분규의 발생을 사전에 차단함으로써 무력분쟁을 방지하는 활동을 말하며, 평화조성이란 평화적인 방법 및 중재를 통해 분쟁 당사자들로 하여금 협상할 수 있는 여건을 마련해 주는 것이다. 평화유지란 관련 당사자들의 동의하에 유엔이 현장에서 평화를 지켜나가는 것을 말하며, 평화구축이란 전후 평화재건을 의미하며 평화유지활동을 통해 정전 상태에 있는 지역의 분쟁재발방지와 사회재건, 평화정착을 위해 다각적인 지원을 하는 활동이다. 이러한 네 가지 항목은 오늘날 유엔 평화유지활동을 강화하기 위한 담론의 주요 의제가 되고 있다.

한편 2000년 8월 코피 아난Kofi Annan 당시 유엔사무총장은 외부에 위탁하여 유엔 평화유지활동의 효과 증대에 관한 보고서를 발간했다. 이 보고서는 알제리 외무장관 출신 라크다르 브라히미Lakhdar Brahimi가 의장으

37 문진혁·윤지원, "21세기 유엔의 평화유지활동과 한국의 PKO 참여 선진화에 관한 연구", 『국방연구』, 제65권 제3호(2022), 104쪽.

38 Boutros Boutros-Ghali, "An Agenga for Peace: Preventive Diplomacy, Peacemaking and Peace-keeping", Report of the Secretary-General pursuant to the statement adopted by the Summit Meeting of the Security Council on 31 January 1992.

로 활동한 위원회가 작성하여 일명 브라히미 보고서Brahimi Report라고도 알려져 있다. 브라히미 보고서는 유엔사무총장, 안보리, 총회 및 회원국들을 대상으로 한 건의를 담고 있는데, 주요 내용은 다음과 같다. 첫째, 분쟁예방 관련 기구들의 노력이 좀 더 통합된 방식으로 이루어져야 한다. 둘째, 분쟁의 재발을 막기 위해 해체 및 재통합 프로그램에 대한 예산 반영과 민간 경찰인력/인권 전문가의 활용이 이루어져야 한다. 셋째, 위임명령의 이행을 방해하는 세력에 대해 강화된 교전규칙을 활용해야 한다. 넷째, 안보리의 위임명령은 명확하고 신뢰할 만하며 성취 가능해야 한다. 다섯째, 신속하고 효율적인 배치능력이란 전통적 평화유지활동의 경우 안보리 결의 채택 30일 이내, 복합적 평화유지활동의 경우 90일 이내 이루어져야 한다. 여섯째, 유엔상비체제UNSAS 발전을 위해 회원국 간 교육훈련 및 협력교류가 강화되어야 한다. 일곱째, 평화유지활동을 지원하는 유엔본부의 기능이 강화되어야 하고, 평화유지활동국 내부의 관련 부서도 재편되어야 한다.[39] 브라히미 보고서는 회원국들의 폭넓은 지지를 받았으며, 유엔 총회는 즉시 이 보고서를 승인했고, 안보리도 보고서 내용을 만장일치로 찬성했다. 이 보고서는 유엔 평화유지활동의 질적 향상을 위한 중요한 지침으로 받아들여지고 있다.

39 UN Doc. A/55/305-S/2000/809(2000), Report of the Panel on United Nations Peace Operations.

Ⅲ. 한국의 유엔 평화유지활동 참여

1. 한국의 유엔 평화유지활동 참여 의의

한국군의 해외파병은 남다른 의미가 있다. 해방을 맞은 지 얼마 되지 않아 발발한 6·25전쟁으로 누란의 위기에 처했을 때 병력을 파견해 준 국제사회의 도움으로 조국을 지켜낼 수 있었다. 이에 힘입어 한국은 자유민주주의를 지켜낼 수 있었으며, 더 나아가 전쟁의 폐허를 딛고 오늘날 세계 10위권의 경제력을 가진 문화 강국으로 성장할 수 있었다. 한국은 이러한 눈부신 성장을 가능케 한 국제사회의 도움을 잊지 않고 이제는 국제사회에 도움을 주는 국가로 변화하고 있다. 이를 단적으로 보여주는 사례가 유엔 평화유지활동 참여이다. 한국은 유엔 평화유지활동 참여와 관련하여 2022년 기준 재정기여 9위, 병력기여 37위로 국제사회에서 높은 위상을 가진 국가로 성장했다.[40]

한국의 유엔 평화유지활동 참여는 다각적인 의미를 가진다. 우선 평화유지활동 참여는 인류애 실천을 위한 국제적 공조에 적극적으로 동참하는 것이며, 동시에 국제사회의 일원으로서 당연히 부담해야 할 공동의 안보책임을 지는 것이다. 또한 남북 간 군사적 긴장을 근원적으로 해소하지 못하고 있는 현실에 비추어, 유엔 평화유지활동 참여 확대는 한반도 문제에 대한 국제사회의 지원과 지지를 확보하는 기반을 구축할 기

40 국방부, 앞의 주 3, 318쪽. 유엔 홈페이지에 공개된 자료에 의하면, 병력 공여국(troop contributing country, TCC) 상위에 방글라데시, 네팔, 인도, 르완다, 파키스탄, 가나, 인도네시아, 중국, 이집트, 모로코, 탄자니아 등이 있다. 일반적으로 개발도상국이 선진국보다 파견 규모가 더 큰 것은 유엔이 소요경비 전액을 부담할 뿐만 아니라 일반 병사에 대해서도 상당액의 보수를 지급하여 이들 국가로서는 평화유지군 파병이 외화획득의 기회가 될 수 있기 때문이다.

회를 제공하며, 유엔 등 국제정치무대에서 외교적 역량을 강화할 수 있는 토대가 된다. 경제적 측면에서도 유엔 평화유지활동 참여는 모범적인 지원활동을 통해 한국에 대한 호의적인 인식을 심어 줄 수 있고, 분쟁종료 후 임무지역에 대한 재건지원 및 후속 경제개발에 진출할 수 있는 교두보를 확보할 수 있게 해준다. 군사적 측면에서는 평화유지활동 참여를 통해 다국적 연합작전 및 평화재건작전 경험을 축적할 수 있다.[41]

2. 한국의 유엔 평화유지활동 참여 현황

한국은 1991년 유엔 가입 이래 1993년 소말리아에 공병부대를 파견한 이후 서부사하라 국군의료지원단, 앙골라 공병부대, 동티모르 상록수부대, 아이티 단비부대 등을 파견했으며, 현재에도 전 세계 분쟁지역에서 평화유지활동에 참여하고 있다. 2024년 6월 기준으로 한국은 레바논 동명부대 276명, 남수단 한빛부대 281명, 개인단위 파병 26명을 포함하여 총 583명을 유엔 평화유지활동 임무에 참여시키고 있다.[42]

소말리아 상록수부대(1993. 7.~1994. 3.) 파견은 한국이 유엔에 가입한 이후 처음으로 유엔 평화유지활동에 참여한 것이다. 소말리아 땅을 푸른 옥토로 바꾸겠다는 의미를 담은 상록수부대Evergreen Unit는 소말리아 UNOSOM Ⅱ에 합류하여 내전으로 황폐화된 도로를 보수하고 관개수로를 개통하는 등 주민 숙원사업을 해결했고, 사랑의 학교와 기술학교를 운영하여 지역 주민들로부터 좋은 평가를 받았다. 1994년 3월 지역 정세 악화로 9개월 만에 철수했지만, 상록수부대의 완벽한 임무수행은 이후 국제사회에서 한국군의 참여를 지속적으로 요청하는 계기가 되었다. 1994

41 최은석, "국군의 UN 평화유지활동(PKO)과 해외파병의 법적 검토", 『군사논단』, 제77권(2014), 65-66쪽.

42 국방부 홈페이지, 한국군 해외파견 현황(mnd.go.kr, 2024. 8. 1. 방문) 참조.

년 8월 서부사하라에 파견된 국군의료부대(1994. 8.~2006. 5.)는 현지 유엔요원에 대한 의료지원, 지역 주민에 대한 방역 및 전염병 예방활동을 수행하여 서부사하라의 평화와 안정에 기여했다. 또한 국내에서 1만여 km 떨어진 서부사하라 국군의료부대까지의 보급과 지원 과정에서 습득된 노하우는 한국군의 군수지원체계를 발전시키는 데 기여했다. 1995년 10월부터 1996년 12월까지 앙골라에 파견된 공병부대는 내전으로 파괴된 교량을 건설하고 비행장을 복구하는 등 앙골라 평화지원 임무를 수행했다. 소말리아, 서부사하라, 앙골라에서의 파병활동은 1996년 한국이 처음으로 유엔 안보리 비상임이사국으로 진출하는 데 긍정적인 영향을 미쳤다.

동티모르에 파견된 상록수부대(1999. 10.~2003. 10.)는 한국군 최초로 보병부대가 파견된 사례이다. 동티모르 상록수부대는 1999년 10월 파병 당시에는 다국적군에 참여하여 치안회복에 주력하다가 2000년 2월부터는 유엔 평화유지활동으로 임무를 전환한 특이한 사례이다. 상록수부대는 지역재건과 치안회복을 지원하여 동티모르 평화정착에 기여했다. 아이티에 파견된 단비부대(2010. 2.~2012. 12.)는 2010년 발생한 지진의 잔해 제거, 도로복구, 심정개발 등 재건지원과 태권도, 컴퓨터 등의 교육 프로그램 지원 등 민군작전을 실시했다. 특히 콜레라가 창궐한 2011년 10월 이후에는 응급환자 진료에 주력하면서 난민촌 방역활동 등 전염병 예방활동도 수행했다. 단비부대 파견은 비전통적 안보위협인 재해나 재난 상황에 대처하기 위한 평화유지군 파병이라는 점에서 의의를 찾을 수 있다.

한국의 유엔 평화유지활동 참여 가운데 레바논의 동명부대와 남수단의 한빛부대는 현재까지 지속되고 있다. 유엔은 1978년 UNIFIL을 설치하고 레바논과 이스라엘에 대한 정전감시 임무를 시작했다. 2006년 이스라엘과 헤즈볼라의 충돌로 1천여 명의 민간인 사상자가 발생하는 등 사태가 악화되자 이를 해결하기 위해 안보리는 결의 제1701호를 채택하고 평화유지군 규모를 2천 명에서 1만 5천여 명으로 확대하고자 회원국에 참여를 요청했다. 이에 한국 정부는 국회 동의를 거쳐 2007년 6월 350여 명 규모의 레바논 평화유지단 동명부대를 창설하고 레바논 남부 티르 지역에 파견했다. 동명부대는 동티모르에 이은 두 번째 보병부대이자 한국군 최장기 파병부대이다. 동명부대는 정찰과 감시 활동을 통해 불법무기와 무장세력이 레바논 남부 작전지역으로 유입되는 것을 차단하고 있으며, 피스웨이브Peace Wave라는 다기능 민군작전과 인도적 지원 활동을 수행하고 있다. 또한 현지 주민 의료지원, 공공시설과 학교시설 개선, 플라스틱 재생공장 지원사업 등 인도적 지원과 맞춤형 주민숙원 사업을 통해 현지 주민의 생활여건 개선과 지역사회 일자리 창출에 기여하고 있다. 이러한 활동으로 현지 주민들은 동명부대를 '신이 내린 선물'이라며 찬사를 보내고 있다.[43]

한편 유엔은 신생 독립국인 남수단을 지원하기 위해 남수단 독립 하루 전인 2011년 7월 8일 안보리 결의 제1996호를 통해 UNMISS을 설치하고 회원국에 파병을 요청했다. 이에 한국 정부는 2012년 9월 국회 동의를 받아 2013년 1월 공병부대인 남수단 재건지원단 한빛부대를 창설하고 2013년 3월 31일 300명 규모의 토목공병중대를 남수단으로 파견했다. 한빛부대는 내전으로 황폐해진 남수단 종글레이주 보르, 피보르, 아코보 지역에서 도로, 비행장, 교량 건설과 보수, 나일강 차수벽 설치 등 재건지원 활동과 난민보호, 식수지원 등 인도적 지원 임무를 성공적으로 수행하고 있다. 또한 남수단 현지 주민들의 생활기반을 마련하기 위해

43 국방부, 앞의 주 3, 311쪽.

한빛직업학교에서 농업, 목공, 토목 등 6개 교육과정을 운영하고 있다. 한빛부대는 다양한 종류의 재건지원 활동을 통해 남수단 내 기반시설을 확충하고 교류를 촉진함으로써 종족 간 갈등 완화에 기여하고 있으며, 주민 친화적인 민군작전은 유엔 및 현지 관계자들로부터 매우 모범적인 활동으로 평가받고 있다.[44]

지금까지 한국의 유엔 평화유지활동을 평가해 보면, 30년간 평화유지활동을 이어오면서 병력기여 37위, 재정기여 9위 정도의 수준을 유지하고 있는 점, 우수한 역량과 자질의 인적 자원을 보유하고 있는 점, 성공적인 민사작전 노하우를 축적하고 있는 점, 소프트파워와 첨단기술 측면에서 세계 최고 수준을 인정받고 있는 점 등은 강점으로 평가된다. 반면 위험한 지역과 임무단 참여에는 다소 소극적인 모습을 보여 온 점, 지금까지 군병력 위주로 참여가 이루어졌으며 경찰이나 민간인 참여는 상대적으로 미흡했던 점, 파병에 대해 부정적인 국민여론이 존재하는 점 등은 약점으로 평가된다.[45]

3. 한국의 유엔 평화유지활동 참여의 법적 기반

헌법적 근거: 국제평화주의

한국이 유엔 평화유지활동에 참여할 수 있는 근거는 헌법에서부터 찾을 수 있다. 대한민국 헌법 전문은 "밖으로는 항구적인 세계평화와 인류공영에 이바지함으로써 우리들과 우리들의 자손의 안전과 자유와 행복을 영원히 확보할 것을 다짐"한다는 구절을 두고 국제평화주의를 선언하고 있으며, 구체적으로 제5조 제1항에서는 "대한민국은 국제평화의 유

44 국방부, 앞의 주 3, 199쪽.
45 문진혁·윤지원, 앞의 주 37, 116쪽.

지에 노력하고 침략적 전쟁을 부인한다"라고 명시하고 있다. 결국 한국이 유엔이 주도하는 국제평화유지활동에 참여하는 것은 헌법상의 국제평화주의에 근거한다.

헌법상 대통령은 국군통수권을 갖는다. 헌법 제74조 제1항은 "대통령은 헌법과 법률이 정하는 바에 의하여 국군을 통수한다"라고 규정한다. 여기에 규정된 대통령의 국군통수권에는 국군의 해외파견에 대한 권한도 포함된다고 이해된다.[46] 한편 헌법 제60조 제2항은 국군의 외국에의 파견에 국회의 동의를 받도록 규정한다.[47] 결국 헌법에 따르면, 국군을 해외에 파견할 권한은 대통령에게 있지만 대통령은 일방적으로 그 권한을 행사할 수 없으며, 국회의 동의를 얻어 시행할 수 있다. 파병과 같은 국가안보에 중차대한 문제는 대통령과 국회가 함께 다루어야 한다는 취지이다.

파병에 관한 대통령과 국회의 판단은 고도의 정치적 결단행위이다. 이와 관련하여 헌법재판소는 '일반사병 이라크파병 위헌확인' 사건에서 국군의 해외파병 결정은 고도의 정치적 결단을 요하는 사안으로 대통령과 국회의 판단은 존중되어야 한다며 위헌 여부의 실체적 판단을 하지 않은 채 각하결정을 내렸다. 이 사건에서 헌법재판소는 대통령이 파병의 정당성뿐만 아니라 북한 핵사태의 원만한 해결을 위한 동맹국과의 관계, 안보문제, 국·내외 정치관계 등 국익과 관련한 여러 가지 사정을 고려하여 파병부대의 성격과 규모, 파병기간을 국가안전보장회의의 자문을 거쳐

46 제성호, "평화유지활동(PKO)을 위한 국군의 해외 파병과 국회 동의권", 『중앙법학』, 제9권 제1호(2007), 125쪽.

47 국회가 동의권 행사 여부를 판단함에 있어서 어떠한 기준을 따라야 하는지에 대해 헌법은 명시적인 기준을 제시하고 있지는 않지만, 이 경우에도 국제평화주의와 침략적 전쟁을 부인하는 헌법 제5조 제1항을 중요한 판단기준으로 삼아야 할 것이다. 같은 취지로 오동석, "국군의 외국 파견에 대한 헌법적 검토", 『민주법학』, 제29호(2005), 368쪽.

결정한 것으로, 그 후 국무회의 심의·의결을 거쳐 국회의 동의를 얻음으로써 헌법과 법률에 따른 절차적 정당성을 확보했다고 보았으며, 파병에 관한 대통령과 국회의 판단은 존중되어야 하고 헌법재판소가 사법적 기준만으로 이를 심판하는 것은 자제되어야 한다고 결정했다.[48]

유엔 평화유지활동 참여를 위한 법적 근거와 절차

한국은 2010년 1월 25일 「국제연합 평화유지활동 참여에 관한 법률」(이하 '유엔평화유지활동법')을 제정하여 유엔 평화유지활동 참여를 법적으로 뒷받침하고 있다. 이 법률은 유엔 평화유지활동에 참여할 파견부대와 참여요원의 파견 및 철수 등에 관한 사항을 담고 있으며, 한국이 유엔 평화유지활동에 보다 신속하고 적극적으로 참여할 수 있도록 하기 위한 목적으로 제정되었다.[49] 특히 이 법률은 병력 규모 1,000명 범위에서는 일정 요건을 충족하는 경우 국회 동의 이전이라도 정부가 파견부대 규모와 임무, 파견지 등 파견 관련 사항에 대해 잠정적으로 유엔과 합의를 할 수 있도록 규정하고 있어 보다 신속하고 효율적으로 유엔 평화유지활동에 참여할 수 있도록 하고 있다.[50]

유엔 평화유지활동 참여는 ① 한국의 평화유지활동 참여에 관한 유엔

---

48 헌법재판소 2004. 4. 29. 선고 2003헌마814 전원재판부 결정.

49 파견의 신속성 도모가 입법목적이라는 점은 유엔평화유지활동법 제7조 제1항에서도 확인할 수 있는바, 해당 조항은 "정부는 국회의 동의를 받아 평화유지활동에 국군부대를 파견하는 경우 국제연합 및 관련국 정부 등과 긴밀히 협의하여 상비부대 등의 파견이 신속하게 이루어지도록 노력한다"라고 규정한다.

50 유엔평화유지활동법 제6조 제3항에 따라 국회의 동의 이전이라도 정부가 유엔과 파병규모 등에 대해 잠정합의를 할 수 있으려면 ① 해당 평화유지활동이 접수국의 동의를 받은 경우이고, ② 파견기간이 1년 이내이며, ③ 인도적 지원, 재건 지원 등 비군사적 임무를 수행하거나, 임무수행 중 전투행위와의 직접적인 연계 또는 무력사용의 가능성이 낮다고 판단하는 경우이고, ④ 유엔이 신속한 파견을 요청하는 경우여야 한다. 이 모든 조건을 충족해야 정부는 국회 동의 이전에 유엔과 병력파견에 관한 잠정합의를 할 수 있다.

의 요청 접수, ② 외교부장관이 국방부장관에게 유엔 요청 통보 및 상비부대 등 파견사항 협의, ③ 정부의 조사단 파견과 현지 정세, 안전 상황 등 현지 여건 파악 및 이를 통한 조사활동보고서 작성, ④ 국무회의 심의와 대통령 재가, ⑤ 국군부대 파견 여부, 파견 목적, 규모, 기간, 임무 등에 대한 결정의 절차를 거친다.[51] 여기까지가 대통령을 정점으로 하는 행정부 내부의 절차이다.

한편 행정부가 평화유지활동 참여를 결정하더라도 국군부대를 해외에 파견하고자 할 때에는 사전에 국회의 동의를 받아야 한다. 정부가 파견부대의 파견기간을 연장하고자 할 경우에도 마찬가지이다.[52] 따라서 정부는 파병에 대한 국회의 동의를 받기 위해 파견동의안을 국회에 제출해야 한다. 이때 ① 조사활동보고서, ② 파견지, ③ 국군부대 파견의 필요성, ④ 파견부대의 규모, ⑤ 파견기간, ⑥ 파견부대의 임무, ⑦ 파견부대의 안전보장, 파견부대 소속 군인 및 참여요원의 신변안전 보호, 사고예방 및 재해방지를 위한 대책, ⑧ 파병부대의 지휘관계, 파병에 필요한 예산, 파병일을 파견동의안에 첨부해야 한다.[53] 이는 국회가 동의권을 실질적으로 행사하도록 하기 위한 장치이다.[54]

51 유엔평화유지활동법 제5조.

52 이 경우 파견의 연장기간은 1년을 원칙으로 하고, 정부는 파견연장 동의안을 파견부대의 파견종료 2개월 전까지 국회에 제출해야 한다. 유엔평화유지활동법 제8조.

53 유엔평화유지활동법 제6조 제2항, 동법 시행령 제3조 참조. 이러한 법조문에서 유추할 수 있듯이, 국회의 동의를 필요로 하는 국군의 파견이란 부대단위 파견을 말하고, 개인단위 파견은 제외된다. 국방부훈령인 국군의 해외파병업무 훈령 제4조 제2항에서 개인단위 해외파병은 국회의 동의 없이 국방부장관의 정책결정에 따라 이루어진다고 규정하며, 실무상으로도 개인단위 파병은 국회의 동의 없이 이루어진다. 다만, 이러한 훈령의 내용은 국회의 동의권(헌법 제60조 제2항), 대통령의 군통수권(헌법 제74조 제1항), 국무회의 심의권(헌법 제89조 제6호)에 대한 중대한 위반이라는 의견도 있다. 오동석, 앞의 주 47, 384쪽.

54 한편 국회의 동의권 행사와 관련하여 현행 유엔평화유지활동법이 제정되기 이전에 국군의 해외파견과 관련한 국회의 동의권을 완화하려는 입법적 시도가 있었다. 예를 들어, 유엔이 분쟁지역의 평화 조성·유지를 위해 국군의 신속한 파견을 요청하며, 정부에 국회의 동의를

정부는 파견부대가 임무를 완수한 경우이거나 파견기간 종료 전에 파견부대를 더 이상 유지할 필요가 없다고 판단되는 경우에는 파견을 종료할 수 있다. 또한 국회는 파견부대의 임무나 파견기간이 종료되기 전이라도 의결을 통해 정부에 파견의 종료를 요구할 수 있으며, 이 경우 정부는 특별한 사유가 없는 한 국회의 파견종료 요구에 따라야 한다.[55]

유엔 평화유지활동 참여 기반의 마련과 확충

유엔 평화유지활동 참여는 신속성이 중요하다. 이에 한국은 2010년 유엔평화유지활동법을 제정하여 평화유지활동 참여를 위해 상시적으로 해외파견을 준비하는 상비부대를 설치·운영할 수 있도록 법적 기반을 마련했고, 이와 함께 한국군은 국제 평화유지활동 참여 임무가 부여되면 1~2개월 이내에 파병이 가능하도록 2009년 12월부터 4,000여 명 규모의 해외파병 상비부대를 운영하고 있다. 세부적으로 상비부대는 각각 1,000명의 파병 전담부대와 예비 지정부대 및 2,000명의 별도 지정부대로 편성된다.[56] 이 중 파병 전담부대는 파병소요가 발생할 때 우선적으로

기다릴 수 없는 급박한 사유가 있고 파견부대 규모가 300명 이하인 경우에는 국회에 통보만 하고 국군을 파견할 수 있도록 하는 법안(제17대 국회 김명자 의원안), 파견병력의 규모가 일반 국군편제상 연대급 미만이고, 유엔 또는 그에 의해 위임된 주체로부터 신속한 파견에 대한 강력한 요청이 있는 경우, 자연재해 등으로 인해 파견 대상 지역의 복구 및 구호 작업이 시급하다고 판단되는 경우, 정상적인 국회 동의 절차 진행이 어렵다고 판단되는 경우, 그 밖에 시간적·상황적 여건상 파견의 지연이 국익이나 파견부대의 평화유지활동 효율성을 저해할 수 있다고 판단되는 경우에는 국회에 보고 후 국군부대를 파견할 수 있도록 하는 법안(제17대 국회 송영선 의원안)이 제출된 바 있다. 그러나 이러한 시도는 헌법 제60조 제2항에 명시적으로 위반될 수 있어 신중한 검토가 필요하다는 의견에 따라 결국 입법화되지 못했다. "국군부대의 국제연합 평화유지활동 파견에 관한 법률안(김명자 의원 대표발의)/국군부대의 국제평화유지활동 참여에 관한 법률안(송영선 의원 대표발의) 검토보고서"(국회 통일외교통상위원회 수석전문위원, 2006. 9.), 11-13쪽 참조.

55 유엔평화유지활동법 제9조, 제10조.

56 국방부, 앞의 주 3, 209쪽.

파병을 준비하는 부대로, 2010년 특수전사령부 예하에 국제평화지원단(온누리부대)이 창설되어 파병 전담부대로 운영되고 있으며, 2020년에는 1115공병단이 파병 전담부대로 추가 지정되어 운용 중이다.[57]

한편 한국 유일의 유엔 평화유지활동 전문 교육기관인 국제평화활동센터가 국방대학교에 설치되어 모든 해외파병 장병에 대한 파병 전 교육을 전담하고 있다. 현재 국제평화활동센터는 유엔 평화활동국, 외교부 유엔과, 타 국가의 국제평화활동센터, 경찰대학 평화유지교육센터 및 국내외 유관기관과 교류협력을 추진하면서 교육체계를 발전시키고 있다. 2013년 11월 국제평화활동센터에서 운영하는 유엔참모과정이 유엔 평화활동국으로부터 최초로 유엔교육인증을 획득했고 2018년과 2022년에는 재인증을 받는 등 국제평화활동센터는 국제적인 유엔 평화유지활동 교육 연구기관으로 발전하고 있다.[58]

한국은 2021년 평화유지활동 분야에서 최고위급 최대 회의체인 유엔 평화유지 장관회의를 아시아 국가로는 최초로 개최했다. 여기서 한국 정부는 평화유지군이 현재와 미래의 위협에 대응하기 위한 기술과 의료역량을 갖추는 데 한국이 주도적인 역할을 해 나갈 것임을 소개하고, 평화유지활동에서 기술과 의료역량 구축을 위한 서울 이니셔티브를 발표했다. 특히 국방부장관은 기조발제를 통해 개최국으로서의 위상에 걸맞게 유엔의 수요를 충족하고 강점을 부각시킬 수 있는 기술, 의료, 훈련, 자산, 여성, 경찰 분야의 6대 기여공약을 제시했다.[59] 이러한 활동은 한국

57 파병전담부대로 지정된 특전사 예하 국제평화지원단, 제2작전사령부 예하 1115공병단은 파병임무 부여 시 1개월 이내 파병이 가능하도록 상시 파병준비태세를 유지해야 한다. 국군의 해외파병업무 훈령 제7조 제2항, 제8조 제1항 참조.

58 국방부, 앞의 주 3, 208쪽.

59 6대 기여공약은 구체적으로 ① 스마트캠프 구축(한국의 첨단 IT기술을 유엔 현지임무단에 접목한 스마트캠프 모델 제시, 남수단 한빛부대 대상 시범사업 추진), ② 헬기 양도(유엔의 최우선 소요인 정찰헬기 16대를 아프리카 임무단 내 헬기부대 운용 국가에 공여), ③ 의료

이 국제적 위상에 걸맞게 유엔 평화유지활동에 기여하고 있다는 사실을 재확인시켜 주는 계기가 되었다.

해외파병일반법 제정 논의

현재의 유엔평화유지활동법은 한국의 유엔 평화유지활동 참여에 법적 기반을 마련했다는 측면에서 의의를 찾을 수 있으나 아쉬운 점도 존재한다. 동법은 유엔 평화유지활동에만 적용되고, 다국적군 파병 활동에는 적용되지 않는다.[60] 또한 필리핀에 아라우부대를 파견한 사례와 같이 인도적 지원과 재난구호 활동을 위해 군병력을 파견할 필요성이 있는 경우도 있는데, 이러한 분야 역시 규율하지 못하고 있다. 결국 유엔 평화유지활동 파병을 제외한 다국적군 파병이나 국방교류협력 파병은 현재 법적 근거가 없는 셈이다. 이러한 측면에서 다국적군 소속 평화유지활동을 위한 해외파병, 국방교류협력을 비롯한 재난구호활동 파병 등에 적용할 새로운 법률을 제정하려는 움직임이 있다.[61]

현재는 국방부훈령에 의해 다국적군 파병과 국방교류협력 파병 등이

역량 강화(유엔 의료훈련센터에 한국군 의무요원을 파견하여 의무훈련 지원), ④ 공병훈련 지원(유엔 병력 제공국에 공병장비를 공여하고 훈련 지원), ⑤ 여성 유엔 평화유지활동요원 역량 강화(국방대 국제평화활동센터에 2023년부터 유엔 여군교육과정 유치 및 여성 유엔 평화유지활동 참여율 향상), ⑥ 경찰 유엔 평화유지활동요원 역량 강화(경찰 유엔 평화유지활동요원 파견 확대 등)이다. 국방부, 앞의 주 3, 206쪽.

60 이는 유엔 평화유지활동 파병과 다국적군 파병을 바라보는 국민의 시각차에 기인하는 측면도 있는 것으로 보인다. 일반적으로 유엔 평화유지활동 파병에 대해서는 그 필요성에 상당한 공감대가 형성되지만, 다국적군 파병에 대해서는 2004년 이라크 파병 사례에서 보듯이 국민여론이 분열되고는 한다. 양자에 대한 이러한 차이를 'PKO 격차'로 부르기도 한다. 이신화, 앞의 주 18, 191쪽.

61 제20대 국회에서는 의원입법의 형식으로 '국군의 해외파견활동에 관한 법률안'이 제출되었는데, 이 법률안에는 다국적군 파견활동, 국방교류협력 파견활동, 기타 파견활동이 포함되어 있다. 그러나 이 법률안은 법률로 제정되지 못하고 제20대 국회 임기만료로 폐기되었다. 국회 의안정보시스템(https://likms.assembly.go.kr/) 참조. 제21대 국회에서는 관련 법안이 제출되지 않았다.

유엔 평화유지활동 파병과 함께 규율되고 있다. 그러나 이에 대해서는 다국적군 파병 등 국군의 해외파견 문제를 단순히 행정규칙에 불과한 국방부훈령에서 규율할 것이 아니라 법률로 규정하여 법률적 수준의 절차적 통제장치를 마련하고 파병의 법적 정당성을 확보하며 파병 행정의 예측 가능성을 높여야 한다는 의견이 있다.[62] 다만 구체적 입법형식과 관련해서는 현행 유엔평화유지활동법과는 별도의 법률을 만들어 다국적군 파병과 국방교류협력 파병 등을 규율하는 법률을 새롭게 제정하자는 분리입법방안과, 현행 법률에 여러 유형의 파병을 포함하여 규율하자는 통합입법방안으로 의견이 나뉘고 있다.[63]

Ⅳ. 한국의 유엔 평화유지활동에 대한 국제법적 분석

1. 서설

일반적으로 유엔 회원국이 평화유지활동에 참여할 경우 회원국은 유엔과 양해각서MOU를 체결하면서 양자 간 기본적인 법률관계를 규정하게 된다. 유엔은 양해각서의 일반적인 모습을 표준 양해각서Model MOU로 제

62 조상혁, 앞의 주 6, 528쪽.

63 별도 입법에 찬성하는 입장에서는 ① 다국적군 파병에 대해서는 헌법 이외에는 법적 근거가 없어 입법이 필요하다는 점, ② 유엔 평화유지활동 파병과 다국적군 파병은 성격과 임무가 상이하고 정부 내 소관과 국회 상임위원회 소관이 구분되어 있어 현실적으로 별도 입법이 불가피하다는 점, ③ 과거에도 유엔 평화유지활동 파병과 다국적군 파병을 함께 입법하려는 시도가 있었으나 외교부와 국방부의 입장이 상이하여 결국 합의되지 못했다는 점 등이 근거로 제시된다. 반면, 별도 입법에 대해 부정적인 입장에서는 기존 법률을 개정하여 적용대상을 추가할 경우 입법목적을 달성할 수 있는데 정부 부처 소관별로 각각 법률을 제정하는 것은 비경제적이고 비효율적임을 지적한다. 국군의 해외파견활동에 관한 법률안(김영우 의원 대표발의) 검토보고서(국회 국방위원회 수석전문위원, 2016. 11.) 참조.

시하고 있는데, 여기에는 유엔에 제공될 인원, 주요장비, 운영유지의 조건과 비용상환은 물론 유엔 평화유지군으로 지켜야 할 행동기준standards of conduct, 지휘관의 군기유지 책임, 비위조사의 권한과 책임 등이 포함되어 있다. 이러한 표준 양해각서를 활용하여 유엔은 평화유지활동에 병력과 장비를 제공하는 회원국들과 양해각서를 체결하고 있다.[64] 현재 한국이 참여하고 있는 유엔 평화유지활동인 레바논 동명부대의 경우에도 한국과 유엔 간에는 양자 간의 권리의무를 규정하기 위해 "레바논 주둔 유엔 임시군에 대한 자원 제공에 관한 대한민국 정부와 국제연합 간의 양해각서"(이하 '양해각서')가 체결되어 있다.

한편 유엔은 평화유지군의 지위 등 법률관계를 구체적으로 정하기 위해 평화유지군이 주둔하게 되는 접수국과 주둔군 지위협정Status of Forces Agreement, SOFA을 체결하게 된다. 1990년 유엔사무총장은 유엔과 접수국 간 체결되는 주둔군 지위협정에 활용될 수 있는 표준안Model SOFA을 작성하여 발간했다.[65] 여기에는 유엔의 보조기관subsidiary organ으로서의 평화유지활동의 지위, 특권과 면제 등이 포함되며,[66] 유엔 소속 인원이 현지

64 최신 표준 양해각서는 2020년 배부된 다음의 문서에서 확인할 수 있다. UN Doc. A/75/121 (2020), Administrative and budgetary aspects of the financing of the United Nations peacekeeping operations, Chapter 9. Generic model for military contingents. Memorandum of understanding between the United Nations and the Government of [···] contributing resources to [United Nations peacekeeping operation].

65 UN Doc. A/45/594(1990), Model status-of-forces agreement for peace-keeping operation, 1990. 10. 9.

66 표준안의 관련 부분은 다음과 같다. "The United Nations peace-keeping operation, as a subsidiary organ of the United Nations, enjoys the status, privileges and immunities of the United Nations [as provided for in the present Agreement] [in accordance with the Convention]. The provision of article II of the Convention which applies to the assets of participating States used in [host country/territory] in connection with the national contingents serving in the United Nations peace-keeping operation, as provided for in paragraph 5 of the present Agreement."

에서 지켜야 할 중립적 태도와 당사국 주권 존중 등이 포함된다. UNIFIL과 관련하여 유엔과 레바논 간 체결된 주둔군 지위협정도 같은 내용을 담고 있다.[67] 주둔군 지위협정은 유엔과 접수국 간 협상에 의해 조약 등의 형태로 작성되며, 병력 제공국과 접수국 간에는 개별적으로 체결되지 않는다.[68]

동명부대 파견을 배경으로 체결된 양해각서는 유엔의 표준 양해각서를 바탕으로 한 것이기 때문에 유엔 평화유지활동 참여와 관련한 회원국과 유엔의 법률관계를 확인해 볼 수 있는 중요한 참고자료가 된다. 이하에서는 동명부대의 레바논 파견과 관련하여 한국과 유엔 간 체결된 양해각서와 유엔과 레바논 간 체결된 주둔군 지위협정 등을 중심으로 유엔 평화유지활동에 참여하는 각 주체인 유엔, 한국, 파병부대원 간의 법률관계를 민사적 측면과 징계 및 형사적 측면으로 나누어 살펴보기로 한다.

2. 민사적 측면

인원과 장비 등의 지원과 상환

유엔 평화유지활동은 유엔의 임무이며, 한국을 비롯한 유엔 회원국은 평화유지활동에 인원과 장비를 제공해 주는 것이다. 따라서 유엔 평화유지활동에 참여하는 회원국과 유엔은 인원과 장비의 제공과 그 비용상환을 둘러싼 법률관계에 놓이게 된다. 레바논 동명부대도 마찬가지이다. 한국은 레바논에서의 유엔 평화유지활동에 인원, 주요장비, 운영유지물자와 서비스를 평화유지임무단의 요구사항에 부합하는 상태로 제공하

67 1995년 12월 15일 체결된 Agreement between the United Nations and the Government of Lebanon on the status of the United Nations Interim Force in Lebanon 참조. UNIFIL의 주둔군 지위협정은 유엔 홈페이지(https://treaties.un.org/pages/showDetails.aspx?objid=08000002800aa18a)에서 확인할 수 있다.

68 송승종, 앞의 주 25, 405쪽.

고, 그 대가로 유엔으로부터 상환과 지원reimbursement and support을 받게 된다.

구체적으로 병력personnel에 대한 상환은 인원철수 시까지 완전비율에 따라 계속되며, 주요장비major equipment에 대한 상환은 작전중단일 또는 임무종료일까지 완전비율에 따라 유효하며 그 이후로는 장비가 철수되는 날까지 합의된 비율의 50%로 산정된다. 인가장비를 유엔이 명시하는 기준에 부합되도록 임무배치를 위해 준비하는 것(도색, 유엔 마크 부착, 방한처리 등)과 관련된 비용도 유엔이 부담한다. 마찬가지로 임무종료 시 인가장비를 한국 정부 재고로 반환하는 비용(예를 들어, 한국에서 제공한 원래의 색으로 재도색) 또한 유엔이 부담한다.

임무수행 중 사망 등에 대한 보상

유엔은 사망 또는 부상이 '임무수행 중service-incurred' 발생한 경우 보상을 해주며, 부상자에 대한 피해보상은 영구적 장애permanent disability가 발생했을 경우에만 가능하다. 1997년 이전에는 평화유지군이 임무수행 중 사망하거나 부상을 입은 경우 보상은 피해자의 국적에 따라 달랐다. 평화유지군에 대한 보상은 국적국의 법률에 따라 지급되고, 나중에 유엔이 상환해 주는 방식이었다. 그러나 이러한 방식에 의할 경우 개발도상국과 선진국의 보상금 수준에 상당한 차이가 발생할 수밖에 없어 개발도상국들의 반발이 이어졌다. 이러한 문제를 해결하기 위해 1997년 유엔 총회는 사무총장에게 사망·부상자에 대한 새로운 보상방식을 강구하도록 요청했고, 이에 사무총장은 국적, 성별, 연령, 계급 등에 관계없이 사망보상금을 지급하는 방식을 만들었다.[69] 2010년부터는 평화유지군이 임무

69 송승종, 앞의 주 25, 387-388쪽.

수행 중 사망할 경우 70,000달러를 상한으로 하여 보상금이 지급된다.[70]

제3자에 의한 청구권

오늘날 유엔 평화유지활동은 초기에 비해 보다 다양한 역할을 수행하고 있으며, 이에 따라 접수국 주민들과의 접촉면도 넓어지고 있다. 이러한 배경하에 평화유지활동 중 접수국에 발생하는 피해에 대한 배상 문제가 제기될 가능성도 증가했다. 유엔은 그동안 평화유지활동 중 발생한 피해에 대해 유엔의 배상책임 원칙을 고수해 왔다. 총회 결의로 채택된 표준 양해각서 제9조에 따르면, 양해각서에 따른 업무수행, 그 밖의 다른 활동 또는 작전 중 정부 제공 인원이나 장비로 인해 재산상의 손실이나 손상, 또는 인명 손실과 상해가 야기된 경우 유엔은 제3자에 의한 청구권을 처리할 책임을 지지만, 이러한 손실·피해·사망 또는 상해가 정부 제공 인원의 중대한 과실gross negligence이나 고의적인 위법행위wilful misconduct로 발생한 청구에 대해서는 파견국 정부가 책임을 진다.[71] 이러한 내용은 레바논 동명부대의 파견과 관련하여 한국과 유엔이 체결한 양

70 UN Doc. A/RES/64/269(2010) 참조.

71 Article 9 of the Model MOU, "The United Nations will be responsible for dealing with any claims by third parties where the loss of or damage to their property, or death or personal injury, was caused by the personnel or equipment provided by the Government in the performance of services or any other activity or operation under this memorandum of understanding. However, if the loss, damage, death or injury arose from gross negligence or wilful misconduct of the personnel provided by the Government, the Government will be liable for such claims." 그러나 양해각서에 명시된 파견국의 책임은 양해각서 체결 당사자인 유엔과 파견국 간 적용되는 것이며, 피해를 입은 제3자와 파견국의 관계를 직접 규율하는 것은 아니다. 따라서 유엔 평화유지활동 중 피해가 발생한 경우 제3자에 대한 배상책임은 1차적으로 유엔에 있으며, 2차적으로 유엔과 파견국 간 체결된 양해각서에 따라 파견국에 그 상환을 청구할 수 있을 뿐이다. 최지우, "유엔평화유지군의 행위에 대한 유엔과 파견국의 배상책임: DARIO 상 실효적 통제 기준을 중심으로", 『서울국제법연구』, 제22권 제2호(2015), 239쪽 참조.

해각서에도 반영되어 있다. 유엔 회원국에서 파견된 군병력은 평화유지활동 임무를 수행함에 있어서 유엔의 지휘통제를 따르기 때문에 파병부대원의 행위는 유엔으로 귀속된다는 점에서 이러한 규정은 타당성을 인정할 수 있다.

그런데 파견국의 파병부대원이 유엔의 평화유지활동 임무를 수행하면서 유엔의 지휘통제 대신 본국의 지침이나 지시를 받다가 제3자에게 손해를 발생시킨 경우 제3자는 파견국에 대해서도 손해배상을 청구할 수 있는가? 이러한 문제는 평화유지군의 특수한 지위에서 발생한다. 이들은 본래 파견국 소속 군인으로서 평화유지활동 임무를 수행하는 동안만 잠시 유엔의 지휘통제를 받는 상황이기 때문에 이들이 본국의 지침 등에 의해 영향을 받을 가능성을 완전히 배제할 수 없는 것이다.

실제 한국 유엔평화유지활동법은 제4조에서 파견부대 및 참여요원의 경우 유엔이 부여하는 권한과 지침의 범위 내에서 임무를 수행해야 한다는 점을 명시하고 있다. 한편 국군의 해외파병업무 훈령 제27조 제2항은 유엔 평화유지활동 파병부대의 경우 현지 임무단장 및 군사령관의 작전통제하 임무수행을 원칙으로 하나, 현지 사령부에서 파병부대에 임무를 부여할 때 국가 간 민감한 사안이나 위험한 상황을 초래할 가능성이 있다고 판단될 경우 파병부대장은 이에 대해 합참에 사전 보고하고 합참의 지시에 따른다고 규정하고 있다. 이 경우 합참은 즉시 국방부에 보고하고 지침을 받는다고 명시하고 있어, 파병부대원들이 본국의 지시에 따라야 할 상황이 있음을 인정하고 있다.

이와 관련하여 주목할 만한 사례가 있다. 네덜란드 대법원은 유엔 평화유지활동 과정에서 벌어진 결과라도 문제의 행위에 대해 네덜란드 정부가 실효적 통제effective control를 하고 있었다면 그 책임은 네덜란드에 귀속된다고 판단했다. 이 사건에서 원고는 1995년 구 유고슬라비아 스레브레니차에서 벌어진 보스니아 무슬림계 주민 학살사건에서 가족을 잃은 사람이었는데, 당시 유엔 평화유지활동의 일원으로 현장을 지휘한 네덜란드군의 잘못으로 가족이 죽었다고 주장하며 네덜란드를 상대로 손해배상을 청구했다. 네덜란드 정부는 유엔 평화유지활동에 따른 책임이 유엔에 귀속되므로 책임이 없다고 주장했다. 1심 법원은 네덜란드의 손을 들어주었으나, 2심과 3심은 네덜란드 정부가 유엔 평화유지활동에 관해 실효적 통제를 했다는 점을 인정하면서 원고의 손을 들어주었다.[72] 이러한 판결에 비추어 볼 때, 평화유지활동 임무수행 과정에서 파병부대원들이 본국의 지시나 지침을 따른 결과 제3자에게 신체적·재산적 피해를 발생시켰다면 이러한 손해에 대해 회원국이 직접적인 피해배상을 해야 하는 경우도 발생할 수 있다.[73]

소송을 통한 피해배상의 가능성 여부: 특권과 면제

유엔의 평화유지활동으로 피해를 본 제3자는 유엔 내부절차를 거치는 대신 유엔을 자국 법정에 피고로 세워 손해배상 청구소송을 진행할 수 있는가? 앞서 살펴본 대로 유엔의 평화유지활동으로 제3자가 피해를 볼 경우 그 제3자의 배상청구는 원칙적으로 유엔이 다루게 된다. 하지만 유엔 내부절차를 통한 피해회복에 만족하지 못할 경우 소송을 통해 해결할 수 있는지 여부가 논의될 수 있다.

국제기구는 일반적으로 국내법원의 관할권으로부터 면제를 향유한다.

72 이 사건의 배경, 준거법, 실효적 통제와 행위귀속 판단, 위법성 판단, 판결의 의의에 대한 자세한 설명은 최지우, 앞의 주 71, 260-269쪽 참조.

73 한편 국제법위원회 2011년 국가책임 초안 제7조는 국제기구의 통제에 맡겨진 국가기관의 행위에 대해서는 국제기구가 실효적 통제(effective control)를 행사하는 경우에만 기구의 행위로 간주된다고 규정한다. 이러한 법리에 의하면 파병부대원들이 유엔 평화유지활동 임무 수행 중 유엔의 지휘통제에 따르지 않고 본국의 지휘나 명령에 따를 경우 그 행위의 책임은 유엔에 귀속되지 않을 것이다.

유엔의 경우 직원에게는 유엔의 특권과 면제에 관한 협약Convention on the Privileges and Immunities of the United Nations에 따라 사무총장이 포기하지 않는 이상 특권과 면제가 부여되며, 유엔 평화유지군 역시 유엔 평화유지활동의 효율적인 임무수행을 위해 주둔군 지위협정에 따라 접수국 내에서 공적 자격으로 행한 모든 행위에 대해 법적 절차로부터 면제를 향유한다.[74] 따라서 피해자가 소송을 통해 피해를 배상받는 통로는 사실상 막혀 있다. 결국 국제기구의 내부절차에 따른 자발적 책임이행이 없다면 피해자로서는 국제기구를 상대로 책임을 추궁할 방법이 마땅치 않다.[75]

3. 징계와 형사적 측면

평화유지군 파견요원들의 행동기준

레바논 동명부대의 파견과 관련한 한국과 유엔 간 양해각서에는 다음과 같이 파견병력이 준수해야 할 사항이 명시되어 있다. ① 언제나 전문적이며 기강 있는 태도를 견지한다. ② 유엔의 목적을 달성하는 데 헌신한다. ③ 명령 및 임무를 이해하고 규정을 준수한다. ④ 주둔국의 환경을 존중한다. ⑤ 현지 국내법, 관습, 풍습을 존중하고 문화, 종교, 전통, 성에 관한 사항을 인지하고 존중한다. ⑥ 주둔국 주민을 존중하며, 공손하게 대하며, 배려한다. ⑦ 공정함, 도덕성, 기지를 유지하며 행동한다. ⑧ 병들고 약한 이들을 지원하고 돕는다. ⑨ 유엔 상관/관리자의 명에 따르며 지휘계통을 존중한다. ⑩ 지위, 계급, 민족, 국적, 인종, 성별, 종교와 무관하게 임무에 참가하는 모든 평화유지 요원을 존중한다. ⑪ 평화유지 요원 간에 올바른 품행을 지지하고 장려한다. ⑫ 성범

74 UN Doc. A/45/594(1990), page 5, Privileges and Immunities of the United Nations peace-keeping operation.

75 정인섭, 앞의 주 11, 853쪽.

죄 및 성학대와 관련된 모든 행위를 보고한다. ⑬ 언제나 올바른 복장 및 거동을 유지한다. ⑭ 임무단 구성원으로서 우리에게 할당된 금전 및 재산에 대해 타당하게 책임을 진다. ⑮ 책임하에 주어진 모든 유엔 장비를 적절히 관리한다.[76]

한편 유엔 평화유지군으로 레바논 동명부대에 파견된 부대원들에는 다음과 같은 행위가 금지된다. ① 부적절한 개인적 품행, 의무 불이행, 평화유지 요원으로서의 직위남용 등을 통해 유엔과 자국에 불명예를 끼친다. ② 임무를 위태롭게 하는 행위를 한다. ③ 알코올을 남용하고 마약을 사용하거나 유통한다. ④ 비공식 언론 진술을 포함, 외부 기관과 승인되지 않은 소통을 한다. ⑤ 업무 중 획득한 정보를 부적절하게 공개하거나 사용한다. ⑥ 구류 중인 인원에게 불필요한 폭력을 행사하거나 협박한다. ⑦ 지역 주민, 특히 여성과 아이에게, 신체적·성적·심리적 상해 및 고통을 줄 수 있는 행위를 한다. ⑧ 성착취, 성학대, 18세 미만 미성년과의 성행위, 성을 대가로 한 금전, 고용, 물물, 노동의 교환 등을 자행한다. ⑨ 우리의 공정성 또는 타인의 안녕을 저해할 수 있는 이성관계를 맺는다. ⑩ 일반인을 무례하거나 난폭하게 대한다. ⑪ 의도적으로 유엔 재산 및 장비를 손상시키거나 오용한다. ⑫ 차량을 부적절하게 사용하거나 승인 없이 사용한다. ⑬ 인가되지 않은 기념품을 수집한다. ⑭ 불법행위, 부정부패, 기타 부도덕한 행위에 관여한다. ⑮ 사리사욕을 취하고, 거짓을 공언하고, 정당하게 부여되지 않은 특혜를 받기 위해 직위를 남용하고자 한다. 이러한 행위들을 범한 파견부대원은 행정적 처분이나 징계 또는 형사처벌을 받게 된다.[77]

76 양해각서 부속서 아. 유엔 행동기준.

77 위의 주.

한국은 파병부대의 모든 구성원이 유엔 행동기준을 숙지하고 충분히 이해하도록 해야 한다. 이를 위해 특히 파병부대의 모든 구성원이 그러한 기준에 대해 충분하고 효과적인 파병 전 교육predeployment training을 받게 해야 한다. 한편 유엔은 유엔의 행동기준, 임무별 규칙 및 규정, 그리고 관련 현지 법령에 대한 임무별 교육 자료를 파병부대에 지속적으로 제공하며, 나아가 파병 전 교육을 보완하기 위해 충분하고 효과적인 안내 교육induction training 및 임무 중 교육training during mission assignment을 실시한다.[78]

규율에 대한 책임

한국의 동명부대 지휘관은 파견기간 동안 모든 부대원의 규율과 질서에 대해 책임을 진다. 동명부대 지휘관은 유엔 행동기준이나 임무별 규칙 및 규정의 위반, 또는 현지 법령을 존중하지 않는 경우에 대해 취해진 징계처분을 포함하여 부대원의 규율 및 질서와 관련한 모든 중대한 사안을 평화유지군 사령관에게 정기적으로 알려야 한다. 또한 동명부대 지휘관은 모든 부대원이 규율 및 질서 유지에 대한 책임을 적절히 이행할 수 있도록 충분하고 효과적인 파병 전 교육을 해야 한다. 유엔은 지휘관에 대해 현지 도착 시 유엔의 행동규범, 임무별 규칙 및 규정, 그리고 현지 법령에 대한 교육을 실시한다.[79]

78 양해각서 제7조의2.
79 양해각서 제7조의3.

비행에 대한 조사 절차

한국의 주된 조사 책임과 조사결과의 공유

한국은 자국 파병부대원이 범한 위법행위 또는 중대한 위법행위serious misconduct를 조사할 주된 책임primary responsibility을 진다. 한국은 자국 파병부대원이 중대한 위법행위를 범했음을 나타내는 자명한 근거를 입수한 경우 유엔에 이를 지체 없이 통보하고, 조사를 위해 적절한 국내 당국에 이 사안을 전달한다. 유엔은 한국의 파병부대원이 위법행위 또는 중대한 위법행위를 범했음을 나타내는 자명한 근거를 입수한 경우 한국에 이를 지체 없이 통보한다.[80]

한국이 직접 조사를 개시할 것과 사안을 조사할 1명 이상의 요원을 지정 또는 파견할 것을 결정한 경우, 지체 없이 해당 정부 조사요원National Investigation Officer, NIO의 신원사항을 포함한 결정 내용을 유엔에 통보한다. 유엔은 자국 파병부대원에 의한 위법행위 또는 중대한 위법행위 여부를 조사하는 정부 조사요원을 포함한 한국 정부와 충분히 협력하고 문서와 정보를 공유한다. 정부 조사요원이 임무지역으로 파견된 경우에는 이들이 조사를 주도한다. 이러한 경우 유엔 조사관의 역할은, 정부 조사요원의 조사 과정에서 예를 들어 목격자 식별 및 면담, 목격자 진술의 기록, 문서 및 법의학적 증거 수집, 병참 및 행정 지원 제공의 측면에서 필요할 경우 지원하는 것이다. 한국은 정부 조사요원을 포함한 자국의 권한 있는 당국이 자국 파병부대원의 위법행위 또는 중대한 위법행위 여부에 대해 실시한 조사 결과를 국내법령에 따라 유엔에 제공한다.[81]

80 양해각서 제7조의4, 7.10-7.12.
81 양해각서 제7조의4, 7.15-7.19.

중대한 위법행위에 대한 유엔의 보충적 조사 권한

한국 파병부대원의 중대한 위법행위에 대해서는 유엔도 조사를 진행할 여지가 있다. 한국에 관련 정보를 통보한 바 있는 중대한 위법행위와 관련하여, 증거보전이 필요함에도 한국이 사실확인 절차를 취하지 않은 경우, 유엔은 한국이 조사를 개시하기 전까지 적절히 초기 사실조사 preliminary fact-finding inquiry를 개시할 수 있다. 이와 관련하여, 초기 사실조사는 유엔 규칙에 따라 내부감독실OIOS 등 적절한 유엔 조사 부서가 실시한다. 초기 사실 조사단에는 한국 정부 대표를 포함한다. 한국이 요청하는 경우 유엔은 완결된 초기 사실조사 보고서를 지체 없이 제공한다.[82]

만약 유엔으로부터 중대한 위법행위 혐의에 대한 통보를 받고도 한국 정부가 아무런 조치를 취하지 않으면 어떻게 되는가? 한국이 중대한 위법행위 혐의에 대한 조사를 개시할 것임을 유엔의 통보시점으로부터 근무일 기준 10일 내에 조속히 유엔에 통보하지 않을 경우 한국은 그러한 조사를 실시할 의사나 능력이 없는 것으로 간주되며, 유엔은 중대한 위법행위 혐의에 대한 행정조사administrative investigation를 지체 없이 개시할 수 있다. 파병부대원과 관련하여 유엔이 실시하는 행정조사에 있어서는 국내법 및 국제법에 따라 해당 부대원에게 주어지는 정당한 절차에 대한 법적 권리를 존중해야 한다. 한국 정부가 대표를 파견할 경우 행정 조사단의 일원으로 정부 대표를 포함한다. 그럼에도 불구하고 한국 정부가 직접 조사를 개시하기로 결정한 경우, 유엔은 지체 없이 사건에 관한 모든 가용 자료를 한국 정부에 제공한다. 유엔의 행정조사가 완료될 경우, 유엔은 조사과정에서 수집된 증거와 조사 결과를 한국 정부에 제공한다.[83] 이러

82 양해각서 제7조의4, 7.12.
83 양해각서 제7조의4, 7.13-7.14.

한 중대한 위법행위에 대한 유엔의 조사 권한은 한국 정부가 적절한 조치를 취하지 않을 경우에 개입할 수 있는 보충적 성질로 이해된다. 또한 파병부대원의 중대한 위법행위에 대해 유엔이 조사할 수 있는 경우라도 처벌 여부는 한국의 배타적 관할권exclusive jurisdiction에 속한다.

한국의 배타적 관할권 행사

한국이 제공하는 파병부대의 국내 군법의 적용을 받는 군인 및 민간 구성원은 UNIFIL 군사 조직에 배속되어 있는 동안 범하는 어떠한 범죄나 위법행위와 관련해서도 한국의 배타적 관할권의 적용을 받는다. 나아가 한국은 자국 파병부대원이 UNIFIL 군사 조직에 배속되어 있는 동안 범한 것으로 범죄나 위법행위에는 미치지 않는 다른 모든 위법행위와 관련하여 필요한 징계 관할권을 행사한다.[84]

실제 레바논 동명부대와 남수단 한빛부대 등 한국의 파병부대원이 저지른 위법행위와 범죄에 대해서는 한국이 배타적 관할권을 행사한다. 징계권은 파병부대장이 한국의 관련 법률과 규정에 근거하여 현지에서 행사하고 있으며, 형사사건의 경우에는 파병부대 현지에 군사법원 및 군검찰부가 설치되어 있지 않은 경우가 일반적이기 때문에 형사사건이 발생하면 피의자를 긴급 체포한 후 본국으로 송환하여 수사와 재판을 하는 방식으로 사건을 처리하고 있다.

유엔이 실시한 조사나 한국 정부의 권한 있는 당국이 실시한 조사에서 한국 파병부대원에 의한 위법행위 혐의에 대한 근거가 충분하다고 결론이 날 경우 한국은 적절한 조치를 위해 그 사안을 적절한 정부 당국에 전달한다. 해당 정부 당국은 다른 유사한 위법행위나 규율 위반과 관련하

84 양해각서 제7조의5.

여 국내법 내지 관련 규율에 따라 취하는 경우와 동일한 방식으로 결정을 내린다. 한국은 유엔사무총장에게 사안 결과를 포함한 진행 상황을 정기적으로 통보한다.[85]

V. 결론

유엔 평화유지활동은 애초 유엔헌장 기초자들이 예정했던 제도는 아니었으나 동서냉전으로 유엔이 추구한 집단안보체제가 제 기능을 발휘하지 못하게 되자 대안으로 탄생했다. 유엔헌장의 명문 규정에 근거하지 않고 오랜 시간 관행을 통해 발전해 오면서 유엔 평화유지활동은 동의의 원칙, 중립성의 원칙, 자위와 위임명령 보호를 제외한 무력사용의 금지 원칙 등을 형성해 왔으며, 이러한 원칙들로 인해 다국적군 파병 등과 본질적으로 구별되는 모습을 보인다. 2024년 6월 현재에도 약 6만 명 이상의 평화유지요원들이 전 세계 11개 임무단에서 정전감시, 재건지원, 민간인보호 등의 임무를 수행하고 있으며, 평화유지활동 임무의 다각화에 따라 군인은 물론 많은 민간 전문가도 임무단에 참여하고 있다.

한국도 1991년 유엔에 가입한 이래 1993년 소말리아에 공병부대를 파견한 이후 서부사하라 국군의료지원단, 앙골라 공병부대, 동티모르 상록수부대, 아이티 단비부대 등을 파견했으며, 현재에도 UNIFIL에 동명부대를, UNMISS에 한빛부대를 각각 파견하고 있다. 유엔 평화유지활동에 참여 중인 한국 장병들은 다기능 민군작전과 인도적 지원활동을 성

85 양해각서 제7조의6, 7.24.

공적으로 수행하면서 현지 주민들로부터 찬사를 받으며 국위선양에 기여하고 있다. 한국의 유엔 평화유지활동 참여는 헌법상 국제평화주의에 기초한 것인바, 신생독립국으로서 유엔의 지원으로 누란의 위기를 극복하고 번영을 이룬 한국으로서는 남다른 의미를 가진다. 한국은 2010년 유엔평화유지활동법을 제정하여 평화유지활동 참여의 법적 근거를 마련했고, 유엔의 파병 요청에 보다 신속하게 반응하기 위해 파병전담부대를 운영하고 있다. 또한 국방대학교에 평화유지활동 전문 교육기관인 국제평화활동센터를 설치하여 해외파병장병에 대한 파병 전 교육을 전담하게 하여 성공적인 파병임무 수행을 뒷받침하고 있다. 이제 한국은 유엔 평화유지활동 참여와 관련하여 재정기여 9위, 병력기여 37위로 국제사회에서 높은 위상을 가진 국가로 성장했다.

일반적으로 유엔 회원국이 병력과 장비를 제공함으로써 평화유지활동에 참여하게 될 경우 회원국과 유엔은 양해각서를 체결하여 양자 간의 법률관계를 정하게 된다. 한편 유엔은 평화유지군이 주둔하게 되는 접수국과 평화유지군의 지위 등 법률관계를 구체적으로 정하기 위해 주둔군 지위협정을 체결한다. 결국 양해각서와 주둔군 지위협정에 의해 병력공여국, 유엔, 접수국 간 법률관계가 정해지게 되는데, UNIFIL에 파견된 동명부대에 관한 한국, 유엔, 레바논 간의 법률관계도 마찬가지이다. 우선 민사적 측면에서 한국은 병력과 장비를 유엔 평화유지활동에 제공하고, 유엔은 그 대가로 비용을 상환해 준다. 이는 평화유지활동이 유엔에 귀속되며 유엔의 비용으로 이루어짐을 의미한다. 따라서 평화유지활동 임무수행 중 사망하거나 영구적 장애를 입은 파병부대원은 유엔으로부터 금전적인 보상을 받게 되며, 접수국 주민이 평화유지활동으로 인해 피해를 입는다면 유엔이 그 피해배상 청구를 다루게 된다. 다만, 파병부대원의 행위가 유엔에 귀속되기 위해서는 유엔이 평화유지활동과 관련한 실효적 통제를 한다는 것을 전제하므로, 파병부대원이 평화유지활동 중 본국의 지시를 받아 업무를 처리하다가 제3자에게 피해를 입혔다면 본국도 그 피해에 대해 배상을 해야 할 수도 있다. 한편 유엔 평화유지활동에 참여하는 병력들은 유엔의 행동기준을 따라야 하기 때문에 한국은 동명부대원의 규율과 질서에 대한 전반적인 책임을 지게 된다. 또한 한국은 이들의 징계 또는 형사처벌과 관련하여 배타적 관할권을 가지게 된다. 다만, 파병부대원의 중대한 위법행위에 대해 한국이 조사를 진행하지 않는다면 유엔이 나서서 조사를 진행할 가능성도 존재한다.

한국이 유엔 평화유지활동에 참여한 지 30년의 세월이 흘렀다. 그동안 한국은 평화유지활동에 관한 많은 경험과 노하우를 축적했고, 꾸준한 노력과 헌신으로 한국의 평화유지활동은 현지 주민의 찬사와 국제사회의 인정을 받는 수준으로 성장했다. 앞으로도 기존의 병력제공, 재정기여 수준의 유엔 평화유지활동 참여를 유지하면서 평화유지활동의 질적 향상을 위해 한국의 노하우를 개발도상국 평화유지요원에게 전수하는 등 훈련기여를 확대하고, 한국의 뛰어난 IT기술을 평화유지활동에 접목시키는 등의 노력을 지속해야 할 것이다. 유엔의 평화유지활동 방향을 선도하는 미래 한국의 모습을 기대해 본다.

제9장

유엔 다자외교와 국제환경법의 발전

서원상
극지연구소 기획조정부 부장

Ⅰ. 서론

유엔은 1945년 세계대전의 폐허 속에서 평화유지, 국제안보 강화, 경제적·사회적·문화적 협력 촉진을 목적으로 설립되었고, 전 세계의 국가가 모여 인류가 직면한 공통의 문제를 해결하기 위해 협력하는 플랫폼의 역할을 하고 있다. 유엔의 설립은 국제사회가 직면한 문제를 다자간 외교를 통해 해결하려는 강력한 의지의 표명이며, 이는 유엔이 환경보호와 관련된 전 세계적 문제에 접근하는 방식에도 반영되었다.

유엔은 지구환경보호를 위한 국제적 노력의 중심에 서 있으며, 다양한 국제회의와 조약을 통해 중요한 역할을 해왔다. 유엔이 국제적인 환경논의를 본격적으로 시작한 것은 1972년 6월 스톡홀름에서 열린 유엔인간환경회의UN Conference on the Human Environment(이하 '스톡홀름회의')였다. 이 회의는 환경 문제를 국제사회의 주요 관심사로 부각시키는 결정적인 계기가 되었으며, 유엔환경계획United Nations Environment Programme, UNEP의 설립으로 이어졌다. 1972년 12월 유엔 총회 결의로 설립된 유엔환경계획은 환경 문제에 대한 전 세계적인 인식을 높이고 지속가능한 개발Sustainable Development을 촉진하기 위한 중요한 기구로 자리 잡았다.

이후 유엔은 여러 중요한 국제환경조약의 체결을 주도했다. 대표적인 예로 1987년 「몬트리올의정서Montreal Protocol」가 있으며, 이는 오존층 파괴 물질의 생산과 소비를 규제하여 오존층을 보호하기 위한 국제적 노력의 결과다. 또한, 1992년 리우데자네이루에서 열린 지구정상회의Earth Summit는 「유엔기후변화협약UNFCCC」, 「생물다양성협약CBD」, 「사막화방지협약UNCCD」과 같은 중요한 환경 관련 국제조약의 채택으로 이어졌다. 이 회의들과 국제조약들은 국제환경법International Environmental Law의 발전에 결정적인 역할을 하며, 국가들이 환경 문제를 해결하기 위해 협력할 수 있는 법적 기틀을 마련했다.

이처럼 유엔의 환경외교 노력은 국제환경법 발전에 중요한 기여를 해 왔다. 여기서 국제환경법이란 전 세계 공동의 이익인 지구환경을 보호하기 위한 규범과 규칙을 총칭하는 개념으로, 자연의 현재 상태에 대한 인류의 인식, 과학적 지식과 함께 발전한 선언, 조약 및 규칙을 말한다. 유엔이 주도한 국제회의와 국제조약은 국제사회가 환경보호를 위해 공동으로 노력할 강력한 동기를 제공했고, 이러한 노력은 국가들 사이의 협력을 촉진하고 환경보호에 대한 국제적인 의지를 강화함으로써 국제환경법의 발전과 지구환경보호를 위한 전 세계적 노력의 핵심이 되어 왔다.

이 글에서는 인류가 직면한 환경 문제를 해결하기 위한 중요한 플랫폼이자 촉매제 역할을 수행해 온 유엔이 거둔 환경외교의 결실을 국제환경법의 발전, 원칙, 개별 조약 등으로 구분해 서술해 보고자 한다. 다만, 국제환경법의 대원칙인 지속가능한 개발과 무겁고 시급한 환경 쟁점을 다루고 있는 유엔기후변화협약 체제에 관한 내용은 다른 글에서 다루고 있으므로, 논의 흐름상 필요한 한도 내에서만 언급한다.

II. 국제환경법 발전의 주역, 유엔 회의

1960년대 이전에는 환경에 대한 인식이 거의 없었기 때문에 국제적으로 환경규제에 대한 논의 역시 그다지 주목받지 못했다. 하지만 1960년대에 대중이 지구를 위협하는 위험을 인식하게 되면서 상황이 바뀌기 시작했다. 이 시기에 중요한 영향을 끼친 사건은 1962년 레이첼 카슨Rachel

Carson이 저술한 『침묵의 봄Silent Spring』 출판이었다. 이 책은 농업에서의 화학물질 사용, 특히 살충제의 무분별한 사용이 인간, 동물, 그리고 전체 생태계에 미치는 파괴적인 영향을 과학적 근거와 함께 폭로하며, 이러한 행위가 자연의 섬세한 균형을 교란시키고 있다고 경고했다. 그 결과 공중보건과 환경보호에 대한 대중의 인식을 변화시키고 환경 문제에 대한 국제적인 관심을 불러일으켰다.

1. 스톡홀름회의

1960년대부터 싹트운 지구환경보호에 대한 국제적 관심은 1972년 스톡홀름회의[1]에서 본격화되었다. 1968년 총회 결의[2]에 따라 1972년 스톡홀름에서 개최된 '유엔인간환경회의'에서는 「인간환경선언Declaration on the Human Environment」(이하 '스톡홀름선언')과 행동계획Action Plan[3]이 채택되었고, 오늘날 환경 문제를 담당하는 중앙기구인 유엔환경계획의 설립을 결정했다.

스톡홀름선언은 서문과 26개의 원칙으로 구성된다. 서문은 인간이 자연의 창조물임을 언급하고, 인간환경의 보호와 개선이 인간의 복지와 발전을 위해 중요한 주제임을 강조했다. 26개 원칙은 권리선언에 관한 원칙, 자연보존에 관한 원칙, 오염에 관한 원칙, 개발 문제에 관한 원칙, 비법률적 주제에 관한 원칙, 국가책임에 관한 원칙 등으로 구성되어 있

1 스톡홀름회의는 국제환경법을 국제법의 독립된 한 영역으로 자리하게 하는 계기가 되었는데, 113개 국가와 13개 전문기관, 그리고 수많은 정부 간 기구 및 NGO들이 참여했다. E. B. Weiss, *et al*., *International Environmental Law–Basic Instruments and References* (Martinus Nijhoff Publishers, 1992), p.171.

2 UN GA Res. 2398(XXIII)(1968).

3 UN Doc. A/CONF.48/14/Rev.1, Part one, Ch.II, Action Plan for the Human Environment of the UN Conference on the Human Environment. 여기에는 지구감시망 설치, 환경교육 및 기타 활동을 통한 환경 문제 해결에 초점을 맞춘 109개의 권고도 포함되어 있다.

다. 스톡홀름선언은 건강한 환경에 대한 권리를 인정한 최초의 국제문서로, 많은 원칙이 국제환경법의 발전에서 중요한 역할을 했다. 예를 들어, 원칙 21은 국제환경법의 초석 중 하나로 국가가 관할하는 활동이 다른 국가 또는 국가관할권 한계 이원 지역의 환경에 피해를 주지 않도록 보장할 책임을 선언하고 있다. 또한 스톡홀름선언은 국가들이 공동환경의 세계적 과제를 해결하기 위해 단결해야 한다는 것을 인식하게 함으로써 국제환경법의 발전에서 중요한 협력원칙을 확립했다.

스톡홀름회의 이후 지구환경에 관한 국제적 관심도 심화되었는데, 오염의 국가 간 월경 문제에서 전 지구적 오염 문제로, 종의 보존에서 생태계 보존으로, 직접적인 배출 행위 통제에서 포괄적인 배출금지 체제로 대상이 확대되었다.[4] 1973년에는 「1973년 선박으로부터의 오염방지를 위한 국제협약」[5]과 「멸종위기에 처한 야생 동·식물의 국제거래에 관한 협약」[6]이, 1979년에는 「유럽 야생동물 및 자연서식지 보전에 관한 협약 Convention on the Conservation of European Wildlife and Natural Habitats」과 「대기오염의 장거리 국경이동에 관한 제네바협약」[7]이 채택되는 등 새로운 국제환경조약이 연이어 탄생했다. 이러한 움직임에는 유엔의 역할이 컸다. 지구환경에 대한 인식은 유엔 총회에서 채택된 「국가의 경제적 권리의무헌

4 E. B. Weiss, "Global Environmental Change and International Law: The Introuductory Framework" in *Environmental Change and International Law: New Challenges and Dimension* (United Nations University, 1992), p.9.

5 MP/CONF/WP.35, London International Convention for the Prevention of Pollution from Ships, 1973년 11월 2일.

6 UNTS 243. Convention on International Trade in Endangered Species of Wild Fauna and Flora(CITES), 1973년 3월 3일.

7 1302 UNTS 217, Economic Commission for Europe Convention on Long-Range Transboundary Air Pollution(LRTAP), 1979년 11월 13일. 이 협약과 함께 광범한 초국경적 대기오염에 관한 결의와 폐기물을 줄이거나 없애는 기술, 폐기물의 재사용 및 재이용에 관한 선언이 채택되었고, 1988년에는 질산화물과 유사기체 배출통제에 관한 의정서가 채택되었다.

장」[8]에서도 나타나고 있는데, 제30조는 환경의 보호·보존·관리가 현재와 미래 세대에 대한 모든 국가의 책무임을 선언하고 있다. 이후로도 유엔은 다양한 형식의 환경회의를 개최하여 환경과 개발, 사막화, 기후변화에 대해 논의했고, 1982년 유엔 총회에서 「세계자연헌장」[9]을 채택하여 국제환경법의 새로운 장을 열었다. 이 헌장은 스톡홀름선언의 원칙 대부분을 재확인하면서, 특히 국가의 의무에 더하여 인간 행동에 따른 의무를 명기함으로써 개인과 기타 집단의 책임을 강조했다.[10] 「세계자연헌장」이 비록 구속력 있는 국제법은 아니라 할지라도, 일부 조항은 국제관습법을 표현한 것으로 볼 수 있다.[11] 1982년에는 해양환경보호에 관한 규범들을 포함한 「유엔해양법협약」이 채택되었고,[12] 「오존층보호를 위한 비엔나협약」,[13] 「유해폐기물의 국가 간 이동 및 그 처리의 통제에 관한 바젤협약」[14] 등이 계속하여 등장했다.

유엔환경계획은 1972년 총회 결의[15]로 설치되어 이듬해부터 업무를 시작했다. 1972년 스톡홀름회의에서 채택된 스톡홀름선언과 행동계획[16]의 실시를 위해 국제협력의 중심 기능을 수행하도록 설치된 국제조

8 UN Doc. A/RES/3281(XXIX), Charter of Economic Rights and Duties of States(CERDS), 1974년 12월 12일.

9 UN Doc. A/37/51, World Charter for Nature, 1982년 10월 28일. 이 헌장은 111개국 찬성으로 채택되었는데, 18개국이 기권했고 미국이 유일하게 반대했다.

10 Weiss, *et al.*, *supra* note 1, p.84.

11 *Ibid.*.

12 유엔해양법협약과는 별도로 1990년에는 「해양오염에 관한 런던협약(London Convention on Marine Pollution)」이 채택되었다.

13 Vienna Convention for the Protection of the Ozone Layer, 1985년 3월 22일. 이 협약에 더하여 1987년 몬트리올의정서, 1988년 토론토회의, 1989년 헤이그정상회의 등을 통해 오존층 보호를 위한 국제적 노력이 배가되었다.

14 UN Doc. UNEP/WG.190/4, Basel Convention on the Control of Transboundary Movement of Hazardous Waste and Their Disposal, 1989년 3월 22일.

15 UNGA Res. 2997(XXVII)(1972).

16 행동계획은 분야별, 영역별로 다루어졌는데, 이는 다시 지구환경평가프로그램(지구감시

직체로 모든 측면의 환경 문제를 다룬다.[17] 유엔환경계획의 역할은 유엔 기관들이 행하는 환경보호활동의 총괄적 조정과 관리, 촉진에 있으며,[18] 국제환경감시제도Global Environment Monitoring System, GEMS, 국제환경정보제도International Information System on the Environment, INFOTERRA,[19] 국제유해화학물질등록제도International Register of Potentially Toxic Chemicals, IRPTC 등의 활동을 수행하며, 유엔이 관심을 갖는 환경 문제를 처리하기 위해 유네스코United Nations Educational, Scientific and Cultural Organization, UNESCO, 유엔식량농업기구United Nations Food and Agriculture Organization, FAO, 국제자연보전연맹International Union for Conservation of Nature, IUCN 등과 긴밀하게 협력하고 있다.

2. 리우회의

1983년 총회는 환경 문제와 개발 문제의 관계를 재평가하고 장기적인 환경전략을 개발하여 21세기에 걸쳐 인류의 요구를 충족시킬 수 있는 방안을 모색하기 위해 세계환경개발위원회World Commission on Environment and Development, WCED를 설립했다. 전 노르웨이 총리 브룬틀란Gro Harlem Brundtland 의장이 중심이 되어 1987년 환경과 개발 사이의 난해한 관계를 다룬

망), 환경관리활동, 지원조치의 세 가지 기능적 구성 부분으로 나누어진다. P. S. Thacher, "The Role of the United Nations" in *The International politics of the Environment* (Oxford University Press, 1992), pp.186–187.

17 H. Hohmann, *Precautionary Legal Duties and Principles of Environmental Law* (Graham & Trotman, 1994), p.42.

18 1981년 유엔환경계획 관리이사회는 몬테비데오결의를 통해 육지에서 기원하는 해양오염, 성층권 오존층 보호, 유독 폐기물의 운송취급 폐기, 환경 긴급사태 시의 국제적 협력, 해안관리, 토양보존, 국경을 넘는 대기오염, 잠재적으로 위험한 화학물질의 국제적 거래, 하천 및 내수 오염으로부터의 보호, 오염손상의 방지와 배상을 위한 법적 행정적 메커니즘, 환경영향평가, 환경법의 일반적 발전 등 12가지 임무를 분류하고 있다. Hohamann, *Ibid.*, pp.42–43.

19 출범 시 명칭은 International Referral Service(IRS)였다가 후에 INFOTERRA로 변경되었다.

'우리 공동의 미래Our Common Future'라는 보고서를 발표했다. 이 보고서는 국제환경법 진화의 기초가 되는 '지속가능한 개발' 개념을 처음으로 국제사회에 소개하면서 "미래세대의 요구를 충족시키는 능력을 손상시키지 않고 현재세대의 요구를 충족시키는 개발"이라 정의했다. 이 시기는 오존층의 고갈, 생물학적 다양성에 대한 위험, 기후변화의 위협을 포함하여 지금까지도 여전히 인류를 괴롭히는 지구 환경 문제들이 드러나기 시작한 때로 지속가능한 개발 개념의 등장은 국제사회의 환경쟁점 논의에 큰 이정표가 되었다.

1992년 브라질의 리우데자네이루에서 환경 문제를 포괄적으로 다루기 위해 지구정상회의가 개최되었다. 이것이 전 세계 185개국 정부 대표단과 114개국 정상 및 정부 수반들이 참여하여 지구 환경보전 문제를 논의한 '유엔환경개발회의United Nations Conference on Environment and Development, UNCED'였다. 이 회의에서는 인간에게 자연과 조화된 건강하고 생산적인 생활을 영위할 권리가 있다는 것을 주된 내용으로 하는 「환경과 개발에 관한 리우선언」[20]을 채택하고, 「유엔기후변화협약United Nations Framework Convention on Climate Change」과 「생물다양성협약」[21]을 채택했으며, 의제 21[22]을 이행하기 위해 경제사회이사회 산하에 지속가능한개발위원회[23]를 설치했다. 리우회의의 중심 개념은 지속가능한 개발이었다. 경제성장을

---

20 UN Doc. A/CONF.151/26, Rio Declaration on Environment and Development, 1992년 6월 14일.

21 United Nations Convention on Biological Diversity, 1992년 6월 5일.

22 UN Doc. A/CONF.151/26(1992). 의제 21은 유엔 회의를 통해 탄생한 여타의 행동계획(Action plan)과 다른 것으로, 환경과 개발에 관한 결정을 내릴 때 국제사회를 인도하는 구조적·기구적 기초를 구성한다. S. P. Johnson, *The Earth Summit* (Graham & Trotman, 1993), p.125.

23 UNGA Res. a/47/191(1992). 지속가능한개발위원회는 의제 21과 기타 리우선언을 효과적으로 감시 감독하기 위해 설치되었는데, 국제적 협력을 강화하고 환경과 개발 문제의 통합을 위한 정부 간 결정을 위한 것이다.

추구하는 인간의 활동이 주요 환경위협을 초래한다는 주장과 그 증거에 대한 공감이 확산되는 상황이 반영된 것이다. 리우회의 이후 지속가능한 개발 개념은 국제환경법의 핵심의제가 되었다. 1994년 세계무역기구World Trade Organization, WTO를 창설하고 지속가능한 개발과 환경보호라는 목표를 인정한 최초의 경제협정인 「마라케쉬협정Marrakesh Agreement」과 같이 국제경제를 다루는 국제조약에서도 환경보호 관련 문제를 다루기 시작했다. 1997년 「교토의정서」는 온실가스 배출을 완화하는 데 성공하지는 못했지만, 처음으로 선진국에 법적 구속력 있는 의무를 설정함으로써 실질적으로 지구환경보호를 달성할 수 있는 목표와 이행수단을 설정하는 법적 기반을 마련했다.

2000년 189개국은 뉴욕에서 개최된 유엔 밀레니엄 정상회의에서 가난한 사람들과 인권 존중에 초점을 맞추어 지속가능한 경제성장의 필요성을 인식함으로써 지속가능한 발전의 중요성을 강화한 「밀레니엄선언Millennium Declaration」을 채택했다. 2002년 190개국 대표들이 요하네스버그에서 열린 지속가능한 개발에 관한 유엔 세계 정상회의에 모여 '민·관 파트너십'에 대한 법적 경제적 접근으로 개발과 빈곤 퇴치에 초점을 맞춘 「지속가능한 개발에 관한 요하네스버그 선언Johannesburg Declaration on Sustainable Development」을 채택했다. 그리고 2012년 유엔은 192개 회원국, 민간 부문 기업, NGO 및 기타 조직이 모여 Rio+20으로 알려진 제3차 지속가능한 개발 회의를 개최했고, '우리가 원하는 미래The Future We want'라는 선언문을 발표했다. 이 문서는 비록 법적 구속력은 없지만, 전 세계 국가들이 지속가능한 개발과 지속가능한 미래의 촉진에 대한 약속을 갱신한 것으로 평가할 수 있다.

Ⅲ. 국제환경법의 주요 원칙

국제환경법 분야는 형성과정에서 볼 수 있듯이 예로부터 전해 오던 국제관습이 선행되었다기보다 20세기 중후반에 갑작스레 지구환경위기를 인식한 후 이에 대처하기 위해 서둘러 국제조약을 준비한 분야이다. 더욱이 선진국과 개발도상국은 지구환경을 보호하기 위해 환경지속성을 확보해야 한다는 인식을 공유하면서도, 국가의 상황에 따라 환경오염을 유발할 수 있는 개발과 환경보호에 관한 우선순위가 달랐기 때문에, 환경보호 의무를 원칙으로 합의하면서도 그 실천을 위한 구체적인 시행규칙 및 집행규정의 확정은 늘 뒤로 미루어야만 했다. 이렇듯 각국의 입장 차이는 법적 구속력을 갖추지 못한 규범체계의 양산이라는 국제환경법의 특성을 낳게 되었다.[24]

국제환경법의 특성상 조약의 체결에 앞서 선언문의 형식으로 합의를 도출해 내는 경우가 많았는데, 이러한 국제환경선언들은 모두 지구환경보호를 위한 원칙principle의 형태로 국가 간 합의를 확인하고 있다. 실제로 1972년 스톡홀름선언은 공통의 신념으로 26개 조항의 '원칙'을, 1982년 「세계자연헌장World Charter for Nature」은 5개 조항의 '일반원칙'을, 1991년 「환경과 개발에 관한 베이징 각료선언Beijing Ministerial Declaration on Environment and Development」은 '분야별 과제'에 앞서 8개의 '일반원칙'을 기술하고 있으며, 1992년 「리우선언」은 전문을 제외한 모든 부분에서 27개의 원칙을 밝히고 있다. 국제환경협약의 경우에도 「유엔기후변화협약」

24 P. Sands, *Principles of International Environmental Law* (Cambridge Univ. Press, 2003), p.234.

이 제3조에서 차별적 공동책임Common but Differentiated Responsibilities, CBDR을 밝히고 있듯이 별도의 '원칙'이라는 표제를 두거나 조약의 구체적 내용과 이행방안에 관한 개별 조항을 통해 국제환경선언에서 합의된 '원칙'들을 인용, 언급함으로써 국제환경법 질서의 지도 원리로 국제환경법 원칙의 중요성을 거듭 확인하고 있다.

이처럼 21세기 국제환경법을 올바르게 해석하고 적용하기 위해서는 국제환경법 원칙에 대한 이해가 필수적이다. 국제환경법의 대전제가 지속가능한 개발에 대한 국제사회의 공감이라면, 지구환경에 관한 지침과 행동규범은 선진국과 개발도상국 모두가 받아들일 수 있는 기본원칙으로 국가관행의 지지를 받는 경우 국제관습의 성립에 필요한 법적 확신 *opinio juris*의 증거를 제공한다고 볼 수 있다.[25] 국제환경법 원칙이 대부분 연성법soft law이라 할지라도 일부는 급속히 관습법화되고 있고 일부는 조약에 포함되고 있기 때문에 집행이 어렵다 하더라도 불가능한 것만은 아닐 것이다.[26]

1. 국제환경보호를 위한 국가의무 원칙

역외적 환경손상의 금지

국제환경법 및 국제환경보호를 위한 규칙들은 상반된 두 가지 기본 목

25 이재곤, "스톡홀름환경선언, 세계자연헌장 및 리우환경선언의 국제환경법적 비교 연구", 『법학연구』, 제9권 제2호(1999), 101쪽; 노명준, 『신국제환경법』 (법문사, 2003), 46쪽; 김정균·성재호, 『국제법』 (박영사, 2006), 511쪽. 그러나 연성법을 법적 확신의 증거로 인정하기 위해서는 첫째로 연성법의 형성이 공식적 국가행위에 의해 이루어졌을 것, 둘째 연성법 규범 내용이 적절할 것, 셋째 연성법에 표현되는 법적 확신은 당연히 그 규범을 채택한 국가에 국한될 것 등의 요건이 필요하다는 입장도 있다. T. Gruchalla-Wesierski, "A Framework for Understanding "Soft Law"", *30 MCGILL Law. Journal* (1984), p.54.

26 P.W. Birnie and A. E. Boyle, *International Law and the Environment* (Oxford Clarendon press, 1992), p.26.

표를 추구하며 발전해 왔다. 하나는 국가에 그 나라의 자연자원에 관한 주권을 귀속시킨다는 것이고, 다른 하나는 국가는 절대로 환경손상을 야기해서는 안 된다는 것이다.[27] 오늘날 영토 이용에 대한 절대적 주권이론은 현실의 법 상황에 부합되지 않으며, 일국이 자국 영토를 이용함에 있어 타국의 이해도 고려해야만 한다. 국제환경법 논의에서 자주 등장하는 "*sic utere tuo, ut alienum non laedas*(이웃을 해치지 않도록 재산권을 행사하라)"라는 법언도 일국이 자국의 영토 내에서 또는 공동의 영역에서 타국의 권리 혹은 지구환경보호에 반하는 방법으로 행동하는 것을 허용하지 않는다는 내용을 함축하는 것으로, 영토 사용의 제한적 주권을 요구하는 국제법 입장을 수용하고 있다. 따라서 모든 국가는 국제법에 의해 자국 영역 내 혹은 관할권 내에서 심각한 지구환경오염원 혹은 국제적 환경오염원을 통제하고 규제할 적절한 조치를 취하도록 요구된다.

국제협력

환경보호 분야의 모든 조약은 국제협력이 필수적이라는 점에 기초한다. 현재의 단계에서 국제협력은 국제환경법의 규범과 기준이 미치지 못하는 부분을 보완한다고 할 수 있다.[28] 특히 자발적인 협력은 환경보호의 영역에서 매우 중요한 역할을 수행하므로 단순한 공존이 아닌 연대성과 참여정신에 기초한 협력은 국제환경법에서 확립된 원칙이다.[29] 협력의 내용으로 사전고지, 환경영향평가Environmental Impact Assessment, EIA, 사

27 샌즈는 스톡홀름선언 원칙 21과 리우선언 원칙 2로 대표되는 이 원칙을 "sovereignty over natural resources and the responsibility not to cause damage to the environment of other states or to areas beyond national jurisdiction"으로 표현하고 있다. Sands, *supra* note 24, p.235.

28 W. Lang, *et al.*, *Environmental Protection and International Law* (Graham & Trotman, 1991), p.203

29 Hohmann, *supra* note 17, p.341.

전협의 등을 들 수 있다. 사전고지란 국제적인 사고나 긴급한 경우에 위협에 처한 국가에 적절한 시기에 고지할 것을 의무화하는 것이다. 환경영향평가란 제안사업이 환경에 미치는 영향을 알아내고 부정적 영향을 제거하거나 축소시킬 수 있는 적절한 대책을 세우기 위해 사용되는 절차이다. 사전협의 의무란 오염의 원인국과 피해국이 환경을 개선하기 위해 협력하는 과정에서 적용되는 것이다.[30] 성질상 환경손상방지나 사전주의 의무와 연계된다.

환경손상의 방지 및 감소

'환경손상을 야기하지 않을 책임' 또는 '환경손상방지의 원칙'은 국가가 자국 관할권 또는 통제하에 있는 활동으로 다른 국가 또는 국가관할권 이원의 지역에 환경적 손해가 야기되지 않도록 보장해야 함을 말한다. 즉, 지구의 환경변화는 행위국이나 영향을 받는 국가만의 관심사가 아니라 모든 국가의 관심 대상이며 따라서 환경보호에서 인류는 공동의 이해관계를 가진다는 것이다. 환경손상의 방지와 사전주의 원칙은 환경위험의 평가에서 차이가 있다. 사전주의원칙은 특정 행위가 환경을 훼손시킨다는 과학적 확실성이 없다 할지라도 위험성을 평가하여 규제해야 한다는 것이다. 즉, 환경에 관한 유해를 알거나 예견 가능한 경우에는 손상방지원칙이, 그렇지 못한 경우에는 사전주의원칙이 적용된다.[31]

동등한 접근 및 비차별

오염원인국의 거주자가 아니더라도 동등한 접근을 허용하는 것은 국

---

30 A. C. Kiss and D. Shelton, *International Environmental Law* (Transnational Publishers, 1991), p.141.

31 Hohmann, *supra* note 17, p.334.

제법의 국가책임원칙이나 내국민대우원칙에 비추어 당연한 귀결이라 하겠다. 이러한 비차별은 오염으로 손해를 입은 타국의 국민만이 아니라 그 국가에 거주하는 제3국의 국민에게도 적용되어야 하며, 이 또한 국가책임의 법리상 당연한 추론이 된다. 다만 일부 국내법에서는 상호성에 기초하여 이 원칙을 적용하기도 한다. 동등한 접근의 원칙은 네 가지 요소로 구성되는데, 비거주자에 대한 고지, 정책결정 과정에의 참여, 절차 중 발생하는 관련 규정의 부적절한 적용에 대한 이의제기의 허용, 손상이 발생했을 경우의 치유제공 등이다.[32]

오염자 비용부담

오염자부담원칙은 오염방지 비용에 관한 원칙으로 법적인 측면보다는 경제·정책적 측면이 강한 원칙이다. 경제개발협력기구Organization for Economic Cooperation and Development, OECD는 공공기관이 결정한 양호한 환경상태를 보장할 조치를 위한 비용을 오염행위자가 부담해야 한다고 정의하고 있다.[33] 어떤 사업을 행하는 경우 그 사업으로 말미암아 오염이 발생했다면, 오염에 따른 비용을 당해 사업주체가 부담하도록 함으로써 오염비용을 내부화하려는 것이다. 이 원칙은 책임원칙이라기보다는 오염통제의 비용을 할당하기 위한 원칙으로 출발한 것이었다. 그 후 경제개발협력기구의 '사고오염에 관한 지도원칙'에서 오염으로 인한 비용에 더해 오염방지비용까지 요구하면서 사후적 오염비용뿐만 아니라 사전적 오염통제비용까지 포함하는 방향으로 의미를 확대하고 있다.[34]

32 Kiss and Shelton, *supra* note 30, p.142.

33 OECD Guiding Principles Concerning International Economic Aspects of Environmental Policies, *11 I.L.M.* (1972), p.1172.

34 OECD Council Recommendation on the Application of the Polluter Pays Principle to Accidental Pollution, *28 I.L.M.* (1989), p.1320.

2. 환경과 개발의 조화를 위한 원칙

원칙이 내포하고 있는 내용을 몇 가지로 요약해 본다면, 일반적으로 지속가능한 개발을 위한 고려사항으로 미래세대의 이익을 위한 자연자원의 보존이라는 '세대 간 형평', 합리적 방법으로 자연자원을 이용해야 한다는 '자연과 환경의 지속가능한 이용', 경제개발 및 기타 개발계획에 반드시 환경적인 고려를 하도록 보장해야 한다는 '환경과 개발의 통합', 다른 국가의 필요를 고려하여 자연자원을 형평에 입각하여 이용해야 한다는 '자연자원의 공평한 이용' 등이 있으며, 네 가지 원칙은 상호 중첩 또는 결합되어 사용되는 개념으로 이해된다.[35]

세대 간 형평

세대 간 형평intergenerational equity이란 과거, 현재, 미래의 세대를 불문하고 공동으로 지구의 자연환경을 공유하고 있다는 기초 위에, 현재세대는 환경을 이용·개발함에 앞서 미래세대의 환경적 필요를 고려해야 한다는 것이다. 세대 간 형평의 내용을 세분화하면 다음의 세 가지 요소로 구성되어 있다. 첫째는 선택권의 보존conservation of option으로, 현재세대가 자신의 필요를 충족시키기 위해 미래세대의 선택권을 박탈해서는 안 된다는 것이다. 둘째는 질의 보존conservation of quality으로, 각 세대는 과거세대가 누려 왔던 것과 동일한 질의 지구환경을 과거세대로부터 물려받을 권리가 있으며, 동시에 자신이 누렸던 것과 동일한 질의 지구환경을 미래세대에게 물려줄 의무가 있다. 셋째는 접근의 보존conservation of access으로, 각 세대는 공평하게 환경의 혜택과 이용에 접근할 수 있어야

35 Sands, *supra* note 24, p.62.

한다는 것이다.[36]

자연과 환경의 지속가능한 이용

다수의 환경조약이 지속가능한 개발을 언급하면서 자연자원의 지속가능한 이용sustainable use of natural resources이라는 표현을 사용하기도 한다. 자연자원의 지속가능한 이용이란 자연자원과 환경의 재생능력을 고려하여 적절한 양적·질적 상태의 유지가 가능하도록 하면서 자연자원 및 환경을 이용해야 한다는 원칙이다.[37] 이것은 미래세대를 위한 환경보존의 필요성을 호소하는 차원을 넘어, 특정 자연자원을 어느 정도까지 사용하고 개발할 것인가라는 기준의 채택에 초점을 맞추고 있다.[38]

자연자원의 공평한 이용

자연자원의 공평한 이용equitable use of natural resources은 모든 국가는 타국의 사정을 고려한 형평성에 입각하여 자국의 자연자원을 이용해야 한다는 원칙이다.[39] 여기서 형평equity 또는 공평equitable의 원칙이라는 개념은 국제환경법 관련 문언들에서 자주 접할 수 있다. 세부 규칙이 없는 상태에서 권리, 의무의 범위를 미처 결정하지 못했다면, 형평이 그 범위 설정에 탄력적인 수단을 제공할 수 있을 것이다.[40] 다시 말해서 형평의 원칙은 각국에 환경보존을 위한 재정 및 자원의 기여(의무적 성격)를 재분

36 E. B. Weiss, *In Fairness to Future Generations* (United Nations Univ, 1989), p.38.

37 김정건·이재곤, "지속가능한 개발원칙과 한국환경법규", 『대한국제법학회논총』, 제43권 제1호(1997), p.87.

38 P. Sands, "International Law in the Field of Sustainable Development: Emerging Legal Principle", in W. Lang (ed.), *Sustainable Development and International Law* (Graham & Trotman, 1995), p.257.

39 노명준, 앞의 주 25, 86쪽.

40 Sands, *supra* note 24, p.262.

배하고 자연자원 개발의 이익(권리적 성격)을 적합하게 분배하는 기능을 수행한다.

환경과 개발의 통합

환경과 개발의 통합integration of environment and development이란 경제 및 기타 개발정책의 입안은 반드시 환경적 고려를 거쳐서 이루어져야 하며, 환경의무를 입법·적용·해석하는 과정에서도 경제 및 기타 사회개발의 필요성을 반드시 고려해야 한다는 것이다. 이 원칙은 지속가능한 개발의 4요소 중에서 가장 요식적legalistic 성격을 갖는다. 원칙의 적용과정에서 환경정보의 수집과 보급이 요구되고 환경영향평가의 수행이 요구되기 때문이다. 환경과 개발의 통합적 접근은 양국 간 또는 다국 간 개발협력에 필요한 환경조건을 요구하거나 허가하는 데 기초가 된다.[41] 1971년 총회 결의[42]와 「세계자연헌장」[43]을 비롯하여 환경과 개발을 통합하여 고려하자는 취지의 조약도 있지만,[44] 역사적으로 환경에 대한 관심은 경제개발에 대한 관심의 가장자리에 머물러 왔던 것이 사실이다. 국제공동체가 환경과 개발에 동등한 비중을 두어 양자의 관계에 초점을 맞추게 된 것은 유엔환경계획 이후라 해도 과언이 아니다.[45] 「리우선언」은 "지속가능한 개발을 성취하기 위하여 환경보호는 개발과정의 중요한 일부를 구

41 Sands, *supra* note 24, p.263.

42 1971년 유엔 총회는 "국내 및 국제 모든 차원에서 개발계획은 건전한 생태계와 양립적이어야 하며 국내 및 국제 모든 차원에서 적절한 환경조건은 개발의 증진에 의해 가장 잘 보장될 수 있다"고 선언했다. UNGA Res. 2849(XXVI)(1971).

43 제7호에서 "사회적 경제적인 개발활동을 계획 및 실행할 시에는 자연의 보전은 이들 계획의 불가분의 일부라는 사실을 충분히 고려해야 한다"고 선언했다.

44 ASEAN 자연 및 자연자원보존협약 제2조 제1항, 1978 아마존협약 서문, 1989 Lome협약 제4조.

45 Sands, *supra* note 24, p.264.

성하며 개발과정과 분리시켜 고려되어서는 안 된다"고 선언했다.[46] 「생물다양성협약」도 "생물다양성의 보전과 지속가능한 이용을 관련 개별분야별 또는 분야간별 계획·프로그램 및 정책에 가능한 한 그리고 적절히 통합하여야 하고, 생물자원의 보전과 지속가능한 이용에 대한 고려를 국가정책 결정에 통합하여야 한다"고 규정하고 있다.[47] 이러한 환경과 개발의 통합 노력은 국제사회의 관심과 우선순위에 대한 시각을 변화시켰고, 환경적 고려는 국제경제정책 및 국제경제법의 일부이자 특징으로 자리를 잡아 가고 있다.[48]

3. 지속가능한 개발의 실현을 위한 원칙

사전주의원칙

세계 각국은 오랜 경험을 통해 오염발생 후 이를 제거하는 것보다 미연에 예방하는 것이 바람직함을 경험적으로 체득해 왔다. 그 결과 광범위한 환경적 사안에서 예방적 조치의 필요성을 절감했고, 이러한 차원에서 환경정책 수립에 적용되는 정책적·행정적 지침으로 출발한 사전주의원칙Precautionary Principle은 국제환경정책의 본질적 부분으로 자리 잡았다.[49] 국가나 국제기구가 사전주의원칙을 원용하는 것은 국제적 환경 문제를 다룰 때 일정한 기술적 문제와 정치적 긴장을 해결하기 위해서이다. 기술적인 면에서 사전주의원칙은 과학적 정보의 결여에도 불구하고 국가에 오염을 방지할 의무를 부과함으로써, 과학적 불확실성의 다양한 정도와

46 리우선언 원칙 4.

47 생물다양성협약 제6조 나 및 제10조 가.

48 Sands, *supra* note 24, p.264.

49 D. Freestone and E. Hey, "Origins and Development of the Precautionary Principle", in D. Freestone and E. Hey (ed.), *The Precautionary principle and international Law: The Challenge of Implementation* (Kluwer Law International, 1996), pp.12-13.

환경적 위험에 대응하기 위한 것이다.[50] 정치적으로는 주권국가와 국제공동체 간 일정한 국가 간, 지역적, 세계적 환경과 개발의 문제에 접근하기 위해 점증하는 필요에 따른 내재된 긴장에 다가가려는 시도이다.[51] 이러한 문제와 긴장의 균형을 잡으려는 것이 바로 사전주의원칙이다.[52]

1992년 「리우선언」에서는 환경보호를 위해 각국은 자국의 능력에 따라 '사전주의적 접근precautionary approach'을 적용하도록 요구하고 있는데, 심각한 위협이나 돌이킬 수 없는 손상이 발생하는 경우 과학적 확실성이 충분하지 않다는 이유로 환경훼손을 방지하는 경제적 효율성 있는 조치를 연기할 수 없다고 규정하고 있다.[53] 이는 사전주의의무를 규정한 것으로, 일정한 위해가 발생하는 경우 과학적 확실성이 충분하지 않다 할지라도 비용 대비 효과적 조치를 요구한다.[54] 환경손상의 방지 의무가 손해의 정도나 국가책임을 인정하는 경우 주의의무의 내용 및 정도와 밀접히 관련된 것인 데 비해, 사전주의의무는 어떠한 경우라도 보호법익이 침해되면 이의 회복을 대상으로 한다는 점에서 구별되는 것이다.[55] 이렇게 볼 때, 사전주의원칙은 모든 국가에 환경손상을 방지해야 할 의무를 부과

50 B. Weintraub, "Science, International Environmental Regulation and the Precautionary Principle: Setting Standards and Defining Terms", *New York University Environmental Law Journal*, Vol.1, 1992, p.178.

51 J. E. Vickey and V. R. Walker, "Refining the Precautionary Principle in International Environmental Law", *Virginia Environmental Law Journal*, Vol.14, 1995, p.425.

52 *Ibid.*.

53 리우선언 원칙 15. 당시 리우선언을 채택하기 위한 협상과정에서, 유럽 국가들은 '사전주의원칙(precautionary principle)'이라는 문구를 삽입할 것을 주장했으나, 미국 등을 비롯한 다른 국가들의 반대에 부딪혀 절충적인 용어인 '사전주의적 접근(precautionary approach)'이라는 문구가 채택되었다. 성재호, "환경보호를 위한 사전주의원칙", 『국제법학회논총』, 제43권 제2호(1998), 132쪽.

54 성재호, "국제환경법의 기본구조", 『환경보호와 국제법 질서』 (아시아사회과학연구원, 1997), 29쪽.

55 성재호, 위의 주, 30쪽.

하는 스톡홀름선언 원칙 21과「리우선언」원칙 2의 연장이면서도,[56] 환경손상의 방지의무보다 엄격한 의무를 내용으로 함을 알 수 있다. 이러한 의무가 국제환경법상 독립된 원칙으로 확립되었는가에 대해서는 논란이 있다. 사전주의원칙의 규범적 성격을 부정하는 견해와[57] 국제환경법의 독립된 원칙으로 인정하는 입장[58]이 여전히 존재한다. 그러나 환경은 일단 훼손되면 회복이 쉽지 않을 뿐만 아니라 회복이 가능하다 할지라도 오랜 시간을 필요로 한다는 점에서 사전주의의무를 국제환경법의 독립된 원칙으로 인정하는 입장에 무게를 두어야 한다고 생각한다.

차별적 공동책임

차별적 공동책임common but differentiated responsibility[59]이란 지구공동체가 모든 국가의 지구환경보호에 참여할 것을 촉구하되, 그들의 책임에 있어

56 J. Cameron and J. Abouchar, "The Status of the Precautionary Principle in international Law", in D. Freestone and E. Hey (ed.), *supra* note 49, p.46.

57 Birnie와 Boyle은 해석상의 다양성과 긴 시간이 경과한 후라야 효과가 나타난다는 점을 지적했고, Bodansky는 규제기준으로서는 불명확한 개념이라는 점, 법적 확신(*opinio juris*)의 증거가 불충분하다는 점 등을 이유로 부정적 입장을 취하고 있다. Birnie and Boyle, *supra* note 26, p.98; D. Bodansky, "Customary (And Not So Customary) International Environmental Law", *Indiana Journal of Global Legal Studies*, Vol.3, 1995, p.107.

58 J. Cameron and J. Abouchar, "The Precautionary Principle: A fundamental Principle of Law and Policy for the Protection of the Global Environment", *Boston College International & Comparative Law Review,* Vol.14, 1991, pp.20-21; Hohmann, *supra* note 17, p.335. 한편 샌즈는 법적 지위에 대해 명확한 표현을 피하고 있으나, 리우선언을 비롯한 다수의 국제합의, 유럽연합을 비롯한 국제기구의 결의, 국가관행 및 법원의 판결 등을 통해 법적 지위가 높아지고 있다면서, 국제관습으로 인정하려는 견해가 설득력이 있음을 피력하고 있다. Sands, *supra* note 38, p.279.

59 'Common but differentiated responsibility'는 일반적으로 '공동의 그러나 차별적인 책임' 또는 '공동이지만 차별적인 책임' 등의 용어로 국내 문헌에 소개되고 있다. 그러나 개념상 지구환경보호는 국제사회 구성원의 공동책임이나 환경손상에 대한 역사적 책임 및 국제환경의무의 이행능력을 감안하여 차별화한다는 것이므로, 공동책임이라는 궁극적 가치와 이를 실현하기 위해 차별적 법리를 필요로 한다는 수단적 가치의 결합 구도로 보아 공동책임을 차별적 책임이 수식하는 형태의 '차별적 공동책임'이라는 용어로 사용하고자 한다.

서는 역사적 책임, 기술 능력, 미래의 환경 추세, 모든 국가의 지속적인 개발의 필요 등을 고려하여 환경보호를 위한 국제의무를 인정해야 함을 의미한다.[60] 다시 말해서 지구환경 문제에 대한 선진국과 개발도상국 간의 역사적 책임의 차이와 환경 문제를 다룰 수 있는 경제적·기술적 능력의 차이를 인정하고,[61] 국제환경법 규범의 발전과 적용, 해석에서 개발도상국들의 특별한 요구를 반드시 고려해야 한다는 것이다.[62] 차별적 공동책임 원칙은 환경보호가 모든 국가의 공통된 책임이라는 사실에 더해 각 국가가 처한 상황, 그동안 환경에 각 국가가 미친 영향, 환경오염을 방지·감소·통제할 수 있는 능력, 특히 개발도상국의 장래 경제개발 필요성을 고려하여 차별적인 책임이 부과된다는 내용을 핵심요소로 내포한다. 전자가 모든 국가에서 수락되고 있다는 면에서 논의의 중점은 후자에 있다고 하겠다.[63] 실제로 이 원칙을 적용할 경우 모든 국가는 환경보호를 위한 국제조치에 참여해야 하는 한편, 국가별로 차별적인 의무 different commitments를 부과하는 환경기준을 수립하여 시행해야 한다.[64]

지속가능한 개발의 실천 단계에서 개발도상국의 경제적·기술적 능력의 부족은 동일한 환경기준의 적용을 불가능하게 만들었고, 동일한 상황에서 국제환경법을 논하기 위해서는 개발도상국과 후진국의 빈곤탈피와 기술발전이 선결사항으로 부각되었다. 이러한 위기의 대처 방안으로

60 D. French, "Developing States and International Environmental Law: The Importance of Differentiated Responsibilities", *International & Comparative Law Question*, Vol.49, No.1, 2000, p.35.

61 CISDL, "The Principle of Common but Differentiated Responsibilities: Origins and Scope", A CISDL Legal Brief(For the World Summit on Sustainable Development 2002).

62 P. Sands, "International Environmental Law: An Introductory Overview", in P. Sands(ed.), *Greening International Law* (The New Press, 1994), p.63.

63 이재곤, 앞의 주 25, 96쪽.

64 Sands, *supra* note 62, pp.34-35.

제시된 것이 차별적 공동책임 원칙이다. 따라서 지속가능한 개발의 달성 여부는 차별적 공동책임의 이행 여부에 달려 있다고 봐도 과언이 아니다. 그러나 차별적 공동책임에 따라 선진국과 개발도상국 사이 형평을 달성하기 위해 양자 간 환경의무의 차별 및 선진국에 개발도상국 지원을 요청하면, 선진국들은 필요성에는 동의를 하면서도 구체적인 이행에 있어서는 반감을 표시하기도 한다. 특히 미국은 「교토의정서」의 비준을 거부한다는 성명을 발표하기도 했다. 이러한 배경에서 지속가능한 개발 원칙과 차별적 공동책임 원칙은 표리의 관계에 있는 것으로, 어느 한쪽만을 강조해서는 어떤 원칙도 완성될 수 없다. 따라서 지속가능한 개발 원칙과 차별적 공동책임 원칙은 상호 작용과 보완을 통해 국제환경보호라는 명제를 달성할 수 있다는 점에서 반드시 함께 논의되어야 한다.

지구공동체는 지구생태계의 건강과 완전성을 보존, 보호하고 회복시키기 위해 범세계적 동반자의 정신으로 협력해야 한다. 선진국들은 자신들이 지구환경에 끼친 영향과 소유하고 있는 기술 및 재정적 자원을 고려하여 지속가능한 개발을 추구하기 위한 국제적 노력에서 부담해야 할 책임을 인식해야 하며, 지구환경 악화에 대한 제각기 다른 책임을 고려하여 각국은 차별적 공동책임을 부담해야 한다. 지속가능한 개발은 미래세대가 건강한 환경과 그들이 원하는 수준의 환경에 대해 이전세대와 동등한 권리를 향유할 것을 의미하므로, 세대 간의 공동유산이라는 의미를 함축한다. 형평에 맞는 자원의 분배라는 관점에 착안하여 세대 내, 세대 간 책임의 분배가 지속가능한 개발 원칙의 핵심으로 꼽히고 있다.[65] 이러한 주장은 세대 내, 세대 간 책임의 형평성을 강조하는 것으로 귀착된다.[66]

65 E. B. Weiss, "Our Rights and Obligations to Future Generations for the Environment", *American Journal of International Law*, Vol.84, Issue 1, 1990, p.200.

66 E. B. Weiss, "Environmentally Sustainable Competitiveness: A Comment", *Yale Law*

Ⅳ. 유엔이 채택한 주요 국제환경조약[67]

1. 대기 및 기후변화에 관한 조약

유엔기후변화협약

「유엔기후변화협약United Nations Framework Climate Change Convention」(이하 'UNFCCC')은 1992년 5월 브라질 리우데자네이루에서 개최된 지구정상회의에서 채택되었다. 현재 거의 전 세계를 아우르는 198개 당사국을 회원으로 두고 있으며, 대한민국(이하 '한국')은 1993년 12월 14일 공식 가입했다.

UNFCCC의 주요 목적은 "대기 중 온실가스 농도를 안정화시켜, 기후시스템에 대한 인간의 위험한 영향을 방지하고, 식량 생산에 부정적인 영향을 주지 않으며, 경제발전이 지속가능한 방식으로 진행될 수 있도록 하는 것"이다. 이를 위해 기후변화에 대한 국제적인 인식을 높이고, 기후변화의 잠재적인 영향을 줄이기 위한 적응 조치를 촉진하며, 온실가스 배출 감축을 위한 국제협력을 강화하는 것을 목표로 설정하고, 선진국과 개발도상국 간 공평한 책임 분담을 강조하며, 선진국에는 기술이전과 재정지원을 통해 개발도상국의 기후변화 대응능력 강화를 위해 노력할 것을 요구했다. UNFCCC는 「교토의정서」, 「파리협정」과 같은 중요한 후속 조약의 채택을 견인했다.

Journal, Vol.102, No.8, 1993, p.2123.

67 이하 소개하는 조약의 영문·국문은 외교부 조약정보시스템(treatyweb.mofa.go.kr/)에서 조회·확인이 가능하다.

교토의정서

「기후변화에 관한 유엔 기본협약에 대한 교토의정서Kyoto Protocol to the United Nations Framework Convention on Climate Change」(이하 '교토의정서')는 1997년 12월 일본 교토에서 열린 UNFCCC 제3차 당사국총회COP3에서 채택되었다. 현재 192개 당사국이 비준, 승인 또는 가입했으며, 한국은 2002년 8월 4일 공식 가입했다.

교토의정서의 목적은 UNFCCC에 의해 설정된 목표를 구체화하고 강화하는 것으로, 주로 선진국과 경제 전환국을 대상으로 온실가스 배출 감축 목표를 설정한다. 교토의정서는 2008년부터 2012년까지의 첫 번째 의무 이행기간 동안 이러한 국가들이 온실가스 배출을 1990년 수준보다 평균적으로 약 5% 감축하도록 요구했다. 교토의정서는 배출권거래Emission Trading Scheme, ETS, 공동이행Joint Implementation, JI, 청정개발체제Clean Development Mechanism, CDM 등 유연성 메커니즘을 도입하여 국가들이 비용 효과적으로 배출 감축 목표를 달성할 수 있도록 지원했다.

교토의정서는 온실가스 배출 감축에 대한 국제적인 노력을 구체화하고 이러한 목표를 달성하기 위한 법적 구속력 있는 프레임워크를 처음으로 제공했다는 의의를 갖는다. 또한, 청정개발체제와 같은 유연성 메커니즘은 선진국이 개발도상국에서 온실가스 감축 프로젝트를 통해 배출 감축 단위를 획득할 수 있게 함으로써, 기후변화 대응 노력을 전 세계적으로 확장하는 데 기여했다. 그러나 세계 최대 온실가스 배출국 중 일부가 의정서의 배출 감축 목표에 법적으로 구속되지 않거나 의정서에서 탈퇴했는데, 이는 전체적인 온실가스 감축 노력에 심각한 제약을 가했다.

파리협정

「파리협정Paris Agreement」은 2015년 12월 프랑스 파리에서 열린 UNFCCC

제21차 당사국총회COP21에서 채택되었다. 「파리협정」은 190개 이상의 당사국이 비준, 승인 또는 가입했으며, 한국은 2016년 12월 3일 공식 가입했다.

「파리협정」의 목적은 "기후변화의 영향을 줄이기 위해 지구 평균기온을 산업화 이전 수준보다 2℃ 이상 증가하지 않도록 제한하고, 지구 평균기온 증가 폭을 1.5℃ 이하로 유지하기 위한 노력을 추구하는 것"이다. 이를 달성하기 위해 각 국가는 자국의 상황에 맞는 국가결정기여 Nationally Determined Contributions, NDCs를 제출하고, 이를 통해 온실가스 배출을 감축하기로 약속했다. 「파리협정」은 모든 당사국이 5년마다 자신의 기여 목표를 업데이트하고 진전 상황을 국제사회와 공유하도록 요구한다. 또한, 기후변화 적응 노력을 강화하고 개발도상국에 능력 구축 지원을 제공하기 위한 재정적·기술적 조치를 포함한다.

「파리협정」의 성과는 기후변화 대응을 위한 전 세계적이고 법적 구속력 있는 약속을 처음으로 설정했다는 데 있다. 이 협정은 국가별 상황을 반영한 유연성을 제공함으로써, 모든 국가가 기후변화 대응에 참여하도록 독려하고, 온실가스 감축 노력의 투명성과 책임성을 증진시키고, 국제사회가 1.5℃ 목표를 추구하도록 격려하는 중요한 이정표를 제시했다. 그러나 현재로서는 국가별 기여 목표가 2℃ 이하의 목표를 달성하기에는 충분하지 않다는 분석도 있다.

2. 육상 환경보호에 관한 조약

사막화방지협약

「사막화방지를 위한 유엔협약United Nations Convention to Combat Desertification」(이하 'UNCCD')은 1994년 6월 프랑스 파리에서 열린 유엔 회의에서 채택되었으며, 특히 사막화와 가뭄에 취약한 국가들의 문제를 해결하기 위해 마련되었다. 현재 UNCCD는 197개 당사국을 회원으로 두고 있고, 한국은 1997년 7월 14일 공식 가입했다.

UNCCD의 주된 목적은 사막화를 방지하고, 가뭄과 사막화의 결과로 발생하는 토지 황폐화를 줄이며, 효과적인 토지관리를 통해 건조한 지역의 생산성을 복원하는 것이다. 협약은 사막화의 영향을 받는 국가들이 지속가능한 토지관리 전략을 개발하고 이행할 수 있도록 지원하며, 국제적 협력과 파트너십을 통해 이러한 문제에 대응하도록 권장한다. 또한, 지역 및 국제 수준에서의 기술이전, 지식공유, 재정적 지원을 촉진하고, 효과적인 대응전략을 위한 정보 및 모니터링 시스템을 개발하는 것을 목표로 한다.

UNCCD의 성과 중 하나는 사막화와 가뭄 문제에 대한 국제적 인식을 높이고 이를 전 세계적 의제로 가져온 것이다. 특히 개발도상국에 대한 기술적 및 재정적 지원을 강화하고 다양한 이해관계자들 사이의 협력을 촉진함으로써 토지 황폐화에 대응하기 위한 국제적 노력을 통합했다. 그러나 사막화와 토지 황폐화 문제에 효과적으로 대응하기 위해서는 상당한 재정적 자원이 필요하기 때문에 충분한 재정지원 확보는 여전히 과제로 남아 있다.

람사르협약

「물새서식처로서 국제적으로 중요한 습지에 관한 협약Convention on Wetlands of International Importance especially as Waterfowl Habitat」(이하 '람사르협약')은 1971년 2월 2일 이란의 람사르에서 채택되었으며, 습지 보호와 지속가능한 사용을 위한 최초의 전 세계적인 환경협약이다. 현재 당사국 수는 170개 이상이며, 한국은 1997년 7월 28일 공식 가입했다.

람사르협약의 목적은 습지의 보존과 합리적인 사용을 통해 지속가능한 발전을 촉진하는 것이다. 이를 위해 협약은 당사국들이 국제적으로 중요한 습지를 '람사르 목록'에 등록하고, 이러한 습지의 생태학적 특성을 유지하기 위한 조치를 취하도록 했다. 또한, 습지의 보존 및 합리적 사용을 위한 국제협력과 기술이전을 촉진하고, 습지와 관련된 교육 및 연구를 강화할 것을 요구한다. 협약은 특히 조류를 포함한 습지생물 다양성 보호에 중점을 두며, 습지를 통한 수자원 관리의 중요성을 강조한다.

람사르협약의 성과는 전 세계적으로 습지의 중요성에 대한 인식을 높이고, 다양한 국가가 습지 보호 및 관리를 위한 정책을 개발하도록 한 것이다. '람사르 목록'에 등록된 습지의 수가 지속적으로 증가하고 있으며, 이는 국제적으로 중요한 습지의 보호 및 관리를 강화하는 데 기여하고 있다. 협약은 또한 습지 관련 연구, 교육, 공공인식 증진 활동을 지원함으로써 습지보호의 중요성을 널리 알리는 데 중요한 역할을 하고 있다. 그러나 일부 당사국에서는 습지 보호 및 관리를 위한 충분한 재정적·기술적 자원이 부족하며, 토지개발 압력과 기후변화의 영향으로 습지가 계속 위협받고 있다. 또한, 모든 중요 습지가 람사르 목록에 등록되거나 적절히 관리되는 것은 아니며, 습지의 합리적 사용과 보존 사이의 균형을 찾는 것은 여전히 과제로 남아 있다.

3. 해양 환경보호에 관한 조약

유엔해양법협약

「해양법에 관한 유엔협약United Nations Convention on the Law of the Sea」(이하 '해양법협약')은 1982년 12월 10일 자메이카 몬테고베이에서 열린 제3차 유엔해양법회의에서 채택되어 1994년 11월 16일 발효되었다. 해양법협약은 160개 이상의 당사국을 보유하고 있고, 한국은 1996년 1월 29일 공식 가입했다.

해양법협약의 목적은 해양자원의 보존과 합리적인 이용, 해양환경의 보호 및 오염 방지, 해양의 법적 지위에 관한 일반적인 원칙을 정립하는 것이다. 해양법협약은 해양환경보호에 관한 규정을 포함하고 있는데, 회원국에 자국 관할 해역 내에서 해양오염을 방지하기 위한 조치를 취하도록 요구하고, 해양생물다양성의 보존, 해양자원의 지속가능한 개발, 해양과학연구의 촉진 등을 강조한다.

해양법협약은 해양 보호 및 관리에 관한 국제적 표준과 법적 틀을 마련했다는 점에 의의가 있다. 해양법협약은 해양오염방지, 생물다양성의 보호, 해양자원의 지속가능한 이용에 대한 국제적인 인식을 높이고, 다양한 해양환경보호 프로그램과의 협력을 촉진하며, 해양환경에 관한 정보 교환, 과학적 연구의 촉진, 해양 관련 기술의 발전을 지원한다. 그러나 협약의 이행과 준수를 강제하는 메커니즘이 충분히 효과적이지 못해 일부 국가에서 해양환경보호 규정을 엄격히 준수하지 않는 경우가 있다. 또한, 급속한 기술 발전과 해양자원에 대한 수요 증가로 인해 새로운 해양환경 문제가 발생하고 있으며, 이러한 문제에 대응하는 데 협약의 유연성과 적응성이 부족한 상황이다. 해양오염, 특히 플라스틱오염과 기후변화의 영향은 여전히 과제로 남아 있다.

공해어업협정

「1982년 12월 10일 해양법에 관한 유엔협약의 경계왕래어족 및 고도회유성어족 보존과 관리에 관한 조항의 이행을 위한 협정United Nations Agreement for the Implementation of the Provisions of the United Nations Convention on the Law of the Sea of 10 December 1982 relating to the Conservation and Management of Straddling Fish Stocks and Highly Migratory Fish Stocks, UN Fish Stocks Agreement, UNFSA」(이하 '공해어업협정')은 1995년 채택되어 2001년 발효되었다. 이 협정은 해양법

협약을 보완하는 목적을 가지고 있으며, 배타적경제수역Exclusive Economic Zone, EEZ을 넘나드는 어족straddling fish stocks과 대양을 횡단하는 고도 회유성 어족highly migratory fish stocks의 보존과 관리에 관한 구체적인 조치를 규정하고 있다. 현재 90개 이상의 국가가 가입했고, 한국은 2003년 8월 29일 공식 가입했다.

이 협약의 주요 목적은 공해에서의 지속가능한 어업을 보장하고 어족자원의 남획을 방지하기 위한 국제적 협력을 강화하는 것이다. 주요 내용으로는 과학적 근거에 기반한 어업관리 조치의 채택, 불법·비보고·비규제Illegal, Unreported and Unregulated Fishing, IUU어업의 방지, 어업활동에 대한 감시 및 규제 체계의 강화, 관련 국가들 사이의 협력증진 등이 포함된다. 또한, 어족자원의 보존과 관리를 위해 지역수산관리기구Regional Fisheries Management Organizations, RFMOs의 역할을 중시하며, 당사국들이 이러한 기구의 결정을 존중하고 이행할 것을 요구한다.

이 협정은 공해어업 관리에서 중요한 국제적인 법적 틀을 마련했으며, 공해에서의 지속가능한 어업활동을 촉진하는 데 기여했다. 특히, 지역수산관리기구의 설립과 강화를 통해 특정 어족에 대한 보다 효과적인 관리 및 보호 조치를 도입하는 데 중요한 역할을 했다. 그러나 일부 해역에서는 여전히 불법·비보고·비규제어업이 만연하고 있으며, 협약의 규정을 이행하고 감시하는 데 필요한 자원과 능력이 부족한 국가들이 있다.

4. 생물다양성 보호에 관한 조약

생물다양성협약

「생물다양성에 관한 협약Convention on Biological Diversity, CBD」(이하 '생물다양성협약')은 1992년 6월 브라질 리우데자네이루에서 열린 유엔지구정상회의에서 채택되었다. 현재 196개의 당사국을 회원으로 두고 있으며, 한국은 1994년 1월 14일 공식 가입했다.

생물다양성협약의 주된 목적은 지구상의 생물다양성을 보존하고, 생물자원의 지속가능한 이용을 촉진하며, 유전자원의 이용으로 발생하는 이익을 공정하고 균형 있게 공유하는 것이다. 생물다양성의 보존, 지속가능한 사용, 유전자원 접근 및 이익공유Access to Genetic Resources and the Fair and Equitable Sharing of Benefits Arising from their Utilization, ABS에 관한 규정이 포함되어 있고, 당사국은 생물다양성 보존을 위한 전략과 행동계획을 수립하고 이행해야 한다.

생물다양성협약은 전 세계적으로 생물다양성의 중요성에 대한 인식을 높이고, 다양한 국가가 생물다양성 보존 및 지속가능한 사용을 위한 정책과 조치를 취하도록 했고, 「나고야의정서Nagoya Protocol」를 채택하여 유전자원의 접근 및 이익공유에 대한 국제적 틀을 마련하는 초석이 되었다. 이는 생물다양성 보존뿐만 아니라 지식과 기술의 공유, 개발도상국과 선진국 간 협력을 촉진하는 데 기여한 것으로 평가된다. 그러나 유전자원의 이익공유와 관련하여 구체적이고 실행 가능한 메커니즘의 부재, 자금 및 자원의 부족, 국제적 협력의 한계가 문제점으로 지적되어 왔다. 또한, 기후변화, 지속적인 생태계 파괴, 불법적인 야생 동식물 무역 등으로 인해 생물다양성 보존에 대한 도전이 더욱 거세어지고 있다.

나고야의정서

「유전자원에 대한 접근 및 그 이용으로부터 발생하는 이익의 공정하고 공평한 공유에 관한 생물다양성에 관한 협약 나고야 의정서Nagoya Protocol on Access to Genetic Resources and the Fair and Equitable Sharing of Benefits Arising from their Utilization to the Convention on Biological Diversity」(이하 '나고야의정서')는 2010년 10월 일본 나고야에서 열린 생물다양성협약 제10차 당사국총회COP10

에서 채택되었다. 현재 130개 이상의 당사국을 회원으로 두고 있으며, 한국은 2017년 8월 17일 공식 가입했다.

나고야의정서의 목적은 생물다양성협약의 목적 중 하나인 유전자원 접근 및 이익공유에 대한 국제적인 틀을 마련하는 것이었다. 이 의정서는 유전자원에 대한 접근을 규제하고, 이로부터 발생하는 이익이 공정하고 균형 있게 공유되도록 하는 구체적인 규정을 제공한다. 유전자원의 이용에 대한 사전 동의Prior Informed Consent, PIC와 상호 합의된 조건Mutually Agreed Terms, MAT 원칙이 포함되어 있고, 전통지식과 관련된 유전자원의 이용에 대해서도 이익공유를 명시하고 있다.

나고야의정서는 유전자원의 이용과 관련된 국제적인 법적 틀을 제공함으로써 생물다양성 보존에 기여하고 있다. 유전자원의 지속가능한 이용을 촉진하고, 발생하는 이익이 원산지 국가와 공정하게 공유될 수 있도록 하는 메커니즘을 마련했다. 이는 생물다양성 보호와 함께 지역사회의 발전과 생물다양성의 지속가능한 이용에 기여하는 것이다. 그러나 모든 당사국이 이 의정서를 일관되게 적용하고 이행하는 데는 법적·행정적 장벽이 존재하고, 유전자원의 이용과 관련된 정보의 투명성과 추적성을 확보하고 이익공유에 관한 구체적인 조건과 메커니즘을 설정하는 과정이 매우 복잡한 난제로 남아 있다.

5. 오염물질 규제에 관한 조약

미나마타수은협약

「수은에 관한 미나마타협약Minamata Convention on Mercury」(이하 '미나마타수은협약')은 2013년 10월 일본 구마모토현 미나마타에서 채택되었다. 미나마타수은협약은 수은오염 문제를 해결하기 위해 마련된 첫 번째 국제적 협약으로, 인간건강과 환경에 대한 수은의 해로운 영향을 줄이기 위한 국제적 노력을 반영하고 있다. 이 협약은 유엔환경계획 지원하에 개발되었으며, 유엔 체제 내에서 환경 문제를 다루는 중요한 이니셔티브 중 하나다. 현재 128개 이상의 당사국을 회원으로 두고 있고, 한국은 2016년 6월 14일 공식 가입했다.

미나마타수은협약의 목적은 인간활동으로 인한 수은의 배출과 방출을 감소시키고, 수은의 공급, 수요 및 무역을 관리하며, 수은 함유 제품 및 프로세스의 사용을 단계적으로 폐지하거나 제한하는 것이다. 이 협약은 수은광산의 채굴을 제한하고, 수은을 사용하는 제품과 공정에 대한 제한을 도입하며, 수은 폐기물의 안전한 관리를 촉진하며, 수은오염 사고에 대한 대응과 건강영향 평가를 강조한다.

미나마타수은협약은 수은 사용 및 배출에 대한 전 세계적 인식 증진, 수은 관리에 대한 국제적 기준 설정, 수은오염으로부터 환경과 인간건강을 보호하기 위한 구체적인 조치를 채택했다. 이 협약은 수은 사용을 줄이고, 대체 물질과 기술의 개발을 장려하며, 수은 폐기물의 안전한 처리와 재활용을 촉진하는 데 중요한 역할을 한다. 그러나 개발도상국이 동 협약을 이행하는 데 재정적·기술적 장벽이 있고, 수은의 불법무역과 비규제 영역에서의 사용을 완전히 통제하는 것은 여전히 어려운 과제다.

스톡홀름협약

「잔류성유기오염물질에 관한 스톡홀름협약Stockholm Convention on Persistent Organic Pollutants, POPs」(이하 '스톡홀름협약')은 지속적 유기오염물질Persistent Organic Pollutants(이하 'POPs')의 제조, 사용 및 배출을 제한하고 제거하기 위해 2001년 5월 스웨덴 스톡홀름에서 채택되었다. 현재 180개 이상의 당사국을 회원으로 두고 있고, 한국은 2001년 협약에 서명하고 2007년 1월 25일 공식 가입했다.

스톡홀름협약의 목적은 인간의 건강과 환경을 POPs[68]로부터 보호하기 위해 국제적인 협력을 촉진하는 것이다. 협약은 특정한 POPs의 생산, 사용, 수출입을 금지하거나 엄격히 제한하며, 이미 환경에 방출된 POPs 오염원을 관리하고 청소하는 데 필요한 조치를 취하도록 규정하고 있다.

스톡홀름협약은 POPs에 대한 국제적인 인식의 증가, POPs 사용 및 배출의 감소, POPs로 오염된 지역의 정화작업을 위한 국제적 노력을 촉진하고, 당사국들에 POPs 관리를 위한 기술적 및 재정적 지원을 제공하고, POPs에 대한 연구와 모니터링을 강화한다. 그러나 새로운 POPs을 식별하고 협약에 추가하는 과정이 복잡하고 시간이 많이 소요되며, 개발도상국에서 POPs을 대체할 안전한 대안을 찾고 적용하는 데에는 재정적·기술적 장벽이 존재하며, 이미 환경에 방출된 POPs의 오염을 완전히 제거하고 영향을 줄이는 일은 매우 어려운 과제이다.

로테르담협약

「특정 유해 화학물질 및 농약의 국제교역시 사전통보승인 절차에 관한 로테르담협약Rotterdam Convention on the Prior Informed Consent Procedure for Certain Hazardous Chemicals and Pesticides in International Trade」(이하 '로테르담협약')은 1998년 9월 네덜란드 로테르담에서 채택되었으며, 2004년 2월 발효되었다. 이 협약은 유엔환경계획과 유엔식량농업기구의 공동 주도로 개발되었고, 두 기구는 협약의 사무국 역할을 공동으로 수행하며, 협약의 목적과 원칙을 실현하기 위한 국제적 노력을 지원하고 조정한다. 현재 160개 이상의 당사국을 회원으로 두고 있으며, 한국은 2003년 8월 11일 공식

68 POPs이란 분해되지 않고 환경에 오랫동안 남아 있으며 식품 사슬을 통해 축적되어 인간과 야생 동물에게 심각한 건강 문제를 일으킬 수 있는 화학물질을 의미한다.

가입했다.

로테르담협약의 목적은 특정 유해 화학물질과 농약의 국제 무역에서 수입국가의 사전 동의를 얻는 절차를 구축하여 인간의 건강과 환경을 보호하는 것이다. 협약은 국제무역을 통해 이동하는 특정 유해 화학물질 및 농약에 대한 정보교환을 촉진하고, 수입국가가 그러한 물질의 수입을 허용하거나 거부할 수 있는 명확한 권한을 가지도록 했다. 이를 위해 사전정보 동의Prior Informed Consent, PIC 절차를 제공하며, 이 절차는 수입국이 해당 화학물질이나 농약의 위험에 대해 충분히 정보를 얻고 수입 여부를 결정할 수 있도록 보장한다.

로테르담협약은 유해 화학물질과 농약의 국제무역에 대한 투명성 증진, 수입국의 결정에 대한 존중 증대, 유해 화학물질에 대한 정보의 공유와 국제협력의 강화를 촉진했다. 또한, 협약은 당사국들이 유해 화학물질의 관리와 사용에 관한 규제를 강화하도록 하는 성과를 이루었다. 그러나 협약에 포함된 화학물질 목록이 모든 유해 화학물질을 포괄하지 않으며, 새로운 화학물질을 목록에 추가하는 과정이 복잡하고 시간이 많이 소요되고, 협약의 이행을 강제하는 메커니즘이 충분히 강력하지 않아, 일부 당사국이 사전정보 동의 절차를 완전히 준수하지 않는 경우도 있다.

V. 결론

유엔이 주도한 다자환경외교와 국제환경법의 발전은 전 세계적 환경문제에 대응하기 위한 국제사회의 노력을 상징한다. 지난 수십 년간 유엔은 지속가능한 개발, 기후변화, 생물다양성 손실, 화학물질 관리, 사막화 방지 등 다양한 환경 문제에 대해 국제적 협력의 틀을 마련해 왔다. 이 과정에서 다자외교는 국가들이 공동의 목표를 달성하기 위해 협력하고 국제규범을 형성하며 실행 가능한 해결책을 모색하는 중요한 메커니즘으로 작용했다.

국제환경법의 발전은 이러한 다자외교 노력의 결과물이다. 스톡홀름 선언, 「리우선언」, 「교토의정서」, 「파리협정」 등은 국제사회가 환경보호와 지속가능한 발전을 위해 공동으로 취해야 할 행동의 기준을 제시한다. 이러한 법적 틀과 협약들은 국가들이 환경보호를 위한 법적·정책적 조치를 취하는 데 중요한 지침을 제공하며 전 지구적 환경 거버넌스의 핵심을 이루고 있다.

유엔의 다자환경외교와 국제환경법의 발전은 중요한 성과를 달성했다. 첫째, 환경 문제에 대한 전 세계적 인식이 크게 향상되었다. 둘째, 환경보호를 위한 국제적 협력이 강화되었다. 셋째, 환경 문제 해결을 위한 법적 및 정책적 틀이 마련되었다. 그러나 동시에 다음과 같은 한계도 드러났다. 첫째, 모든 국가가 국제환경협약을 충분히 이행하지 않거나 못하고 있다. 둘째, 개발도상국과 선진국 간 이해관계 충돌로 인한 협상의 어려움이 지속되고 있다. 셋째, 신속한 환경변화에 대응하는 데 국제협약의 유연성과 적응성이 부족하다.

유엔의 다자환경외교와 국제환경법의 발전은 전 세계적 환경 문제 해결을 위한 중요한 기반을 마련했지만, 지속적인 발전과 개선이 필요하다. 국제사회는 전 지구적 환경 거버넌스의 효과를 높이고 모든 국가가 공동의 환경 목표를 달성할 수 있도록 협력을 강화해야 한다.

제10장

유엔기후변화협약 체제의 발전과 대한민국의 기여

소병천*
아주대학교 법학전문대학원 교수

Ⅰ. 서론

국제사회가 당면한 주요 과제 중 하나는 기후위기 대응이다. 과거에는 지구온난화로 인한 지구온도 상승 현상을 단순히 '기후변화'라고 했다. 그러나 이제 온난화 현상이 생태계, 나아가 인류에 미치는 영향을 고려하여 '기후위기'라는 용어를 사용하고 있다.[1] 「파리협정Paris Agreement」 등 기후변화협약 체제에서 합의된 지구 평균온도 2.0℃ 상승 제한으로는 생태계 붕괴의 시작을 막을 수 없다는 차원에서, 기후변화에 관한 정부간 협의체Intergovernmental Panel on Climate Change, IPCC가 2018년 특별보고서 채택으로 지구 평균온도 1.5℃ 상승 제한의 필요성을 강력하게 권고한 것도 같은 맥락이다.[2] 이제 기후위기는 전쟁이나 경제 등과 같이 국제사회의 긴밀한 협력이 요구되는 주된 분야 중 하나로 자리매김하고 있다.

국제사회의 주 협력체제는 유엔이다. 제2차 세계대전 이후 정치적 협력체제로 설립된 유엔은 설립 80년이 가까워지고 있다. 그동안 유엔은 많은 분야에서 국제사회의 협력을 끌어냈다. 유엔은 국제평화와 안보 분야뿐 아니라 환경 분야에서도 국제협력의 중심이 되고 있다. 대표적으로 유엔은 유엔환경계획United nations Environment Programme(이하 'UNEP')을 통

* 이 글은 소병천, "기후위기 대응을 위한 실질적 법적 대안", 『국제법학회논총』 제68권 제4호(2023), 99–134쪽의 일부를 보완하여 발전시킨 것이다.

1 「기후위기 대응을 위한 탄소중립·녹색성장 기본법」 제2조 정의 규정에 따르면, 기후변화란 "사람의 활동으로 인해 온실가스의 농도가 변함으로써 상당 기간 관찰되어 온 자연적인 기후변동에 추가적으로 일어나는 기후체계의 변화"를 의미하며, 기후위기란 "기후변화가 극단적 날씨뿐만 아니라 물 부족, 식량 부족, 해양산성화, 해수면 상승, 생태계 붕괴 등 인류 문명에 회복할 수 없는 위험을 초래하여 획기적 온실가스 감축이 필요한 상태"를 말한다.

2 IPCC, An IPCC Special Report: Global Warming of 1.5℃, Cambridge University Press, 2018, pp.53–54.

해 여러 환경 분야 관련 다자간환경협약Multilateral Environmental Agreements 체제를 수립했는데, 「유엔기후변화협약United Nations Framework Convention on Climate Change, UNFCCC」(이하 '기후변화협약') 체제는 기후위기 대응 국제협력의 기본 체제이다.

이 글에서는 기후위기에 대한 유엔의 역할과 향후 과제를 제시한다. 먼저 과거 기후 논의 시작에서부터 기후변화협약 및 「파리협정」 채택까지 유엔의 역할을 서술한다. 이어 「파리협정」의 한계를 검토하고, 이를 바탕으로 기후위기에 적극적으로 대처하기 위한 과제를 검토한다. 마지막으로 유엔 회원국으로서 대한민국(이하 '한국')의 기후변화협약 관련 국내 법정책을 검토하고 한국이 향후 기후변화협약 체제에 공헌할 내용 등을 제안한다.

II. 국제논의의 시작과 기후변화협약 체제의 수립

1. 논의의 시작, 과학적 증거

국제사회의 기후 문제에 대한 관심은 아이러니하게도 석유 및 정유 회사들이 지원한 연구에서 시작되었다. 20세기 초 기상학자들은 지구온도가 주기적 변화의 흐름 속에서 앞으로 내려갈 것으로 예측했다. 예측의 주요 내용은 1930년대를 정점으로 지구온도는 내려가기 시작하여 1990년대 후반에는 1800년대 산업화 시기보다 0.2℃가량 내려가리라는 것이었다. 그러나 이는 화석연료 사용으로 야기되는 온실가스로 인한 지구온도 상승을 고려하지 않은 것이며, 오히려 지구온난화로 2020년경 지구온도는 1.2℃ 이상 오를 것이라는 주장들이 1960년대부터 등장하기 시

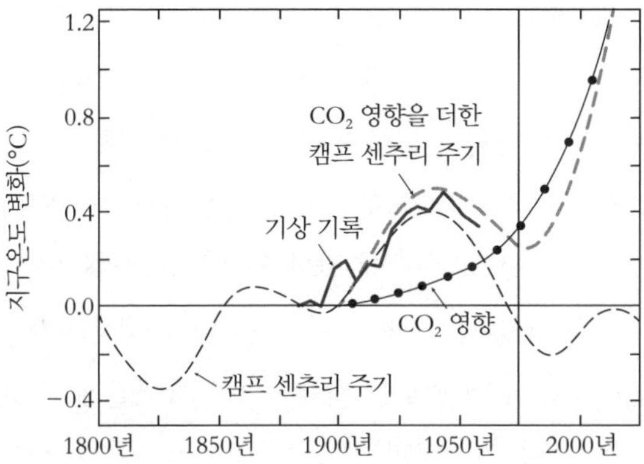

그림 10-1 지구온도 변화 주기 및 예측[3] 그래프에 따르면 실제 북극 그린란드의 캠프에서 측정한 온도는 20세기 증가한 온실가스 효과와 함께 1970년대 초부터 상승하기 시작했다. 그리고 2024년 현재, 2020년경 1.2°C가 오를 것이라는 해당 연구 예측은 현실화되었다. 그러나 당시 각국 정부를 포함한 사회 분위기는 위와 같은 지구온난화에 대한 과학적 주장을 특별한 근거 없이 외면했다. 이는 인간의 활동 등 인위적 개입이 자연에 영향을 미칠 정도인지에 대한 막연한 의구심과 회의감이 배경에 있었을 것이다.[4]

작했다(그림 10-1).

2. 변곡점, 오존층 파괴와 유엔환경계획

사회적 분위기는 지구 극점 주변의 오존층이 파괴되는 것을 미국항공우주국 인공위성이 확인한 시점부터 변화되기 시작했다. 에어컨, 냉장고 등의 냉매로 사용되는 프레온가스가 대기에 유출되어 성층권에 위치한 오존층을 파괴하고 있는 사진 한 장은 인류가 지구에 실제 영향을 미

3 W. S. Broecker, "Are We on the Brink of a Pronounced Global Warming?", *Science*, Vol.189, No.4201, 1975, p.461.

4 *Ibid.*. 일부에 따르면, 1938년 영국 공학자 가이 스튜어트 캘린더(Guy Stewart Callendar)가 화석연료 연소 시 발생하는 이산화탄소가 기후에 영향을 주고 있다는 의견을 처음 제시했다고 한다. E. Hawkins & P. Jones, "On increasing global temperatures: 75 years after Callendar", *Quarterly Journal of the Royal Meteorological Society*, Vol.139, No.677, 2013, p.1961.

치고 있음을 웅변했다. 인간 활동이 지구에 미치는 영향을 눈으로 확인한 국제사회는 1974년부터 제기된 CFC 등 프레온가스가 오존층을 파괴한다는 과학자들의 의견을 인정하지 않을 수 없었다.[5]

이때 국제사회에서의 논의를 추진한 기관은 유엔 전문기관인 UNEP이다. UNEP은 1977년 「오존층에 관한 세계행동계획World Plan of Action on the Ozone Layer」을 채택했다. 채택문은 무엇보다 국제사회가 오존층을 모니터링하고 연구하는 국제 연구를 적극적으로 시행할 것을 요청했다. 그리고 1981년 UNEP 운영위원회Governing Council는 성층권 내 오존층 보호를 위한 국제협약을 UNEP이 성안할 것을 승인했다.

UNEP의 오존층 보호를 위한 국제협약 성안과정은 순탄하지 않았다. 그 이유는 오존층 파괴 물질 등 규제 대상 화학물질, 규제시점, 규제방법, 그리고 규제와 동시에 제공될 기술적·재정적 지원 등 다루어야 할 주제가 모두 합의도출이 어려운 안건이었기 때문이다. 그러나 동시에 오존층 파괴와 그로 인한 피해 증가는 눈에 보이는 일이었기에 협약 채택의 당위성을 국제사회가 부정하기는 어려웠다.

이를 극복하기 위해 UNEP은 자신들이 주관하는 지역해 프로그램에 착안하여 연성법과 경성법을 유기적으로 연결시키는 골격협약과 추가조약(의정서) 입법형식을 제안했다.[6] 이는 골격협약에서는 목표와 일반 의무를 규정하고, 보다 구체적이고 기술적 내용들은 의정서를 통해 규율하는 방식이다. 이에 따라 골격협약인 오존층 보호를 위한 협약은 당사국

5 E. B. Weiss, "The Five International Treaties: A Living History", in E. B. Weiss and H.K. Jacobson (eds.), *Engaging Countries: Strengthening Compliance with International Environmental Accords* (MIT Press, 1998), p.123.

6 O. Yoshida, "Soft Enforcement of Treaties: The Montreal Protocol's Noncompliance Procedure and the Functions of Internal International Institutions", *Colorado Journal of International Environmental Law and Policy*, Vol.10, 1999, p.95.

들에 관련 연구, 과학적 평가, 정보교환 및 오존층의 위해를 예방할 적절한 조치를 취함에 있어 국제적으로 협력하는 등 일반적 의무만을 규정했다.[7] 그리고 이후 채택된 의정서를 통해 협약 당사국에 장기적으로 오존층 파괴물질의 생산 및 사용 중단 의무를 부과하고, 비협약 당사국과의 오존층 파괴 물질 및 이를 사용하는 제품의 수출입을 금지하되, 협약에 가입한 국가에는 CFC 대체물질을 개발하는 데 필요한 기술 및 재정적 지원을 하는 체제를 구축했다. 그리고 당사국총회가 결정으로 채택한 부속서 등을 통해 구체적 규제대상 물질, 수출입 금지 방식 및 규제 시한 등을 개정 보완하는 등의 방식을 취했다.[8]

오존층 보호를 위한 골격협약과 의정서 채택 협상은 동시에 진행되어 1985년 3월「오존층 보호를 위한 비엔나협약Vienna Convention for the Protection of the Ozone Layer」이 채택되었다. 그리고「몬트리올의정서Montreal Protocol」는 UNEP 실무그룹working group의 주도적 작업하에 공식적 외교협상이 시작된 1986년 12월에서 불과 9개월 후인 1987년 9월 채택되고 1989년 1월 발효했다.[9] 주목할 점은「몬트리올의정서」당사국이 되기 위해서는「오존층 보호를 위한 비엔나협약」의 당사국이 되도록 하여 골격협약과 후속적 합의인 의정서 양자 간의 법적 연계성을 강화한 것이다. 이러한 방식은 추후 유엔이 주도한 기후변화협약과「교토의정서」,「생물다양성협약Convention on Biological Diversity」과「카르타헤나의정서Cartagena Protocol on Biosafety to the Convention on Biological Diversity」,「나고야의정서Nagoya Protocol」

7「오존층 보호를 위한 비엔나협약」제3조 및 제4조.

8 P. M. Lawrence, "International Legal Regulation for Protection of the Ozone Layer: Some Problems of Implementation", *Journal of Environmental Law*, Vol.2, 1990, p.17.

9 D. S. Bryk, "The Montreal Protocol and Recent Developments to Protect the Ozone Layer", *Harvard Environmental Law Review*, Vol.15, 1991, p.275.

등 국제협약 채택 방식의 모태가 되었다.[10]

3. 과학적 추진체, 기후변화에 관한 정부간 협의체

「오존층 보호를 위한 비엔나협약」 체제의 성공적 출범은 국제사회에 지구온난화 대응에 대한 시사점을 제공했는데, 그것은 기후변화 관련 과학적 근거에 대한 체계적이고 지속적인 연구를 통해 그 근거를 명확히 해야 한다는 것이다. 국제적으로 진행된 기후변화 관련 과학적 논의는 1979년 스위스 제네바에서 개최된 세계기후회의World Climate Conference 및 1985년 오스트리아 빌라흐 회의 등이 있었으나,[11] 이들은 모두 단발성으로 진행되었을 뿐이다. 유엔 총회는 국제사회에서의 기후변화 관련 과학적 논의의 체계적 진행을 위해 1988년 12월 6일 기후변화에 관한 정부간 협의체(이하 'IPCC')를 설립했다. UNEP과 세계기상기구World Meteorological Organization, WMO가 공동 설립한 IPCC는 기후변화에 대한 과학적 검토와 기후변화의 경제적·사회적 영향 등을 종합적으로 분석하고, 이에 근거하여 잠재적 대응 전략과 향후 채택될 기후 관련 국제협약에 포함될 요소를 제안하는 등의 역할을 하고 있다.[12]

IPCC는 의장 및 사무국장을 비롯해 1988년 11월 제네바에서 열린 제1차 회의에서 설립된 3개의 실무그룹을 두고 있다. 실무그룹은 ① 기상변동에 관한 과학적 지식과 견해의 평가, ② 기상변동에 따른 환경 및 사회 경제 영향평가, ③ 대응방침의 책정 분야로 구분되어 각각의 분야에

10 「오존층 보호를 위한 비엔나협약」은 이후에도 1990년 「런던의정서」, 1992년 「코펜하겐의정서」, 1997년 「몬트리올의정서」, 1999년 「베이징의정서」 총 네 차례 추가 의정서를 통해 오존층 파괴 물질의 퇴출 시기를 앞당기는 등 보완, 발전했다. G. M. Bankobeza, *Ozone Protection: The International Legal Regime* (*Eleven International Publishing*, 2005).

11 박덕영, "기후변화대응과 국제조약체계", 『파리협정의 이해』(박영사, 2020), 3쪽.

12 UN Doc. A/RES/43/53(1988).

서 검토 작업 등을 한다. IPCC는 이들 실무그룹의 검토와 권고안을 담은 보고서를 종합하여 정기적으로 기후변화 평가보고서를 발간한다. IPCC는 현재까지 총 여섯 차례 보고서를 발간했는데, 이 보고서는 국제사회에서 기후변화와 관련하여 가장 종합적인 과학보고서로 평가받는다. IPCC는 이외에 기후변화협약 체제, 정부 및 국제기구로부터 요청받은 과학기술정보를 제공하기 위해 기상보고서Methodology Reports, 특별보고서Special Reports, 기술서Technical Papers 등을 발간하여 국제사회에 기후문제에 대한 정보를 제공하고 정책적 권고사항을 제시하고 있다. 예컨대 2018년 한국 송도에서 개최된 제48차 IPCC 총회에서는 1.5℃ 특별보고서를 발간하여 2010년 대비 2030년까지 CO_2 45% 감축, 2050년까지 탄소중립Net-Zero 달성을 권고한 바 있다.

IPCC 보고서는 기후변화협약 체제 설립 및 발전의 원동력이 되었다. 보고서들은 과학적 분석뿐 아니라 정책결정권자들에게 해당 과학적 사실에 근거한 정책을 권고하고 제안한다. 1990년 발간한 제1차 보고서에서 기후변화에 대응하기 위한 국제협약 채택을 권고했고, 2년 후 1992년 기후변화협약이 채택되었다. 그리고 1995년 발간된 제2차 보고서에서 기후변화협약을 구체적으로 이행할 의정서 채택을 권고하고 2년 후인 1997년 「교토의정서」가 채택되었다. 2001년 제3차 보고서는 처음으로 적응adaptation의 필요성을 제기했고, 2007년 제4차 보고서는 국제사회에 지구 평균온도 2℃ 이하의 상승 제한 필요성과 함께 포스트 「교토의정서」 체제 수립을 촉구했다. 2014년 제5차 보고서는 경고 수준의 지구온난화에 대한 위험성을 제시하는 등 2015년 「파리협정」 채택의 과학적 근거를 제시했다.

가장 최근 발행된 2022년 제6차 보고서는 기후변화의 원인이 인류의 산업화 과정에서 화석연료의 사용이라는 점을 명확히 했는데, 이는 제

3차에서 제5차 보고서까지는 과학적 불확실성에 대해 여지를 남겼던 것과 달리 기후변화의 원인이 인위적임을 확인했다는 점에서 의미가 있다.[13] IPCC는 기상학, 해양학, 빙하학 전공 자연과학자뿐 아니라 경제학 전공 사회과학자들을 포함한 3,000명 이상의 전문가들로 구성되어 있다. 따라서 이들이 과학적으로 분석한 결과는 국제사회에서 전문성을 인정받을 수 있다는 점에서 IPCC 보고서가 기후변화의 원인에 대해 지적한 부분은 존중되어야 한다. 2007년 노벨상 수상 위원회는 IPCC가 기후변화협약 체제 발전에 공헌한 바가 크며 인위적 기후변화에 관한 지식 확산뿐 아니라 기후변화에 대응하기 위해 필요한 조치들의 근거를 마련했다는 점을 고려하여 앨 고어Al Gore 미국 전 부통령과 함께 공동으로 노벨 평화상을 수여했다. 이처럼 IPCC는 지구 기후 체제의 변화에 대한 과학적 근거를 제시함으로써 기후변화 체제 발전에 큰 공헌을 했다.

4. 기후변화협약과 교토의정서

기후위기 대응에 대한 국제적 합의는 1992년 유엔환경개발회의United Nations Conference on Environment and Development, UNCED에서 공식적으로 이루어졌다. 「환경과 개발에 관한 리우선언」이 채택된 유엔환경개발회의는 환경과 관련하여 가장 큰 규모의 고위급 국제회의로 리우정상회의로 별칭 될 만큼 국제환경법 역사에 큰 족적을 남겼다. 유엔환경개발회의에 참석한 각 국가의 대표들은 기후변화 원인인 온실가스로 인해 인류의 생

13 IPCC 제4차 보고서에서는 20세기 중반 이후 관찰되는 지구 평균기온 상승의 대부분은 인간의 활동으로 인한 온실가스 농도 증가 때문일 확률이 상당히 높다(very likely)고 평가했으며, 제5차 보고서에서는 대단히 높다(extremely likely)고 평가했다. 제6차 보고서는 인간의 영향으로 대기, 바다, 육지 등이 온난화되었다는 것은 명확하다(unequivocal)고 평가했다. IPCC, Climate Change 2021, The Physical Science Basis, Working Group I Contribution to the Sixth Assessment Report of the Intergovernmental Panel on Climate Change, 2021.

존이 위협받지 않기 위해서는 공동대응이 필요하다는 전 지구적 공감대를 확인하고 기후변화협약을 채택했다.

기후변화협약은 기후체계가 위험한 인위적 간섭을 받지 않는 수준으로 대기 중 온실가스 농도의 안정화를 달성하는 것을 목적으로 명기하고 있다.[14] 그런데 이 목적은 협약 자체뿐 아니라 당사국총회가 채택하는 모든 관련 법적 문서의 궁극적 목적으로, 당사국총회에서 채택된 「교토의정서」 및 「파리협정」 등 모든 법 문서도 같은 목적을 지향한다. 특히, 기후체계가 위험한 인위적 간섭을 받지 않는 수준은 생태계가 자연적으로 기후변화에 적응하고 식량생산이 위협받지 않으며 경제개발이 지속가능한 방식으로 진행되도록 할 수 있기에 충분한 기간 내에 달성되어야 한다고 규정하고 있다.[15]

기후변화협약과 추가의정서인 「교토의정서」는 목적을 달성하기 위해 모든 당사국에 적용되는 일반 공약commitments과 주요 선진국으로 구성된 부속서 I 및 Ⅱ 국가들에만 적용되는 차등화된 공약을 제시하고 있다.[16] 이는 선진국과 개발도상국, 나아가 최빈개발도상국을 구분하여 국제의무 부담 및 이행에 차별적으로 접근하는 전통적으로 유엔이 취해 온 방식이다. 동시에 기후변화협약의 주요원칙 중 하나인 '공통의, 그러나 차별화된 책임common but differentiated responsibility' 원칙을 반영한 것이다. 기후 관련 국제논의에서 가장 뜨거운 감자인 이 원칙은 결국 당시 개발

14 기후변화협약 제2조.

15 위의 주.

16 부속서 I 국가는 경제협력개발기구(OECD) 회원국 등 선진국을 중심으로 구성되고, 국가 온실가스 배출량을 1990년도 수준으로 되돌리는 것을 목표로 제시하고 있다. 부속서 I에 기재되지 않은 국가는 비(非)부속서 I(non-Annex I) 국가라고 하여 일반 의무 외에 구체적 감축의무는 부과되지 않는다. 부속서 I 국가 중에서도 경제성장을 이룬 국가를 부속서 Ⅱ에 별도로 명시하여 개발도상국의 기후변화 대응을 위한 재원 및 기술 지원 의무를 부과하고 있다.

도상국이지만 주요 온실가스 배출국인 중국, 인도, 한국 등을 「교토의정서」의 직접적 의무부담국 지위에서 제외하는 근거가 되었고 동시에 미국이 「교토의정서」를 비준하지 않은 가장 큰 이유가 되었다.[17]

Ⅲ. 파리협정

1. 파리협정의 채택

2001년, 당시 최대 온실가스 배출국이었던 미국이 비준을 거부함으로써 「교토의정서」는 발효 시작부터 불안한 출발을 했다. 「교토의정서」는 자체적으로 설정한 제1차 의무기간이 2012년에 종료하므로 제2차 의무기간 및 추가 의무기간 등에 대한 국제적 합의가 필요했다. 그러나 선진국과 개발도상국 간 지지부진한 논의 속에 제2차 의무기간에 대한 합의는 이루어지지 않았다. 그 과정에서 미국은 물론 중국, 인도, 일본, 러시아 등 주요 국가들이 제2차 의무기간에 불참하면서 「교토의정서」 의무체제는 생명을 잃어 가고 있었다.

국제사회는 매년 기후변화협약 당사국총회Conference of Parties(이하

17 미국은 1997년 상원에서 기후변화 대응에서 중국, 인도 등 주요 개발도상국이 미국과 동등한 법적 책임을 지지 않으면 기후협약 의무를 이행하지 않는다는 결의안을 통과시켰다. 그리고 실제 중국은 2012년 세계 온실가스의 25%를 배출하는 최다 온실가스 배출국이 되었다. Zhu Liu, China's Carbon Emissions Report, Harvard Kennedy School, 2015, p.2 (belfercenter.org/sites/default/files/legacy/files/carbon-emissions-report-2015-final.pdf, 2024. 8. 2. 방문). 미국 환경청 자료에 따르면 2014년 중국은 전 세계 온실가스 배출량의 30%를 배출했는데, 이는 2~4위 국가인 미국(15%), 유럽연합(9%), 인도(7%)가 배출하는 온실가스 배출량의 합에 가까운 수치이다(https://www.epa.gov/ghgemissions/global-greenhouse-gas-emissions-data, 2024. 8. 2. 방문).

'COP') 및 「교토의정서」 당사국회의를 개최하면서 숨이 끊어져 가는 「교토의정서」 체제를 이어 가고자 노력했다.[18] 그리고 마침내 2015년 12월 12일 150명의 국가 원수를 포함한 19,000명 이상의 정부 참가자, 다수의 기업 대표를 포함한 6,000명 이상의 NGO 관계자 및 약 2,800명의 언론인들이 참여한 COP21에서 「파리협정」이 채택되었다. 「파리협정」은 채택 1년이 지나지 않은 2016년 11월 4일 발효되었고,[19] 2024년 8월 현재 198개 국가가 참여하고 있다.

「파리협정」 당사국들은 다음 세 가지 장기 목표에 합의했다. 첫째, 지구 평균온도를 산업화 시기와 비교하여 2℃ 이상 상승시키지 않되, 가능한 최대 1.5℃ 이상 상승시키지 않도록 노력하며, 둘째, 기후변화의 부작용에 대한 적응성을 향상시키고, 셋째, 탄소 저배출과 기후 회복력 증진을 위해 재정적 조치 및 투자 활성화 여건을 마련하는 것이다.[20] 「파리협정」 당사국들에 이 세 가지 목표를 달성할 구체적 의무가 존재하는지, 즉 의무위반 시 국가책임이 발생하는지는 회의적 의견이 대다수이다. 이는 해당 목표들이 「파리협정」 제2조에 기술되어 있어 법적 의무라기보다는 정치적 합의에 불과하며, 해당 목표를 구체화하는 의무의 내용이 규정되어 있지 않고, 무엇보다 협약 당사국들이 해당 목표 합의에 법적인

18 캐나다 몬트리올에서 2005년 개최된 제11차 COP이자 제1차 「교토의정서」 당사국회의 이후 2006년 나이로비 COP12, 2007년 발리 COP13, 2008년 포즈난 COP14, 2009년 코펜하겐 COP15, 2010년 칸쿤 COP16, 2011년 더반 COP17, 2012년 도하 COP18, 2013년 바르샤바 COP19, 2014년 리마 COP20, 2015년 파리 COP21는 모두 소위 포스트 교토 체제를 설립하고자 하는 회의였다고 해도 무방할 것이다.

19 채택 당시에는 발효되기까지 5년 정도가 소요될 것으로 예상하여 포스트 2020이라는 용어와 함께 공식 발효 전 「파리협정」을 이행하는 데 필요한 하위 문서 등 기초작업을 진행할 예정이었다. 그러나 2016년 미 대통령선거 경선 과정에서 공화당 트럼프 후보가 「파리협정」 탈퇴를 천명했고, 이에 대한 반작용으로 유럽연합과 중국 등을 중심으로 한 국제사회는 「파리협정」 조기 비준 및 발효를 이끌었다. 박덕영, 앞의 주 11, 50쪽.

20 「파리협정」 제2조.

구속력을 부여하기로 합의했는지가 불명확하기 때문이다.

2. 파리협정의 법적 지위

「파리협정」 채택 당시 명칭이 「교토의정서」의 의정서protocol가 아닌 협정agreement이라는 점에서 협정의 법적 성격 및 기후변화협약과 「파리협정」의 관계에 의문이 있었다. 그러나 주지하다시피 「조약법에 관한 비엔나협약」에서 조약은 명칭에 상관없이 서면 형식으로 국가 간 체결되어 국제법에 의해 규율되는 국제 합의로 규정하고 있다는 점에서 「파리협정」이 국제조약이라는 점은 의문의 여지가 없다.[21] 특히, 서명 및 발효 규정, 분쟁해결절차, 유보금지조항 및 탈퇴조항 등을 규정한 것으로 보아 더욱 그렇다.[22] 단지, 협정이라는 용어가 사용된 것은 미국 입장에서 상원의 승인 없이 대통령 비준을 가능하게 하기 위한 정치적 배경이 작용했을 것으로 이야기될 뿐이다.[23]

「교토의정서」가 기후변화협약의 이행협정 성격을 갖는 추가조약subsequent agreement인 의정서임에 반해, 「파리협정」은 기후변화협약의 이행협정이자 동시에 「교토의정서」의 계승적 조약successive treaties으로, 기후변화협약-교토의정서 체제가 기후변화협약-파리협정 체제로 변경되었다고 보는 것이 타당하다. 「파리협정」이 의정서 대신 협정이라는 용어를 사용한 것에는 미국의 국내 정치상황 외 「파리협정」이 기후변화협약 체제에 종속됨을 회피하고자 하는 의도가 있다는 주장이 있다.[24] 조약의 구

21 「조약법에 관한 비엔나협약」 제2조 1.가.

22 「파리협정」 제20조, 제21조, 제24조, 제27조, 제28조.

23 A. Savaresi, "The Paris Agreement: A Rejoinder", *EJIL:Talk!* (2016. 2. 16.)(https://www.ejiltalk.org/the-paris-agreement-a-rejoinder/, 2024. 8. 2. 방문).

24 D. Bodansky, "The Paris Climate Change Agreement: New Hope?", *American Journal of International Law*, Vol.110, 2016, p.296.

속력 존부 여부 판단 외에 조약 형태 및 형식에도 당사국의 의도가 중요할 수는 있지만, 기후변화협약, 「교토의정서」와 「파리협정」의 관계에 대해서는 조약의 내용을 살펴보는 것이 더 타당하다.

「파리협정」은 제2조 제1항에서 기후변화협약의 목적과 이행을 강화하고 있다는 점에서 동일한 주제를 다루고 있을 뿐 아니라 COP에서 채택되었다는 점에서 기후변화협약 당사국 간 추후 합의 또는 추가 조약의 성격을 동시에 가지고 있다. 「파리협정」은 「교토의정서」와 마찬가지로 제20조 제1항에서 기후변화협약 당사국과 지역경제통합기구에만 서명을 개방하고 있다는 점에서 기후변화협약과의 긴밀한 관련성을 보여준다. 나아가 COP, 사무국, 재정 메커니즘, 과학기술보조기관 등 상당수의 기후변화협약 기관이 「파리협정」의 기관 역할을 하고 있다. 따라서 기후변화협약만을 보면 「파리협정」은 기후변화협약의 이행협정 차원의 추가 조약이라 할 수 있다.

그러나 「파리협정」은 「교토의정서」와는 양립하지 않는다. 전술한 바와 같이 「교토의정서」는 부속서 Ⅰ 국가와 비부속서 Ⅰ 국가, 부속서 Ⅱ 국가 간 상호 다른 의무를 부과하고 있으나 「파리협정」은 모든 국가에 동일한 의무를 부과하고 있다. 나아가 「교토의정서」는 하향식으로 구체적 감축량을 부속서 Ⅰ 국가에 부과했으나, 「파리협정」은 상향식으로 당사국이 협정 내 절차 및 기준에 따라 자발적으로 국가결정기여Nationally Determined Contributions(이하 'NDCs')를 정해 제출하는 방식으로 차이가 있다. 그렇다고 해서 「교토의정서」 체제가 완전히 효력을 상실한 것은 아니다. 「파리협정」 발효 이후 COP는 여전히 「교토의정서」 당사자회의를 겸하고 있다. 따라서 「파리협정」은 기후변화협약과 「교토의정서」 구체제에서 「교토의정서」를 중심으로 양립하지 않는 부분을 제외한 나머지 조약을 승계하는 「조약법에 관한 비엔나협약」에 따른 계승적 조약으로 새로운 기후체제를 설립했다고 보는 것이 타당하다.[25] 만일 충돌하는 부분이 발생한다면 신법 우선 원칙에 따라 「파리협정」이 우선 적용되겠지만, 「교토의정서」상의 기관이나 관행, 내부 규칙 등이 필요한 경우 해당 사항을 새로 제정하는 대신 그대로 승계하는 것이 현실적으로도 합리적이다.

3. 국가결정기여의 의의 및 법적 성격

「교토의정서」와 「파리협정」의 의무이행에서 가장 큰 차이는 「교토의정서」는 의정서에서 감축의무를 규정하여 부과하는 하향식인 데 반해 「파리협정」은 당사국이 자발적으로 감축량을 정하도록 하는 상향식이라는 점이다. 포스트 교토 체제를 논의하는 과정에서 합의를 어렵게 만든 것은 '공통의 그러나 차별화된 책임'을 아전인수 격으로 주장하는 것이었다. 미국을 중심으로 한 선진국은 모든 당사국이 의무를 부과하는 방식을 주장했고, 개발도상국은 상호 다른 차등적 의무를 부과할 것을 강조했다. 필연적으로 논의 방향은 모두가 감축의무를 부담하지만 감축의무를 차등적으로 부과하는 방향으로 흘러갔고, 차등적 감축의무 결정은 당사국이 정하는 방식이 현실적으로 타결 가능한 방안이었다.

이러한 방향은 2007년 발리 COP13에서 채택된 '발리행동계획Bali Action Plan'에서 부속서 I 내지 비부속서 국가라는 용어를 사용하지 않은 데서 감지되었다. 그리고 2009년 코펜하겐 COP15에서 채택된 '코펜하겐합의Copenhagen Accord'에서 처음으로 감축의무의 상향 방식이 원용되었다. 이 합의의 내용은 선진국이 QELROsQuantified Emission Limitation and Reduction Objectives를 제출하고 개발도상국은 NAMAsNationally Appropriate Mitigation Actions를 보고하여, 각각 이행하는 것이다. 그리고 2013년 바르

25 「조약법에 관한 비엔나협약」 제30조.

샤바 COP19에서는 모든 당사국에 '의도된 국가결정기여Intended Nationally Determined Contributions'(이하 'INDCs')를 COP15 전 제출할 것을 요청함으로써 NDCs의 초기 명칭이 등장했다.[26] 그리고 INDCs의 명칭은 「파리협정」 채택을 통해 제4조 제2항에서 NDCs로 정식 변경되었다.

NDCs는 당사국이 달성하고자 하는 목표를 자국의 국내 여건에 따라 스스로 정해 기후변화협약 체제에 통보하고 등록한 국내 온실가스 감축 목표다.[27] NDCs를 통보할 때는 당사국총회 결정(1/CP.21)과 COP의 모든 관련 결정에 따라 명확성, 투명성 및 이해를 위해 필요한 정보를 제공해야 한다.[28] 구체적으로는 2018년 제24회 카토비체 COP24에서 결정된 NDCs 산정 및 제출 방법 규정에 따라 당사국들은 매 5년마다 NDCs를 정기적으로 제출하고, 목표를 달성하기 위해 국내 조치를 이행하며, 기후변화 적응계획과 이행내용, NDCs 달성 경과 등에 대해 보고해야 한다. 특히, 당사국이 NDCs 산정 시 당사국총회결정으로 채택하는 지침 등에 따라 환경적 건전성, 투명성, 정확성, 완전성, 비교가능성, 일관성을 촉진하고 이중계산 방지를 보장하는 「파리협정」 제4조 제13항은 사실상 당사국이 제출한 NDCs의 이행 관련 투명성을 담보하도록 설계된 것이다.[29]

「파리협정」 당사국들이 관련 규정과 절차에 따라 NDCs를 제출해야 함은 구속력 있는 의무이다. 그러나 관련 규정에 따라 NDCs를 제출할 의무 외 제출된 NDCs를 준수할 의무가 존재하는지, 즉 당사국이 자국이 제출한 NDCs를 준수하지 못한 경우 국제법 위반에 해당하는지는 의문

26 Decision 1/CP.19, para.2(b).

27 「파리협정」 제4조 제2항.

28 「파리협정」 제4조 제8항.

29 D. Bodansky, The Durban Platform; Issues and Options for a 2015 Agreement, Center for Climate and Energy Solutions, 2012, pp.8-9.

이다. 일각에서는 NDCs를 「조약법에 관한 비엔나협약」 제31조 제3항 (a)에 따른 "조약 규정 적용에 관한 당사국 간 후속 합의"로 구성하여 구속력을 부여하려는 시도가 있다. 그러나 NDCs 제출 관련 구체적 절차와 방식 관련 규정들은 「파리협정」 NDCs 제출 의무를 이행하기 위해 체결된 추후의 '합의'subsequent 'agreement'로 볼 수 있지만, 개별 당사국이 스스로 결정한 NDCs를 추후의 합의로 보는 것은 무리이다. 나아가 「조약법에 관한 비엔나협약」 제31조 제3항 (a)는 전체적으로 조약의 해석과 관련된 규정이라는 점에서 NDCs의 지위 및 법적 성격을 검토하는 데 유용한 조항은 아니다.

오히려 NDCs 제출행위의 법적 성격을 「파리협정」이라는 조약의 의무에 따른 회원국의 소위 국제법상 일방적 행위unilateral act로 규정하는 것은 법리적으로 가능하다.[30] 관습국제법이나 조약상의 의무 외에 국가의 일방적 행위에서 파생하는 의무가 국제법상 구속력이 있는지에 대해, 국제법에서는 단순한 정치적 외교적 행위는 법적 의무가 파생하지 않지만, 일방적 행위를 한 주체가 국가원수, 정부수반, 외교장관 등 국가를 대표할 수 있는 자이고 내용과 대상이 구체적이며 그러한 행위에 수반된 국제법적 효과도 미리 정해져 있는 경우는, 일방적 행위에 예정된 법적 의무가 발생한다고 예외적으로 인정하고 있다. 유엔 총회 산하 국제법위원회International Law Commission, ILC는 권한 있는 자에 의해 공식적으로 선언되고 명백하고 구체적인 용어가 사용되고 이를 준수할 의지가 표명된 경우 해당 일방적 선언은 법적 구속력이 있다고 한 바 있다.[31] 따라서 국가

30 L. Rajamani, "The 2015 Paris Agreement: Interplay between Hard, Soft and Non-Obligations", *Journal of Environmental Law*, Vol.28, No.2, 2016, pp.337-358; B. Mayer, "International Law Obligations Arising in relation to Nationally Determined Contributions", *Transnational Environmental Law*, Vol.7, No.2, 2018, pp.251-275.

31 Guiding principle applicable to unilateral declarations of States capable of creating le-

명의로 진행된 구체적 수치의 감축안에 대한 서면 제출은 구속력 있는 의무로 구성할 수 있다는 주장도 가능하다.

그러나 기후변화협약 체제 존속을 위한 후속 체제 설계에서 NDCs를 법적 구속력 있는 내용으로 간주하고 국가들이 접근했는지는 의문이다. 즉, NDCs 개념 협의 과정에서 법적 구속력을 부여하려는 당사국의 의도를 확인하기 어렵다. 우선 명칭에서부터 「교토의정서」에서는 당사국의 감축의무를 공약commitment으로 규정한 것에 반해 NDCs는 기여contribution라는 다른 용어를 의도적으로 사용했다.[32] 나아가 NDCs 이행의무의 법적 구속력을 명시하는 「파리협정」 내 규정이 없으며, 「파리협정」 자체가 NDCs 이행점검 외 위반에 대한 어떠한 후속 조치도 규정하고 있지 않다는 점에서 더욱 그러하다. 당사국들의 의도는 「파리협정」 채택 전 NDCs 설계 과정 논의에서 직접적인 구속력 부과보다 투명성을 통한 이행확보를 강조하는 측면에서 NDCs 달성의무에 구속력을 부과한 것은 아니라고 이해된다. 결과적으로 NDCs 관련 의무는 「파리협정」과 관련 규정 및 지침에 따라 객관적으로 작성하여 제출할 절차적 의무로서 행위의무가 있을 뿐이고 이를 달성할 결과에 대한 책임의무는 없다고 보는 것이 타당하다. 단 행위의무이므로 관련 절차에 따라 상당한 주의due diligence를 다해 작성해야 할 것이므로, 소위 적법절차due process 준수 및

gal obligation, in *Yearbook of the International Law Commission*, 2006, Vol.Ⅱ, Part Two(https://legal.un.org/ilc/texts/instruments/english/commentaries/9_9_2006.pdf, 2024. 8. 2. 방문).

32 이에 대해 contribution이라는 용어는 새로운 기후체제 설립 시 선진국과 개발도상국의 감축의무에 대한 서로 다른 접근을 절충한 개념이라는 주장이 있다. 즉, 법적 강제성이 있는 commitment 용어의 사용을 거부한 선진국들의 입장을 반영하여 2013년 3월 도쿄에서 개최된 제11차 기후변화 대응을 위한 비공식회의에서 한국 대표가 "not the same amount but the same efforts and contribution"이라는 용어를 제안하면서 처음 제시되었다고 한다. 오진규, "NDC의 의미와 역할", 앞의 주 11, 116쪽.

이에 따른 상당한 주의를 다할 의무가 있다고 할 것이다. 상당한 주의를 다했는지 여부에 대해서는 국제 또는 국내 법원이 판단할 몫이다.

설령 NDCs가 국제법적 구속력은 없다고 할지라도 국내법적으로도 아무런 효과가 없는 것은 아니다. 「파리협정」에 따르면 NDCs를 결정하여 제출하면, 장기저탄소발전전략Long-term Low Greenhouse Gas Emission Development Strategies(이하 'LEDS') 등 이를 이행하기 위한 후속 조치들 역시 COP에 제출해야 한다. 그리고 이러한 조치 및 NDCs 자체는 국가온실가스 감축 목표의 형태로 국내법에 명기되는 것이 일반적이다. 따라서 NDCs가 국내 법령에 수용되어 규정되는 이상 이는 국내에서 공법상 효력을 갖는다. 따라서 당사국이 이를 준수하지 않을 때 자의적이고 재량권 일탈 및 남용이 현저한 경우 부작위위법확인 소송 등을 통해 다툴 수 있는 법적 근거가 된다. 최근 국가별로 자국의 온실가스 감축 목표 달성 의무에 대한 국내 소송이 다수 진행되고 있다. 대표적인 기후소송인 네덜란드 우르헨다Urgenda 사건에서 네덜란드 대법원은 기후변화협약 및 유럽연합의 온실가스 감축 목표가 국가가 준수해야 할 구체적 의무라고 확인한 바 있다.[33]

33 박시원, "기후변화와 인권침해 소송–Urgenda 고등법원 판결을 중심으로–", 『환경법과 정책』, 제23권(2019), 55쪽. 2019년 파키스탄에서 제기된 헌법 소원에서도 파키스탄 정부의 NDCs 달성을 위한 국내법 정책 실시 위반이 파키스탄 헌법 등 국내법 및 국제법적 의무 위반인지 여부에 대해 다투고 있다. Writ Petition for the Petitioner at paras. 1–2, Maria Khan v. Federation of Pakistan(https://climatecasechart.com/non-us-case/maria-khan-et-al-v-federation-of-pakistan-et-al/, 2024. 8. 2. 방문).

Ⅳ. 유엔의 역할 및 과제

1. 안전보장이사회의 역할

유엔은 기후대응 국제논의를 주도했으며 기후변화협약 체제 수립에도 주된 역할을 했다. 이는 기후변화협약의 명칭이 '유엔'기후변화협약이라는 점에서도 자명하다. 그러나 유엔에 있어서 기후변화협약은 많은 다자간 환경협약 중 하나일 뿐이며 기후변화협약 체제는 독립적으로 유엔체제와 별개로 운영되고 있다. 특히 전술한 바와 같이 NDCs의 법적 구속력 등「파리협정」이 기후위기에 충분한 대응을 할 수 있는 체제인지에 대해서는 회의적이다.

기후 문제는 단순한 환경권 문제가 아닌 생존권 문제, 나아가 새로운 안보 문제로 자리매김되고 있다. 온난화에 따른 해수면 상승으로 군소도서국들의 영토주권이 위협받고 있으며, 기후변화로 인한 홍수, 가뭄 등은 농업생산량 감소로 이어져 소위 식량안보 문제를 야기하고 있다. 「파리협정」의 2℃ 제한이 달성되지 못하고 나아가 그 이상으로 지구온도가 상승하는 경우 생태계 파괴로 인류의 생존에도 영향을 미칠 것이다.[34] 따라서 생태계 파괴 등 인류에 큰 영향을 미치는 기후위기를 안보 대상 또는 안보에 대한 위협으로 간주하고 안전보장이사회(이하 '안보리')의 주 임무로 설정할 필요가 있다.

안보리는 2007년 이후 공개토론 11회, 비공식회담 8회, 브리핑 3회 등을 통해 기후변화 주제를 다루었다. 특히 식량안보와 기근 등이 지역 안

34 마크 라이너스는 기후위기의 종착점은 지구상 모든 생명체의 멸종으로 이어질 것이라고 경고하고 있다. 마크 라이너스, 『최종 경고: 6도의 멸종–기후변화의 종료, 기후붕괴의 시작–』(세종서적, 2022), 396쪽.

보에 미치는 영향 등의 관점에서 기후변화를 비전통적 안보 주제로 다루었다.[35] 유엔헌장 제24조의 국제평화와 안보에 대한 전통적인 이해는 무력충돌을 전제로 한다. 그런데 최근 안보의 개념을 기후변화, 팬데믹, 건강과 인간안보 등 국제평화와 안보에 대한 비전통적 위협 상황으로 확대하여 접근하고 있는데, 이제 기후위기 역시 비전통적 안보로 안보리가 적극적으로 다루어야 한다는 주장이 있다.[36]

안보리는 2007년 4월 처음으로 에너지 및 기후와 안보의 관련성에 대한 토의를 진행했으며,[37] 2011년 기후변화가 국제평화와 안전에 미치는 영향에 대한 공개토론이 이루어졌다.[38] 이후에도 2013년, 2015년, 2017년 비공식토의Arria formula debates 및 2018년, 2019년, 2020년 공개토의 또는 고위급토의, 브리핑 등이 진행된 바 있다. 2021년에는 기후변화와 관련해 많은 안보리 차원의 논의가 있었는데, 2월과 9월 고위급 공개토의(주제: 국제평화와 안전 유지-기후와 안보)가 있었고, 12월에는 기후 관련 안보를 체계적으로 유엔의 분쟁 예방, 관리 및 평화구축 전략에 통합하여 다룰 것에 대한 투표가 진행되었다. 그러나 12개 이사국의 찬성, 2개 이사국의 반대(러시아, 인도), 중국의 기권으로 해당 안건 채택은 실패로 돌아갔다. 러시아는 해당 결의안 반대와 관련하여 기후 문제는 과학적·경제적 문제이지 정치적 문제로 접근해서는 안 된다는 취지의 발언을 했

35 UN Doc. A/76/L.75(2022).

36 M. Nevitt, "Is Climate Change a Threat to International Peace and Security?", *Michigan Journal of International Law*, Vol.42, 2021, p.543.

37 UN Doc. S/PV.5663(2007).

38 UN Doc. S/PRST/2011/15(2011). 해당 토론의 주 목적은 기후변화를 외교정책에 추가하고 기후변화를 다루기 위해 필요한 절차를 구성하고 이를 위한 국제연대를 강화하는 것이었으며, 해당 토론 후 기후변화의 부정적 영향은 장기적으로 국제평화와 안전에 대한 현존하는 위협을 가중시킴을 인식한다는 의장성명 채택에 합의했다.

다.[39] 안보리의 국제사회 리더로서의 임무와 책임에 대해 언급하지 않더라도 민주적 정당성 원칙이 국제 거버넌스에 적용되어야 함은 당위적 문제라는 점에서 결의안 채택 부결은 아쉬움이 있다.[40] 안보리가 법적 판단기구가 아닌 정치적 판단기구라는 점에서 더욱 그러하다.

국제평화와 안보를 위협하는 대표적 사안은 전쟁이며 유엔이나 전신인 국제연맹 설립의 주된 이유도 전쟁을 방지하기 위해서임은 부정할 수 없다. 전쟁을 방지하는 것은 전쟁으로 인한 인명 피해, 경제적·사회적 피해를 예방하기 위해서다. 제1차 세계대전과 제2차 세계대전으로 인한 사망자는 각각 약 2,592만 명, 6,000만 명으로 전체 8,600만 명이다.[41] 경제적 피해는 상상을 초과하는 규모인데, 최근 우크라이나전쟁을 통해 체감했지만 세계대전이 아니라 지구 한편에서 발생한 지역 전쟁이라도 전 세계 경제 사회에 큰 영향을 미친다.

그렇다면 기후위기로 인한 인명 피해 및 경제적 피해는 전쟁에 미치지 못하는 것일까? 세계보건기구World Health Organization, WHO가 COP27에서 발표한 내용에 따르면 2030년에서 2050년 동안 매년 지구온난화로 추가적으로 사망하는 인원은 25만 명으로 이러한 수치는 질병으로 인한 사망만을 계산한 것이다.[42] 극한 기온이상인 혹한이나 폭염 등으로 인한 사망

39 Russia Blocks U.N. Move to Treat Climate as Security Threat, *New York Times* (2021. 12. 13.)(https://www.nytimes.com/2021/12/13/world/americas/un-climate-change-russia.html, 2024. 8. 2. 방문).

40 D. Bodansky, "The Legitimacy of International Governance: A Coming Challenge for International Environmental Law?", *American Journal of International Law*, Vol.93, 1999, p.597.

41 https://www.census.gov/history/pdf/reperes112018.pdf, https://www.nationalww2museum.org/students-teachers/student-resources/research-starters/research-starters-worldwide-deaths-world-war(2024. 8. 2. 방문).

42 WHO, Health must be front and centre in the COP27 climate change negotiations, 2022. 11. 6.(https://www.who.int/news/item/06-11-2022-health-must-be-front-and-centre-in-the-cop27-climate-change-negotiations, 2024. 8. 2. 방문).

자, 태풍이나 산불 등 자연재해로 인한 사망자, 나아가 식량생산 감축으로 인한 기아 사망자 등을 계산한다면 그 수치는 상상 이상일 것이다. 특히 전쟁과 같이 단발성이 아니라 기후위기는 언제까지 지속될지 모른다는 점에서 그 위험성은 전쟁 이상이다. 지구온난화에 따른 해수면 상승은 군소 도서국가들의 영토주권에 대한 직접적인 침해를 야기하며,[43] 기후위기로 인한 전 세계 식량 생산량 감소 및 가뭄 등 자연재해로 인한 수자원 부족 등은 간접적으로 국제평화 및 지역안보에 심각한 영향을 야기한다는 점에서 안보리는 보다 적극적으로 대응해야 할 것이다.

2. 유엔 총회 및 국제사법재판소의 역할

유엔 총회는 전술한 바와 같이 IPCC를 설립하여 기후변화협약 체제가 설립되고 발전하는 데 큰 공헌을 했다. 그러나 총회는 헌장의 전반적 주제에 대해 토의하고 권고할 수 있는 권한이 있음에 반해,[44] 안보리와 같이 구속력 있는 결의안을 채택하지 못하는 한계도 동시에 가지고 있다. 그럼에도 불구하고 총회는 기후 문제에 관심을 갖고 유엔 기관 중 가장 활발하게 활동하고 있다. 대표적으로 총회는 군소 도서국들 주도하에 기후변화가 안전에 미치는 영향에 대한 종합적 보고서를 작성할 것을 사무총장에 요청하는 결의안을 채택했고,[45] 이에 따라 사무총장은 2009년 기후변화를 국제평화와 안전을 악화시키는 현존하는 '위협승수threat multiplier'로 강조하는 보고서를 작성했다.[46]

43 김원희, "해수면 상승이 가져온 유엔해양법협약 체제의 과제와 해양법정책에 대한 함의", 『서울국제법연구』, 제29권 제2호(2022), 3쪽; D. Freestone and D. Cicek, *Legal Dimensions of Sea Level Rise: Pacific Perspectives* (World Bank Group, 2021), pp.2-3.

44 유엔헌장 제10조.

45 UN Doc. A/RES/63/281(2009).

46 UN Doc. A/64/350(2009), Climate change and its possible security implications Report of the Secretary-General(https://www.securitycouncilreport.org/atf/cf/%7B65BFCF9B-

유엔 총회는 2022년 환경권을 보편적 권리로 인정하는 결의안을 채택했는데, 이 결의안은 인권이사회가 2021년 채택한 문서를 기반으로 하여 기후 문제로 인해 인권이 보장받지 못함을 근거로 기후 문제의 해결과 쾌적한 환경에서 살아갈 권리를 요청하고 있다.[47] 특히 이 보고서의 배경이 된 난민고등판무관 자료에 따르면 2008년 이후로 2,250만 명이 태풍 등 기후 관련 재해로 집을 잃는 등 기후위기는 실질적인 피해로 나타나고 있는데,[48] 해당 난민들이 주변국에 유입됨으로써 발생하는 지역적 안전 위협과 경제적 긴장 등은 기후위기가 국제평화와 안전을 가중시키는 위협승수가 됨을 보여 준다.

총회의 결의안이나 보고서 등이 직접적으로 기후위기에 대응하기 어렵다는 점에서 총회가 국제사법재판소에 권고적 의견을 구하는 방식을 통해 기후변화협약 체제의 한계를 극복하고자 하는 움직임도 존재한다.[49] 실제로 2023년 3월 29일 총회는 첫째, 국가들과 현세대 및 미래세대를 위해 인류의 온실가스배출로부터 기후 체제와 다른 영역의 환경보호를 보장하기 위한 국가들의 국제법상 의무는 무엇인지, 둘째 국가들이 작위 또는 부작위로 기후체계 및 기타 환경 영역에 상당한 피해를 야기한 경우 첫 번째 질의 사항에 기술된 국제법상 의무에 따라 기후변화의 부정적 영향을 받는 군소 도서국 및 현재 및 미래 세대에 대해 부담하

6D27-4E9C-8CD3-CF6E4FF96FF9%7D/sg%20report%202009.pdf, 2024. 8. 2. 방문).

47 Clean, healthy and sustainable environment, a universal human right.

48 Environment, Disasters and Climate Change, UNHCR(https://www.unhcr.org/en-us/environment-disasters-and-climate-change.html, 2024. 8. 2. 방문); GRID, Global Report on International Displacement(https://www.internal-displacement.org/global-report/grid2018/downloads/2018-GRID.pdf, 2024. 8. 2. 방문).

49 A. Mile, "Emerging Legal Doctrines in Climate Change-Seeking an Advisory Opinion from the International Court of Justice", *Texas International Law Journal*, Vol.56, 2021, p.59.

는 법적 결과는 무엇인지에 대해 국제사법재판소에 권고적 의견을 요청했다.[50] 현재 국제사법재판소는 권고적 의견에 대해 심리를 진행 중이지만, 2024년 5월 국제해양법재판소ITLOS가 제시한 기후변화 관련 해양법협약 당사국의 의무에 대한 권고적 의견을 참고할 수 있을 것이다. 국제해양법재판소의 권고적 의견은 온실가스를 해양법협약상 오염물질로 포섭하여 온실가스배출로 인한 해양산성화 및 해수면상승 등 해양에 미치는 부정적 효과를 예방하기 위한 당사국의 의무로 해양법협약상의 예방의무와 상당한 주의due diligence를 강조하고 있다.[51] 국제해양법재판소에 요청된 질의 사항에 비해 국제사법재판소에 요청된 질의 사항은 일반 국제법하의 의무와 책임의 문제이므로 더 포괄적이다. 주요 의무는 기후변화협약과 「파리협정」상 당사국의 의무인데, 이 중 NDCs의 법적 구속력 문제는 기후변화협약 체제를 존중해야 하는 한계, 그리고 2℃가 아닌 1.5℃의 필요성을 청구취지로 한다면 이는 법적 문제가 아닌 과학의 영역이라는 점에서 역시 한계에 봉착할 것이다. 그렇지만 NDCs 미달성이 「파리협정」 위반은 아니지만 미달성국가들에 「파리협정」 제8조 '손실 및 피해Loss & Damage'와 관련하여 조성될 기금에 더 많은 기여를 요구하는 것은 가능한지, 유엔 회원국이 NDCs 달성을 위한 국내정책 수립 등 이행 차원에 상당한 주의를 다할 의무가 있는지 등에 대한 권고적 의견에는 주목할 만하다.

「파리협정」 당사국들은 제8조에서 손실 및 피해를 명시하되, COP 결정문을 통해 제8조가 배상 및 보상 등의 법적 근거로 제시된 것은 아니

50 UN Doc. A/RES/77/276(2023).

51 Request for an Advisory Opinion submitted by the Commission of Small Island States on Climate Change and International Law (Request for Advisory Opinion submitted to the Tribunal), paras.234-243.

라고 법적 성격을 명확히 했다.[52] 그러나 이 결정문은 제8조가 기후변화와 관련하여 발생한 피해 등에 대한 법적 책임의 근거 조항이 되지 않는다는 내용일 뿐이다. 일반적으로 손해배상과 손실보상의 개념을 차용하여 위법행위로 인한 피해와 적법행위로 인한 손실을 구분할 때, 구속력 없는 NDCs 달성의무의 미이행, 즉 NDCs 미달성이 위법행위는 아니라 할지라도 그로 인해 발생한 손실에 대해서는「파리협정」이 아닌 관습국제법적으로 책임 추궁을 검토할 수 있다.[53]

국제법위원회는 2001년 "위험한 활동에서 야기되는 초국경피해 예방에 대한 규정 초안Draft Articles on Prevention of Transboundary Harm from Hazardous Activities"(이하 '2001년 초국경피해예방규정초안') 및 2006년 "위험한 활동에서 야기되는 초국경피해의 손실분배에 관한 원칙 초안Draft Principles on the Allocation of Loss in the case of Transboundary Harm Arising out of Hazardous Activities"을 통해 예방의무에 대한 책임 및 적법행위로 인해 발생한 보상 책임을 규정하고 있다. 우선, 예방의무 관련 관습국제법의 하나로 인정되고 있는 '피해를 야기하지 않을 원칙no harm rule'에 따라「파리협정」당사국들은 자국의 온실가스 배출 행위로 인해 타국 환경에 피해를 야기하지 않도록 주의하고 예방할 의무가 있다. 해당 의무에는 대표적으로 환경영향평가와 마찬가지로 개발 시 야기될 피해를 예측하고 감소시킬 대책을 상당한 주의를 다해 마련하는 등의 의무가 포함된다.

2001년 초국경피해예방규정초안은 적용대상을 중대한 피해를 야기할 위험이 수반되는 활동으로 한정하고 있는데, 여기서 '중대한' 피해란 '인간의 생명, 재산상의 막대한' 피해를, 그리고 중대한 피해를 야기할 '위

52 UN Doc. FCCC/CP/2015/L.9, para.52(2015).

53 소병천, "국제법상 기후변화피해책임-기후변화협상 '손실 및 피해(Loss& Damage)'논의를 중심으로-",『국제법평론』, 통권 제45호(2016), 14-17쪽.

험'은 중대한 초국경 피해를 야기할 높은 개연성의 형식을 취하는 위험과 개연성은 작지만 재앙적 피해를 가져올 수 있는 위험에 한한다.[54] 기후위기로 인한 피해가 중대한 피해인가의 여부는 사안마다 다르겠지만, 최근 기상이변으로 발생한 인명상, 재산상의 피해를 고려하면 해수면 상승으로 인한 국토 유실 등이 중대한 피해임이 명확하다. 2001년 초국경피해예방규정초안의 예방의무가 적용되면 주요 온실가스 배출국들은 기후변화로 인한 피해를 방지하거나 위험을 최소화할 모든 적절한 조치로 NDCs 이행조치를 취해야 하며, NDCs 달성을 위한 계획 수립 및 달성 과정에서 필요한 모든 조치를 취하지 않은 경우 상당한 주의를 다하지 못한 것으로 간주될 것이다. 즉, NDCs 달성이라는 결과 책임이 아닌 NDCs 달성을 위해 상당한 주의의무를 다했는지의 행위의무로서의 책임이 「파리협정」 NDCs에는 잔존한다. 군소 도서국가들은 이러한 법리에 근거하여 2022년 COP27에서 합의된 손실 및 피해 관련 기금에 NDCs 미달성국 중 일부 국가들에 더 많은 공여를 요구하는 압박을 가할 것이다.

3. 유엔사무총장의 역할

유엔사무총장은 사무국을 대표하는 행정 역할 외에 국제사회 주요 안건에 대한 문제 제기 및 조정 등의 역할을 하고 있다. 기후변화와 관련하여 가장 큰 역할을 한 사무총장은 반기문 전 사무총장임을 부정할 수 없다. 반기문 전 사무총장은 미국을 포함하여 국제사회 정상들에게 끊임없이 기후위기에 대한 대처를 강조하며 「파리협정」에 참가할 것을 독려했다. 반기문 전 사무총장은 「파리협정」 체결 당시 COP 의장국인 프랑스

54 2001년 초국경피해예방규정초안 제2조 (a).

의 외무장관 로랑 파비위스Laurent Fabius와 함께 협상을 주도함으써 「파리협정」 체결의 핵심 공헌자로 인정받고 있다.

현 사무총장인 안토니우 구테흐스 역시 기후변화에 대해 많은 관심을 가지고 있으며 유엔 차원의 주도적 역할을 강구하고 있다. 특히 2022년 12월 심각해지는 기후위기와 기후변화협약 체제의 미온적 대처에 대한 문제 인식을 밝히고, 보다 구체적·적극적·가시적 결과를 도출하기 위해 2023년 9월 기후 관련 회의인 '기후 목표 정상회의Climate Ambition Summit' 개최를 제안했다.[55] 이 회의에는 정부 지도자들뿐 아니라 기업대표, 지방자치단체장, 시민사회 등 소위 환경 거버넌스 주요 이해관계자들이 참여했다. 기후 목표 정상회의 논의 결과 75개국 정상은 전 세계 이산화탄소 배출량의 약 65%, 세계 경제의 약 70%를 차지하는 국가들이 순제로Net-Zero 배출 또는 탄소중립에 도달하기로 약속했다.

현재 「파리협정」 당사국들이 제출한 NDCs가 모두 달성된다고 해도 온도 상승은 2.7℃에 이를 것이라는 주장이 있다.[56] 자발적 의무 체제인 현 기후협약 체제에서 최다 배출국인 중국을 포함하여 주요 당사국들이 사실상 NDCs를 달성할 가능성이 없다는 점에서, 2.7℃ 이상의 지구온도 상승은 불가피할 것으로 전망된다. 2.7℃ 이상 온도 상승은 탄소순환 되먹임 작용으로 지구온난화가 가속화되는 임계점에 임박한 수준이다. 즉, 온실가스 감축이 획기적으로 이루어지지 않는 이상 인류의 생존은 위험에 처할 가능성이 더욱 커진다.

세계 환경 정상회의라 불린 1992년 유엔환경개발회의 이후 별다른 환

55 UN News, "Guterres announces 'no nonsense' climate action summit; calls for practical solutions" (2022. 12. 19.)(https://news.un.org/en/story/2022/12/1131842, 2024. 8. 2. 방문).

56 Effect of Current Pledges and Policies on Global Temperature, Climate Action Tracker(http://climateactiontracker.org/global.html, 2024. 8. 2. 방문).

경 관련 성과가 없다. 1972년 스톡홀름 인간환경회의 개최 이후 10년을 주기로 개최되었던 환경 관련 국제회의 역시 2012년을 마지막으로 개최되지 않고 있다. 만일 현 유엔사무총장의 주도적 역할로 임기 내 정상들의 회합 자리에서 자발적 감축의무에 대한 국가들의 이행 의지를 확인하고 이를 담보하는 추가적인 조치가 마련된다면 기후변화협약 체제는 새로운 동력을 확보할 것이다.

V. 결론

세계기상기구 주도로 1979년 제네바에서 개최된 제1차 세계기후회의 First World Climate Conference 이후 유엔은 기후 문제 대응을 위해 부단한 노력을 기울여 왔으며,[57] 기후변화협약 및 「파리협정」 등 기후 관련 국제협력체제도 갖추고 있다. 그러나 「파리협정」의 자발적 온실가스감축 체제는 기후위기에 대한 효과적 대응체제로는 미흡하다. 최근 가장 큰 위기는 코로나19였다. 전 세계는 사회에 많은 변화를 가져온 코로나19 등을 통해 감염병의 위험성에 대해 충분히 인식했다. 그러나 코로나19를 야기한 근본 원인인 온난화 및 기후위기에 대해서는 아직도 충분히 인지하지 못하고 있다.

2022년 봄 우리 사회에 조용한 경종을 울린 뉴스 중 하나는 전국적으로 최소 60억에서 78억 마리의 꿀벌이 사라졌다는 보도이다.[58] 원인으

57 J. W. Zillman, "A History of Climate Activities", *WMO Bulletin*, Vol.58, No.3, 2009, p.143.

58 『경향신문』, "꿀벌기획 ① 그 많던 꿀벌은 어디로 갔을까 …… 2022년 꿀벌 실종 사건의 전

로 기후변화로 인한 환경변화가 지적되었다. 이는 한국만의 현상은 아니다. 최근 20년 동안 미국호박벌은 미국 동북부 상당수 주에서 사라졌으며 최소 8개 주에서는 멸종되었다.[59] 수분 활동하는 벌의 감소로 농업 생산량 감소 현상이 발생했다. 이는 레이첼 카슨Rachel Carson이 60여 년 전 『침묵의 봄』에서 경고한 사실이며, 이제 그 경고는 현실화되었다. 아인슈타인도 꿀벌이 사라진다면 4년 안에 인류도 멸종할 것이라 한 바 있다. 기후위기가 점차 다가오는 현실에 대해 국제사회를 대표하는 유엔과 회원국들의 절실한 대응과 대처가 필요한 시기이다.

유엔 회원국인 한국은 1993년 기후변화협약에,[60] 2002년 「교토의정서」에,[61] 2016년 「파리협정」에 각각 가입했다.[62] 한국은 기후변화 COP에 정부대표단을 포함하여 민간단체 등에서도 적극적으로 참여해 왔으며 국제 논의에 적극적으로 참여하는 등 기후변화협약 체제 발전에 공헌해 왔다. 한국은 「교토의정서」에서는 비부속서 국가에 해당하여 구체적 감축

말" (2022. 3. 31.)(https://m.khan.co.kr/environment/environment-general/article/202203310600031#c2b, 2024. 8. 2. 방문).

59 2021년 2월 미국 올버니 로스쿨 학생들을 중심으로 한 청원단은 내무부장관을 상대로 미국멸종위기종보호법의 보호대상 목록에 미국호박벌(American Bumble Bee)을 추가해 달라는 청원을 했다. Petition to list the American Bumble Bee Bombus pensylvanicus(De Geer, 1773) as an Endangered Species under the U.S. Endangered Species Act, Center for Biological Diversity and Bombus Pollinators Association of Law Students, 2021. 2. 1., p.8(https://www.biologicaldiversity.org/species/invertebrates/pdfs/Center-et-al-2021-Petition-to-List-the-American-Bumble-bee.pdf, 2024. 8. 2. 방문).

60 한국은 기후변화협약 관련하여 1993년 10월 21일 제50회 국무회의 심의를 거쳐, 1993년 11월 30일 제165회 국회 제17차 본회의 비준 동의 후, 1993년 12월 14일 비준서를 기탁했다. 이후 이 협약은 1994년 3월 21일 조약 제1213호로 국내에서 발효되었다.

61 한국은 「교토의정서」 관련하여 2002년 7월 2일 제26회 국무회의 심의를 거쳐, 2002년 10월 30일 제234회 국회 제12차 본회의 비준 동의 후, 2002년 11월 8일 비준서를 기탁했다. 이후 이 의정서는 2005년 2월 16일 조약 제1706호로 국내에서 발효되었다.

62 한국은 「파리협정」 관련하여 2016년 8월 30일 제38회 국무회의 심의를 거쳐, 2016년 11월 3일 제346회 국회 제11차 본회의 비준 동의 후, 2016년 11월 3일 비준서를 기탁했다. 이후 이 협정은 2016년 12월 3일 조약 제2315호로 국내에서 발효되었다.

의무를 부담하지 않았으나 경제·사회적 발전에 따라 「파리협정」에서는 더 많은 역할이 요구되고 있다.

한국이 2015년 제출한 NDCs는 "별다른 온실가스 감축 노력이 없었을 때 배출될 것으로 예상되는 2030년 온실가스 발생량BAU의 37% 감축" 한다는 내용으로, 이는 유럽연합(2030까지 1990년 배출 탄소량의 40% 감축) 등 기후변화 대응 선도국들에 비해 대단히 소극적이어서 국내외에서 많은 비난을 받았다. 이에 한국은 2020년 이후 연도별, 부문별, 업종별 감축량 등 구체적 이행계획을 포함한 LEDS 수립을 통해 기존의 소극적 정책을 개선하고자 온실가스종합정보센터 등 21개 국책기관소속 33명으로 구성된 기술작업반을 구성하여 실무적 작업을 진행했다. 또한 이와 별개로 민간전문가들의 의견을 수렴하기 위해 "2050 저탄소 사회 비전 포럼"을 운영하여 NDCs 상향조정에 대한 의견수렴을 모색했다. 이를 바탕으로 2021년 탄소중립위원회에서 2018년 대비 40% 감축이라는 NDCs 수정안이 마련되어 10월 국무회의 심의를 거쳐 NDCs로 확정하여 같은 해 기후변화총회에서 통보했다.

한국은 2021년 「기후위기 대응을 위한 탄소중립·녹색성장 기본법」(이하 '탄소중립기본법')을 제정하여 기후위기 대응과 탄소중립 달성을 위한 통합적 법적 제도를 마련했다.[63] 이 법은 장기적 비전으로 2050년 탄소중립[64]을 선언하여 탄소중립사회로의 이행을 추진하고, 중장기 국가온실가스 감축 목표(이하 '중장기감축목표')를 2030년까지 2018년의 국가 온실

63 이 법은 2010년 제정된 저탄소 녹색성장 기본법을 대체했으며 2022년 3월 25일 발효되었다.

64 '탄소중립'이란 대기 중에 배출·방출 또는 누출되는 온실가스 양에서 온실가스 흡수량을 상쇄한 순배출량이 영(零)이 되는 상태를 말한다. '탄소중립사회'란 화석연료에 대한 의존도를 낮추거나 없애고 기후위기 적응 및 정의로운 전환을 위한 재정, 기술, 제도 등의 기반을 구축함으로써 탄소중립을 원활히 달성하고 그 과정에서 발생하는 피해와 부작용을 예방 및 최소화할 수 있도록 하는 사회를 말한다.

가스 배출량 대비 40%로 정해 국내법을 통해 NDCs를 국내목표로 명기하고 있다.[65]

2015년 NDCs와 비교하여 상향된 2021년 NDCs는 국제사회에서 향상된 한국의 역할과 지위를 보여 준다. 탄소중립과 상향 조정된 중장기 감축목표를 국내법에 명기한 것 역시 법제적으로도 안정성을 띠고 있다.[66] 탄소 등 화석연료에 기반한 한국의 경제 산업 구조를 고려할 때 기후위기에 대한 적극적 대응과 탄소중립사회로의 이행이 쉬운 일은 아니다. 그러나 탄소중립은 피할 수 없는 국제적 흐름이다. 기후 문제는 경제의 문제가 아닌 생존의 문제로, 기후위기 시대에 경제적 어려움을 이유로 신재생에너지 개발 등 기후위기 대응에 뒤처지는 것은 미래세대에 무거운 짐을 지우는 무책임한 일이다. 오늘날 한국은 경제적·군사적·문화적으로 과거 어떤 시대보다 발전된 지위를 누리고 있다. 이제 국제사회를 이끌어 갈 글로벌 중추 국가로서 한국의 책임에 대한 깊은 고민과 역할의 적극적 실행이 필요한 때이다. 이러한 차원에서 한국은 유엔에서 환경 외교 및 기후 외교에 적극적으로 대처해야 한다.

65 탄소중립기본법 제7조, 제8조 및 시행령 제3조.

66 영국(기후변화법 제1조), 독일(연방기후보호법 제3조) 등 상당수 국가는 국내 기후 관련 법제에 국가 온실가스 감축 목표 및 장기적 탄소중립 비전을 규정하고 있어 한국도 시행령이 아닌 법률에 기본적 국가 온실가스 감축 목표를 규정할 필요성이 제기되어 왔다. 일반적 사항에 대해서는 박기령 외, 『파리협정에 따른 국가결정기여(NDCs)의 국내이행에 관한 주요 국가별 동향 분석』(한국법제연구원, 2020) 참조.

제11장

대한민국의 국제인권 외교 발자취: 유엔인권메커니즘을 중심으로

백범석
경희대학교 법학전문대학원 부교수
홍미화
국민대학교 정치외교학과 교수

Ⅰ. 서론

제2차 세계대전 이후 수립된 민주주의, 자유무역, 보편적 가치에 기반한 자유주의 국제질서는 지난 수년간 내외부에서 공격받아 왔다. 특히 오늘날 국제사회는 민족주의, 권위주의, 영토주의 등 대안 규범에 기반하여 국제질서를 재편하려는 혼란의 시기를 겪고 있다. 그동안 중견국으로서 대한민국(이하 '한국')은 한반도 주변 4대 강국 사이에서 정치적 운신의 폭이 좁았기에 다자주의 제도를 바탕으로 국제협력을 지향해 왔다. 정당성을 부여받는 국제질서에서야말로 강대국의 일방 외교를 견제 및 제한하고, 외교환경의 불확실성을 축소하며, 다수의 유사 입장국like-minded country과 목소리를 함께함으로써 국제문제 해결에 영향력을 행사할 수 있었기 때문이다. 그러나 자유주의 국제질서의 근본적인 재편과 같은 구조적 변화로 인해 한국은 기존 다자외교 방향을 재검토할 중대한 기로에 서게 되었다.

1948년 국가 수립부터 1950년 6·25전쟁과 전후 재건 및 경제개발, 그리고 2021년 7월 제68차 유엔무역개발회의Untied Nations Conference on Trade and Development, UNCTAD 이사회에서 선진국 그룹으로의 지위변경이 만장일치로 가결되어 공식적인 선진국 지위를 획득하기까지 한국의 탄생과 성장은 유엔의 역사와 밀접히 연결되어 있다. 유엔을 무대로 한 남북한 체제 경쟁이 시들해진 냉전 이후에는 지정학적 위치에 바탕을 둔 중견국 외교 이론에 따라 규범에 기반한 국제질서 수립 및 강화를 목적으로 한국의 유엔 외교 정책이 설계되고 이행되어 왔다.

그러나 민주주의 성숙, 경제 발전과 같은 내부적 변화를 통한 국력의 성장은 한국의 국제적 지위 및 명성의 향상으로 이어졌고, 오늘날 중견국 외교에 머무를 수 없을 만큼 한국에 대한 국제사회의 기대가 커졌다. 한편 자유주의 국제질서의 외적 환경도 대전환의 갈림길에 서 있다. 러시아, 중국과 같은 권위주의 국가의 도전은 물론이고 성숙한 민주주의 국가에서조차 대규모 난민 위기에서 드러나듯이, 사람의 자유로운 이동을 제한하는 등 자유주의 규범의 모순과 위선이 드러나고 있기 때문이다.[1] 이러한 내외부 환경의 변화 속에서 한국은 어떠한 입장을 취하고 어떻게 구체적인 외교 목표를 수립해야 할까? 이는 근본적으로 한국이 변화하는 국제사회에서 추구하고자 하는 가치가 무엇인지에 대한 가치 정체성value identity[2]에 대한 물음으로 귀결된다.[3]

이 글은 한국이 그간 유엔이라는 다자주의 제도, 특히 유엔인권메커니즘 내에서 활동해 온 발자취[4]를 『외교백서』라는 정부공식 문헌의 연구

1 H. Farrell and A. Newman, "The Janus Face of the Liberal International Information Order: When Global Institutions Are Self-Undermining", *International Organization*, Vol.75, No.2, 2021, pp.333–358; B. Simmons and H. Goemans, "Built on Borders: Tensions with the Institution Liberalism (Thought It) Left Behind", *International Organization*, Vol.75, No.2, 2021, pp.387–410.

2 한 국가의 정체성(identity)은 정치체제, 경제제도, 지정학 등 물질적 요소와 가치, 규범, 이념, 이상과 같은 비물질적 요소로 이루어져 있다. 주로 비물질적 요소에 근간을 둔 국가의 가치 정체성은 국내 구성원이 특정 가치, 규범, 이상향을 추구하고 이를 위해 부단히 투쟁해 온 역동적인 역사를 통해 형성된다. 예를 들어 민주주의, 시장경제, 인권, 법치주의 등이 이에 해당한다.

3 국가는 국내적으로 형성된 가치 정체성에 기반하여 외교정책(value diplomacy)을 수립하고 이러한 가치를 국제적으로 확산하고 공고히 하려 한다. 상당수 국가가 이를 중요한 국가 이익으로 보기 때문이다. 비단 강대국뿐만 아니라 중견국도 자국의 정치적·경제적 역사를 통해 수립된 국내적 가치를 국제적으로 옹호하고자 하는 외교정책을 적극적으로 수립하고 성공시켜 왔다. 예를 들어 강대국 간 힘의 정치에서 벗어나 국제평화와 안보를 중요한 국익으로 생각하는 캐나다는 평화유지와 보호책임 원칙을, 스웨덴은 분쟁예방 의제를 적극적으로 국제사회에 제기해 왔다.

4 국제인권 규범 메커니즘에서 한국의 인권외교를 다룬 국내 연구는 아래 논문을 제외하고 찾아볼 수 없었다. 인권외교 일반에 관한 논문도 주로 국제정치학 측면에서 미국 등 서방국 인권외교 및 북한인권 문제에 한정되어 있다. 김덕주, "국제인권보호 체제를 통해 본 우리나라 인권외교의 어제, 오늘 그리고 내일", IFANS(주요국제문제분석) 2016-15호(국립외교원, 2016).

를 통한 질적 데이터 수집에 기반하여 살펴본다.[5] 이러한 역사적 과정 추적 방법론에 따라 한국의 국제인권 외교 측면에서 가치 정체성은 무엇이었는지 귀납적으로 추론한다. 더 나아가, 그간 학계나 정책실무 측면에서 논의된 바처럼 중견국 인권외교를 추진하는 데 소극적이지만은 않았고, 적어도 국익에 부합하는 인권 주제에 대해서는 능동적으로 보편적 가치를 추구해 왔음을 밝히고자 한다. 동시에 한국의 주요 국제인권조약 수용 행태를 통해 국제인권규범의 법제화 및 국제화 과정에의 참여 정도를 평가한다.[6] 마지막으로 지난 30년간 유엔인권메커니즘을 통한 한국의 국제인권 외교 활동을 추적해 봄으로써 향후 선진국으로서 인권외교 목표를 수립하기 위해 선행되어야 할 법정책적 과제는 무엇일지 모색해 본다.

5 문헌 연구 대상을 『외교백서』에 한정함으로써 이 글이 가지는 연구방법론상 한계는 분명히 있다. 예를 들어 정부공식 문서는 한국이 국제사회에서 추구해야 했지만 하지 못했던 인권외교 활동을 드러내기에는 부족하다. 그럼에도 불구하고 한국의 인권외교 역사 전체를 다각적으로 조망하기에는 많은 제약이 있었다. 이에 이 글은 유엔 가입 이후 발간된 총 31권의 『외교백서』를 살펴보고 그 내용을 검토하며, 국제인권조약 가입, 비준, 유보와 철회, 한국 인사의 유엔 진출 등 도드라지는 형식적 요소를 우선 분석하는 것으로 연구 범위를 한정한다. 「시민적 및 정치적 권리에 관한 국제규약」과 「경제적·사회적 및 문화적 권리에 관한 국제규약」을 포함한 개별 인권조약 가입 당시의 논의와 국내외 정치적 및 법적 쟁점에 관한 연구 또는 국내적 이행 및 내재화에 관한 기존 연구와 연계한 통섭적인 검토 등은 향후 연구 과제로 남겨 둔다.

6 이 글은 국제사회에서 한국의 인권외교 활동에 초점을 맞추어 국제인권 규범 및 조약 수용 행태를 살펴본다. 국내적 이행에 관한 연구는 이미 상당히 축적되어 있을뿐더러 이는 이 글의 연구대상이 아님을 밝힌다. 송지우·백범석, “법원을 넘어서: 국제인권법의 효과적 국내 이행을 위한 향후 과제”, 『국제법학회논총』, 제66권 제1호(2021) 참조.

II. 국가의 국제인권 제도 및 조약 참여 동기

제2차 세계대전 이후 첫 인류 공통의 인권 기준인 1948년 「세계인권선언」이 채택된 이래 현행 국제인권법 체제는 9개 유엔 인권조약을 중심으로 광범위하게 확장되어 왔다. 지구상 모든 국가는 핵심 인권조약 중 최소한 1개 이상을 비준했다. 비준 개수를 기준으로 모든 나라를 일렬로 줄 세운다면 7개 핵심 인권조약을 비준한 국가가 중간에 위치하게 된다.[7] 국제인권조약 참여 현황을 보면, 1966년 채택된 자유권 및 사회권 규약은 물론이고 여성차별철폐협약, 아동권리협약 등 대부분의 핵심 조약에서 국가들의 보편적 참여행태universal commitment를 볼 수 있다.

그렇다면 국제인권 제도 및 조약에 개별 국가가 실제로 참여하는 동기는 무엇일까? 안보, 무역, 금융 조약과 달리 인권조약은 가입, 비준할 명시적 혜택이 상대적으로 빈약하다. 그럼에도 불구하고 자국의 주권 사항일 수 있는 인권 문제에 대해 자발적으로 국제규범 체제를 따르고 받아들이겠다는 국가의 참여 동기가 무엇인지 오랜 시간 학계에서는 그 답을 찾고자 했다. 이러한 이론적 논의는 국제정치학, 사회학, 인류학, 법학 등 개별 학문 영역에서 독립적이지만 서로의 이론을 통섭적으로 수용하고 비판하는 과정을 통해 발전해 왔다.

기존 연구에 따르면, 국가는 국제인권법 및 제도에 크게 다음의 두 가지 이론적 메커니즘을 통해 참여한다.[8] 먼저, 국제정치학에서 말하는 합

7 K. L. Cope, *et al.*, "Empirical Studies of Human Rights Law", *Annual Review of Law and Social Science*, Vol.15, 2019, p.156.

8 Cope, *et al.*, *Ibid.*, p.160; E. M. Hafner-Burton, *Making Human Rights a Reality* (Princeton University Press, 2013), pp.61-62.

리적 선택이론에 기반한 논지로, 국가는 다음과 같은 이유로 참여의 혜택이 주권 제한이라는 비용보다 더 크다고 생각할 때 참여한다는 것이다.[9] ① 인권 존중 국가라는 국제적 명성 쌓기, ② 양자 무역조약, 금융조약 또는 유럽연합과 같은 다자기구 회원국 지위 획득, ③ 경제 제재를 완화하거나 무역 및 투자의 혜택 획득,[10] ④ 진정성 있는 가입국과 함께 함으로써 사회적 위장social camouflage 및 국제사회로부터의 인권 비난에 대한 연막smoke screen 획득,[11] ⑤ 국내 개혁정책이 후퇴하지 못하도록 저지lock-in[12]하거나 권위주의 국가에서 국내 반대세력에 대한 유화정책,[13] 또는 반대로 반정부세력에 대한 억지 장치[14] 등 국내 정치적 이유 등이 포함된다.

다른 하나는 국제정치학의 구성주의 및 사회학에 기반한 논지로, 국가는 ① 상호 자유민주주의라는 공통의 가치에 기반한 정체성, ② 여러 다

9 O. Hathaway, "The Cost of Commitment", *Stanford Law Review*, Vol.55, No.5, 2003; W. M. Cole, "Sovereignty Relinquished? Explaining Commitment to the International Human Rights Covenants, 1966–1999", *American Sociological Review*, Vol.70, 2005; O. Hathaway, "Why Do Countries Commit to Human Rights Treaties?", *Journal of Conflict Resolutions*, Vol.51, No.4, 2007; W. M. Cole, "Hard and Soft Commitments to Human Rights Treaties, 1966–2000", *Sociological Forum*, Vol.24, 2009; Simmons and Goemans, *supra* note 1.

10 Hafner–Burton, *supra* note 8; Mi Hwa Hong and Gary Uzonyi, "Deeper Commitment to Human Rights Treaties: Signaling and Investment Risk Perception", *International Interactions*, Vol.44, 2018.

11 Hafner–Burton, *Ibid*..

12 A. Moravcsik, "The Origins of Human Rights Regimes: Democratic Delegation in Postwar Europe", *International Organization*, Vol.54, No.2, 2000.

13 J. Vreeland, "Political Institutions and Human Rights: Why Dictatorships Enter into the United Nations Convention Against Torture", *International Organization*, Vol.62, No.1, 2008; C. R. Conrad and E. H. Ritter, "Treaties, Tenure, and Torture: the Conflicting Domestic Effects of International Law", *Journal of Politics*, Vol.75, No.2, 2013.

14 J. R. Hollyer and B. P. Rosendorff, "Why Do Authoritarian Regimes Sign the Convention Against Torture? Signaling, Domestic Politics and Non–Compliance", *Quarterly Journal of Political Science*, Vol.6, No.3–4, 2011.

자기구에서의 상호교류를 통한 학습효과, ③ 타국보다 상대적으로 발전한 현대 국가가 하는 행동양식 추구, ④ 주변 이웃 국가의 다수 가입에 따른 규범의 지역적 확산 효과나 모방 유인,[15] ⑤ 국제사회의 규범적 압박 등에 의해 참여한다. 결론적으로 대다수 학자가 동의하는 바는 다양한 국가가 각자 다양한 이유로 다양한 시기에 다양한 국제 인권법 및 제도에 대한 참여를 결정한다는 것이다.[16]

그렇다면 한국은 어떠한 이유로 국제인권 제도 및 조약에 참여해 왔을까? 국제인권 메커니즘 및 인권 규범을 다룬 국내 학계의 논의는 참여의 동기에 관한 연구보다는 국내적 적용 및 이행에 관한 법학적 담론 차원에서 주로 이루어져 왔다.[17] 한국의 국제인권 제도 및 조약 가입, 비준 동기에 관한 엄밀한 사례연구는 찾기 어렵다. 비법학적 담론 역시 인권이라는 구체적인 주제를 다루기보다는 다자주의 제도 전반에 걸친 참여에 관한 정치학 및 정책 연구가 대부분이었다.

기존의 문헌에 따른 논의는 주로 한국이 중견국 외교정책의 일환으로 다자주의 제도를 구축하거나 기존의 다자주의를 공고히 하는 데 기여했다는 내용을 담고 있다.[18] 요컨대 한국은 지정학적으로 한반도 주변 4대

15 C. M. Wotipka and F. O. Ramirez, "World Society and Human Rights: An Event History Analysis of the Convention on the Elimination of All Forms of Discrimination against Women", B. A. Simmons, F. D. and G. Garrett (eds.), *The Global Diffusion of Markets and Democracy* (Cambridge University Press, 2008); C. M. Wotipka and K. Tsutsui, "Global Human Rights and State Sovereignty: State Ratification of International Human Rights Treaties, 1965-2001", *Sociological Forum*, Vol.23, No.4, 2008.

16 Cope, *et al.*, *supra* note 7, p.160.

17 송지우·백범석, 앞의 주 6, 122-123쪽.

18 A. Chapnick, "The Middle Power", *Canadian Foreign Policy*, Vol.7, No.2, 1999; A. Carr, "Is Australia a Middle Power? A Systemic Impact Approach", *Australian Journal of International Affairs*, Vol.68, No.1, 2014; 김치욱, "국제정치의 분석단위로서 중견국가(Middle Power): 그 개념화와 시사점", 『국제정치논총』, 제49집 제1호(2009); 김상배, "네트워크로 보는 중견국 외교전략: 구조적 공백과 위치권력 이론의 원용", 『국제정치논총』,

강국에 둘러싸여 있기에 중견국으로서의 외교적 입지를 확장하고 남북 분단의 특수한 상황에서 국제정세의 예측 가능성과 한국 외교 입장의 정당성을 확보해야 한다. 이를 위해 유사 입장국들과 함께 규범에 기반한 다자주의 국제질서를 구축해야 하며 이러한 정책이 국익에 부합한다.

구체적 행동 양태를 살펴보면, 중견국은 우선 국제규범을 기반으로 국가이익에 따라 이를 준수하고 촉진하려는 다양한 국제행위자를 한곳에 모으고 이들 간 교류와 대화를 촉진하고자 하는 회의소집자conveners의 역할을 한다.[19] 만약 국가 간 갈등이 있다면 가교 역할bridge-builders을 하여 공식적 및 비공식적 제도를 통해 중재하고 국가 간 협력을 촉진하고자 하는 행동 특성facilitator을 보인다.[20] 또한 이러한 국제법 및 국제규범 체제가 지속해서 강화될 수 있도록 제도상의 다양한 리더십 지위에 관심을 가지고 활발하게 참여하는 특성이 있다.[21] 더 나아가 강대국과 다르게 보편적 가치 증진을 위해 안보, 경제, 환경, 인권과 같은 분야에서 진일보한 새로운 규범을 제기하는 규범 주창자norm entrepreneurs의 역할도 한다.[22]

제51집 제3호(2011); 강선주, “중견국 이론화의 이슈와 쟁점”, 『국제정치논총』, 제55집 제1호(2015); 김우상, 『중견국 책략』(세창출판사, 2016); 이승주, “연합 형성과 중견국 외교: 믹타(MIKTA)의 사례”, 『국제지역연구』, 제25권 제2호(2016); 조영준·김영완, “중견국 외교에 대한 소고: 믹타(MIKTA) 회원국의 국제기구 가입 현황을 중심으로”, 『21세기정치학회보』, 제31집 제1호(2021).

19 Sook-Jong Lee, *et al.*, “Middle Power in Action: The Evolving Nature of Diplomacy in the Age of Multilateralism”, *EAI Middle Power Diplomacy Initiative (MPDI) Special Report* (2015. 4.), p.6.

20 Lee, *et al.*, *Ibid.*.

21 특히 국제인권 증진을 강력한 국가 이익으로 규정하고 이를 위해 정치적·경제적·인적 자원을 활용할 의지와 능력을 갖추고 있는 국가들이 있다. Steward state(통용되는 국내 번역은 아직 없지만 집사 국가 또는 인권 청지기 국가 정도로 이해할 수 있다)라 불리는 이들 국가는 국제인권법과 국제인권 제도가 미치지 못하는 빈 곳을 메울 수 있는 중요한 역할을 한다. 또한 국내적으로 인권문화가 이미 상당 수준 성숙한 Steward state 국민은 자국 정부가 국제인권을 증진해 나가도록 지지와 압력을 보낸다. Hafner-Burton, *supra* note 8, p.5.

22 A. Björkdahl, “Swedish Norm Entrepreneurship in the UN”, *International Peacekeeping*,

다만 기존 국내 논의를 보면, 한국이 앞서 언급한 외교 행동 특성을 보였기 때문에 중견국으로 분류되는 것인지, 아니면 한국이 지정학적 특성 및 국력 면에서 중견국이기 때문에 바람직한 중견국의 외교 행태로 보이는 모습을 정책적으로 택해야 한다는 것인지 불분명하다. 따라서 이 글에서는 유엔 가입 이후 지금까지 한국의 외교실행을 연대기적으로 검토함으로써 국제인권 메커니즘을 통한 인권외교 활동을 살펴본다. 그리고 그 규범적 궤적을 바탕으로 한국이 어떠한 동기에서 어떻게 국제인권 체제에 참여 및 활동해 왔는지를 추적한다.

Ⅲ. 외교백서를 통해 살펴본 한국의 유엔 인권외교

대한민국『외교백서』는 정부의 주요 외교 사안, 정책 및 활동을 수록하여 매년 보고서의 형태로 외교부가 발간하는 공식 정부문서이다. 이에 한국의 유엔 가입 직전 해인 1990년부터 가장 최근인 2022년까지 지난 32년 동안 출간된『외교백서』중 외교부와 국회전자도서관 웹사이트[23]를 통해 접근이 가능했던 모든 백서의 원문을 검토하여 한국의 유엔 인권 활동과 관련된 내용을 수집했다. 정해진 목적과 내용의 범위 안에서 서술할 수밖에 없는 정부 보고서가 지닌 정보의 한계는 정부 대표로서 국제인권조약 성문 과정에 적극적으로 참여한 전직 외교관과 유엔인권메커니즘 내 현장상 특별절차 및 조약기구에서 인권 전문가로 임명되어 활

Vol.14, No.4, 2018.

23 외교부 웹사이트(www.mofa.go.kr)와 국회전자도서관 웹사이트(dl.nanet.go.kr)에는 1990년부터 발간된『외교백서』가 게재되어 있어 누구나 열람할 수 있다.

동한 인권학자와의 심층 인터뷰를 통해 보완했다.

1. 1990~2005년: 유엔인권위원회 시기

코피 아난 전 유엔사무총장 주도로 유엔인권메커니즘에 대한 개혁을 통해 유엔인권이사회가 설립되기 전까지 국제인권 문제는 주로 1946년 수립된 유엔인권위원회UN Commission on Human Rights에서 다루어졌다. 경제사회이사회에서 선출된 53개 회원국으로 구성된 위원회는 1948년 채택된 「세계인권선언Universal Declaration of Human Rights」을 시작으로[24] 전후 국제사회 공통의 기준 수립 및 인권 규범의 국제화에 많은 노력을 기울였다. 그러다가 1990년대부터 유엔은 개별 국가가 국제규범을 어떻게 효과적으로 이행할지에 관한 국제인권의 내재화에 더 많은 관심을 기울이게 된다. 국제적으로는 냉전 이후 국가안보와 같은 상위정치 영역보다 인권, 환경, 개발 등 하위정치 영역이 확장된 때이며 동시에 구유고슬라비아연방, 르완다, 동티모르 등 여러 국가에서 내전이 발발하고 분쟁 중 심각한 대규모 인권 침해 문제가 등장한 시기이기도 하다. 또한 개인 및 비국가 행위자를 포함한 다양한 이해당사자의 참여가 확대되면서 유엔인권메커니즘 내 개별 국가의 정부 대표로 구성된 인권 네트워크도 이들과의 연계를 적극적으로 도모하게 된다.

그렇다면 1991년 9월 17일 유엔 가입 이후 당시 신입회원이었던 한국은 여러 다양한 인권 이슈 중 어디에 관심을 두고 어떤 활동을 주로 무슨

24 유엔인권위원회는 국제인권헌장 초안 작업을 위해 국제인권기준에 관한 법적 구속력 없는 일반적 선언, 법률적으로 정제된 형태의 법적 구속력 있는 규약, 이행 메커니즘에 관한 총 3개의 워킹그룹을 구성했다. 그리고 법적 구속력 없는 선언을 만드는 작업에 우선 착수했는데, 그 결과물이 「세계인권선언」이다. 1948년 12월 제3차 유엔 총회에서 반대하는 국가 없이 찬성 48개국, 기권 8개국(구소련, 남아프리카공화국, 벨라루스, 사우디아라비아, 우크라이나, 유고슬라비아, 체코슬로바키아, 폴란드)으로 채택되었다.

이유에서 했을까? 이 시기는 유엔인권메커니즘의 발전 과정상 초기의 국제기준 수립standard setting이 어느 정도 이루어지면서 국제사회가 이미 법제화된 공통의 인권 규범 이행에 더욱 관심을 가지기 시작할 때였다는 점에 주목할 필요가 있다.

우선 한국의 유엔 인권 활동에 관한 본격적인 기술은 "범세계적 문제 해결을 위한 국제적 노력 참여"라는 부제하에 1994년 『외교백서』에 처음 등장한다.[25,26] 남북한 대결외교 및 한미동맹 등 양자 외교 중심에서 벗어나 유엔 회원국으로 범세계적 인권 이슈에 문제의식을 가지고 한국이 이바지할 수 있는 영역부터 시작한 모습을 찾을 수 있다. 특히 국제인권 규범의 성숙화 및 이행 촉진에 있어 중요한 계기가 되었던 1993년 비엔나 세계인권회의 참여[27] 및 그 후속 조치로 1994년 서울에서 개최되었던 제3차 유엔 아태지역 인권워크숍에서의 한국의 활동[28]은 인상적이다.

1993년 비엔나 세계인권회의는 171개국 정부 대표단과 대략 800개의 비정부기구 대표단이 참여하여 국제인권 메커니즘 강화 및 개별 국가에

25 외교부, 『1994 외교백서』 (외교부, 1994), 202–203쪽.

26 외교부 웹사이트를 통해 열람이 가능했던 가장 오래된 『외교백서』인 1990년 백서에서도 인권 문제에 대해 다루지 않은 것은 아니다. 그러나 "제3장 실리외교 추구와 공동번영에의 기여"라는 소제목하에 "제4절 국제기구와의 협력, 2. 주요문제에 관한 협력, 마. 인권문제" 부분에서 세계 각국의 인권상황 등 국제인권 문제가 토의되었던 유엔인권위원회와 유엔인권소위원회에 이상옥 주제네바대사를 수석대표로 외무부, 법무부 실무자를 포함한 옵서버 대표단이 참가했다는 사실을 적시한 외에 특별한 유엔에서의 활동 내용을 담고 있지 않다. 다만 1989년 열린 제44차 유엔 총회 제3위원회에서 옵서버 자격으로 세 차례에 걸쳐 여성, 아동, 문맹퇴치와 관련하여 한국 정부의 여성 지위 향상정책, 아동권리협약 채택 지지 표명, 문맹퇴치 노력과 유네스코 세종대왕상 제정 설명 등을 요지로 기조연설을 했다고 기록된 부분은 흥미롭다. 외교부, 『1990 외교백서』 (외교부, 1990), 137–139쪽 참조. 『1991년 외교백서』에서도 같은 목차 내 "라. 인권문제"라는 제목하에 거의 유사한 내용이 기재되어 있고 이마저도 1992년 및 1993년 『외교백서』에서는 빠져 있는 것을 확인했다. 외교부, 『1991 외교백서』 (외교부, 1991), 147–149쪽 참조.

27 외교부, 『1994 외교백서』 (외교부, 1994), 202–203쪽.

28 외교부, 『1995 외교백서』 (외교부, 1995), 212–213쪽.

서의 효과적인 국내적 이행을 위한 본격적인 논의를 시작한 당시 최대규모의 인권 관련 국제회의로,[29] 비엔나 선언 및 행동계획을 도출했다. 예를 들어, 인권최고대표사무소Office of the High Commissioner for Human Rights 창설을 유엔 총회에 요청하여 유엔 내 인권 모니터링을 조율하고 역량을 강화했으며 지역인권기구와 국가인권기구의 설립, 역할 및 기능에 대한 폭넓은 논의가 있었다.[30] 또한 인권교육이 유엔인권메커니즘상의 새로운 주요 의제로 등장하여 각국 정부에 이를 위한 계획과 전략을 마련토록 권고하는 한편, 여성 폭력에 대한 특별보고관을 신설하고 1995년까지 아동권리협약의 보편적 비준을 촉구하는 등 사회취약층의 인권을 위한 행동 계획도 마련했다.

한국에서는 당시 한승주 외무부 장관을 수석으로 하여 외무부와 법무부 관계자로 구성된 대표단이 파견되었고, 민자당과 민주당 인권위원장을 맡은 국회의원 두 명도 고문으로 참가했다.[31] 냉전 종식과 민주주의 확산에 따라 인권 존중의 중요성이 주목받으면서, 외교에서도 인권 문제가 차지하는 비중이 커진다는 인식에 따라 흥미롭게도 같은 해 1월에는 국제인권 문제 담당 대사직Ambassador for International Human Rights Affairs이 신설되었다.[32] 초대 담당 대사로는 신두병 전 유고대사를 임명했다. 한국은 유엔에 가입하고 2년 후인 1993년 제49차 유엔인권위원회에서 임기 3년의 위원국으로 처음 선출되기도 했다.

이듬해인 1994년에는 제3차 유엔 아태지역 인권워크숍이 서울에서 개최되었다. 이 워크숍은 비엔나 세계인권회의에서 강조되었던 아시아 지

29 K. Boyle, "Stock-taking on Human Rights: The World Conference on Human Rights, Vienna 1993", in D. Beetham(ed.), *Politics and Human Rights* (Wiley, 1996), p.79.

30 백범석, "유엔을 통한 인권 보호의 전개", 『국제법평론』, 통권 제43호(2016), 30-36쪽.

31 외교부, 『1994 외교백서』 (외교부, 1994), 202쪽.

32 위의 책, 203쪽.

역에서의 지역인권기구 설립을 위한 방안을 모색하는 자리였다.[33] 유일하게 지역인권기구가 없다는 인식에 따라 아태지역 30개국 정부 대표, 인권전문가 200여 명이 모여 폭넓게 논의를 이어 갔다. 또한 한국은 유엔인권위원회 위원국으로 북한인권 문제를 본격적으로 제기했으며, 유엔인권소위원회(현 인권이사회 자문위원회)에서는 일본군 '위안부' 문제를 제기하며 일본 정부의 진상규명과 재발방지를 위한 인권소위원회의 지속적 관심을 당부했다고 기록되어 있다.[34]

『1996년 외교백서』에는 무엇보다 1995년 베이징에서 개최된 세계여성회의[35]에 관한 내용이 상세히 기술되었다.[36] 여성차별 문제 및 남녀평등 실현을 위한 범세계적인 노력이 있어야 한다는 취지에서였다. 한국은 같은 해 유엔인권위원회에서 위원국으로 재선임되었다. 또한 유엔인권소위원회에서는 일본군 '위안부' 문제를 연속으로 제기했다. 이에 소위원회 결의를 통해 일본군 '위안부' 문제에 대한 쿠마라스와미Coomaraswamy 여성 폭력 특별보고관의 조사 활동과 연구업무가 시작되었다.[37] 1995년에는 백충현 당시 서울대학교 법과대학 학장이 유엔인권위원회 '아프가니스탄 인권 특별보고관'으로 선임되었다.[38] 한국인의 유엔 인권 분야 활동 참여와 진출은 인권외교 정책의 주요 수단 중 하나라는 점에서 첫 사

33 백범석, "아시아 국제인권증진 방안: 아시아 지역인권체제 구축을 중심으로", 국립법센터(편), 『국제법정책연구』(국립외교원, 2016), 93-96쪽.

34 외교부, 『1995 외교백서』(외교부, 1995), 213-214쪽.

35 제4차 세계여성회의는 평등, 발전, 평화를 핵심 주제로 하여 2000년대 여성의 지위 향상과 발전을 위한 구체적 전략을 모색하기 위해 개최된 유엔회의로, 189개국 정부 대표 5,700여 명, 시민사회 대표 4,000여 명, 언론인 3,200여 명 등 총 12,900여 명이 참석한 역대 최대 규모의 국제회의다.

36 외교부, 『1996 외교백서』(외교부, 1996), 236-237쪽.

37 위의 책, 230-231쪽.

38 아프가니스탄 인권 특별보고관은 1984년 5월 유엔 경제사회이사회 결의(184/37)에 따라 최초로 임명된 후 계속 임기가 연장되었다. 위의 책, 231쪽.

례가 된 백충현 교수의 선출은 의미가 크다.

1997년 및 1998년『외교백서』를 통해 유엔에서 한국 정부가 일본군 '위안부' 문제, 여성 인권 향상을 위한 1995년 베이징선언의 효과적 이행 및 아태인권 증진을 위한 지역협력에 관한 논의를 지속해서 이어 나갔음을 알 수 있다.[39] 1996년에도 한국인의 유엔 인권 분야 진출이 이어졌는데, 박쌍용 전 외무차관이 유엔인권소위원회에서 임기 4년의 신임위원으로 선출되었다.[40]

1998년 김대중 대통령이 취임하면서 인권 중시 외교가 본격적으로 추진되었다. 국제적으로도「세계인권선언」채택 50주년이 되는 해로 인권 문제는 유엔의 주요 의제로 부각되었다. 한국은 유엔인권위원회 위원국으로 3회 연속 재선임(임기 2001년까지)되었으며, 주요 인권결의안에 공동제안국으로 참여하는 등 위원국 활동도 본격화했다. 예를 들어, 1998년 이후 지속해서 유엔 총회에 상정된 미얀마인권결의안에 아시아 국가로는 유일하게 공동제안국으로 참여했다.[41] 1999년에는 정부 수립 이후 최초로 홍순영 당시 외교통상부 장관이 유엔인권위원회에서의 연설을 통해 인권 중시외교를 천명하고 북한인권 문제에 대한 국제사회의 관심을 요청한 바 있다.[42] 2000년에는 양성평등, 개발과 평화라는 주제로 개최된 유엔 여성 특별총회에서 1995년 베이징선언의 이행을 위한 추가조치라는 결과문서가 채택되었는데, 한국 정부 대표단은 결과문서 협상에 적극 기여했다고 기록되어 있다.[43]

39 외교부,『1997 외교백서』(외교부, 1997), 247쪽;『1998 외교백서』(외교부, 1999), 356쪽.

40 이후 2000년에는 박수길 전 유엔대사가, 2004년에는 정진성 서울대 교수가 피선됨으로써 1996년 이후 한국인이 지속해서 유엔인권소위원회에 진출할 수 있었다.

41 외교부,『1998 외교백서』(외교부, 1999), 357쪽.

42 외교부,『1999 외교백서』(외교부, 2000), 376쪽.

43 외교부,『2000 외교백서』(외교부, 2001), 406−407쪽. 그러나 한국 정부 대표단이 어떠한 기여를 했는지 등에 대한 상세한 설명은 찾을 수 없었다. 다만 강경화 전 외교부 장관이 당

2003년 취임한 노무현 대통령 역시 인권 중심 외교를 표방했다. 유엔 인권위원회 위원국으로 연이어 선임되었으며, 특히 한국 정부 대표가 위원회에 참석하여 쿠마라스와미 특별보고관 보고서의 권고사항을 일본 정부가 성실히 이행할 것과 일본 역사교과서 왜곡 문제를 해결하기 위한 한일 간 협의가 필요함을 언급했다.[44] 그러나 같은 해 유럽연합에 의해 최초로 인권위원회에 상정된 북한인권결의안에 대해서는 입장표명을 하지 않은 채 표결에 불참했다.[45] 2003년에는 이양희 성균관대 교수가 아동권리위원회 위원으로 선출되었다.[46]

한편 1998년 로마에서 채택되어 2002년 발효된 「국제형사재판소에 관한 로마규정」(이하 '로마규정') 성안 과정(1995년부터 1998년까지)에서도 한국은 주된 골격을 형성하는 데 많은 기여를 했고 국제사회로부터 이러한 점을 인정받았다.[47] 그런데 이와 같은 국제형사법 형성 과정에의 참

시 2000년엔 외교통상부 장관 보좌관으로, 2001년부터 2005년까지는 주유엔대표부 공사참사관으로 있으면서 유엔에서 여성 인권에 관한 적극적인 활동을 해 온 것을 확인할 수 있었다. 강 전 장관은 2003년 유엔 여성지위위원회(Commission on the Status of Women, CSW) 의장을 맡기도 했다. 참고로 2001년에는 여성차별철폐조약위원회 위원으로 신혜수 당시 한국정신대문제대책협의회 의장이 선출되었고 신 의원은 이후 재선을 통해 2008년까지 활동했다.

44 외교부, 『2003 외교백서』(외교부, 2004), 424-425쪽.

45 이후 2004년, 2005년 연속 상정된 북한인권결의안에 대해서는 기권 투표했다. 2006년 11월 유엔 총회 제3위원회에 상정된 북한인권 상황 결의안에는 찬성 투표를 했지만, 다시 2007년에는 남북관계의 특수성을 이유로 기권 투표했다. 2008년부터는 태도를 바꿔 찬성 입장을 밝혔으며, 이후 11년간 북한인권결의안에 공동제안국으로 꾸준히 참여했다. 그러나 2019년부터는 2022년까지 4년 연속 공동제안국에서 빠졌다.

46 아동권리협약 조약기구인 아동권리위원회가 2003년 위원 수를 10명에서 18명으로 확대 개편하면서 한국인으로는 최초로 이양희 교수가 위원으로(2년 임기) 선출되었다. 아동권리위원회의 경우 연임제한 규정이 없는데, 이양희 교수는 이후 2회 연임에 성공하며 2012년까지 위원으로 활동했다. 2007년부터는 아동권리위원회 위원장으로 선출되어 아동권리협약 제3선택의정서(개인통보절차) 성안 및 채택 과정에 선도적으로 참여했다. 해당 내용은 이양희 교수와의 심층 인터뷰를 통해 확인할 수 있었다. 각주 70 참조.

47 최태현, "국제형사재판소(ICC)규정 제정과정에서의 한국의 기여", 『서울국제법연구』, 제13권 제2호(2006) 참조.

여 내용은 『외교백서』를 통해 상세히 확인하기 어려웠다. 이에 당시 로마규정 채택 과정에 활발히 참여한 신각수 전 외교부 차관과의 인터뷰를 통해 소위 한국 제안Korean Proposal의 내용과 배경, 반영 과정에 대해 살펴보고 다자입법에의 참여 의의와 기여 등에 관한 의견을 들어 볼 수 있었다.[48]

국제형사재판소가 관할권을 행사하려면 관할대상 범죄가 발생했다고 재판소에 제소함으로써 수사를 개시시키는 절차, 소위 제소장치trigger mechanism가 필요하다. 이러한 관할권 행사의 전제조건에 대한 총의를 도출하는 과정에서 관련국 간 첨예한 입장 차이로 인해 준비 회의는 대립과 갈등이 고조되었다. 특히 관할권 수락 방식과 관할권을 수락한 국가의 범주에 관해 다양한 안이 제시되었지만, 그 어느 것도 다수 국가의 지지를 얻지 못했다. 이처럼 협상이 교착상태에 빠진 가운데 새롭게 제기된 한국 제안은 범죄 발생지국, 구금국, 피해자 국적국 및 피고인 국적국까지 총 네 가지 부류의 이해 관계국 중 하나 이상의 국가가 로마규정 당사국이거나 국제형사재판소의 관할권을 수락한 경우 관할권 행사가 가능하도록 하여 전폭적인 지지를 받았다고 한다. 해당 안은 로마규정이 더 많은 국가의 지지를 받을수록 핵심범죄에 대한 국제형사재판소의 관할권이 확대되는, 사실상 보편적 관할권 제도를 채택한 것과 유사한 효과를 낳는 선택적 제도를 제안했기 때문이다. 한국 제안은 인권 피해자 구제 및 가해자 처벌이라는 가장 핵심적인 형사재판소 설립 취지에 부합하며, 동시에 로마규정의 관할권 행사 전제조건에 관한 제12조 문안 채택에 가장 크게 이바지한 것으로 오늘날까지 평가받고 있다.

48 해당 심층 인터뷰는 2021년 9월 2일 법무법인(유) 세종 소회의실에서 약 2시간 동안 진행되었다.

이처럼 한국은 준비위원회 단계부터 비서구국가 60여 개국으로 형성된 유사입장그룹like-minded group에 동참하여 활동하면서 로마규정 성안 및 채택 과정에 적극적으로 기여했다. 인터뷰를 통해 신각수 전 차관은 당시 주유엔대표부 참사관으로 근무(1996년부터 1999년까지)하며 국제형사법 발전 과정에서 가장 핵심이라고 할 수 있는 로마규정 초안 형성 과정에 적극적으로 참여한 이유를 다음과 같이 밝혔다. "지정학적으로 여러 국제범죄가 발생할 가능성이 높은 한반도에서 대한민국이 국제형사재판소 설립에 기여할 수 있다면 이는 향후 한반도 평화유지와 안전확보에 반드시 도움이 될 수 있다는 신념을 가지고 있었다."

한편 신각수 전 차관은 이후 2004년 주유엔대표부 차석대사로 있으면서 유엔인권이사회로의 변혁 과정에도 깊이 관여했다. 한국을 비롯한 아시아 국가의 입장이 반영될 수 있도록 노력했는데, 결국 인권이사회 체제에서 아시아그룹 이사국의 숫자는 인권위원회 시절보다 1개국이 늘었다.[49]

2. 2006~2023년: 유엔인권이사회 시기

2006년 유엔 개혁의 주요한 한 축으로 신뢰성 및 효과성 면에서 비판을 받아 왔던 유엔인권위원회가 유엔인권이사회UN Human Rights Council로 대체되었다. 유엔인권이사회는 변화 발전해 가는 또는 새롭게 등장하는 인권 이슈에 더욱 효과적으로 대응하기 위해 보편적 정례인권검토Universal Periodic Review, 자문위원회Advisory Committee, 특별절차Special Procedure 창설 및 통보절차Complaint Procedure 보완 등을 통해 유엔인권메커니즘의 발

49 현재 유엔인권이사회는 총 47개국으로 구성되어 있으며, 지역 그룹별 이사국 수는 다음과 같다. 아프리카 13개국, 아시아 13개국, 중남미 8개국, 서유럽 7개국, 동유럽 6개국.

전을 도모했다.[50]

이러한 국제인권체제의 대전환 시기에 시행된 첫 이사국 선거에서 한국은 피선 요건인 유엔 총회 재적 과반수(97표)를 훨씬 상회하는 148표를 얻어 당선되었다.[51] 같은 해 장애인권리협약이 성안되고 채택되는 과정에서도 다른 나라를 설득하여 여성 및 아동 장애인 조항을 별도로 규정하는 등 적극적으로 참여했던 한국 정부는 2007년 3월 이 협약에 서명하고 2008년 12월 비준을 마쳤다.[52] 2008년에는 구 인권소위원회를 대체하는 인권이사회 자문위원회에 정진성 서울대 교수가 위원으로 선출되었다.[53]

2010년부터 2023년까지 『외교백서』에는 몇 가지 공통된 내용이 반복적으로 기술되어 있는데, 해당 인권 이슈에 대해 한국 정부가 지속적인 관심을 보여 왔음을 알 수 있다. 예를 들어, 북한인권 개선을 위한 국제사회의 노력에 동참한 내용(2008년부터 2018년까지 북한인권결의안에 11년간 공동제안국으로 참여 및 2023년부터 복귀 포함)이라든가, 취약계층 인권 보호 및 증진을 위한 외교적 활동의 하나로 유엔 여성지위위원회 및 유엔 여성통합기구UN Women, 유엔아동기금UNICEF, 장애인권리협약 당사국회의, 유엔난민기구UNHCR 등에서 집행이사국으로 활동한 내용을 들 수 있다.[54]

50 외교부, 『2008 외교백서』 (외교부, 2008), 83쪽.

51 이후 대한민국은 지속해서 유엔인권이사국으로 선임되었다. 활동 연도를 보면 다음과 같다. 2006~2008년(초임), 2009~2011년(재임), 2013~2015년(연임), 2016~2018년(연임), 2020~2022년(연임).

52 외교부, 『2008 외교백서』 (외교부, 2008), 83쪽.

53 유엔인권이사회 자문위원회에는 정진성 교수(2008~2010년 초임, 2010~2013년 재임) 이후에도 한국인이 지속해서 선출되었다. 2014년부터 2020년까지 서창록 고려대 교수가, 이후 2020년부터는 백범석 경희대 교수가 자문위원으로 선출되어 활동하고 있다.

54 외교부, 『2010 외교백서』, 189–193쪽; 『2011 외교백서』, 203–206쪽; 『2012 외교백서』, 191–195쪽; 『2013 외교백서』, 247–251쪽; 『2014 외교백서』, 232–236쪽; 『2015 외교백서』,

그 외 『외교백서』를 검토하는 과정에서 다음의 국제인권외교 활동도 인상적이었다. 먼저 2013년에는 한국 정부가 국제인권 분야에서 최초로 상정을 주도한 "지방정부와 인권Local government and human rights" 결의가 제24차 유엔인권이사회에서 컨센서스로 채택되었다.[55] 2014년에는 유엔인권이사회가 인권최고대표부의 서울사무소 설치를 요청했고,[56] 다음 해 6월 한국 정부의 수락으로 서울사무소가 개소했다.[57] 2015년에는 오준 주유엔한국대사가 장애인권리협약 당사국회의 의장으로 선출되었다.[58] 2016년에는 최경림 주제네바대사가 유엔인권이사회 의장으로 선출되었는데, 한국의 인권이사회 의장직 수임은 전신인 인권위원회를 포함하여 정부 수립 이후 최초였다.[59] 2006년 유엔인권이사회 이사국으로 활동을 시작한 후 10년간 국제인권 이슈에 적극적으로 참여해 온 결과라고 평가된다. 2016년에는 이러한 이유로 다른 해에 비해 더 다양한 국제인권 외교 활동을 벌였다. 예를 들어 유엔난민기구에 연속 2천만 달러 이상을 공여한 'UNHCR 2천만 달러 클럽'의 일원으로 가입한 것,[60] 유엔아동기

284-288쪽; 『2016 외교백서』, 282-287쪽; 『2017 외교백서』, 129-133쪽; 『2018 외교백서』, 146-149쪽; 『2019 외교백서』, 182-186쪽; 『2020 외교백서』, 188-191쪽; 『2021 외교백서』, 232-235쪽.

55 다만 해당 결의의 토대가 된 인권이사회 자문위원회 보고서 초안 작성 과정에 한국인이 초안작성그룹(drafting group) 내 주집필자[보고관(rapporteur)]로 참여하지 못한 부분은 아쉬움으로 남는다. 한편 유엔인권이사회의 "지방정부와 인권" 결의를 기반으로 하여 2019년에는 유엔인권최고대표의 "지방정부와 인권" 보고서가 유엔 총회에 제출되었다. 외교부, 『2020 외교백서』 (외교부, 2021), 190쪽.

56 외교부, 『2015 외교백서』 (외교부, 2016), 285쪽.

57 외교부, 『2016 외교백서』 (외교부, 2017), 284쪽. 유엔 서울사무소의 주된 임무는 북한 내 인권상황을 모니터링하고 관련국, 시민사회 및 기타 이해관계자와 협력하여 북한 내 인권을 보고하는 데 있다(https://seoul.ohchr.org 참조).

58 위의 책, 287쪽.

59 위의 책, 283쪽.

60 외교부, 『2017 외교백서』 (외교부, 2017), 132쪽. 이후 2024년 현재까지 7년째 계속하여 해당 클럽에 참여하고 있다.

금 서울사무소를 유치한 것이 그러하다.[61]

한편 1990년대 이후 내전의 확산과 장기화로 인해 민간인, 특히 여성에 대한 성폭력이 전쟁의 수단이 되면서 이에 대응하기 위해 유엔 역사상 처음으로 안보와 평화의 주체이자 객체로서 여성의 역할을 안보 담론에 포함하는 유엔 안전보장이사회 결의 제1325호가 2000년 채택되었다. 이후 유엔은 2007년 분쟁 시 성폭력에 반대하는 유엔 행동UN Action against Sexual Violence in Conflict 채택, 2009년 분쟁 시 성폭력에 대한 사무총장 특별대표Special Representative of Secretary-General on Sexual Violence in Conflict 임명을 통해 구체적인 행동계획을 마련하고 효과적 이행을 위해 노력해 왔다. 한국 정부도 2018년 '여성과 함께하는 평화 이니셔티브Action with Women and Peace Initiative'를 출범시켜,[62] 2023년까지 총 5회 연례 국제회의를 개최했다.[63] 동시에 생존자 중심주의에 따라 분쟁 시 성폭력 피해 여성 및 여아에 대한 구호, 성폭력 예방, 역량 강화를 위한 개발협력 사업을 해왔다. 일본 식민지배, 6·25전쟁, 그리고 남북한 간 분단 상황까지 줄곧 분쟁의 당사국이었던 한국 정부가 안전보장이사회의 여성·평화·안보 공개토의에 적극적으로 참석[64]하는 등의 인권외교 활동을 이어 간 이유는 결국 해당 이슈가 한국만의 문제가 아니라 여성, 평화, 안보 의제와 연계된 보편적 국제인권 이슈임을 강조하기 위해서였다. 전시 성폭력에 관한 해결책도 공통의 국제규범 및 인권 체제 안에서 찾아가야 한다는 외교적

61 위의 책, 133쪽.

62 외교부, 『2019 외교백서』(외교부, 2019), 185쪽.

63 2019년 7월 2~3일 서울에서 개최된 제1차 여성과 함께하는 평화국제회의를 시작으로, 코로나 시기에도 하이브리드 형태로 2020년 11월 24일 및 2021년 11월 25일에 각각 제2차 및 제3차 회의가, 이후 2022년 12월 15일 및 2023년 11월 30일에 각각 제4차 및 제5차 여성과 함께하는 평화 국제회의가 다시 대면 형식으로 개최되었다. 외교부, 『2021 외교백서』(외교부, 2022), 234쪽; 『2022 외교백서』(외교부, 2023), 185쪽.

64 외교부, 『2020 외교백서』(외교부, 2021), 191쪽.

입장을 견지했다. 강경화 당시 외교부 장관이 해당 주제의 인권외교를 주도했는데, 아마도 과거 주유엔대표부 근무 시 분쟁상황에서의 여성 인권 문제와 연관된 유엔 업무를 수행하면서[65] 해당 이슈에 대해 이해도가 높고 관심을 두게 된 것과 무관하지 않다고 본다.

2019년에는 한국 정부 주도로 "신기술과 인권New and emerging digital technologies and human rights" 결의안이 최초 상정되었으며 인권이사회에서 채택되었다.[66] 해당 결의는 2013년 "지방정부와 인권 결의"에 이어 한국이 주도하여 채택된 두 번째 결의이다.[67]

한국인의 유엔 인권기구 진출도 2010년 이후 활발히 이루어져 왔다. 우선 조약기구에서는 신혜수 이화여대 국제대학원 초빙교수가 2011년 경제적·사회적·문화적 권리위원회 위원으로 선출되었고, 이후 3선에 성공하며(임기 4년, 2022년까지) 활동을 해왔고, 뒤이어 이주영 서울대 인권센터 연구 부교수가 새로이 선출되어 2023년부터 위원회에 참여하고 있다. 장애인권리위원회에는 김형식 한반도국제대학원 교수가 2011년부터 2018년까지 위원으로 활동했고, 이어서 김미연 장애여성문화공동체 대표가 선출되어 2026년까지(임기 4년, 재선) 위원으로 활동한다. 정진성 서울대 교수는 2017년 인종차별철폐위원회 위원으로 당선되었으며 2021년에는 재선에 성공하여 2026년까지 활동을 이어갈 예정이다. 2020

65 각주 43 참조.

66 외교부, 『2020 외교백서』(외교부, 2021), 189쪽. 총 78개국이 공동제안국으로 참여했다.

67 주로 신기술에 대한 인권 기반 접근의 중요성, 다양한 행위자 간 협력의 필요성, 취약계층을 포함한 포용적 회복을 위한 신기술의 역할 등이 심도 있게 다루어졌다. 그리고 보고서를 포함한 다양한 유엔 기관의 논의에 기반하여 신기술과 인권에 대한 후속 결의가 2021년 9월 광범위한 지지하에 채택되었다. 최근까지 유엔인권최고대표사무소는 "신기술 표준 성안 과정과 인권" 및 "기술중심 기업에 대한 유엔 기업과 인권 이행원칙의 실질적 이행방안"을 주제로 전문가 협의를 통해 풍성한 논의를 이어가고 있다. UN Doc. A/HRC/RES/47/23(2021) 및 A/HRC/53/L.27/Rev.1(2023) 참조.

년에는 서창록 고려대 국제대학원 교수가 1990년 자유권규약 가입 이후 한국인으로서는 최초로 자유권규약위원회 위원으로 선출되었고, 2024년 재선에 성공함으로써 2025~2028년 임기로 활동을 지속해 나갈 수 있게 되었다.[68]

유엔인권이사회 특별절차에는 백태웅 하와이대 교수가 2015년부터 2021년까지 강제실종 실무그룹 위원으로, 홍성필 전 연세대 교수는 2014년부터 2020년까지 자의적 구금 실무그룹 위원으로 활동했다. 10년간 아동권리위원회 위원으로 활동해 온 이양희 교수는 2014년 미얀마 인권특별보고관(1년 단위로 연장되며 최대 6년 재임 가능)으로 임명되었는데, 이는 2006년 유엔인권이사회 출범 이후 최초의 한국인 특별보고관 배출이다.[69]

관련하여 이양희 성균관대 명예교수와의 인터뷰를 통해 유엔 조약기구 및 특별절차에서의 활동내용과 경험담을 들어볼 수 있었다.[70] 1989년 채택된 아동권리협약 20주년을 맞은 2011년, 아동권리협약위원회는 4년 가까이 지속된 초안 작업을 마무리하고 「개인통보절차를 규정한 제3 선택의정서Optional Protocol to the Convention on the Rights of the Child on a communications procedure」를 채택했는데, 2003년부터 아동권리협약위원회 위원으로 활동한 이양희 교수가 그 과정에서 주도적인 역할을 했다. 오랜 시간 아동 인권을 연구해 온 이양희 교수는 아동권리협약상의 아동 최선의 이익best interests of child이라는 핵심원칙을 이행하기 위해서는 개인통보제도가 필요하다는 문제 인식을 가지고 있었다. 이에 2007년 아동권리협약위원

68 외교부, 『2021 외교백서』(외교부, 2021), 234-235쪽.

69 미얀마 인권특별보고관은 1992년 설치되었고 현재까지 계속하여 유지되고 있다. 외교부 2014년 5월 9일 보도자료 참조.

70 해당 심층 인터뷰는 2021년 9월 8일 국제아동인권센터 회의실에서 약 2시간 동안 진행되었다.

회 위원장으로 선임되면서 적극적으로 해당 제도의 채택을 위해 노력했다고 한다. 이후 아동권리협약위원회에서 진행된 미얀마 국가심의를 통해 해당국 아동 인권 문제에 관심을 가지게 된 이양희 교수는 2014년에는 미얀마 인권특별보고관에 지원했고, 인권이사회 회원국의 폭넓은 지지 속에 선출되었다. 이양희 교수는 특별보고관 활동을 통해 로힝야 소수민족에 대한 제노사이드 및 전쟁범죄뿐만 아니라 미얀마 전반에 걸친 소수민족에 대한 차별 문제를 제기했으며, 2018년에는 미얀마독립조사메커니즘Independent Investigative Mechanism for Myanmar, IIMM을 설치하는 데도 주도적 역할을 했다. 이 기구는 미얀마에서 벌어지는 인권 침해 실태를 기록하고 각종 자료와 증언을 수집, 보관하는 일을 한다. 향후 국제형사재판소 등에 회부하여 책임자에게 형사책임을 물을 수 있는 토대를 마련하기 위해서다.

국제인권 관련 분야에서 활동하면서 한국인 최초라는 수식어가 줄곧 따라붙었던 이양희 교수는 특수아동교육을 전공했고 이후 조약기구 활동을 통해 풍부한 국제법 지식도 갖추게 되었다고 한다. 이양희 교수는 오랜 시간 한국인으로서 유엔인권메커니즘을 통한 다양한 활동을 해 온 계기를 다음과 같이 밝혔다. "아시아 태평양 지역에서 인권에 대해 목소리를 높일 수 있는 나라는 한국뿐이다. 현실적으로 중국도 일본도 인권에 대해 선뜻 주도적으로 말할 수 있는 상황이 아니다. 한국이 이 지역에서 앞장서 인권에 대해 큰 목소리를 내야 한다. 일제강점기 시절 주변 국가가 우리의 목소리를 들어주지 않아 힘들었던 기억이 한국에 있다. 국력이 어느 정도 높아진 오늘날에는 다른 나라의 경제적 이익이 아닌 그 나라의 소외된 국민에게 관심을 보여 줘야 한다. 한국이 국제인권 어젠다를 끌고 나아가야 할 때가 되었다."

3. 소결

한국은 군사정부 시기를 지나 민주화를 이루어 내고 마침내 1991년 유엔에 가입함으로써 국제인권 이슈에도 적극적으로 나설 수 있게 되었다. 예를 들어 아시아 국가로는 유일하게 2000년 유엔인권위원회 및 유엔 총회에서 미얀마인권결의안에 공동제안국으로 참여하는 등 보편적 인권을 향한 국제사회의 노력에 동참해 왔다. 또한 2006년 유엔인권이사회가 출범한 이후 한국은 2016년 의장국 역할을 수행하는 등 네 차례 이사국으로 활동했고, 2020년부터 다시 다섯 번째 임기를 개시했다. 김대중 대통령 이후 노무현, 이명박, 박근혜 대통령 시기에는 정부 차원에서 유엔 인권기구를 통해 국제사회에서 주도적 역할을 한 활동이 잘 보이지 않는 것이 사실이다. 그러나 적어도 일본군 '위안부' 문제를 전시 성폭력 및 성범죄에 대한 젠더 정의 논의로 확대해 나간 것이나, 북한인권 문제에 대한 국제적인 차원의 관심과 협력을 이끌어 내기 위해 노력해 온 것은 의미가 있다. 유엔인권메커니즘상의 의제 선정, 규범 수립, 모니터링 및 효과적 이행을 위한 장치 마련까지 일련의 과정에서 국제인권 전문가들의 활동과 역할은 중요하다. 많은 숫자는 아니지만 한국 국적의 인권 전문가들이 계속해서 이러한 국제인권체제 안에서 개개인의 역량을 발휘하여 다양한 역할을 수행해 왔고, 한국을 대표하여 다자인권외교 무대에서도 적극적으로 참여, 활약해 왔음을 확인할 수 있었다.

Ⅳ. 숫자로 본 한국의 국제인권 제도 및 조약 참여 현황

1. 9개 핵심 유엔 인권조약의 가입 비준 현황[71,72]

유엔 인권조약 체제는 9개의 핵심 조약을 중심으로 구성되어 있다. 그리고 모든 국가는 현재 최소한 1개 이상의 유엔 핵심 인권조약에 가입, 비준한 상태로, 핵심 인권조약에서 국가들의 보편적인 참여행태를 확인할 수 있다.

냉전이라는 국제질서 아래 남북 간 체제 경쟁을 위한 대결외교를 펼쳐왔던 한국은 냉전이 해소된 후 1991년에야 비로소 유엔에 정식으로 가입을 하게 된다. 유엔 가입 직전 해인 1990년 선제적으로 「시민적 및 정치적 권리에 관한 국제규약」(이하 '자유권규약') 및 「경제적·사회적 및 문화적 권리에 관한 국제규약」(이하 '사회권규약')을 함께 비준했다. 한국은 준비된 유엔 회원국으로서 이미 가입 십여 년 전인 1978년 그리고 1984년에 각각 「모든 형태의 인종차별 철폐에 관한 국제협약」(이하 '인종차별철폐협약') 및 「여성에 대한 모든 형태의 차별철폐에 관한 협약」(이하 '여성차별철폐협약')을 비준했고, 1991년 유엔 가입 후 같은 해에 바로 「아동의 권리

71 2024년 현재 한국이 가입 비준한 8개의 주요 국제인권조약 중 아동권리협약만 국회 동의를 받지 않았다. 왜 해당 조약만 국회 동의를 받지 않았는지 이유를 묻자 이양희 교수는 인터뷰에서 당시 아동권리협약에 대해서는 중대한 재정적 부담을 지우는 조약이 아니라고 판단했기 때문이라고 밝혔다. 국회 동의를 받은 조약과 그렇지 않은 조약의 국내법적 효력에 대해 구분하고 있는 헌법학계의 다수의견을 따른다면 아동권리협약은 한국 정부가 비준한 다른 7개 주요 국제인권조약과 다른 효력을 가진다고 볼 텐데 이는 상당한 문제가 아닐 수 없다. 정인섭, 『신국제법강의』, 제14판 (박영사, 2024), 124–135쪽 참조.

72 외교부 홈페이지(http://www.mofa.go.kr/www/wpge/m_3996/contents.do) 및 United Nations Treaty Collection. Multilateral Treaties Deposited with the Secretary–General. Chapter IV: Human Rights(https://treaties.un.org/Pages/Treaties.aspx?id=4&subid=A&l ang=en) 참조.

표 11-1 9개 유엔 핵심 인권조약 비준 현황

협약명	채택	비준	비준까지의 시간
자유권규약	1966년 12월	1990년 4월	23년
사회권규약	1966년 12월	1990년 4월	23년
인종차별철폐협약	1965년 12월	1978년 12월	12년
여성차별철폐협약	1979년 12월	1984년 12월	5년
고문방지협약	1984년 12월	1995년 1월	10년
아동권리협약	1989년 11월	1991년 11월	2년
장애인권리협약	2006년 12월	2008년 12월	2년
강제실종방지협약	2006년 12월	2023년 1월	16년
이주노동자권리협약	1990년 12월	미가입	·

에 관한 협약」(이하 '아동권리협약')을, 2008년에는 「장애인의 권리에 관한 협약」(이하 '장애인권리협약')을 비준하기도 했다([표 11-1] 참조). 이는 한국이 관련 국제인권조약 비준을 통해 여성, 아동 및 장애인과 같은 사회취약계층의 인권 보호 의제에 적극적인 모습을 보인 것으로 볼 수 있다. 아동권리협약과 장애인권리협약의 경우 조약의 채택(1989년, 2006년) 이후 각각 2년 내에 빠르게 비준했다. 1995년에는 「고문 및 그 밖의 잔혹한, 비인도적인 또는 굴욕적인 대우나 처벌의 방지에 관한 협약」(이하 '고문방지협약')을, 2023년에는 「강제실종으로부터 모든 사람을 보호하기 위한 국제협약」(이하 '강제실종방지협약')을 비준했다. 다만 여러 민감한 정치, 경제, 사회적 이슈가 현존하는 「모든 이주노동자와 그 가족의 권리보호에 관한 국제협약」(이하 '이주노동자권리협약')에 대해서는 아직 비준하지 않고 있다.[73] 따라서 한국의 국제인권조약 가입, 비준 현황은 2024

73 한국 정부는 2017년 다른 유엔 회원국의 협약 비준 권고에 지지를 표명하며 강제실종방지협약에의 가입을 준비해 왔다. 2020년 12월 법무부는 협약 가입을 위한 이행입법위원회를 구성하고 법개정 작업에 착수하여 이후 국회에 법안을 제출했다. [법무부 강제실종방지협약 이행입법위원회 운영지침(시행 2020년 10월 5일)(법무부예규 제1262호, 2020. 9. 11. 제정)]. 2021년 6월 협약 가입을 위한 국무회의 심의, 의결을 마치고, 마침내 2023년 12월 8

년 현재 9개의 핵심 조약 중 8개를 비준함으로써 전 세계 국가 중 양적 의미의 국제인권법 참여 정도에 있어 중위국median country보다 조금 더 활발한 행태[74]를 보인다. 한편 조약이 유엔 총회에서 채택되고 비준되기까지 걸린 시간을 보면 자유권, 사회권, 고문 방지 등 신체불가침권에 관한 내용을 포함한 기본 조약은 10~23년까지 상당히 오랜 시간이 걸렸지만, 사회적 약자의 권리 보호와 증진을 위한 조약의 경우 일단 참여를 결정하면 조약 채택 이후 2~5년 안에 비준을 해왔다. 즉 조약의 보호 대상이 여성, 아동, 장애인이면 국내적으로 정치적 쟁점이 상대적으로 많지 않다고 보았기에 단기간 내 비준이 가능하지 않았나 판단된다.

2. 한국이 비준한 8개 핵심 유엔 인권조약 유보 첨부 현황

국제인권조약은 국내적인 비준 절차를 거쳐 비로소 각 회원국에 법적 구속력 있는 의무를 부과한다. 그러나 이러한 국제인권 규범상의 의무는 가능한 한 많은 국가가 준수할 수 있고 더 많은 국가의 추후 가입을 도모할 수 있도록 최소한의 인권 기준minimum standard 설정에 초점이 맞추어져 있다. 국제인권 조약은 범지구적으로 지금보다 더 나은 인권 수준을 달성하기 위해 보다 많은 국가의 보편적 참여를 목적으로 하기 때문이다. 따라서 안보, 무역, 금융 등 다른 영역의 조약에 비해 그 성질상 모호한 언어나 유보, 선택조항 및 선택의정서Optional Protocol 등과 같은 유연한 장치를 다양하게 마련하고 있다. 같은 조약을 비준함에도 유보 첨부 유무나 선택의정서 비준 여부에 따라 각국의 법적 의무 수준에 차등을 둘 수 있음은 국제인권조약이 가지는 특성 중 하나이다.[75]

일 국회 본회의에서 비준 동의안이 통과되었다.

74 Cope, *et al.*, *supra* note 7, p.156.

75 B. Koremenos, *The Continent of International Law* (Cambridge University Press, 2016).

실제로 여성차별철폐협약과 아동권리협약은 조약이 채택되자마자 단시간에 가장 많은 국가가 가입, 비준한 조약이지만 동시에 가장 많은 국가가 유보를 첨부한 조약이다. 이에 많은 인권 전문가가 이러한 국제인권조약에 대한 개별 국가의 유보 첨부 행태 및 동기에 대해 조약 본연의 목적을 훼손하고 유의미한 법적 의무 수준을 희석할 수 있다는 실질적인 우려를 표했다.[76] 그러나 국제정치학의 최신 연구에 따르면, 국가는 오히려 조약상 의무를 진정성 있게 준수하기 위해 이념, 문화, 종교적 이유 또는 국내법 및 제도와의 불합치를 이유로 국제인권조약에 유보를 첨부하는 경향이 있다.[77] 북유럽 국가를 포함한 성숙한 자유민주주의 국가가 유보를 더욱 많이 첨부한다는 것이다.[78] 단 이때 유보는 특정 조항에 대한 구체적이고 상세한 사유에 한정된 경우가 많다.[79]

한국은 가입한 8개 핵심 유엔 인권조약 중 4개 조약, 사회권규약, 인종차별철폐협약, 고문방지협약, 강제실종방지협약에는 아무런 유보를 두지 않고 비준했다([표 11-2] 참조). 그 외 다른 4개 조약에 대한 유보도

---

76 B. Clark, "The Vienna Convention Reservations Regime and the Convention on Discrimination Against Women", *The American Society of International Law*, Vol.85, No.2, 1991, pp.281-321; L. Lijnzaad, *Reservations to UN Human Rights Treaties: Ratify or Ruin?* (Martinus Nijhoff Publishers, 1995).

77 E. Neumayer, "Qualified Ratification: Explaining Reservations to International Human Rights Treaties", *Journal of Legal Studies*, Vol.36, No.2, 2007, pp.397-429.

78 *Ibid*..

79 반대로 「조약법에 관한 비엔나협약」 제19조에 따라 조약의 대상 및 목적과 양립하지 않는 유보가 허용되지 않음에도 불구하고 현실에서는 상당수 국가가 (해당 유보의 국제법적 효력 여부는 차치하더라도) 국내법과 양립할 수 없다는 이유로 포괄적이고 모호한 유보를 첨부하는 경향이 있다. 예를 들어 여성차별철폐위원회는 이미 1987년 일반권고(general recommendation) 제4호를 통해 "동 협약의 대상 및 목적과 양립할 수 없는 것으로 보이는 유보의 수가 상당히 많다는 것과 관련하여 우려를 표명"했다. 아동권리협약도 마찬가지이다. 아프가니스탄, 브루나이, 이란, 쿠웨이트, 몰디브, 모리타니, 카타르, 사우디아라비아, 소말리아, 시리아 등 상당수 이슬람 국가들이 아동권리협약의 어떤 조항이라도 이슬람법에 반한다면 유보하겠다고 선언함으로써 사실상 조약 전체의 적용에 대해 포괄적이고 모호한 유보를 첨부했다.

표 11-2 한국의 유보 첨부 및 철회 현황

협약명	비준	유보	유보의 철회
자유권규약	1990년	제22조 (결사의 자유)	제23조 제4항 (혼인에 대한 평등권), 제14조 제5항 (상소권), 제7항 (이중처벌금지),
여성차별철폐협약	1984년	제16조 제1항 (g) [성(family name) 선택의 자유]	제9조 (국적에 대한 남여 평등권), 제16조 제1항 (c), (d), (f) (혼인과 가족관계에 대한 평등권)
아동권리협약	1991년	제40조 제2항 (b)(5) (상소권 보장)	제9조 제3항 (면접교섭권), 제21조 (a)항 (입양허가제)
장애인권리협약	2008년	없음.	제25조 e항 (생명보험 가입)
사회권규약	1990년	없음.	·
인종차별철폐협약	1978년	없음.	·
고문방지협약	1995년	없음.	·
강제실종방지협약	2023년	없음.	·

1~5개의 특정 조항을 구체적인 이유를 들어 첨부했으며 이마저도 점진적으로 철회하면서 현재는 몇 개 남아 있지 않다.

먼저 자유권규약을 비준하면서 한국 정부는 제14조 제5항(상소권 보장), 제14조 제7항(일사부재리 원칙), 제22조(결사의 자유), 제23조 제4항(혼인 기간 중 및 혼인 해소 시에 배우자의 권리 및 책임의 평등)에 대해 대한민국 헌법 및 관련 국내법 규정에 일치하는 한도 내에서만 적용하겠다는 유보를 첨부했다. 이후 대략 1년 후인 1991년 3월 15일 제23조 제4항에 대해, 3년 후인 1993년 1월 21일 제14조 제7항에 대해, 그리고 2007년 4월 제14조 제5항에 대한 유보를 철회했다. 이로써 제22조 결사의 자유에 관한 유보는 자유권규약에서 한국이 유보한 유일한 조항으로 남아 있다. 다만 한국 정부가 결사의 자유에 관한 국제노동기구International Labour Organization(이하 'ILO') 핵심 협약인 「제87호 결사의 자유 및 단결권 보호에 관한 협약」과 「제98호 단결권 및 단체교섭권 원칙의 적용에 관한 협약」을 이미 비준했고 해당 조약이 2022년 발효되었기 때문에 과거 국내

법과의 충돌 문제를 근거로 제시된 자유권규약 제22조에 대한 유보 이유가[80] 더는 유지될 명분이나 실익이 있을지 의문이다. 해당 ILO 협약이 보호하는 결사의 자유에 관한 권리의 범위가 자유권규약 제22조보다 훨씬 포괄적이기 때문이다.

여성차별철폐협약의 경우 “당시 민법과 상충되는 부인 및 자녀의 국적 취득상 평등 규제” 관련 규정 및 “여성단체가 제안한 호주제 폐지 및 동성동본불혼 조항 개정 등 「민법」 개정”[81]에 대해서는 유보를 첨부하고 비준이 이루어졌다. 그러나 비준 3년 후인 1987년 「국적법」과 「민법」의 개정으로 기존의 제9조(국적취득, 변경, 보유에 있어 권리), 제16조 제1항 (c), (d), (f)호(혼인 중 및 혼인을 해소할 때의 동일한 권리와 책임; 자녀 문제에 있어 부모로서의 동일한 권리와 책임; 아동에 대한 보호, 후견, 재산관리 및 자녀 입양 등과 관련해서 동일한 권리와 책임)에 대한 유보는 모두 철회되었다. 현재는 제16조 제1항 (g)호 성family name 선택의 자유에 대해서만 유보를 유지하고 있다. 관련하여 2005년 「민법」 개정을 통해 부부가 혼인 신고 시 합의한 경우 자녀가 어머니의 성을 따를 수 있도록 하고, 자녀의 복리에 필요한 경우 법원의 허가를 받거나, 이혼이나 재혼의 경우 자녀의 성을 변경할 수 있도록 하는 등 양성평등 실현을 위한 사유가 제한적으로나마 허용되었다.[82] 최근에는 서울가정법원에서 혼인 중 최초로 자녀의 성, 본의 변경을 허용하는 판결을 내리는 등 국내법 체계와 여성차별철폐협약의 합치를 위한 노력이 계속되고 있지만, 여전히 부성주의를 택하고 있

80 외교부 인권사회과, 2008년 6월 18일 주요논의 동향: 한국의 국제인권협약 비준(가입) 정책 및 경험 참조.

81 행정안전부 국가기록원, 2014년 12월 1일, 유엔여성차별철폐협약 비준(https://www.archives.go.kr/next/search/listSubjectDescription.do?id=009352&sitePage=1-2-1, 2024. 5. 18. 방문).

82 외교부 인권사회과, 앞의 주 80 참조.

는 국내법 체제에서 「민법」이 개정되지 않는 한 해당 유보는 유지될 것으로 예상된다.

아동권리협약 가입 시 한국은 제9조 제3항(아동의 면접교섭권), 제21조 (a)항(정부 당국의 입양허가), 제40조 제2항 (b)(5)(상소권 보장)에 관해 관련 국내법과의 상충을 이유로 유보를 첨부했다. 그러나 2007년 「민법」 개정을 통해 제9조 제3항에 대한 유보는 2008년 철회했다. 2011년 「입양특례법」 개정을 통해 기존의 입양 신고제에서 허가제로 전환하고, 2012년 「민법」에 허가 조항을 신설하고, 2013년 「가사소송법」에 입양허가의 절차를 도입하는 등 입양제도를 보완함에 따라 제21조 (a)항에 대한 유보도 2017년 철회되었다. 그러나 제40조 제2항 (b)(5)의 경우 한국 정부는 2017년 제출한 제5·6차 유엔 아동권리협약 국가보고서를 통해 "헌법 제110조 제4항에 규정된 비상계엄하의 군사재판과 군사법원법의 전시·사변 시의 특례규정 관련 조항에 따라 간첩죄, 유해음식물 공급죄, 초병 및 포로에 관한 죄 등에 대해 단심제를 적용하고 있으므로 유보를 유지" 할 수밖에 없다고 밝혔다.[83] 다만 현재의 안보 상황이나 입대 연령 등을 감안할 때 이 조항에 대한 유보철회 검토를 진행할 예정임도 보고서에서 적시했다.[84] 이는 시대에 따른 법감정 및 안보 상황의 변화에 따라 국내적 여건과 조약상 의무 요건의 차이가 줄어들어 적극적으로 유보철회를 검토하게 된 것으로 이해할 수 있다.

마지막으로 장애인권리협약은 2008년 비준 당시 생명보험 가입 시 장애인에 대한 차별을 금지하는 제25조 e항과 구 상법의 충돌을 이유로 유보를 첨부했다. 이후 2014년 「상법」 제732조의 개정을 통해 장애인 등이

83 대한민국 정부, 제5-6차 유엔아동권리협약 국가보고서(2017), p.2.
84 위의 자료, 3쪽.

보험계약 체결 시 의사능력이 있는 경우에는 보험계약의 효력이 인정되었고 같은 해 장애인권리위원회의 한국 국가심의에서 해당 유보에 대한 철회 권고가 있었다. 한국 정부는 해당 유보를 2021년 철회했다.

한국이 비준한 핵심 유엔 인권조약에 대한 유보 첨부 현황을 보면 국내법과의 상충 및 국내법 제도의 미비를 이유로 특정 조항에 대해 유보를 첨부해 왔음을 알 수 있다. 이러한 유보도 국내 인권의식과 인권문화의 변화, 발전을 통한 광범위한 사회적 합의가 점진적으로 이루어지면서 국내법 개정과 함께 대부분 철회되었다. 그러나 조약 비준 이후 시민사회의 요구에 부응하고 조약기구의 최종견해에 부합하도록 관련 국내법을 정비 및 개정하기까지 상당한 기간이 소요되었다는 점 역시 주목해야 한다.

3. 추가적인 모니터링 기제 및 실질적인 추가 의무 수락 현황

9개 핵심 유엔 인권조약 중 6개 조약은 선택의정서를 두어 조약이 마련하고 있는 국제의무에 대해 추가적으로 더 깊은 내용의 실질적 의무를 부담하도록 하거나 조약의 충실한 국내적 이행 여부에 대한 해당 조약기구의 모니터링을 수락함으로써 추가적인 절차적 의무를 부담하도록 하고 있다.

전자의 예시로는 1989년에 채택된 사형제 폐지에 관한 자유권규약 제2선택의정서, 2000년에 채택된 아동의 무력충돌 참여에 관한 아동권리협약 제1선택의정서 및 같은 해 함께 채택된 아동의 매매·성매매 및 아동음란물에 관한 아동권리협약 제2선택의정서가 있다. 즉 자유권규약 당사자이면서도 제2선택의정서를 추가적으로 비준한 국가에 한해서만 사형제 폐지라는 추가적인 의무가 발생하는 것이다. 후자의 예시로는 주로 1966년에 채택된 개인통보에 관한 자유권규약 제1선택의정서, 2008

년에 채택된 사회권규약 선택의정서, 1999년에 채택된 여성차별철폐협약 선택의정서, 2010년에 채택된 아동권리협약 제3선택의정서, 2006년에 채택된 장애인권리협약 선택의정서, 그리고 구금 장소에 대한 독립 국제기구에 의한 정기적인 방문 및 국내적 차원의 국가예방기구 설립 등 특별하게 더욱 강화된 모니터링 기제를 마련하고 있는 2002년에 채택된 고문방지협약 선택의정서가 있다. 다시 말해 자유권위원회는 기존의 자유권규약 당사국이어도 추가적으로 제1선택의정서를 비준한 국가에 대해서만 그 국가에 의해 조약상의 권리 침해가 발생했다고 주장하는 개인의 통보를 고려할 수 있다.

한국은 실질적 의무를 마련하고 있는 3개의 선택의정서 중 아동의 무력충돌 참여 및 아동의 매매·성매매 및 아동음란물 규율에 관한 아동권리협약의 선택의정서만 비준한 상태이다. 사형제 폐지에 관한 자유권규약 제2선택의정서는 자유권위원회의 국가 심의에 대한 최종 견해 및 보편적 정례인권검토의 국가 권고에서도 지속적으로 촉구되는 사항임에도 아직 비준을 하지 않고 있다([표 11-3] 참조). 또한 절차적 의무를 마련하고 있는 6개의 선택의정서 중 3개(자유권규약 제1선택의정서, 여성차별철폐협약 선택의정서, 장애인권리협약 선택의정서)만 비준함으로써 개인통보 등 독립된 국제인권전문가 기구인 조약기구로부터의 보다 완전한 모니터링을 자발적으로 수락하는 데 소극적인 모습을 보인다. 구체적으로는 고문방지협약 선택의정서(2002년), 사회권규약 선택의정서(2008년), 아동권리협약 제3선택의정서(2010년)에 아직 미가입하고 있는 상태이다. 여러 조약기구의 최종 견해와 보편적 정례인권검토의 동료 국가들의 권고에서 각 선택의정서 비준을 완결하여, 유엔 핵심 인권조약의 보다 충실한 국내 이행을 위한 국제사회의 모니터링을 수락해야 한다는 일관되고 지속적인 의견이 있었다. 그러나 실제로 이를 얼마나 그리고 언제 받아들일

표 11-3 유엔 핵심 인권조약 선택의정서 비준 현황

협약명	내용	채택	비준
자유권규약 제1선택의정서: 개인통보	절차적	1966년	1990년
자유권규약 제2선택의정서: 사형제 폐지	실질적	1989년	미가입
사회권규약 선택의정서	절차적	2008년	미가입
여성차별철폐협약 선택의정서	절차적	1999년	2006년
고문방지협약 선택의정서	절차적	2002년	미가입
아동권리협약 제1선택의정서: 아동의 무력충돌 참여	실질적	2000년	2004년
아동권리협약 제2선택의정서: 아동매매 · 성매매 · 음란물	실질적	2000년	2004년
아동권리협약 제3선택의정서: 개인통보	절차적	2010년	미가입
장애인권리협약 선택의정서	절차적	2006년	2022년

지 여부는 아직 불확실한 상태이다. 이에 한국은 국제인권 모니터링 기제를 통해 개인이나 동료 국가의 통보, 독립된 조약기구의 조사에 적극적이고 전향적인 자세로 임하기보다 여전히 다소 소극적이고 방어적인 자세를 견지하고 있다고 평가된다. 유엔 핵심 인권조약의 보다 효과적인 국내 이행을 위해서는 나머지 선택의정서에 대한 가입도 적극적으로 고려되어야 한다.

4. 소결

한국은 이주노동자권리협약을 제외한 모든 핵심 인권조약에 가입하고 비준했다. 특히 사회적 약자를 대상으로 한 조약의 경우 비준에 적극적인 모습을 보였다. 또한 가입 시 첨부된 유보도 오늘날 대부분 철회되었다. 이와 같은 모습은 적어도 한국이 국제인권 규범의 법제화 과정에 적극적으로 참여해 왔음을 보여 준다. 물론 여성, 아동, 장애인 인권 분야에 한정되었고 그마저도 정치적 부담이 덜하다는 판단에 기인한 결정으로 볼 여지가 크다는 점, 유보 조항에 대한 조약기구의 지속적인 철회 권고를 오랜 세월 동안 사실상 수용하지 않았다는 점, 개인통보 제도 등 추가적인 모니터링 의무에 대한 수락에 대해서는 상당히 방어적·소극적이었다는 점 등은 국제인권 규범의 국내이행 측면에서 볼 때 비판적인 평가를 받을 수 있다. 그럼에도 불구하고 거시적으로 개별 조약 당사국의 국가실행을 비교하여 조망해 보면 한국의 조약 가입, 비준 및 유보철회 행태는 국제사회에서 상당히 능동적인 변화를 꾀한 사례로 평가할 수 있다.[85] 단 이러한 국제인권 제도 및 조약 참여 과정은 한국 정부의 자발적인 변화를 통해서만 이루어졌다기보다는 시민사회를 포함한 다양한 비국가 행위자의 노력이 중요한 역할을 했다는 점을 간과해서는 안 될 것이다.

85 인권조약의 유보철회에 대한 체계적인 양적 분석은 방법론상 유보의 측정 문제(예를 들어 조약 전체에 대한 일반적 유보를 각 조항에 대한 수십 개의 유보로 나누어 코딩할 것인지 아니면 하나의 유보로 코딩할 것인지, 또는 유보철회에서 한 조항의 몇몇 하위 규정에 대한 부분적인 철회를 전체 조항에 대한 하나의 유보철회로 볼 것인지 등)의 복잡성으로 인해 최근에 와서야 시도되고 있다. 핵심 유엔 인권조약에 첨부한 유보에 대한 기술적 통계를 분석한 정책보고서에 따르면, 2016년 데이터 기준 30개의 표본국은 724개의 유보 중 약 22%인 159개의 유보를 철회했다고 한다. B. Çali and M. Montoya, "The March of Universality? Religion-Based Reservations to the Core UN Treaties and What They Tell Us About Human Rights and Universality in the 21st Century", *Policy Report, Universal Rights Group* (2017), pp.28-29, Figure 8 참조.

V. 결론

1991년 유엔 가입 이후 지난 30여 년간 한국이 어떠한 인권외교 활동을 유엔에서 펼쳐 왔는지 간략하게 살펴보았다. 『외교백서』 등 문헌 연구로는 미진한 부분이 많았기에 추가로 두 명의 전문가 인터뷰를 통해 부족한 연구를 보완했다.

중견국 한국은 유엔인권메커니즘 내에서 결코 규범의 수용자로서의 소극적인 역할에만 그치지 않았다. 사회적 약자의 권리 증진 측면에서 적극적으로 의제를 설정하고 그에 대한 국제사회의 관심을 환기하고 구체화하며 관련 유엔인권메커니즘이 개선 발전되도록 일정 부분 주체적인 역할을 해왔다. 다만 한국의 이러한 활약은 국가적 차원에서 거시적이고 장기적인 목표 아래 지원과 관심을 가지고 이루어진 것은 아니었다. 살펴본 바와 같이 대부분의 경우 주요 인권기구에서 누가 국가대표 및 독립 전문가로서 그 역할을 수행했는지에 따라 좌우되었고, 국제인권기구에서 활동한 개개인의 역량에 크게 영향을 받았다. 물론 한국의 식민지 역사 경험에서 비롯된 전시 여성의 성폭력 문제의 보편적 인권 의제 상정과 같이 개인의 전문성, 직업적 경험과 외교 전략적인 국가적 의제가 합치되어 채택된 경우도 있었다. 그러나 아동, 장애인 등 사회적 약자의 권리 및 신기술과 인권 등의 예에서 볼 수 있듯이 많은 경우 국제인권 전문가 개인의 관심 및 역량에 따라 개별적으로 의제화되어 진행되었다. 또한 이러한 인권 의제는 정치적, 이념적, 그리고 문화적으로 민감하지 않아 국제인권 전문가 및 국제인권기구 내 국가대표가 자신의 목소리를 내기가 상대적으로 용이했고, 정부의 간섭이나 통제에서 상대적으로 자유로워 개인적으로 정책 운신의 폭이 넓었던 것으로 판단된다.

결국 한국의 유엔인권메커니즘을 통한 인권외교에 있어 일관된 가치나 정체성은 찾아보기 어려웠다. 이러한 결론은 향후 선진국으로서 한국이 긴 호흡을 가지고 유엔인권메커니즘 내에서 인권외교 목표를 수립하고 무엇보다도 정권에 관계없이 지속적이고 일관되게 이를 추진하기 위한 환경을 구축하는 작업이 선행되어야 한다는 시사점을 던져 준다. 이를 위한 필수 요건을 제시하면 다음과 같다.

첫째, 인권외교에 대한 일관된 원칙과 기준을 갖출 필요가 있다. 예를 들어, 1991년 유엔 가입 이후 한국이 지속해서 유엔인권메커니즘을 통해 문제를 제기해 왔던 인권 이슈는 북한인권 문제이다. 문제는 한국 정부의 북한인권 정책은 안보, 정치 이슈와 연계되어 일관되고 지속적인 입장을 보여 주지 못했다는 점이다. 앞으로 국제사회로부터 선택적 정의 내지 이중기준double standard이라는 비판을 받지 않기 위해서는 국제인권규범에 기반을 두고 인권외교 정책을 흔들림 없이 추진해야 한다.

둘째, 인권 분야의 외교역량을 강화해야 한다. 이를 위해 적어도 다자외교 무대에서만큼은 연속성을 가지고 담당 공무원이 근무할 수 있는 환경을 조성해야 한다. 예를 들어 한국 정부가 유엔 가입 이후 처음으로 적극적으로 주도하여 결의안 채택까지 이끌어 낸 지방정부와 인권 문제는 현재 서구 유럽 국가들이 논의를 주도하고 있다. 여러 이유가 있겠지만 무엇보다도 해당 이슈를 잘 알고 결의안 채택과정에 참여했던 담당 공무원은 순환보직을 통해 다른 부서로 이동하게 되는 반면 새로 맡게 되는 공무원은 담당 업무를 숙지하고 익숙해지는 데만도 상당 시간이 소요되기 때문일 것이다. 다시 말해 지속해서 특정 인권 이슈에 관한 담론을 모니터링하고 한국 정부의 적극적 참여를 도모하는 데 현 공무원 시스템, 특히 외교부의 정기적 순환 근무 시스템은 한계가 있을 수밖에 없다. 따라서 한국이 선진국으로서 인권외교 활동을 수행하려면 다자외교 무대에서만큼은 다양한 전문가 풀을 적극적으로 활용하고 담당 공무원의 인수인계가 효율적으로 이루어질 수 있는 방안을 모색해야 한다.

셋째, 국제인권 규범의 효과적 국내이행뿐 아니라 국제인권 규범 형성 과정에 한국이 적극적으로 참여하기 위해서는 다양한 이해당사자의 역할이 중요하다. 따라서 인권외교 활동이 외교부의 업무로 국한되지 말아야 한다. 특히 다른 부처와의 협업은 필수적이다. 그러나 현재로서는 범부처 간 조정기구가 없고, 설사 참여하더라도 이를 추진할 수 있는 주무부처가 명확하지 않다. 또한 『외교백서』를 검토하면서 언급했듯이 인권외교 정책추진 체계에서 시민사회의 협력과 참여를 보장하고 그들의 역량을 강화해야 한다. 동시에 민간전문가와의 협업도 늘려 가야 한다. 정부는 학계에서 국제인권 분야를 선도할 수 있는 학자가 지속해서 배출될 수 있는 환경을 조성해야 한다. 이러한 유기적인 정부와 시민사회의 파트너십public-private partnership은 반드시 필요하다.

넷째, 이미 강조한 바와 같이 지금까지 한국의 인권외교는 외교관 내지 전문가 개인의 역량에 기반을 두고 이루어진 면이 적지 않다. 그러나 앞으로는 이들의 활동을 뒷받침할 수 있는 정부의 지원과 노력이 있어야 할 것이다. 무엇보다 장기적인 안목으로 활동할 수 있고 전문 역량이 누적적으로 쌓일 수 있는 시스템 구축이 필요하다. 어떤 개인이 오느냐에 의존하지 않고 정부가 제도적으로 중요한 의제 및 이니셔티브를 이행할 수 있는 체제를 갖추어야 한다.[86]

86 이는 앞서 제기한 외교부의 정기적 순환 근무 시스템에 대한 문제 제기와도 무관하지 않을 것이다.

제12장

유엔 해양거버넌스와 대한민국의 해양법 실행

김원희
한국해양과학기술원 해양법·정책연구소 해양법연구부 부장

Ⅰ. 서론

유엔United Nations이 조약의 문안 협상부터 발효와 이행에 이르기까지 깊이 관여하고 있는 다자조약 중 하나가 「유엔해양법협약」(이하 '해양법협약')이다. 제3차 유엔해양법회의는 1973년 12월 시작된 제1회기부터 1982년 3월 종료된 제11회기까지 약 9년에 걸쳐 진행되었다. 장기간의 협상 끝에 전문, 320개 조문, 9개 부속서, 4개 결의안으로 구성된 해양법협약이 채택되었다.[1] 1982년 해양법협약 채택 이후에도 선진국과 개발도상국 사이에 심해저 제도를 둘러싼 입장 대립이 지속되자, 유엔사무총장은 정부 간 협상을 주도하여 해양법협약의 심해저 제도를 일부 수정하는 1994년 심해저 이행협정[2]을 채택했다. 유엔 총회는 1992년 유엔환경개발회의에서 권고된 공해 어족자원 보전을 위한 회의를 주도했고,[3] 회의 결과 두 번째 이행협정인 1995년 유엔공해어업협정이 채택되었다.[4] 나아가 유엔 총회는 2004년부터 공해의 해양생물다양성 보전 및 지속가능 이용에 관한 협정을 체결하기 위한 국제사회의 노력을 주도했다. 유엔 총회는 약 19년에 걸친 비공식작업반, 준비위원회, 정부 간 회

---

1 제3차 유엔해양법회의에는 157개 유엔 회원국과 11개 비회원국(한국, 북한 포함)이 협상에 참여했다.

2 「1982년 12월 10일 자 유엔해양법협약 제11부 이행에 관한 협정(Agreement Relating to the Implementation of Part XI of the United Nations Convention on the Law of the Sea of 10 December 1982)」.

3 L. Juda, "The 1995 United Nations Agreement on Straddling Fish Stocks and Highly Migratory Fish Stocks: A Critique", *Ocean Development and International Law*, Vol.28, 1997, pp.148–149.

4 「1982년 12월 10일 유엔해양법협약의 경계왕래어족 및 고도회유성어족 보존과 관리에 관한 조항의 이행을 위한 협정」. F. O. Vicuña, *The Changing International Law of High Seas Fisheries* (Cambridge University Press, 1999), pp.131–136.

의를 후원하고 주도했으며, 마침내 2023년 「국가관할권 이원지역의 해양생물다양성 보전 및 지속가능 이용에 관한 협정Agreement under the United Nations Convention on the Law of the Sea on the Conservation and Sustainable Use of Marine Biological Diversity of Areas beyond National Jurisdiction」(이하 'BBNJ협정')이 채택되었다. 이로써 해양법협약은 심해저, 공해어업, 공해생물 다양성에 관한 세 가지 이행협정과 함께 유엔 해양거버넌스를 지탱하는 중요한 국제해양법 체제를 구축했다. 해양법협약은 채택된 지 40여 년이 지난 지금까지 다자조약으로서의 생명력과 실효성을 유지하고 있다.[5]

해양법협약은 연안국과 기국의 이해관계를 조정하기 위해 다양한 관할수역을 규정하고, 평화로운 해양의 이용을 위한 법제도를 신설했다. 즉, 12해리까지의 영해 제도, 200해리 배타적경제수역 제도, 대륙붕의 개념과 200해리 이원 외측한계 설정, 심해저 제도, 해양환경의 보호와 보전을 위한 포괄적 의무, 강제적 분쟁해결 제도 등이 새롭게 규정되었다. 해양법협약은 이러한 제도를 실행하기 위한 국제기구로 대륙붕한계위원회Commission on the Limits of the Continental Shelf, 국제해저기구International Seabed Authority, 국제해양법재판소International Tribunal For the Law of The Sea를 설립했다. 이러한 기구들은 해양법협약의 이행을 위해 각각의 기능과 임무를 수행하고 있으며, 새롭게 등장하는 해양법 문제에 대응하고 이를 해결하기 위해 노력하고 있다. 또한 해양법협약 당사국들은 매년 당사국회의를 개최하여 해양법협약에서 규정하고 있는 행정적·재정적·기술적 사항에 관해 논의하고 결정해 왔다. 유엔의 주요기관인 총회와 사무총장도 해양법협약의 이행과 실행 관련 문제에 대한 회의를 개최하고 다자조

5 J. Barrett and R. Barnes (eds), *Law of the Sea: UNCLOS as a Living Treaty* (British Institute of International and Comparative Law, 2016), pp.11-36.

약을 체결하는 등 유엔의 해양거버넌스 구축과 유지에 기여하고 있다.

대한민국(이하 '한국')은 제3차 유엔해양법회의가 진행될 당시 유엔 회원국이 아니었지만 모든 국가의 참여를 개방한 제3차 유엔해양법회의의 모든 회기에 참여했다. 한국 대표단은 11차례의 공식회기와 속개회기를 포함하여 약 93주간 총 16차례 개최된 회기에 모두 참여했다.[6] 한국은 1983년 3월 해양법협약에 서명했고, 국내적 이행을 위한 준비를 거쳐 1996년 1월 해양법협약을 비준했다. 해양법협약의 세 가지 이행협정의 경우 1996년 11월 심해저 이행협정을 비준했고, 2008년 2월 유엔공해어업협정을 비준했으며, 2023년 10월 BBNJ협정에 서명했다. 한국은 국제해양질서의 기반이 되는 해양법협약과 이행협정의 성안 과정에 적극적으로 참여함으로써 유엔 해양거버넌스와 국제해양법질서의 확립에 기여했고, 해양법협약 체제의 국내적 이행을 통한 국익확보를 위해 노력해 왔다.

이 글의 목적은 유엔이 해양법협약 체제를 수립하면서 주도한 해양거버넌스가 어떻게 구축되고 발전되었는지 살펴보고, 한국이 유엔에 가입한 지 30년이 지난 시점에서 유엔 해양거버넌스 속에서 이루어진 한국의 해양법 실행을 검토하고 평가하는 것이다. 이하에서는 유엔의 주요기관인 사무총장과 총회가 해양거버넌스를 위해 수행하는 역할과 기능을 살펴보고, 해양법협약에 따라 설립된 세 기구의 역할과 활동을 함께 검토하고자 한다. 이러한 논의를 바탕으로 한국이 유엔 해양거버넌스 체제 속에서 실시한 해양법 활동과 국가실행을 살펴보고, 향후 한국의 해양법 정책 수립과 시행을 위한 시사점을 제시하고자 한다.

6 외교부 외교사료관, 대한민국 외교일지(http://diplomaticarchives.mofa.go.kr/new/publish/search.jsp).

Ⅱ. 유엔 해양거버넌스의 구축과 발전

유엔이 주도하는 해양거버넌스[7]는 유엔의 전문기관과 특수기관들이 관여하고 있는 해양 관련 활동과 해양법협약에 따라 설립된 기구들의 활동을 포함한다. 해양법협약에서는 1982년 협약 채택 이전부터 어업, 해양환경의 보호와 보전, 해양과학조사, 항행의 안전, 해상인권 문제 등을 다루어 왔던 다른 국제기구들도 해양거버넌스의 한 축을 담당하도록 규정하고 있다.[8] 이하에서는 해양법협약 당사국회의, 유엔 사무총장과 총회, 해양법협약이 설립한 세 기구(대륙붕한계위원회, 국제해저기구, 국제해양법재판소)의 활동과 기여를 중심으로 유엔 해양거버넌스의 구축과 발전 과정을 살펴본다.

1. 해양거버넌스 구축을 위한 유엔의 활동과 역할

유엔은 해양거버넌스의 중추를 이루고 있는 해양법협약과 그 이행협정들을 채택하는 과정에서 산파 역할을 했다. 제3차 유엔해양법회의에서 해양법협약의 이행을 위한 국제위원회를 설립하자는 제안이 있었지만 거

7 해양거버넌스란 전 세계적 및 지역적 합의와 국제기구 등 행위자들이 해양환경의 보존과 해양의 합리적 사용을 위해 실시하는 광범위한 해양관리(ocean management)를 의미한다. 즉 해양거버넌스란 해양의 이용방식을 구체화하고 해양 문제를 감시하고 평가하며 해양활동 중 허용되는 것과 금지되는 것을 구분하고 제재와 기타 대응방법을 적용하기 위해 마련된 공식적 및 비공식적 규칙, 합의, 제도 및 기관을 포괄한다. 이석용, "해양거버넌스와 해양관리체제에 관한 고찰－국제해양법과 동북아 해양질서에 대한 함의", 『과학기술법연구』, 제21집 제1호(2015), 95－98쪽.

8 T. Treves, "The Role of Universal International Organizations in Implementing the 1982 UN Law of the Sea Convention", in A. Soons (ed.), *Implementation of the Law of the Sea Convention Through International Institutions: Proceedings of the 23rd Annual Conference of the Law of the Sea Institute* (1991), p.14.

부되었고, 해양법협약은 세계무역기구와 같은 조약의 이행을 감시하는 기구를 별도로 설립하지 않았다.[9] 이에 따라 해양법협약 당사국회의는 제한적인 역할만을 부여받았고, 유엔 사무총장과 총회 등 유엔 기관이 해양법협약의 이행을 검토하고 준수를 촉구하는 역할을 수행하고 있다.

해양법협약 당사국회의의 기능과 권한

해양법협약 당사국회의는 해양법협약에 규정된 행정적·재정적·기술적 의사결정을 내림으로써 유엔 해양거버넌스의 한 축을 담당하고 있다. 해양법협약의 당사국뿐만 아니라 비국가 당사자, 관련 결의에 따라 유엔 총회의 작업에 옵서버로 초청받은 단체,[10] 해양 문제에 권한을 가진 정부간 기구, 경제사회이사회가 해양법 관련 업무를 담당하는 것으로 인정한 비정부기구가 당사국회의에 참여할 수 있다. 당사국회의가 검토 중인 문제에 관심을 표명한 비정부기구도 당사국회의의 초청을 받아 옵서버로 참석이 가능하다.[11] 해양법협약 당사국회의는 해양법협약, 국제해양법재판소, 대륙붕한계위원회에 관한 문제를 검토하고 국제해저기구의 활동에 관한 연례보고를 받는다. 또한 당사국회의에서 유엔사무총장은 해양법협약 제319조에 따라 해양법협약과 관련하여 발생하는 일반적 성격의 문제에 대한 당사국의 정보를 보고한다.

다만 당사국회의는 해양법협약을 이행하면서 달성된 진전 사항이나 직면하고 있는 어려운 문제들을 포괄적으로 검토하거나 논의하지는 않

9 A. G. Oude Elferink, "Reviewing the Implementation of the LOS Convention: The Role of the United Nations General Assembly and the Meeting of States Parties", in Elferink and Rothwell (eds.), *Ocean Management in the 21st Century: Institutional Frameworks and Responses* (Martinus Nijhoff Publishers, 2004), p.302.

10 UN Doc. SPLOS/303(2016), paras.113–114; SPLOS/316(2017), para.110.

11 UN Doc. SPLOS/2/Rev.4(2005), Rule 18.

는다. 최근 체결되는 다자조약은 조약의 이행 경과를 검토하고 조약의 이행과 준수를 확보하는 권한을 당사국총회에 부여하는 경향이 있지만, 해양법협약은 그러한 권한을 당사국회의에 명시적으로 부여하지 않았다. 원칙적으로 해양법협약이 당사국회의에 부여한 기능은 국제해양법재판소와 대륙붕한계위원회의 구성원 선거와 같이 행정적이고 재정적인 성격의 문제에 국한된다.[12]

해양법협약 당사국회의가 해양법협약의 이행을 검토하고 구속력 있는 결정을 내리는 실질적인 역할을 할 수 있는지에 대해 당사국들은 상반된 견해를 밝히고 있다. 일부 국가들은 당사국회의가 해양법협약의 이행에 관한 문제까지 검토할 수 있다고 주장하지만,[13] 이에 반대하는 국가들은 당사국회의가 해양법협약에 명시적으로 부여된 행정적 업무만을 수행해야 한다는 입장을 유지하고 있다.[14] 당사국회의의 기능에 관한 문제는 여러 차례 의제로 다루어졌지만 대립하는 견해가 반복적으로 개진되었고, 기능 확대를 반대하는 국가들이 있어, 당사국회의는 주로 행정적이고 재정적인 결정만 내리고 있다.

다만 실무적인 차원에서 당사국회의는 해양법협약의 내용을 실질적으로 수정하는 결정을 내리거나 해양법협약에 명시된 기능보다 확대된 기능을 수행하기도 했다. 당사국회의는 국제해양법재판소와 대륙붕한계위원회 설립준비위원회의 권고에 따라 각 기관의 구성원을 선출하기 위한 최초 선거일을 연기하는 결정을 내린 바 있다. 이 결정은 해양법협약의 발효일로부터 6개월 이내에 최초 선거를 시행하도록 규정한 제2부속

12 해양법협약 제2부속서 제2조 제3항, 제6부속서 제4조 제4항, 제18조 및 제19조.
13 UN Doc. SPLOS/60(2000), para.74; SPLOS/73(2001), para.88.
14 UN Doc. SPLOS/73(2001), para.89.

서와 제6부속서의 관련 규정을 실질적으로 개정하는 효과를 가져왔다.[15] 다만 해양법협약에서 두 기관의 구성원 선거를 당사국회의의 기능으로 명시하고 있어 이러한 결정에 반대하는 당사국은 없었다.

한편 당사국회의는 2001년에 연안국이 대륙붕 외측한계 정보를 제출해야 하는 기한을 연장하는 결의를 채택한 바 있다.[16] 당사국회의가 채택한 이 결의의 법적 성격에 대해 당사국들은 서로 다른 해석을 내놓았다. 일부 당사국은 당사국회의가 해양법협약의 이행을 위해 일정한 역할을 수행하는 사례라고 보았으나,[17] 이에 반대하는 당사국은 그러한 결정은 조직organization 문제에 관한 것이거나 행정적 권한의 확대이지 해양법협약의 이행에 관한 권한은 아니라고 보았다.[18] 당사국회의의 기능과 역할을 제한적으로 보는 국가들의 입장에도 불구하고 2001년 결정은 대륙붕의 외측한계 정보제출 기한에 관한 해양법협약 제2부속서 제4조를 실질적으로 개정하는 효과를 가져왔다.[19]

당사국회의가 해양법협약의 이행에 관한 문제까지 다룰 수 있는지에 대해 당사국들은 여전히 상반된 견해를 밝히고 있어 당사국회의가 적극적이고 광범위한 권한을 행사하지는 못하고 있다. 매년 개최되는 당사국회의는 특별한 사정이 없으면 주로 행정적이고 재정적인 사항에 대해서만 논의하고 결정을 내리고 있다. 다만 국제사회가 직면하고 있는 기후변화와 해수면 상승, 해양방사능 오염, 해양플라스틱 등 해양법협약이 상정하지 못한 새로운 해양법 의제들이 등장하고 있는 상황에서, 이러한

15 해양법협약 제2부속서 제2조 제2항, 제6부속서 제4조 제3항; UN Doc. SPLOS/3(1995), para.16; SPLOS/5(1996), para.20.

16 UN Doc. SPLOS/72(2001); SPLOS/64(2001).

17 UN Doc. SPLOS/73(2001), para.88; SPLOS/91(2002), para.114; SPLOS/103(2003), para.97.

18 UN Doc. SPLOS/91(2002), para.114.

19 Oude Elferink, *supra* note 9, pp.309-310.

문제들에 대한 논의와 대응책을 마련하는 데 해양법협약 당사국회의가 가장 적합한 기구라고 할 수 있어 보다 적극적인 역할을 수행할 것으로 전망된다.

유엔사무총장의 활동과 역할

해양법협약이 이행과 준수를 위한 기구를 규정하지 않은 상황에서 유엔사무총장은 해양거버넌스의 구축과 실행을 위해 중요한 역할을 담당한다. 사무총장은 1983년부터 해양법 문제를 유엔 총회에 보고했고, 1996년부터는 전반적인 해양 문제를 추가하여 '해양과 해양법Ocean and the Law of the Sea'이라는 주제로 연례보고를 하고 있다. 대표적인 예로 사무총장 보고서는 공해상 대규모 원양 유망어업에 대한 모라토리엄을 부과한 총회 결의 46/125호의 이행에 관한 사항을 매년 보고하고 있다. 이와 같이 유엔 총회는 사무총장이 제출하는 보고서를 해양 관련 의사결정을 하는 데 중요한 근거자료로 활용하고 있다.

1982년 해양법협약이 채택된 직후에도 심해저 제도를 둘러싼 선진국과 개발도상국 간 입장 차이가 좁혀지지 않아 해양법협약의 발효를 기대하기 어려운 상황이 계속되었다. 이에 사무총장은 해양법협약의 심해저 규정에 관한 비공식협상회의 개최를 주도했다.[20] 사무총장의 주도로 1990년 6월 시작된 비공식협상회의는 1994년 6월까지 총 15회에 걸쳐 진행되었다.[21] 비공식협상회의 결과 해양법협약 제11부에 규정된 심해저 제도를 개정하는 1994년 심해저 이행협정이 채택되었다. 심해저 이행협정은

20 United Nations Secretary General's Informal Consultations on Outstanding Issues relating to the Deep Seabed Mining provisions of the UN Convention on the Law of the Sea.

21 이용희, "새로운 심해저자원 개발제도와 우리나라의 대응방안에 대한 고찰", 『해양정책연구』, 제11권 제2호(1996. 12), 232-235쪽.

국제해저기구와 해양법협약 당사국의 부담, 심해저공사의 운영, 의사결정 방식, 재검토회의 소집 방식, 기술이전, 생산정책, 개발도상국의 보호, 재정부담 조건 등에 관한 내용을 개정했다. 사무총장 주도로 채택된 심해저 이행협정은 해양법협약의 비준을 꺼리던 선진국의 참여를 촉진하여 1994년 해양법협약이 발효되는 데 결정적으로 기여했다.

해양법협약 제319조는 사무총장을 해양법협약의 수탁자로 지정하고, 그 밖의 다양한 임무를 사무총장에게 부여하고 있다. 사무총장에게 부여된 임무로는 ① 모든 당사국, 해저기구, 유관 국제기구에 해양법협약과 관련하여 발생하는 일반적 성격의 문제 보고, ② 해양법협약에 대한 비준, 공식확인, 가입, 개정 및 폐기에 관해 해저기구에 통고, ③ 제311조 제4항에 따른 협정을 당사국에 통고, ④ 이 협약에 따라 채택된 개정의 비준이나 가입을 위해 당사국에 회람, ⑤ 이 협약에 따라 필요한 당사국회의의 소집이 있다. 1994년에 해양법협약이 발효되자 유엔 총회는 제319조에 규정된 사무총장의 임무를 보다 구체적으로 요구했다. 즉 총회는 사무총장에게 ① 과학기술 발전을 고려한 해양법 발전에 관한 포괄적인 연례보고서 준비, ② 총회 또는 다른 적절한 정부 간 포럼의 검토와 활동을 위한 정책제언, ③ 정부 간 회의와 기구에서 요청하는 주제를 포함하여 현안 주제에 관한 주기적인 특별보고서 준비를 요청했다.[22]

해양과 해양법에 관한 유엔사무총장 보고서의 주요내용은 유엔 내부에서의 해양 관련 발전 상황과 유엔 체제와 다른 정부 간 기구들의 해양 관련 활동과 현안으로 구성된다. 2023년 사무총장 보고서는 해양법정책체계, 해양공간, 인간적 측면의 중요성, 해양 안전과 안보, 기후변화와

22 UN Doc. A/RES/49/28(1994).

해양, 해양의 지속가능성, 국제협력과 조정의 강화, 역량강화와 기술지원 등 해양과 해양법에 관한 문제를 보고한 바 있다.[23]

사무총장 보고서는 해양과 해양법에 관한 총회의 연례검토를 위한 기초자료로 활용되고 있다.[24] 사무총장 보고서는 해양법협약 당사국회의와 유엔 총회가 해양법 문제를 다루기 위해 설립한 보조기구들에 적실한 정보를 제공함으로써 총회가 해양과 해양법에 관한 결의를 채택할 수 있도록 지원한다. 예를 들면, 사무총장은 전 세계적 현안 문제인 해양쓰레기, 플라스틱과 미세플라스틱에 관한 보고서[25]와 기후변화와 해양에 관한 보고서[26]를 총회가 설립한 보조기구에 제공함으로써 그에 관련된 논의를 촉진하는 데 기여한 바 있다.

또한 사무총장 보고서는 어업에 관한 특별보고서를 별도로 작성하여 해양과 해양법에 관한 보고서를 보충하는 역할을 했다. 유엔공해어업협정이 채택되기 전 사무총장은 혼획by-catch과 폐기되는 생물자원, 국가관할권 내에서의 무허가 어업, 대규모 원양 유망어업의 영향에 관한 별도의 보고서를 작성하도록 요청받았다. 1995년 유엔공해어업협정이 채택된 이후 사무총장은 어업 문제에 관해 통합된 하나의 보고서를 작성하고 있으며, 이 보고서는 유엔공해어업협정과 관련 문서에 따라 지속가능한 어업을 중점적으로 다루고 있다.[27] 나아가 사무총장은 유엔공해어업협정에 관한 재검토회의가 개최되기 전에 유엔식량농업기구(이하 'FAO')와 협력하여 각각 2006년, 2010년, 2016년, 2023년 공해어업협정에 관한 포

23 UN Doc. A/78/339(2023).
24 UN Doc. A/54/44(1999).
25 UN Doc. A/71/74(2016).
26 UN Doc. A/72/70(2017).
27 유엔 해양법국(UN DOALOS) 홈페이지에 게시된 어업에 관한 유엔사무총장 보고서의 목록 참조(https://www.un.org/Depts/los/general_assembly/general_assembly_reports.htm).

괄적인 보고서를 작성하고 재검토회의에 제출했다. 재검토회의는 정기적으로 경계왕래어족 및 고도회유성어족 보존과 관리를 위한 공해어업협정의 실효성을 검토하고 있는데, 사무총장과 FAO가 공동으로 준비하는 보고서는 재검토회의 작업의 기초자료로 활용되고 있다.[28]

이 외에도 사무총장은 해양법협약 당사국 또는 비정부기구들의 요청에 따라 특별보고서를 작성하고 있다. 사무총장이 작성한 특별보고서는 해양환경의 보호와 보전, 해양과학조사, 해양자원의 개발과 관리에 관한 국가들의 필요와 그에 관한 조치, 해양법협약에 구현된 포괄적 법체제의 이행에 관한 발전 상황, 해양법협약과 관련 협정들의 발효에 따른 영향 등을 주제로 다루었다.[29] 특히 사무총장은 그린피스, 국제운송노동자연맹, 세계자연보호기금이 요청하는 선박의 안전, 노동조건, 어족자원의 보존, 해양환경 보호에 관한 국제적 요건의 준수 문제를 다루기 위해 기국의 이행에 관한 협의그룹을 설립하여 특별보고서를 작성하기도 했다.[30] 한편, 유엔 총회는 국가관할권 이원지역의 해양생물다양성 보전 및 지속가능 이용에 관한 법적 구속력 있는 문서의 성안을 요청하는 결의를 채택했고, 사무총장은 그에 관한 논의와 발전 상황을 보고하는 특별보고서를 작성한 바 있다.[31]

이처럼 사무총장 보고서는 해양법협약의 이행 상황뿐만 아니라 전 지구적 현안 문제에 관한 정보와 활동을 조사하고, 해양 문제와 해양법 영

---

28 Report submitted to the resumed Review Conference in accordance with paragraph 60 of General Assembly resolution 74/18 to assist it in discharging its mandate under article 36 (2) of the Agreement, UN Doc. A/CONF.210/2023/1(2023), para.1.

29 UN Doc. A/44/461(1989); A/45/563(1990); A/45/712(1990); A/46/722(1991); A/47/512(1992); A/52/491(1997).

30 Consultative Group on Flag State Implementation, UN Doc. A/59/63(2004).

31 UN Doc. A/60/63/Add.1(2005); A/62/66/Add.2(2007); A/64/66/Add.2(2009); A/66/70(2011).

역을 다루는 유엔, 전문기구, 해양법협약에 따라 설립된 기구들의 작업에 관한 정보를 통합적으로 제공한다. 유엔 총회는 해양법협약의 이행 문제를 검토할 권한을 갖는 기구로서 사무총장 보고서에 근거하여 해양 문제와 해양법에 관한 연례검토 작업을 수행하고 있다.[32]

유엔 총회의 포괄적 역할과 활동

유엔 총회는 1984년부터 해양법을 연간 의제 항목에 포함하여 논의하고 있고, 1994년 해양법협약 발효 이후에는 해양법협약의 이행과 해양 문제에 관한 쟁점들을 매년 검토하여 결의를 채택하고 있다. 해양법협약 당사국회의의 역할이 제한적인 상황에서 유엔의 주요기관인 사무국과 총회는 해양거버넌스를 위한 중심적 역할을 수행하고 있다. 1993년에 총회는 사무총장에게 해양법협약에 해당하는 동향과 관련 활동에 대해 보고하도록 요청했다.[33] 이에 따라 사무총장은 1994년부터 매년 해양 문제에 관한 보고서를 총회에 제출하고 있으며, 보고서의 범위와 내용은 시간의 경과에 따라 꾸준히 확대되고 있다.[34]

해양법협약 당사국회의의 역할이 행정적이고 재정적인 문제로 한정되면서, 총회가 해양법협약의 이행과 준수에 관한 기능을 수행하고 있다. 유엔의 주요기관인 총회는 모든 회원국이 참여하여 의견을 교환하는 다자외교의 장으로, 국제공동체를 위한 해양거버넌스를 증진할 수 있는 유엔의 주요 기관이다. 총회는 사무총장이 준비한 보고서에 기초하여 매년 해양법과 해양 문제를 재검토하고, 구체적인 해양 문제를 다루는 결의를 채택한다. 총회의 결의는 법적 구속력이 없지만, 해양법과 해양 문제

32 UN Doc. A/RES/72/73(2017), para.367.

33 UNGA Res. 48/28(1993).

34 앞의 주 26 참고.

에 관한 총회 결의는 해양법 관련 국가실행에 영향을 주고 관습국제법을 생성하는 국가실행을 구성하기도 한다. 특히 해양법에 관한 총회 결의는 추가적인 다자조약의 협상을 시작하는 실마리를 제공하기도 한다. 1992년 유엔환경개발회의에서 채택된 Agenda 21은 공해 어족자원의 효과적인 보존관리를 위한 유엔 회의 소집을 권고했고, 총회는 그 권고에 따라 경계왕래 및 고도회유성 어족에 관한 유엔 회의를 개최했다.[35] 총회가 주도한 회의 결과 해양법협약의 두 번째 이행협정인 1995년 유엔공해어업협정이 채택되었다.[36]

총회는 매년 해양법협약에 관한 두 가지 결의를 정기적으로 채택하고 있다. 총회는 먼저 해양법협약과 해양 문제에 관한 전반적인 내용을 담고 있는 '해양과 해양법Oceans and the Law of the Sea' 결의를 매년 채택한다. 해양과 해양법 결의는 약 17개의 항목으로 구성되며, 해양법협약과 관련 협정의 이행, 역량강화, 당사국회의, 분쟁의 평화적 해결, 심해저, 심해저기구와 국제해양법재판소의 실효적인 기능 이행, 대륙붕과 대륙붕한계위원회의 업무, 해양 안보와 안전 및 기국의 이행, 해양환경과 해양자원, 해양생물다양성, 해양과학, 사회경제적 측면을 포함한 해양환경 상태의 세계적 보고와 평가를 위한 정규절차, 지역협력, 해양과 해양법에 관한 비공식협의과정, 조정과 협력, 해양법국의 활동, 매년 개최되는 유엔 총회 회기를 주로 다룬다.[37]

다음으로 총회는 매년 '1995년 유엔공해어업협정과 관련 협정을 통한

---

35 L. Juda, "The 1995 United Nations Agreement on Straddling Fish Stocks and Highly Migratory Fish Stocks: A Critique", *Ocean Development and International Law*, Vol.28, 1997, pp.148–149.

36 Vicuña, *supra* note 4.

37 UN Doc. A/RES/75/239(2021); A/RES/76/72(2021); A/RES/77/248(2023); A/RES/78/69(2023).

지속가능한 어업Sustainable Fisheries, Including through the 1995 Fish Stocks Agreement and Related Agreements' 결의를 채택하고 있다. 총회 결의의 주요내용은 지속가능한 어업의 달성, 1995년 유엔공해어업협정의 이행, 어업 관련 문서, 불법·비보고·비규제어업(이하 'IUU어업') 감시, 통제 및 감독과 준수, 집행, 어업 과잉생산, 대규모의 원양 유망어업, 혼획과 폐기물, 소지역 및 지역적 협력, 해양생태계에서 책임 있는 어업, 역량강화, 유엔 체제 내에서의 협력, 해양법국의 활동, 매년 개최되는 총회 회기로 이루어진다.[38]

나아가 총회는 새롭게 대두되는 해양법 문제를 다룰 보조기구를 설립하여 새로운 정부 간 협의체를 운영하거나 새로운 조약 체결을 위한 협상을 지시하기도 한다. 첫째, 총회는 1999년에 결의 54/33호를 채택하여 해양법 비공식협의과정Informal Consultative Process을 보조기구로 설립했다.[39] 비공식협의과정의 설립 목적은 해양과 해양법에 관한 사무총장 보고서를 검토하고, 정부 간 및 기간 관 차원의 협력과 조정이 필요한 영역을 식별하여 구체적인 개별 주제에 대한 사무총장의 검토를 제안함으로써 해양 문제의 전개 상황에 대한 총회의 연례검토를 촉진하기 위한 것이다. 비공식협의과정은 유엔의 모든 회원국, 옵서버, 해양 문제와 관련된 정부 간 기구에 개방되고, 처음에는 3년 기한으로 설립되었으나 기한 종료 이후 지속적으로 활동기간이 갱신되었다.[40]

해양법 비공식협의과정은 해당 주제에 대해 포괄적이고 공통적인 사항을 논의할 기회를 제공하고 지속가능한 발전의 세 가지 기둥을 증진하

38 UN Doc. A/RES/76/71(2021).

39 United Nations Open-Ended Informal Consultative Process on Oceans and the Law of the Sea, UN Doc. A/RES/54/33(2000).

40 UN Doc. A/64/131(2009).

면서 논의 대상에 대한 인식을 제고할 수 있는 특별한 플랫폼으로서 기능하고 있다. 비공식협의과정은 지속가능발전목표와 관련된 해양 문제를 논의하고 있으며, 특히 2017년에는 해양에 미치는 기후변화의 영향을 주제로 선정하여 다층적이고 심도 있는 논의를 진행한 바 있다.[41] 그동안 비공식협의과정은 IUU어업, 해양환경의 보호와 보전, 해양생물다양성의 보전 및 지속가능한 이용, 파괴적 어업관행으로부터 취약한 해양생태계 보호, 생태계 접근방식, 해양자원의 지속가능한 이용, 해적, 해양 안전 및 안보, 진정한 유대, 역량강화, 해양과학기술, 통합적 해양관리에 관한 권고를 채택했고, 그러한 권고는 실효성 있는 행동과 성과로 이어지고 있다.[42] 특히 2003년 비공식협의과정이 취약한 해양생태계 보호에 관해 권고를 채택한 이후, ① 국가관할권 이원지역의 생물다양성 보전과 관리에 관한 검토, ② 국가관할권 이원지역의 해양생물다양성 보전과 지속가능한 이용에 관한 쟁점을 연구하기 위한 임시 작업반 설치, ③ 취약한 해양생태계에 대한 저인망 어업의 영향에 관한 총회 결의 61/105호의 채택과 같은 후속조치가 이어졌다.[43]

비공식협의과정 논의 결과 채택된 권고는 총회와 관련 국제기구가 전지구적 해양정책을 입안할 때 중요한 역할을 한다. 비공식협의과정은 2000년에 IUU어업을 주제로 보고서를 작성하고 결론에서 IUU어업의 근절을 위한 정책을 제언한 바 있다. FAO는 해양법 비공식협의과정의 IUU어업 관련 활동이 2001년 IUU어업의 예방, 저지 및 근절을 위한 국제행동계획을 수립하는 데 기여했으며, FAO에서 IUU어업의 예방, 억지, 근절을 위한 항만국 조치에 관한 협정의 협상과 채택으로 이어졌다

41 UN Doc. A/72/95(2017).
42 UN Doc. A/64/131(2009), para.29.
43 UN Doc. A/64/131(2009), para.34.

고 평가한 바 있다.[44]

그런데 제10차 비공식협의과정 회의에서 일부 국가가 비공식협의과정이 해양법의 점진적 발전이나 해양법협약의 해석을 위한 유권적 기구가 아니기 때문에 해양법협약 당사국회의의 권한에 속하는 문제를 검토하면 안 된다는 문제를 제기했다.[45] 이러한 문제제기에 따라 비공식협의과정의 역할과 권한 범위에 관한 논의가 이루어졌고, 유엔 총회는 2014년 비공식협의과정의 역할을 일정한 범위로 제한하는 결정을 내렸다.[46] 유엔 총회는 비공식협의과정의 역할을 지식의 통합, 다층적 이해관계자들의 의견 교환, 유관기관들 사이의 조정, 지속가능발전의 세 가지 기둥의 증진, 논의 대상 주제에 대한 인식을 제고하는 것으로 한정했다. 이러한 총회 결정 이후 비공식협의과정은 국가들과 다른 이해관계자들이 모여 국제공동체를 위한 현안 주제를 논의하는 기반으로서의 역할을 수행하고 있다.[47]

둘째, 총회는 국가관할권 이원지역의 해양생물다양성 보전 및 지속가능한 이용에 관한 법적 구속력 있는 국제문서를 마련해야 한다고 결정하고 이를 주도했다. 총회는 2014년 '국가관할권 이원지역의 해양생물다양성 보전 및 지속가능한 이용에 관한 임시 비공식작업반'을 설치했다.[48]

44 UN Doc. A/64/131(2009), para.33.

45 UN Doc. A/64/131(2009), para.68.

46 UN Doc. A/RES/69/245(2014).

47 최근 비공식협의과정에서 다루어진 현안 주제로는 해양과학을 포함한 해양 문제와 해양법의 역량강화(2010), 해양재생에너지(2012), 해양환경에 대한 산성화의 영향(2013), 세계 식량안보에서 수산물의 역할(2014), 해양과 지속가능발전(2015), 해양쓰레기, 플라스틱, 미세플라스틱(2016), 해양에 대한 기후변화의 영향(2017), 인간 행위에 기한 수중소음(2018), 해양과학과 지속가능발전을 위한 유엔 해양과학 10년(2019), 해수면 상승과 그 영향(2021), 해양 관측(2022), 새로운 해양기술(2023)이 있다. https://www.un.org/Depts/los/consultative_process/consultative_process.htm.

48 UN Doc. A/RES/68/70(2014).

총회는 비공식작업반의 권고에 따라 준비위원회를 설립했고, 준비위원회의 권고에 따라 국가관할권 이원지역 해양생물다양성 보전 및 지속가능 이용에 관한 유엔해양법협약상 법적 구속력 있는 국제문서 마련을 위한 정부 간 협상을 실시하도록 요청하는 결의를 채택했다.[49] 제72차 총회 결의(72/249)는 2018년 4월 준비회의를 개최하고, 2018년부터 2020년까지 정부 간 회의를 4회 개최하기로 결정했다. 이러한 총회 결의에 따라 새로운 국제문서에 포함될 구성요소들을 숙고하고 이를 문서화하기 위한 정부 간 회의가 개최되었고, 2022년 3월까지 총 4차례 정부 간 회의가 개최되었다. 예정되었던 4차례의 정부 간 회의에서 해양유전자원의 개념과 이익공유, 구역기반관리수단, 해양환경영향평가, 역량강화와 기술이전, 이행준수와 분쟁해결 등에 관한 협상이 진행되었으나 개발도상국과 선진국 간 견해 차이를 좁히지 못해 최종합의에 도달하지 못했다. 이에 따라 총회는 2022년 8월 BBNJ협정 관련 협상을 위한 제5차 정부 간 회의 개최를 결정했고, 마침내 2023년 6월 19일 BBNJ협정이 공식 채택되었다. BBNJ협정은 해양법협약의 세 번째 이행협정으로 전 세계 바다의 3분의 2를 차지하는 국가관할권 이원의 해양환경과 해양생물다양성을 보호하기 위한 조약이라고 할 수 있다.

셋째, 총회는 2005년 결의 60/30을 채택하여 '사회경제적 측면을 포함한 해양환경상태의 세계적 보고와 평가를 위한 정규과정'(이하 'UNRP')을 보조기구로 설립했다.[50] UNRP의 설립 목적은 국가별·지역별 해양환경상태 보고서를 바탕으로 전 지구적 차원의 통합적인 해양환경상태를 파악하고 해양의 생물·무생물자원의 보전과 관리, 시의적절한 해양환경

49 UN Doc. A/RES/72/249(2018).
50 UN Doc. A/RES/60/30(2006).

상태의 예측과 평가를 위한 정보를 정책결정자들에게 제공함으로써 정부 간 해양환경 보호를 위한 공동 노력을 강화하는 것이다. UNRP의 범위는 해양물리, 해양영양순환, 생태계, 수산·양식, 해상운송 및 항만, 오염물질, 탄화수소 산업 및 해양에너지, 폐기물, 해양생물 다양성 등 해양 전반을 대상으로 하며, 각 분야별로 사회경제적 측면의 평가를 포함한다. 특히 UNRP에 따른 세계적 보고와 평가는 ① 지역 및 국가 차원의 평가들에 근거한 해양환경의 상태와 추세에 관한 과학적 발견, ② 정책입안자들과 이해관계자들에게 대응방안 제공, ③ 전문가 평가를 거친 과학보고서를 정책입안자에게 정기적으로 제공, ④ 지역 및 지구적 차원에서 지식격차를 규명하고, 관측, 감시, 자료 관리체계의 추가적 개발을 육성지원, ⑤ 정책개발에 관련되나 정책제안은 아닌 포괄적인 생태계 기반의 관리방안 개발 지원으로 구성된다.

유엔 총회는 2006년부터 2010년까지 UNRP에 따라 전 세계 해양환경 상태의 보고와 평가를 위한 제도정비와 절차마련을 마무리했다. 2010년부터 4년 주기로 보고와 평가를 실시하고 있으며, 1차 주기가 2010년부터 2014년에, 2차 주기가 2016년부터 2020년에 이루어졌다. 3차 주기는 2021년부터 2025년에 걸쳐 이루어지고 있다.[51]

2. 해양법협약에 따라 설립된 국제기구의 활동과 역할

대륙붕한계위원회의 권고와 심해저의 범위 확정

대륙붕한계위원회는 국제해저기구, 국제해양법재판소와 함께 해양법협약에 의해 설립된 세 기관 중 하나이다. 대륙붕한계위원회는 총 21명의 위원으로 구성되는데, 이들은 지질학, 지구물리학 및 수로학 전문가

51 https://www.un.org/regularprocess/content/about.

이다. 해양법협약 당사국들은 지리적 대표성이 보장되도록 자국민 중에서 위원을 선출하며, 선출된 위원들의 임기는 5년으로 연임이 가능하고 개인 자격으로 직무를 수행한다.[52] 대륙붕한계위원회 위원 후보자를 지명한 당사국은 그 위원이 위원회의 직무를 수행하는 동안 해당 비용을 부담하고, 위원회의 사무국 역할은 유엔사무총장의 지시에 따라 유엔 해양법국이 수행한다.[53]

대륙붕한계위원회는 대륙붕의 외측한계가 200해리 밖으로 확장되는 지역에 대해 연안국이 제출한 대륙붕 외측한계에 관한 자료를 검토하고 그에 대해 권고를 부여하는 기능을 수행한다.[54] 대륙붕한계위원회는 해양법협약 제76조와 벵골만의 예외적 상황을 인정한 1980년 양해 성명[55]에 따라 권고를 부여한다.[56] 대륙붕한계위원회는 유엔 해양법국의 법률적 지원을 받으며 국제해양법재판소와 국제해저기구를 비롯한 관련 기구들의 판결과 결정을 존중하며 임무를 수행한다. 또한 대륙붕한계위원회는 연안국이 관련 정보를 준비하면서 요청하는 과학기술 조언을 제공한다.[57] 개발도상국들의 문서제출을 재정적으로 지원하기 위해 자발적인 신탁기금이 마련되었고, 문서제출에 관한 자문을 제공하기 위해 교육 프로그램과 세미나를 개최하기도 한다.[58]

한편 대륙붕한계위원회는 정보제출을 준비하는 국가들을 위해 해양법

52 해양법협약 제2부속서 제2조 제1항.

53 해양법협약 제2부속서 제2조 제4~5항.

54 해양법협약 제76조 제8항.

55 Statement of Understanding concerning a specific method to be used in establishing the outer edge of the continental margin, Annex Ⅱ of the Final Act of the Third United Nations Conference on the Law of the Sea, XVII Official Records Third United Nations Conference on the Law of the Sea, 148-9, UN Doc. A/CONF.62/121(1982).

56 해양법협약 제2부속서 제3조 제1항(a).

57 해양법협약 제2부속서 제3조 제1항(b).

58 http://www.un.org/Depts/los/clcs_new/training_issues_opportunities.htm.

협약에 규정된 과학, 기술 및 법률 용어들을 명확하게 해석하기 위한 과학기술지침을 채택했다. 대륙붕한계위원회는 해양법협약에서 통상적인 과학 개념과 용법에서 심각하게 벗어나 법적인 맥락에서 과학용어가 사용되거나 여러 가지 해석이 가능한 문구들이 있어 명확한 해석이 필요하다고 지적한 바 있다.[59] 대륙붕한계위원회가 채택한 과학기술지침은 법적 구속력이 없지만, 해양법협약 제76조에서 사용된 용어들의 명확한 해석을 위해 대륙붕 권원, 측지방법론, 2,500미터 등심선, 대륙사면의 끝, 해양산맥, 퇴적암에 근거한 대륙붕의 외측한계 등의 용어에 관한 해석기준을 제시했다.[60]

해양법협약 제76조에 따라 200해리 밖으로 대륙붕의 외측한계를 설정하려면 연안국은 외측한계의 상세사항과 그것을 뒷받침하는 과학기술정보를 제출해야 한다. 해양법협약 제2부속서 제4조는 정보제출이 가능한 한 빨리 이루어져야 하고 어떠한 경우에도 그 당사국에 대해 협약이 발효한 후 10년 이내에는 제출되어야 한다고 규정하고 있다. 해양법협약이 1994년 11월 16일 발효함으로써 발효 이전에 협약에 가입한 국가들의 제출기한은 2004년 11월 16일 종료될 예정이었다. 그러나 많은 개발도상국은 정해진 기한 내에 문서를 제출하기 위한 재정적 및 기술적 자원을 갖추고 있지 못한 상황이었다. 협약 당사국회의는 이러한 사정을 고려하여 2001년 제11차 회기에서 대륙붕 외측한계 문서제출에 관한 10년의 기한은 대륙붕한계위원회가 과학기술지침을 채택한 1999년 5월 13일부터 기산된다고 결정함으로써 제출기한을 2009년 5월 13일까지로 연

59 Scientific and Technical Guidelines of the Commission on the Limits of the Continental Shelf, CLCS/11, 13 May 1999, para.1.3.

60 *Ibid.*.

장하는 결정을 내렸다.[61]

그럼에도 불구하고 대부분의 개발도상국에서 재원이나 기술력의 부족으로 연장된 기한 내에 문서를 제출하는 데 어려움을 호소했고, 제출기한이 가까워지면서 많은 국가의 정보들이 제출됨에 따라 대륙붕한계위원회의 업무량이 지나치게 가중되는 사태가 발생했다. 이를 고려하여 당사국회의는 2008년 제18차 회기에서 당사국들이 2009년 5월 13일까지 정식정보가 아니더라도 예비정보preliminary information를 제출하면 기한 내에 문서가 제출된 것으로 간주한다는 결정을 내렸다.[62] 예비정보에는 대략적인 대륙붕 외측한계, 문서제출 준비 현황, 향후 정식정보 제출 계획 등이 포함되어야 한다.

대륙붕한계위원회의 권고를 얻어 연안국이 확정하는 대륙붕의 외측한계는 연안국의 배타적 관할권이 인정되는 대륙붕과 인류공동 유산에 속하는 심해저 간의 경계가 된다는 점에서 중요한 의미를 가진다.[63] 연안국의 대륙붕이 끝나는 지점에서 심해저가 시작되기 때문에 대륙붕한계위원회는 인류공동 유산 원칙의 적용 범위를 확정하는 데 중요한 역할을 한다. 2024년 9월 기준으로 대륙붕한계위원회에 제출된 정보는 총 95건이고, 그중에서 9건이 공동으로 제출되었다. 대륙붕한계위원회는 제출된 95건의 대륙붕 외측한계 정보 중에서 34건에 대한 권고를 채택했다.[64]

대륙붕한계위원회가 제출된 정보를 검토하여 권고를 채택했는데 연안국이 권고에 동의하지 않으면, 그 연안국은 합리적인 시간 내에 수정정

61 UN Doc. SPLOS/72(2001).
62 UN Doc. SPLOS/183(2008).
63 백진현, "유엔해양법협약 체제의 평가와 전망: 협약상의 국제기구를 중심으로", 『국제법학회논총』, 제50권 제3호(2005), 127-128쪽.
64 https://www.un.org/Depts/los/clcs_new/commission_submissions.htm.

보 또는 새로운 정보를 대륙붕한계위원회에 제출해야 한다.[65] 2001년 러시아가 제출한 북극해의 대륙붕 한계 정보에 대해 대륙붕한계위원회는 러시아에 정보를 일부 수정할 것을 권고했고,[66] 러시아는 대륙붕한계위원회의 권고에 따라 2015년 8월 3일 북극해에 관한 수정정보를 제출한 바 있다.[67] 대륙붕한계위원회는 2002년 최초로 러시아의 정보에 대한 권고를 채택한 이후 약 20년이 지난 현재까지 제출된 95건 중 약 3분의 1에 해당하는 수밖에 권고를 채택하지 못했다. 권고 채택률이 저조한 이유로 대륙붕한계위원회의 과중한 업무부담, 대륙붕한계위원회 활동에 대한 행정 및 재정 지원 부족, 정보제출에 대한 인접국의 이의제기로 인한 검토 제외 등 다양한 원인이 지적되고 있다.

2022년 제32차 유엔해양법협약 당사국회의에서는 대륙붕한계위원회의 업무과중을 해소하고 위원들의 근무조건 개선방안을 마련하기 위해 개방형 작업반을 설립하기로 결정했다. 이에 따라 설립된 개방형 작업반은 대륙붕한계위원회 개발도상국 위원들의 활동비용을 충당하기 위한 신탁기금의 재원조달을 위해 선진국들의 의무적 기여 제도를 도입하거나, 신탁기금이 고갈될 경우 위원의 지명국이 비용을 부담하도록 하는 방안을 논의했다. 다만 선진국은 유엔해양법협약 제2부속서 제2조에 따라 대륙붕한계위원회 위원 후보자를 지명한 당사국은 그 위원이 위원회의 직무를 수행하는 동안 비용을 부담해야 하고, 그렇지 못할 경우에 신탁기금에서 충당되어야 한다는 입장을 유지하고 있다. 이에 반해 개발도상국은 대륙붕한계위원회가 인류공동의 유산인 심해저의 범위를 결정하는 중요한 임무를 수행하기 때문에, 개발도상국 출신 위원들의 활동과

65 해양법협약 제2부속서 제8조.

66 UN Doc. A/57/57/Add.1(2002), paras.38-41.

67 http://www.un.org/Depts/los/clcs_new/submissions_files/submission_rus_rev1.htm.

참여를 보장하기 위한 재원조달 방안이 마련되어야 한다고 주장하고 있다. 2023년 제33차 유엔해양법협약당사국회의에서는 대륙붕한계위원회의 모든 위원에게 동일한 근무조건과 활동비용이 보장되어야 한다는 원칙에는 합의를 보았으나, 구체적으로 어떻게 재원을 조달할 것인가에 대해서는 계속 평행선을 달리면서 개방형 작업반에 구체적인 재원조달 방안 시나리오를 작성해 줄 것을 요청했다. 향후 당사국회의에서는 개방형 작업반이 제출하는 재원조달 시나리오를 검토하여 현실적인 방안을 채택하기 위해 노력할 것으로 전망된다.

어려운 여건에서도 대륙붕한계위원회는 연안국의 대륙붕 외측한계 설정을 검증하는 권고채택 절차를 운영함으로써 인류공동의 유산인 심해저의 범위가 부당하게 축소되는 것을 방지하고 해양법협약이 규정한 대륙붕과 심해저 제도를 지탱하는 역할을 수행하고 있다.

국제해저기구의 심해저 자원 개발과 해양환경 보호

국제해저기구는 인류공동 유산의 수호자로 현재세대와 미래세대를 위해 심해저 자원을 관리하기 위해 심해저활동을 조직하고 통제하는 역할을 수행하고 있다. 국제해저기구는 심해저활동이 해양법협약 제11부에 특별히 규정된 바에 따라 세계경제의 건전한 발전과 국제무역의 균형 있는 성장을 촉진하고, 모든 국가, 특히 개발도상국의 전반적인 발전을 위한 국제협력을 촉진하는 방식으로 이루어지도록 할 책임이 있다.[68] 해양법협약은 심해저와 자원에 관한 여러 가지 권한과 임무를 국제해저기구에 부여했다.[69] 앞에서 검토한 바와 같이 심해저 제도에 관한 선진국과

68 해양법협약 제150조.

69 해양법협약 제137조 제2항, 제153조, 제156조, 제157조.

개발도상국의 입장 차이를 해소하기 위해 유엔사무총장 주도로 채택된 1994년 이행협정은 해양법협약 제11부와 제3부속서의 관련 규정을 삭제하거나 개정했다. 해양법협약 당사국은 당연히 국제해저기구의 회원국이 되고,[70] 국제해저기구의 주요기관에는 총회, 이사회 및 사무국이 있다.[71] 총회는 모든 회원국으로 구성되고 각 회원국은 1인의 대표를 파견하며, 국제해저기구의 최고기관으로 일반적인 정책을 수립할 권한을 가진다.[72] 이사회는 36개 회원국으로 구성되며, 국제해저기구의 집행기관으로서 총회가 수립한 일반정책에 따라 개별정책을 세우고 사업계획을 승인할 권한을 가진다.[73]

국제해저기구는 심해저활동 관련 규칙, 규정 및 절차를 제정하고, 심해저 계약자들의 의무이행 감독, 심해저활동의 감시와 감독, 탐사 및 개발 사업 계획서의 심사와 승인 등의 역할을 수행한다. 2024년 9월 기준 국제해저기구는 망간단괴 19건, 해저열수광상 7건, 망간각 5건 총 31건의 탐사계약을 체결했고 탐사작업 계획을 승인했다. 국가관할권 한계 이원의 해저, 해상 및 그 하층토와 그에 부존되어 있는 심해저 광물자원의 개발을 위해 해양법협약과 이행협정을 기반으로 하여 각 광종별로 탐사단계에서 적용되어야 할 규칙과 개발단계에서 적용되어야 할 규칙으로 나누어 규범을 점진적으로 발전시키고 있다.

심해저공사Enterprise는 직접 또는 국영기업이나 사기업과의 합작투자를 통해 심해저활동을 수행할 수 있는 국제해저기구의 독립적인 기관이다.[74] 해양법협약의 당사국 또는 당사국 국민의 통제를 받아야 하는 신

70 해양법협약 제156조 제2항.
71 해양법협약 제158조 제1항.
72 해양법협약 제159조, 제160조.
73 해양법협약 제162조.
74 해양법협약 제170조.

청자가 심해저의 탐사와 개발 허가를 신청하려면 동등한 상업적 가치를 가지는 것으로 평가되는 2개 지역을 대상으로 하는 사업계획을 제출해야 한다.[75] 사업계획을 승인받으면 국제해저기구는 두 지역 중 한 지역은 심해저공사를 위한 지역으로 유보하고, 신청자는 국제해저기구와 계약을 체결함으로써 다른 지역의 탐사권과 개발권을 취득한다.[76] 2013년과 2019년에 심해저공사 설립의 타당성이 검토되었으나 심해저 광물자원의 상업적 개발이 이루어지지 않고 있기 때문에 시기상조라고 판단하여 설립이 미루어지고 있다.[77]

국제해저기구의 주요임무는 인류 전체의 이익을 위한 심해저 자원의 개발과 안전한 관리라고 할 수 있다. 해양법협약의 발효와 최초의 개발 작업계획의 승인 사이에서 국제해저기구는 해양법협약 제11부와 1994년 이행협정에 따른 탐사 작업계획의 허가를 위한 신청서의 처리, 계약의 형식으로 허가된 탐사 작업계획의 준수에 대한 감시, 심해저에서의 활동 수행을 위해 필요한 규칙, 규정, 절차의 채택에 집중했다.[78] 국제해저기구는 1994년 11월 설립 이후 1997년 등록선행투자가들의 15개년 탐사사업계획서 승인,[79] 2000년 심해저 망간단괴의 개괄탐사 및 탐사를 위한 규칙 채택,[80] 2002년 7개 등록선행투자가들과 탐사계약 체결, 2010년 해저열수광상 탐사규칙 채택,[81] 2012년 망간각 탐사규칙을 채택[82]함으로써 망

75 해양법협약 제3부속서 제3조.
76 해양법협약 제3부속서 제8~9조.
77 박성욱, "심해저공사의 법적지위 및 설립논의 검토", 『국제해양법연구』, 제3권 제2호(2019. 12), 67-88쪽.
78 Section 1, Paragraph 5 of the Annex of 1994 Agreement.
79 UN Doc. ISBA/4/A/11(1998).
80 UN Doc. ISBA/6/A/18(2001).
81 UN Doc. ISBA/16/A/12 Rev.1(2010).
82 UN Doc. ISBA/18/A/11(2012).

간단괴, 해저열수광상, 망간각 등 심해저 광물자원에 대한 탐사규칙 제정을 완료했다.

국제해저기구 이사회는 처음에는 망간각과 해저열수광상 규칙안을 통합적으로 논의했으나, 두 자원의 광상 특성이 다르다는 점과 민간기업인 노틸러스 등을 중심으로 국가관할해역에서의 해저열수광상 개발이 가시화되고 있다는 점을 고려하여 해저열수광상 규칙을 우선 제정하기로 결정했다.[83] 이후 이사회는 해저열수광상 탐사규칙에 관한 논의를 진행하여 2010년 최종적으로 해저열수광상 탐사규칙을 채택했다.[84] 이후 중국과 러시아가 2010년 각각 해저열수광상 탐사광구를 신청했으며, 2011년 국제해저기구가 최종 승인했다.[85]

이사회는 2019년 심해저 광물자원 개발규칙 초안 이행을 위한 기준과 지침을 단계적 접근방식으로 채택하기로 결정했다.[86] 이사회는 2020년 8~10월 1단계 기준과 세 가지 지침에 대한 이해관계자 협의과정을 진행했고,[87] 2021년 4~7월에는 1단계 기준과 일곱 가지 지침에 대한 이해관계자 협의과정을 진행했다.[88] 2022년 3월 개최된 제27-1차 이사회에서는 심해저 광물자원 개발규칙, 법률기술위원회LTC 위원 선출 기준, 탐사계약 현황 및 탐사작업계획 이행의 주기적 검토 정보, 탐사작업계획 승

83 양희철, "심해저에서 열수광상까지: 협력과 갈등의 목표", KORDI NEWS 기획특집(2008. 7. 31.).

84 양희철, 앞의 글.

85 UN Doc. ISBA/16/12/Rev.1(2010).

86 UN Doc. ISBA/25/C/19/Add.1(2019).

87 세 가지 지침으로는 ① 개발작업계획 승인을 위한 신청 준비와 평가에 관한 지침, ② 환경관리제도 개발과 신청에 관한 기준과 지침, ③ 환경이행보증 형태와 계산에 관한 기준과 지침이 있다.

88 일곱 가지 지침에는 ① 기초환경자료 마련을 위한 지침, ② 환경영향평가 기준과 지침, ③ 환경영향평가서 준비에 관한 지침, ④ 환경 관리 및 모니터링 계획 준비 지침, ⑤ 위험요소 식별과 위험평가를 위한 도구와 기술에 관한 지침, ⑥ 채광선박과 시설물 안전관리 및 운영에 관한 기준 및 지침, ⑦ 위기대응 및 긴급계획의 준비와 이행에 관한 기준과 지침이 있다.

인 검토, 법률기술위원회 의장 보고서 관련 이사회 결정 이행, 제27차 회기 간 법률기술위원회 작업 보고 등을 주요의제로 선정하여 논의를 진행했다.

한편 국제해저기구는 심해저 채굴 활동에서 발생할 수 있는 유해한 영향으로부터 해양환경을 효과적으로 보호하기 위한 조치와 노력을 실시하고 있다. 국제해저기구는 해안을 포함한 해양환경에 대한 오염과 그 밖의 위험 및 해양환경의 생태학적 균형에 대한 영향의 방지, 경감 및 통제와 심해저 천연자원의 보호, 보존 및 해양환경의 동식물군에 대한 피해 방지를 위해 적절한 규칙, 규정 및 절차를 채택할 의무를 부담한다.[89]

국제해저기구, 보증국, 계약자는 실효적인 해양환경 보호를 위해 사전주의 접근방식과 최적환경관리방안best environmental practices을 적용해야 할 의무가 있다.[90] 계약자, 보증국, 기타 이해관계를 가진 국가나 단체는 해양환경에 대한 심해저 채광의 영향을 감시하고 평가하기 위한 프로그램의 수립과 이행을 위해 국제해저기구와 협력해야 한다. 각 계약자는 활동 프로그램의 잠재적 영향을 평가하기 위한 환경기준자료를 수집하여 환경기준을 수립해야 한다. 계약자는 해양환경에 관한 잠재적 영향을 감시하고 보고하기 위한 프로그램을 수립하고 이행해야 하며, 그러한 감시 프로그램의 수립과 이행에 있어 국제해저기구 및 보증국과 협력해야 한다. 계약자, 국제해저기구의 사무총장, 이사회는 해양환경에 중대한 피해를 발생시켰거나 발생시키고 있거나 그러한 피해 발생의 위협을 가하는 활동으로부터 발생한 사건에 대해 비상계획, 조치, 행동을 취해

89 해양법협약 제145조.

90 *Responsibilities and obligations of States with respect to activities in the Area, Advisory Opinion, 1 February 2011, ITLOS Reports 2011*, p.10.

야 한다.[91]

국제해저기구 법률기술위원회는 이사회의 하부기관으로, 이사회의 요청에 따라 해저기구의 임무수행에 관한 권고를 하고, 심해저 탐사개발사업계획서의 심사, 심해저광업규칙의 제정 등 중요한 역할을 수행한다. 이러한 법률기술위원회는 1994년 이행협정에 따라 경제기획위원회의 기능을 같이 수행하고 있기 때문에 회원국들이 법률기술위원회에 자국 출신 전문가들을 진출시키기 위해 노력하고 있다. 법률기술위원회는 해저자원개발과 관련한 법률, 기술, 과학, 환경 분야의 전문가들로 구성되어 있으며, 심해저 자원 탐사 및 개발과 관련한 법률, 환경, 기술 문제와 관련한 국제규칙 성안 등의 임무를 수행한다. 해양법협약 제163조 제2항은 법률기술위원회의 정원을 15명으로 하되 필요한 경우 이사회가 경제성과 효율성을 적정하게 고려하여 각 위원회의 규모를 확대하는 결정을 할 수 있도록 규정하고 있다. 1996년 처음으로 법률기술위원회를 구성할 때 22명을 선출하여 해양법협약에 규정된 정원보다 7명을 더 뽑았고, 2001년에는 24명, 2006년 이후 25명으로 증원했다가, 2016년에는 총 30명으로 인원을 확대했다.[92] 2016년 법률기술위원회 위원 선거에서는 총 위원 증원 필요성, 증원 규모 및 방법 등을 둘러싸고 많은 논의가 있었으나 국가 및 지역그룹 간 입장 차이가 지속되면서 임시방편적으로 2016년에 한해 인원을 30명으로 한다는 합의안을 도출했다.[93] 2016년 법률기술위원회 위원 선거에서 발생한 문제를 해결하기 위해 2017년 제23차 이사회에서는 법률기술위원회의 정원, 지리적 배분, 전문 분야, 선출 절차 등에 대해 논의했으나 합의에 도달하지 못했다. 이후에도 이사회에

91 망간각 탐사규칙(ISBA/18/A/11) 제6조 제1항.
92 UN Doc. ISBA/23/C/2(2017).
93 UN Doc. ISBA/22/C/29(2016).

서는 법률기술위원회 선거를 위한 구체적 기준을 마련하기 위해 노력했지만 합의에 도달하지 못했다. 결국 2022년 7월 이사회는 법률기술위원회 선거 입후보자 총 41명을 묵시적 동의 절차를 거쳐 모두 선출하기로 결정했다. 2022년 선출된 41명 위원의 임기는 2023년부터 2027년까지로 5년이다. 법률기술원회 선거를 위한 구체적 기준에 합의하지 않는 한 위원 정수가 계속 늘어날 우려가 있기 때문에 선거를 위한 기준 마련은 남겨진 과제라고 할 수 있다.

또한 법률기술위원회는 2013년 심해저에서의 해양광물 탐사로부터 발생하는 환경영향평가를 위한 계약자 지침에 대한 권고를 채택했다.[94] 2013년 권고는 심해저 광물 탐사에 관한 지침을 규정하면서, 특정한 활동을 수행할 때 필요한 상세한 관측과 측정을 명시하고, 정보수집, 보고, 자료보관 프로토콜을 권고하고 있다.[95] 또한 2013년 권고는 환경영향평가 이전에 요구되거나 요구되지 않는 활동들을 목록화함으로써 해양환경영향평가를 수행할 계약자의 의무를 구체적으로 명시하고 있다. 계약자가 채집과 가공 시스템을 해상에서 시험할 때 환경영향평가가 요구된다.[96] 특정한 활동을 수행하는 동안과 그 이후에 사전 환경영향평가와 감시가 요구되는 활동들이 있다. 계약자는 그 활동을 실시하기 최소 1년 전에, 그리고 국제해저기구 연례회기 최소 3개월 전에 관련 정보를 국제해저기구에 제출해야 한다. 법률기술위원회는 가장 최근의 전문가 자문을 반영하여 2013년 권고를 재검토함으로써 2013년 권고를 대체하

94 Recommendations for the guidance of contractors for the assessment of the possible environmental impacts arising from exploration for marine minerals in the Area, UN Doc. ISBA/19/LTC/8(2013).

95 *Ibid*..

96 M. Lodge, "Protecting the Marine Environment of the Deep Seabed", in R. Rayfuse (ed.), *Research Handbook on International Marine Environmental Law* (Edward Elgar, 2017), pp.151-169.

는 2020년 권고를 채택했다.[97]

국제해저기구는 해양법협약에 규정된 심해저 관련 규정을 직접 이행하면서 다른 당사국들과 이해관계자들의 이행에도 기여하고 있다고 평가할 수 있다. 특히 심해저 자원 개발을 둘러싸고 제기되는 해양환경에 대한 우려와 문제에 대해 매우 적극적으로 해양환경 보호 및 보전을 위한 규범 제정에 나서고 있으며, 당사국, 이해관계자들과의 협력을 증진하기 위해 노력하고 있다.

국제해양법재판소의 관할권 행사와 해양법의 지배

해양법협약의 중요한 특징 중 하나는 해양법협약의 해석과 적용에 관한 분쟁을 해결하기 위해 강제절차를 도입하고 국제해양법재판소를 신설했다는 점이다. 해양법협약 제15부 분쟁해결절차는 분쟁당사국의 관할권 동의가 없더라도 일방 당사국이 해양법협약의 해석과 적용에 관한 분쟁을 강제절차에 회부할 수 있도록 규정하고 있다. 다만 모든 분쟁이 강제절차에 회부될 수 있는 것은 아니고 일정한 예외와 선택적 배제를 인정하고 있다. 즉 해양법협약 당사국은 해양경계획정, 군사활동, 유엔안전보장이사회의 강제조치에 관한 분쟁에 대해서는 강제절차에 회부되는 것을 배제하는 선언을 미리 할 수 있다. 따라서 그러한 예외나 배제선언이 없는 경우에 해양법협약의 해석과 적용에 관한 분쟁은 분쟁당사국 중 일방의 동의가 없더라도 제15부에 규정된 국제재판 절차에 회부될 수 있다.

해양법협약 제15부는 해양분쟁의 해결을 위한 강제절차만을 규정하

97 Recommendations for the guidance of contractors for the assessment of the possible environmental impacts arising from exploration for marine minerals in the Area, UN Doc. ISBA/25/LTC/6/Rev.1(2020).

고 있고, 해양법협약 제6부속서에서 국제해양법재판소의 구성, 재판관 선출, 소송절차 전반에 대해 규정하고 있다. 나아가 국제해양법재판소는 적정한 사법행정과 국제재판을 수행하기 위해 소송절차에 관한 절차규칙과 지침을 채택했다. 국제해양법재판소는 1997년 재판소규칙Rules of Tribunal, 재판소에서 사건 준비와 변론에 관한 지침Guidelines concerning the Preparation and Presentation of Cases before the Tribunal, 재판소 내부 사법관행에 관한 결의Resolution on the Internal Judicial Practice of the Tribunal를 각각 채택했다.[98]

국제해양법재판소 재판관의 자격은 공정성 및 성실성에서 최고의 명성을 가지며 해양법 분야에서 능력이 인정된 자이다. 전체적으로 세계의 주요한 법체계가 대표되고 지리적 안배가 공평하게 이루어지도록 재판관을 선출해야 하며,[99] 동일 국가의 국민이 2인 이상 재판관이 될 수 없기 때문에 각 지리적 그룹에서 적어도 3인 이상의 재판관이 선출되어야 한다.[100] 재판관의 정원은 21명이고, 임기는 9년이며 재선될 수 있다.[101]

2024년 9월 기준 해양법협약 제15부의 분쟁해결절차에 따라 회부된 협약의 해석과 적용에 관한 사건은 총 48건이다. 그중 33건이 국제해양법재판소에, 15건이 제7부속서 중재재판에 회부되었으며, 제8부속서 중재재판에 회부된 사건은 없다. 국제해양법재판소에 회부된 해양법분쟁 33건 중 신속한 석방 사건이 10건, 잠정조치 사건이 9건, 권고적 의견 사건이 3건, 해양법협약의 해석과 적용에 관한 분쟁 사건이 11건 있다.

98 G. Eiriksson, *The International Tribunal for the Law of the Sea* (Martinus Nijhoff Publishers, 2000), pp.1-2.
99 국제해양법재판소규정 제2조.
100 국제해양법재판소규정 제3조.
101 국제해양법재판소규정 제5조.

해양법협약 분쟁의 유형으로는 선박나포에 관련된 분쟁, 해양경계획정에 관한 분쟁, 기타의 분쟁으로 나누어 볼 수 있다.[102] 국제해양법재판소에 회부된 사건 중 약 3분의 2에 해당하는 사건이 신속한 석방 사건과 잠정조치 사건으로 이루어져 있고, 해양법협약의 해석과 적용에 관한 본안이 다루어진 사건은 3분의 1에 해당된다.

국제해양법재판소의 출범 초기에 대다수를 차지했던 신속한 석방 사건이 2007년 이후에는 제기되지 않았고, 해양법협약의 해석과 적용에 관한 본안 문제를 다루는 사건이 증가하는 경향이 있다. 3건의 권고적 의견 사건에서도 국제해양법재판소는 실체법적인 문제에 대한 유권적 해석을 제시했다. 2011년 2월 국제해양법재판소 해저분쟁재판부는 심해저활동 보증국의 의무와 책임 문제에 대한 해석론을 제시했다. 또한 2015년 4월 국제해양법재판소는 IUU어업에 관한 권고적 의견에서 기국의 의무와 책임 범위, 어업접근협정을 체결한 기국과 국제기구의 책임, 공유자원과 공동자원의 지속가능한 관리를 위한 연안국의 권리와 의무에 대한 법적 기준을 제시했다.

2024년 5월에 국제해양법재판소는 기후변화와 국제법에 관한 권고적 의견에서 해양법협약 당사국들이 기후변화로 인한 해양환경 오염을 방지하고 해양환경을 보호할 의무가 있다는 해석론을 제시했다. 국제해양법재판소는 해양법협약 당사국들이 온실가스 배출로 인한 해양환경 오염의 방지, 경감, 통제를 위해 필요한 모든 조치를 취해야 하고, 이를 위한 국내 법령의 제정과 이행, 국가 간 협력, 개발도상국을 위한 기술이전 등의 지원을 해야 한다는 내용의 권고적 의견을 제시했다.

이 외에도 국제해양법재판소는 3건의 해양경계획정 분쟁 사건에 대해

102 https://www.itlos.org/en/main/cases/list-of-cases/.

본안 판결을 내렸다. 국제해양법재판소는 방글라데시와 미얀마 간 해양경계획정 사건에서 최초로 해양경계획정 분쟁에 대해 판결을 내렸다. 국제해양법재판소는 기존 국제판례에서 확립된 잠정등거리선 설정–관련사정 검토–불균형성의 3단계 방법론을 적용하여 해양경계를 획정하고, 200해리 이원 대륙붕의 경계를 획정하는 판결을 내렸다.[103] 이 사건에서 미얀마는 방글라데시가 제출한 200해리 이원 대륙붕 외측한계에 관한 정보에 대해 대륙붕한계위원회가 권고를 채택하기 전까지는 국제해양법재판소가 관할권을 행사할 수 없다고 주장했다. 그러나 방글라데시가 대륙붕한계위원회에 제출한 정보에 대해 미얀마가 이의를 제기했기 때문에 대륙붕한계위원회는 외측한계 정보에 대한 검토를 보류하고 있는 상황이었다. 이에 대해 국제해양법재판소는 대륙붕한계위원회의 권고 채택은 200해리 이원 대륙붕의 권원의 존부를 확인하는 작업이고, 200해리 이원 대륙붕의 경계획정은 중첩되는 대륙붕의 경계를 획정하는 작업으로, 별개의 문제라고 보았다. 또한 두 기관의 역할은 상호보완적인 것으로 대륙붕한계위원회가 다른 국가의 이의제기로 인해 미얀마의 정보제출에 대한 권고를 채택하지 못했더라도 국제해양법재판소는 200해리 이원 대륙붕의 경계획정에 대해 관할권을 행사할 수 있다고 판결했다.

또한 국제해양법재판소는 2017년 가나와 코트디부아르 간 해양경계획정 사건[104]과 2023년 모리셔스와 몰디브 간 해양경계획정 사건[105]에 대해서도 양국이 요청한 해양경계선을 획정하는 본안 판결을 선고한 바 있다.

103 *Delimitation of the maritime boundary in the Bay of Bengal (Bangladesh/Myanmar), Judgment, ITLOS Reports 2012*, p.4.

104 *Delimitation of the Maritime Boundary in the Atlantic Ocean (Ghana/Côte d'Ivoire), Judgment, ITLOS Reports 2017*, p.4.

105 *Delimitation of the Maritime Boundary between Mauritius and Maldives in the Indian Ocean (Mauritius/Maldives), Judgment, ITLOS Reports 2023*, p.4.

Ⅲ. 한국의 유엔 해양거버넌스 참여와 해양법 실행

1. 유엔 해양거버넌스와 한국의 기여

한국은 유엔이 주도한 해양거버넌스의 구축과 활동에 적극적으로 참여했다. 한국은 1983년 3월 해양법협약에 서명했고, 국내적 이행을 위한 준비 과정을 거쳐 1996년 1월 해양법협약을 비준했다. 해양법협약 이외에도 1996년 11월 심해저 이행협정을, 2008년 2월 유엔공해어업협정을 비준했다. 최근에 한국은 BBNJ협정의 성안을 위한 정부 간 협상에 적극적으로 참여했고, 2023년 10월 BBNJ협정에 서명했다. 한편 한국은 해양법협약에 따라 설립된 국제해양법재판소, 대륙붕한계위원회, 국제해저기구의 구성원 선출과 활동에도 적극적으로 참여하고 다양한 지원을 제공함으로써 유엔 해양거버넌스 강화에 기여하고 있다. 이하에서는 해양법협약에 따라 설립된 기구들을 중심으로 한국의 활동과 기여에 대해 살펴보고자 한다.

국제해양법재판소 재판관과 사무차장 배출

한국은 국제해양법재판소가 출범한 1996년부터 재판관 3인과 사무차장 1인을 배출했다. 박춘호 재판관은 1996년 당사국회의에서 초대 재판관으로 당선되어 9년의 임기를 마치고 2005년 실시된 재선에 성공했다.[106] 박춘호 재판관은 2008년 노환으로 별세할 때까지 재판관직을 수행했다. 박춘호 재판관은 오랫동안 동아시아의 해양법 문제를 연구한 학술적 성과와 전문성을 높게 평가받았으며, 초대 재판관으로서 국제해양법재판소의

106 ITLOS, Members of the Tribunal since 1996(https://www.itlos.org).

각종 절차규칙과 사법관행의 확립에 기여했다. 나아가 M/V Saiga 사건을 비롯한 초기 판결의 선고에 참여함으로써 판례법리와 소송절차의 정착에 기여한 것으로 평가받고 있다.[107]

이후 2009년 실시된 재판관 보궐선거에서 백진현 교수가 재판관으로 당선되었으며, 박춘호 재판관의 잔여임기인 2009년 3월부터 2014년 9월까지 재판관직을 수행했다. 백진현 재판관은 2014년 실시된 당사국총회 선거에서 재선에 성공했고, 2014년부터 2023년까지 재판관직을 수행했다.[108] 백진현 재판관은 2017년 국제해양법재판소 재판관들의 호선을 거쳐 재판소장으로 선출되었으며, 2017년부터 2020년까지 재판소장직을 수행했다. 나아가 백진현 재판관은 한국인으로서는 최초로 해양법협약 제7부속서에 따라 회부된 중재사건에서 분쟁당사국들이 선임하는 중재재판관으로 활동했다.[109] 해양법협약 제7부속서 제3조에 따르면 분쟁당사국들이 각각 1인의 중재재판관을 선임하고, 나머지 3인의 재판관은 분쟁당사국들이 합의하여 선임하게 된다. 백진현 재판관은 Enrica Lexie 중재사건에서 중재재판관으로 선임되어 최종 중재판정이 선고될 때까지 재판관으로 참여했다.[110] 또한 2016년 9월에 우크라이나는 크리미아반도를 점령한 러시아와 흑해와 주변 해역에서 발생한 분쟁을 해양법협약 제7부속서 중재재판에 회부했고, 우크라이나와 러시아는 백진현 재판관을 중재재판소 소장으로 선임했다. 이 사건 중재재판은 러시아가 우크라이

107 H. N. Scheiber, "Judge Choon-Ho Park, The Law of the Sea Institute, and Modern Scholarship in Ocean Law", in Jon M. van Dyke, *et als.*, *Governing Ocean Resources: New Challenges and Emerging Regimes: A Tribute to Judge Choon-Ho Park* (Martinus Nijhoff Publishers, 2013), pp.16-23.

108 ITLOS, Members of the Tribunal since 1996(https://www.itlos.org).

109 연합뉴스, "백진현 서울대 교수, 국제중재재판소장에 선임" (2017. 1. 20.)(https://www.yna.co.kr/view/AKR20170120164100004).

110 The Enrica Lexie Incident(Italy v. India)(https://pca-cpa.org/en/cases/117).

나 본토를 침공한 2022년 이후에도 계속 진행되었으며, 백진현 재판관은 소장으로서 중재재판 절차를 계속 지휘하고 있다.[111]

2023년 6월에 실시된 재판관 선거에서 이자형 재판관이 선출되었고, 2023년 10월부터 임기를 개시했다. 이자형 재판관은 외교부 국제법규과장, 주유엔 참사관, 주아프가니스탄 대사 등을 거쳐 국제법률국장을 역임한 국제법 전문가이며, 다양한 해양법협약 관련 협상에서 한국 대표단을 이끈 실무적 경험을 겸비하고 있다. 특히 이자형 재판관은 BBNJ협정 관련 초기 협상부터 정부대표단으로 참여했고, BBNJ협정이 채택된 마지막 제5차 정부 간 회의에서는 한국 대표단의 수석대표로 BBNJ협정의 성공적인 채택에 기여했다. 이로써 국제해양법재판소가 설립된 1996년 이후 한국 국적 재판관이 4회 연속으로 당선되는 외교적 성과가 있었다.

한편, 한국은 국제해양법재판소의 재판관뿐만 아니라 사무처의 사무차장을 배출했다. 국제해양법재판소 사무차장은 재판소의 운영과 소송절차에 관한 행정사무를 수행하고 사무처장의 사고나 궐위 시 사무처장직을 대행하는 역할을 한다. 2002년 3월 실시된 투표에서 당시 김두영 외무관이 사무차장으로 선출되었고, 이후 실시된 2007년과 2012년 선거에서 재선되어 총 15년간 사무차장으로 재직했다.[112] 김두영 사무차장은 국제해양법재판소의 원활한 사법행정과 재판업무를 위해 헌신했으며, 해양법협약 당사국들의 국제해양법재판소 활용을 촉진하고 개발도상국의 해양법 역량을 강화하는 데 기여했다.

그동안 한국이 배출한 국제해양법재판소 재판관과 사무차장은 재판소

111 Dispute Concerning Coastal State Rights in the Black Sea, Sea of Azov, and Kerch Strait(Ukraine v. the Russian Federation)(https://pca-cpa.org/en/cases/149).

112 외교통상부 보도자료, “김두영 외무관, 국제해양법재판소(ITLOS) 사무차장 당선” (2002. 3. 12.).

의 업무를 공정하게 수행함으로써 해양분쟁의 평화적 해결에 기여했다고 평가할 수 있다. 또한 국제해양법재판소는 해양법협약의 실효성 제고와 개발도상국의 해양법 역량강화를 위해 다양한 교육 프로그램과 활동을 실시하고 있는데, 한국 국적의 재판관과 사무차장이 그러한 활동에 적극적으로 참여하고 협력함으로써 해양에서의 법의 지배 확립에도 기여하는 계기가 되었다.

대륙붕한계위원회 위원 및 위원장 배출

대륙붕한계위원회는 당사국들이 제출한 대륙붕 외측한계에 관한 정보를 평가하는 전문기구이다. 대륙붕한계위원회가 200해리 밖으로 연장되는 대륙붕을 갖는 당사국들이 제출한 정보를 검토하여 권고를 채택하지 않으면 그 당사국은 대륙붕 외측한계를 설정할 수 없다. 이와 같이 중요한 임무를 수행하지만, 대륙붕한계위원회는 출범 초기부터 만성적으로 과다한 업무량과 부족한 행정적 및 재정적 지원으로 인해 당사국들이 제출한 정보를 검토하고 권고를 채택하는 과정에서 많은 어려움을 겪고 있다.

이러한 상황에서 박용안 교수는 1997년 제6차 해양법협약 당사국회의에서 처음으로 대륙붕한계위원회 위원으로 선출되었다. 이후 박용안 교수는 네 차례 재선에 성공함으로써 총 25년 동안 대륙붕한계위원회 위원으로 활동했다.[113] 또한 박용안 교수는 위원들의 호선을 거쳐 1999년 부의장으로 선출되어 3년간 부의장직을 수행했고, 2017년에는 의장으로 선출되어 2년 6개월 동안 의장직을 수행했다.

그런데 2022년 6월 실시된 대륙붕한계위원회 위원 선거에서 한국 후

113 외교부 보도자료, "한국, 5차례 연속 유엔 대륙붕한계위원회(CLCS) 진출" (2017. 6. 15.).

보가 당선되지 못함에 따라 6회 연속 대륙붕한계위원회 위원 배출에는 실패했다. 국제기구에 진출하는 한국 국적 후보자 수가 많아짐에 따라 당선에 필요한 투표수를 확보하지 못하는 선거들이 발생하고 있는 것으로 보인다. 최근 국제기구 선거에서 후보자의 자격이나 역량과 무관하게 국가 간 교환투표, 유럽연합이나 아프리카연합과 같은 지역그룹 지지 여부, 복잡한 양자관계 등 다양한 요인에 의해 국제기구 선거결과가 좌우되는 현상이 나타나고 있다. 2022년 대륙붕한계위원회 선거결과를 교훈 삼아 한 인물이 지나치게 장기간 국제기구의 후보자로 추천되는 상황은 지양해야 하고, 한국의 다자외교 목표와 국익을 고려한 우선순위에 따라 중요한 국제기구 진출을 위한 선택과 집중이 필요하다고 생각된다.

국제해저기구 이사국 수임 및 전문가 진출

한국은 심해저광업 선도국으로 1996년부터 국제해저기구 이사회와 법률기술위원회에 적극적으로 참여했고, 태평양과 인도양 공해와 태평양 도서국의 배타적경제수역에 총 11.2만km^2에 이르는 독점탐사광구를 확보하여 해양광물자원 탐사와 기술개발을 진행하고 있다. 국제해저기구 이사회는 A그룹(해저광물 주요 소비/수입국, 4석), B그룹(주요 투자국, 4석), C그룹(해저광물 주요 생산/수출국, 4석), D그룹(개발도상국, 6석), E그룹(지리적 배분, 18석)으로 구성된다. 한국은 1996년 처음으로 지리적 배분에 따라 안배하는 이사국 E그룹에 진출하여 4회 연임했다. 이후 한국은 심해저 8대 투자자로서의 입지를 지속적으로 주장하여 2009년 주요투자국에 해당하는 이사국 B그룹에 진출하여 4회 연임함으로써 국제해저기구의 주요정책 수립 과정에서 주도적 역할을 수행했다.[114] 또한 2005년 8월

114 해양수산부 보도자료, "국제해저기구(ISA) 이사회 진출" (2014. 7. 28.); 외교부 보도자

에는 당시 박희권 외교부 조약국장이 제11차 국제해저기구 이사회 의장으로 선출되어 임기 1년의 의장직을 수행했다. 국제해저기구 이사회의 의장직을 수임함으로써 심해저광물 탐사와 개발에 관한 규칙 제정에서 선도적 역할을 하고 심해저 탐사활동 참여에 유리한 제도적 기반을 마련하는 데 기여했다.

그동안 한국해양과학기술원의 해양과학기술 전문가들이 법률기술위원회 위원으로 진출했다. 강정극 박사(1996~2006), 김웅서 박사(2007~2011), 형기성 박사(2012~2016), 주세종 박사(2016~현재)가 법률기술위원회 위원으로 선임되어 활동했다. 한국은 국제해저기구 출범 당시부터 지속적으로 이사국의 지위를 유지하고 이사회 의장을 배출했으며 법률기술위원회에 해양과학기술 전문가를 지속적으로 진출시킴으로써 국제해저기구의 의사결정 과정에 적극적으로 참여하고 있다.

2. 유엔해양법협약 관련 한국의 국가실행

해양분쟁의 강제절차에 관한 국가실행

전통적으로 한국은 국제분쟁을 국제재판소에 회부하여 해결하는 것에 소극적인 입장을 유지하고 있는 것으로 보인다. 분쟁당사국의 관할권 동의가 있어야만 관할권을 행사할 수 있는 국제사법재판소와 달리 해양법협약 제15부의 강제절차에 따라 설립되는 재판소는 일정한 예외와 배제선언이 없다면 일방 당사국의 제소에 대해서도 관할권을 행사할 수 있다. 이러한 상황에서 한국은 강제적 관할권의 예외와 배제선언에 관한 규정에 따라 민감한 해양분쟁 사안이 일방적으로 강제절차에 회부되는 것을 방지하기 위한 조치를 취하고 있다.

료, "한국, 국제해저기구(ISA) 이사국 연임 성공" (2018. 7. 27.).

해양법협약 제297조는 당사국이 해양법협약의 해석과 적용에 관한 분쟁 시 회부하고자 하는 분쟁해결 수단으로 국제사법재판소, 국제해양법재판소, 제7부속서 중재재판소, 제8부속서 중재재판소 중에서 미리 선택할 수 있도록 하고 있다. 다만 분쟁당사국이 서로 다른 분쟁해결 수단을 선택했거나 선택 자체를 하지 않은 경우에 해당 분쟁은 제7부속서 중재재판에 회부된다. 한국은 제297조에 따른 분쟁해결 수단을 선택하지 않았기 때문에 한국을 상대로 한 강제절차가 일방적으로 개시되는 경우에는 제7부속서 중재재판에 회부된다. 다만 일방적으로 개시된 제7부속서 중재재판 절차규칙과 재판부 구성을 협의하는 과정에서 한국과 분쟁당사국이 동의하면 해당 분쟁을 국제해양법재판소에 이관할 수 있다. 실제로 제7부속서 중재재판에 회부되었던 여러 사건이 중재재판소 구성과 절차를 위한 협의 과정에서 분쟁당사국들의 합의에 따라 국제해양법재판소로 이관되어 최종판결이 내려진 바 있다.[115]

한국은 2006년 4월 해양법협약 제298조에 따라 특정한 범주의 분쟁을 강제절차에서 배제하는 선언을 했다. 해양법협약 제298조는 해양경계획정 분쟁, 역사적 만 또는 권원에 관한 분쟁, 군사활동에 관한 분쟁, 유엔 안전보장이사회의 강제조치에 관한 분쟁에 대해서는 사전에 관할권을 배제할 수 있도록 허용하고 있다. 이에 따라 한국은 네 가지 범주의 분쟁에 대해 모두 관할권 배제선언을 했고 현재까지 이 선언은 유지되고 있다.[116] 한국이 배제선언 한 범주 이외에 해양법협약의 해석과 적

115 *M/V "SAIGA" (No. 2) (Saint Vincent and the Grenadines v. Guinea), Judgment, 1 July 1999; Delimitation of the maritime boundary in the Bay of Bengal (Bangladesh/Myanmar), Merits, Judgment, 14 March 2012; M/V "Virginia G" (Panama/Guinea-Bissau), Judgment, 14 April 2014; Delimitation of the maritime boundary in the Indian Ocean (Mauritius/Maldives), Preliminary Objections, Judgment, 28 January 2021.*

116 외교부 보도자료, "유엔해양법협약상 강제분쟁해결절차의 선택적 배제 선언서 기탁" (2006. 4. 20.).

용에 관한 분쟁이 발생하면 한국과 분쟁당사국이 일방적으로 강제절차에 회부할 가능성은 여전히 남아 있다. 또한 한국이 배제선언 한 범주의 분쟁과 해양법협약상의 분쟁이 혼합되어 있는 소위 혼합분쟁에 대해서도 관할권을 행사할 수 없는 범주의 분쟁을 제외한 나머지 해양법협약 분쟁에 대해서는 강제절차에 회부되어 재판절차가 진행될 가능성이 남아 있다.[117]

최근 한국은 국제해양법재판소의 권고적 의견 사건에 적극적으로 참여하여 해양법협약에 관한 한국의 국제법적 입장을 적극적으로 개진한 바 있다. 국제해양법재판소가 처음 권고적 관할권을 행사한 2011년 심해저활동과 관련한 보증국의 의무와 책임에 대한 권고적 의견 사건에서 한국은 서면절차에 참여한 바 있다. 한국은 심해저활동과 관련하여 보증국의 의무와 책임에 관한 입장을 담은 서면written statement을 국제해양법재판소에 제출했다.[118] 또한 한국은 2022년 소도서국위원회가 제기한 기후변화와 국제법에 관한 권고적 의견 사건의 서면절차와 구두절차에 모두 참여하여 전 지구적 문제인 기후변화에 관한 한국의 법적 입장을 개진했다. 한국은 국제해양법재판소에 제출한 서면과 구두 절차에서의 변론을 통해 국제해양법재판소가 이 사건에 대한 권고적 관할권을 가지며, 해양환경 보호와 보전에 관한 협약의 일반적 의무 조항으로부터 기후변화에 관한 구체적인 의무를 직접 도출하기는 어렵지만, 협약 당사국들이 해양환경오염 방지 의무를 이행함에 있어 「파리협약」 등 주요 기후변화 규범을 고려할 필요가 있다는 입장을 표명했다. 또한, 기후변화로부

117 김원희, "국제법상 혼합분쟁의 개념 규명과 국제재판소 관할권의 범위 및 한계", 『국제법학회논총』, 제66권 제3호(2021), 129-131쪽.

118 Responsibilities and obligations of States sponsoring persons and entities with respect to activities in the Area (Request for Advisory Opinion submitted to the Seabed Disputes Chamber).

터 해양환경을 보호·보전하기 위해서는 특히 국제협력과 개발도상국 지원 등의 의무가 중요하다는 점을 강조했으며, 이러한 권고적 의견이 현행 국제해양법의 범위와 한계를 보다 명확히 해줄 것을 기대한다는 내용의 구두변론을 실시했다.[119] 쟁송사건과 권고적 의견 사건의 소송절차가 거의 동일하다는 점을 고려할 때, 한국이 권고적 의견 절차에 적극적으로 참여한 것은 국제공법에 관한 소송 경험이 거의 없는 한국 정부 입장에서 매우 소중한 국제소송 실무 경험을 얻고 역량을 강화하는 계기가 되었던 것으로 평가할 수 있다.

그동안 한국은 한반도 주변수역에서의 해양경계획정, 불법어업, 해양환경 오염, 대륙붕 공동개발 등 다양한 해양분쟁이 발생하는 경우 양자조약을 체결하거나 외교적 협상을 통해 해양분쟁을 평화적으로 관리해왔다. 최근 중국이 황해의 잠정조치 수역에서 시추시설을 설치하거나 일본이 후쿠시마 원전오염수 해양방류를 결정하는 등 외교적 협상만으로 해결하기 어려운 상황들이 발생하고 있고, 이와 관련하여 해양법협약상의 강제절차를 이용할 필요성이 제기되고 있다.

한국이 국제해양법재판소의 권고적 의견 절차에 매우 적극적으로 참여하고 국제공동체 공통의 이익에 관한 문제에 법적 입장을 개진한 것은 매우 환영할 만한 국가실행이라고 할 수 있다. 해양분쟁을 외교적 협상으로 해결하는 것이 외교적 부담을 덜고 국가적 역량을 소진하지 않는 방법이라고 할 수 있겠지만, 해양법협약상의 강제적 분쟁해결절차를 이용하는 경향이 계속 증가하고 있기 때문에 한국의 국익이 걸린 해양분쟁이 국제재판에 회부될 가능성에 보다 적극적으로 대비할 필요가 있다.

119 Request for an Advisory Opinion submitted by the Commission of Small Island States on Climate Change and International Law (Request for Advisory Opinion submitted to the Tribunal).

동중국해 대륙붕 외측한계 정식정보 제출

육지영토의 자연적 연장이 200해리를 넘는 국가는 해양법협약 제76조에 규정된 요건과 절차에 따라 대륙붕 외측한계 정보를 대륙붕한계위원회에 제출해야 한다. 동중국해 대륙붕의 구조는 동해나 황해와 달리 연안으로부터 완만하게 유지되다가 오키나와해구에서 수심이 깊어지는 구조를 가지고 있다. 한국 정부는 본토로부터 동중국해로 확장되는 대륙붕 외측한계를 설정하기 위해 2009년 5월 11일 한일 공동개발구역 남측한계선을 외측한계로 설정한 예비정보를 대륙붕한계위원회에 제출했다.[120]

한국은 예비정보에서 해양법협약 제76조에 따라 동중국해 동쪽 지역에서 영해의 폭이 측정된 기선으로부터 350해리까지 대륙붕 외측한계가 존재한다는 입장을 취했다. 또한 동중국해 200해리 대륙붕 외측한계가 오키나와해구까지 연장되고, 이곳에서의 동중국해 해저 및 하층토가 해양법협약에 규정된 한국 연안에서 대륙붕 외측한계까지 확장되는 지속적인 대륙지각을 포함한다고 밝혔다. 한국은 예비정보에서 대륙붕 외측한계를 1974년 체결된 한·일 대륙붕 공동개발협정상의 공동개발구역 내 동중국해 대륙붕 외측한계까지로 한정했다.

한국은 예비정보 제출 이후 추가적인 과학조사와 평가를 거쳐 2012년 12월 26일 정식정보를 제출했다. 한국은 정식정보에서 동중국해에 대한 권원이 미치는 대륙붕의 외측한계가 육지영토의 자연적 연장에 따라 오키나와해구까지 뻗어 나간다는 입장을 밝혔다.[121] 한국은 해양법협약 제76조에 따라 대륙붕 권원 주장이 가능한 최대 범위 내에서 '대륙사

---

120 http://www.un.org/Depts/los/clcs_new/commission_preliminary.htm.

121 http://www.un.org/Depts/los/clcs_new/commission_submissions.htm.

면의 끝FOS+60해리' 공식을 적용하여 대륙붕 외측한계를 설정하고 고정점 85개를 제출했다. 다만 이 정보는 동중국해에 국한된 부분제출partial submission이기 때문에 향후에 다른 대륙붕 지역의 외측한계에 대해 추가적인 정보를 제출할 수 있다.[122]

한편 한국 정부는 동중국해에서의 해양경계획정과 관련하여 200해리 이원 대륙붕은 한국과 관련 국가들 간에 획정되어야 한다는 점을 대륙붕한계위원회에 통지했다. 한국은 정식정보 제출이 동중국해에서 대향국 및 인접국들 간의 대륙붕 경계획정 문제를 해하지 않는다는 점을 확인하고, 이에 대해 중국과 협의를 실시했고 일본 정부와도 협의하기 위해 노력했다는 점을 밝혔다. 한국 정부가 대륙붕 외측한계에 관한 정식정보를 제출한 것은 다음과 같은 의의를 갖는다. 첫째, 한국은 대륙붕 자원의 개발과 확보를 위해 해양법협약 제76조에 보장된 200해리 이원의 대륙붕 외측한계 설정에 관한 권리를 충분히 행사했다. 둘째, 한국은 본토 육지영토의 자연적 연장이 해저 지형상 200해리 밖으로 뻗어 있다는 사실을 대외적으로 선언했다. 셋째, 1978년 발효 이후 답보상태에 있는 한·일 대륙붕 공동개발협정의 유지와 활용을 위한 초석을 마련했다.

심해저 자원의 탐사 및 개발

한국은 해양법협약을 비준하기 이전부터 심해저 광물자원의 개발에 관심을 갖고 국가정책을 수립하고 추진해 왔다. 한국 정부는 1983년부터 태평양 심해저에 부존되어 있는 망간단괴의 개발을 위해 당시 과학기

122 한국 정부는 2012년 제출한 정식정보가 다음과 같은 이유로 관련 국제법에 부합한다는 입장을 표명했다. 즉 ① 협약상의 대륙붕 개념에 따라 해당 수역에서 한국 측이 대륙붕 권원을 보유하며, ② 협약 어느 규정에도 400해리 미만 수역에서 대륙붕 한계 정보제출을 금지하는 명문의 규정이 없으며, ③ 대륙붕 한계 정보제출은 제출국 권원의 범위를 설정하는 문제로 관련국 간 협의를 통해 정해지는 경계획정 문제와는 별개이다.

술처 주관으로 태평양 클라리온-클리퍼톤 해역에서 탐사를 수행한 바 있다. 이후 1991년 제11차 경제장관회의에서 심해저 광물자원개발 추진계획을 의결했고, 1992년부터 클라리온-클리퍼톤 해역에서 광구확보를 위한 탐사에 본격적으로 착수했다. 1992년 2월 당시 산업자원부는 국제해저기구에 한국의 심해저광구를 등록 신청했고, 1994년 8월 3일 승인을 받았다. 한국은 1994년 북동태평양 해역에서 망간단괴 광구를 확보했고, 2008년 통가, 2011년 피지의 배타적경제수역에서 해저열수광상 광구를 확보했다. 또한 한국은 2012년 제18차 국제해저기구 이사회에서 인도양 중앙해령에 위치한 약 10,000km^{2}의 해저열수광상에 대한 광구 승인을 받았다. 이로써 한국은 중국과 러시아에 이어 세 번째로 망간단괴와 해저열수광상 광구를 확보한 국가가 되었다. 한국은 국가관할권 한계 밖에 위치한 심해저 지역에서 망간단괴에 이어 두 번째 해저광물자원 개발 확보를 위한 발판을 마련했다.[123]

2010년 해저열수광상 탐사규칙이 채택되면서 심해저에서의 해저열수광상 탐사와 개발 노력이 국내외에서 추진되었다. 해저열수광상은 망간단괴에 비해 탐사규칙이 늦게 채택되었으나, 상업개발은 심해저의 다른 광물보다 조기에 실현될 수 있을 것으로 전망된다. 해저열수광상 탐사규칙이 채택된 이후 중국[124]과 러시아[125]가 이미 광구신청을 완료했다. 해저열수광상 탐사규칙은 일정 기간 이후 제출되는 광구 신청에 대해 먼저 신청서를 제출하는 국가에 우선권을 주는 '선착순 원칙'을 적용하고 있기

123 Decision of the Council relating to an application for approval of a plan of work for exploration for polymetallic sulphides by the Government of the Republic of Korea (UN Doc. ISBA/18/C/24, 2012).

124 UN Doc. ISBA/17/C/16(2011).

125 UN Doc. ISBA/17/C/17(2011).

때문에 광구신청에 관해 빠른 정책결정을 내릴 필요가 있다.[126]

한편 한국은 2016년 7월 제22차 국제해저기구 총회의 최종승인을 통해 여의도 총면적(8.4km²)의 약 350배에 달하는 서태평양 공해상 마젤란 해저산 지역(3,000km² 규모)의 망간각 독점탐사광구를 확보했다.[127] 한국은 독점탐사광구를 확보함으로써 중국과 러시아에 이어 국제사회에서 세 번째로 공해상 심해저에서 세 가지 광종(망간단괴, 해저열수광상, 망간각)에 대한 독점탐사광구를 확보한 나라가 되었다. 서태평양 독점탐사광구에 매장되어 있는 망간각은 코발트와 희토류 함량이 높고 망간단괴보다 얕은 수심(800~2,500m)에 분포되어 채광비용이 저렴해서 세계 각국의 관심이 높은 광물자원이다.

이와 같이 심해저 자원 개발의 상업화가 가시화되는 시점에서 한국에서는 심해저활동을 관리하고 지원하기 위한 법률안을 제정하려는 입법적 노력이 시도되고 있다. 해양법협약과 국제해저기구의 당사국으로서 한국 국민의 심해저활동이 다자조약의 형태로만 이행되고 있어 국내법적인 근거 마련이 필요하며, 심해저활동 보증국으로서 국제법과 국제해양법재판소가 요구하는 국제적 책임과 의무를 이행하기 위해 국내 입법이 필요한 상황이다. 2017년과 2018년 제안된 법률안은 총 6개 장, 28개 조와 부칙으로 구성되었으며, 심해저활동기본계획의 수립, 심해저활동의 허가, 육성 등을 규율하는 내용을 담고 있었다. 2017년 8월 10일 심해저활동 등의 관리 및 지원에 관한 법률 제정법률안이 입법 예고되었으나 회기종료로 자동 폐기되었고, 2018년 4월 9일 재입법 예고되었으나 또 자동 폐기되어 심해저 관련 국내 입법 노력은 교착상태에 있다.

126 해저열수광상 탐사규칙 제23조 참조.

127 정부 합동 보도자료, "서태평양 공해상 망간각 독점탐사광구 확보" (2016. 7. 20.)(https://www.mof.go.kr/doc/ko/selectDoc.do?docSeq=12913&menuSeq=971&bbsSeq=10).

그동안 한국 정부는 전략물자 확보와 대양연구의 필요성을 고려하여 심해저 자원의 탐사에 막대한 예산을 투자했다. 최근 국제해저기구에서 진행되고 있는 심해저 광물 개발규칙의 협상 결과에 따라 심해저 자원의 상업적 개발이 가속화되거나 더 늦춰질 수 있을 것으로 보인다. 향후 국제해저기구에서 진행되는 협상과 개발규칙 성안에 적극적으로 참여할 필요가 있으며, 협상 결과에 따른 시나리오별 대응방안 마련이 시급하다고 하겠다.

Ⅳ. 결론

이상에서 살펴본 바와 같이 한국은 유엔 해양거버넌스의 구축과 발전에 매우 적극적으로 참여하고 세계적인 해양강국으로서의 입지를 유지하면서 국익을 수호하기 위한 노력을 경주해 왔다. 유엔 해양거버넌스의 구축과 발전에 관한 한국의 국가실행은 다음과 같이 평가할 수 있다.

첫째, 한국은 해양법협약, 이행협정 및 관련 조약에 신속하게 가입하여 변화하는 국제해양법질서에 선제적으로 대응해 왔다. 한국은 유엔 비회원국에도 정식 참여가 허용된 제3차 유엔해양법회의와 국제해저기구 및 국제해양법재판소 설립 준비회의에 적극 참여했고, 국내 비준을 위한 입법 및 행정 조치를 매우 신속하게 실시했다. 국제해양법질서의 변화에 빠르게 대응한 결과 한국은 유엔 중심의 해양거버넌스에 기여하는 동시에 해양수산업 발전과 국익 수호에도 선순환적 기여를 했다고 평가할 수 있다.

둘째, 한국은 국제해저기구, 국제해양법재판소, 대륙붕한계위원회 등

해양법 관련 국제기구에 적극적으로 전문가들을 진출시키는 데 성공했고, 이는 유엔 주도 해양거버넌스의 구축과 발전에 크게 기여했다. 해양법협약에 따라 설립된 세 기구에 진출한 한국의 전문가들은 유엔 중심 해양거버넌스의 안정적 구축과 원활한 기능 설정에 적극적으로 기여했다. 특히 백진현 국제해양법재판소 재판관은 재판소장을 역임하는 3년간 재판소의 사법행정과 재판업무의 진행에 크게 기여했고, 세계적인 주목을 받았던 우크라이나와 러시아 간 제7부속서 중재사건에서 중재재판소장으로 선임되는 등 해양분쟁의 평화적 해결에 크게 기여했다고 평가할 수 있다. 해양거버넌스에 대한 한국 전문가들의 국제적 활동과 기여는 국내적으로 해양법과 해양산업의 중요성에 대한 인식을 제고하는 계기가 되었고 이는 해양법과 해양산업에 대한 국내적 관심과 투자로 이어졌다.

셋째, 한국은 주변 국가들과 다양한 유형의 해양분쟁에 직면해 있음에도 불구하고 해양법협약상 강제적 분쟁해결절차에 소극적 태도를 견지하고 있다. 한국은 주변국들과의 해양분쟁이 강제절차에 회부될 가능성을 고려하여 해양법협약 제15부 제2절의 강제절차에 대한 배제선언을 실시했다. 다만 최근 국제해양법재판소에 제기된 기후변화와 국제법에 관한 권고적 의견 사건에 적극적으로 참여했으며, 이는 국익 확보뿐만 아니라 국제법 발전에 기여한다는 측면에서 바람직한 변화라고 할 수 있다. 나아가 최근 해양법협약상의 강제절차를 이용한 해양분쟁의 사법적 해결이 증가하는 추세라는 점에 주목할 필요가 있다. 한국은 주변 국가인 중국 및 일본과 외교적 협상만으로 해결하기 어려운 해양분쟁에 직면하고 있기 때문에 외교적 수단을 통해서 분쟁해결이 어려운 경우에는 강제적 분쟁해결절차를 이용할 가능성을 염두에 두고 미리 대비할 필요가 있다.

넷째, 한국의 국익 확보와 국제공동체의 공통이익을 양립시킬 수 있는 해양법 정책의 수립과 시행을 위한 고민과 노력이 필요하다. 현재의 해양법협약 체제는 1970년대 식민지배를 받았던 국가들이 주창한 신국제경제질서 구축과 선진국의 심해 광물자원 독점 개발을 막기 위한 심해저제도의 수립 필요성이라는 당시의 시대정신을 반영한 것이다. 특히 해양법협약은 해양강국, 개발도상국인 연안국, 군도국가, 지리적 불리국 등 다양한 이해관계를 가진 국가들이 자국의 이익을 극대화하기 위한 협상을 거치면서 타협의 타협을 거듭한 결과물로 여러 가지 한계와 법적 공백이 존재한다. 최근 국제공동체는 기후변화, 해수면 상승, 공해의 생물다양성 등 중대한 해양환경 변화와 불안정한 해양질서에 대응하기 위해 다각도로 노력하고 있다. 특히 BBNJ협정을 성안하기 위한 정부 간 국제회의에서는 해양법협약 체제가 근간으로 삼고 있는 공해자유의 원칙에 대한 근본적인 문제제기와 공해 유전자원의 이익공유체제를 도입하기 위해 노력해 왔다. 이에 해양법협약 체제를 둘러싸고 제기되는 전 지구적 문제에 대해 한국의 국익과 국제공동체의 공통이익을 양립시킬 수 있는 해양법 정책을 적극적으로 수립하고 시행할 필요가 있다.

찾아보기

ㅇ

ㅈ

ㅊ

ㅋ

ㅌ

ㅍ

ㅎ

국제연합헌장

Charter of the United Nations

우리 연합국 국민들은

WE THE PEOPLES OF THE UNITED NATIONS DETERMINED

우리 일생 중 두 번이나 말할 수 없는 슬픔을 인류에게 가져온 전쟁의 재앙으로부터 다음 세대를 구하고,

to save succeeding generations from the scourge of war, which twice in our lifetime has brought untold sorrow to mankind, and

기본적 인권, 인간의 존엄 및 가치, 남녀 및 대소 각국의 평등권에 대한 신념을 재확인하며,

to reaffirm faith in fundamental human rights, in the dignity and worth of the human person, in the equal rights of men and women and of nations large and small, and

정의와 조약 및 그 밖의 국제법의 연원으로부터 발생하는 의무에 대한 존중이 유지될 수 있는 조건을 확립하면서,

to establish conditions under which justice and respect for the obligations arising from treaties and other sources of international law can be maintained, and

더 많은 자유 속에서 사회적 진보와 생활수준의 향상을 촉진하기로 결정하였다.

to promote social progress and better standards of life in larger freedom,

그리고 이러한 목적을 위하여

AND FOR THESE ENDS

관용을 실천하고 선량한 이웃으로서 상호간 평화롭게 같이 생활하고,

to practice tolerance and live together in peace with one another as good neighbours, and

국제 평화와 안보를 유지하기 위하여 우리의 힘을 합하며,

공동이익을 위한 경우 이외에는 무력을 사용하지 않음을 원칙의 수락과 방법의 도입을 통하여 보장하고,

모든 국민의 경제적 및 사회적 발전을 촉진하기 위하여 국제기관을 이용하기로 결정하면서,

이러한 목표를 달성하기 위하여 우리의 노력을 결집하기로 결의하였다.

따라서, 우리 각 정부는 샌프란시스코에 모인, 유효하고 정식으로 인정된 전권위임장을 제시한 대표를 통하여, 이 「국제연합헌장」에 합의하고, 국제연합이라는 국제기구를 이에 설립한다.

to unite our strength to maintain international peace and security, and

to ensure, by the acceptance of principles and the institution of methods, that armed force shall not be used, save in the common interest, and

to employ international machinery for the promotion of the economic and social advancement of all peoples,

HAVE RESOLVED TO COMBINE OUR EFFORTS TO ACCOMPLISH THESE AIMS

Accordingly, our respective Governments, through representatives assembled in the city of San Francisco, who have exhibited their full powers found to be in good and due form, have agreed to the present Charter of the United Nations and do hereby establish an international organization to be known as the United Nations.

제1장 목적과 원칙

제1조

국제연합의 목적은 다음과 같다.

1. 국제 평화와 안보를 유지하고, 이를 위하여 평화에 대한 위협을 예방하고 제거하며 침략행위 또는 그 밖의 평화의 파괴를 진압하기 위한 효과적인 집단조치를 취하고, 평화의 파괴에 이를 수 있는 국제분쟁이나 사태를 평화적 수단으로 그리고 정의와 국제법 원칙에 합치되도록 조정 또는 해결한다.

CHAPTER I PURPOSES AND PRINCIPLES

Article 1

The Purposes of the United Nations are:

1. To maintain international peace and security, and to that end: to take effective collective measures for the prevention and removal of threats to the peace, and for the suppression of acts of aggression or other breaches of the peace, and to bring about by peaceful means, and in conformity with the principles of justice and international law, adjustment or settlement of international disputes or situations which might lead to a breach of the peace;

2. 사람들의 평등권 및 자결의 원칙에 대한 존중에 기초하여 국가 간의 우호관계를 발전시키며, 세계 평화를 강화하기 위한 그 밖의 적절한 조치를 취한다.

3. 경제적, 사회적, 문화적 또는 인도적 성격의 국제문제를 해결하고 또한 인종, 성별, 언어 또는 종교에 따른 차별 없이 모든 사람의 인권 및 기본적 자유에 대한 존중을 촉진하고 장려함에 있어서 국제협력을 달성한다. 그리고

4. 이러한 공동 목적을 달성함에 있어서 각국의 행동을 조화시키는 중심이 된다.

제2조

국제연합과 그 회원국은 제1조에 명시된 목적을 추구함에 있어서 다음의 원칙에 따라 행동한다.

1. 국제연합은 모든 회원국의 주권평등 원칙에 기초한다.

2. 모든 회원국은 회원국 지위에서 발생하는 권리와 이익을 그들 모두에게 보장하기 위하여 이 헌장에 따라 자국이 부담하는 의무를 신의에 좇아 성실하게 이행한다.

3. 모든 회원국은 자국의 국제 분쟁을 국제 평화와 안보 그리고 정의를 위태롭게 하지 않는 방식으로 평화적 수단에 의하여 해결한다.

4. 모든 회원국은 자국의 국제 관계에 있어서 어떠한 국가의 영역 보전 또는 정치적 독립에 반하거나 국제연합의 목적에 부합하지 않는 그 밖의 어떠한 방식의 무력 위협이나 행사도 삼간다.

2. To develop friendly relations among nations based on respect for the principle of equal rights and self-determination of peoples, and to take other appropriate measures to strengthen universal peace;

3. To achieve international co-operation in solving international problems of an economic, social, cultural, or humanitarian character, and in promoting and encouraging respect for human rights and for fundamental freedoms for all without distinction as to race, sex, language, or religion; and

4. To be a centre for harmonizing the actions of nations in the attainment of these common ends.

Article 2

The Organization and its Members, in pursuit of the Purposes stated in Article 1, shall act in accordance with the following Principles:

1. The Organization is based on the principle of the sovereign equality of all its Members.

2. All Members, in order to ensure to all of them the rights and benefits resulting from membership, shall fulfill in good faith the obligations assumed by them in accordance with the present Charter.

3. All Members shall settle their international disputes by peaceful means in such a manner that international peace and security, and justice, are not endangered.

4. All Members shall refrain in their international relations from the threat or use of force against the territorial integrity or political independence of any state, or in any other manner inconsistent with the Purposes of the United Nations.

5. 모든 회원국은 국제연합이 이 헌장에 따라 취하는 어떠한 조치에서도 국제연합에 모든 지원을 제공하며, 국제연합이 예방 또는 강제 조치를 취하는 대상인 어떠한 국가에도 지원을 삼간다.

5. All Members shall give the United Nations every assistance in any action it takes in accordance with the present Charter, and shall refrain from giving assistance to any State against which the United Nations is taking preventive or enforcement action.

6. 국제연합은, 국제 평화와 안보를 유지하는 데 필요한 한, 국제연합 회원국이 아닌 국가가 이러한 원칙에 따라 행동하도록 보장한다.

6. The Organization shall ensure that States which are not Members of the United Nations act in accordance with these Principles so far as may be necessary for the maintenance of international peace and security.

7. 이 헌장의 어떠한 규정도 본질상 어떤 국가의 국내 관할권 안에 있는 사안에 간섭할 권한을 국제연합에 부여하지 않으며, 그러한 사안을 이 헌장에 따른 해결에 맡기도록 회원국에 요구하지도 않는다. 다만, 이 원칙은 제7장에 따른 강제조치의 적용에 영향을 미치지 않는다.

7. Nothing contained in the present Charter shall authorize the United Nations to intervene in matters which are essentially within the domestic jurisdiction of any state or shall require the Members to submit such matters to settlement under the present Charter; but this principle shall not prejudice the application of enforcement measures under Chapter Vll.

제2장
회원국 지위

CHAPTER II
MEMBERSHIP

제3조

국제연합의 원회원국은, 샌프란시스코에서 국제기구에 관한 연합국 회의에 참가한 국가 또는 1942년 1월 1일 연합국 선언에 이미 서명한 국가로서, 이 헌장에 서명하고 제110조에 따라 이를 비준한 국가이다.

Article 3

The original Members of the United Nations shall be the States which, having participated in the United Nations Conference on International Organization at San Francisco, or having previously signed the Declaration by United Nations of 1 January 1942, sign the present Charter and ratify it in accordance with Article 110.

제4조

1. 국제연합의 회원국 지위는 이 헌장에 규정된 의무를 수락하고, 이러한 의무를 이행할 능력과 의사가 있다고 국제연합이 판단하는 그 밖의 모든 평화애호국에 개방된다.

Article 4

1. Membership in the United Nations is open to all other peace-loving States which accept the obligations contained in the present Charter and, in the judgment of the Organization, are able and willing

to carry out these obligations.

2. 그러한 국가의 국제연합 회원국으로의 가입은 안전보장이사회의 권고에 따라 총회의 결정으로 이루어진다.

2. The admission of any such State to membership in the United Nations will be effected by a decision of the General Assembly upon the recommendation of the Security Council.

제5조

안전보장이사회가 예방 또는 강제 조치를 취하는 대상인 국제연합 회원국은 안전보장이사회의 권고에 따라 총회에 의하여 회원국으로서의 권리와 특권의 행사가 정지될 수 있다. 이러한 권리와 특권의 행사는 안전보장이사회에 의하여 회복될 수 있다.

Article 5

A Member of the United Nations against which preventive or enforcement action has been taken by the Security Council may be suspended from the exercise of the rights and privileges of membership by the General Assembly upon the recommendation of the Security Council. The exercise of these rights and privileges may be restored by the Security Council.

제6조

이 헌장에 규정된 원칙을 지속적으로 위반하는 국제연합 회원국은 안전보장이사회의 권고에 따라 총회에 의하여 국제연합에서 제명될 수 있다.

Article 6

A Member of the United Nations which has persistently violated the Principles contained in the present Charter may be expelled from the Organization by the General Assembly upon the recommendation of the Security Council.

제3장
기관

CHAPTER III
ORGANS

제7조

1. 국제연합의 주요기관으로 총회, 안전보장이사회, 경제사회이사회, 신탁통치이사회, 국제사법재판소 및 사무국이 설치된다.

2. 필요하다고 인정되는 보조기관은 이 헌장에 따라 설치될 수 있다.

Article 7

1. There are established as the principal organs of the United Nations: a General Assembly, a Security Council, an Economic and Social Council, a Trusteeship Council, an International Court of Justice, and a Secretariat.

2. Such subsidiary organs as may be found necessary may be established in accordance with the present Charter.

제8조

국제연합은 그 주요기관과 보조기관에서 남성과 여성이 어떠한 자격으로든 평등한 조건으로 참여하는 데 제한을 두지 않는다.

Article 8

The United Nations shall place no restrictions on the eligibility of men and women to participate in any capacity and under conditions of equality in its principal and subsidiary organs.

제4장
총회

CHAPTER IV
THE GENERAL ASSEMBLY

구성

Composition

제9조

1. 총회는 모든 국제연합 회원국으로 구성된다.

2. 각 회원국은 총회에 5인 이하의 대표를 둔다.

Article 9

1. The General Assembly shall consist of all the Members of the United Nations.

2. Each Member shall have not more than five representatives in the General Assembly.

임무와 권한

Functions and Powers

제10조

총회는 이 헌장의 범위 안에 있거나 이 헌장에 규정된 어떠한 기관의 권한 및 임무에 관한 어떠한 문제나 사안도 토의할 수 있으며, 제12조에 규정된 경우를 제외하고는 그러한 문제나 사안에 관하여 국제연합 회원국이나 안전보장이사회 또는 이 양자에게 권고할 수 있다.

Article 10

The General Assembly may discuss any questions or any matters within the scope of the present Charter or relating to the powers and functions of any organs provided for in the present Charter, and, except as provided in Article 12, may make recommendations to the Members of the United Nations or to the Security Council or to both on any such questions or matters.

제11조

1. 총회는 군비축소와 군비규제를 규율하는 원칙을 포함하여 국제 평화와 안보를 유지함에 있어서 협력의 일반원칙을 심의하고, 그러한 원칙과 관련하여 회원국이나 안전보장이사회 또는 이 양자에게 권고할 수 있다.

Article 11

1. The General Assembly may consider the general principles of co-operation in the maintenance of international peace and security, including the principles governing disarmament and the regulation of armaments, and may make recommendations with

regard to such principles to the Members or to the Security Council or to both.

2. 총회는 국제연합 회원국이나 안전보장이사회 또는 제35조제2항에 따라 국제연합 회원국이 아닌 국가가 총회에 회부한 국제 평화와 안보의 유지에 관한 어떠한 문제도 토의할 수 있으며, 제12조에 규정된 경우를 제외하고는 그러한 문제와 관련하여 1개 이상의 관계국이나 안전보장이사회 또는 이 양자에게 권고할 수 있다. 조치를 필요로 하는 그러한 문제는 토의 전이나 후에 총회에 의하여 안전보장이사회에 회부된다.

2. The General Assembly may discuss any questions relating to the maintenance of international peace and security brought before it by any Member of the United Nations, or by the Security Council, or by a State which is not a Member of the United Nations in accordance with Article 35, paragraph 2, and, except as provided in Article 12, may make recommendations with regard to any such questions to the State or States concerned or to the Security Council or to both. Any such question on which action is necessary shall be referred to the Security Council by the General Assembly either before or after discussion.

3. 총회는 국제 평화와 안보를 위태롭게 할 가능성이 큰 사태에 대하여 안전보장이사회의 주의를 환기할 수 있다.

3. The General Assembly may call the attention of the Security Council to situations which are likely to endanger international peace and security.

4. 이 조에 규정된 총회의 권한은 제10조의 일반적 범위를 제한하지 않는다.

4. The powers of the General Assembly set forth in this Article shall not limit the general scope of Article 10.

제12조

Article 12

1. 안전보장이사회가 어떠한 분쟁 또는 사태와 관련하여 이 헌장에서 자신에게 부여된 임무를 수행하고 있는 동안, 총회는 안전보장이사회가 요청하지 않는 한 그 분쟁 또는 사태에 관하여 어떠한 권고도 하지 않는다.

1. While the Security Council is exercising in respect of any dispute or situation the functions assigned to it in the present Charter, the General Assembly shall not make any recommendation with regard to that dispute or situation unless the Security Council so requests.

2. 사무총장은 안전보장이사회가 다루고 있는 국제 평화와 안보의 유지에 관한 어떠한 사안도 안전보장이사회의 동의를 얻어 매 회기 총회에 통보하며, 안전보장이사회가 그러한 사안을 다루기를 중지하는 즉시, 사무총장은 총회에 이를 통보하고, 총회가 회기 중이 아니라면 국제연합 회원국에 마

2. The Secretary-General, with the consent of the Security Council, shall notify the General Assembly at each session of any matters relative to the maintenance of international peace and security which are being dealt with by the Security Council and shall similarly notify the General Assembly, or the Mem-

찬가지로 통보한다.

bers of the United Nations if the General Assembly is not in session, immediately the Security Council ceases to deal with such matters.

제13조

1. 총회는 다음의 목적을 위하여 연구를 개시하고 권고한다.

가. 정치 분야에서 국제 협력을 촉진하고, 국제법의 점진적 발달 및 그 성문화를 장려한다.

나. 경제, 사회, 문화, 교육 및 보건 분야에서 국제 협력을 촉진하며, 인종, 성별, 언어 또는 종교에 따른 차별 없이 모든 사람을 위하여 인권과 기본적 자유의 실현을 지원한다.

2. 위 제1항나호에 규정된 사안에 관한 총회의 추가 책임, 임무 및 권한은 제9장과 제10장에 규정된다.

Article 13

1. The General Assembly shall initiate studies and make recommendations for the purpose of:

(a) promoting international co–operation in the political field and encouraging the progressive development of international law and its codification;

(b) promoting international co–operation in the economic, social, cultural, educational, and health fields, and assisting in the realization of human rights and fundamental freedoms for all without distinction as to race, sex, language, or religion.

2. The further responsibilities, functions and powers of the General Assembly with respect to matters mentioned in paragraph 1(b) above are set forth in Chapters IX and X.

제14조

제12조의 규정을 따른다는 조건으로, 총회는 국제연합의 목적과 원칙을 규정한 이 헌장 규정을 위반하여 초래되는 사태를 포함하여 일반 복지나 국가 간 우호관계를 손상할 가능성이 크다고 인정되는 어떠한 사태에 대해서도 그 원인과 관계없이 평화적 조정을 위한 조치를 권고할 수 있다.

Article 14

Subject to the provisions of Article 12, the General Assembly may recommend measures for the peaceful adjustment of any situation, regardless of origin, which it deems likely to impair the general welfare or friendly relations among nations, including situations resulting from a violation of the provisions of the present Charter setting forth the Purposes and Principles of the United Nations.

제15조

1. 총회는 안전보장이사회로부터 연례보고와 특별보고를 받아 심의한다. 이 보고는 안전보장이사회가 국제 평화와 안보를 유지하기 위하여 결정하였거

Article 15

1. The General Assembly shall receive and consider annual and special reports from the Security Council; these reports shall include an account of the

나 취한 조치의 설명을 포함한다.

2. 총회는 국제연합의 다른 기관으로부터 보고를 받아 심의한다.

제16조

총회는 전략지역으로 지정되지 않은 지역에 관한 신탁통치협정의 승인을 포함하여 제12장과 제13장에 따라 자신에게 부여된 국제신탁통치제도에 관한 임무를 수행한다.

제17조

1. 총회는 국제연합의 예산을 심의하고 승인한다.

2. 국제연합의 경비는 총회의 배정에 따라 회원국이 부담한다.

3. 총회는 제57조에 규정된 전문기구와의 모든 재정약정 및 예산약정을 심의하고 승인하며, 해당 전문기구에 권고할 목적으로 그 기구의 행정 예산을 검토한다.

표결

제18조

1. 총회의 각 구성국은 1개의 투표권을 가진다.

2. 중요 문제에 관한 총회의 결정은 출석하여 투표하는 구성국 3분의 2의 다수로 한다. 이러한 문제는 국제 평화와 안보의 유지에 관한 권고, 안전보

measures that the Security Council has decided upon or taken to maintain international peace and security.

2. The General Assembly shall receive and consider reports from the other organs of the United Nations.

Article 16

The General Assembly shall perform such functions with respect to the international trusteeship system as are assigned to it under Chapters XII and XIII, including the approval of the trusteeship agreements for areas not designated as strategic.

Article 17

1. The General Assembly shall consider and approve the budget of the Organization.

2. The expenses of the Organization shall be borne by the Members as apportioned by the General Assembly.

3. The General Assembly shall consider and approve any financial and budgetary arrangements with specialized agencies referred to in Article 57 and shall examine the administrative budgets of such specialized agencies with a view to making recommendations to the agencies concerned.

Voting

Article 18

1. Each member of the General Assembly shall have one vote.

2. Decisions of the General Assembly on important questions shall be made by a two–thirds majority of the members present and voting. These questions

장이사회 비상임이사국 선출, 경제사회이사회 이사국 선출, 제86조제1항다호에 따른 신탁통치이사회 이사국 선출, 신규 회원국의 국제연합 가입, 회원국으로서의 권리 및 특권 정지, 회원국 제명, 신탁통치제도 운영에 관한 문제 및 예산 문제를 포함한다.

shall include: recommendations with respect to the maintenance of international peace and security, the election of the non–permanent members of the Security Council, the election of the members of the Economic and Social Council, the election of members of the Trusteeship Council in accordance with paragraph 1(c) of Article 86, the admission of new Members to the United Nations, the suspension of the rights and privileges of membership, the expulsion of Members, questions relating to the operation of the trusteeship system, and budgetary questions.

3. 3분의 2의 다수로 결정될 문제의 추가 범주 결정을 포함하여 그 밖의 문제에 관한 결정은 출석하여 투표하는 구성국 과반수로 한다.

3. Decisions on other questions, including the determination of additional categories of questions to be decided by a two–thirds majority, shall be made by a majority of the members present and voting.

제19조

국제연합에 대한 자국의 재정 분담금 지불을 연체한 회원국은, 그 연체금액이 직전 만 2년간 그 나라가 지불하였어야 할 분담금액과 같거나 이를 초과하는 경우, 총회에서 투표권을 갖지 못한다. 다만, 지불의 불이행이 그 회원국이 제어할 수 없는 사정 때문이라고 인정되는 경우, 총회는 그 회원국의 투표를 허용할 수 있다.

Article 19

A Member of the United Nations which is in arrears in the payment of its financial contributions to the Organization shall have no vote in the General Assembly if the amount of its arrears equals or exceeds the amount of the contributions due from it for the preceding two full years. The General Assembly may, nevertheless, permit such a Member to vote if it is satisfied that the failure to pay is due to conditions beyond the control of the Member.

절차

제20조

총회는 연례정기회기 및 필요한 경우 특별회기에 모인다. 특별회기는 안전보장이사회의 요청 또는 국제연합 회원국 과반수의 요청에 따라 사무총장이 소집한다.

Procedure

Article 20

The General Assembly shall meet in regular annual sessions and in such special sessions as occasion may require. Special sessions shall be convoked by the Secretary–General at the request of the Security Council or of a majority of the Members of the United Nations.

제21조

총회는 자체 의사규칙을 채택한다. 총회는 매 회기에 의장을 선출한다.

Article 21

The General Assembly shall adopt its own rules of procedure. It shall elect its President for each session.

제22조

총회는 자신의 임무 수행에 필요하다고 인정되는 보조기관을 설치할 수 있다.

Article 22

The General Assembly may establish such subsidiary organs as it deems necessary for the performance of its functions.

제5장 안전보장이사회

CHAPTER V THE SECURITY COUNCIL

구성

Composition

제23조

1. 안전보장이사회는 15개 국제연합 회원국으로 구성된다. 중화민국, 프랑스, 소비에트사회주의공화국연방, 영국 및 미합중국은 안전보장이사회의 상임이사국이다. 총회는 먼저 국제 평화와 안보의 유지 및 국제연합의 그 밖의 목적에 대한 국제연합 회원국의 공헌과 공평한 지리적 배분을 특별히 고려하여 그 외 10개의 국제연합 회원국을 안전보장이사회 비상임이사국으로 선출한다.

2. 안전보장이사회 비상임이사국은 2년 임기로 선출된다. 안전보장이사회 이사국이 11개국에서 15개국으로 증가된 후 최초의 비상임이사국 선거에서는, 추가된 4개 이사국 중 2개 이사국은 1년 임기로 선출된다. 퇴임이사국은 연이어 재선될 자격을 갖지 않는다.

Article 23

1. The Security Council shall consist of fifteen Members of the United Nations. The Republic of China, France, the Union of Soviet Socialist Republics, the United Kingdom of Great Britain and Northern Ireland, and the United States of America shall be permanent members of the Security Council. The General Assembly shall elect ten other Members of the United Nations to be non-permanent members of the Security Council, due regard being specially paid, in the first instance to the contribution of Members of the United Nations to the maintenance of international peace and security and to the other purposes of the Organization, and also to equitable geographical distribution.

2. The non-permanent members of the Security Council shall be elected for a term of two years. In the first election of the non-permanent members after the increase of the membership of the Security Council from eleven to fifteen, two of the four additional members shall be chosen for a term of

3. 안전보장이사회의 각 이사국은 1인의 대표를 둔다.

임무와 권한

제24조

1. 국제연합의 신속하고 효과적인 조치를 보장하기 위하여, 국제연합 회원국은 국제 평화와 안보의 유지를 위한 일차 책임을 안전보장이사회에 부여하며, 안전보장이사회가 그 책임하에 의무를 이행함에 있어서 회원국을 대신하여 행동함에 동의한다.

2. 이러한 의무를 이행함에 있어서 안전보장이사회는 국제연합의 목적과 원칙에 따라 활동한다. 이러한 의무를 이행하기 위하여 안전보장이사회에 부여된 구체적 권한은 제6장, 제7장, 제8장 및 제12장에 규정된다.

3. 안전보장이사회는 총회의 심의를 위하여 연례보고 및 필요한 경우 특별보고를 총회에 제출한다.

제25조

국제연합 회원국은 안전보장이사회의 결정을 이 헌장에 따라 수락하고 이행하기로 합의한다.

제26조

세계의 인적 및 경제적 자원의 군비전용을 최소화하면서 국제 평화와 안보의 확립 및 유지를 촉진하기 위하여, 안전보장이사회는 군비규제체제의 확립을 위하여 국제연합 회원국에 제출되는 계획을 제47조에

one year. A retiring member shall not be eligible for immediate re-election.

3. Each member of the Security Council shall have one representative.

Functions and Powers

Article 24

1. In order to ensure prompt and effective action by the United Nations, its Members confer on the Security Council primary responsibility for the maintenance of international peace and security, and agree that in carrying out its duties under this responsibility the Security Council acts on their behalf.

2. In discharging these duties the Security Council shall act in accordance with the Purposes and Principles of the United Nations. The specific powers granted to the Security Council for the discharge of these duties are laid down in Chapters VI, VII, VIII, and XII.

3. The Security Council shall submit annual and, when necessary, special reports to the General Assembly for its consideration.

Article 25

The Members of the United Nations agree to accept and carry out the decisions of the Security Council in accordance with the present Charter.

Article 26

In order to promote the establishment and maintenance of international peace and security with the least diversion for armaments of the world's human and economic resources, the Security Council shall

규정된 군사참모위원회의 지원을 받아 작성할 책임을 진다.

be responsible for formulating, with the assistance of the Military Staff Committee referred to in Article 47, plans to be submitted to the Members of the United Nations for the establishment of a system for the regulation of armaments.

표결

Voting

제27조

Article 27

1. 안전보장이사회의 각 이사국은 1개의 투표권을 가진다.

2. 절차 사안에 관한 안전보장이사회의 결정은 9개 이사국의 찬성 투표로 한다.

3. 그 밖의 모든 사안에 관한 안전보장이사회의 결정은 상임이사국의 동의 투표를 포함한 9개 이사국의 찬성 투표로 한다. 다만, 분쟁당사자는 제6장과 제52조제3항에 따른 결정에서는 투표에 기권한다.

1. Each member of the Security Council shall have one vote.

2. Decisions of the Security Council on procedural matters shall be made by an affirmative vote of nine members.

3. Decisions of the Security Council on all other matters shall be made by an affirmative vote of nine members including the concurring votes of the permanent members; provided that, in decisions under Chapter VI, and under paragraph 3 of Article 52, a party to a dispute shall abstain from voting.

절차

Procedure

제28조

Article 28

1. 안전보장이사회는 계속적으로 임무를 수행할 수 있도록 조직된다. 이를 위하여 안전보장이사회의 각 이사국은 국제연합 소재지에 항상 대표를 둔다.

2. 안전보장이사회는 정기회의를 개최하며, 각 이사국이 희망하는 경우 이 회의에서 각료 또는 특별히 지명된 다른 대표가 대표할 수 있다.

3. 안전보장이사회는 국제연합 소재지 외에 자신의 업무를 가장 용이하게 하리라고 판단하는 장소에

1. The Security Council shall be so organized as to be able to function continuously. Each member of the Security Council shall for this purpose be represented at all times at the seat of the Organization.

2. The Security Council shall hold periodic meetings at which each of its members may, if it so desires, be represented by a member of the government or by some other specially designated representative.

3. The Security Council may hold meetings at such places other than the seat of the Organization as in

서 회의를 개최할 수 있다.

its judgment will best facilitate its work.

제29조

안전보장이사회는 자신의 임무 수행에 필요하다고 인정되는 보조기관을 설치할 수 있다.

Article 29

The Security Council may establish such subsidiary organs as it deems necessary for the performance of its functions.

제30조

안전보장이사회는 의장선출방식을 포함한 자체 의사규칙을 채택한다.

Article 30

The Security Council shall adopt its own rules of procedure, including the method of selecting its President.

제31조

안전보장이사회 이사국이 아닌 어떠한 국제연합 회원국도 안전보장이사회가 그 회원국의 이해에 특히 영향이 있다고 볼 때에는 언제든지 안전보장이사회에 회부된 어떠한 문제의 토의에도 투표권 없이 참가할 수 있다.

Article 31

Any Member of the United Nations which is not a member of the Security Council may participate, without vote, in the discussion of any question brought before the Security Council whenever the latter considers that the interests of that Member are specially affected.

제32조

안전보장이사회 이사국이 아닌 국제연합 회원국 또는 국제연합 회원국이 아닌 어떠한 국가도 안전보장이사회에서 심의 중인 분쟁의 당사자인 경우에는 이 분쟁에 관한 토의에 투표권 없이 참가하도록 초청된다. 안전보장이사회는 국제연합 회원국이 아닌 국가의 참가에 공정하다고 인정되는 조건을 정한다.

Article 32

Any Member of the United Nations which is not a member of the Security Council or any state which is not a Member of the United Nations, if it is a party to a dispute under consideration by the Security Council, shall be invited to participate, without vote, in the discussion relating to the dispute. The Security Council shall lay down such conditions as it deems just for the participation of a state which is not a Member of the United Nations.

제6장
분쟁의 평화적 해결

제33조

1. 어떠한 분쟁이든 지속되어 국제 평화와 안보의 유지가 위태롭게 될 가능성이 큰 경우, 분쟁당사자는 우선 교섭, 심사, 중개, 조정(調停), 중재, 사법적 해결, 지역 기구나 조직의 이용 또는 당사자가 선택하는 다른 평화적 수단에 의한 해결을 추구한다.

2. 안전보장이사회는 필요하다고 인정하는 경우 당사자에게 분쟁을 그러한 수단으로 해결하도록 요청한다.

제34조

안전보장이사회는 어떠한 분쟁 또는 국제적 마찰로 이어질 수 있거나 분쟁을 발생시킬 수 있는 어떠한 사태에 관하여도 그 분쟁 또는 사태의 지속으로 인해 국제 평화와 안보의 유지가 위태롭게 될 가능성이 큰지 여부를 결정하기 위하여 조사할 수 있다.

제35조

1. 국제연합 회원국은 어떠한 분쟁 또는 제34조에 규정된 성격의 어떠한 사태에 대하여도 안전보장이사회 또는 총회의 주의를 환기할 수 있다.

2. 국제연합 회원국이 아닌 국가는 자국이 당사자인 어떠한 분쟁에 대하여도, 이 헌장에 규정된 평화적 해결 의무를 해당 분쟁에 관하여 미리 수락하는 경우, 안전보장이사회 또는 총회의 주의를 환기할 수 있다.

CHAPTER VI
PACIFIC SETTLEMENT OF DISPUTES

Article 33

1. The parties to any dispute, the continuance of which is likely to endanger the maintenance of international peace and security, shall, first of all, seek a solution by negotiation, enquiry, mediation, conciliation, arbitration, judicial settlement, resort to regional agencies or arrangements, or other peaceful means of their own choice.

2. The Security Council shall, when it deems necessary, call upon the parties to settle their dispute by such means.

Article 34

The Security Council may investigate any dispute, or any situation which might lead to international friction or give rise to a dispute, in order to determine whether the continuance of the dispute or situation is likely to endanger the maintenance of international peace and security.

Article 35

1. Any Member of the United Nations may bring any dispute, or any situation of the nature referred to in Article 34, to the attention of the Security Council or of the General Assembly.

2. A State which is not a Member of the United Nations may bring to the attention of the Security Council or of the General Assembly any dispute to which it is a party if it accepts in advance, for the purposes of the dispute, the obligations of pacific settlement provided in the present Charter.

3. 이 조에 따라 주의가 환기된 사안에 관한 총회의 절차는 제11조 및 제12조의 규정을 따르게 된다.

3. The proceedings of the General Assembly in respect of matters brought to its attention under this Article will be subject to the provisions of Articles 11 and 12.

제36조

Article 36

1. 안전보장이사회는 제33조에 규정된 성격의 분쟁 또는 유사한 성격의 사태의 어떠한 단계에서도 적절한 조정 절차나 방법을 권고할 수 있다.

1. The Security Council may, at any stage of a dispute of the nature referred to in Article 33 or of a situation of like nature, recommend appropriate procedures or methods of adjustment.

2. 안전보장이사회는 당사자가 이미 채택한 모든 분쟁해결절차를 고려하여야 한다.

2. The Security Council should take into consideration any procedures for the settlement of the dispute which have already been adopted by the parties.

3. 안전보장이사회는, 이 조에 따른 권고를 함에 있어서, 일반적으로 법적 분쟁이 「국제사법재판소규정」 조항에 따라 당사자에 의하여 그 재판소에 회부되어야 한다는 점도 고려하여야 한다.

3. In making recommendations under this Article the Security Council should also take into consideration that legal disputes should as a general rule be referred by the parties to the International Court of Justice in accordance with the provisions of the Statute of the Court.

제37조

Article 37

1. 제33조에 규정된 성격의 분쟁당사자는, 그 조에 제시된 수단으로 분쟁을 해결하지 못하는 경우, 이를 안전보장이사회에 회부한다.

1. Should the parties to a dispute of the nature referred to in Article 33 fail to settle it by the means indicated in that Article, they shall refer it to the Security Council.

2. 안전보장이사회는, 분쟁의 지속으로 인해 국제 평화와 안보의 유지가 위태롭게 될 가능성이 실제로 크다고 인정하는 경우, 제36조에 따른 조치를 취할지 또는 적절하다고 보는 해결조건을 권고할지 결정한다.

2. If the Security Council deems that the continuance of the dispute is in fact likely to endanger the maintenance of international peace and security, it shall decide whether to take action under Article 36 or to recommend such terms of settlement as it may consider appropriate.

제38조

Article 38

제33조부터 제37조까지의 규정에 영향을 미치지 않으면서, 안전보장이사회는 분쟁의 모든 당사자가 요청

Without prejudice to the provisions of Articles 33 to 37, the Security Council may, if all the parties to any

하는 경우 분쟁의 평화적 해결을 위하여 그 당사자에게 권고할 수 있다.

dispute so request, make recommendations to the parties with a view to a pacific settlement of the dispute.

제7장
평화에 대한 위협, 평화의 파괴 및 침략행위에 관한 조치

CHAPTER VII
ACTION WITH RESPECT TO THREATS TO THE PEACE, BREACHES OF THE PEACE, AND ACTS OF AGGRESSION

제39조

안전보장이사회는 평화에 대한 위협, 평화의 파괴 또는 침략행위의 존재를 결정하고, 국제 평화와 안보를 유지하거나 이를 회복하기 위하여 권고하거나, 제41조 및 제42조에 따라 어떠한 조치를 취할지 결정한다.

Article 39

The Security Council shall determine the existence of any threat to the peace, breach of the peace, or act of aggression and shall make recommendations, or decide what measures shall be taken in accordance with Articles 41 and 42, to maintain or restore international peace and security.

제40조

안전보장이사회는 사태의 악화를 방지하기 위하여 제39조에 규정된 권고를 하거나 조치를 결정하기 전에 필요하거나 바람직하다고 인정되는 잠정조치에 따르도록 관계 당사자에게 요청할 수 있다. 이 잠정조치는 관계 당사자의 권리, 청구권 또는 지위에 영향을 미치지 않는다. 안전보장이사회는 그러한 잠정조치의 불이행을 적절히 고려한다.

Article 40

In order to prevent an aggravation of the situation, the Security Council may, before making the recommendations or deciding upon the measures provided for in Article 39, call upon the parties concerned to comply with such provisional measures as it deems necessary or desirable. Such provisional measures shall be without prejudice to the rights, claims, or position of the parties concerned. The Security Council shall duly take account of failure to comply with such provisional measures.

제41조

안전보장이사회는 자신의 결정을 시행하기 위하여 병력 사용을 수반하지 않는 어떠한 조치를 취할지 결정할 수 있으며, 국제연합 회원국이 그러한 조치를 적용하도록 요청할 수 있다. 이 조치는 경제관계와 철도, 항해, 항공, 우편, 전신, 무선통신 및 그 밖의 교통통신수단의 전부 또는 일부의 중단 그리고 외교관계 단절을 포함할 수 있다.

Article 41

The Security Council may decide what measures not involving the use of armed force are to be employed to give effect to its decisions, and it may call upon the Members of the United Nations to apply such measures. These may include complete or partial interruption of economic relations and of rail, sea, air, postal, telegraphic, radio, and other means of communication, and the severance of diplomatic relations.

제42조

안전보장이사회는 제41조에 규정된 조치가 불충분하거나 불충분한 것으로 판명되었다고 보는 경우, 국제평화와 안보의 유지 또는 회복에 필요한 공군, 해군 또는 육군에 의한 조치를 취할 수 있다. 그러한 조치는 국제연합 회원국의 공군, 해군 또는 육군에 의한 무력시위, 봉쇄 및 그 밖의 작전을 포함할 수 있다.

Article 42

Should the Security Council consider that measures provided for in Article 41 would be inadequate or have proved to be inadequate, it may take such action by air, sea, or land forces as may be necessary to maintain or restore international peace and security. Such action may include demonstrations, blockade, and other operations by air, sea, or land forces of Members of the United Nations.

제43조

1. 모든 국제연합 회원국은 국제 평화와 안보 유지에 공헌하기 위하여 안전보장이사회의 요청에 의하여 그리고 단수 또는 복수의 특별협정에 따라, 국제평화와 안보의 유지 목적상 필요한 병력, 지원 및 통과권을 포함한 편의를 안전보장이사회에 제공하기로 약속한다.

2. 그러한 협정은 병력의 수 및 유형, 그 준비태세 정도 및 일반적 배치와 제공될 편의 및 지원의 성격을 규율한다.

3. 그 협정은 안전보장이사회의 발의로 가능한 한 신속히 교섭되어야 한다. 이 협정은 안전보장이사회와 회원국 간 또는 안전보장이사회와 회원국 집단 간에 체결되며, 서명국 각자의 헌법 절차에 따라 서명국의 비준 대상이 된다.

Article 43

1. All Members of the United Nations, in order to contribute to the maintenance of international peace and security, undertake to make available to the Security Council, on its call and in accordance with a special agreement or agreements, armed forces, assistance, and facilities, including rights of passage, necessary for the purpose of maintaining international peace and security.

2. Such agreement or agreements shall govern the numbers and types of forces, their degree of readiness and general location, and the nature of the facilities and assistance to be provided.

3. The agreement or agreements shall be negotiated as soon as possible on the initiative of the Security Council. They shall be concluded between the Security Council and Members or between the Security Council and groups of Members and shall be subject to ratification by the signatory States in accordance with their respective constitutional processes.

제44조

안전보장이사회는 무력을 사용하기로 결정한 경우 안

Article 44

When the Security Council has decided to use force it

전보장이사회에서 대표되지 않는 회원국에 제43조에 따라 부과된 의무의 이행을 위한 병력 제공을 요청하기 전에, 그 회원국이 희망한다면, 그 회원국 병력 중 파견부대의 사용에 관한 안전보장이사회의 결정에 그 회원국이 참여하도록 초청한다.

shall, before calling upon a Member not represented on it to provide armed forces in fulfilment of the obligations assumed under Article 43, invite that Member, if the Member so desires, to participate in the decisions of the Security Council concerning the employment of contingents of that Member's armed forces.

제45조

국제연합이 긴급한 군사조치를 취할 수 있도록, 회원국은 국제 공동강제조치에 즉시 이용할 수 있는 국내 공군파견부대를 유지한다. 이러한 파견부대의 전력 및 준비태세 정도와 공동조치계획은 제43조에 규정된 단수 또는 복수의 특별협정에 규정된 범위 안에서 군사참모위원회의 지원을 받아 안전보장이사회가 결정한다.

Article 45

In order to enable the United Nations to take urgent military measures, Members shall hold immediately available national air-force contingents for combined international enforcement action. The strength and degree of readiness of these contingents and plans for their combined action shall be determined within the limits laid down in the special agreement or agreements referred to in Article 43, by the Security Council with the assistance of the Military Staff Committee.

제46조

병력사용계획은 군사참모위원회의 지원을 받아 안전보장이사회가 작성한다.

Article 46

Plans for the application of armed force shall be made by the Security Council with the assistance of the Military Staff Committee.

제47조

1. 국제 평화와 안보의 유지를 위한 안전보장이사회의 군사소요, 안전보장이사회의 재량에 맡겨진 병력의 사용 및 지휘, 군비규제 그리고 가능한 군비축소에 관한 모든 문제에 관하여 안전보장이사회를 자문하고 지원하기 위하여 군사참모위원회를 설치한다.

2. 군사참모위원회는 안전보장이사회 상임이사국의 참모총장 또는 그 대표로 구성된다. 이 위원회에서 상임위원으로 대표되지 않는 국제연합 회원국은 위원회 책임의 효과적인 수행을 위하여 위원회 업무에 그 회원국의 참여가 필요한 경우 위원회의

Article 47

1. There shall be established a Military Staff Committee to advise and assist the Security Council on all questions relating to the Security Council's military requirements for the maintenance of international peace and security, the employment and command of forces placed at its disposal, the regulation of armaments, and possible disarmament.

2. The Military Staff Committee shall consist of the Chiefs of Staff of the permanent members of the Security Council or their representatives. Any Member of the United Nations not permanently represented on the Committee shall be invited by

초청을 받아 위원회에 관여할 수 있다.

the Committee to be associated with it when the efficient discharge of the Committee's responsibilities requires the participation of that Member in its work.

3. 군사참모위원회는 안전보장이사회 산하에서 안전보장이사회의 재량에 맡겨진 병력의 전략 지시에 대하여 책임을 진다. 그러한 병력의 지휘에 관한 문제는 추후 해결한다.

3. The Military Staff Committee shall be responsible under the Security Council for the strategic direction of any armed forces placed at the disposal of the Security Council. Questions relating to the command of such forces shall be worked out subsequently.

4. 군사참모위원회는 안전보장이사회의 허가를 얻어 적절한 지역 기구와 협의한 후 지역소위원회를 설치할 수 있다.

4. The Military Staff Committee, with the authorization of the Security Council and after consultation with appropriate regional agencies, may establish regional sub-committees.

제48조

Article 48

1. 국제 평화와 안보의 유지를 위한 안전보장이사회의 결정을 이행하는 데 필요한 조치는 안전보장이사회가 정하는 바에 따라 국제연합 회원국 전부 또는 일부에 의하여 취하여진다.

1. The action required to carry out the decisions of the Security Council for the maintenance of international peace and security shall be taken by all the Members of the United Nations or by some of them, as the Security Council may determine.

2. 그러한 결정은 국제연합 회원국에 의하여 직접, 그리고 국제연합 회원국이 구성국인 적절한 국제기구에서 이들 회원국의 조치를 통하여 이행된다.

2. Such decisions shall be carried out by the Members of the United Nations directly and through their action in the appropriate international agencies of which they are members.

제49조

Article 49

국제연합 회원국은 안전보장이사회가 결정한 조치를 이행함에 있어서 상호원조를 제공하는 데에 참여한다.

The Members of the United Nations shall join in affording mutual assistance in carrying out the measures decided upon by the Security Council.

제50조

Article 50

안전보장이사회가 어느 국가에 대하여 예방 또는 강제 조치를 취하는 경우, 자국이 그 조치의 이행으로

If preventive or enforcement measures against any state are taken by the Security Council, any other State,

부터 발생하는 특별한 경제적 문제에 직면하고 있음을 알게 된 그 밖의 모든 국가는 국제연합 회원국 여부를 불문하고 그 문제의 해결에 관하여 안전보장이사회와 협의할 권리를 가진다.

whether a Member of the United Nations or not, which finds itself confronted with special economic problems arising from the carrying out of those measures shall have the right to consult the Security Council with regard to a solution of those problems.

제51조

국제연합 회원국에 대하여 무력공격이 발생한 경우, 이 헌장의 어떠한 규정도 안전보장이사회가 국제 평화와 안보를 유지하기 위하여 필요한 조치를 취할 때까지 개별적 또는 집단적 자위의 고유한 권리를 침해하지 않는다. 자위권을 행사함에 있어서 회원국이 취한 조치는 즉시 안전보장이사회에 보고되며, 이 조치는 이 헌장상 안전보장이사회가 국제 평화와 안보의 유지 또는 회복을 위하여 필요하다고 인정하는 조치를 언제든지 취할 안전보장이사회의 권한과 책임에 어떠한 영향도 미치지 않는다.

Article 51

Nothing in the present Charter shall impair the inherent right of individual or collective self-defence if an armed attack occurs against a Member of the United Nations, until the Security Council has taken measures necessary to maintain international peace and security. Measures taken by Members in the exercise of this right of self-defence shall be immediately reported to the Security Council and shall not in any way affect the authority and responsibility of the Security Council under the present Charter to take at any time such action as it deems necessary in order to maintain or restore international peace and security.

제8장
지역 조직

제52조

1. 이 헌장의 어떠한 규정도 국제 평화와 안보의 유지에 관한 사안으로서 지역적 조치에 적합한 사안을 처리하기 위한 지역 조직 또는 지역 기구의 존재를 배제하지 않는다. 다만, 이 조직 또는 기구 및 그 활동이 국제연합의 목적과 원칙에 부합되어야 한다.

2. 그러한 조직에 가입하거나 그러한 기구를 구성하는 국제연합 회원국은 지역 분쟁을 안전보장이사회에 회부하기 전에 그 지역 조직 또는 지역 기구를 통하여 그 분쟁이 평화적으로 해결되도록 모든 노력을 다한다.

CHAPTER VIII
REGIONAL ARRANGEMENTS

Article 52

1. Nothing in the present Charter precludes the existence of regional arrangements or agencies for dealing with such matters relating to the maintenance of international peace and security as are appropriate for regional action provided that such arrangements or agencies and their activities are consistent with the Purposes and Principles of the United Nations.

2. The Members of the United Nations entering into such arrangements or constituting such agencies shall make every effort to achieve pacific settlement of local disputes through such regional arrangements or by such regional agencies before referring

them to the Security Council.

3. 안전보장이사회는 관계국의 발의나 안전보장이사회의 회부에 의하여 그러한 지역 조직 또는 지역 기구를 통한 지역 분쟁의 평화적 해결의 진전을 장려한다.

4. 이 조는 제34조 및 제35조의 적용을 결코 침해하지 않는다.

제53조

1. 안전보장이사회는 그 권한에 속하는 강제조치를 위하여 적절한 경우에는 지역 조직 또는 기구를 이용한다. 다만, 안전보장이사회의 허가 없이는 어떠한 강제조치도 지역 조직 또는 지역 기구에 의하여 취하여지지 않는다. 그러나 이 조 제2항에 정의된 적국에 대한 조치로서 제107조에 따라 규정되거나 적국의 침략정책 재개에 대비하는 지역 약정에서 규정된 것은, 관계 정부의 요청에 따라 국제연합이 그 적국에 의한 추가 침략을 방지할 책임을 질 때까지는 예외로 한다.

2. 이 조 제1항에서 사용된 적국이라는 용어는 제2차 세계대전 중 이 헌장 서명국의 적이었던 어떠한 국가에도 적용된다.

제54조

안전보장이사회는 국제 평화와 안보의 유지를 위하여 지역 조직하에서 또는 지역 기구에 의하여 착수되었거나 계획되고 있는 활동에 대하여 항상 충분한 정보를 제공받도록 한다.

3. The Security Council shall encourage the development of pacific settlement of local disputes through such regional arrangements or by such regional agencies either on the initiative of the states concerned or by reference from the Security Council.

4. This Article in no way impairs the application of Articles 34 and 35.

Article 53

1. The Security Council shall, where appropriate, utilize such regional arrangements or agencies for enforcement action under its authority. But no enforcement action shall be taken under regional arrangements or by regional agencies without the authorization of the Security Council, with the exception of measures against any enemy state, as defined in paragraph 2 of this Article, provided for pursuant to Article 107 or in regional arrangements directed against renewal of aggressive policy on the part of any such State, until such time as the Organization may, on request of the Governments concerned, be charged with the responsibility for preventing further aggression by such a State.

2. The term enemy state as used in paragraph 1 of this Article applies to any State which during the Second World War has been an enemy of any signatory of the present Charter.

Article 54

The Security Council shall at all times be kept fully informed of activities undertaken or in contemplation under regional arrangements or by regional agencies for the maintenance of international peace and security.

제9장
경제적 및 사회적 국제 협력

제55조

사람의 평등권 및 자결 원칙의 존중에 기초한 국가간의 평화롭고 우호적인 관계에 필요한 안정과 복지의 여건을 조성하기 위하여, 국제연합은 다음을 촉진한다.

가. 보다 높은 생활수준, 완전고용 그리고 경제적 및 사회적 진보와 발전의 여건

나. 국제 경제, 사회, 보건 및 관련 문제의 해결 그리고 국제 문화 및 교육 협력, 그리고

다. 인종, 성별, 언어 또는 종교에 따른 차별 없이 모든 사람을 위한 인권 및 기본적 자유의 보편적 존중과 준수

제56조

모든 회원국은 제55조에 규정된 목적의 달성을 위하여 국제연합과 협력하여 합동 및 개별 조치를 취하기로 약속한다.

제57조

1. 각종 전문기구는 정부간 협정에 의하여 설치되고 경제, 사회, 문화, 교육, 보건 및 관련 분야에서 그 기구의 기본 문서에 정의된 광범위한 국제 책임을 지며, 제63조의 규정에 따라 국제연합과 관계를 맺게 된다.

CHAPTER IX
INTERNATIONAL ECONOMIC AND SOCIAL CO-OPERATION

Article 55

With a view to the creation of conditions of stability and well-being which are necessary for peaceful and friendly relations among nations based on respect for the principle of equal rights and self-determination of peoples, the United Nations shall promote:

(a) higher standards of living, full employment, and conditions of economic and social progress and development;

(b) solutions of international economic, social, health, and related problems; and international cultural and educational cooperation; and

(c) universal respect for, and observance of, human rights and fundamental freedoms for all without distinction as to race, sex, language, or religion.

Article 56

All Members pledge themselves to take joint and separate action in co-operation with the Organization for the achievement of the purposes set forth in Article 55.

Article 57

1. The various specialized agencies, established by intergovernmental agreement and having wide international responsibilities, as defined in their basic instruments, in economic, social, cultural, educational, health, and related fields, shall be brought into relationship with the United Nations in accordance with the provisions of Article 63.

2. 이와 같이 국제연합과 관계를 맺은 기구는 이하 전문기구라 한다.

2. Such agencies thus brought into relationship with the United Nations are hereinafter referred to as specialized agencies.

제58조

국제연합은 전문기구의 정책과 활동을 조정하기 위하여 권고한다.

Article 58

The Organization shall make recommendations for the co-ordination of the policies and activities of the specialized agencies.

제59조

국제연합은 적절한 경우 제55조에 규정된 목적 달성에 필요한 새로운 전문기구를 창설하기 위하여 관계국 간의 교섭을 발의한다.

Article 59

The Organization shall, where appropriate, initiate negotiations among the states concerned for the creation of any new specialized agencies required for the accomplishment of the purposes set forth in Article 55.

제60조

이 장에서 규정된 국제연합의 임무를 수행할 책임은 총회와 총회의 권한하에 경제사회이사회에 부과되며, 경제사회이사회는 이 목적을 위하여 제10장에 규정된 권한을 가진다.

Article 60

Responsibility for the discharge of the functions of the Organization set forth in this Chapter shall be vested in the General Assembly and, under the authority of the General Assembly, in the Economic and Social Council, which shall have for this purpose the powers set forth in Chapter X.

제10장
경제사회이사회

CHAPTER X
THE ECONOMIC AND SOCIAL COUNCIL

구성

Composition

제61조

1. 경제사회이사회는 총회가 선출한 54개 국제연합 회원국으로 구성된다.

2. 제3항의 규정에 따른다는 조건으로, 경제사회이사회의 18개 이사국은 3년 임기로 매년 선출된다. 퇴

Article 61

1. The Economic and Social Council shall consist of fifty-four Members of the United Nations elected by the General Assembly.

2. Subject to the provisions of paragraph 3, eighteen members of the Economic and Social Council

임 이사국은 연이어 재선될 자격이 있다.

shall be elected each year for a term of three years. A retiring member shall be eligible for immediate re-election.

3. 경제사회이사회 이사국이 27개국에서 54개국으로 증가된 후 최초 선거에서는, 그 해 말 임기가 종료되는 9개 이사국 자리에 선출되는 이사국에 더하여, 27개 이사국이 추가로 선출된다. 총회가 정한 약정에 따라 이러한 27개 추가 이사국 중 9개 이사국의 임기는 1년 후 종료되고, 다른 9개 이사국의 임기는 2년 후 종료된다.

3. At the first election after the increase in the membership of the Economic and Social Council from twenty-seven to fifty-four members, in addition to the members elected in place of the nine members whose term of office expires at the end of that year, twenty-seven additional members shall be elected. Of these twenty-seven additional members, the term of office of nine members so elected shall expire at the end of one year, and of nine other members at the end of two years, in accordance with arrangements made by the General Assembly.

4. 경제사회이사회의 각 이사국은 1인의 대표를 둔다.

4. Each member of the Economic and Social Council shall have one representative.

임무와 권한

Functions and Powers

제62조

Article 62

1. 경제사회이사회는 국제 경제, 사회, 문화, 교육, 보건 및 관련 사안에 관한 연구 및 보고를 하거나 발의할 수 있으며, 그러한 사안에 관하여 총회, 국제연합 회원국 및 관계 전문기구에 권고할 수 있다.

1. The Economic and Social Council may make or initiate studies and reports with respect to international economic, social, cultural, educational, health, and related matters and may make recommendations with respect to any such matters to the General Assembly to the Members of the United Nations, and to the specialized agencies concerned.

2. 경제사회이사회는 모든 사람을 위한 인권 및 기본적 자유의 존중과 준수를 촉진하기 위하여 권고할 수 있다.

2. It may make recommendations for the purpose of promoting respect for, and observance of, human rights and fundamental freedoms for all.

3. 경제사회이사회는 자신의 권한에 속하는 사안에 관하여 총회에 제출하기 위한 협약안을 작성할 수 있다.

3. It may prepare draft conventions for submission to the General Assembly, with respect to matters falling within its competence.

4. 경제사회이사회는 국제연합이 정한 규칙에 따라

4. It may call, in accordance with the rules prescribed

자신의 권한에 속하는 사안에 관하여 국제회의를 소집할 수 있다.

by the United Nations, international conferences on matters falling within its competence.

제63조

1. 경제사회이사회는 제57조에 규정된 어떠한 기구와도 그 기구가 국제연합과 관계를 맺는 조건을 정하는 협정을 체결할 수 있다. 그러한 협정은 총회의 승인을 받아야 한다.

2. 경제사회이사회는 전문기구와의 협의 및 전문기구에 대한 권고와 총회 및 국제연합 회원국에 대한 권고를 통하여 전문기구의 활동을 조정할 수 있다.

Article 63

1. The Economic and Social Council may enter into agreements with any of the agencies referred to in Article 57, defining the terms on which the agency concerned shall be brought into relationship with the United Nations. Such agreements shall be subject to approval by the General Assembly.

2. It may co–ordinate the activities of the specialized agencies through consultation with and recommendations to such agencies and through recommendations to the General Assembly and to the Members of the United Nations.

제64조

1. 경제사회이사회는 전문기구로부터 정기보고를 받기 위한 적절한 조치를 취할 수 있다. 경제사회이사회는 자체 권고와 자신의 권한에 속하는 사안에 관한 총회의 권고를 실시하기 위하여 취하여진 조치에 관한 보고를 받기 위하여 국제연합 회원국 및 전문기구와 약정을 맺을 수 있다.

2. 경제사회이사회는 이러한 보고에 관한 자신의 의견을 총회에 전달할 수 있다.

Article 64

1. The Economic and Social Council may take appropriate steps to obtain regular reports from the specialized agencies. It may make arrangements with the Members of the United Nations and with the specialized agencies to obtain reports on the steps taken to give effect to its own recommendations and to recommendations on matters falling within its competence made by the General Assembly.

2. It may communicate its observations on these reports to the General Assembly.

제65조

경제사회이사회는 안전보장이사회에 정보를 제공할 수 있으며, 안전보장이사회의 요청이 있을 시 이를 지원한다.

Article 65

The Economic and Social Council may furnish information to the Security Council and shall assist the Security Council upon its request.

제66조

1. 경제사회이사회는 총회 권고의 이행과 관련하여 자신의 권한에 속하는 임무를 수행한다.

2. 경제사회이사회는 국제연합 회원국의 요청이 있을 때와 전문기구의 요청이 있을 때에는 총회의 승인을 얻어 용역을 수행할 수 있다.

3. 경제사회이사회는 이 헌장의 다른 곳에 규정되어 있거나 총회가 경제사회이사회에 부여한 그 밖의 임무를 수행한다.

표결

제67조

1. 경제사회이사회의 각 이사국은 1개의 투표권을 가진다.

2. 경제사회이사회의 결정은 출석하여 투표하는 이사국의 과반수에 의한다.

절차

제68조

경제사회이사회는 경제 및 사회 분야의 위원회, 인권신장을 위한 위원회 및 자신의 임무수행에 필요한 다른 위원회를 설치한다.

제69조

경제사회이사회는 어떠한 국제연합 회원국이라도 그

Article 66

1. The Economic and Social Council shall perform such functions as fall within its competence in connexion with the carrying out of the recommendations of the General Assembly.

2. It may, with the approval of the General Assembly, perform services at the request of Members of the United Nations and at the request of specialized agencies.

3. It shall perform such other functions as are specified elsewhere in the present Charter or as may be assigned to it by the General Assembly.

Voting

Article 67

1. Each member of the Economic and Social Council shall have one vote.

2. Decisions of the Economic and Social Council shall be made by a majority of the members present and voting.

Procedure

Article 68

The Economic and Social Council shall set up commissions in economic and social fields and for the promotion of human rights, and such other commissions as may be required for the performance of its functions.

Article 69

The Economic and Social Council shall invite any

회원국과 특히 관계있는 사안에 관한 심의에 투표권 없이 참가하도록 초청한다.

Member of the United Nations to participate, without vote, in its deliberations on any matter of particular concern to that Member.

제70조

Article 70

경제사회이사회는 전문기구 대표가 경제사회이사회 심의와 경제사회이사회가 설치한 위원회의 심의에 투표권 없이 참가하기 위한 약정과 경제사회이사회의 대표가 전문기구 심의에 참가하기 위한 약정을 맺을 수 있다.

The Economic and Social Council may make arrangements for representatives of the specialized agencies to participate, without vote, in its deliberations and in those of the commissions established by it, and for its representatives to participate in the deliberations of the specialized agencies.

제71조

Article 71

경제사회이사회는 자신의 권한 내 사안과 관련이 있는 비정부기구와의 협의를 위하여 적절한 약정을 맺을 수 있다. 그러한 약정은 국제기구와 맺을 수 있으며, 적절한 경우에는 관련 국제연합 회원국과의 협의 후 국내 기구와 맺을 수 있다.

The Economic and Social Council may make suitable arrangements for consultation with non–governmental organizations which are concerned with matters within its competence. Such arrangements may be made with international organizations and, where appropriate, with national organizations after consultation with the Member of the United Nations concerned.

제72조

Article 72

1. 경제사회이사회는 의장 선출방식을 포함한 자체 의사규칙을 채택한다.

2. 경제사회이사회는 그 규칙에 따라 필요한 때에 회합하며, 해당 규칙은 이사국 과반수의 요청에 따라 회의 소집 규정을 포함한다.

1. The Economic and Social Council shall adopt its own rules of procedure, including the method of selecting its President.

2. The Economic and Social Council shall meet as required in accordance with its rules, which shall include provision for the convening of meetings on the request of a majority of its members.

제11장
비자치지역에 관한 선언

제73조

주민이 아직 완전한 수준의 자치를 획득하지 못한 지역의 시정(施政)을 책임지거나 그 책임을 맡은 국제연합 회원국은 그 지역주민의 이익이 가장 중요하다는 원칙을 승인하고, 그 지역주민의 복지를 이 헌장에 따라 확립된 국제 평화와 안보 체제 안에서 최대한으로 증진시킬 의무와 이를 위한 다음의 의무를 신성한 신탁으로 수락한다.

가. 해당 주민의 문화를 적절히 존중함과 아울러 그들의 정치, 경제, 사회 및 교육 발전, 공정한 대우, 그리고 학대로부터의 보호를 보장한다.

나. 각 지역 및 그 주민의 특수사정과 그들의 서로 다른 발전단계에 따라 자치를 발달시키고, 주민의 정치적 열망을 적절히 고려하며, 주민의 자유로운 정치제도의 점진적 발전을 위하여 그들을 지원한다.

다. 국제 평화와 안보를 증진한다.

라. 이 조에 규정된 사회적, 경제적 및 과학적 목적을 실질적으로 달성하기 위하여 건설적인 발전조치를 촉진하고, 연구를 장려하며, 상호 간 그리고 적절한 경우 전문 국제단체와 협력한다. 그리고

마. 안전보장과 헌법상 고려가 필요한 제한을 따른다

CHAPTER XI
DECLARATION REGARDING NON-SELF-GOVERNING TERRITORIES

Article 73

Members of the United Nations which have or assume responsibilities for the administration of territories whose peoples have not yet attained a full measure of self-government recognize the principle that the interests of the inhabitants of these territories are paramount, and accept as a sacred trust the obligation to promote to the utmost, within the system of international peace and security established by the present Charter, the well-being of the inhabitants of these territories, and, to this end:

(a) to ensure, with due respect for the culture of the peoples concerned, their political, economic, social, and educational advancement, their just treatment, and their protection against abuses;

(b) to develop self-government, to take due account of the political aspirations of the peoples, and to assist them in the progressive development of their free political institutions, according to the particular circumstances of each territory and its peoples and their varying stages of advancement;

(c) to further international peace and security;

(d) to promote constructive measures of development, to encourage research, and to co-operate with one another and, when and where appropriate, with specialized international bodies with a view to the practical achievement of the social, economic, and scientific purposes set forth in this Article; and

(e) to transmit regularly to the Secretary-General for

는 조건으로, 제12장과 제13장이 적용되는 지역 이외에 위 회원국이 각각 책임을 지는 지역의 경제, 사회 및 교육 여건에 관한 기술적 성격의 통계와 그 밖의 정보를 사무총장에게 참고용으로 정기적으로 송부한다.

information purposes, subject to such limitation as security and constitutional considerations may require, statistical and other information of a technical nature relating to economic, social, and educational conditions in the territories for which they are respectively responsible other than those territories to which Chapters XII and XIII apply.

제74조

국제연합 회원국은 이 장이 적용되는 지역에 관한 자국의 정책이 그들의 본국 지역에 관한 정책과 마찬가지로, 세계 다른 지역의 이익과 복지가 적절히 고려되는 가운데, 사회, 경제 및 상업 사안에서 선린의 일반원칙에 기초하여야 한다는 점에도 동의한다.

Article 74

Members of the United Nations also agree that their policy in respect of the territories to which this Chapter applies, no less than in respect of their metropolitan areas, must be based on the general principle of good–neighbourliness, due account being taken of the interests and well–being of the rest of the world, in social, economic, and commercial matters.

제12장 국제신탁통치제도

CHAPTER XII INTERNATIONAL TRUSTEESHIP SYSTEM

제75조

국제연합은 후속 개별 협정에 따라 이 제도하에 둘 수 있는 지역의 시정 및 감독을 위하여 자신의 권한하에 국제신탁통치제도를 수립한다. 이 지역은 이하 신탁통치지역이라 한다.

Article 75

The United Nations shall establish under its authority an international trusteeship system for the administration and supervision of such territories as may be placed thereunder by subsequent individual agreements. These territories are hereinafter referred to as "trust territories".

제76조

신탁통치제도의 기본 목적은 이 헌장 제1조에 규정된 국제연합의 목적에 따라 다음과 같다.

가. 국제 평화와 안보를 증진한다.

나. 신탁통치지역 주민의 정치, 경제, 사회 및 교육

Article 76

The basic objectives of the trusteeship system, in accordance with the Purposes of the United Nations laid down in Article 1 of the present Charter, shall be:

(a) to further international peace and security;

(b) to promote the political, economic, social, and

발전을 촉진하고, 각 지역과 그 주민의 특수사정 및 해당 주민이 자유롭게 표명한 소망에 적합하도록, 그리고 각 신탁통치협정 조항에 규정된 바에 따라 자치 또는 독립을 향한 주민의 점진적 발전을 촉진한다.

educational advancement of the inhabitants of the trust territories, and their progressive development towards self-government or independence as may be appropriate to the particular circumstances of each territory and its peoples and the freely expressed wishes of the peoples concerned, and as may be provided by the terms of each trusteeship agreement;

다. 인종, 성별, 언어 또는 종교에 따른 차별 없이 모든 사람을 위한 인권과 기본적 자유에 대한 존중을 장려하고, 전 세계 사람들의 상호의존 인식을 고취한다. 그리고

(c) to encourage respect for human rights and for fundamental freedoms for all without distinction as to race, sex, language, or religion, and to encourage recognition of the interdependence of the peoples of the world; and

라. 위 목적의 달성에 영향을 미치지 않고 제80조의 규정을 따르는 조건으로, 모든 국제연합 회원국 및 그 국민을 위하여 사회, 경제 및 상업 사안에서 평등한 대우를 보장하고, 그 국민을 위한 사법 집행에 있어서 평등한 대우도 보장한다.

(d) to ensure equal treatment in social, economic, and commercial matters for all Members of the United Nations and their nationals, and also equal treatment for the latter in the administration of justice, without prejudice to the attainment of the foregoing objectives and subject to the provisions of Article 80.

제77조

Article 77

1. 신탁통치제도는 신탁통치협정에 따라 이 제도하에 둘 수 있는 다음과 같은 범주의 지역에 적용된다.

1. The trusteeship system shall apply to such territories in the following categories as may be placed thereunder by means of trusteeship agreements:

가. 현재 위임통치하에 있는 지역

(a) territories now held under mandate;

나. 제2차 세계대전의 결과로 적국으로부터 분리될 수 있는 지역, 그리고

(b) territories which may be detached from enemy states as a result of the Second World War; and

다. 시정에 책임을 지는 국가가 자발적으로 이 제도하에 두는 지역

(c) territories voluntarily placed under the system by states responsible for their administration.

2. 위 범주 안의 어떠한 지역을 어떠한 조건으로 신탁통치제도하에 둘지는 후속 협정에서 정한다.

2. It will be a matter for subsequent agreement as to which territories in the foregoing categories will be brought under the trusteeship system and upon

제78조

국제연합 회원국 간 관계는 주권평등원칙의 존중에 기초하므로 신탁통치제도는 국제연합 회원국이 된 지역에는 적용되지 않는다.

제79조

어떠한 변경 또는 개정을 포함하여 신탁통치제도하에 놓이게 되는 각 지역에 대한 신탁통치 조건은, 국제연합 회원국의 위임통치하에 있는 지역의 경우 수임국을 포함하여 직접 관계된 국가들에 의하여 합의되며, 이는 제83조 및 제85조에 규정된 바에 따라 승인된다.

제80조

1. 제77조, 제79조 및 제81조에 따라 체결되어 각 지역을 신탁통치제도하에 두는 개별 신탁통치협정에서 합의되는 경우를 제외하고, 그러한 협정이 체결될 때까지, 이 헌장의 규정은 그 자체만으로 어느 국가나 주민의 어떠한 권리, 또는 국제연합 회원국이 각자 당사자인 기존 국제 문서의 조항을 어떠한 방식으로도 변경하는 것으로 해석되지 않는다.

2. 이 조 제1항은 제77조에 규정된 바에 따라 위임통치지역과 그 밖의 지역을 신탁통치제도하에 두기 위한 협정의 교섭 및 체결의 지체나 연기를 위한 근거가 되는 것으로 해석되지 않는다.

제81조

신탁통치협정은 각 경우마다 신탁통치지역의 시정 조

what terms.

Article 78

The trusteeship system shall not apply to territories which have become Members of he United Nations, relationship among which shall be based on respect for the principle of sovereign equality.

Article 79

The terms of trusteeship for each territory to be placed under the trusteeship system, including any alteration or amendment, shall be agreed upon by the states directly concerned, including the mandatory power in the case of territories held under mandate by a Member of the United Nations, and shall be approved as provided for in Articles 83 and 85.

Article 80

1. Except as may be agreed upon in individual trusteeship agreements, made under Articles 77, 79, and 81, placing each territory under the trusteeship system, and until such agreements have been concluded, nothing in this Chapter shall be construed in or of itself to alter in any manner the rights whatsoever of any states or any peoples or the terms of existing international instruments to which Members of the United Nations may respectively be parties.

2. Paragraph 1 of this Article shall not be interpreted as giving grounds for delay or postponement of the negotiation and conclusion of agreements for placing mandated and other territories under the trusteeship system as provided for in Article 77.

Article 81

The trusteeship agreement shall in each case include

건을 포함하며, 신탁통치지역의 시정을 행할 당국을 지정한다. 그러한 당국은 이하 "시정당국"이라 하며, 1개 이상의 국가 또는 국제연합 자신이 될 수 있다.

제82조

어떠한 신탁통치협정에서도 제43조에 따라 체결되는 특별협정에 영향을 미치지 않고, 협정이 적용되는 신탁통치지역의 일부 또는 전부를 포함하는 1개 이상의 전략지역이 지정될 수 있다.

제83조

1. 신탁통치협정의 조항과 이의 변경 또는 개정의 승인을 포함하여 전략지역에 관한 국제연합의 모든 임무는 안전보장이사회가 수행한다.

2. 제76조에 규정된 기본 목적은 각 전략지역 주민에게 적용된다.

3. 신탁통치협정의 규정을 따른다는 조건으로, 안전보장에 대한 고려에 영향을 미치지 않고, 안전보장이사회는 전략지역에서의 정치, 경제, 사회 및 교육 사안에 관한 신탁통치제도에 따른 국제연합의 임무를 수행하기 위하여 신탁통치이사회의 지원을 활용한다.

제84조

신탁통치지역이 국제 평화와 안보의 유지에 있어서 그 역할을 하도록 보장하는 것은 시정당국의 의무이다. 이를 위하여 시정당국은 지역 방위와 신탁통치지역에서의 법과 질서의 유지를 위해서 뿐만 아니라 이

the terms under which the trust territory will be administered and designate the authority which will exercise the administration of the trust territory. Such authority, hereinafter called the "administering authority", may be one or more states or the Organization itself.

Article 82

There may be designated, in any trusteeship agreement, a strategic area or areas which may include part or all of the trust territory to which the agreement applies, without prejudice to any special agreement or agreements made under Article 43.

Article 83

1. All functions of the United Nations relating to strategic areas, including the approval of the terms of the trusteeship agreements and of their alteration or amendment shall be exercised by the Security Council.

2. The basic objectives set forth in Article 76 shall be applicable to the people of each strategic area.

3. The Security Council shall, subject to the provisions of the trusteeship agreements and without prejudice to security considerations, avail itself of the assistance of the Trusteeship Council to perform those functions of the United Nations under the trusteeship system relating to political, economic, social, and educational matters in the strategic areas.

Article 84

It shall be the duty of the administering authority to ensure that the trust territory shall play its part in the maintenance of international peace and security. To this end the administering authority may make use

점에 관하여 시정당국이 안전보장이사회에 대하여 약속한 의무를 이행함에 있어서 신탁통치지역의 의용군, 편의 및 지원을 이용할 수 있다.

of volunteer forces, facilities, and assistance from the trust territory in carrying out the obligations towards the Security Council undertaken in this regard by the administering authority, as well as for local defence and the maintenance of law and order within the trust territory.

제85조

1. 신탁통치협정의 조항과 이의 변경 또는 개정의 승인을 포함하여 전략지역으로 지정되지 않은 모든 지역에 대한 신탁통치협정과 관련된 국제연합의 임무는 총회가 수행한다.

2. 총회의 권한하에 운영되는 신탁통치이사회는 이러한 임무 수행에 있어서 총회를 지원한다.

Article 85

1. The functions of the United Nations with regard to trusteeship agreements for all areas not designated as strategic, including the approval of the terms of the trusteeship agreements and of their alteration or amendment, shall be exercised by the General Assembly.

2. The Trusteeship Council, operating under the authority of the General Assembly shall assist the General Assembly in carrying out these functions.

제13장
신탁통치이사회

구성

제86조

1. 신탁통치이사회는 다음의 국제연합 회원국으로 구성된다.

가. 신탁통치지역을 시정하는 회원국

나. 신탁통치지역을 시정하지 않으나 제23조에 국명이 명시된 회원국, 그리고

다. 총회가 3년 임기로 선출한 그 밖의 회원국으로, 그 수는 신탁통치이사회의 이사국 총수가 신탁통치지역을 시정하는 국제연합 회원국과 시정하지

CHAPTER XIII
THE TRUSTEESHIP COUNCIL

Composition

Article 86

1. The Trusteeship Council shall consist of the following Members of the United Nations:

(a) those Members administering trust territories;

(b) such of those Members mentioned by name in Article 23 as are not administering trust territories; and

(c) as many other Members elected for three–year terms by the General Assembly as may be necessary to ensure that the total number of members

않는 회원국 간에 동일하게 나누어지는 데 필요한 수로 한다.

of the Trusteeship Council is equally divided between those Members of the United Nations which administer trust territories and those which do not.

2. 신탁통치이사회의 각 이사국은 이사회에서 자국을 대표하도록 특별한 자격을 갖춘 1인을 지명한다.

2. Each member of the Trusteeship Council shall designate one specially qualified person to represent it therein.

임무와 권한

FUNCTIONS and POWERS

제87조

Article 87

총회와 그 권한하에 있는 신탁통치이사회는 그 임무를 수행함에 있어서 다음을 할 수 있다.

The General Assembly and, under its authority, the Trusteeship Council, in carrying out their functions, may:

가. 시정당국이 제출하는 보고서를 심의한다.

(a) consider reports submitted by the administering authority;

나. 청원을 수리하고, 시정당국과 협의하여 이를 심사한다.

(b) accept petitions and examine them in consultation with the administering authority;

다. 시정당국과 합의된 시기에 각 신탁통치지역을 정기적으로 방문한다. 그리고

(c) provide for periodic visits to the respective trust territories at times agreed upon with the administering authority; and

라. 신탁통치협정의 조항에 합치되게 이러한 조치 및 그 밖의 조치를 취한다.

(d) take these and other actions in conformity with the terms of the trusteeship agreements.

제88조

Article 88

신탁통치이사회는 각 신탁통치지역 주민의 정치, 경제, 사회 및 교육 발전에 관한 질문서를 작성하며, 총회의 권한 안에 있는 각 신탁통치지역의 시정당국은 그러한 질문서에 기초하여 총회에 매년 보고한다.

The Trusteeship Council shall formulate a questionnaire on the political, economic, social, and educational advancement of the inhabitants of each trust territory, and the administering authority for each trust territory within the competence of the General Assembly shall make an annual report to the General Assembly upon the basis of such questionnaire.

표결

제89조

1. 신탁통치이사회의 각 이사국은 1개의 투표권을 가진다.

2. 신탁통치이사회의 결정은 출석하여 투표하는 이사국의 과반수로 한다.

절차

제90조

1. 신탁통치이사회는 의장 선출방식을 포함한 자체 의사규칙을 채택한다.

2. 신탁통치이사회는 그 규칙에 따라 필요한 경우 회합하며, 그 규칙은 이사국 과반수의 요청에 따라 회의 소집 규정을 포함한다.

제91조

신탁통치이사회는 적절한 경우 경제사회이사회와 전문기구가 각기 관련된 사안에 관하여 이들의 지원을 활용한다.

제14장
국제사법재판소

제92조

국제사법재판소는 국제연합의 주요 사법기관이다. 재판소는 부속된 규정에 따라 임무를 수행하고, 이 규정은 「상설국제사법재판소규정」에 기초하며, 이 헌장의 불가분의 일부를 이룬다.

VOTING

Article 89

1. Each member of the Trusteeship Council shall have one vote.

2. Decisions of the Trusteeship Council shall be made by a majority of the members present and voting.

PROCEDURE

Article 90

1. The Trusteeship Council shall adopt its own rules of procedure, including the method of selecting its President.

2. The Trusteeship Council shall meet as required in accordance with its rules, which shall include provision for the convening of meetings on the request of a majority of its members.

Article 91

The Trusteeship Council shall, when appropriate, avail itself of the assistance of the Economic and Social Council and of the specialized agencies in regard to matters with which they are respectively concerned.

CHAPTER XIV
THE INTERNATIONAL COURT OF JUSTICE

Article 92

The International Court of Justice shall be the principal judicial organ of the United Nations. It shall function in accordance with the annexed Statute, which is based upon the Statute of the Permanent Court of

International Justice and forms an integral part of the present Charter.

제93조

1. 모든 국제연합 회원국은 「국제사법재판소규정」의 당연 당사자이다.

2. 국제연합 회원국이 아닌 국가는 안전보장이사회의 권고에 의하여 총회가 각 경우마다 결정하는 조건에 따라 「국제사법재판소규정」의 당사자가 될 수 있다.

Article 93

1. All Members of the United Nations are ipso facto parties to the Statute of the International Court of Justice.

2. A State which is not a Member of the United Nations may become a party to the Statute of the International Court of Justice on conditions to be determined in each case by the General Assembly upon the recommendation of the Security Council.

제94조

1. 국제연합의 각 회원국은 자국이 당사자가 되는 어떠한 사건에서도 국제사법재판소의 결정에 따르기로 약속한다.

2. 사건의 당사자가 재판소가 내린 판결에 따라 자국에 부과된 의무를 이행하지 않는 경우, 타방 당사자는 안전보장이사회에 이를 회부할 수 있으며, 안전보장이사회는 필요하다고 인정하는 경우 판결의 이행을 위하여 권고를 하거나 취하여야 할 조치를 결정할 수 있다.

Article 94

1. Each Member of the United Nations undertakes to comply with the decision of the International Court of Justice in any case to which it is a party.

2. If any party to a case fails to perform the obligations incumbent upon it under a judgment rendered by the Court, the other party may have recourse to the Security Council, which may, if it deems necessary, make recommendations or decide upon measures to be taken to give effect to the judgment.

제95조

이 헌장의 어떠한 규정도 국제연합 회원국이 그들 간의 분쟁 해결을 이미 존재하거나 장래에 체결되는 협정에 따라 다른 법원에 의뢰하는 것을 방해하지 않는다.

Article 95

Nothing in the present Charter shall prevent Members of the United Nations from entrusting the solution of their differences to other tribunals by virtue of agreements already in existence or which may be concluded in the future.

제96조

1. 총회 또는 안전보장이사회는 어떠한 법적 문제에 관하여도 권고적 의견의 제공을 국제사법재판소에

Article 96

1. The General Assembly or the Security Council may request the International Court of Justice to give an

요청할 수 있다.

2. 총회가 언제든지 그러한 권한을 부여할 수 있는 국제연합의 다른 기관과 전문기구도 자신의 활동범위 안에서 발생하는 법적 문제에 관하여 재판소의 권고적 의견을 요청할 수 있다.

advisory opinion on any legal question.

2. Other organs of the United Nations and specialized agencies, which may at any time be so authorized by the General Assembly, may also request advisory opinions of the Court on legal questions arising within the scope of their activities.

제15장
사무국

CHAPTER XV
THE SECRETARIAT

제97조

사무국은 사무총장과 국제연합이 필요로 하는 직원으로 구성된다. 사무총장은 안전보장이사회의 권고에 따라 총회가 임명한다. 사무총장은 국제연합의 최고 관리책임자이다.

Article 97

The Secretariat shall comprise a Secretary–General and such staff as the Organization may require. The Secretary–General shall be appointed by the General Assembly upon the recommendation of the Security Council. He shall be the chief administrative officer of the Organization.

제98조

사무총장은 총회, 안전보장이사회, 경제사회이사회 및 신탁통치이사회의 모든 회의에서 사무총장의 자격으로 활동하며, 이러한 기관이 그에게 위임한 다른 임무를 수행한다. 사무총장은 국제연합의 업무에 관하여 총회에 매년 보고한다.

Article 98

The Secretary–General shall act in that capacity in all meetings of the General Assembly, of the Security Council, of the Economic and Social Council, and of the Trusteeship Council, and shall perform such other functions as are entrusted to him by these organs. The Secretary–General shall make an annual report to the General Assembly on the work of the Organization.

제99조

사무총장은 국제 평화와 안보의 유지를 위협할 수 있다고 판단하는 어떠한 사안에 대하여도 안전보장이사회의 주의를 환기할 수 있다.

Article 99

The Secretary–General may bring to the attention of the Security Council any matter which in his opinion may threaten the maintenance of international peace and security.

제100조

1. 사무총장과 직원은 그들의 직무수행에 있어서 국제연합 외에 어떠한 정부 또는 그 밖의 당국으로부터도 지시를 구하거나 받지 않는다. 사무총장과 직원은 국제연합에 대하여만 책임을 지는 국제공무원으로서의 지위를 손상시킬 수 있는 어떠한 행동도 삼간다.

2. 각 국제연합 회원국은 사무총장 및 직원의 책임이 전적으로 국제적 성격임을 존중하고, 그들이 책임을 수행할 때 그들에게 영향력을 행사하지 않을 것을 약속한다.

제101조

1. 직원은 총회가 정한 규칙에 따라 사무총장이 임명한다.

2. 경제사회이사회, 신탁통치이사회 그리고 필요한 경우 국제연합의 다른 기관에 적절한 직원이 상임으로 배속된다. 이 직원은 사무국의 일부를 구성한다.

3. 직원 고용과 근무조건 결정에 있어서 가장 중요한 고려사항은 최고 수준의 능률, 능력 및 성실성을 확보할 필요성이다. 가능한 한 광범위한 지리적 기초에 근거한 직원 채용의 중요성을 적절히 고려한다.

Article 100

1. In the performance of their duties the Secretary–General and the staff shall not seek or receive instructions from any government or from any other authority external to the Organization. They shall refrain from any action which might reflect on their position as international officials responsible only to the Organization.

2. Each Member of the United Nations undertakes to respect the exclusively international character of the responsibilities of the Secretary–General and the staff and not to seek to influence them in the discharge of their responsibilities.

Article 101

1. The staff shall be appointed by the Secretary–General under regulations established by the General Assembly.

2. Appropriate staffs shall be permanently assigned to the Economic and Social Council, the Trusteeship Council, and, as required, to other organs of the United Nations. These staffs shall form a part of the Secretariat.

3. The paramount consideration in the employment of the staff and in the determination of the conditions of service shall be the necessity of securing the highest standards of efficiency, competence, and integrity. Due regard shall be paid to the importance of recruiting the staff on as wide a geographical basis as possible.

제16장
보칙

제102조

1. 이 헌장이 발효한 후 국제연합 회원국이 체결하는 모든 조약과 모든 국제협정은 가능한 한 신속히 사무국에 등록되고 사무국에 의하여 공표된다.

2. 이 조 제1항의 규정에 따라 등록되지 않은 그러한 모든 조약 또는 국제협정의 당사자는 국제연합의 어떠한 기관에 대하여도 그 조약 또는 협정을 원용할 수 없다.

제103조

국제연합 회원국의 헌장상 의무와 그 밖의 국제협정상 의무가 상충되는 경우에는 이 헌장상 의무가 우선한다.

제104조

국제연합은 각 회원국의 영역에서 자신의 임무 수행과 목적 달성을 위하여 필요한 법적 능력을 향유한다.

제105조

1. 국제연합은 자신의 목적 달성에 필요한 특권과 면제를 각 회원국의 영역에서 향유한다.

2. 국제연합 회원국의 대표와 국제연합의 직원은 국제연합과 관련된 그들의 임무를 독립적으로 수행

CHAPTER XVI
MISCELLANEOUS PROVISIONS

Article 102

1. Every treaty and every international agreement entered into by any Member of the United Nations after the present Charter comes into force shall as soon as possible be registered with the Secretariat and published by it.

2. No party to any such treaty or international agreement which has not been registered in accordance with the provisions of paragraph 1 of this Article may invoke that treaty or agreement before any organ of the United Nations.

Article 103

In the event of a conflict between the obligations of the Members of the United Nations under the present Charter and their obligations under any other international agreement, their obligations under the present Charter shall prevail.

Article 104

The Organization shall enjoy in the territory of each of its Members such legal capacity as may be necessary for the exercise of its functions and the fulfilment of its purposes.

Article 105

1. The Organization shall enjoy in the territory of each of its Members such privileges and immunities as are necessary for the fulfilment of its purposes.

2. Representatives of the Members of the United Nations and officials of the Organization shall similarly

하기 위하여 필요한 특권과 면제를 마찬가지로 향유한다.

enjoy such privileges and immunities as are necessary for the independent exercise of their functions in connexion with the Organization.

3. 총회는 이 조 제1항과 제2항의 적용세칙을 결정하기 위한 권고를 하거나 이 목적을 위하여 국제연합 회원국에 협약을 제안할 수 있다.

3. The General Assembly may make recommendations with a view to determining the details of the application of paragraphs 1 and 2 of this Article or may propose conventions to the Members of the United Nations for this purpose.

제17장 과도적 안전보장조치

CHAPTER XVII TRANSITIONAL SECURITY ARRANGEMENTS

제106조

안전보장이사회가 제42조상 자신의 책임수행을 개시할 수 있다고 판단하는 경우 제43조에 규정된 특별협정이 발효할 때까지, 1943년 10월 30일 모스크바에서 서명된 4개국 선언의 당사자와 프랑스는 그 선언 제5항의 규정에 따라 국제 평화와 안보의 유지를 위하여 필요한 합동조치를 국제연합을 대신하여 취하기 위하여 상호간 그리고 필요한 경우 그 밖의 국제연합 회원국과 협의한다.

Article 106

Pending the coming into force of such special agreements referred to in Article 43 as in the opinion of the Security Council enable it to begin the exercise of its responsibilities under Article 42, the parties to the Four–Nation Declaration, signed at Moscow, 30 October 1943, and France, shall, in accordance with the provisions of paragraph 5 of that Declaration, consult with one another and as occasion requires with other Members of the United Nations with a view to such joint action on behalf of the Organization as may be necessary for the purpose of maintaining international peace and security.

제107조

이 헌장의 어떠한 규정도 제2차 세계대전 중 이 헌장 서명국의 적이었던 국가에 관한 조치로서, 그러한 조치에 대하여 책임을 지는 정부가 그 전쟁의 결과로서 취하였거나 허가한 것을 무효로 하거나 배제하지 않는다.

Article 107

Nothing in the present Charter shall invalidate or preclude action, in relation to any State which during the Second World War has been an enemy of any signatory to the present Charter, taken or authorized as a result of that war by the Governments having responsibility for such action.

제18장
개정

제108조

이 헌장의 개정은 총회 구성국 3분의 2의 투표로 채택되고, 안전보장이사회의 모든 상임이사국을 포함한 국제연합 회원국 3분의 2가 그들 각자의 헌법 절차에 따라 비준하였을 때, 모든 국제연합 회원국에 대하여 발효한다.

제109조

1. 이 헌장을 재심의하기 위한 국제연합 회원국 전체 회의는 총회 구성국 3분의 2의 투표와 안전보장이사회 9개 이사국의 투표로 정해지는 일자 및 장소에서 개최된다. 각 국제연합 회원국은 이 회의에서 1개의 투표권을 가진다.

2. 이 회의의 3분의 2 투표로 권고된 이 헌장의 어떠한 변경도 안전보장이사회의 모든 상임이사국을 포함한 국제연합 회원국 3분의 2가 그들 각자의 헌법 절차에 따라 비준할 때 발효한다.

3. 그러한 회의가 이 헌장의 발효 후 제10차 총회 연례회기 전까지 개최되지 않는 경우, 그 회의를 소집하는 제안이 총회 해당 회기 의제에 포함되어야 하며, 회의는 총회 구성국 과반수의 투표와 안전보장이사회 7개 이사국의 투표로 결정되는 경우에 개최된다.

CHAPTER XVIII
AMENDMENTS

Article 108

Amendments to the present Charter shall come into force for all Members of the United Nations when they have been adopted by a vote of two–thirds of the members of the General Assembly and ratified in accordance with their respective constitutional processes by two–thirds of the Members of the United Nations, including all the permanent members of the Security Council.

Article 109

1. A General Conference of the Members of the United Nations for the purpose of reviewing the present Charter may be held at a date and place to be fixed by a two–thirds vote of the members of the General Assembly and by a vote of any nine members of the Security Council. Each Member of the United Nations shall have one vote in the conference.

2. Any alteration of the present Charter recommended by a two–thirds vote of the conference shall take effect when ratified in accordance with their respective constitutional processes by two–thirds of the Members of the United Nations including all the permanent members of the Security Council.

3. If such a conference has not been held before the tenth annual session of the General Assembly following the coming into force of the present Charter, the proposal to call such a conference shall be placed on the agenda of that session of the General Assembly, and the conference shall be held if so decided by a majority vote of the members of the General Assembly and by a vote of any seven members of the Security Council.

제19장
비준과 서명

제110조

1. 이 헌장은 서명국에 의하여 각국의 헌법 절차에 따라 비준된다.

2. 비준서는 미합중국 정부에 기탁되며, 그 정부는 각 기탁을 모든 서명국에 통보하고, 국제연합 사무총장이 임명된 경우 사무총장에게도 이를 통보한다.

3. 이 헌장은 중화민국, 프랑스, 소비에트사회주의공화국연방, 영국 및 미합중국과 다른 서명국의 과반수가 비준서를 기탁한 때에 발효한다. 비준서 기탁 의정서는 발효 시 미합중국 정부가 작성하여 그 등본을 모든 서명국에 송부한다.

4. 이 헌장이 발효한 후 이를 비준하는 헌장의 서명국은 각국의 비준서 기탁일에 국제연합의 원회원국이 된다.

제111조

중국어, 프랑스어, 러시아어, 영어 및 스페인어본이 동등하게 정본인 이 헌장은 미합중국 정부의 문서보관소에 기탁된다. 그 정부는 이 헌장의 정식 인증등본을 다른 서명국 정부에 송부한다.

CHAPTER XIX
RATIFICATION AND SIGNATURE

Article 110

1. The present Charter shall be ratified by the signatory States in accordance with their respective constitutional processes.

2. The ratifications shall be deposited with the Government of the United States of America, which shall notify all the signatory States of each deposit as well as the Secretary-General of the Organization when he has been appointed.

3. The present Charter shall come into force upon the deposit of ratifications by the Republic of China, France, the Union of Soviet Socialist Republics, the United Kingdom of Great Britain and Northern Ireland, and the United States of America, and by a majority of the other signatory States. A protocol of the ratifications deposited shall thereupon be drawn up by the Government of the United States of America which shall communicate copies thereof to all the signatory States.

4. The States signatory to the present Charter which ratify it after it has come into force will become original Members of the United Nations on the date of the deposit of their respective ratifications.

Article 111

The present Charter, of which the Chinese, French, Russian, English, and Spanish texts are equally authentic, shall remain deposited in the archives of the Government of the United States of America. Duly certified copies thereof shall be transmitted by that Government to the Governments of the other signatory States.

이상의 증거로서, 연합국 정부의 대표들은 이 헌장에 서명하였다.

IN FAITH WHEREOF the representatives of the Governments of the United Nations have signed the present Charter.

1945년 6월 26일 샌프란시스코에서 작성하였다.

DONE at the city of San Francisco the twenty–sixth day of June, one thousand nine hundred and forty–five.

저자 소개(가나다순)

김다은

연세대학교 정치외교학사
미국 컬럼비아대학교 로스쿨 법학석사(LL.M.)
미국 터프츠대학교 플레처스쿨 법학석사(LL.M.)
서울대학교 법학석사 수료
외교부 근무(2013~현재)
현재 주제네바 대한민국 대표부 1등서기관

김원희

아주대학교 법학사 및 법학석사, 서울대학교 법학박사(국제법)
한국해양수산개발원 전문연구원, 부연구위원(2014~2020)
해양수산부 독도지속가능이용실무위원회 전문위원(2017~2020)
국가균형발전위원회 정책연구관(2018~2019, 파견근무)
한국해양과학기술원 해양법·정책연구소 선임연구원(2021~현재)
해양경찰청 해양법위원회 위원(2024~현재)
현재 한국해양과학기술원 해양법·정책연구소 해양법연구부 부장

박기갑

고려대학교 법학사 및 법학석사
프랑스 파리 제2대학 법학박사
한림대학교 사회과학대학 법학과 조교수, 부교수(1990~1998)
고려대학교 법학전문대학원 교수(1998~2022)
고려대학교 법과대학 학과장 겸 부학장(2007~2009)
국제법평론회 회장(2007~2008)
프랑스 파리 제1대학교 초빙교수(2011~2012)
유엔 국제법위원회(ILC) 위원(2012~2022)
대한국제법학회 회장(2012)
룩셈부르크 막스플랑크 연구소 초빙교수(2015)
현재 고려대학교 법학전문대학원 명예교수

배종인

고려대학교 법학사, 법학석사, 법학박사
영국 에든버러대학교 법학석사(LL.M.)
제26회 외무고시 합격(1992)
주유엔차석대사, 주불가리아대사
일본 규슈대학교 방문연구원(2007~2008)
외교부 조약과장, 국제법규과장, 국제법률국장 역임
현재 외교부 기획조정실장

백범석

서울대학교 법학사
미국 코넬대학교 법학석사(LL.M.) 및 법학박사(J.S.D.)
유엔 인권이사회 자문위원회 위원(2020. 10.~2026. 9.)
대법원 양형위원회 양형위원(2023. 3~2025. 2.)
대한국제법학회 연구이사(2019)
인권법학회 연구이사(2015. 3.~2017. 2.)
현재 경희대학교 법학전문대학원 부교수

서원상

성균관대학교 법학사, 법학석사, 법학박사
성균관대학교 법과대학 연구교수(2006~2009)
연세대학교 법과대학 연구교수(2009~2010)
한국복지사이버대학 독도학과 및 경찰행정학과 조교수(2011~2012)
극지연구소 책임연구원(2013~현재)
남극조약협의당사국회의 대한민국 정부대표단(2015~2019)
남극해양생물자원보존위원회 대한민국 정부대표단 어드바이저(2016~2020)
국제법평론회 회장(2023)
현재 극지연구소 기획조정부 부장

소병천

한국외국어대학교 법학사 및 법학석사
미국 아메리칸대학교, 툴레인대학교 법학석사(LL.M.)
미국 페이스대학교 법학박사(J.S.D.)
국제환경법센터 연구원(1997~1998)
미국 뉴욕주 변호사(2002)
국제자연연맹(IUCN) 환경법센터 변호사(2002~2004)
한국환경법학회 부회장(2016~2020)
대한국제법학회 부회장(2017)
국제법평론회 회장(2020)
현재 아주대학교 법학전문대학원 교수

신각수

서울대학교 법학사, 법학석사 및 법학박사
제9회 외무고시 합격(1975)
주일본 대한민국 대사관 1등서기관(1986~1989)
주이스라엘 대한민국 대사관 대사(2006~2008)
외교통상부 제2차관(2008~2009)
외교통상부 제1차관(2009~2011)
주일본 대한민국 대사관 대사(2011~2013)
국립외교원 외교안보연구소 국제법센터 소장(2013~2017)
법무법인 세종 고문(2014~현재)
외교부 역량강화자문위원회 위원(2014~현재)
육군사관학교 자문위원회 위원(2014~현재)
현재 NEAR(North East Asia Research) 재단 부이사장

안준형

육군사관학교 법학사
서울대학교 법학석사 및 법학박사
육군사관학교 강사 및 조교수(2013~2015)
국방대학교 안전보장대학원 교수(2018~현재)
대한국제법학회 이사(2021~현재)
국가안전보장문제연구소 안보전략연구센터장(2022~현재)
현재 국방대학교 안전보장대학원 부교수

이상재

경희대학교 법학사
고려대학교 법학석사
미국 육군 법무관학교 법학석사(LL.M.)
서울대학교 법학박사
육군군사법원 군판사(2003~2004, 2013~2014, 2018~2020, 2021)
자이툰부대 검찰관(2004~2005)
육군본부 법무실 징계감찰과장(2011~2012)
1군단 법무부 법무참모(2012~2013)
한미연합사령부 법무실 법무실장(2014~2016)
유엔본부 파견(2022~2023)
현재 육군사관학교 법무실장/법학교수

이자형

서울대학교 법학사
미국 유타대학교, 하버드대학교 법학석사(LL.M.)
제30회 외무고시 합격(1996)
주네덜란드 참사관(2010~2012)
외교부 국제법규과장(2013~2015)
주유엔 대한민국 대표부 참사관(법률팀장)(2015~2018)
주아프가니스탄 대한민국 대사관 대사(2018~2020)
외교부 국제법률국장(2020~2023)
현재 국제해양법재판소 재판관

정대진

한국외국어대학교 법학사 및 법학석사
연세대학교 통일학박사
민주평화통일자문회의 상임위원
통일부 정책자문위원
국립통일교육원 강원통일교육센터 사무처장
민족화해협력범국민협의회 통일교육위원장
법무부 인권정책자문위원(2020~2022)
한국고등교육재단 국제학술팀장(2015~2018)
현재 원주 한라대학교 경영학과 교수

정인섭

서울대학교 법학사, 법학석사 및 법학박사
서울대학교 법과대학(법학전문대학원) 조교수, 부교수, 교수(1995~2020)
국가인권위원회 인권위원(2004~2007)
대한국제법학회 회장(2009)
인권법학회 회장(2015. 3.~2017. 3.)
현재 서울대학교 법학전문대학원 명예교수

홍미화

연세대학교 인문학사(영어영문학, 국어국문학)
연세대학교 국제대학원 국제학 석사
미국 미시간대학교 앤아버 정치학 박사
미국 네브래스카대학교 링컨캠퍼스 Forsythe Family Program on Human Rights and Humanitarian Affairs 박사후연구원
고려대학교 국제대학원 SSK 국제인권센터 연구교수
현재 국민대학교 사회과학대학 정치외교학과 교수

대한민국의 유엔 외교와 국제법의 역할

1판 1쇄 펴낸날 2025년 2월 10일

편저자 | 양희철, 김원희
펴낸이 | 김시연

편집 | 황인아
디자인 | 본문 이미애, 표지 최정희

펴낸곳 | (주)일조각
등록 | 1953년 9월 3일 제300－1953－1호(구 : 제1－298호)
주소 | 03176 서울시 종로구 경희궁길 39
전화 | 02－734－3545 / 02－733－8811(편집부)
02－733－5430 / 02－733－5431(영업부)
팩스 | 02－735－9994(편집부) / 02－738－5857(영업부)
이메일 | ilchokak@hanmail.net
홈페이지 | www.ilchokak.co.kr

ISBN 978－89－337－0849－1 93360
값 50,000원